타로카드의
해석:
메이저 아르카나

임상훈

타로카드의
해석:
메이저 아르카나

2019년 2월 27일 초판 1쇄 발행
2020년 3월 30일 2판 1쇄 발행
2024년 4월 30일 2판 2쇄 발행

지은이	임상훈		
편집	김동석		
펴낸이	임상훈		
펴낸곳	서로빛나는숲	**출판등록**	2013년 1월 21일 제2015-000045호
주소	경기도 고양시 덕양구 화중로130번길 16, 314-3호		
전화번호	010-2667-9841	**팩스번호**	0504-075-9841
전자우편	radiating.forest@gmail.com	**홈페이지**	http://www.radiatingforest.com
디자인	김동석	**종이**	타라유통
인쇄 및 제본	영신사	**물류**	해피데이

ISBN 978-89-98866-22-8 04180

책값은 뒤표지에 있습니다.

타로카드의
해석:

메이저 아르카나

임상훈

The Interpretation of Tarot: Major Arcana

서로
빛나는
숲

2판 머리말

지금까지 한국 타로카드계는 해석자에게 해석에 대한 근거를 제시할 수 있는지보다 기본적인 상징을 이해하고 있는지를 중요시하는 경향이 있었다. 그러나 상징을 잘못 이해하는 경우도 있었고, 자신의 주장을 강화하려 각각의 논리를 무리하게 강조하는 경우가 많았다.

타로카드 총서를 읽고 그동안 상징을 잘못 이해해왔거나 해석에 대한 근거와 논리를 세우는 데 어려움을 겪던 이들이 큰 도움을 받았다며 감사 인사를 전해올 때마다 뿌듯했다. 타로카드를 배우는 이들 사이에서 타로카드 총서가 점점 자리를 잡아가는 듯해 기쁘다. 이제 한 걸음 더 나아가, 책을 통해 서로 발전하며 더 체계적인 수준으로 발돋움할 수 있기를 기원한다.

부족한 내용을 조금이나마 개선하고자 이번 2판에서는 켈틱 크로스 배열에 대한 설명을 더 쉽게 접근할 수 있도록 재편집했고, 『타로카드의 해석: 코트 카드』의 출간에 맞춰 이 책의 각 사례에 나온 코트 카드들이 어떤 카드들에 영향을 받게 되는지 추가했다는 점을 미리 밝힌다.

이 책이 독자에게 발전의 원동력이 될 수 있기를 바라며, 더 많은 독자를 만나고 더 큰 일들을 함께할 공간을 만드는 데 기여하기를 바란다.

책의 출간에 큰 도움을 준 성훈, 정휘, 경선 님에게 감사드린다.

2020년 3월
물의 근원에서.
임상훈.

초판 머리말

『타로카드의 상징: 메이저 아르카나』의 남은 반쪽을 세상에 내보인다. 이로써 정전正典을 구축하는 첫 단계를 마쳤다.

『타로카드의 상징: 메이저 아르카나』, 『타로카드의 해석: 메이저 아르카나』를 펴냄으로써 근거 없는 낭설을 뿌리 뽑고 더 명확하며 근거와 논리에 기반한 교재를 만든다는 뿌듯함도 있었으나, 한편으로는 시원섭섭하기도 하다. 과연 이 책이 독자의 기대에 부응할 수 있을지, 또한 내가 더 담아낼 수 있는 것이 없었는지 계속 생각하게 된다.

이제야 한국에도 타로카드를 배우려는 사람에게 떳떳한 마음으로 권할 수 있는 책을 내놓았다고 감히 말하고 싶다. 혼자서도 타로카드를 배워나갈 수 있는 책을 만들고자 했고, 이로써 세상의 작은 분야에도 그 나름의 기준과 규칙이 있으며, 사람들이 따를 수 있는 길이 있다는 것을 설명하고자 했다.

덧붙여, 20여 년 전 이화여대 앞의 모임터 한 편에 나와 혼자 모든 것을 다 안다고 자만하던 어린 아해의 경각심을 불러일으켜준 친구이자 악우인 민우에게 감사한다. 아마도 그가 해준 말들이 없었다면 지금의 나는 없었을 것이다.

이제 본래 계시던 곳으로 돌아갈 채비를 하시는 어머니에게도 감사드린다. 어머니는 해줄 수 있는 모든 것을 내게 베풀어주셨다. 첫 책을 아버지에게 바친 것처럼, 내 삶에서 이 책은 어머니를 회상하는 기표로 작용하리라.

많은 기대를 받았던 만큼, 앞으로도 더 나아갈 수 있도록 노력하고자 한다.

나아가 더 많은 이들이 더 높은 곳으로 나아갈 수 있도록, 내가 할 수 있는 일을, 내가 해야만 하는 일을 계속 해나갈 것이다.

이 책에서는 심화 학습을 위해 다음과 같은 순서를 따라 해석을 진행했다.

각 카드의 키워드 제시
긍정/부정 확인 기준
해석 용법 및 배열 위치별 특징
주제별 포인트
켈틱 크로스 배열 위치별 긍정/부정 해석법
실제 사례 및 실전 해석

책에 넣은 실제 사례는 개인 정보를 보호하고자 연령대와 점을 본 시기에 관한 기록을 조금씩 바꿨다는 것을 미리 알린다.

2019년 1월
물의 근원에서.
임상훈.

차 례

2판 머리말   5

초판 머리말   6

켈트 십자가의 의미   10

켈틱 크로스 배열에 대해   11

타로카드 약어 설명   17

I. THE MAGICIAN.   19

II. THE HIGH PRIESTESS.   45

III. THE EMPRESS.   75

IV. THE EMPEROR.   107

V. THE HIEROPHANT   135

VI. THE LOVERS.   161

VII. THE CHARIOT.   187

VIII. STRENGTH.   213

IX. THE HERMIT.   237

X. WHEEL *of* FORTUNE.   263

XI. JUSTICE.   287

XII. THE HANGED MAN.   311

XIII. DEATH.   339

XIV. TEMPERANCE.   363

XV. THE DEVIL.   389

XVI. THE TOWER.   419

XVII. THE STAR.   447

XVIII. THE MOON.   473

XIX. THE SUN.   503

XX. JUDGEMENT.   529

0. THE FOOL.   555

XXI. THE WORLD.   583

부록: 타로카드는 상담인가 점인가? 609

맺음말   624

켈트 십자가의 의미

본디 켈트 십자가Celtic Cross는 생명의 영원한 순환을 뜻한다. 무한한 영Spirit과 혼Soul의 순환(○)이자 이를 주재하는 신/에너지의 강림이며, 공간축(│)과 시간축(─)의 기로에서 신/에너지가 높은 곳으로 승천하는 것을 뜻하기도 하며, 이 순환과 승천/강림의 고리가 영원하리라는 것을 매듭을 통해 보여주는 상징이다.

이런 유형의 상징은 전통적으로 스와스티카Swastika라고 부르며, 전 세계적인 원형상징Archetype이다. 이 상징은 본디 지상에서 오른쪽으로 선순환(1)이 이루어지는 모습으로 그려지며, 역으로 전환하면(2) 순환을 거스름으로써 이를 강제로 취할 수 있다는 것을 드러내는 의미로 바뀐다. 이처럼 좌우의 다른 의미는 길조吉兆를 불러오려는 상징 또는 부적과 같은 의미로 정착된 것이며, 이로써 선순환의 의미인 '자신에게 도달할 길조를 거스르지 않음'과 역순환의 의미인 '자신이 잡지 못하거나 놓칠 수 있는 길한 것들을 강제로라도 잡아챌 것'이라는 상반된 뜻을 통해 길함을 불러오는/모아주는 상징으로 자리 잡았다. 이런 의미를 차용/변조한 단체가 바로 나치Nazi다. 이 때문에 스와스티카는 좋지 않은 의미로 알려지게 됐다.*

* 최근 네오 나치들은 하켄 크로이츠(스와스티카) 상징을 직접적으로 사용할 수 없게 되자 전과 비슷한 방식으로 켈트 십자가를 사용하려 하며, 상징의 변질과 인식에 큰 문제를 일으키고 있다.
Richard Arnold, *Russian Nationalism and Ethnic Violence*, Routledge, 2016, pp. 18, 24, 36;
Rafal Pankowski, *The Populist Radical Right in Poland*, Routledge, 2011, p. 118.

켈틱 크로스 배열에 대해

1. 과거의 방식

라이더-웨이트 덱 제작자 아서 에드워드 웨이트Arthur Edward Waite 는 덱을 출간하면서 켈트 십자가 상징을 이용해 카드를 배열하고 해석하는 켈틱 크로스 배열Celtic Cross Spread을 선보였다.

이 방식에서 위치별 의미는 다음과 같다.

켈틱 크로스 배열
1. 질문자 자신 또는 자신이 처한 상황
2. 장애물
3. 표면적으로 드러나는 상황
4. 문제의 토대
5. 곧 일어날 또는 이미 벌어진 일
6. 단기간에 벌어질 상황
7. 질문자가 현재 품고 있는 생각
8. 다른 사람들(상대방)이 질문자를 보는 시각과 평가
9. 질문자가 원하는/원하지 않는 것
10. 결론

0: 표시자Significator

78장 중 질문자의 성향/연령/수준에 맞거나 질문의 목적을 의미하는 카드를 **한 장** 펼쳐둔다. 이는 질문자가 어떤 사람이고 문제가 무엇인지 표시해주려는 것이다. 어떤 인물의 문제를 해결하려면 코트 카드를, 특정 주제와 관련한 것이라면 해당 카드(예를 들어 자녀의 양육 문제라면 여제 카드)를 펼칠 것을 권하고 있다. 그러나 이 방식은 본래 10장으로 구성된 배열에 이미 그 의미나 의도가 나타날 수 있다는 점을 간과하고 있으며, 질문자 자신이 해석자와 대면하고 있다면 그 용도나 가치가 사라지기에 오늘날에는 쓰이지 않는다.

① 질문과 관련한 질문자의 현 상황

이 위치는 (정확히 설명한다면) 질문자가 질문과 관련해 '직접 확인할 수 있는' 안팎의 현 상황을 드러낸다.

② 장애물

이 위치는 질문자가 맞이한 현 상황에 장애가 되는 요소를 지적한다.

③ 표면적으로 드러나는 상황

질문 주제로 질문자가 얻고자 하는 것이 무엇인지 보여주거나, 현재 질문자의 조건으로 달성할 수 있지만 실현되지 않은 최상의 결과를 뜻한다.

④ 문제의 토대

질문 주제와 관련한 현실적 문제들을 의미하며 질문자가 이 문제들의 영향을 받아 현재의 상황에 처하게 됐다는 것을 드러내주는 카드다.

⑤ 현재/곧 일어날 일

이 카드는 지금 일어난 일을 의미하거나 곧 일어날 일들을 통해 문제와 관련해 질문자가 겪게 될 상황을 드러낸다.

⑥ 가까운 미래

서서히 다가올 미래에 관한 징조를 예견하며, 질문자가 가까운 미래에 겪게 될 상황이나 질문 주제와 관련한 흐름을 드러낸다.

⑦ 질문자의 내면

질문자가 현 상황을 어떻게 판단하는지 보여주며, 나아가 상황을 어떻게 개선할 것인지 보여주는 카드다.

⑧ 외부적 영향력

질문 주제에 영향을 줄 수 있는 제3자나 관련자들, 그리고 질문자의 주위 환경에 관한 것을 보여주는 위치다.

⑨ 희망과 두려움
질문자가 실제 이 상황이 되길 원하는 것과, 반대로 이와 같은 상황이 되지 않길 걱정하는 모습을 의미한다.

⑩ 결론
다른 모든 카드의 영향력을 통해 해당 질문의 주제가 어떤 결말을 맺을지 보여준다.

이상의 내용은 『타로의 그림열쇠』에서 참고했다.[*]

그러나 이들은 앞서 살펴본 방식으로 생명의 순환과 관련한 의미를 약화/삭제했다. 이는 이들이 덱을 만든 의도와 결부해서 켈트 십자가의 본 의미를 변형한 것으로 확인된다. 이들이 신봉한 영지주의에서 현실 세계는 '탈피해야만 하는 껍질'이며, 그렇기에 이 속에서 보는 점의 의미는 어디까지나 더 위로 올라서려는/더 위의 내용을 엿보려는 수단으로 채용한 것이다. 이를 통해 점占/계시Oracle의 요소를 기독교 방식으로 이해해 접목시키려 했던 것으로 보여진다.

그러나 이와 같은 방식은 켈트 십자가 상징의 본래 의미를 살리기 어렵다는 것이 내 생각이다.

---

[*] 아서 에드워드 웨이트, 『타로의 그림열쇠』, 서로빛나는숲, 2024, 127쪽 참고.

2. 본서 및 모든 총서 시리즈에서 사용할 방식

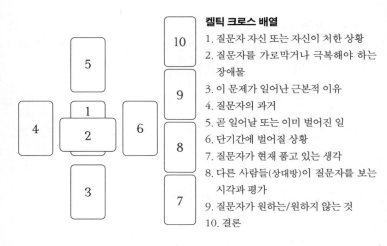

켈틱 크로스 배열

1. 질문자 자신 또는 자신이 처한 상황
2. 질문자를 가로막거나 극복해야 하는 장애물
3. 이 문제가 일어난 근본적 이유
4. 질문자의 과거
5. 곧 일어날 또는 이미 벌어진 일
6. 단기간에 벌어질 상황
7. 질문자가 현재 품고 있는 생각
8. 다른 사람들(상대방)이 질문자를 보는 시각과 평가
9. 질문자가 원하는/원하지 않는 것
10. 결론

이런 과거의 문제점을 보완하고자 이 책과 타로카드 총서에서 쓸 켈틱 크로스 배열 순서를 아래와 같이 바꾸어 적용하려 한다.

각 배열 위치의 의미는 다음과 같다.

① 질문자 자신

기존 위치에서 바뀐 것은 없으며, 이로써 기본적으로 이 문제에 관해 유리/불리한 상황이라는 것을 질문자가 스스로 인지하고 있다는 점을 전제해 해석하는 위치다. 이 위치에 나온 카드를 해석할 때는 질문자의 상태를 파악하고, 다른 카드들에서 질문자의 전력/기반/역량을 확인해야 한다.

② 장애물

이 요소가 무조건 외부에서 오는 것이 아닐 수 있다는 점에 주의해야 한다. 어떤 문제를 해결해야 하나, 정작 질문자의 결의/대안이 부족한 경우도 포함한다. 나아가 이 장애물을 극복하는 데 성공한다면, 배열에 나타난 다른 카드들의 긍정적인 의미를 끌어낼 수 있으며, 이로써 질문자가 원하는 바를 달성할 수 있도록 조언할 수 있다.

③ 기저基底/드러나지 않으나 확실히 존재하는 영향력

이 위치는 다음과 같은 내용을 의미할 수 있다.

① 질문자의 과거 행동, 결과물 때문에 형성된 성향
② 주제와 관련한 내용을 모두 포괄하는 질문자의 순수한(그러나 감춰진) 목적
③ 문제와 관련해 질문자가 가장 선호하는 방식 및 방법론들

이는 질문자가 질문을 하기 전부터 누적된 성향을 뜻한다.
켈틱 크로스의 상징상 이는 문제가 시작/발화된 원인을 제공하게 되며, 이 때문에 질문자가 과거의 영향력에서 벗어나지 못하고 질문하게 됐다는 것을 뜻한다.

④ 과거

질문자가 이 문제와 관련해 겪은 (비교적 최근의) 과거를 투영한다. 이때 질문자의 과거에 어떤 영향이 있었기에 지금과 같은 문제가 일어났는지, 또는 질문자의 잘잘못을 통해 장단점을 확인해서 질문자가 실제로 실행할 수 있는 방향으로 조언할 수 있다.

⑤ 현재/곧 일어날 일

질문과 관련해 이미 일어나고 있거나 곧 일어날 일을 보여주며, 이 상황은 조언으로 막을 수 없고, 곧 밀어닥칠/닥친 쓰나미와 같다는 점에 유의해야 한다. 그렇기에 극단적인 의미를 띤 카드가 나타나면 이를 어떻게 대응해 순화시킬 수 있을지 조언해야 한다.

⑥ 가까운 미래

기존 의미와 차이점은 없으며, 이 뒤의 배열 위치는 초기 켈틱 크로스 배열의 해석과 같다.

⑦ 질문자의 내면

질문자가 현 상황을 어떻게 판단하는지를 보여주며, 나아가 상황을 어떻게 개선할 것인지 보여주는 카드다.

⑧ 외부의 영향력

질문 주제에 영향을 끼칠 수 있는 제3자나 관련자들, 그리고 질문자의 주위 환경에 관한 것을 보여주는 위치다.

⑨ 희망/두려움

질문자가 실제 이 상황이 되기를 원하는 것과 반대로, 이러한 상황이 되지 않기를 걱정하는 모습을 의미한다.

⑩ 결론

다른 모든 카드의 영향력을 통해 질문의 주제가 어떤 결말을 맺을지 보여준다.

이로써 지상에서 하늘로, 그리고 과거에서 미래로 유구한 흐름이 이어지는 상징인 스와스티카의 의미를 더욱 강화함으로써 본래의 의미일 때 해석을 더 쉽게 할 수 있도록 변경했다.

물론 이런 방식 말고 다른 방식들도 있고, 각각 배열 순서와 의미를 바꾼 그 나름의 이유 및 논리를 제공하고 있으나, 그럼에도 아래와 같은 방식을 채용했다는 점을 미리 알리고자 한다.

타로카드 약어 설명

타로카드 여러 장을 쓰는 켈틱 크로스 배열을 설명할 때 빠르고 편리하게 기록하고자, 아래와 같은 규칙을 적용해 약어로 표기한다. 카드들을 한눈에 살피는 데 도움이 될 것이다.

메이저 아르카나 약어

역방향 (r) / 마르세유 (m)

0. THE FOOL.	→ 0
1. THE MAGICIAN.	→ 1
…	…
21. THE WORLD.	→ 21

마이너 아르카나 약어

ACE *of* WANDS.	→ Aw	ACE *of* CUPS.	→ Ac
2 *of* WANDS.	→ 2w	2 *of* CUPS.	→ 2c
…	…	…	…
10 *of* WANDS.	→ 10w	10 *of* CUPS.	→ 10c
PAGE *of* WANDS.	→ Pw	PAGE *of* CUPS.	→ Pc
KNIGHT *of* WANDS.	→ Nw	KNIGHT *of* CUPS.	→ Nc
QUEEN *of* WANDS.	→ Qw	QUEEN *of* CUPS.	→ Qc
KING *of* WANDS	→ Kw	KING *of* CUPS.	→ Kc

ACE *of* SWORDS.	→ As	ACE *of* PENTACLES.	→ Ap
2 *of* SWORDS.	→ 2s	2 *of* PENTACLES.	→ 2p
…	…	…	…
PAGE *of* SWORDS.	→ Ps	PAGE *of* PENTACLES.	→ Pp
KNIGHT *of* SWORDS.	→ Ns	KNIGHT *of* PENTACLES.	→ Np
QUEEN *of* SWORDS.	→ Qs	QUEEN *of* PENTACLES	→ Qp
KING *of* SWORDS.	→ Ks	KING *of* PENTACLES.	→ Kp

일러두기

1. 인명, 지명, 작품명 등은 국립국어원 외래어표기법 규정을 따랐으나, 타로카드의 용어나 상품명 등이 관례로 굳어진 경우는 예외로 두었다.

2. 타로카드 총서의 제목들은 다음과 같이 약칭했다.

   『타로카드의 상징: 메이저 아르카나』→ 메이저 상징편

   『타로카드의 해석: 메이저 아르카나』→ 메이저 해석편

   『타로카드의 상징: 코트 카드』→ 코트 상징편

   『타로카드의 해석: 코트 카드』→ 코트 해석편

   『타로카드의 상징: 핍 카드』→ 핍 상징편

   『타로카드의 해석: 핍 카드』→ 핍 해석편

※ 이 책에서 언급한 건강의 호전, 완치나 특정 병명에 대한 해석은 어디까지나 개인의 의견이며 대략적인 내용일 뿐, 확실한 진료와 처방은 전문 의료진(의사, 약사)과 상의해야 한다는 점을 사전에 당부드리고자 한다.

I. THE MAGICIAN.
마법사

의지
Will

THE MAGICIAN.

모략, 계략, 전술, 할 수 있음, 군사軍師, 유능한 사람, 유리하다, 역전, 소수로 다수를 이기다, 기술자, 전문가, 기술을 통해 생계를 유지하는 사람들을 총칭, 권위자, 공학자, 신산神算, 귀모鬼謨, 조종하다, 통달通達, 도박, 속임수, 허세bluff, 사기, 배임, 횡령, 불륜, 바람둥이, ~꾼, 선수, 소매치기, 급습, 매복 등 전쟁에서 쓸 수 있는 수단, 저능아, 이기주의자Egoist, 아이들의 속임수, 재능을 인정받음, 용인, 자격증, 공연가, 자수성가, 모사謀士, 팔방미인, 적수가 없음Almighty, 관계를 주도하다(또는 그럴 능력이 된다), 낚시꾼, 응용, 능수능란, 허언증, 조롱, 기적을 일으키는 자, 나르시시즘, 마술사, 사기꾼, 편법, 요령, 조언자, 특출난 능력을 지닌 자

긍정/부정 확인 기준

질문자의 역량이 다른 사람보다 뛰어난가?

질문과 관련한 사안을 해결/개선하려는 의지가 강한가?

질문의 관련자 가운데 그 분야에서 기량이 월등한 사람이 있는가?

목표를 달성하거나 경쟁에서 이기려면 다른 사람을 기만하거나 속여
 야 하는 상황인가?

질문과 관련한 일을 자신이 결정하고 처리할 수 있는 권한이 있는가?

자신이 다른 사람에게 평가받거나 인정받아야 하는 상황인가?

이는 『타로카드의 상징: 메이저 아르카나』(이하 상징편)에서 언급했던 '의지'와 '기술'이라는 핵심 의미와 파생 키워드들을 어떻게 사용할지 확인할 수 있는 몇 가지 조건이며, 이로써 카드의 의미가 긍정적인지 부정적인지 알 수 있다.

위의 기준 외에 다른 사전 정보들로도 마법사 카드의 키워드를 더 정확하고 다양하게 활용할 수 있다.

호랑이 굴에 들어가도 정신만 차리면 된다는 말이 있듯이, 마법사 카드는 어떤 일이나 위험 또는 장애를 마주치더라도 자신의 의지를 굳히고 이를 다른 사람에게 밝히면 스스로 원하는 바를 이룰 수 있다는 뜻을 담고 있다. 그러나 반대로 잘못된 의지를 드러내 질시를 살 수 있으며, 최악의 경우에는 홀로 해결하거나 뛰어넘기 힘든 문제에 얽혀 뜻이 꺾이거나 다른 사람의 의도에 휘둘릴 수 있으니 주의해야 한다.

해석용법

긍정 마법사 카드는 자신의 역량으로 모든 것을 결정할 수 있을 때 힘을 발휘한다. 이는 곧 의지를 구현하기 위한 능력으로 '기술, 유능함'의 의미가 부여되기 때문이다. 또한, 마법사 카드는 현실 속에서 자신을 어필하며 남들과 다른 자신의 정체성을 부각하고 차별화해 스스로의 목적을 달성하려 할 때 그 의미가 강화된다.

그러므로 배열에서 마법사 카드가 나왔을 때는 배열의 대상이 앞서 말한 조건에 들어맞는지 확인한 뒤에야, 마법사 카드의 부정적인 키워드들을 빼고 해석할 수 있다.

부정 '기술, 유능함' 때문에 자신을 갉아먹는 모습으로 부정적 의미가 드러나기도 한다. 상징편에서 언급했던 우로보로스 벨트가 이를 나타낸다. 제아무리 의지가 무한하더라도 인간이기에 한계, 결함, 실수, 약점이 있을 수밖에 없다는 점을 강조하며, 그리하여 자신을 갉아먹는 처지로 전락할 수 있다는 것을 경고한다. 또한 마법사 카드가 자신의 단점이나 취약점을 숨기고 제3자나 경쟁 상대를 속여 자신의 목적을 어떻게든 편취하거나 자신의 모순점을 은폐하려 할 수 있다는 점을 역설한다.

위와 같은 이유로 마법사 카드의 '의지, 기술, 유능함'의 이면에는 '능수능란한 속임수'라는 키워드가 파생하며, 이 속임수가 가져오는 결과의 상황에 따라 키워드의 긍정/부정적인 의미가 결정된다.

그렇기에 질문자가 아무리 다른 사람보다 수준 높은 능력을 지녔더라도 자신의 계산 밖에 있는 요소를 무시하거나 낙관적 전망에만 사로잡혀 일을 진행한다면 운신의 폭이 줄어들거나 예기치 못한 변수에 따른 파국 또는 난항을 겪을 수 있으니 미리 경고해야 한다.

이는 다른 사람들이 마법사 카드의 역량을 '자신의 재주를 가공해 대중에게 보여주는 실력자'로 받아들이기 쉽다는 장점으로 상쇄할 수 있으나, 만약 역량이 부족한 상태라면 호가호위狐假虎威하거나 손

바닥으로 하늘을 가리려는 모습으로 보일 수 있으니 주의해야 한다.

주로 연애와 관련한 배열에서 이런 상황을 볼 수 있다. 이런 경우 자신 또는 다른 사람의 감정을 속이는 자로 표현되어 상대방을 농락하거나 기만할 수 있다는 것을 뜻할 때가 많다는 점에서 마법사 카드의 부정적인 측면을 극명하게 보여준다.

특히 점을 해석하면서 조언을 취해 균형을 이루어야만 좋은 방향으로 개선할 수 있는 상황에 마법사 카드가 나왔다면, 카드가 뜻하는 자(또는 질문자 자신)가 의지를 실현하고자 다른 사람에게 피해를 입히거나 상대방을 속이는 한이 있더라도 자신의 목표를 달성하고자 균형을 개선하려는 시도 자체를 무산시키거나 조건/조언을 거꾸로 이용해 관계/상황의 균형을 망가뜨리는 모습으로 드러난다.

이런 요소들 때문에 마법사 카드는 기술의 숙련도를 신참 → 중견 → 전문가로 나눈다면 최소한 중견 이상의 능력자로 인식된다. 이는 카드의 기본 의미 자체에 모략·정략·계략 등 분야에 관한 통찰력이 들어 있기 때문이며, 일반인과 차원이 다른 내용을 미리 알고 있거나 그 자신이 신산神算을 지니고 있다는 것을 드러내는 경우로 이해할 수 있다. 다시 말해, 마법사 카드가 의미하는 숙련/전문화/모략 등이 동시에 이루어지며, 대립 구도에서 유리한 고지나 역전의 기회를 만들어낸다는 것이다.

그러나 모든 기술이 발전되고 능숙하다고 해서 올바르게 쓰이지 않듯이, 사용자의 의도는 그 기술을 개발했을 때의 의도와 달라질 가능성이 크다. 특히 악마 카드와 함께 나타나면 점의 판도는 순식간에 부정적인 요소로 가득 찬다. 악마 카드와 마법사 카드 모두 상대방을 속이거나 기만할 수 있고 철저하게 자신을 위주로 상황을 재편한다는 공통점이 있으나, 악마 카드가 모략과 기만을 동원해 오로지 결과물을 얻어내는 데 집중하는 것과 달리 마법사 카드는 그 과정에서의 능력과 가능성에 집중하며, 따라서 결과 못지않게 과정의 역할이 큰 편이다.

불리하지만 자신의 힘으로 뒤집거나 개선할 수 있는 상황에서 이 카드가 긍정적으로 발현된다면 자신의 힘을 총동원해 짜낸 기지나 임기응변으로 반전을 일으켜 대세를 장악하는 데까지 나아갈 수 있으며, 다른 이의 의사와 상관없이 자신의 의지와 의도를 사람들이 따라오게 할 수 있다.

그러나 부정적으로 발현한다면 자신의 역량이 부족한 상태에서 남을 무리하게 속여 피해를 끼치거나 자멸할 수 있다. 작게는 예나 지금이나 불분명한 무언가를 특효약으로 소개해 판매하거나 사랑을 속삭이며 욕망만을 채우는 사람들, 또는 남을 속여 자신이 원하는 바를 이루고자 선동과 조작을 일삼는 사람도 이 카드의 부정적 사례로 꼽을 수 있다. 대표적인 사건이 바로 줄기세포 논문 조작 사건이다. 이 사건으로 대한민국 과학계의 위상은 수많은 불치·난치병 환자의 절망과 함께 급전직하했다.

실제 배열에 이 카드가 나왔을 때는, 보통 역경을 이겨내야 하거나 새로운 시도를 할 때 또는 대적할 상대가 있을 때 유용한 면이 강한 카드라는 것을 인지해야 하며, 반대로 사람과 사람 사이의 소통이나 감정이 오가야 하거나 어떤 상황을 조율하고 균형을 맞춰야만 하는 상황일 때는 도리어 카드의 부정적인 의미가 적용되기 쉽다는 점을 주의해야 한다.

나아가 카드 자체가 질문자나 관련자와 같이 어떤 특정 인물(예: 연애 점에서 질문자 또는 상대방이 되는 인물)을 의미할 때는 해석하는 데 큰 어려움이 없으나, 카드의 의미에서 기술적 측면이 부각되는지 그렇지 못한지에 따라 긍정/부정적 의미가 적용된다는 점을 유념해야 한다. 이를 확정하려면 마법사 카드의 뜻이 '자신의 의지를 표명하거나 구현'하는 데 있다는 것을 곱씹으며 해석을 진행해야 한다.

배열 위치별 특징 켈틱 크로스 배열에서 마법사 카드(이하 1)가 나왔을 때 어떻게 긍정/부정적인 영향을 확인하는지 판단하려면 10장의 카드 맥락을 모두 살펴야 한다(이에 관해 더 상세한 내용은 30-31쪽을 참고).

1은 다른 카드보다 긍정/부정적인 의미를 쉽게 결정할 수 있는 편이다. 질문자가 이미 어느 정도의 능력을 지니고 자신의 의지를 구현하려 하는지 다른 사람이 평가하기가 어렵지 않기 때문이다.

결국 1은 자신의 의지를 관철하고자 누군가를(설사 그것이 신이라도) 속여야 하는 자이기에 다른 사람과 다르게 월등한 능력을 갖고 싶다는 단순한 희망과 다른 사람을 모두 속이더라도 자신의 목적을 성취하려는 모습으로 이해할 수 있다. 이런 빛과 그림자 같은 면모에 관한 판단 기준은 질문자가 원하는 것이 '도덕/법률/공정을 침해할 수 있는 문제인가?'가 중요한 판단 조건이 된다.

이런 성향 때문에 1은 1, 5, 6, 8번 위치에 나올 때 영향력이 쉽게 강해지는 경향이 있다. 이는 의지를 구현할 만한 역량을 지닌 사람이거나, 자신이 어떤 능력 또는 기술을 얻고자 노력하는 모습으로 보이기 쉽기 때문이다.

반대로 2, 4, 7, 9번 위치에 나올 때는 경쟁자와 실력 차가 극명한 상황이라는 것을 의미할 수 있다. 특히 질문자가 질문의 주제에 관해 생각하는 관점을 보여주는 7번 위치에서 카드의 의미가 부정적으로 발현될 때가 많은데, 이는 대부분 질문자가 자신을 마법사와 같은 능력자라고 착각하는 경우다. 반대로 9번 위치에서는 자신이 누군가에게 농락당하는 상황이 되거나 단순히 어떤 수준의 능력을 원하는 바람 정도로만 해석되는 때가 많다.

연애(관계가 성립한 상황) 대부분 동등해야 할 상호/이성 관계를 불균형하게 만드는 빈도가 아주 높고 나아가 연애의 비극적 결말의 신호가 될 수도 있다는 점에 유의해야 한다. 이는 1이 균형을 깨는 요소로 작용하기 쉽고, 1의 영향력 자체가 자기 주도적 관계를(결정권, 경제권 등) 성립시키려는 의도나 모습으로 드러날 때가 많기 때문이다.

이때, 상대방이 강력한 영향력을 지녔거나 판도를 휘어잡은 상태라면 1은 그저 비상금을 숨기는 배우자 정도로 격이 낮아질 수 있으나, 그게 아니라면 상대방을 기만해 자신이 원하는(예: 육체적 관계) 방향으로 관계를 이끌려는 의도로 이해할 수 있으며, 그렇기에 해당 카드가 결론이 아닌 어느 한편에 치우친 상태로 나오게 될 때는 1이 어떻게 주변 카드들의 영향을 받는지 확인해야 한다.

그러나 긍정적인 영향을 받는다면 1은 상대방의 소극적이거나 수동적인 태도를 이끌어, 나와 너의 관계에서 우리를 만들어가는 데 자신의 능력을 십분 발휘하는 모습으로 드러난다. 나아가 이 과정을 통해 다른 사람들의 선망이나 질투를 자아낼 수 있으니 주의해야 한다.

또한 이는 연애 기술의 문제로 이해할 수 있다. 자기 자신에 대한 PR(예: 헌팅, 미팅)을 해야 하거나 더 교묘하고 적극적인 자세로 다른 사람들의 애정을 얻어내는 과정이 필요하며, 나아가 해당 질문자가 연애를 못하는 이유가 '사람을 대하는 기술'에 있다는 것을 드러낸다. 그렇기에 부정적인 영향을 받을 경우 질문자의 문제를 어떻게 해결할 수 있는지 조언해야 한다. 반대로 긍정적인 영향을 받을 경우 다른 사람에게 '연애에 능숙하거나 굳이 날 선택할 이유가 없어 보이는' 경우로 드러나며, 여유가 없어 남을 살필 수 없어 보여 선택받지 못하는 상황일 수 있으므로 자신의 호감을 명확히 표현할 것을 권해야 하나, 흔치 않은 경우라는 점에 주의해야 한다.

연애(관계가 성립하지 않은 상황) 감정적으로 자신이 생각하는 바를 상대방에게 드러낼 것을 조언하는 경우가 일반적이다. 이 또한 긍정적인 영향을 받는다면 자신의 애정을 의지로 표명해 상대방을 설득하는 과정(예: 고백)을 거쳐 목적을 달성할 수 있다고 해석되지만, 반대로 부정적인 영향을 받는다면 공적인 업무에 국한하거나 자신의 어설픈 호감이나 애정이 이미 들통난 상태라는 것을 뜻할 때가 일반적이며, 이 때문에 자신의 감정을 제대로 전하기 힘든 상황으로 발전할 수 있다는 것을 경고해야 한다.

대인관계 질문자의 역량을 다른 이들에게 보여주거나 자신의 의지를 명확하게 표명함으로써 다른 사람들을 선도하는 것 말고는 다른 대안이 없다는 것을 드러낸다. 그러나 이 과정에서 일어날 수 있는 다양한 구설수나 견제, 방해를 어떻게 막아내거나 자신의 능력으로 이를 감화시킬 수 있는지 조언해 극복하도록 해줘야 한다.

긍정적인 영향을 받는다면 질문자만큼의 기술이나 능력을 지닌 사람이 없기에 자신의 의지대로 일을 추진해나간다는 뜻으로 이해할 수 있으나, 반대의 경우 자신의 역량 부족을 숨기려다가 발각돼서 다른 사람들에게 질타를 받거나 단순히 기분을 맞춰주는 사람으로 전락할 수 있다는 것을 경고해야 한다.

사업의 흐름이나 전망 경쟁 과정에서 세력 사이의 대립이나 대국적으로 판도를 결정지어야 할 때 흐름을 어느 한쪽으로 기울게 만들 수 있는 특정 누군가(참모 또는 책사)로 표현되거나 어떤 '꼼수' 자체로 표현될 수 있다. 나아가 상대방에 비해 기량 차가 우월할 수 있다는 것을 의미한다.

반대로 부정적인 영향을 받는다면 상대방의 전략에 제대로 대응하지 못하거나 다른 사람의 조력을 얻지 못하는 상황으로 해석되며, 이런 상황을 노린 거대 자본이나 전략에 압사壓死당할 수 있다는 점을 경고해야 한다.

창업의 성사 여부 자신의 재량/재능이 요구되며 기술 집약적 산업에서부터 시작해 프랜차이즈 등 남들에게 어떤 내용이나 자신에 관한 홍보 또는 인식을 촉구하는 분야의 여러 산업을 포괄해 나타낸다.

긍정적인 영향을 받는다면 총괄 기획이나 창작 등으로 표현되며 자신의 모든 역량을 그대로 보여주고 다른 사람들에게 재화를 얻어내는 형태로 해석되나, 반대로 부정적인 영향을 받는다면 의도적이든 그렇지 않든 자신의 본 역량을 감추고 남을 기만해 수익을 창출해내야 하는 상황으로 해석될 수 있으니 주의해야 한다. 나아가 더 자세한 내용을 알고자 한다면 배열 안의 마이너 카드들을 분석함으로써 그 분야에 관해 더 명확한 조언을 할 수 있다.

진로 적성 언변, 자기주장, 화술을 이용하거나 특출한 재능을 발휘해 더 많은 것을 움켜쥘 수 있는 분야에 해당한다. 긍정적인 영향을 받는다면 정치, 마케팅, 개발 등의 다양한 분야에서 획기적인 대안을 내놓거나 자신만의 기술을 공개해 다른 사람들의 선망이나 투자를 유치하는 재능이 있다는 것을 뜻하며, 최상의 경우 사람들이 말도 안 된다고 여기는 것을 기적처럼 이루어내는 상황으로 해석할 수 있다.

그러나 부정적인 영향을 받는다면 다른 사람들을 속이거나 조작함으로써 수익을 얻거나, 자기 자신이 조롱거리가 되어 다른 사람들에게 금전적인 희사喜捨, 또는 기부를 받아 유지하는 최악의 상황에 이를 수 있으니 주의해야 하며, 이 과정에서 위법적인 수단을 동원해 자신을 망치는 결과로 나아갈 수 있다는 점을 경고해야 한다. 그러나 보편적으로 개개인의 능력을 이용해 자신의 입지를 다지는 수준에 그치는 경우가 대부분이며, 기술 또는 역량을 더 쌓아 자신의 격을 높일 수 있다는 것을 강조하는 정도에 그친다.

시험 결과나 합격 여부 긍정적인 영향을 받는다면 어떤 분야가 되든 아마추어에 머물러 있는 프로급 실력을 지녔다고 해석할 수 있다. 그러나 이 또한 역량에 엄연히 한계가 있기에 우물 안 개구리 같은 상황으로도 드러날 수 있으니 주의를 줘야 하는데, 쉬운 예로 서울대에 가서 자기가 고등학교 때 전교 1등 했다고 외치는 꼴과 같은 상황에 처할 수 있으니 겸손할 것을 주문해야 한다.

반대로 이미 상당한 실력을 갖췄을 때 이 카드가 나온다면 그 영향력은 상당히 커진다. 특히 입시에서 1의 영향력은 실로 대단하다고 할 수 있는데, 이는 1의 역량이 밖으로 드러나는 경우나 면접/논술에 대한 강점으로(1이 가장 강하게 보여주는 능력은 언변, 화술이다) 나타나기 때문이다. 특히, 하향 지원을 했다는 전제하에 이 카드의 등장은 합격의 아이콘으로 인식된다. 1을 끌어모아 자신의 유능함과 명예를 증명해야 하는 학교의 입장을 생각해본다면 어떤 의미로 부합하는지 쉽게 이해할 수 있을 것이다.

질병의 호전, 완치 보통은 자기 예방을 통해 병원에 가지 않는 경우가 대부분이다. 그러나 이미 질병에 걸려 있는 상태라면 완쾌 의지에 따라 질문자 자신의 취약점이나 병세를 잘 알고 대처하는 편이거나 스스로 병마를 떨치고 일어나려는 의지로 이해할 수 있다. 부정적인 영향을 받는다면 치료 과정을 겪으며 받는 스트레스 때문에 치료가 더뎌질 수 있다는 것을 뜻하는 경우가 대부분이다. 최악의 경우 처방을 하는 의료진이 문제를 일으켜 질병이 악화될 수 있다는 것을 암시하지만, 이는 흔치 않은 사례이므로 극히 주의해야 한다.

단순한 건강 문제 정신적인 면에서 분열증, 조울증, 신경과민을 의미하는 경향이 있다. 최악의 경우 허언증, 나르시즘, 이기주의, 연극성 성격장애로 발전하게 된다. 이는 결국 스스로의 능력을 과신하는 것에서 비롯된 것으로 이해할 수 있다. 카드의 의미인 '의지'는 퇴색했음에도 스스로 담아내지 못할 문제들에 껍데기뿐인 의지를 표명하거나 (자기과시를 위해) 다른 사람들에게 허언을 반복하는 경우로 이해할 수 있다. 그렇기에 질문자가 이런 문제에 휘말려 있다면 본인의 의지와 그것을 실현할 수 있는 역량을 명확히 구분할 수 있도록 조언해야 한다.

켈틱 크로스 배열 위치별 긍정/부정 해석법

1 → ③④⑦⑧ 카드 확인 질문자의 역량이 해당 문제를 해결할 수 있는지 점검하고, 과거 질문자가 겪은 일로 자신의 의지나 역량이 강화/약화됐는지 확인해야 한다. 나아가 다른 사람이나 스스로가 자신의 역량을 어떻게 평가하고 있는지 확인함으로써 더 세밀하게 해석할 수 있다.

2 → ③⑤⑧⑨ 카드 확인 질문자의 능력 또는 의지 부족이 사건 해결에 얼마나 지장이 되는지 판단해야 하며, 뒤에 다른 경쟁자가 뛰어난 역량을 지니고 있는지 확인해야 한다.

이로써 질문자의 재능, 역량과 상대방의 평가를 확인함으로써 활로를 찾으려는 의지나 그에 상응하는 능력이 있는지 파악해야 하며, 질문자가 과한 욕심이나 막연한 희망을 품고 있는 것은 아닌지 점검함으로써 더 면밀하게 해석할 수 있다.

3 → ①④⑦⑨ 카드 확인 이 위치의 1은 특히 해석할 때 주의해야 한다. 앞서 언급했듯이 1의 부정적인 영향이 극단적으로 치달으면 도덕적인 책임을 외면/회피하려 하거나 다른 사람을 기만하는 방식을 악용해 자신의 목적을 달성하려는 모습으로 드러날 수 있기 때문이다. 이를 감안해 신중히 조언해야 하며, 이런 부정적 문제를 방지하고 반대로 긍정적인 영향을 받는다면 자신의 목표를 위해 진취적으로 나아가는 모습으로 표현될 수 있다.

4 → ①②⑤⑧ 카드 확인 과거에 자신의 의지를 어떻게 드러내왔으며 이로써 다른 사람이 질문자를 어떻게 평가하고 있는지, 그리고 질문자에게 이런 시선을 더 발전/역전시킬 역량이 있는지 확인함으로써 긍정/부정적인 의미를 적용할 수 있다.

5 → ①②④⑥ 카드 확인 자신의 의지를 얼마나 더 명확하게 드러낼 수 있는지에 따라 긍정/부정의 의미를 판단할 수 있다. 긍정적인 영향을 받는다면 현 상황을 벗어나거나 해결해나갈 수 있으나, 부정적인 영향을 받는다면 자신에게 놓인 난관을 회피하거나 다른 사람에게 자신의 부족한 역량을 드러낼 수 있다는 것을 지적해야 한다.

6 → ②⑤⑦⑨ 카드 확인 과거-현재-미래에 걸쳐 질문자가 원하는 것 또는 두려워하는 것을 어떻게 달성/회피하려 했는지 확인한 뒤 긍정/부정적인 영향을 판단할 수 있다. 긍정적인 영향을 받는다면 질문자가 목적을 달성하기 위한 수단을 실행하는 데 성공하는 모습으로 해석되나, 부정적인 영향을 받는다면 잔재주, 편법, 꼼수 등을 부려서 원하는 바를 편취하거나 다른 사람의 의도에 휘말리게 될 것을 암시한다.

7 → ①②④⑧ 카드 확인 이때는 질문자가 무엇을 근거로 해당 문제를 해결하거나 자신이 원하는 바를 달성하리라 믿는지 객관적으로 평가해봐야 한다. 긍정적인 영향을 받아 해결할 수 있는 문제라면 질문자 자신이 원하는 것 이상의 성과를 거둘 준비가 되었다는 것을 뜻하나, 반대로 부정적인 영향을 받으면 근거 없는 자신감만 있다거나 다른 사람들보다 한참 못 미치는 능력을 가지고 있는데도 자신이 문제를 해결할 수 있다고 여긴다는 점을 경고해야 한다.

8 → ①④⑦⑨ 카드 확인 특히 이 위치에 드러난 1은 다른 위치보다 쉽게 긍정/부정적인 영향을 판단할 수 있다. 이 경우에, 다른 사람들이 질문자를 '해당 배열의 주제에 관해 특별히 돋보일 만한 능력을 지닌 사람'으로 보고 있거나, 반대로 '거짓말하거나 기교에 치중해 본질을 덮으려는 사람'으로 평가한다는 뜻이기 때문이다. 이때는 질문자의 능력이 과거에 어떤 평가를 받았으며, 질문자가 자신의 능력/역량으로 얻고자 하거나 두려워하는 반응/결과가 무엇인지 확인함으로써 긍정/부정 여부를 판단할 수 있다.

9 → ②③⑦⑧ 카드 확인 질문자가 원하는 자신의 능력, 실력의 증명과 반대로 다른 사람들의 조롱이나 자신의 역량이 한계를 맞이하는 상황을 두려워하는 모습 등으로 구체적인 해석을 할 수 있다.

10 → 이 카드는 결국 질문자가 얼마나 의지를 군히고 있는지에 따라 판가름난다. 질문자 자신의 역량을 모두 이끌어내어 1의 긍정적인 의미를 적용시킬 수 있도록 조언해야 하며, 반대로 문제 해결 의지가 부족하거나 능력이 모자라다면 이를 어떻게 보완하거나 대처할 수 있을지 확인해 더 나은 결과를 얻을 수 있도록 해야 한다.

실제 사례 (2007년 6월)

질문 이쪽 세력이 우세를 점할 수 있을까?

사전 정보 2007년 대통령 선거에 대한 점이었으며, 여당이었던 열린 우리당(이하 A)의 관점에서 본 세력 구도였다.

$$1 - 8 - 15 - 5c - 5s - 3w - 4p - Pp - 7 - 10$$

---

1 (질문자 자신) 우리는 현재 무엇인가를 달성하고자 한다.

8 (장애물) 그러나 현재 주변 상황은 불리하며 수세守勢에 놓여 있다.

15 (기저) 이는 우리 스스로 불러온 것이며, 필요악적인 문제 때문에 불거졌다.

5c (과거) 그러나 지금까지 한 시도들은 매우 실망스러웠다.

5s (현재/곧 일어날 일) 수단과 방법을 가리지 않고 이기는 방법을 써야 하며, 이 방법을 다른 이들이 먼저 써버릴 수 있다.

3w (미래) 그렇기에 어떤 수단을 동원해서든(5s) 답을 얻어내야 하며, 그렇지 못하면 우리가 역으로 그 수단에 당할 것이다.

4p (질문자의 내면) 어떻게든 이겨 내 기득권/역량을 지키고 싶다.

Pp (제3자가 바라보는 질문자) 남들에게는 질문자가 속한 집단의 공약/행적/역량이 탁상공론처럼 보이거나 미숙해 보인다.

7 (희망/두려움) 목적에 부합할 수 있게 속도를 냈으면 좋겠다 / 이렇게 좌충우돌하다가 목적을 잃어버릴까 봐 두렵다.

10 (결과) 기세를 잃으면 어떤 노력을 하더라도 다시 정점으로 올라가기 힘들 것이며, 이미 수레바퀴는 굴러가고 있다.

실전 해석

이 배열에서 1은 1번 위치, '질문자 자신'에 나왔다. 세력 간의 분쟁과 관련한 질문의 특성상 '의지'와 '기술'과 '속임수를 써서라도 자신의 목표를 달성하려는' 태도를 드러낸다. 이는 해석 용법에서 설명했듯이 '의지'라는 뜻과 정면으로 배치되는 악마 카드(이하 15)의 '현실화, 합리화'와 맞물려 자신의 의지를 밖으로 드러내려는 의도를 그대로 보여주며, 이 시도가 실패할 때 발생할 부정적인 영향에 1 자신이 휩쓸릴 수 있다는 것을 경고하게 된다.

여기에서 1은 질문자의 모습을 보여준다. 이 배열에서 1에게 큰 영향을 주는 카드는 15, 5c, 4p, Pp다. 이로써 1이 부정적 의미를 띠는 것을 쉽게 알 수 있다. 15는 앞서 살펴봤듯이 자신의 의지를 실체를 가진 세력으로 만들려는 의도로 확인할 수 있으나, 이를 뒷받침하기 위해 해왔던 과거의 영향력은 되레 '공감, 지지의 상실'을 의미하는 5c로 드러나고 있으며, A의 세력 결집에 대한 욕망과 집착이 4p로 드러나나 이런 집착마저도 다른 사람들의 시선엔 '아직 여물지 못한 수준 또는 더 공부/노력이 필요한 수준'이라는 것을 드러내는 Pp로 보이기에 자신들의 의지와 관련없이 다른 사람들에게 인정받지 못하는 상황으로 몰릴 수밖에 없다는 것을 시사한다.

---

① **1(질문자 자신)** 질문자가 원하는 것을 달성하고자 자신의 역량을 발휘하고 있다는 것을 나타낸다. 이는 정당 정치에서 자신들의 존재를 알리고 대중의 관심과 지지를 유도하는 행사로 드러난다. 이로써 단일 거대 세력을 구축하려는 욕구가 15로 드러나나, 정작 여당임에도 이런 대안을 마련해야 했던 이유가 지지층 상실과 (최악의 경우)소속 의원 탈당 같은 현실 때문이었으며, 지지층을 결집하고자 수단을 가리지 않고 불리한 상황을 헤쳐나가려는 모습으로 해석된다. 그러나 그러한 집착과 노력에도 다른 이들의 시선으로는 그 목적이나 수단이 너무 뻔한 데다, 제대로 지지받지 못하는 모습으로 보일 수밖에 없어 부정적인 영향을 받았다는 것을 알 수 있다(15, 5c, 4p, Pp).

② **8(장애물)** 이 불리한 상황을 자신의 의지로 헤쳐나가려는 A 측의 생각이 무색하게, 이미 분노해 있거나 불만에 찬 여론이 계속해 A 측을 몰아가는 상황이라는 것을 드러낸다. 나아가 이런 불만은 이미 그 징후가 보였음에도 자신의 의견을 관철하려 무리수를 둔 것이 확인되며, 상황을 제대로 파악하지 못한 채 계속 밀고 나간 탓에 지지자들이 서서히 이탈하거나 이해타산이 다른 자들을 포용할 수 없게 됐다는 것을 알려줌으로써 부정적인 영향을 강하게 받고 있다는 것을 확인할 수 있다(1, 5c, 4p, 7).

③ **15(기저)** A라는 단체가 자신의 역량과 의지를 드러내야만 하는 이유가 무엇인지를 적나라하게 보여준다. 여당임에도 지지율 이탈과 내홍內訌이 불거진 상태에서 이를 수습하려면 다른 이의 시선을 신경 쓸 겨를도 없이 내부 결속을 강화해야 했기 때문이다. 그러나 현실 정치와 타협하기엔 이미 너무 늦었으며, 1의 의지 또한 대중이 폄하하거나 제대로 평가받지 못하는 상황에 이르렀기에 반대로 불리한 상황이 현실에 닥쳤다는 것만을 드러낸 채 더 나쁜 방향으로 흐름이 계속 이어지리라는 것을 뜻한다(1, 8, 5c, 4p).

④ **5c(과거)** 키워드는 '상실, 실망, 후회' 따위로 표현되는데, 이는 특히 대중의 지지와 믿음을 담보로 하는 정치와 관련한 내용일 때는 치명적인 문제가 된다. 이로써 과거부터 계속된 지지층 이탈과 지지율 하락으로 A가 내세우는 1의 역량이 크게 약화됐으며, 나아가 특단의 조치를 취하지 않고는 다시 일어설 수 없을 만큼 사태가 악화됐다는 것을 쉽게 알 수 있다.

⑤ **5s(현재/곧 일어날 일)** A가 특단의 조치를 취하더라도 이미 상대방이 그 의도나 목적을 명확하게 알고 있어 제대로 효과를 누리지 못할 것이며, 이미 상대방의 조치가 이루어져 활로가 막혀 있다는 것만 확인하게 되리라는 최악의 상황을 예견한다.

⑥ **3w(미래)** 이런 현실을 그저 받아들일 수밖에 없는 앞날을 보여준다. 지지율을 끌어올리는 방법으로 택한 여러 수단이 되레 여당으로서 어울리지 않거나 다른 세력의 마타도어Matador 또는 언론 플레이 때문에 효력이 반감할 것이며, 이에 따라 기대와 달리 초라한 결과를 거두리라 예상할 수 있다.

⑦ **4p(질문자의 내면)** A가 자신의 목표를 달성하려는 집착으로 드러나며, 어떤 집단/단체를 유지하고자 혈안이 되어 있는 모습을 의미한다. 긍정적인 영향을 받았다면 현실적인 문제들을 거론하며 체제를 안정시키거나 소수를 축출하고 다수를 유지하는 방향으로 사안을 덮을 수 있으나, 부정적인 영향은 이 카드에도 미쳐 다른 사람의 질타와 조언을 무시하는 모습으로 해석되며, 그들의 역량이 기존의 정치 구도에 비해 못 미쳤다는 점 또한 다음 카드를 확인함으로써 알 수 있다.

⑧ **Pp(제3자가 바라보는 질문자)** 정치 역량에서 다른 세력들, 특히 A에게 지지를 보내야 할 일반 시민이나 다른 정치인들이 보기에 A의 역량이 충분히 성숙하지 않았으며, 지지받을 기반이나 연고가 없거나 있더라도 여당이라는 이름에 어울리지 않을 만큼 협소하다고 여겨진다는 점을 보여준다. 여당이라는 유리한 위치를 제대로 살리지 못했거나 야당과 정책 조율 따위의 정치적인 기술이 미비했다는 점을 적나라하게 드러내며 1을 약화시킨다(1, 15, 5c, 7).

⑨ **7(희망/두려움)** 이 사안을 어떻게든 돌파하려는 희망적인 관념과 반대로 상황이 이대로 흘러가면 스스로 어떻게 해볼 수 있는 기회조차 주어지지 않은 채 세력이 기울어지리라는 두려움으로 해석된다. 그리고 이 두려움은 현실로 드러날 수밖에 없다. 이는 A 측의 의지 표명과 이를 위한 다양한 수단에도 좋지 못한 반응이 돌아오고, 다른 사람들의 눈에 비치는 A 측의 모습이 Pp와 같이 허술하거나 미진해

보이는 모습임에도 계속 강행한다면 결국 기다리는 것은 불길한 결과뿐이기 때문이다(1, 5s, 3w, Pp).

⑩ **10(결론)** 이 문제에 대한 명확한 대안이 없다면, 성했던 자가 쇠하고 쇠했던 자가 성하는 운명의 수레바퀴가 돌아가기 시작하리라는 것을 의미한다. 이로써 정권 교체가 확정된다는 것을 확인할 수 있다. 사실상 결론의 10을 긍정적으로 만들고자 한다면 1의 역량이 절실하다는 것을 알 수 있다. 그러나 긍정적인 결론으로 이끌고자 하면 결국 남을 기만하는 1의 부정적인 의미가 15와 결합해 정치적 문제로 크게 비화할 수 있다는 점이 문제가 된다. 아이러니하게도 이런 수단들을 쓰지 않겠다는 이미지 덕에 A는 집권에 성공해 여당이 됐으나, 결국 그 이미지가 자신의 발을 묶어버린 꼴이 됐다.

이 배열에 나온 1은 긍정적인 의미를 쉽게 드러낼 수 있는 주제/상황이더라도 다른 카드들 때문에 부정적인 의미가 될 수 있다는 점을 확인할 수 있다. 특히 정치에서 자신의 의지와 목표를 표명하려 시도하더라도 이미 축소된 역량을 때에 맞지 않게 또는 무리하게 쓴다면 이 사례처럼 상황을 더 악화시킬 수 있다. 정치라는 주제의 특성상 아무리 자신의 의지를 표명하려 해도 자신의 기반과 다른 사람들의 지지 없이는 힘을 발휘할 수 없기에 혼자만의 외침으로는 되레 대중의 공분과 무관심을 살 수 있다. 설령 A라는 단체가 옳더라도 이미 다양한 수단을 쓰기에는 너무 늦은 때였으며, 그 뒤엔 '경제만 살리면 되지'라는 흐름 속에서 자신이 옳다고 생각했던 것들이 묻혀가는 광경을 지켜볼 수밖에 없는 상황이 벌어졌다.

A는 이 점을 보기 전부터 이미 큰 약점이 드러난 상태였다. 여당임에도 여론은 완전히 등을 돌렸으며, 내부 갈등 또한 여전했다. 대중은 유래를 찾아보기 힘들 만큼 심하게 집권자를 희화화했으며, 집권 초창기 내세웠던 공약을 거꾸로 뒤집는 행보가 이어지면서 기존의 지지층 내부에서도 잡음이 일어날 정도였다(이 상황을 극적으로 보여주는 유행어가 바로 '이게 다 노무현 때문이다'였다).

거기에 더해, 이를 애써 무시하고 대응하지 않았던 당사자(노무현 전 대통령 및 열린우리당)에 대한 실망은 곧 대중의 지지 철회로 이어져 지지율이 급락하기 시작했으며, 이 점을 볼 시점에는 서서히 소속 의원들이 탈당을 고려하는 상황까지 다다르게 됐다.

이러한 부분이 과거에 드러난 5c와 합치하는 배열이며, 이 상황에 드러난 1의 역량(질문자의 역량)은 부정적인 방향으로 해석될 수밖에 없다.

이처럼 어떤 세력 사이의 경쟁이나 질문자 자신의 의지 표명과 관련한 점에서 1은 자신의 기반과 역량으로 다른 사람들의 인정이나 승리를 얻을 수 있는지 확인해야 하며, 그렇지 못할 상황이라면 이를 달성할 수 있도록 대안을 제시해 상황을 더 긍정적인 방향으로 이끌고 나아가 승리할 수 있도록 조언해야 한다.

1이 아무리 자신의 의지를 드러내고 싶어도, 15 때문에 발생하는 모순들을 짊어지고 실행하기에는 너무나 큰 위험을 져야 하는 문제였고, 기성 정치를 쇄신한다고 기치를 세운 자들이 기성 정치의 잘못을 반복하는 모순에 빠질 수밖에 없었던 아쉬운 사례였다.

결국 이 점을 보고 일주일도 채 되지 않아 열린우리당의 중진 의원들이 대거 탈당하는 사태가 벌어졌다. 그리고 점을 본 지 두 달도 채 지나지 않은 8월경, 초라함을 넘어 안타까울 정도로 의미가 퇴색한 마지막 전당대회를 끝으로 열린우리당은 역사의 뒤안길로 향하게 됐으며, 그 뒤의 대선 패배 또한 예정됐다.

실제 사례 (2006년 5월, 모 타로카드 커뮤니티, 20대 중반 여성)

질문   어떻게 해야 그 사람에게 더 다가갈 수 있나?

사전 정보 중학교 때부터 근 10년 동안 알고 지낸 남성이며, 만나도 긴장은커녕 욕설을 섞어 대화하는 게 더 편할 만큼 친하다고 말했다.

6c - 8p - 4w - 5w - 6p - 1 - 3 - Kc - Nc - 6

6c   (질문자 자신) 나는 이 사람과 옛 기억을 공유하고 있는 사이다.

8p   (장애물) 관계를 재설정하려 노력하고 있으나, 아직 바라는 대로 흘러가지 않고 있다.

4w   (기저) 이 사람과 영원히 함께하고 싶다.

5w   (과거) 이런저런 시도를 했지만 내 마음이 제대로 전달되지는 않았다.

6p   (현재/곧 일어날 일) 이제 이 사람에게 본격적으로 이야기를 시작해보자고 제안/부탁해야 한다.

1   (미래) 그런 방식을 통해, 본인의 의도대로 관계를 이끌어 나가게 될 것이다.

3   (질문자의 내면) 난 이 사람을 보듬어 감싸주고 싶으며, 우리가 함께 더욱 좋은 나날을 보냈으면 한다.

Kc   (제3자가 바라보는 질문자) 감춘다고 애썼으나, 다른 사람들이나 상대방도 내 이런 생각을 어느 정도 눈치채고 있다.

Nc   (희망/두려움) 내 감정을 더 잘 전달했으면 좋겠다 / 이런 내 이야기를 농담처럼 지나치지 않았으면 한다.

6   (결과) 진심이 통한다면 말하지 않아도 일은 이뤄질 것이다.

실전 해석

이 배열에서 1은 6번 '미래'에 나왔다. 이는 연애라는 질문의 특성과 결부해 1의 키워드인 '의지, 기술'을 발휘해 상대방의 마음을 자신에게 돌려야 한다는 것을 뜻한다. 특히 '의지'라는 의미에서 이를 달성하고자 어떤 방식으로라도 '자신의 감정을 상대방에게 전달'하게 될 것을 시사하는 점으로 보면, 단순한 육체적 관계만이라도 달성하면 그만이라 해석될 수 있는 15와 차이가 있다. 이에 따라 이 배열에서 1을 해석할 때는, 질문자가 상대방에게 자신의 어떤 마음을 어떤 방식으로 전달할 수 있는지 파악하고 그 과정을 순조롭게 진행할 수 있도록 조언해야 한다는 점을 알 수 있다.

이 질문에서 1은 질문자가 자신의 생각, 감정을 상대방에게 전달하고자 한다는 것을 보여준다. 1의 의미를 긍정/부정적으로 변화시키는 카드는 8p, 6p, 3, Nc로 확인되는데, 이로써 자신의 의지를 제대로 표명하지 못하고 있으며, 오래된 우정과 애정 사이의 미묘한 감정에서 벗어나지 못하는 상황을 일신해야 한다는 문제를 알 수 있고, 반대로 상대방을 감정적으로 확고하게 보듬고자 하는 자신의 속마음을 상대방에게 표명하고 싶어 하는 질문자의 의지를 엿볼 수 있다. 그렇기에 1을 어떻게 긍정적으로 강화시켜 상대방이 질문자의 감정을 받아들이게 할 수 있는지 다양한 수단과 방법들을 조언해야 한다.

---

① **6c (질문자 자신)** 관계가 오래됐다는 것을 드러내며, 나아가 질문자가 상대방을 생각하는 감정도 짧은 시간에 만들어진 것이 아니라는 점을 뜻한다. 반면 서로 어떤 삶을 살았는지 너무나 잘 아는 관계이기에, 친구 관계에서 연인으로 나아가는 데 발생하는 첫 번째 문제가 '서로 너무 많은 것을 공유했다'는 데 있다는 점을 경고한다.

---

② **8p (장애물)** 상대방에게 자신의 감정이 단순한 친분이나 우정이 아닌 애정이라는 점을 확인시키기 어려워하는 상황을 뜻한다. 질문자가 어떤 이야기를 다른 사람에게 했을 때, 다른 사람이라면 연애

감정이 담겨 있다고 충분히 오해할 수 있는 말이나 상황이 많았으나, 상대방은 이런 질문자의 표현에 익숙해진 나머지 '애는 또 무슨 농담을 하는 걸까?' 하며 웃고 넘기는 식으로 대응하는 상황이라는 것을 의미한다.

③ **4w(기저)** 질문자가 상대방과 어떤 관계로 나아가고 싶어 하는지 여실히 드러낸다. 어설픈 사랑과 우정 사이를 넘어 확고한 연인으로 다가가거나 그렇지 않다면 좋은 친구로 명확하게 선을 그었으면 하는 상황이라는 것을 알 수 있다.

④ **5w(과거)** 질문자와 상대방 사이에 많은 일이 있었다는 것을 뜻한다. 그러나 이를 단순히 다툼으로 묘사할 수 없다. 관계를 이어오는 상황에서 벌어진 다양한 사건 사고가 현재의 상황을 만든 것일 뿐, 큰 문제가 일어나거나 서로 감정이 크게 틀어질 상황은 아니기 때문이다. 그저 다른 사람이 보기에 과연 친구인가 적인가 하는 혼동은 있을 수 있으나, 오히려 서로 생각을 이해하고 존중하고 있다는 것을 다른 카드들로 알 수 있다.

⑤ **6p(현재/곧 일어날 일)** 자신의 생각을 상대방에게 설명해 동의를 얻어내는 모습으로 이해할 수 있다. 그러나 이 과정에서 자신에게 결정권이 없다는 점을 주의해야 한다. 특히 이는 잦은 구애나 만남으로 계속 상대방에게 이런저런 신호를 보내는 것으로 묘사되나, 정작 상대방이 이에 반응하지 않거나 무시하고 있다는 것을 확인할 수 있으며, 그렇기에 더 과격하고 확실한 방법을 써야 한다는 결론을 질문자가 서서히 깨닫는다는 것을 뜻한다.

⑥ **1(미래)** 질문자가 관계를 개선하고자 '의지'를 표명하는 것을 뜻한다. 방법이 어설프더라도 질문자가 감정을 드러내지 않는다면 상대방은 질문자가 자신을 좋아한다는 것도 모른 채 떠날 수 있다는 것을 경고해야 한다. 질문자가 그동안 해온 서툰 방법들 때문에 상대방

이 제대로 애정을 인지하지 못하고 있다는 점과, 관계 개선의 결정권이 결국 상대방에게 있다는 점이 부정적인 영향을 끼친다. 하지만 적어도 질문자와 상대방이 수많은 날을 함께했으며 상대방이 질문자를 오해할 이유가 없다는 점, 그리고 질문자의 진심을 제대로 표현함으로써 상대방이 가장 안정적이고 편안한 애정을 주고받을 수 있다는 점을 확인시켜준다면 자신의 마음을 전달하길 원하는 질문자의 희망사항이 달성될 수 있다는 것을 확인할 수 있다. 또한 이런 과정을 거쳐 더 구체적인 사안과 계획을 조언해 해석자가 사랑의 전령/책사로 활약해야 한다는 것을 알 수 있다(8p, 6p, 3, Nc).

⑦ 3(질문자의 내면) 관계에서 질문자가 상대방에 관해 모성에 가까운 마음을 품고 있다는 것을 의미하며, 상대방에게 3과 같은 대우를 받고 싶다는 욕구도 드러내는 카드다. 이는 과거의 수많은 작은 다툼에도 상대방을 보듬어 안고 자신이 양보하거나 상대방에게 많은 것을 베풀어줌으로써 자신의 입지를 굳힌 상황으로 증명할 수 있다. 이를 토대로 자신의 의지를 표명했을 때 주변의 많은 이들이 상대방이 거절하지 못하도록 만드는(예: '쟤가 이렇게 널 챙겨왔는데 어떻게 사람이 그러냐?' 식의) 상황을 이용할 수 있다는 점을 확인한다면, 긍정적인 영향을 받고 있다는 것을 쉽게 이해할 수 있다(5w, 6p, 1, Kc).

⑧ Kc(제3자가 바라보는 질문자) 다른 사람들이 보기에 관계를 이끌어가는 사람이 질문자라는 것을 모두 알고 있으며, 상대방의 감정을 어느 정도 통제하고 있다고 여긴다는 점을 보여준다. 더 쉽게 표현한다면, 상대방이 연애 문제를 포함해 어떤 고민거리가 생겨도 질문자에게 고민을 털어놓고 만나는 수준이라 할 수 있다. 그러나 질문자가 강제적인 수단을 선호하지 않기에 상대방의 마음을 강제로 자신에게 돌리려 하지 않을 뿐, 다른 사람들은 이미 상대방의 감정 여부와 상관없이 질문자의 결정을 응원하거나 자연스레 지지하리라는 것을 나타낸다(8p, 5w, 6p, 3).

⑨ Nc(희망/두려움) 질문자가 자신의 감정을 상대방에게 전달하기를 원하면서도, 상대방이 다른 사람에게 떠나가거나 자신의 마음을 제대로 전달하지 못한 채 더 많은 시간을 보내게 될까 봐 두려워하는 모습으로 이해할 수 있다.

⑩ 6(결론) 의사소통이 어떻게 이뤄졌는지에 따라서 관계의 결과가 긍정/부정적인 영향을 받을 수 있다는 것을 뜻한다. 다행히 이 배열에서 6은 긍정적인 영향을 많이 받고 있다는 점을 쉽게 확인할 수 있다. 이는 주변의 평가와 더불어 질문자의 의도가 순수한 것에 더해, 명확히 관계를 재설정하려 하는 모습으로 드러났기 때문이다.

이 배열에 나온 1은 자신의 생각을 상대방에게 전달하는 과정이 곧 진행될 것을 의미한다. 그렇기에 지금까지 겪었던 좌절이나 투자했던 시간, 물질 등이 절대 무가치하지 않다는 점을 강조해야 했다.

나아가 이는 1을 실행함으로써(질문자의 적극적인 감정 표현 덕분에) 10여 년이라는 긴 세월 동안 유지했던 감정의 공유를 통해 진실한 화합을 달성할 수 있다는 것을 드러낸 사례라 할 수 있다. 서로 오랜 시간 함께하며 감정적 공감과 공유가 빈번히 일어났음에도 본심을 제대로 전달하지 못했으나, 서툴게나마 꾸준히 상대방에게 표현했다는 점을 확인함으로써 더 확실한 대안을 만들 수 있다는 것이 확실하니 이를 실행하도록 도와야 했다. 또한 해석자가 질문자에게 상대방의 마음을 얻을 수 있는 방법들을 조언하기만 한다면 관계를 성립하는 것이 어렵지 않다는 점을 알 수 있는 사례였다. 이 과정을 제대로 실천에 옮긴다면 나와 너의 독립된 관계가 아닌 새로운 우리로서 결합할 수 있다는 것을 6이 보여준다.

점을 보기 전부터 10여 년 동안 가까이 지낸 친구 관계이며, 서로 어떤 이성을 만나고 헤어졌고, 어떤 공부와 일을 해왔는지 모두 알고 있는 둘은 다른 이성을 보려 해도 자신도 모르는 사이에 기준 자체가 서로의 모습으로 굳어진 것을 뒤늦게 깨닫고, 상대방도 어느 정도 질문자의 본심을 알고 있을 것이라고 언급하며 더 확실하게 표현하고 상대방의 화답에 여유 있게 대응하라고 조언했다. 반신반의하며 돌아간 그녀는 서너 달 뒤, 당시 싱글이었던 내 속을 있는 대로 긁으며 신혼여행 계획을 어떻게 세워야 하는지 다시 질문해왔다.

　이처럼 연애와 관련한 점, 특히 관계를 성립시키려고 질문했을 때 나타난 1은 질문자가 상대방을 어떻게 공략해왔으며 그 과정에서 어떤 단점이나 취약점이 있는지 확인해 가장 승산 높은 방식으로 방법을 개선시켜주느냐를 신경 써 해석해야 한다. 질문자에게 나쁜 의도가 없다면 1은 자신의 속내를 상대방에게 그대로 보여주며 마음을 얻는 방법을 쓸 것이고, 설령 몇몇 속임수(이른바 선의의 거짓말)를 쓰더라도 서로에게 상처를 주는 기만을 택하지 않게 조치한다면 해석자의 역할을 십분 다한 것이라 할 수 있다.

　결과적으로, 이 둘은 그동안의 긴 전간기戰間期를 끝내고 짧은 연애 끝에 결혼에 성공했다. 단순한 우정에서 벗어나고자 진심을 전달하는 방법만이 1을 만족시켜 6에 닿을 수 있다는 점을 확인한 사례였다.

II. THE HIGH PRIESTESS.

여사제

이해
Understanding

이해, 수동적, 납득, 수용, 무관심, 체념, 신비주의, 월경, 무위無爲, 낯가림, 보합, 대인 기피증, 예지, 백치미, 순결, 미지의 힘, 의도적 불임, 불신, 간호, 행동을 취하지 않음, 식물인간, 사고 정지, 존재하나 존재하지 않는 무형의 개념을 총칭, (경제 용어로서의)디폴트, 미개척지, 성매매, 피임, (해당 문제에 대해)행동할 필요가 없음, 방관, 방임, 없는 사실을 상상해 상대방을 의심하다, 상상임신, 성불구, (경제)보이지 않는 손, 음모(의 주제자), 타산지석, 비밀(금고), 부동不動, 부동不凍, 호스피스, 젖이 나오지 않는 현상, 노처녀, 환경론자, 사람을 가리다, 양성평등, 신부전증, 은닉(재산), (남성 한정)전립선염, 대립자(유/무형의), 난소 관련 질병, 비밀스러운 공유, 보이지 않을 수준의 존재감을 지녔으나 문제의 핵심을 인식하고 있는 자

긍정/부정 확인 기준

질문자가 인지하지 못한 사실들에 관해 얼마나 아는가?

숨기고 있는 사안이 있는가?

문제 해결을 위해 질문자는 어떤 대안을 내세울 수 있는가?

모호한 판단으로 문제를 호도糊塗하고 있지 않는가?

이 사안의 책임자인가?

이 사안에 전혀 영향을 끼치지 못한다고 생각하는 관계자가 있는가?

자신이 생각하는 자신의 취약점이 이 문제에 큰 영향을 미치는가?

여사제 카드는 다른 카드보다 의미의 긍정/부정을 찾아내기 어려운 카드로 꼽힌다. 상징편에서 언급했듯, '존재하나 존재하지 않음'의 의미와 '수동적'인 의미가 영향을 끼친 탓이 크다. 그렇기에 해석하면서 이런 여사제 카드의 특성을 질문자가 '이해'하고 있는지가 해석에 영향을 끼치기 때문에 해석할 때 더 주의해야 한다.

보이지 않으나 존재하고, 존재하나 설명할 수 없다는 것은 다양한 의미를 지닌다. 이성적으로나 과학적으로 실존하지 않는다는 것을 알면서도, 현실에 이런 개념이나 현상이 있다는 것을 인정할 수밖에 없는 것들을 뜻하기 때문이다.

이런 내용들이 각 주제에 어떻게 적용될 수 있는지 고려해야 하며, 위에서 언급한 조건뿐 아니라 더 세밀한 조건을 추가로 적용해 카드의 키워드를 더 정확하고 다양하게 해석할 수 있도록 노력해야 한다.

해석용법

긍정 여사제 카드는 어떤 질문이든, 다른 이들이 인지하지 못하거나 아예 없다고 생각하는 문제를 해결할 수 있을 때 가장 큰 힘을 발휘한다. 이는 실체 없는 것에 관한 '이해'를 기반으로 모든 문제가 발생하거나 해결되리라는 뜻을 품고 있기 때문이다. 나아가 질문 주제와 관련해서 현실적인 대안보다 무형의 가치나 관념, 통념에서 비롯한 대안이 더 효과적인 해결책이 될 수 있다는 점을 확인한 뒤에야 카드의 긍정적인 의미를 적용할 수 있다.

부정 그러나 위와 같은 긍정적 요소가 없는 상황에서 여사제 카드가 나온다면 부정적으로 해석할 수밖에 없다. 특히 결과론적인 인식이 강한 분야에서 더욱 문제된다. 수동적이고 다른 사람이 이해해야만 성립할 수 있는 것들로는 외부의 다양한 문제에 모두 대처할 수 없기 때문이다. 그렇기에 모두가 알고 있는 진리라 하더라도 현실에 적용해 명확한 효과를 내야만 하는 상황이라면 카드의 부정적인 의미가 적용된다.

현대사회에서는 사람들이 여사제 카드의 의미를 제대로 알고 실행하기 어렵다. 그러나 여사제 카드는 여전히 수많은 이야기를 통해 조언이나 대안을 얻을 수 있도록 함으로써 선택의 폭을 넓혀준다.

그렇기에 여사제 카드가 배열에 나타났을 때는 보통 상황이 정체되거나 무언가 놓친 것/방법이 있는 상태일 때, 사실은 쉽게 알아내서 쓸 수 있지만 이 문제에 적용해볼 생각조차 하지 못한 것에서 해결의 실마리를 찾을 수 있다. 그러나 이 또한 적절한 조언을 취하지 않는다면 질문자가 수동적·감성적인 방식으로 현상 유지만 하려고 들기 쉽다. 이는 다른 모든 주제에도 똑같이 적용되므로 해석할 때 주의해야 한다.

이에 따라 배열에서 실제 나타날 때는 보통 '수동, 수용, 이해, 납득' 등의 대표적인 키워드로써 해석하며, 나아가 알려지지 않은 방법이나 주술적, 미신적인 요소까지 언급하게 된다.*

여사제 카드가 배열에 나왔을 때, 질문 주체는 카드의 거대하지만 실체 없는 이미지처럼 어떤 지식의 전승을 시도할 때 상당히 비밀스럽고 폐쇄적인 방법을 쓰곤 한다. 그렇기에 적어도 사건의 배후나 이유에 대한 점을 볼 때 여사제의 영향을 강하게 받는 배열이 나왔다면 진상 파악부터 큰 어려움을 겪을 수 있으니 유의해야 한다.

반대로, 질문 주체가 명확하게 모든 상황을 주재·통제하고 있을 때, 상황을 해결하는 데 가장 중요한 무형적 가치 또는 숨겨진 지식/사람/정보를 얻어낸다면 카드의 긍정적 의미는 최고조에 이른다. 이때는 관련한 모든 것이 질문자를 거치게 되므로 질문자가 원하는 상황을 이끌어낼 수 있다는 점을 강조하며 조언할 수 있다.

이 카드와 실질적 역할에서 대비되는 카드는 마법사 카드가 아니라 교황 카드. 여사제가 여제에게 끼치는 영향력의 수준이 교황이 황제에게 미치는 영향과 거의 같고, 그 역할도 멘토-멘티의 관계로 표현되기 때문이다. 이 구도를 이해하기 쉬운 예로 할머니(2)-어머니(3)-아버지(4)-할아버지(5)가 각각 집안에서 어떤 입장/위치/행동/사고방식을 취하는지 확인해본다면 참고가 될 것이다.**

나아가 여사제 카드는 어떤 상황을 관통하는 진실/진리/규칙/숨겨진 인물 등으로 표현되며, 그렇지 않다면 이 모든 상황에 관해 숨죽여 지켜볼 것을 강조한다. 이런 문제에서 여사제 카드와 가장 흡사한 의미가 있어 혼동을 주는 카드는 은둔자 카드다. 그러나 은둔자 카드의 '고난을 감내하다'라는 의미와 여사제 카드의 의미는 전혀 다르다. 수동적이라는 점에서 두 카드의 의미가 유사하다고 오해할 수 있으나, 여사제 카드는 움직이고 싶어도 움직이지 않고 수동적 자세를 한없이 견지하는 것과 달리 은둔자 카드는 스스로 수동적 역할을

---

* 점을 보는 행위도 이 안에 들어가며, 나아가 미신적인 요소(해몽, 기원, 기도) 등 다양한 방식으로 '상식적으로는 말이 안 되는' 방법이나 수단이 언급되는 경우까지 있다.

** 판타스티컬 타로카드Fantastical Tarot의 2, 3, 4, 5번 카드는 이 구도를 의도적으로 표현하고 있다.

감내함으로써 자신이 원하는 것을 달성하려는 목적성을 띤다는 점에서 큰 차이가 있다.* 나아가 여사제는 애당초 그 자리를 지키고 있었을 뿐 다른 사람들이 인지하지 못하기에 수동적으로 보일 수 있으나, 수동적으로 해석될 뿐 성격 또는 의도 등이 변치 않고 한결같이 자신의 위치를 지킨다는 점에서 명백히 의미가 분화돼 있으니 주의해야 한다.** 배열에서 여사제 카드가 나타나면, 보통 비밀을 간직해야 하거나 어떤 사안에 관한 무형적 요소들에 주목해야 한다. 주제와 관련한 흐름, 분위기, 지혜 등을 파악하고 있을 때 긍정적인 효과가 강하게 나타나는 카드이며, 반대로 자신을 드러내야 하거나 정보를 공유해야 할수록 카드의 부정적인 의미가 적용되기 쉬우니 주의해야 한다.

또한 카드 자체가 질문자나 그 관련자처럼 특정 인물을 뜻할 때는 이를 질문자 자신이 인지하느냐에 따라 긍정/부정적인 의미를 다르게 적용할 수 있다. 이를 판단하려면, 여사제 카드가 의미하는 모든 것에 대한 '이해Understanding'을 질문자가 행하고 있는지 집요하게 파악해야 한다.

배열 위치별 특징 켈틱 크로스 배열에서 여사제 카드(이하 2)가 나왔을 때 어떻게 긍정/부정적인 영향을 확인하는지 판단하려면 10장의 카드 맥락을 모두 살펴야 한다(이에 관해 더 상세한 내용은 58-60쪽을

* 메이저 상징편의 랜턴 상징 해설 참고(82쪽). 은둔자 카드는 자신의 목표를 달성하려 어려움을 견딘다. 일례로 장인이 되고자 다른 장인의 밑에 도제로 입문해 장인의 기술을 익히기까지 오랫동안 견디고 버티는 것을 들 수 있으며, 지금도 요식업계는 이런 방식으로 뛰어난 인재를 배출하고 있다.

** 메이저 상징편의 등변십자가, 토라, 초승달 상징 해설 참고(24-25쪽). 여사제 카드는 계속 동일하게 있지만 다른 사람들이 이를 인지하지 못하는 경우에 속한다. 노자의 이야기를 예로 들면 '진리를 진리라 주장하는 순간 그것은 진리가 아니며, 이름을 붙이면 그 이름은 그저 거짓 이름이 된다道可道 非常道, 名可名 非常名'라는 명제로 대표된다. 현실적인 예를 들면 과학적으로 어떤 근거도 없고 정확한 레시피도 없으며, 심지어 맛도 천차만별이지만 모두 인정하는 '어머니의 손맛'이라는 표현을 들 수 있다.

참고).

2가 배열에 나타나면, 다른 카드보다 긍정/부정적인 의미를 결정하기 어려울 때가 많다. 해석자의 관점에서도, 질문자의 관점에서도 보이지 않는 부분이 있을 가능성을 서로 인식하고, 시야를 넓히거나 원론에 집중해 의도했든 의도치 않았든 숨어 있는 요소를 밝혀 조언해야 하기 때문이다.

이렇듯 2는 자신이 모르고 있으나 모두가 알고 있는 당연한 이치와 원리를 뜻하지만, 정작 이에 집착하거나 이런 가치를 계속 지키려는 자에게만 보이기에 다른 사람들에게 인정받기 어려우며, 나아가 하찮게 평가당할 수 있으니 주의해야 한다. 대부분 '왜 꼭 그런 시시콜콜한 걸 다 하려는 거야?' 또는 '그걸 누가 몰라?' 같은 반응을 보이며 제대로 평가받지 못하거나 숨은 가치를 인정받지 못하는 상황으로 흘러가기 때문이다.

그렇기에 2의 의미를 제대로 판단하려면 어떤 상황, 질문, 주제가 되더라도 이를 관통하는 가치, 요소를 명확하게 파악해야 한다. 예를 들어 '연애에서 가장 중요한 가치는 무엇인가?', '성적이 잘 나오려면 기본적으로 무엇을 해야 하는가?' 등의 가치 기준을 설정해야 한다. 그리고 그렇게 설정한 가치조차 당장 효과를 볼 수 있는 것보다 지켜나가야 할 핵심 가치를 짚어 경거망동하지 않고 초심을 지켜나갈 수 있도록 조언하는 것이 중요한 판단 조건이 된다.

이런 성향들 때문에 2의 의미가 배열에서 강한 영향력을 드러내는 위치는 3, 7번이다. 이 경우 2를 해석하기 상당히 어려워진다. 모호하거나 드러나지 않는 것을 언급하는 경우거나 문제에 민감한 부분을 질문자가 의도적으로 언급하지 않은 상태, 또는 질문자조차 어떤 내용인지 모르는 상태라는 것을 뜻하기 때문이다.

이와 달리 5, 8번 위치에 나타났을 때는 비교적 해석하기 쉽다. 겉으로 드러난 상황이나 이미지가 다른 사람에게 인지되지 않았거나 숨겨져 있거나 (주제와 관련한 사건 흐름 속에서) 질문자가 수동적일 수밖에 없는 상황이라고 이해하면 되기 때문이다.

그 밖에 2, 4, 9번 위치에 나타났을 때는 주변 카드들의 영향력을 어떻게 수용하고 있느냐에 따라 긍정/부정적인 의미가 유동적으로 바뀐다. 단순한 **장애물**로써 2는 비밀주의나 폐쇄성이 사건의 진행을 방해하는 상황으로 볼 수 있으며, **과거**에 드러난 2는 질문자가 그만큼 의견을 드러내지 않았거나 암중 세력으로만 존재했다고 이해할 수 있다. **희망/두려움**의 경우 보편적으로 더 단순하게 해석을 적용해서, 고립을 피하고 싶거나 어떤 소란스러운 상황에서 벗어나려는 욕구로 해석한다.

연애(관계가 성립한 상황) 전형적으로 '폐쇄적인 태도' 자체를 뜻할 때가 많다. 최악의 경우 정반대로 '만인의 연인'이 되기도 한다. 2의 뜻이 성춘聖春과 밀접하게 관련 있기 때문이다. 이런 해석과 관련해서 고대 바빌로니아에 있었던 이슈타르 신전 속 여신관의 이야기를 좋은 참고 사례로 들 수 있다.* 언뜻 정순해 보이는 묘사와 정반대인 2의 이중적인 면모는 실제로 적용하기 어려운 내용이다 보니 해석하기에 앞서 일어날 수 있는 파장을 사전에 경고하고 합의해야 하며, 이런 과정들을 먼저 거치고 양해를 구했더라도 해석에 상당히 주의를 기울여야 한다.

위와 같이 극단적인 상황이 아니라면, 관계 유지에서 가장 중요한 가치를 질문자가 가지고 있거나 별다른 조치 없이도 관계를 유지하는 모습으로 해석할 수 있다. 부정적이더라도 애정 표현이 적거나 다른 사람과 다른 형태·속성으로 관계를 유지하기 때문에 다른 사람들에게 이해받을 수 없으며, 나아가 관계 자체를 드러낼 수 없는 상황이라는 것을 암시한다.

연애(관계가 성립하지 않은 상황) 질문자의 수동적인 모습을 지적해야한다. 스스로 움직이지도 않고 상대방이 다가오는 것만 바라는 모습으로 해석할 수 있다. 그러나 긍정적인 영향을 받는다면 상대방의 관심이나 호감을 이미 인지한다는 뜻이 되며, 나아가 순애보적인 사랑으로 다른 사람들의 격려를 받게 된다는 뜻도 된다.

또한 동성애 코드를 드러낼 수 있는데, 이는 2의 모성母性이 성적 구분이 아닌 생명체 전반에 대해 넓게 퍼져 있는 애정 자체를 뜻하기

---

* 이슈타르 여신의 신전에선 매춘을 담당하는 여사제도 있어 특정한 시기에 여신에게 공물을 바치고 여사제와 성행위를 갖는 풍습이 있었다. 다만 이때 남자는 여사제의 실제 모습을 기억하지 못하게 눈을 가렸으며, 만약 신전 밖에서 이 내용을 발설하면 그 남자를 참살慘殺하는 규칙이 있었다. 아서 코트렐, 『그림으로 보는 세계신화사전』, 까치, 1997.

때문이다. 부정적인 영향을 받는다면 위와 반대로 이성을 혐오하는 모습을 뜻하는데, 이렇듯 극명한 해석은 질문자 개인이 애정을 투사할 수 있다고 여기는 것에 관한 정의와 관련되니 주의해서 해석해야 한다. 다만 이런 사례는 매우 드물어서 이와 관련한 주제가 아니면 적용할 수 없다.

상대방이 없거나 단순히 호감만 있는 상태에서 나온 2는 부정적인 모습을 강하게 드러낸다. 보통 이때는 호감인지 아닌지 모를 모호한 감정을 사랑이라고 착각하거나 상대방이 전혀 인지하지 못하는 상태에서 일방적으로 애정을 투사하는 상황을 뜻한다. 설령 긍정적인 영향을 받더라도 누구든 할 수 있을 조언('언젠가는 당신도 짝을 만나겠죠' 같은)에 그치거나 자신의 숨겨진 매력을 계발해 다른 사람의 호감을 얻어보도록 권하는 정도의 해석에 머무를 수밖에 없다.

대인관계 다른 사람들의 시선을 피하거나 관심받지 않기를 원하는 모습으로 드러난다. 긍정적인 영향을 받는다면 관계 자체를 유지하는 원인이 질문자에게 있다는 것을 뜻하는 정도로 강화될 수 있다. 그러나 이때도 '수동적, 신비'의 의미가 적용돼, 다른 구성원들은 질문자가 이 관계를 유지하는 것에 큰 의의를 두지 않는 것으로 인식하는 상황으로 묘사된다.

부정적인 영향을 받는다면 상황이 악화되는 이유가 모종의 음모나 타협 때문에 늘 관련자/관련되지 않은 자들과 마찰이 생길 여지가 있다는 의미를 지닌다. 최악의 경우, 이 상황을 무마하려면 희생양이나 관계 자체를 끝내야 분쟁을 막을 수 있다는 것을 강하게 조언해야 할 수도 있다.

사업의 흐름이나 전망 제한적인 상황에 국한되는 경우가 많다. 경쟁 과정에서 세력의 대립이나 대국적으로 판도를 결정해야 할 때라면 사업과 관련한 핵심 가치를 지켜내어 다른 이들과 차별화된 요소를 다른 사람들에게 드러내지 않고 조용히 개선해나가거나 내부 단속으로 유지하는 방향으로 조언해야 할 때가 많다. 만약 다른 경쟁자가

전혀 모르는 비밀스러운 수단이 있다면 이를 이용함으로써 문제를 해결할 수도 있겠지만, 그 수단이 공개되는 순간 효력이 사라지는 방법일 수 있으므로 실행에 주의해야 한다는 점을 강조해야 한다.

반대로 충분히 주의하지 못해 사업의 정체성이 흔들리거나* 주력 분야에 제대로 투자하지 않는 상황이라면 이를 개선하도록 조언해야 한다.

창업의 성사 여부 단골 위주의 영업 양태를 띄거나 회원제 클럽처럼 폐쇄적이거나 해당 분야의 전문가만 알고 찾아오는 방식의 사업을 뜻할 수 있으며, 더 나아가 비밀결사 등 다양한 방식의 신비, 실체 없음, 수동적, 비밀 사업이 여기에 속할 수 있다는 것을 고려해야 한다.

부정적인 영향을 받는다면 상황이나 여건에 따라 점조직과 같은 형태거나 실체 없는 유령 회사, 페이퍼 컴퍼니도 이에 속할 수 있으며, 최악의 경우 매춘에 해당하는 일까지도 포함할 수 있다. 이는 앞서 언급한 '성스러운 매춘'의 의미가 변질돼 적용된 경우이니 해석할 때 주의해야 한다.

진로 적성 분야 전체를 관통하는 핵심 가치에 관해 깊이 이해하고, 이로 일어나는 분쟁에 초월적인 공감을 이용해 자신의 역량을 보여줄 수 있는 분야로 묘사된다. 해당 질문자가 어떤 분야를 공부하느냐에 따라 의미가 달라진다. 문·이과로 구분하자면 2는 문과에 치우친 경향이 있다. 사람들이 공감하되 제대로 표현해내지 못하거나, 은연 중에 인정하는 어떤 요소를 깊게 표현해내는 소질로 볼 수 있기 때문이다. 이에 따라 전승·구전에 해당하는 분야에 특화될 수 있다는 것을 드러내며, 외부/문외한이 접근하기 힘든 분야를 담당하거나 해당 기술을 배우는 과정이 전혀 공개되지 않는 분야에 소질이 있다는 의미로 볼 수 있다. 이과에서는 원리를 관통하는 기초 학문인 순수 수학과 관련한 공식 창안 등과 밀접하게 관계가 있다.

* 한식 전문 식당에서 유행에 뒤처지지 않으려 파스타를 판매하는 식의 문제로 볼 수 있다.

그러나 이 또한 부정적인 영향을 받는다면 자신의 소질을 제대로 확인하거나 개발하지 못하고 엉뚱한 방식으로 쓰이고 있다는 것을 지적해야 한다.

하지만 이는 어디까지나 기질적인 문제에 국한되니 주의해야 한다. 전체적인 학업의 진행 과정을 묻는 문제에서는 실제 점수가 낮더라도 재능이 있다는 의미거나, 기본 능력 또는 자질 자체는 높으나 그 실체를 스스로 인지하지 못해 전반적으로 재능 자체의 잠재력이 높은 상황으로 이해할 수 있다. 따라서 보편적으로 연령이나 소질 개발/계발에 얼마나 투자할 수 있는지 확인함으로써 긍정/부정적인 해석을 진행해야 한다.

시험 결과나 합격 여부 긍정적으로는 자신의 뛰어난 역량을 의도적으로 숨기는 상황으로 볼 수 있다. 합격 여부와 상관없이 다른 사람의 의뢰나 청탁으로 합격에 준하는 입지를 얻으리라는 뜻도 있지만, 이런 상황이 실제 수익과 이어지지 않고 '알 만한 사람만 아는' 수준에 머무르는 단점이 있으니 이러한 한계를 어떻게 타개할지 고민해야 한다.

나아가 부정적으로는 자신의 합격 여부와 관련없이 이미 합격할 사람이 정해진 상황이거나 심사받을 자격을 제대로 갖추지 않은 채 지원한 상황으로 해석할 수 있으며, 최악의 경우 합격 여부와 상관없이 현 상황을 변화시키는 것이 불가능하다는 것을 뜻한다.

질병의 호전, 완치 긍정적으로는 자연치료, 대체 의학, 한의학 등 기존의 전승, 방침, 요법으로 문제를 개선하거나 예방한다는 것을 뜻하며, 카드의 의미인 '기록되지 않은 전승'을 통해 신뢰·인정받는 지식 *으로 건강을 회복하거나 신체의 저항력을 키우는 방법을 조언할 수

---

* 메이저 상징편의 옷, 바다 상징 해설 참고(24-25쪽). 유독 비가 오면 신경통이 심해지거나, 예전에 다쳤던 곳이 쓰리거나, 여성이 아이를 낳았던 달에 유달리 몸이 좋지 않다는 이야기가 이에 속한다. 과학적 근거는 없으나 상당수는 그런 이야기를 듣거나 체험했던 적 있을 것이며, 2는 이처럼 실체는 없으나

있다.

　부정적으로는 병의 잠복기가 진행 중이거나 실제 병세가 진행되는데도 질문자가 느끼지 못하는 경우에 해당한다. 자신의 생활 습관이나 문화적 관습에서 비롯한 소모성 질환(예: 퇴행성 관절염)이 나타날 수 있으며, 당장의 문제라기보다 인생의 거대한 흐름 속에서 당연히 찾아오는 노환으로 보는 것이 더 일반적인 해석이다.

단순한 건강 문제 비관적인 태도가 악화해 발병하는 경우로, 우울증, 강박증, 결벽증으로 발전된다. 스스로 세운 규칙이나 정의를 현실에 적용하지 못한 채 자신에게 강제하려 드는 성향에서 비롯한 것으로 봐야 한다. 이는 '이해'의 의미가 퇴색했다는 것을 스스로 인지하지 못한 채, 외부 요소를 이해하고 받아들여야 하는데도 자신의 기준에 맞지 않는 것을 일단 거부하고 보는 상황으로 나타나는 경우가 많다. 그렇기에 질문자가 이런 문제를 겪고 있다면 먼저 몸과 마음을 안정하게 하고, 문제의 근원에 접근해 스스로 개선해나갈 수 있도록 조언해야 한다.

　아주 희귀하게 명현증, 신병神病으로 드러날 수도 있으나 이런 해석은 더 깊이 있는 연계 해석으로 점검해야 한다. 단순히 신비주의나 무형적 전승과 같은 키워드를 대입해 해석하기에는 그 실제 사례도 규칙적이지 않아 더 연구가 필요한 상황이다.

경험적으로 존재하는 요소를 포괄한다.

켈틱 크로스 배열 위치별 긍정/부정 해석법

1 → ④⑤⑦⑧ 카드 확인 질문자가 문제의 핵심을 얼마나 이해하고 있는지 확인함으로써 긍정/부정적인 해석의 방향을 결정할 수 있다. 질문자가 수동적으로 변화한 기존 원인과 상황들, 그리고 질문자의 생각이 현 상황과 어떤 문제를 일으키는지 확인함으로써 더 명확한 의미를 알 수 있다.

2 → ③④⑧⑨ 카드 확인 주변 상황에서 얻을 수 있는 정보의 양이나 자신이 접근할 수 있는 정보에 한계가 있는지, 또는 질문자가 정보를 얻을 수 없게끔 만드는 분위기나 징조가 있는지 확인해야 한다. 이로써 자신이 어떤 압박과 방해를 받고 있는지 파악해 긍정/부정적인 의미를 적용할 수 있다. 나아가 숨겨진 정보나 변하지 않는 상황을 타개하거나 밝혀내려면 어떤 충격이나 변화를 주어야 하는지 조언할 수 있게 해준다.

3 → ①④⑤⑥⑨ 카드 확인 질문자의 현 상황, 사건의 흐름을 통해 질문자가 무엇을 원하는지 파악함으로써 긍정/부정적인 의미를 확인할 수 있다. 이는 질문과 관련한 사항들이 해석자에게 제대로 알려지지 않았다는 뜻이기에 필히 사전 정보를 재확인해야 한다. 나아가 질문자조차 모르는 것이 질문에 반드시 있다는 뜻이니 해석할 때 주의해야 한다.

크게 무리가 없고 가벼운 주제를 다루는 상황이라면 점을 보는 행위 자체를 뜻하며, 심각하게는 이 사안에 어떤 암투(음모, 비밀)가 있거나 질문자 자신/주제와 관련한 사람이 문제에 관해 숨기는 것이 있다는 해석으로 확장될 수 있다.

이런 요소 때문에 이 위치에 2가 나왔을 때는 수준 높은 해석자도 확답을 꺼릴 정도로 해석이 어려워진다. 이를 좀 더 수월하게 해석하려면 질문자의 현 상황과 이를 둘러싼 상황 변화가 질문자에게 유리/불리한지 파악하고, 궁극적으로 질문자가 원하는 것이 무엇인지 확인함으로써 긍정/부정적인 의미를 판단해야 한다.

4 → ①③⑦⑨ 카드 확인 이전에 성립했던 관계나 조합, 사건의 긍정/부정적인 효과를 통해 현재의 상태에 이르렀는지 확인하고, 어떤 (드러나지 않은) 영향을 받아 현재 질문한 상황이 일어났는지 유추해야 한다. 나아가 이 카드로 질문자가 현재 질문/문제에 관한 사고방식이나 판단 기준을 어떻게 긍정/부정적으로 만들어왔는지 확인하면 더 구체적으로 해석할 수 있다.

5 → ① ② ④ ⑧ 카드 확인 질문자가 왜 수동적이거나 다른 사람에게 드러나지 못하는지 확인해야 하며, 현재 질문자가 쓸 수 있는 수단이 무엇인지에 따라 긍정/부정적인 의미가 적용된다. 그렇기에 외부에서 바라보는 평가와 과거의 이미지를 통해 2의 의미가 강화/약화되고 있는지 판단해야 하며, 이로써 카드의 의미를 더 능동적으로 이용할 수 있도록 조언해야 한다.

6 → ② ③ ④ ⑦ ⑨ 카드 확인 시간의 흐름과는 달리 '기록되지 않고 전승되는 지혜'라는 의미를 질문자가 어느 수준까지 이해하는지 확인해 긍정/부정을 판단해야 한다. 질문과 관련한 이해를 막는 요소나 기저/내면의 영향을 통해 질문자가 얼마나 상황을 이해하고 있는지 파악하고, 이로써 질문자가 이루려는 바가 무엇인지 확인해 2의 진면목을 마주하고 있는지를 확인해야 한다. 단, 악도 선이 되며 선도 악이 될 수 있다는 점을 감안해 주제, 질문자의 목적, 배열이 제시하는 사건의 결과를 종합해 하나의 숨겨진 길이 있다는 것을 조언해야 한다. 이 과정에 상당한 난관들이 있지만 이를 극복해낸다면 배열 전체를 관통하는 숨겨진 흐름을 발견할 수 있다.

7 → ① ② ⑤ ⑥ ⑧ 카드 확인 다른 카드들이 긍정/부정적 의미만 강화되는 상황이라면, 이 위치의 2는 질문자의 속마음이 그와 반대의 입장/행동을 취할 수 있다는 것을 뜻하니 주의해야 한다. 나아가 질문자가 어떤 목적으로 속내를 다른 사람들에게 드러내지 않고 있는지 확인할 수 있다. 다만 배열 주제와 관련한 내용에 관해 질문자의 영향력이 적다면, 이 문제에 대한 능동/공격적인 수단을 쓸 수 없거나 그럴 마음이 없는 상태라는 것을 뜻한다.

8 → ② ③ ⑤ ⑨ 카드 확인 질문자에 관한 평가나 이 일이 외부의 시선에서 어떻게 보이는지를 확인할 수 있다. 이때 해석이 쉬워지는 경우가 많은데, 그만큼 질문자가 두각을 드러내지 못하거나 은연중 경원시하는 대상으로 인식되는 상황을 확인할 수 있기 때문이다. 그러나 이는 어디까지나 부정적인 영향을 받는 경우에 적용되며, 긍정적인 영향을 받는다면 다른 사람들에게 질문과 관련해 진리/철칙/황금비율 등을 이미 알고 있는 듯한 숨겨진 사람이나 신비로운 인물로 비칠 수 있다는 것을 뜻한다. 그러나 이런 긍정적인 영향을 받더라도 질문자의 발언권이나 설득력은 질문자의 수준이나 능력과는 무관하게 다른 사람들의 판단에만 의존해야 한다는 점을 주의해야 한다.

9 → ① ② ③ ⑦ 카드 확인 질문 내용에 따라 다소 달라질 수 있으나 능동적으로 문제를 해결하려 하느냐가 해석의 긍정/부정을 가를 때가 많다. 그런

내용조차 전혀 없다면 이 카드의 의미인 '이해, 신비, 진리'의 의미가 질문자의 처지에서 어떻게 발현하는지 확인함으로써 더 상세히 조언할 수 있다.

---

10 결론에 드러난 2는 모든 다른 카드의 의미를 총합하는 것이기에, 주제에 따라 각 카드 해석의 종합이 2의 키워드인 '이해, 수용, 신비'와 어떻게 연관되는지 확인해야 한다. 또한 이 의미의 발현을 방해/촉발하는 요소들의 비중을 분석해서 어떤 행동이나 흐름에 순응해야 질문자의 목적을 달성할 수 있거나 바라지 않는 상황을 미연에 방지할 수 있는지 논해야 한다.

이때는 어떤 조언이 되더라도 2의 키워드인 '수동적' 부분에 초점을 맞춰 상세하고 정확하게 조언해야 하며, 이를 실행할 수 있는지에 따라 2의 이해 수준을 확인할 수 있다. 질문자의 역량을 모두 이끌어내 2의 긍정적인 의미를 적용시킬 수 있도록 조언해야 하며, 반대로 문제 해결 의지가 부족하거나 능력이 이에 미치지 못할 때 어떻게 보완하거나 대체할 수 있을지 확인함으로써 더 나은 결과를 얻을 수 있도록 해야 한다.

실제 사례 (1998년 11월, 경기도 모처 인력 시장, 40대 남성)

질문   일 나가서 제대로 버텨 이 상황을 이겨낼 수 있을까?

사전 정보 IMF 경제 한파가 계속되는 시기였으며, 사회 전반적으로 음울한 기색이 만연해 있었다. 과거에 사업을 했으나 이를 정리한 뒤 근근이 일하며 살아가는 상태였다는 것을 해석 도중 질문자가 언급했다.

5p - 10s - 5c - 4 - 8p - 8s - 2 - Ps - 9 - 1

5p   (질문자 자신) 현재 내가 가진 것은 없으며, 이용할 수 있는 것이 무엇인지조차 보이지 않는다.

10s   (장애물) 파국에 가까운 상황에서 좌절하고 있다.

5c   (기저) 상심이 큰 상황에서 위안받으려 한 질문이며, 어디로 향해야 할지 방향을 잃은 상태다.

4   (과거) 기반이 그 나름대로 확고한 상태였으며, 자신의 권위나 입지를 세웠던 경험이 있었다.

8p   (현재/곧 일어날 일) 어설프게나마 현상 유지를 하고자 고되더라도 할 수 있는 일을 할 것이다.

8s   (미래) 그럼에도 운신의 폭은 넓어지지 않는다.

2   (질문자의 내면) 맞이한 상황에 능동적으로 대처하지 못하고 있거나, 방법이 있으나 그것이 무엇인지 모르는 상태라 생각하고 있다.

Ps   (제3자가 바라보는 질문자) 기회가 있다면 이를 실행하려 하는 사람으로 보고 있다.

9   (희망/두려움) 누군가의 조언을 원하며, 이 상황을 이겨내길 바란다 / 이렇게 도움받지 못한 채 어려운 상황이 계속되는 것을 두려워하고 있다.

1   (결과) 자신이 생각한 바를 통해 상황을 극복해나갈 수 있다.

실전 해석

이 배열에서 2는 7번 위치, '질문자의 내면'에 나왔다. 자신의 기반을 유지하는 것과 관련한 질문의 특성상, 사업에 관련한 점과 비슷한 흐름을 지닌다. 그렇기에 '현 상황에 관한 이해, 수용'과 '자신의 핵심 가치를 보전하려는' 태도를 드러낸다. 이는 해석 용법에서 언급했듯이 '자신의 목적을 위해 스스로 고행하는' 9와 달리, '상황을 더 현명하게 버텨나가기 위한 대안을 이미 알고 있고 이 가치를 지키려는' 모습이라는 것을 드러낸다. 나아가 '고행으로 인한 고립'을 두려워하게 될 경우 그 두려움이 현실화될 수 있다는 것을 스스로 인지하고 있다는 점을 알 수 있다.

이 배열에서 2에게 큰 영향을 주는 카드는 5p, 10s, 8p, 8s, Ps다. 언뜻 보기에는 2와 결합해 부정적인 영향을 주는 것으로 이해할 수 있으나, 주변 상황의 어려움에도 다른 사람의 간섭이나 견제에 굴하지 않고 자신이 중요하게 여기는 가치를 보전하고 있다는 긍정적인 요소를 부각시킨다. 5p, 10s는 주변 상황이 어렵고 어디에도 활로가 보이지 않는 막막한 상황을 보여준다. 8p, 8s는 수입이 늘지 않는 상황을 드러낸다. 또한 다른 사람들은 질문자가 기회만 된다면 무엇이든 해보려는 사람이라 평하는 시점에서, 2는 긍정/부정적인 영향을 떠나 질문자 자신이 목표를 향해 가는 과정에서 양보할 수 없는 것을 품고 있다는 것을 보여준다. 이때 현실적인 목표와 실현 방법을 구체적으로 조언해 2가 뜻하는 '이해, 수용'의 격을 높일 수 있다.

① 5p(질문자 자신) 현실의 어려움을 적나라하게 드러내는 카드라는 것을 쉽게 알 수 있다. 반면, 상황에 휩쓸려 스스로를 구원할 방안이 있는데도 이를 인지하지 못하고 있다는 것을 나타낸다. 이는 성당으로 피신할 수 있음에도 이를 지나치고 있는 행인의 모습에서 유추할 수 있으며, 질문자가 현재 겪고 있는 여러 어려움 가운데 스스로 가장 힘들어하는 부분이 물질적 기반이 없다는 점에 기인한다는 것을 알 수 있다.

② **10s (장애물)** 질문자를 가로막는 상황 자체가 총체적 난국이거나 질문자의 가능성을 매몰시키는 현실 위에 있다는 것을 의미한다. 질문자가 지켜나가려는 가치나 목표가 가혹한 환경 아래 눌려 있다는 것을 알 수 있다. 나아가 상황을 개선할 여지가 없거나 모두 휩쓸려 나간 상태이며, 주위의 상황 및 견해가 부정적인 모습들로 가득 차 있고, 질문 주제와 연관해 '(상황을)버텨나가는 것'을 어려워하거나 비관적으로 인식하고 있다는 것을 알 수 있다.

③ **5c (기저)** 질문자가 이미 쓰디쓴 상실을 겪었거나, 현재 겪고 있으며, 이로써 주변 사람들의 지지와 기대를 저버렸다는 것을 뜻한다. 나아가 질문자가 현재 잃은 것에 대한 안타까움을 느끼고 있으며, 더 많은 것을 잃지 않고 지금 가진 것이라도 유지해 현 상황을 타개하고 싶어 한다는 것을 알 수 있다.

④ **4 (과거)** 과거 질문자의 위세와 역량이 어땠는지를 보여주며, 지금까지 이 사람이 이 재난과도 같은 상황을 어떻게 헤쳐나갔는지 보여주는 카드다. 특히 40대 남성인 질문자의 연령대와 결부해 경쟁이나 생존을 위해 과거에 쌓은 기반을 정리하거나 과거에는 선택하지 않았던 삶의 방식들을 선택해 다른 사람들과 충돌도 불사하며, 현실 속에서 자신이 추구하려던 가치를 지켜내고자 고행에 가까운 일들을 감내해왔다는 것을 뜻한다(5p, 10s, 8p, 9).

⑤ **8p (현재/곧 일어날 일)** 질문자가 상황을 타개/극복하고자 선택한 수단들이 전문적이거나 기반이 든든하지 않으며, 고용이 안정되지 않거나 일용직 수준의 일들이라는 것을 뜻한다. 이는 과거에 드러났던 4와 극적으로 대비를 이루며 질문자가 겪은 몰락이 어느 정도였는지, 또 과거의 기반이 어느 정도였는지 추측할 수 있게 하는 강력한 근거다. 나아가 지금 선택한 수단으로는 기반을 만들어나가거나 상황을 개선할 수 없으리라고 예측할 수 있으며, 이는 미래를 의미하

는 6번 위치에까지 악영향을 미치게 된다는 것을 쉽게 알 수 있다.

---

⑥ **8s(미래)** 8p가 어떻게 악영향을 미치는지 여실히 보여준다. 이는 곧 현실에서 강구하거나 쓸 수 있는 수단이 제한되면서 미래 계획이나 상황 타개를 위해 세운 대안/전략들이 이런 흐름으로는 실행조차 하지 못하리라는 것을 드러낸다. 또한 상황을 역전하려면 지금 같은 생활이나 대응으로는 어렵다는 것을 확인할 수 있으며, 더욱 명확한 동기 부여 및 비전을 확립하도록 조언해 이 카드의 의미를 긍정적인 방향으로 이끌어야 한다.

---

⑦ **2(질문자의 내면)** 질문자가 현 상황을 어떻게 이해하는지 드러내며, 스스로 이 난관을 극복할 수 있다고 여기는 자신만의 아이디어/비전이 있다는 것을 알 수 있다. 긍정적인 영향을 받는다면 주변 상황과 관계없이 상황을 극복할 수 있는 원동력이나 자신의 목표가 설정된 것으로 해석되나, 부정적인 영향을 받는다면 상황을 해결하려는 의지가 없거나, 닥친 문제들을 해결하는 데 급급해 새로운 시도는 엄두를 내지 못하는 것으로 악화될 수 있으며, 자신의 장점을 살리지 못하는 상황으로 몰리기 때문에 질문자의 비전이 무엇인지 확인하고 현실 속에서 어떻게 구체적으로 실현해낼 수 있을지 조언해 긍정적인 영향을 받을 수 있도록 해야 한다(5p, 10s, 8p, 8s, Ps).

---

⑧ **Ps(제3자가 바라보는 질문자)** 다른 사람들은 질문자가 눈치를 보거나 기회를 노리는 상태로 본다는 의미다. 긍정적인 의미를 적용한다면 악조건 속에서도 재기의 기회를 놓치지 않으려는 사람으로 평가된다고 해석할 수 있으나, 부정적인 의미를 적용한다면 자신의 기반이나 생활을 위해 다른 사람의 약점을 주저 없이 지적하거나 경쟁에서 밀쳐내는 영악한 모습으로 비춰진다는 것을 시사한다. 이 점을 보고 있던 환경상, 적은 일감을 두고 얼굴을 맞대는 사람들조차 고성이 오갈 만큼 민심이 강퍅剛愎해진 상태였기에, 이런 평은 어찌 보면 당연할 수 있다. 이럴 때는 더 확고한 비전을 가질 수 있도록 조언해

긍정적인 의미를 더 크게 발현할 수 있게 도와야 한다(5p, 10s, 4).

⑨ **9(희망/두려움)** 질문자가 이 절망적인 상황이 계속될까 봐 두려워하는 것을 의미하며, 반대로 이 상황에서 자신이 문제를 해결하거나 다른 사람의 힘을 빌려서라도 현실이 개선되기를 희망한다는 뜻이기도 하다. 자신이 시도할 수 있는 대안들이 완전히 봉쇄되는 것을 두려워하는 것과 더불어, 자신의 비전이 틀리지 않았다는 것을 확신하고 싶어 하는 점에서 질문자가 아무런 대책 없이 현 상황에 맞서는 것이 아니라는 것을 확인할 수 있다(10s, 5c, 8p, 2).

⑩ **1(결과)** 이 상황을 끝내거나 개선할 수 있는 유일한 방법이 결국 자신의 능력과 의지에 달려 있다는 것을 시사한다. 돌파구를 찾지 못하면 좋지 못한 상황이 계속되며 자신의 역량을 갉아먹으리라는 것을 경고하며, 어쭙잖은 수단을 남발하다가 다른 사람과 시비에 휘말려 질문자가 버티고 있는 작은 기반마저 무너져 내릴 수 있다고 해석된다.

이런 문제를 예방하려면 질문자가 생각하는 계획이나 아이디어를 어떻게 실현할 것인지 조언함으로써 어쭙잖은 수단 대신에 확고한 목표를 잡아 상황을 극복할 수 있도록 유도해 1의 긍정적인 의미를 이끌어내야 한다.

이 배열에 드러난 2는 자신이 알고 있는 것을 제대로 활용하지 못하는 수동적인 모습과 함께, 문제를 극복할 지혜가 이미 본인 내부에 있었다는 것을 뜻한다. 상황을 타개할 비전을 질문자가 이미 지녔음에도 주변의 반대나 스스로의 부정적 견해 때문에 이를 실행조차 못하고 겉도는 상태였으며, 자신이 꿈꾸던 것을 실현시킬 방법이 아주 없지 않았으나 2를 제대로 마주하지 않고 있었기에 자신의 발을 묶어버리는 상황으로 치달을 수 있다는 것을 경고해야 하는 사례였다.

만약 제대로 조언하지 않거나 질문자의 비전을 이해하지 않고 폄하했다면, 결과에 드러난 1은 완벽히 그 의미를 잃고 혼자 어떻게든 살아가려 다른 사람을 해하거나 속이는 자로 전락하는 결과를 뜻하게 되며, 이런 좋지 않은 흐름이 이미 외부와 마찰을 일으켜 질문자의 사회적 평가를 부정적으로 깎아내리는 방향으로 흘러가게 됐을 것이다.

그렇기에 이런 배열에서 해석자는 2가 부정적인 요소를 보일 만한 문제들을 해결하는 방법을 조언하고, 각 카드의 단점을 어떻게 걷어내어 장점으로 승화시킬 수 있는지 고민해야 한다.

이 배열을 해석할 때, 2의 의미상 이 상황을 이겨낼 노하우, 전승, 경험 들이 이미 질문자에게 축적된 상태였다는 것을 해석하며 확인할 수 있었다. 나아가 스스로 그 비전을 실현하지 못한다면 어떤 방법으로 위기를 극복할지 다른 사람들에게 설명조차 할 수 없으리라 지적하면서, 과거에 어떤 방식으로 기반을 쌓았는지 반문하자 질문자는 자신이 과거에 유통업을 했던 경험이 있고, 지금은 비록 위기를 맞아 매각했지만 호시절엔 직원도 여럿이었다고 말했다.

이런저런 이야기를 이어가면서, 상황을 이겨내지 못해 가정 불화까지 생겼다는 것을 털어놓을 즈음 나는 이 배열에 나온 2의 의미가 무엇인지 확인하고 어떻게 조언해야 할지 결정했다.

집안의 가장임에도 자신에게 몰려온 스트레스와 문제를 해소하지 못한 채 자신의 품 안에 있는 사람들(가족, 동료, 직원 등)에게 풀어뎄기에 불화가 일어났다고 설명했으며, 먼저 조급해진 성격을 다스려야 한다고 말했다.

그리고 몇 가지 희망을 언급하며 조언을 진행했다.

활로가 없는 사지라면 싸울 수밖에 없으나, 질문자는 아직 벼랑 끝까지 밀려난 형국이 아니므로 현 상황을 유지하는 정도로 만족할 것을 권했으며, 그의 노하우는 유통업에 치중해 있기에 기본적인 자본이나 기반을 만들기 전까지는 시도조차 할 수 없는 수준의 것들(과거와 비슷한 양태의 사업)에 미련을 두지 말라고 덧붙였다.

또한, 자신의 노하우와 비전을 살릴 수 있되 규모가 작아도 시도할 수 있는 분야나 사업을 진행해야 한다고 강력하게 주장했다. 주변의 인맥을 동원해 유통망을 간편하게 만들어 수익을 늘리는 직판 개념의 사업을 권했으며, 소자본으로 질문자의 지식을 살려 사업할 방법은 오로지 이런 틈새 시장을 노리는 것뿐이라 지적했다. 이런 방식은 유통업을 하며 축적된 노하우를 최대한 활용하며 적은 기반으로도 시작할 수 있는 일이었다. 그러나 당시에는 이런 개념의 사업 자체가 없거나 개인 간의 거래 수준에 머물렀으며, 그랬던 만큼 이런 조언이 현실성 없어 보였을 것임에도 그는 자신이 그동안 생각해왔던 것과 매우 밀접한 관련이 있으니 다른 이들에게 이 방법을 말하지 말아달라고 부탁하면서, 고맙다는 말을 되풀이한 뒤 황급히 자리를 피했다.

그의 후일담을 직접 듣지는 못했으나, 2년 뒤에 TV의 아침 정보 프로그램에서 아파트 부녀회를 통해 공동 구매를 하면 가격이 매우 저렴해진다는 소식을 접하며 그가 언급했던 비전을 적용한 새 유통 구조의 구현이 성공했다는 것을 알 수 있었다. 인력이 많이 필요하지 않고, 한두 사람만으로도 운영할 수 있는 소자본 사업 형태였다.

이처럼 질문자의 기반과 관련한 점은 앞서 설명한 해석 용법에서 사업과 관련한 점 및 진로, 기질과 관련한 내용이 관계있다는 것을 확인할 수 있다. 이런 주제에서 2가 드러난다면, 2의 '이해, 수용, 신비'의 의미에 결부해 '질문자만 알고, 이해하고, 실행할 수 있는' 것이 무엇인지를 확인해야 하며, 그 실행이 질문자에게 어떤 가치와 동기를 줄 수 있는지 확인해 '수동적'인 2의 부정적 의미를 직접 부수고 세상에 자신의 비전을 펼칠 수 있도록 조언해야 한다.

실제 사례 (1998년 6월경, 학교 축제, 10대 후반 여성)

질문 이 사람과 앞으로 어떻게 해야 가까워질 수 있을까?

사전 정보 짝사랑 진행 중, 모교 축제였기에 질문자가 1학년임을 알고
있었다. 그녀는 등교 첫날(3월 초), 소개 시간 때 마주한 뒤
부터 그에게 계속 호감이 있던 상태였으나 이를 표현하지
못하고 시간이 계속 흘러가는 것에 조급함을 느끼는 중이
었다고 말했다. 단, 그녀와 같이 온 친구는 그의 이성 관계
와 관련해 좋지 않은 소문이 나돌고 있다는 것을 알렸으며,
질문자는 이를 말도 안 되는 소리라며 강하게 부정했다.

7p - 4c - 7c - 6s - 0 - 2 - Qc - 5c - 4w - 10

7p (질문자 자신) 욕심인 줄 알면서도 무엇인가를 바라고 있다.

4c (장애물) 욕심 부리지 않으면 내 감정을 채울 수 없다고 여긴다.

7c (기저) 그의 마음을 얻으면 자신의 감정이 충족되리라는 상상
을 하고 있다.

6s (과거) 예전의 학교를 떠나 새로운 학교로 진학하게 됐다.

0 (현재/곧 일어날 일) 새로운 학교 생활을 시작했으며, 예상 못한
일들이 벌어지고 있거나 벌어질 예정이다.

2 (미래) 무언가 숨겨지거나 제대로 파악하지 못한 것이 있으며
이를 곧 알게 될 것이다. 이 과정에서 질문자가 할 수 있는 일
은 없으며, 어떤 일이 벌어지는지조차 모를 수 있다.

Qc (질문자의 내면) 현재 자신의 감정에만 충실하려 할 뿐이다.

5c (제3자가 바라보는 질문자) 다른 사람들은 이 관계가 어울리지
않거나, 갈등을 불러일으킬 소지가 다분할 것이며 질문자가 상
대방 때문에 크게 상심하리라 여긴다.

4w (희망/두려움) 내 생각대로 모든 일이 진행된다면 정말 행복할
것 같다/이 상태로 상황이 진전되지 않음을 두려워하고 있다.

10 (결과) 상황은 바뀔 것이며, 이 변화 과정에서 자신의 의지가
개입될 필요도 없고, 할 수도 없을 것이다.

실전 해석

이 배열에서 2는 6번 위치, '미래'에 나왔다. 이는 연애라는 질문의 특성과 연결해서 2의 키워드인 '이해, 신비, 수동적'인 요소들을 통해 상대방에 관해 정확한 정보를 확인하거나, 다른 사람들이 이해하지 못하는 상대방의 마음을 이해해주는 방식으로 다가가야 한다는 것을 의미한다. 특히 '신비'라는 뜻에서 상대방과 관련해 숨겨진 진실을 확인해야 한다는 점을 시사하며, 그 점에서 세간의 평가와 무관하게 자신이 옳다고 믿는 것을 굳건히 믿고 기다리도록 주문하는 9와 차이가 있다.

이에 따라 이 배열에서 2를 해석할 때, 질문자가 생각하는 것 외에 숨은 진실이 반드시 있기 마련이며 진상을 확인하는 순간 상대방에 관한 자신의 평가가 반전될 수 있으니 주의해야 한다는 점을 지적하고, 이것이 밝혀지면 감정적으로 상처받을 수 있으니 미리 대비해둘 것을 조언해야 한다.

이 질문에서 2는 질문자가 자신의 감정을 상대방에게 전달하고 싶어 하는 마음이 실제 행동까지 이르지는 않았다는 것을 드러낸다. 2의 의미를 긍정/부정적으로 변화시키는 카드는 4c, 7c, 6s, Qc, 4w로 확인할 수 있다. 이로써 질문자가 자신의 감정을 앞세워 상대방에 관한 진실을 파악하지 않은 채 애정 대상이라는 미명하에 상대방의 문제를 제대로 파악하려 하지 않으려 한다는 점을 간파해 상대방이 연루된 소문의 진위를 명확히 파악하고, 질문자의 애정이 과연 진실한지 확인해 더 나은 연애관을 구축할 수 있도록 조언해줘야 한다.

갓 중학교를 졸업한 신입생의 입장이 다분히 배열에서도 드러나 있으며, 상대방에 관해 막연한 상상 속에서 애정을 갈구하는 모습이 나타났다. 이렇듯 상대방에 대해 과도한 기대나 환상을 품는 경우, 어떤 상황이 일어날 수 있는지 보여주는 배열이라 할 수 있다.

① 7p (질문자 자신) 그녀의 욕망이나 바람이 도를 지나친 상태라는 것을 뜻하며, 자신의 역량으로 소화하지 못할 것을 탐내는 모습을 뜻

한다. 사전 정보에서 나타났듯이, 상대방이 어떤 사람이고 어떤 성향인지 전혀 모른 채 단순히 자신의 감정이나 욕망을 채우기 위한 방편으로 상대방의 애정이나 관심을 탐내고 있다고 볼 수 있다.

② 4c (장애물) 자신의 감정을 일방적으로 채우려 상대방에게 호감을 품은 것 자체가 문제의 발단이라는 것을 뜻한다. 이와 함께, 상대방이나 제3자들이 질문자에게 관심을 주지 않거나 평범한 반응을 보여 실망했거나 불만에 찬 모습으로 볼 수 있다. 결국 자신의 고집을 양보하지 않고 '스스로 보려는 것만을 보려는 상황'으로 나아가 다른 사람과 다툼을 일으킬 수도 있다는 것을 암시한다.

③ 7c (기저) 질문자의 호감도 사실상 실체가 없으며, 자신의 망상을 상대방에게 투영한 것에 지나지 않는다는 것을 적나라하게 보여준다. 긍정적인 영향을 받는다면 단순히 자신의 이상형에 들어맞는 사람이라 해석할 수 있으나, 이 배열에서는 다른 카드들에게 부정적인 영향을 강하게 받고 있다. 결국 '이 관계가 성립했으면 좋겠다' 정도의 막연한 감정을 꿈꾸는 상황이라는 것을 드러내며, 질문자에게 연애관이 제대로 형성되지 못한 채 상대방을 선망하는 데 그치고 있다는 것을 지적해야 한다.

④ 6s (과거) 질문자가 어떻게 상대방을 만났는지 드러내며, 상대방을 제대로 모르는 상태일 수밖에 없는 (갓 입학한)상황을 직접적으로 보여준다. 그러나 더 넓은 시각으로 해석한다면, 질문자가 자신의 감정에 충실하게 행동한 적 없고 단순히 이상형을 상상하며 자신의 감정을 더 채울 수 있으리라 막연히 기대하며 입학한 것으로도 풀이할 수 있다. 최악의 경우, 이 카드는 질문자가 상대방 외의 다른 사람을 좋아했으나 거부당한 모습으로도 해석할 수 있다. 이는 카드의 키워드인 '도피'에서 파생한다.

⑤ 0 (현재/곧 일어날 일) 좁은 의미로는 새로운 학교 생활 자체를 뜻

하는 정도로 해석할 수 있으나, 더 정확히 해석한다면 예측하지 못한 사건의 발생을 뜻한다. 이는 0의 의미인 '준비 없음, 열광'으로 확인할 수 있다. 이 배열에서는 부정적인 영향을 받은 것으로 볼 수 있는데, 이는 질문자의 욕심 때문에 현 상황을 제대로 인식하지 못한 점과 더불어, 질문자의 애정이 새로운 환경에 설레는 가벼운 수준이라는 점, 나아가 그 감정을 고집한다면 학기 초부터 대인관계가 크게 어그러질 수 있다는 것을 알 수 있다(7p, 4c, 6s, 5c).

⑥ **2(미래)** 부정적인 영향을 받는다. 질문자가 다른 사람의 견해나 진상을 보고도 인정하지 못하는 상태라는 점과 더불어, 자신의 감정을 채우려 마음대로 설정한 이상형이 망가지는 상황을 받아들이지 못한 채 자신이 상상한 모습으로만 있다면 계속 호감을 간직하려는 성향이 결합해 '이해, 신비, 수동적'이라는 의미가 부정적으로 강화되기 때문이다. 질문자가 태도를 바꾸지 않는다면 결국 상대방과 관련한 루머의 진상이 드러난 뒤 질문자가 상대방에게 자신의 감정을 전달하는 행위 자체를 시도조차 못하거나 '내 이상형이 그럴 리가 없어!' 하는 인지부조화까지 겪을 수 있다는 것을 뜻한다. 이런 과정을 거치며 현재 얽혀 있는 공공연한 비밀, 루머나 구설수 등으로 더 악화될 수밖에 없다는 것을 확인할 수 있으며, 2의 부정적인 의미를 끌어내게 된다(4c, 7c, 6s, Qc, 4w).

⑦ **Qc(질문자의 내면)** 자신과 상대방의 관계를 제멋대로 단정짓거나 자신의 감정을 일방적으로 투사하는 질문자의 속마음을 표현하고 있다. 나아가 다른 사람들이 전해주는 소문이나 정보들을 신뢰하지 않고 자신이 보고자 하는 상대방의 좋은 점, 좋은 부분만 편취하려는 성향도 의미하며, 이 때문에 자신의 감정에 충실하려는 데 급급해 실재하는 문제를 외면하게 되리라는 것을 뜻한다(7p, 4c, 6s, 5c).

⑧ **5c(제3자가 바라보는 질문자)** 질문자가 현실을 제대로 인지하지 않은 채 막연히 상대방을 두둔하며 벌어진 상황을 묘사한다. 이 상황

이 계속된다면 질문자의 평판이 떨어질 수밖에 없으며, 학기 초에 빠르게 형성되는 교우 관계에서 흐름에 발을 담그지 못하거나 편협한 관계가 고착되어 대인관계가 좋지 못한 방향으로 흘러가게 될 것을 의미한다. 한편 이를 상대방의 시각으로 해석하면, 감정을 서투르고 일방적으로 표현하는 질문자에 관해 그리 큰 의미를 두지 않고 있거나 이미 자신의 취향이 아니라는 판단을 내린 상황이라고 해석할 수 있다.

---

⑨ **4w(희망/두려움)** 질문자가 원하는 대로 상대방이 관련한 루머가 모두 거짓으로 판명 나길 기원하며, 나아가 이로써 주변 경쟁자들이 사라져 상대방과 더 쉽게 관계를 이룰 수 있기를 바라는 희망을 품고 있다는 것을 뜻한다. 그러나 반대로, 상대방과 인연이 이대로 끝나거나 관련 루머가 모두 진실로 밝혀져 상대방이 자신의 이상형에 어울리지 않는 사람이었다는 결론을 받아들이기 두려워하는 모습으로도 해석할 수 있다.

---

⑩ **10(결론)** 어떤 방식으로든 관계와 상황이 변화하리라는 것을 뜻한다. 관계를 성립시킬 수 있는 역량이 상대방에게 있으므로, 그의 능력이나 기반이 실추되거나 상황, 흐름, 유행 등의 변화로 상황이 바뀔 수 있다는 것을 뜻한다. 열광적인 애정마저 식을 만큼의 '비밀'이 있다는 뜻으로 2가 적용됐기에, 10의 의미인 '화무십일홍'이 부정적인 영향을 받는다. 이 배열에서는 호감을 품던 사람조차 놀라 피할 정도의 '비밀'이 드러나며 주변 상황이 바뀔 것으로 해석됐으며, 그 맥락에 따라 비밀의 진상은 그만큼 도덕적/인간적 매력이 크게 실추할 문제라고 유추해낸 것에 불과하다.

이 배열에서 드러난 2는 결론에 놓인 10이 부정적인 영향을 받게 될 수밖에 없다는 것을 확정하는 카드다. 곧 소문의 진상이 밝혀지면서 질문자에게 자연스레 호감을 심어줬던 조건들이 전부 사라짐과 함께, 이로써 상대방의 평판이 완전히 추락한다는 것을 뜻한다.

이에 따라 아무리 상대방에게 호감이 있어도 소문의 진상이 드러나기 전까지 경거망동하지 말 것을 조언했다. 물론 그녀는 이런 조언을 듣고 '왜 애먼 사람을 모함하냐'는 반응을 보였지만, 어떤 상황이 벌어질지는 7번 위치에 드러난 Qc로 충분히 예측할 수 있었다.

결과적으로 2는 위험을 피하는 '지혜'이자 겉보기로만 판단할 수 없는 '비밀'이 있다는 것을 드러냈다. 나아가 진상이 밝혀진 뒤에는 상식적인 사람이라면 누구든 상대방에 관한 평가를 뒤집을 수밖에 없을 만큼 파격적인 문제가 숨겨져 있다는 것을 암시했다. 그 뒤, 상대방이었던 남학생의 추문은 모두 사실로 드러났으며, 그의 평판은 땅에 떨어졌다. 교내의 모든 여성이 그를 혐오하게 되자 학교에 오는 둥 마는 둥 방황하기 시작했으며, 얼마 안 가 질문자의 감정도 싸늘하게 식어버렸다.

이처럼 상대방이 없거나 단순히 호감만 있는 상태에서 나온 2는 부정적인 영향을 쉽게 받는다. 질문자 스스로 상대방과 관계 전환을 꾀할 방법이 없다는 점에서, 긍정적인 영향을 받더라도 이를 활용하기 어려운 현실적인 문제를 어떻게 해결할 것인지 명확한 대안을 마련하고 조언해야 하며, 이를 질문자가 실제 행동으로 옮길 수 있도록 해야 한다.

이런 사례조차 흔치 않을 만큼 2가 의미하는 바는 심각할 정도로 내밀성內密性을 띠며, 일의 실행에서 극도로 수동적인 모습을 보이니 해석에 주의해야 한다. 또한 점을 보는 대상자가 이를 의도적으로 숨기거나 부정하려 할 때는 더더욱 해석이나 조언하기 어려워지며 문제 자체가 미궁으로 빠지게 된다. 그렇기에 이 카드가 나왔을 때는, 질문자가 조금 더 차분하고 세밀하게 이성적으로 판단해야 한다는 점을 설득해 조언을 실행하도록 권해야 한다.

이 배열에 나온 2는 결과적으로 자신의 불만족(4c)을 채우려 자신의 감정을 망상(7c)으로 이끌어 상대방에게 일방적인 신뢰(Qc)를 퍼부은 것이며, 이런 상황이 생긴 이유가 과거와 다른 환경(6s)과 자신의 이상향을 갈구(4w)하는 데 급급해 상대방과 관련한 소문의 진위를 파악하려 하지 않거나 판단력이 흐려진 것으로 이해할 수 있다. 이에 따라 2는 현 상황에서 질문자가 상대방에 관한 비밀을 공유하거나 확신하지 않는 이상 능동적으로 비밀이라는 키워드를 받아들이지 않으려 하며, 설령 받아들이더라도 제대로 믿지 못할 정도로 인지부조화를 겪게 될 수 있다는 것을 확인할 수 있다. 이는 최종적으로 이 상황에 관해 질문자가 능동적으로 대처하지 못하리라는 점을 다시금 확정하는 모습으로 드러난다.

III. THE EMPRESS.
여제

모성
Motherhood

모성, 생산, 소비, 사치, 방탕, 비만, 탄생, 유통, 팜 파탈, 어머니(와 같은 존재), 임신, (연상의)여자, 대리모, 화려함, 낭비, (월경으로 인한)과다 출혈, 냉, 상상 임신, 우량주, 혈우병, 시제작, 지력地力 고갈, 안락, 고전적인 매력을 지닌 여인, 피부질환, 정맥류, 불평등, 번영, 내분비계통 장애, 블랙 위도우(범죄 심리학), 포화, 영, 유아기의 질병(여성 한정), 레드 오션, 허례, 풍족, 무방비, 전통에 대한 집착, 경작지, 예부터 알려진 수단을 통한 이익 창출, 공성계, 귀찮음, 번거로움, (방법을 가리지 않는)축재, 황금기, 방어 본능

긍정/부정 확인 기준

질문자에게 질문/문제를 해결할 만한 기반이 있는가?

(인맥/자금/동산/부동산 등)

문제를 해결하는 데 질문자가 지닌 소비/생산력이 스스로 감당해낼 수 있는 수준인가?

문제 해결 중에 다른 사람들의 지지를 "자연스럽게" 얻을 수 있는가?

경쟁 상대보다 월등한 재능*이 있는가?

모격母格에 준하는 보호자의 개입이 일어날 수 있는가?

상징편에서 언급했듯 '생산, 소비'와 '모성'의 키워드를 통해 카드의 긍정/부정적인 의미를 어떻게 적용할 것인지 확인하는 조건들이며, 이 밖에도 다른 사전 정보로 여제 카드의 키워드를 더 명확하게 해석할 수 있다.

일본 신화 속의 이자나기, 이자나미 남매의 고사**는 여제 카드가 역경을 극복하는 방법을 보여준다. 여제 카드는 그렇기에 질문자의 상황을 파악함에 앞서 '생산력'이 어느 정도이며, 어떤 가치를 창출할 수 있느냐에 따라 긍정/부정적인 의미를 판단해야 한다. 만약 생산력이 소비를 뒷받침하지 못하면 허영과 사치라는 부정적인 의미를 적용할 수밖에 없으며, 최악의 경우 자신의 산물을 방치하는 모습으로 드러날 수 있으니 주의해야 한다.

---

* 여기서 말하는 재능은 선천적으로 타고난 것으로 제한한다. 후천적인 노력이나 분석으로 개발한 재능이 아니라, 태어나면서부터 부여받은 재능에 국한한 것임을 구별해야 한다.

** 이자나기, 이자나미 남매는 어떠한 계기로 대립하며, 이자나미가 하루에 천 명을 죽여 세상을 멸하겠다고 하자, 이자나기는 이에 맞서 하루에 천오백 명을 낳아 멸망을 막을 것이라고 받아친다. 『고사기古事記』 참고.

긍정 여제 카드는 자신의 생산력으로 문제를 해결할 수 있을 때 힘을 발휘한다. 풍요한 생을 이루려는 능력으로 '생산'의 의미가 부여되기 때문이다. 나아가 다른 사람을 부양하거나 양육하며 자신의 영향력이 많은 곳에 미치고 있다는 것을 보여줘 사람들에게 자신의 위대함과 개성을 각인시키게 된다.

그러나 질문 안에서 여제 카드가 드러났을 때 긍정적인 의미를 무작정 대입시키지 않아야 하며, 질문자가 이 카드의 의미인 '생산'을 어떻게 하고 있는지 또는 그에 준하는 존재에게 지원받고 있는지 확인해야만 명확하게 해석할 수 있다.

부정 만약 질문자의 역량/기반이 여제 카드가 의미하는 바를 뒷받침하지 못하는 상태라면 곧바로 부정적인 의미를 적용할 수밖에 없다. 상징편에서 언급했던 수많은 부와 풍요의 상징이 있어도 이를 생산할 능력이 없거나 다른 사람들의 역량에 기대 행사할 때 쉽게 바닥날 수밖에 없다는 것을 강조하며, 이런 행위들은 결국 '사치, 방종'이라는 부정적인 의미를 파생한다.

그렇기에 아무리 화려하고 현란하며 모자랄 것 없는 상황이라도 이를 뒷받침할 수 있는 '생산력'을 갖춰야 한다는 점을 조언해야 하며, 그렇지 않으면 지금 누리고 있는 것들이 모래 위에 지은 성처럼 작은 충격에도 전부 허물어질 수 있다는 점을 경고해야 한다.

다행히도 여제 카드는 잘못 해석하는 경우가 흔치 않다고 말해도 될 만큼 접근성이 쉽고 뜻이 명확하다. 이는 우리가 현실에서 쉽게 마주할 수 있는 존재로 드러나기 때문이며, 더 나아가 여제 카드의 부정적인 모습마저 이미 수많은 이슈로 드러났기에, 해석에 큰 문제가 없다고 해도 될 만큼 쉬운 카드로 알려져 있다.

예를 들어, 산후조리와 같이 주변 환경에 따라 나쁜 영향을 받기 쉬운 환경이라면 재능이 그에 영향을 쉽게 받아 변질할 수 있으며,

나아가 악습의 뿌리로 자라나서 오염된 환경을 넓혀가는 상황으로 나타난다. 이는 '생산, 양육'이라는 키워드의 모체가 되는 존재/개념이 오염될 때 벌어질 수 있는 부정적인 뜻으로 확장되며, 최악의 경우 탄생의 순간에 사기邪氣가 범접해 문제가 일어나고, 평생의 후유증으로 남을 장애 요소로 나타난다(예: 뇌성마비).

이런 여제 카드의 모습은 대체로 기반이나 수준을 갖춘 사람들에게는 긍정적인 면모를 보이나, 이를 갖추지 못했을 때 부정적인 의미로 적용된다. 계란으로 바위를 치는 상황이거나 주제 파악이 덜 된 공상·망상을 포함하며, 추한 중년상에 걸맞은 파렴치한 행위로 변질된다.

반대로 자격을 갖춘 여제는 귀족적인 기품을 지닌 후원자이자 추앙받는 존재로 자리 잡으며, 육성에 특화돼서 자신을 거쳐가는 사람들의 (타고난) 숨겨진 재능을 발견해주거나 안정적인 기반을 제공함으로써 다른 사람의 성공을 통해 스스로의 가치를 존귀하게 올리는 사람으로 확고한 지위를 얻게 된다.

보듬어 안아 키우는 자로서, 또 기반에 있는 모든 것을 성장하게 하는 존재로서 여제 카드는 자신의 입지를 구축하려는 경향을 보인다. 그러나 자신의 기반이 어떤 의도/목적에 따라 활성화된 것인지 제대로 알지 못하면, 자신의 의도와는 전혀 다른 목적과 의도에 따라 기반을 이용당하는 결과를 빚을 수 있다. 나아가 자신이 가진 유한한 것들을 다른 사람들에게 무리하게 나누면 기반이 황폐해질 수 있으니 주의해야 한다.

또한 앞서 말했듯, 여제 카드가 의미하는 재능은 기반을 통해 자연스럽게 생겨나거나 태어나자마자 부여받은 것에 국한된다. 별도로 교육을 받아 생기는 후천적인 것들이 아니라는 점에 주의해야 한다. 예를 들자면 모계의 가풍으로 형성된 상재商才나, 태어나면서부터 특출난 기억력을 지닌 것 등을 꼽을 수 있으며 비슷한 의미가 있는 별 카드와 이 점에서 다르다.

여제 카드의 '양육, 육성'과 별 카드의 '회복, 성장 촉진'의 키워드가 비슷해 보이지만, 별도의 교육이나 가르침을 받아 스스로 재능을 개발했을 때는 여제 카드와 관련없으며, 오히려 별 카드의 의미에 더 가깝다. 자신의 재능/기반을 통해 키워낸 것 말고는 자신을 공개적으로 드러내는 것을 기피하는 성향을 지닌 여제 카드의 의미와 달리, 자신의 역량·공적·결과물로 다른 모두를 비추고자 하거나 다른 이들이 빛을 언제든 확인해 방향을 잃지 않게 해주는 별 카드의 의미가 보여주는 차이점이라 할 수 있다.

따라서, 유리한 상황과 환경을 이용해 다가올 미래를 꾸며나가는 상황에서 여제 카드가 나타난다면 긍정적인 의미를 최대한 끌어낼 수 있다. 경쟁자나 상대방이 질문자와 버금가지 못하는 한, 이 상황을 역전시키는 것은 불가능하다고 봐야 할 정도로 확고한 지지 기반을 얻는다는 의미로 볼 수 있다.

그러나 자신에게 불리하고 나아질 것 없는 상황에서 여제 카드는 자신의 기반/역량을 과대평가하거나 방만하게 운영하는 모습으로 해설할 수 있다. 과소비, 사치, 무리한 채무를 지며 소비하는 사람을 예로 들 수 있으며, 더 많이 소비하려고 주변 사람을 쥐어짜기 시작하는 상황으로 전락하는 것 또한 이 카드의 의미에 포함할 수 있다.

실제 배열에서 이 카드가 나타난다면, 질문자가 문제 해결에 필요한 재능/기반을 갖추고 있는지 확인해야 한다. 그렇지 않다면 질문자의 지지자·추종자가 많을 때만 긍정적인 의미를 적용할 수 있으며, 반대로 문제 해결에 고도로 학습돼야 하는 전문 기술이나 기능이 필요한 경우라면 특별한 재능이 없는 한 부정적인 의미가 적용되는 경향이 있다. 또한 다급한 상황에서 매수·지원·후원 등의 수단으로 흡수·병합할 역량이 없다면 부정적인 의미가 적용된다.

카드 자체를 실제 인물로 해석할 때는, 기반을 갖춘/갖춰야 할 자를 의미하며, 여제 카드가 의미하는 지위를 증명할 만한 역량이 되는지 보여줘야 하는 상황(예: 임신) 자체를 묘사한다. 이 경우 앞서 말한 내용을 따라 긍정/부정적인 의미를 포착할 수 있다.

배열 위치별 특징 켈틱 크로스 배열에서 여제 카드(이하 3)가 나왔을

때 어떻게 긍정/부정적인 영향을 확인하는지를 판단하려면 10장의 카드 맥락을 모두 살펴야 한다(이에 관해 더 상세한 내용은 86-88쪽을 참고).

보통 3은 자기 개발이나 취직에 관한 경우보다는 대인관계, 연애, 사업에 관해 좀 더 강점을 띤다. 그렇기에 이 카드가 배열에 나타날 때는 긍정/부정적인 의미를 결정하는 것이 그리 어렵지 않다. 결국 질문자가 어느 정도의 기반을 쌓아왔으며, 이 기반으로 다른 사람들과 어떻게 관계를 유지하려 하는지 파악한다면 긍정/부정적인 의미를 판단하는 데 혼선을 겪지 않기 때문이다.

이런 성향 덕분에 3이 3, 5, 6, 7, 8번 위치에 있으면 배열의 의미를 반전시킬 정도로 해석에 강한 영향을 끼친다. 주제와 관련한 기반들을 질문자가 얼마나 준비했으며, 객관적으로 해당 문제를 해결하는 데 필요한 비용이 얼마나 되는가에 따라 결정되는 경향이 있다. 이는 기반 자체가 풍족하거나, 든든한 상태에서 진행되거나, 어떤 결과물이 당도함으로써 풍요를 누리게 되는 등, 다양한 위치에서 3의 장점을 더욱 수월히 이용할 수 있는 상황/환경인 경우에 해당하기 때문이다.

반대로 1, 4, 9번 위치에서는 3의 장점이 쉽게 퇴색하며, 배열 전체에 미치는 영향력이 쉽게 감소하는 경향이 있다. 달이 차면 기울듯 장점이었던 것들이 되레 약점으로 작용하거나 질문자가 주변 환경의 변화에 제대로 적응하지 못해 3의 의미가 불리하게 흘러갈 수 있기 때문이다. 나아가 현재/과거에서 이를 개선하려는 모습이 보이지 않거나 내부의 문제 때문에 질문자가 문제 자체를 인지하지 못한 채 상황을 악화시키는 모습으로 드러나기도 쉽다.

3을 해석할 때는, 긍정적인 영향을 주는 위치에서 3이 나오더라도 다른 카드의 간섭을 잘못 받으면 의미가 변질되기 쉽다는 점에 주의해야 한다. 다른 카드보다 특히 그 정도가 심한 편인데, 이로써 3의 풍요나 번영이 굳이 필요 없거나 잘못된 경로로 흘러가 낭비되는 모습으로 드러난다. 이런 문제를 막으려면 자신의 이점과 장점을 보존하고 지킴으로써 발전할 수 있도록 조언해야 한다.

연애(관계가 성립한 상황) 자신의 기반이나 이성에 대한 애정이 얼마나 되는지 그대로 보여주며, 반대로 이성들이 자신을 어떻게 보는지에 관해서 그대로 파악할 수 있는 지표로 작동한다. 특히 여성이 질문자일 때 3이 8번 위치에 있으면 매우 긍정적으로 해석되는데, 질문자를 3으로 볼 만큼의 확고부동한 애정이 형성돼 있다는 뜻으로 볼 수 있기 때문이다. 또한 3이 출현한 쪽의 영향력이 크거나 관계의 주도권을 잡고 있다고 볼 수 있다. 이는 상대방이 황제, 악마 카드처럼 3을 강제적으로 전부 위·변조하는 위치가 아닌 한 좋은 관계로 어우러지고 있다는 뜻이다. 그러나 부정적인 영향을 받는다면 이마저도 다른 사람들에게 사치를 일삼거나 호의를 빌미로 상대방의 재화를 이용하는 모습을 뜻하기에 해석할 때 주의해야 한다.

연애(관계가 성립하지 않은 상황) 긍정/부정적인 영향을 면밀하게 파악해야 해석에 큰 오류가 생기지 않으니 해석할 때 특히 주의해야 한다. 긍정적인 영향을 받는다면 단순히 좋은 후원자이자 모성애를 통한 애정을 주고받는 과정에서 호감을 얻을 수 있다는 것을 뜻하나, 부정적인 영향을 받는다면 물질적인 요소를 동원해 무리하게 상대방의 애정을 사려는 모습으로 드러나며, 최악의 경우 자신의 기반을 탕진하더라도 상대방에게 거부당하는 경우를 뜻할 수 있기에 해석할 때 주의해야 한다.

상대방이 없거나 단순히 호감만을 가진 상태에서 나온 3은 부정적인 영향을 쉽게 받는다. 긍정적인 영향을 받을 경우는 오로지 자신의 기반이 다른 사람보다 월등히 뛰어날 때뿐일 정도다. 다른 사람의 애정을 갈구하는 과정이라면 자신의 작은 기반으로는 감당할 수 없다는 점을 지적하는 경우로 해석되고, 나아가 자신의 기반이나 외모나 성격에 대해 근거 없는 자신감을 가진 경우로 전락한다. 긍정적인 영향을 받는다면 자신의 기반을 이용해 다른 사람의 호감을 살 것을 조언하는 정도거나, 자신의 매력을 개발해 다른 사람의 호감을 살 수 있다는 것을 언급하는 정도에 그친다.

대인관계 질문자의 기반을 토대로 다른 사람들의 인심이나 지지를 얻을 수 있다는 것을 드러낸다. 긍정적인 영향을 받는다면 다른 사람을 후원하여 자신의 명성이나 인지도를 같이 높이는 모습으로 나타나며, 말 그대로 그 분야의 대모大母와도 같은 입지를 굳히는 것으로 해석할 수 있다.

그러나 부정적인 영향을 받는다면 단순히 기반을 제공하는 수준에 그치거나 자신의 허영을 과시하려 다른 사람들 틈에 파고든 모습으로 드러나며, 최악의 경우 다른 이들에게 이용당하는 상황이라는 것을 알지 못한 채 자신의 기반이나 역량을 소모하는 모습으로 전락할 수 있다는 것을 경고한다.

사업의 흐름이나 전망 3은 막강한 기반/자본력/기술력/인력을 뜻한다. 그만큼 동원할 수 있는 수단과 방법이 많다는 뜻으로 이해할 수 있으며, 압도적인 물량 공세로 쉽게 승리하는 경우에 해당한다. 수익을 얻을 수 있는 상황으로, 전망 자체가 좋다는 뜻이다. 이때 부정적인 영향을 받더라도 행동력 자체만 보강한다면 손해를 막을 수 있는 상황으로 해석된다. 더 나아가, 가격 상승이 있어도 수익에는 문제가 없는 상황으로 전개되는 경우까지 있을 만큼 좋은 영향력을 드러낸다. 이는 흔히 신자유주의에서 논하는 낙수 효과나, 시장 규모가 확대됨으로써 자신의 수익까지 늘어나는 상황으로 묘사된다.

반대로, 3의 영향력이 악화되면 악화될수록 간부/관리층의 부정 때문에 생긴 부패로 인식할 수 있으며, 과다한 비용 지출 및 예산 외의 문제들(예: 이중 장부, 비자금, 횡령 등) 때문에 자신이 지킬 수 있는 자산을 잃는 경우로 드러난다. 최악의 경우 이익이 날 상황이나 아이템이 아님에도 사업을 강행해 밑 빠진 독에 물을 붓는 상황이 될 수 있으니, 조언을 통해 이를 미연에 방지해야 한다.

창업의 성사 여부 창업하려면 스폰서/투자자를 유치하거나 인맥을

동원해 비용을 절감하는 방법을 조언해야 한다. 또한, 해당 요소들을 기반으로 하는 사업이나 사람들을 육성해 수익을 창출하는(단, 이는 전문적인 교육의 영역에 해당하지 않는다) 경우를 뜻한다. 최상의 경우, 매니지먼트 사업으로 얻는 수익을 넘어 고급 인력을 보유하는 것만 으로도 수익을 창출해내는 경우를 뜻한다.

그러나 부정적인 영향을 받는다면 단순 직무교육이나 사람들에게 필수적인 의식주와 관련한 기초적인 사업들을 의미하게 되며, 이때 는 다른 이들도 쉽게 가능하기에 경쟁력이 저하될 수밖에 없다는 것 을 뜻한다.

진로 적성 주로 정靜적인 분야에서 영향력이 더 강해지며, 다재다능 함을 뜻한다. 긍정적인 영향을 받는다면 후원/투자/복지에 해당하 는 분야에 재능이 있다는 것을 드러내며, 큰 그림을 그려 일이 성사 되게끔 돕고, 자신이 도와준 이들의 명예와 이익을 함께 나누는 구조 를 만드는 방식에 재능이 있다는 것을 뜻한다. 최상의 경우, 이런 방 식으로 자신의 족적을 세상에 남길 위인이 될 수 있다는 것을 드러낸 다. 나아가 다른 사람의 장기나 재능을 살려주는 계열들을 지칭한다. 지원자支援者로서 기능하기 쉬운 3의 의미를 참고한다면 추측할 수 있는 문제다.

그러나 부정적인 영향을 받는다면 부족한 기반을 무리하게 끌어 쓰는 모습을 뜻하며, 잘못된 육성 방식을 고집한 나머지 다른 사람들 에게 인정받지 못해 최악의 경우 남에게 자신의 기반을 모두 내주는 상황으로 치닫고 스스로를 망칠 수 있다는 점을 경고해야 한다.

그러나 보편적으로 자신에게 주어진 기반을 바탕으로 다른 사람 들을 신뢰하고 후원해 자신의 입지를 다지는 경향을 띠며, 이를 공 유/투자해 자신의 격을 높이는 분야에서 스스로의 가치를 증명함을 강조하는 정도로 해석할 수 있다.

시험 결과나 합격 여부 어느 정도 기반이 잡혀 있거나 주어진 자신의 재능을 응용하는 방법만 알면 개선하기 쉬운 상태를 보여준다. 이 카

드가 학업에 관련했을 때 영향력이 퇴색하는 경우는 쉽게 말해 '공부만 하면 잘하는데 안 하는' 상태 말고는 없다. 그 밖의 다른 문제가 무엇인지 확인해 자기 발전을 위한 행동력과 의지를 강화할 수 있도록 조언해야 한다. 그러나 부정적인 영향을 받는다면 나태한 나머지 학습 시기를 놓치거나 잠시 반짝했던 재능을 영구적인 것으로 착각해 정작 자신이 개발해야 할 요소들을 발전시키지 못한 모습으로 드러나며, 최악의 경우 자신의 능력이 아닌 다른 요건들(예: 집안, 재력 등)로 남을 밀어내고 자리를 차지하는 모습으로 나타난다.

질병의 호전, 완치 긍정적인 영향을 받는다면 균형 잡힌 식생활이나 영양 상태를 유지해 질병을 미연에 방지하거나, 식이요법으로 질병 관리가 수월해지리라는 것을 뜻한다. 최상의 경우 치료 과정에 포함된 약물들에 대한 내성이 적어 약품의 효과를 잘 받고 부작용 없이 완쾌된다는 것을 뜻한다.

부정적인 영향을 받는다면 약품의 부작용으로 오히려 건강을 해치는 상황 또는 식생활이나 생활 습관의 개선이 이루어지지 않아 과거의 병력이 재발하는 모습으로 나타나며, 최악의 경우 식중독이나 전염병의 영향으로 치명적인 문제가 발생할 수 있으므로 주의해야 한다.

단순한 건강 문제 3의 의미인 '생산, 풍요'가 역으로 건강에 해를 끼치는 경우로 이해할 수 있다. 이런 현상의 대표적 예시는 비만, 과체중, 지방간 등의 질병이다. 더 나아가 3의 잘못된 영향력이 강하게 발현하면 내분비계의 장애까지 포괄하는 상태일 수 있고, 신체 기관이 비대/거대해져 본래의 기능을 상실하게 되는 증상을 통칭할 수 있다.

켈틱 크로스 배열 위치별 긍정/부정 해석법

1 → ③④⑤⑧ 카드 확인 긍정적인 영향을 받는다면 사실상 점을 볼 필요도 없거나 가벼운 사안일 때가 대부분일 만큼 현 상황에 문제가 없고, 다만 닥쳐올 예상 밖의 변수를 어떻게 막아낼지 조언하면 된다. 그러나 부정적인 영향을 받는다면 대부분 질문자의 왕성했던 기세가 꺾이고 있다는 것을 뜻할 때가 많다. 과거에 관성적으로 소비해온 것들을 줄여나가거나 추가로 자신의 기반을 넓히려는 시도를 하지 않으면 기존의 기반에 문제가 생긴다는 의미로 적용되기에, 질문자의 기반과 역량을 지켜내려면 어떤 방법을 강구해야 할지 고민하고 조언해야 한다.

2 → ③④⑦⑧ 카드 확인 기본적으로 자신의 기반이 부족하거나 대적한 상대방의 기반이 우세하기에 생기는 장애물을 뜻한다. 즉, 질문의 문제를 해결할 방법이 실질적인 수단(자금, 인맥 등)과 밀접한 관계가 있다는 것을 드러낸다. 긍정적인 영향을 받는다면 적은 지출로도 문제를 해결할 수 있다고 조언해 질문자가 더 발전할 수 있도록 북돋워야 하나, 부정적인 영향을 받는다면 자신의 수준을 생각하지 않은 채 소비하거나 과한 비용을 지출하는 상황이라는 것을 지적하고, 현 상황에서 왜 이런 조치가 필요한 것인지 그 이유를 확인해 질문자 스스로 누수되는 요소들을 통제할 수 있도록 조언해야 한다.

3 → ②④⑦⑨ 카드 확인 질문자가 주제와 관련해 좁게는 물질/기반에 관한 집착을 뜻하며, 문제의 핵심과 관련된 것들이 화려함, 재산, 기반, 수익, 양육 등에 관한 내용이라는 것을 뜻한다. 긍정적인 영향을 받는다면 보편적으로 질문자가 생각하는 재산의 증식이나 기반의 확장 계획이 합리적이며, 스스로 이를 소화할 수 있다는 것을 일깨우는 정도로 해석할 수 있다.

그러나 부정적인 영향을 받는다면 질문자의 의도가 '허영'에 기반한다는 점을 지적해 현실적인 대안을 조언해야 하며, 최악의 경우 이미 어느 정도 자신의 재능이나 기반을 탕진한 뒤거나 그런 상황을 앞두고도 자각하지 못한 채 더 큰 욕심을 부리고 있다는 것을 드러낸다.

4 → ①②⑤⑧ 카드 확인 과거의 3이 어떻게 작용해 질문자의 현 상황과 주변의 평가를 바꿨는지 확인해야 한다. 긍정적인 영향을 받는다면 과거의 기반을 토대로 자연스럽게 문제를 해결할 수 있다는 것을 뜻하나, 부정적인 영향을 받는다면 과거의 방만한 운영이나 언행 때문에 현재 겪는 문제가 불

거졌다는 것을 지적하고 문제점을 파악해 고칠 수 있도록 조언해야 한다.

5 → ③⑥⑧⑨ 카드 확인 현재 또는 미래에 주어질 자신의 기반을 어떻게 과시하거나 사용해 남에게 자신이 원하는 바를 강요/설득할 수 있는지 확인해야 한다. 나아가 질문자가 원하는 이상적인 상황이 쉽게 연출되는지 파악해 긍정/부정적인 의미를 확정짓는다.

긍정적인 영향을 받는다면 자신의 재능과 역량과 기반으로 문제를 해결해나가는 과정을 뜻하며, 이 과정을 거치면서 많은 사람과 인연을 맺거나 경험을 쌓는 것으로 이해할 수 있다. 그러나 부정적인 영향을 받는다면 호의로 한 일로도 지탄받거나 문제의 본질을 전혀 모르는 채 자신의 역량이나 재능을 낭비하는 모습으로 드러난다.

6 → ①②⑤⑦ 카드 확인 현재 질문자의 역량과 장애의 수준을 비교하고, 질문자가 이를 뛰어넘고 자신의 영역으로 확장할 수 있느냐를 검토해 긍정/부정적 의미를 판단해야 한다. 긍정적인 영향을 받는다면 순조롭게 일이 이루어지면서 예상 이상의 부가 수익을 얻는 것으로 해석할 수 있으나, 반대로 부정적인 영향을 받는다면 비용과 시간에 비해 성과가 적고 정체됨을 뜻한다. 그렇기에 당면한 상황을 현명하게 극복하고자 어떤 수단과 상황을 '능동적으로' 연출할 수 있는지 조언해야 한다.

7 → ④⑤⑥⑧ 카드 확인 긍정적인 영향을 받는다면 문제와 관련해 질문자의 심신과 기반이 모두 안정적이라 큰 문제가 없다는 것을 뜻하며, 나아가 질문 주제를 둘러싼 상황을 쉽게 조율할 수 있는 위치라고 자신하는 상황이라는 것을 뜻한다.

그러나 부정적인 영향을 받는다면 질문자가 생각하는 낙관론이 현실과 동떨어져 있거나 전망 없는 일에 집착해 자신의 기반이나 재능을 낭비하는 모습을 뜻한다. 이처럼 극단적인 차이가 생기는 이유는 질문자의 내심과 제3자들의 관점이 큰 차이를 보일 때면 어느 한쪽이 반드시 큰 착오를 하고 있다는 결론에 다다르기 때문이다.

8 → ③④⑤⑦ 카드 확인 내실과 재능, 기반을 갖춘 사람이 옥좌에 앉아 정당하게 평가받느냐의 문제이므로 질문자의 기반 및 재능과 주제의 경중輕重만 확인한다면 누구나 쉽게 이를 구분할 수 있으며, 다른 모든 위치 가운데서도 3이 가장 쉽게 해석되는 대표적인 경우로 손꼽힌다.

9 → ② ③ ⑦ 카드 확인 다른 카드를 참고할 필요가 없을 정도로 쉽게 해석할 수 있다. 기반의 유무, 이로써 생산/소비를 원활하게 하거나 낭비·사치하지 않을까 두려워하는 모습을 뜻하기 때문이다. 장애물 탈출 방식이나 장애물 때문에 생긴 억압을 벗어나려는 질문자의 의도를 파악하고, 나아가 질문자의 욕구가 지향하는 바를 이룰 수 있는 기반이 갖춰질 때 생겨나는 여러 혜택/장애가 무엇인지 파악함으로써 해석할 수 있다.

---

10 → ② ④ ⑦ ⑨ 카드 확인 카드의 해석을 종합하고, 이로써 창출할 수 있는 모든 요소를 확인해 3의 긍정적인 의미를 부정하거나 방해하는 요소가 실제 외형적/물질적인 가치를 얼마나 폄훼하는지 확인해야 한다. 이런 모든 문제를 거치고 나서도 3이 뜻하는 가치인 '생산, 풍요, 번영'을 유지할 수 있는지 확인함으로써 긍정/부정적 의미를 확정할 수 있다.

긍정적인 영향을 받는다면 질문 주제와 관련한 내용을 처리하는 과정을 거쳐 질문자의 재능과 기반이 생성되며 안정을 찾는다는 것을 뜻하며, 이로써 더 많은 사람들을 만나 자신을 더욱 성장시킬 발판을 마련하는 것을 의미한다.

부정적인 영향을 받는다면 모든 기회비용을 탕진하거나 수많은 갈림길 속에서 자신의 길을 찾지 못한 채 남들이 선택하고 남은 것을 추스려 가야 하는 비참한 상황까지 묘사한다. 이를 막으려면, 질문자가 지금 지닌 것들을 얼마나 적재적소에 배분해야 하는지, 그리고 왜 그렇게 해야 가장 적절하게 문제를 해결할 수 있는지 조언해서 더 나은 결과를 얻도록 조치해야 한다.

실제 사례 (2002년 여름, 종로 모처의 행사, 30대 초반 남성)

질문 내가 창업해서 잘 할 수 있을까?

사전 정보 자신의 창업에 관한 운을 묻는 질문이었다. 사업의 종류는 점을 볼 때 언급하지 않았으나 첫 창업은 아니라고 했으며, 내일 사업과 관련해 다른 사람을 만나야 하는 상황이라고 언급했다.

5s - 6p - 4p - 7 - 2c - 3p - 4 - 2p - 16 - 3

5s (질문자 자신) 현재 나는 어떠한 이유로 패배한 상태다.

6p (장애물) 다른 사람의 조력이나 원조로 극복하려 하나, 여의치 않다.

4p (기저) 내 물질적 기반을 확보하는 데 온 신경을 쏟고 있다.

7 (과거) 시도하고 있거나, 과거의 시도 때문에 패배한 상태다.

2c (현재/곧 일어날 일) 다른 사람/조력자/투자가들과 교섭을 성사시킬 것이다.

3p (미래) 이로써 자신이 하려는 일에 관한 계획을 실행하거나, 실행할 수 있도록 의뢰가 들어온다.

4 (질문자의 내면) 난 이 모든 일을 통제할 수 있으며 기반을 닦을 수 있다고 생각하고 있다.

2p (제3자가 바라보는 질문자) 질문자의 호언장담처럼 일이 그렇게 호락호락하게 진행되지는 않겠지만, 적어도 기본적인 내용이나 수익은 어느 정도 낼 수 있으리라 보고 있다.

16 (희망/두려움) 일확천금이나 상황을 호전적으로 변화시킬 사건이 일어나길 바라며, 동시에 지금 진행되는 교섭이나 과정들이 결과를 내기 전에 무산되는 것을 원하지 않는다.

3 (결과) 자신의 계획을 관철하되 이익이나 수익을 과장하지 않는다면, 일은 성사될 것이며 자신의 몫도 충분히 얻을 수 있는 결과를 낳을 것이다.

실전 해석

이 배열에서 3은 10번 위치, '결론'에 자리 잡고 있다. 사업의 향방을 묻는 질문의 특성상 '생산', '풍요', '방만'으로 인한 '낭비'라는 극단적 해석이 가능하다는 점을 확인할 수 있다. 해석 용법에서 언급했듯이 '무한한 회복', '전혀 다른 경지'라는 의미의 별 카드와 차이가 있다는 것을 알 수 있다. 그렇기에 질문 주제와 관련해 질문자가 어떤 기반과 경험을 축적했으며, 자신을 둘러싼 환경을 어떻게 이용하고 있는지 확인해야 한다.

이 질문에서 3은 모든 사안을 긍정/부정적으로 확정한다. 배열의 모든 카드를 순서대로 해석한 뒤 질문자가 상황에 대처할 수 있도록 조언해야 하며, 이 과정에서 질문자가 자신의 기반/역량을 확장하고자 선택한 대안인 동업이 최대한 긍정적인 방향으로 향할 수 있도록 질문자의 취약점을 개선할 수 있게 해야 한다. 긍정적인 영향을 받는다면 이 시도로 기반을 확장하고 굳게 지킬 역량을 확보하도록 조언해야 하나, 부정적인 영향을 받는다면 결과적으로 모든 시도가 자신의 기반만 낭비하는 꼴이 되므로 이에 대비하도록 조치해야 한다.

내가 과거에 사업을 하다가 같은 업종의 경쟁자에게 훼방을 받았거나 신고당해 강제로 문을 닫았던 경험이 있었다고 해석하자, 질문자는 다른 경쟁자의 방해 때문에 사업을 그만둘 수밖에 없었다고 말했으며, 그 과정에서 경쟁자가 지인이나 제3자에게 의뢰해 자신의 주방에 고용된 다음 몇 달 뒤에 법규를 일부러 위반하거나 내부에서 관행적으로 쓰이는 편법을 신고하는 방법으로 당했다며 푸념했다.

---

① **5s(질문자 자신)** 패배한 자신의 상황과 입장을 보여준다. 긍정적인 영향을 받았다면 남을 기만하거나 자신에게 유리한 상황을 만들어 전략적인 승리를 얻고 있는 상황이라 해석할 수 있으나, 부정적인 영향을 받는다면 이와 반대로 협잡/음모 때문에 경쟁에서 밀려난 것으로 해석할 수 있다.

사전 정보를 통해, 비겁한 방식으로 부정적인 영향을 강하게 받았다는 것을 알 수 있었고, 나아가 현 상황에서 질문자가 지금껏 써보지 않았거나 다른 사람이 알아챌 수 없는 방식으로 재기하려 한다는 것을 알 수 있다.

---

② **6p(장애물)** 이 사람이 하고자 하는 것과 관련해 자금/기반/인맥이 부족하다는 것을 의미한다. 이를 충족하려면 재화를 빌리거나 투자를 받아야 한다는 사실을 스스로 인지하고 있다는 것을 나타낸다. 긍정적인 영향을 받는다면 이 과정이 비교적 수월하며, 자신이 준비할 것들만 철저히 해둔다면 문제없이 진행될 것이라 해석되지만, 반대의 경우라면 이 과정에서 다양한 잡음이나 담보 요구 등 각종 절차때문에 사업과 관련한 업무 진행이 느려질 수 있다는 것을 뜻한다.

---

③ **4p(기저)** 질문자가 왜 창업하려 하는지 설명해준다. 자신의 기반을 만들고 이를 유지하고 움켜쥠으로써 안정적인 생활을 영위하려는 목적이 명확하게 드러난 것이며, 나아가 현재 기반을 잃은 상태이기에 자신의 역량으로 어떻게든 이를 다시 만들려는 모습으로 해석할 수 있다. 그렇기에 부정적인 영향을 받았을 때 발생할 수 있는 극단적인 판단을 경고해야 한다.

---

④ **7(과거)** 질문자가 과거에 어떻게 사업해왔는지 알려준다. 열정과 자신이 원하는 것에 충실히 움직여왔다는 것을 뜻한다. 긍정적인 영향을 받았다면 결국 자신이 자신 있고 좋아하는 것에 대한 열정으로 사업을 운영해왔다는 뜻으로 해석할 수 있다. 음식점을 예로 든다면 자신의 취향에 맞는 독창적인 메뉴나 레시피를 만들어 영업하는 방식이라 이해할 수 있다. 질문자가 일정 부분 수익성을 포기해서라도 이를 강행해왔다는 것과, 그럼에도 사업이 운영되는 것을 본 제3자들이 질문자의 기반이 그래도 잘 유지되고 있다고 인식하는 점으로 확정된다(6p, 4, 2p).

---

⑤ **2c(현재/곧 일어날 일)** 자신의 사업 설명, 계획 등을 다른 사람들

이나 교섭하고 있는 투자자에게 설명할 일이 있거나, 이런 과정을 거쳐 투자를 받아내는 상황이라는 것을 드러낸다. 이는 긍정적인 영향을 받는다면 조력을 얻거나 동업/협업/투자가 성사돼 일을 실행하는 것을 뜻하며, 부정적인 영향을 받는다면 이런 과정이 지금 문제되는 상황을 해결하지 못한다는 것을 뜻한다. 당시에 나는 질문자가 내일 만날 예정인 사람과 교섭을 잘할 수 있도록 다양한 조언을 했다.

⑥ **3p(미래)** 교섭에서 긍정/부정적인 결과를 내는 것에 따라 의미가 결정된다. 긍정적인 결과를 얻어 사업에 도움이 되는 방향으로 흐름을 이끌어간다면 본격적으로 다음 단계로 진행할 수 있다는 뜻이며 그에 따라 전문가의 자문을 주고받을 수 있겠지만, 부정적인 영향을 받아 교섭이 성사되지 않는다면 자신이 생각한 것 외의 비용을 추가로 지불하더라도 자문을 구해야 하는 상황이라는 것을 뜻한다.

---

⑦ **4(질문자의 내면)** 질문자가 사업에 관해 어떤 생각을 품고 있으며, 이 문제를 어떻게 해결하고 싶어 하는지 보여준다. 자신의 실력을 믿고 사업이 충분히 시장성 있다고 확신한다는 것을 알 수 있으며, 이를 이용해 다른 사람들의 재화를 얻어냄으로써 자신이 세우려는 뜻(투자금, 매출 등)을 충분히 이룰 수 있다고 생각하는 것을 보여준다. 반대로 부정적인 영향을 받는다면, 자신의 생각이나 계획이 실패해 기반을 잃어가는 것을 경계하느라 소극적으로 변한다는 것을 뜻하며, 나아가 남에게 극단적으로 자신이 무조건 옳다는 식으로 밀어 붙일 생각으로 판단할 수 있기에 부담감을 덜어줄 조언을 해줘야 한다 (5s, 4p, 2c, 2p).

---

⑧ **2p(제3자가 바라보는 질문자)** 다른 사람, 특히 투자자들은 질문자의 기획이나 사업 제안이 큰 이윤을 가져다주리라고 판단하지 않는다는 것을 엿볼 수 있으며, 나아가 투자자들의 목적 또한 일확천금 같은 성공보다는 감당할 수 있는 수준에서 장기적 상환이나 이익 분배가 가능한 내용을 원한다는 것을 유추할 수 있다. 이로써, 질문자

에게 절대 큰 수익을 논의하지 말 것을 조언했으며, 투자금에 비례한 이익 분배를 중점으로 상대방을 설득할 것을 강조했다.

⑨ **16(희망/두려움)** 긍정/부정적 의미가 극단적으로 드러난다. 긍정적이라면 일확천금이라고 할 만큼 투자 유치에 성공하거나 복권에 당첨되는 것과 비슷한 상황이 오기를 바라는 것으로 볼 수 있으며, 반대로 투자받지 못하거나 거절당해 기반을 쌓을 기회조차 얻지 못한 채 끝나는 것을 두려워하는 모습으로 이해할 수 있다. 이를 더욱 자세히 확인하면, 질문자가 원하는 상황이 오로지 자신이 갈고닦은 기반과 기술로 성공적으로 사업을 운영할 수 있기를 바라는 모습으로 이해할 수 있으며, 반대로 자신의 기술이 무용지물이 되거나 과거와 같은 일이 반복돼서 남은 기반마저 무너지지 않을까 두려워하는 모습으로 해석됨을 알 수 있다(5s, 7, 3p, 4).

⑩ **3(결론)** 배열로 확인할 수 있는 모든 상황이 자신의 기반을 마련하면서 얻을 수 있는 이익으로 새로운 일이나 더 규모가 큰 일들을 시도할 기회를 잡지 못하면 부정적인 흐름으로 이어질 수밖에 없다는 의미를 담고 있다. 질문 주제와 관련한 일들을 긍정적인 흐름으로 굳히려면 투자가들에게 계약서에 약속한 조항들을 지킬 수 있도록 확인하고, 질문자의 쓸데없는 고집/방식을 버리도록 조언해야 하며, 각자 원하는 바가 다를 수 있기에 자신의 역량을 넘어서 호언장담하지 않도록 경고해야 한다. 위와 같은 조언이 통한다면 3의 긍정적인 의미를 끌어내면서 질문자와 투자자 양쪽이 만족할 결과를 낳을 수 있을 것이다.

이 배열에 드러난 3은 그 의미가 부정적으로 바뀌지 않는 한 성공을 보장한다. 사업 진행에 필요한 요소들과 경계해야 할 것들을 명확히 조언해 부정적인 영향을 받지 않게 해주면 3의 키워드인 '풍요'가 질문자에게 찾아올 수 있다는 것을 확인할 수 있었던 사례다.

이처럼 3이 배열에 드러나면 특정 주제를 떠나 긍정적인 흐름을 받도록 조언해 문제를 해결하는 일반적인 방법과 달리, 반대로 부정적인 영향들을 제거해나가면서 좋은 효과를 낼 수 있도록 조율할 수 있다. 마치, 농사를 제대로 짓기 위해 지력地力을 소모하는 잡초들을 뽑는 것과 같다.

질문자는 해석과 조언의 대부분을 수긍했고, 나는 몇 가지 조언을 덧붙이면서 특히 과거의 사건 때문에 사람을 믿는 마음이 줄어든 것에 유의하고 믿을 만한 사람의 조력을 얻어낸다면 지금 설득한 투자자들이 다른 투자자를 소개해주는 연계 효과까지 기대할 수 있으며, 충분히 대성할 수 있을 것이라고 말했다.

점의 후일담을 직접 듣지는 못했으나, 얼마 지나지 않아 그 행사장을 다시 방문했을 때 몇 사람이 나를 기억하고 있었고, 그 질문자가 목표했던 기반을 다지는 데 성공해 자신의 사업을 본격적으로 시작했다는 소식을 들을 수 있었다.

이처럼 사업의 흐름이나 창업 관련 문제를 해석할 때 나온 3은 자신의 기반을 어떻게 더 풍요롭게 만들 것이며, 그 과정에서 어떤 요소를 육성해 더 많은 수확을 얻을 수 있는지 확인해야 한다. 이를 실행하지 못할 경우, 최소한 자신의 기반을 해치는 요소를 배제하도록 이끌어 상황을 더 긍정적으로 이끌고 카드가 의미하는 '풍요, 생산, 번영'에 가까운 결과를 낳을 수 있도록 조언해야 한다.

실제 사례 (2016년 7월, '타로카드; 최종 결론' 카페, 20대 초반 남성)

질문 다음 학기 휴학하고 해보고 싶던 일을 해볼까?

사전 정보 여름방학, 해보고 싶던 일은 카페 관련 일이었으며, 점 찍어
둔 곳이 있으나 일하기로 확정되진 않은 상태라 언급했다.

Ns - 16 - 2w - 9 - 3 - 8 - 18 - 6w - Aw - 4p

Ns (질문자 자신) 자신이 배운 것을 실행할 수 있는 기회가 생겨 이
를 빨리 추진하고자 한다.

16 (장애물) 아무런 준비도 갖추지 않은 상태로 계획만 빨리 세우
거나 기존의 계획을 모두 무산시켜야 하는 상황이다.

2w (기저) 이 상황이 전혀 계획에 없지는 않았으나, 구체적인 사안
이 명확하지 않다.

9 (과거) 해당 일과 관련해 제대로 교육받은 적은 없으나, 홀로
고민해가며 익히기만 해왔다.

3 (현재/곧 일어날 일) 자신의 능력으로 기반을 만들려 하거나, 그
런 기회가 다가왔다.

8 (미래) 이 기회를 잡고자 스스로 행동할 것이다.

18 (질문자의 내면) 겉으로 드러난 행동과 달리, 실제로 이 기회를
잡을 수 있을지 불안해하고 있다.

6w (제3자가 바라보는 질문자) 이 목적은 이곳이 아니라 다른 곳이
되더라도 달성하리라고 본다.

Aw (희망/두려움) 이 기회를 통해 자신의 비전에 관한 신념이 생기
길 바라면서, 한때의 해프닝이 되지 않기를 원하고 있다.

4p (결과) 결국 기반을 확보하는 데 성공하나, 자신의 현 기반을
강하게 변화시켜야만 한다면 이번 기회는 성사되지 않은 채
다른 기회를 통해 이를 달성하게 될 것이다.

실전 해석

이 배열에서 3은 5번 위치, '현재/일어날 일'에 드러났다. 이는 진로·취업과 관련한 질문의 특성과 결부해 3의 키워드인 '생산, 풍요'를 발현해서 더 많은 경험을 쌓고 자신의 진로에 관한 정보를 취합할 수 있는 일이 이미 발생했거나, 곧 발생하리라는 뜻이다. 특히 '생산'이라는 뜻을 통해 질문자가 자신의 기반을 얻어내려는 여정을 곧 시작한다는 점에서 17(이미 다른 사람보다 더 뛰어난 기량을 갖추고 서서히 알려지기 시작함을 뜻함)과는 차이가 있다. 이에 따라 이 배열에서 3을 해석할 때는 질문자가 경솔한 마음가짐으로 임하는 것인지, 아니면 자신의 재능을 찾지 못해 도피하는 것은 아닌지 확인한 뒤에 더 굳게 결정하고 과감하게 나아갈 수 있도록 조언해야 한다.

이 질문에서 3은 질문자가 자신의 기반을 어떻게 형성할 것인지 보여준다. 3의 의미에 긍정/부정적인 영향을 끼치는 카드는 2w, 8, 6w, Aw인데, 이 때문에 자신의 계획에 따른 구체적인 실행안을 만드는 것과 함께, 무엇이든 자신이 마음먹은 것을 실행해 자그마한 성공을 이룸으로써 자신의 비전과 재능에 확신을 얻을 수 있다는 것을 알 수 있다. 그와 반대로 작은 노력이나 첫 시도만으로 자신이 생각했던 것들을 판단하려 하는 착오를 저지를 수 있다는 점을 지적하고, 3의 의미를 어떻게 긍정적으로 구현해 질문자가 원하는 것을 달성할 수 있는지 조언해야 한다.

---

① **Ns(질문자 자신)** 질문과 관련한 문제를 맞아 질문자가 서두르고 있다는 점을 지적하며, 나아가 자신이 아는 것을 현실 속에서 실행하려는 욕구가 있다는 것을 뜻한다. 긍정적인 영향을 받는다면 빠른 실행력을 바탕으로 목적을 달성할 수 있다는 뜻이지만, 반대의 경우라면 정확한 조사나 기반 없이 무모하게 도전해 실패할 수 있다는 것을 지적한다(16, 2w, 18, 6w).

---

② **16(장애물)** 이 기회가 질문자의 의사와 상관없이 갑작스레 주어

졌다는 것을 뜻하며, 그만큼 질문자가 기회를 잡을 수 있도록 준비할 시간이 전혀 없었거나 제대로 준비를 마치지 못한 상황이라는 것을 뜻한다. 이는 자신이 계획한 흐름과 무관하게 갑작스레 일이 벌어진 것, 또 질문자 나름대로 준비(연구나 공부 등)해오긴 했으나 객관적인 평가를 받아본 적이 없었다는 점과 더불어 합격 확률이 낮다는 것을 이미 자각하고 불안해한다는 점을 통해 부정적인 영향을 받고 있다는 것을 확인할 수 있다(Ns, 2w, 9, 18).

---

③ **2w(기저)** 긍정적인 영향을 받는다면 질문자가 갑작스러운 충동이나 경솔한 판단만으로 이 기회를 잡아야 한다고 생각한 게 아니라는 점을 강하게 보여주며, 이 기회가 자신이 생각한 기반이나 인생의 흐름에 반드시 관여하리라고 강하게 믿는다는 의미이지만, 부정적인 영향을 받는다면 자신의 공상을 근거로 경솔하게 판단하는 상황이라는 것을 지적하고 자신이 원하는 것이 무엇인지 더 명확히 잡도록 조언해야 한다.

---

④ **9(과거)** 질문자가 이 기회가 오기 전에 어떤 노력을 해왔는지 보여준다. 정규 코스를 제대로 밟진 못했더라도 홀로 연구하거나 인터넷 검색 등을 활용해 독학해왔다는 것을 뜻하며, 해당 업계에 기반을 만들려면 어떤 것들이 필요한지에 관한 정보가 부족한 상황이라는 것을 뜻한다. 긍정적인 영향을 받는다면 독학의 결과물을 통해 추앙받는 모습으로도 묘사될 수 있으나 이는 긴 노력을 통한 지식 기반 및 그에 따른 결과물이 없다는 점에서 채택할 수 없으며, 막연한 호기심이나 관심을 유지한 정도에 머물러왔다는 것을 시사한다(Ns, 2w, 3, 6w).

---

⑤ **3(현재/곧 일어날 일)** 질문자에게 기반을 만들 기회가 다가왔다는 것을 뜻한다. 긍정적인 영향을 받는다면 재능을 꽃피울 기회가 되며, 나아가 업계 선후배 및 상사 등의 조력으로 기반을 더 빠르게 닦아나갈 수 있다는 뜻으로 해석할 수 있다. 그러나 부정적인 영향을 받는

다면 더 쉬운 일을 찾아 재능을 엉뚱하게 소모할 수 있다는 것을 경고한다.

그러나 질문자가 이 기회를 얻기 전부터 진작 해당 분야에 꾸준히 관심을 기울였고, 자신의 비전을 실행할 기회가 있다면 놓치기 싫어하는 것과 어떤 방식으로든 자신의 기반을 형성하고자 하는 욕구가 강하다는 것을 확인한다면 비교적 긍정적인 영향을 받게 된다는 것을 알 수 있다.

다만 이 입사 지원이 성공해야 한다는 것을 전제한 상황이기에 질문자 자신에게는 문제가 없으나, 질문자를 둘러싼 주변 환경이 어떤 문제를 일으키는지 확인해 더 명확하게 해석할 수 있다는 점을 주의해야 한다. 최종적으로, 이런 요소로 질문자가 이 기회를 놓치지 않을 수 있도록 다양한 조언을 함으로써 3의 의미인 '생산, 풍요'를 최대한 긍정적인 방향으로 이끌어가도록 해야 한다(2w, 8, 6w, Aw).

---

⑥ **8(미래)** 질문자가 실패를 각오하고 도전한다는 것을 뜻한다. 긍정적인 영향을 받는다면 이 기회를 빌려 질문자가 그동안 해온 연구나 공부를 현실에 어떻게 적용할 수 있는지 보여줌으로써 목적을 달성할 수 있다는 뜻이지만, 부정적인 영향을 받는다면 '시도는 좋았다' 수준에 그친다는 것을 알 수 있다.

이 배열에서는 부정적인 영향을 받고 있다는 것을 확인할 수 있다. 현재 상황상 자신의 업무 기량을 증명하기 어렵고, 독자 연구에 준하는 실력으로는 다른 사람들에게 자신의 기반을 증명하기 어려우며, 이를 질문자 자신도 알고 있다(Ns, 9, 3, 18).

---

⑦ **18(질문자의 내면)** 질문자가 낙관적이지 못하며 심리적으로 불안정하다는 것을 뜻한다. 긍정적인 영향을 받는다면 만의 하나 발생할 수 있는 문제로 자신이 생각해왔던 것들이 무산되는 것에 불안감을 느끼는 수준으로 해석할 수 있으나, 부정적인 영향을 받는다면 자신이 부족하다는 것을 자각하고 자책하고 있으며, 이 때문에 자신의 능력을 다른 사람들에게 더 잘 보여줄 수 있는데도 제대로 표현해내지

못하리라는 의미로 볼 수 있다.

이 배열에서는 부정적인 영향을 많이 받았다는 것을 알 수 있다. 급박한 상황에서 자신이 해왔던 것을 부랴부랴 사람들에게 보여줘야 하는 상황이고, 아직 자신의 비전에 대한 결과물이 없기에 질문자가 다른 사람들에게 자신의 비전을 설명하려 해도 지지를 얻기 어려운 상황이라는 것을 스스로 알고 있다(Ns, 16, 2w, 9).

---

⑧ **6w(제3자가 바라보는 질문자)** 자칫 취직이 성공한다고 쉽게 해석할 수 있으나, 더 정확한 해석은 '이 기회를 잡고 놓치는 것과 관련없이 질문자가 기반을 쌓는 과정 자체에서 그 나름대로 성과를 얻는다'다. 이 기회만으로는 6w의 긍정적인 의미를 전혀 꺼낼 수 없다.

---

⑨ **Aw(희망/두려움)** 질문자가 이 기회를 통해 자신의 꿈을 이룰 수 있었으면 좋겠다는 희망적인 의미와 함께, 단지 엉뚱한 해프닝으로 끝난 채 기회를 살리지 못하고 자신이 생각했던 계획이 현실성 없다고 평가절하당하는 것을 두려워하는 모습으로 해석할 수 있다.

---

⑩ **4p(결론)** 이 기회를 질문자가 제대로 살리지 못한다는 것을 뜻한다. 질문자가 기량의 한계를 스스로 알고 있으며, 군이 이 기회를 꼭 잡아야 하는 이유가 없다는 점을 통해 스스로 이 기회를 포기하거나, 놓치더라도 크게 실망하지 않으리라는 것을 알 수 있다. 결과적으로 질문자가 자신의 기량 부족을 알고 있는 한, 대안을 실행하고 성과를 얻을 수 있을 것이라는 점은 다른 카드들의 해석으로 확인할 수 있으며, 4p의 의미상 먼저 현실적인 기반을 확고히 다진 뒤 비전을 실행해가리라는 것을 알 수 있다.

이 배열에 드러난 3은 질문자가 기반을 쌓을 기회가 주어진다는 뜻을 담고 있다. 그렇기에 일차적으로 이 기회를 놓치지 않도록 조언해야 하며, 이차적으로는 이 기회를 놓치더라도 질문자가 품고 있는 비전이 틀리지 않았다고 격려하면서 다음 기회를 잘 잡을 수 있도록

구체적인 대안을 조언해 3의 긍정적인 의미를 끌어내야 한다. 또한 사소한 실패에 연연하지 않고 꿈을 키우도록 격려하며 자신의 재능을 믿게 함으로써 '생산, 풍요, 육성'의 의미를 현실 속에 구현하도록 해줘야 한다는 것을 확인할 수 있다.

실제로, 질문자는 해당 업체에 취직하지 못했으며 전혀 다른 곳에서 일하게 됐으나 자신의 꿈을 포기하진 않았으며, 지금도 업계 관련 정보와 지식을 모아 목표와 계획을 세우고 있다. 그때와 달리, 지금 그의 목표는 더욱 구체적이고 현실적인 모습을 갖춰나가고 있으며, 목표 달성에 필요한 여러 자격 조건을 갖추려 노력하고 있다는 후일담을 남겼다.

이처럼 취업·진로와 관련한 주제에서 3은 긍정적인 영향을 받는다면 재능의 조기 발견이나 많은 후원을 통해 문제를 더욱 능동적으로 해결해서 자신의 입지를 쉽게 강화할 수 있다는 장점이 있으나, 반대로 부정적인 영향을 받는다면 작은 기반과 좁은 입지 때문에 자신의 재능을 적절히 활용하지 못하거나 현실적인 한계에 부딪히는 경우로 해석할 수 있다. 그렇기에 부정적인 영향을 어떻게 해소해서 3의 긍정적인 의미를 적용할 수 있을지 고민해야 하며, 이 과정에서 시의적절한 대안들을 제시해 질문자가 자신의 재능을 포기하지 않도록 조언해야 한다.

실제 사례 (1998년 4월, 교실, 10대 중반 여성)

질문   이 사람과 화해할 수 있을까?

사전 정보 만우절에 절친하던 동성 친구에게 장난을 쳤는데, 도를 좀
지나친 건지 심하게 토라진 상태라 곤란하다며 봤던 점이다
(정작, 질문자는 "그런 날 아니면 언제 장난쳐?" 하는 태도였다).

0 – Ps – Qw – 4s – 9p – 3 – 7s – 7p – 8s - 10p

---

0   (질문자 자신) 이런 상황이 처음이며, 딱히 어떤 대안을 가지고
        있지 않다.

Ps   (장애물) 상대방의 눈치를 보는데 급급한 나머지 적절한 대응
        을 하지 못하고 있다.

Qw   (기저) 자신의 개성, 성향을 감추지 않고 그대로 드러내는 성향
        이다.

4s   (과거) 잠시 서로 냉전기간을 가지고 있는 중이었다.

9p   (현재/곧 일어날 일) 서로가 직접 조용히 대화해 문제를 해결해
        야 한다.

3   (미래) 자신이 가진 기반이나 풍요로움을 통해 이 문제를 해결
        할 수 있다.

7s   (질문자의 내면) 더 쉬운 방법으로 문제를 해결하고 싶어 한다.

7p   (제3자가 바라보는 질문자) 질문자가 좀 심하긴 했으며, 문제 해
        결을 너무 쉽게 생각하고 있다.

8s   (희망/두려움) 이 상황이 일어난 것에 대한 책임을 져서라도 해
        결하고 싶은 바람과 동시에, 이대로 아무런 행동도 하지 못한
        채 상황이 악화되는 것을 두려워하고 있다.

10p   (결과) 이 일은 한때의 평범한 일상으로 기억될 것이다.

실전 해석

이 배열에서 3은 6번 위치, '미래'에 나왔다. 대인관계와 관련한 질문의 특성과 3의 키워드인 '생산, 풍요, 모성'를 적용하면, 자신의 기반을 이용해 상대방의 화를 누그러뜨려야 하며, 나아가 자신이 상대방에게 적의가 없다는 점을 확인시켜줘야만 긍정적인 의미를 적용할수 있다. 이는 특히 '모성'이라는 뜻을 통해 질문자가 악의를 품고 이상황을 만든 것이 아니라 어디까지나 즐거운 상황을 염두했다는 점에서 더욱 강화된다. 이에 따라 이 배열에서 3을 해석할 때는 질문자의 기반이나 마음을 어떻게 상대방이 오해하지 않도록 전할 수 있는지 조언해야 한다.

이 질문에서 3은 질문자가 이 상황을 어떻게 해결할 수 있는지 보여준다. 3의 의미에 긍정/부정적인 영향을 끼치는 카드는 0, Ps, 9p, 7s로 확인되는데, 이로써 악의 없는 자신의 의도를 어떻게 상대방에게 제대로 전할 수 있는지 고민해야 하며, 이 과정에서 상대방의 오해를 더 사지 않도록 (질문자 자신이 생각하기에는)상대방에게 더 많이 배려해야 한다는 점을 알 수 있다. 반대로 시기의 특수성을 노려 어물쩍 넘어가려 하면 상황이 유지될 것이며, 끝내 좋은 친구를 잃어버릴 수있다는 점을 지적해 3의 의미를 어떻게든 긍정적으로 발현할 수 있도록 조언해야 한다.

① 0(질문자 자신) 이 질문자가 상대방에게 악의를 품고 장난 친 것은 아니었으나, 그 방식이나 내용은 상대방이 예민하게 받아들일 법했다는 것을 지적한다. 긍정적인 영향을 받는다면 천연덕스러운 농담이었다는 점을 증명하나, 부정적인 영향을 받는다면 배려 없이 상대방의 약점이나 드러내기 싫은 부분을 공개해 창피를 줄 수 있었다는 점을 시사한다.

이 배열에서는 비교적 부정적인 영향을 받았다는 것을 확인할 수있다. 질문자가 상대방의 기분이나 주변 상황을 고려하지 않고 무작정 장난을 쳤으며, 이를 곧바로 무마했다면 더 크게 벌어지지 않았을 일이었지만 후속 조치가 없었다는 것, 나아가 상대방의 마음을 배려하기보다 순간의 즐거움을 좇으려다가 다른 사람에게까지 비난을 받을 수 있는 내용이었다는 점으로 알 수 있다(Ps, 4s, 7s, 7p).

---

② **Ps(장애물)** 질문자의 장난이 의도와 별개로 상대방의 약한 부분을 깊이 건드렸고, 다른 사람들도 비겁하다고 볼 수 있을 상황이었다는 뜻으로 해석할 수 있다. 또한 시기의 특수성을 노려 다양한 방식으로 장난을 즐겼다고 이해할 수 있다. 그러나 부정적인 의미가 더 강화된다면, 기회를 틈타 악의에 가득한 행위를 퍼부은 것에 지나지 않으며, 만우절을 핑계 삼아 악의를 쏟아낸 것으로 이해할 수 있다(Qw, 4s. 9p. 7p).

---

③ **Qw(기저)** 그동안 이 질문자가 인간관계를 어떻게 쌓아왔는지 드러낸다. 긍정적인 영향을 받는다면 재기 발랄하며 주변의 분위기를 밝게 이끌어가는 성향이라고 해석되나, 부정적인 영향을 받는다면 자신의 의지나 주장을 일방적으로 강요하거나 다른 관점 또는 의견을 제대로 받아들이지 않아 주변의 평판을 잃기 쉬운 성향이라는 점을 경고한다(Ps, 9p, 3, 7p).

---

④ **4s(과거)** 다툰 뒤 흥분을 가라앉힐 시간이 있었다는 의미로 해석할 수 있다. 그러나 이 또한 부정적인 영향을 받는다면 서로 감정을 제대로 해소하지 못하고 앙금만 쌓이는 시간으로 변질할 수 있다는 것을 경고한다. 다만 이 사례는 질문자의 감정에 골이 깊은 수준으로 보기 어려웠기에, 부정적인 의미를 심각하게 적용할 수 없었다.

---

⑤ **9p(현재/곧 일어날 일)** 이 문제가 둘만의 문제거나 감정이 상한 원인을 아는 사람이 적다는 것을 뜻한다. 긍정적인 영향을 받는다면 상대방과 직접적인 접촉 및 대화로 문제를 쉽게 해결할 수 있다고 해석되나, 부정적인 영향을 받는다면 각자 주변에 있는 친구들이 나뉘어 감정적으로 부딪힐 수 있다는 점을 경고한다.

⑥ **3(미래)** 상황을 개선하려면 포용력이 필요하다는 것을 강조하며, 그 방법으로 서로에게 매우 익숙하거나 당연한 방식을 취해 풀어낼 것을 조언하고 있다. 질문자에게 악의가 없었다는 점을 어떻게 상대방에게 전달할지에 관해 구체적인 계획이 없고, 낙천적인 생각으로 무작정 상대방이 좋아하는 것으로 접근할 것이며, 서로 서먹한 상황을 만든 시기가 모두 지났기에 상대방의 취향이나 비위를 맞춰 평소처럼 가볍게 대화를 이어나가면 될 것을 뜻하며, 이 과정에서 약소한 성의나 간식거리로 상대방을 달랠 수 있다는 점을 조언한다.

부정적인 영향을 받았다면 겉치레뿐인 사과로 끝내거나 질문자 주위의 인맥들로 하여금 상대방의 기분을 무시하거나 무관심으로 일관할 수 있다는 점을 경고하나, 이 배열에서는 질문자에게 악의가 없었다는 점과 함께 둘의 우정이 깊다는 내용을 다른 카드들에서도 쉽게 유추할 수 있기에 재발 방지를 약속하는 정도로 상황을 무마할 수 있다는 점을 강조한다(0, Ps, 9p, 7s).

---

⑦ **7s(질문자의 내면)** 질문자가 문제를 최대한 쉬운 방법으로 끝내고 싶어 하며, 이를 위해 편법을 쓰려 한다는 점을 밝혀준다. 긍정적인 영향을 받는다면 몰래 선물이나 자신이 하고 싶은 말을 간접적으로 전달해 상황이 끝나길 바라는 모습으로 해석되나, 부정적인 영향을 받는다면 아전인수, 적반하장과 같은 태도로 상대방에게 책임을 떠넘기거나 최악의 경우 집단 행동을 통해 상대방의 의견을 묵살하는 방법을 동원할 수 있다고 해석된다. 이 배열에서는 그저 자신이 직접 미안하다는 말을 하는(이른바 격식을 갖추는) 것을 부담스러워하거나 부끄러워하는 수준에 그치며, 편법을 쓴다 해도 상대방이 이런 방식을 왜 쓰는지 쉽게 눈치챌 수 있는 상황이라는 것을 드러낸다.

---

⑧ **7p(제3자가 바라보는 질문자)** 상대방 및 질문자의 상황이 실제로 심각하지 않으며, 다른 사람들도 큰 관심이 없거나 알아서 해결될 것이라 여긴다는 뜻으로 해석된다. 그러나 부정적인 영향을 받는다면

이 카드는 분쟁을 이용해 손 안 대고 코 풀려는 이들이 있다는 점을 경고하며, 다른 사람들이 보기에도 질문자의 행동이 지나치다고 여겨서 이미 비판하고 있는 상황이라는 것을 지적하나, 점을 볼 때는 이런 상황이 아니었기에 적용할 수 없었다.

---

⑨ **8s(희망/두려움)** 이대로 감정을 풀지 못한 채 사이가 멀어지지 않기를 바라는 두려움과, 반대로 이미 벌어진 일에 대해 모든 책임을 진다면 어떻게든 상대방이 마음을 풀지 않을까 하는 막연한 희망으로 해석된다.

---

⑩ **10p(결론)** 이 모든 일이 일상의 범주 안에 들어 있다는 의미로 볼 수 있으며, 이 문제를 심각하게 볼 필요가 없고 '살다 보면 친구 사이에서 벌어질 수 있는 여러 가지 해프닝 가운데 하나'에 지나지 않으리라는 것을 시사한다. 화해 과정에서 드러나는 질문자의 고민 또는 관계 주변의 상황이 최악으로 치달을 수 있는 상황도 아니기에, 이 카드의 일상, 평범이라는 의미가 더욱 확정되는 것을 알 수 있기 때문이다.

그러나 다른 카드의 부정적인 영향이 강화된다면 이 카드는 둘의 관계가 그저 평범하게 스쳐 가는 인연에 지나지 않는다는 해석으로 변질될 수 있다는 점을 경고한다. 다행히, 질문자가 상대방에게 악의를 품은 것은 아니었기에 부정적인 의미를 적용할 수 없다는 것을 알 수 있다.

실제 이 점의 결과는 이틀 뒤 그녀가 직접 전해주었으며, 그 뒤로 4년여 동안 둘의 관계를 지켜보며 계속 확인할 수 있었다. 점을 본 뒤 질문자는 둘이 자주 가던 분식집에서 미안하다며 음식을 샀고, 뭘 잘못했는지 알긴 아냐는 상대방의 말에 그냥 이런저런 게 다 미안하다는 식으로 말을 흐리다가 말 돌리기 무안해지자 기분 상하게 해서 정말 미안하다고 말했으며, 상대방은 그런 그녀를 보더니 피식 웃고는 음식이나 먹으라고 했다고 전했다.

4년 동안 둘은 계속 붙어 지냈으며, 좋은 친구로 고등학교 시절을 함께 보내는 것을 넘어, 졸업 뒤에도 간간히 만나 친분을 쌓았다는 것을 확인했다.

IV. THE EMPEROR.
황제

부성
Fatherhood

부성, 남성적, 가부장적, 독단, 창립자, 통치, 독불장군, 가부장제, 대동맥류, 독재자, 숙청, 두통, 고집, 경계, 의심, 전쟁, 진격, 전술, 혁명, 행정, 행정 수반, 야당 당수, 쿠데타, 공표, 시스템, 논리, 주인, 창건, 정복자, 생존, 정곡, 전술적 재능, 카리스마, (이성적) 통찰, 검사, 장악, 혁명, 반정, 약탈, 통솔력, 옴므 파탈, 지도자, 운동가, 권위주의, 권위, 프로파간다, 어떤 부서의 장, 야망, 진보주의자, 좌파

긍정/부정 확인 기준

질문자에게 질문/문제를 해결할 능력이 있는가?

질문자가 문제 해결을 위해 어떤 장애물도 이겨낼 역량이나 의지가 있는가?

문제 해결을 위해 다른 사람의 지지를 강제로라도 얻어낼 수 있는가?

부격父格에 준하는 보호자가 개입할 수 있는가?

질문자에게 짊어져야 할 책임이나 의무가 있는가?

의사소통 과정에서 일방적이거나 독단적인 모습을 보이는가?

문제의 해결에 대한 투쟁심이 있는가?

위와 같은 내용을 비교·대조함으로써 키워드인 '부격, 정복, 통치'의 의미가 황제 카드의 긍정적/부정적 면모 가운데 어느 쪽으로 적용되는지 확인할 수 있으며, 자신의 기반을 통솔하려는 욕구와 그 욕구를 채우지 못해 생기는 불안이라는 황제의 양면성을 볼 수 있다. 또한 이 과정에서 정당성/정통성을 확보할 수 있는지 관찰해야 한다. (상징편에서 언급했듯이) 공인받은/받지 못한 상태인 황제의 모습을 통해 긍정/부정적인 키워드를 적용할 것인지 판단할 수 있으며, 이로써 카드의 본래 의미를 확인할 수 있기 때문이다.

'왕관을 쓰려는 자, 그 무게를 견뎌라'라는 말이 있듯, 황제 카드의 의미 또한 자신의 힘을 쓰는 데 필요한 것들을 갖춘다면 다른 사람들도 권위를 인정하게 되고 자신의 입지나 기반을 명확하게 구축할 수 있다는 것을 나타낸다. 그러나 반대로 자신의 권리를 우선시하거나 기반에 집착한 나머지 그 기반 안의 사람들에게 가혹한 의무를 지우거나 최악의 경우 폭력적이고 강제적인 수단 때문에 다른 사람들의 반발을 살 수 있다는 점을 주의해야 한다.

해석용법

긍정 황제 카드는 앞서 다룬 3과 같이 해석하기 쉬운 카드로 알려져 있다. 가정의 구성원 가운데 하나로 일상에서 쉽게 접할 수 있으며, 의미를 확인하기도 수월하기 때문이다. 그래서 황제 카드는 자신의 기반을 어떻게든 확립하고자 '권위'를 요구하며, 그렇게 쌓은 기반을 지키려고 '가부장적, 독재적'인 방식으로 문제를 직접 해결하거나 적극적으로 관여하므로 그와 관련한 내용을 통해 카드의 의미를 확정할 수 있다. 황제 카드가 배열에 나타났을 때는 질문자 본인이나 주제 자체에 어떤 자격/의무/책임 등을 해냄으로써 기반을 다질 수 있는지 확인해야 하며, 해당 과정을 준수해서 자신의 실력을 증명한 상황이어야만 카드의 부정적인 키워드들을 배제할 수 있다.

부정 반대로 자신의 기반을 지킬 역량이나 명분이 없는데도 강제로 남에게 의무를 덧씌우는 모습에서 부정적인 의미를 확인할 수 있다. 상징편에서 언급했던 민둥산이 이를 나타내는 상징이다. 주변 인물에 대한 배려가 없고 자신의 기반을 지키는 데 골몰한 나머지 과도하게 경계하면 민둥산처럼 자신 주위에 사람이 사라지고 자신의 역량을 넘어서는 힘이 필요한 역경이 닥쳤을 때 해결하지 못할 수 있다는 점을 경고하고 있다.

덧붙여, 황제 카드는 메이저 아르카나에서도 특히 수단과 방법을 가리지 않고 가장 직선적인 해결책을 취하는 것으로 평가되며, 이런 결정이 주변 사람이나 관련자에게 피해를 주지 않는다는 보장이 없기에 심각한 취약점으로 작용한다. 이런 경향은 필연적으로 과중한 책임감과 자신의 기반을 집착에 가깝게 관리하면서 감정이 메마를 수밖에 없는 분야/단체/가정의 장長에게 자주 일어나는 현상이다.

그래서 황제 카드의 대표적인 키워드는 '정복, 남성성, 가부장제'다. 여기서 '리더십', '패권주의, 독단'이라는 키워드가 파생하며, 이 리더십이 어떻게 긍정/부정적인 결과를 가져오느냐에 따라 키워드의 긍정/부정적인 의미를 결정한다.

그렇기에 자신의 역량이 아무리 뛰어나고 기반이 굳건하다고 해도 그 안에서 질문자를 믿고 따르려는 사람들을 제대로 통솔하지 못하면, 결과적으로 국가가 있어도 그 안에 국민이 없는 것 같은 상황이 빚어질 수 있으니 사전에 경고해야 한다.

이와 별개로 황제 카드의 수많은 의미 속에 있는 가부장적 요소나 강압적인 면모와 다르게 정치적인 분야와 관련해서는 (성공한)진보주의를 뜻하기도 한다. 진보적인 정치관이 왜 황제 카드에 속하는지 반문할 수 있으나, 과격함과 결단력 있는 행동력을 갖춘 정치적 성향을 띠는 사람들은 보수적이고 점진적인 발전보다는 자신의 목표나 기반을 활용해 공동체 전체의 개혁을 이루고자 진보적인 주장이나 발상을 펼치기 때문이다.

자신을 가로막는 장애물을 초월하려는 전차 카드와 유사한 성격을 띠나, 전차 카드의 진보적인 주장/발상은 보통 그와 그 주변으로 국한된다. 이와 달리 황제 카드는 자신을 넘어 하나의 세력을 확고히 다지면서 현실화하는 데 중점을 두기에 그 발전 속도가 전차 카드보다 느리게 보일 수 있으나, 그만큼 파괴력이나 무게감이 크다는 데 주목해야 한다. 차종으로 표현하면 황제 카드는 내부를 보호하고자 두꺼운 장갑을 두르고 적의 침입을 격퇴할 무기를 장착했지만 연비가 비효율적인 전차Tank에 비유할 수 있으며, 전차 카드는 적을 만나든 만나지 않든 가장 빠르고 불안정하더라도 목적지에 빨리 닿는 경주용 차량에 비유할 수 있다.

그러나 이는 수많은 개혁가/선구자가 자신의 지지 세력을 만드는데 성공한 순간에만 적용할 수 있는 의미고, 적어도 그 세력 안에서 황제 카드의 의미를 가져가는 사람은 대표자(정치인)이며 세력 자체를 이끌어 세상을 바꾸려는 모습으로 드러난다.

다만 황제 카드의 의미를 적용할 정도로 판세를 뒤엎는 데 성공한 진보는 곧 보수로 편입될 수밖에 없는 모순을 안고 있다. 황제 카드는 자신의 노력으로 유리한 위치로 올라서지만 처음과 끝이 다를 때가 많다. 그만큼 개인의 성향이나 성격이 변하기 쉽다는 의미다.

특히 점을 해석하면서 자신의 기반을 확립할 수 있도록 조언할 때, 다른 사람과의 충돌을 어떻게 최소화할 수 있거나 실제로 충돌이 일어나더라도 이를 상호 보완/상승하는 방식으로 무마할 수 있는지를 파악하면 황제 카드의 의미를 긍정적으로 해석할 수 있다.

따라서 황제 카드는 다른 사람과의 만남, 곧 관계 정립과 관련한 문제에 상당히 취약한 면모를 보인다. 그러나 리더십과 통솔력을 주관하는 황제 카드의 의미를 끌어올 수 있는 영향을 받거나 해당 인물이 앞서 말한 능력과 자격을 갖추고 있다면 관계 자체가 그를 중심으로 재편되거나 목적을 향한 추진력이 배가되는 효과를 낳을 수 있다.

이는 황제 카드가 의미하는 '남성성'의 '리더십'과 밀접한 관련이 있다. 정복·정복욕·소유욕은 3이 무에서 유를 만드는 창조성을 보여주는 대신(이는 모계사회가 수렵·채집을 주로 했던 것과 관련있다) 황제 카드는 남의 것을 빼앗거나 약탈해서 확보하는 방향으로 이루어진다는 것을 상기시키며, 이런 면모는 실제로 해석·조언할 때도 많은 영향을 끼친다.

따라서 주변과 일어날 마찰을 감수하더라도 자신의 기반을 형성해야 하거나 자신의 권리를 위해 다른 사람들이나 사회와 충돌하는 상황에서 황제 카드는 진가를 발휘한다. 이때 그 의미가 긍정적으로 발현된다면 자신이 지켜야 할 기반/터전의 존재 이유나 명분을 내세우고 관철하는 과정을 거친다.*

반대로, 명분 없는 싸움과 기반에 대한 집착 때문에 지지층을 잃어버리는 경우를 들 수 있다. 고집을 부리거나 주장만 너무 강한 정도에 머무르곤 하지만, 최악의 경우 자신의 단체/집단/가족 구성원에게도 이런 고집을 부리거나 강제함으로써 집단 전체를 무너뜨리는

---

* 이런 예로 미국 독립전쟁을 들 수 있다. '자유주의'라는 명분을 확고하게 내세웠던 미국이라는 황제 카드가 전쟁으로 성립했으며, 전쟁에 내건 '대표 없이 세금도 없다', '자유가 아니면 죽음을 달라'는 캐치프레이즈는 미국이라는 새 체제에 동의하는 모든 사람의 황제 카드를 자극했고, 미국 독립전쟁을 상징하는 문구가 됐다.

결과를 낳을 수 있다.*

실제 배열에 황제 카드가 나오면 자신에게 어떤 권위·기반·책임·권리·의무가 있으며, 이를 제대로 이행하거나 그에 걸맞는 통솔력을 갖추고 있는지 확인함으로써 긍정/부정적인 의미를 확정할 수 있다. 이 카드가 정상으로 기능한다면 적어도 이 사람 주위에 자신의 사람, 동료가 있어야 하며, 그렇지 못할 때는 질문자의 문제 가운데 황제 카드의 부정적인 요소들, 특히 독불장군식 사고방식이나 주변 사람들을 제대로 챙기지 못하고 배려하지 않는다는 것에 주의하며 해석해야 한다.

배열 위치별 특징 켈틱 크로스 배열에서 황제 카드(이하 4)가 나왔을 때 어떻게 긍정/부정적인 영향을 확인하는지 판단하려면 10장의 카드 맥락을 모두 살펴야 한다(이에 관해 더 상세한 내용은 119-121쪽을 참고).

4가 배열에 나타나면 크게 어렵거나 쉽지 않고 평이한 수준으로 해석이 진행된다. 결국 질문자의 역량과 기반이 어느 정도인지만 올바로 판단하면 해석에 큰 무리가 없다.

결과적으로 4는, 자신의 목적을 달성하고 나면 그 기반을 지켜내고자 집단 내부의 결속을 다져야 하지만 그보다 자신이 하려는 바가 우선인 사람으로 묘사할 수 있다. 이런 긍정/부정적인 면모에 대한 판단 기준은 질문자가 하려는 것에 동참할 사람이 어디까지 질문자를 배려하거나 지원할 수 있으며, 나아가 '해당 구성원이 질문자에게 충실하게 임할 수 있는가?'가 중요한 판단 조건이 된다.

이런 성향 때문에 4의 의미가 더욱 힘을 받는 위치는 1, 5, 6, 8번이다. 이 위치에 나온 4는 쉽게 긍정적인 영향을 받는다. 자신이 능

---

* 이런 사례로 베트남전쟁이 있다. 미국은 자본주의와 민주주의를 강요하려 통킹만 사건을 조작해 전쟁을 일으켰다. 결국 명분 없이 진행된 이 전쟁은 큰 반전운동을 불러일으켰고, 전쟁에 대한 환멸과 피로만 쌓이다가 미국의 패배로 끝났다. 그 많은 사람·물자·무기를 아무 명분 없이, 공식적인 선전포고도 없이 자신의 기반을 다진다는 미명하에 '고집'을 부린 결과였다.

동적으로 움직여 상황을 변화시키거나 다른 이들에게 존재감을 표출해 스스로 상황을 주도하는 경우로 해석할 수 있기 때문이다.

반대로 취약해지기 쉬운 위치는 2, 3, 7번이다. 장애물(방해자)의 역량이 너무 강한 경우부터 사회 체계에 항거하는 경우까지 해석할 수 있으며, 자신의 생각이 다른 사람들에게 노출되지 않은 상태에서 표리부동한 모습으로 보이면 그 때문에 약점이 드러나기 때문이다. 또한 7번 위치의 경우 4의 성향상 필연적으로 주변과 불화를 일으키기 쉬운 약점이 있다. 이는 4의 '일방적인 사고방식과 독단'에서 유래한다.

어떤 일을 추진하든 더 부드럽게 전달해 잡음을 줄이도록 최대한 강조해야 하며, 질문자에게 이를 극복함으로써 얻는 것이 그만큼 크고 뜻깊으리라는 점을 부각해 주변 사람들을 배려할 수 있도록 이끌어야 한다.

주제별 포인트

연애(관계가 성립한 상황) 질문자가 관계를 유지하는 데 동원하는 수단/마음가짐/추진력이 올곧고 사회적으로 지탄받지 않는 방법을 사용한다는 전제하에만 긍정적인 카드가 된다. 4의 독단성이 연애라는 상호 의존 관계를 정면으로 배척하기 때문이다. 긍정적인 영향을 받는다면 자신의 주도하에 관계를 더 굳건히 유지하려는 모습으로 해석할 수 있으나, 부정적인 영향을 받는다면 굳이 그럴 이유가 없는데도 관계를 본인 위주로 재편하려 하거나 다른 사람들을 통제·지배하려는 의도가 있다는 것을 뜻하고, 이때 불필요한 충돌이나 다툼이 이어질 수 있다는 것을 경고해야 한다.

연애(관계가 성립하지 않은 상황) 질문자의 태도 문제로 이해할 수 있다. 자신의 성향이나 스타일을 고집하거나 상대방의 희생을 일방적으로 요구하는 태도 때문에, 이성이 접근할 만한 매력이 없는 상태라는 것을 드러낸다. 긍정적인 영향을 받더라도 동등한 관계보다는 한쪽이 복속하는 형태로 이루려 한다는 것을 뜻하는 데 그친다. 그렇기에 차라리 아량을 갖추고 여유로움을 보여줘 상대방의 경계심을 누그러뜨리는 방법을 쓰도록 조언해야 한다.

상대방이 없거나 단순한 호감만 있는 상황에서 나온 4는 질문자에게 감정적인 여유가 전혀 없는 상황이며, 먼저 자신의 여유를 찾으라고 조언해야 한다. 이 또한 긍정적인 영향을 받는다면 자신의 기반을 확고히 다짐으로써 연애 운이 좋아질 수 있다는 뜻이며, 더 책임감 있는 모습을 보여 호감을 살 수 있을 것이라 해석된다.

그러나 부정적인 영향을 받는다면 기본적으로 매력이 남들보다 적고 언행이나 매너를 더 다듬어야 한다는 점 등 '연애 상대를 대할 때 필요한 기본적인 자세'를 조언하고 개선시켜야 연애 운의 흐름이 개선되리라고 말해야 한다.

연애와 관련한 질문에서 4가 부정적으로 드러나는 이유는 4의 '통제, 지배 성향'이 일방적인 관계를 강요하기 때문이다. 이때는 아쉬올 것 없을 정도의 상황이 아닌 한 대부분 관계의 주도권이 상대방에게 있다. 단순히 고백의 성사 여부만 논한다면, 황제 카드는 의도적이든 아니든 상대방에게 관계 성립에 관해 강제성을 줘 결정을 내리도록 강요하는 모습으로 드러나기도 한다.

대인관계 질문자의 기반으로 대인관계를 편성했거나 자신이 강력한 권력을 쥔 상태가 아닌 한 부정적인 영향을 강하게 받는다. 긍정적인 영향을 받는다면 자신이 전권을 받았으니 기꺼이 비용이나 책임을 짊어져 다른 사람들의 추앙을 받는 모습으로 드러나지만, 부정적인 영향을 받는다면 자신의 권위를 드러낼 필요가 없는 상황에서 노출하거나, 전혀 다른 기반을 지닌 상황에서 잘못 판단해 있지도 않은 권위를 꺼내려는 상황이 될 수 있다는 것을 경고해야 한다.

사업의 흐름이나 전망 질문자 자신의 기반과 역량에 비해 많은 투자를 필요로 하며, 그에 따른 위험이 비교적 큰 사업일 수 있다. 그만큼 수익은 클 수 있으나 영원히 계속되는 수익이 아니고 새로운 아이템과 유통 구조를 모색해 계속 발전해야 하며 다른 경쟁자를 견제해야 한다. 다만, 이런 상황을 뚫고 안착하면 해당 업계에서 자신의 위치를 공고히 하게 되며, 빠르고 정확한 판단과 행동이 손실과 이익을 가르기에 최종 결재권자의 재능에 모든 것이 좌우되기에 오로지 경영자의 재능에 성패가 달렸다는 것을 경고해야 한다.

창업의 성사 여부 분야 상관없이 개인의 역량에 크게 의존하는 사업 형태를 뜻한다. 따라서 4의 역할을 하는 인물이나 4 자체(사장, 회장)의 결정이 내려지지 않았거나 갑작스레 부재할 때 내부 의견 조율이 어려워지는 단점이 있다는 것을 지적해야 한다. 이런 4의 단점을 보완할 과감한 결정 및 피아 식별 능력이 있다면 직원이나 동료를 끌고 나아가는 지도자의 역량을 보여줄 수 있으나, 그렇지 않으면 지도자를 둘러싼 내부 갈등이 일어나기 쉽고 부패·배임·자멸할 수 있다는 점을 강조해 측근과 인력 관리에 주의하도록 강조해야 한다.

진로 적성 기본적으로 관리하고 통제하는 분야를 뜻한다. 나아가 자신이나 해당 학문이 만든 규칙/규율에 대한 판단을 내리고 집행하는 사람에 해당하며, 새로운 기법이나 공식을 개발하는 경우와는 약간 거리가 있다는 데 주의해야 한다. 또, 자신의 영향력을 넓혀 그 안에 있는 다른 사람 또는 정해지지 않은 존재/개념에 의미를 부여함으로써 자신을 드러낼 수 있는 분야를 통칭한다.

3과 반대되는 이미지여서 이공 계통의 학과로도 드러나는데, 모든 학문의 정점으로 일컬어지는 수학·철학의 영향이 강하고 4가 자신의 기반을 더 강화하려는 경향에 더해 자신의 정체성과 철저한 공식 자체를 요구받는 것과 상응하기 때문이다.

그러나 부정적인 영향을 받는다면 위에서 언급한 내용들의 격이 떨어지는 모습으로 드러난다. 자신이 속한 것을 지키는 데 국한하거나 내부 결속을 강제하는 수준에 머무를 수 있으며, 이 과정에서 부조리를 저질러 명예가 실추될 수 있다고 경고해야 한다. 그러나 대부분은 자신의 입지에 천착해 다른 분야로 진출하지 못하는 데 그친다.

시험 결과나 합격 여부 긍정적인 영향을 받는다면 자기 주도 학습으로 빠른 진전을 보이거나 남들이 모르는 학습 방법들을 통해 익히는 것을 의미한다. 그러나 부정적인 영향을 받는다면 비효율적인 학습 방법 때문에 실력을 보여주지 못하거나 최악의 경우 주변 인물들의 강제로 자신에게 적합한 학습 방법을 포기해야 하는 상황으로 드러나기에 주의를 줘야 한다. 수많은 상류층과 중산층 가정이 자녀에게 과도한 학습 과정을 거치게 해서 되레 학습력이 떨어지거나 문제아로 전락하는 경우를 예로 들 수 있다.

질병의 호전, 완치 보통은 육체적 운동이나 긴장을 통해 자신의 몸을 가꾸거나 유지해서 질병을 예방하는 경우가 대부분이다. 그러나 이미 질병에 걸린 상태라면 완쾌하려는 의지가 엉뚱하게 발현해서 진료 의견을 따르지 않거나 자신이 과거에 효험을 보았던 방법들에 집착하는 경향을 띤다. 부정적인 영향을 받는다면 이런 문제 때문에 치료가 더뎌지는 것을 의미하며, 최악의 경우 의료진을 불신함으로써 생기는 마찰 때문에 치료 시기를 놓치는 상황까지 의미한다.

단순한 건강 문제 4가 나타내는 질병은 심장 관련 질환이 압도적으로 많으며, 뇌 관련 질환이 그 뒤를 잇는다. 전신을 주관하는 중추적 요소로 4의 의미를 그대로 적용할 수 있는 장기이기 때문이다. 특히 급성으로 진행되는 심장·뇌 관련 질환이 4의 성격과 어울리면 뇌경색-출혈, 대동맥류-심장마비 같은 병으로 발현하는 경우가 많다. 그 다음으로 안과 질환이 많은데, 오감에서 이질적인 것을 가장 빠르게 포착하는 장기라는 점이 4의 키워드인 '경계'와 상통하기 때문이다. 그러나 이는 흔치 않고 특정한 조합과 연계해야만 드러나는 문제다.

켈틱 크로스 배열 위치별 긍정/부정 해석법

1 → ② ③ ④ ⑧ 카드 확인 질문자를 가로막는 요소가 그동안 질문자가 취해온 행동들과 밀접하게 관련 있거나, 질문자가 원하는 것 때문에 만들어졌다는 것을 의미한다. 또한 이를 주변 사람들이나 제3자가 어떻게 평가하고 있느냐에 따라 의미가 결정된다. 긍정적인 영향을 받는다면 현 상황, 입지, 또는 자신의 의지 표현을 주위에 적극적으로 하는 것으로 이해할 수 있으나, 부정적인 영향을 받는다면 남을 설득하지 못하거나 인정받지 못하는 상황으로 해석할 수 있으며, 최악의 경우 외부와 고립돼 대안을 선택할 수 없는 상태로 몰릴 수 있다는 것을 경고해야 한다.

2 → ③ ⑤ ⑦ ⑧ ⑨ 카드 확인 (본인보다 우위인) 다른 사람의 압박이나 외부 간섭을 의미할 수 있다. 질문 안에 있는 문제를 해결하려면 더 강한 방법을 써서 4의 영향력을 물리치거나 그것을 우회해 목적을 달성하라고 조언해야 한다. 긍정적인 영향을 받는다면 자신보다 확고한 기반을 쌓은 사람/경쟁자를 타산지석으로 삼아 자신의 목표를 달성할 수 있다는 것을 의미하나, 부정적인 영향을 받는다면 다른 사람이나 경쟁자의 역량에 미치지 못해 좌절하거나 자신의 목적을 우회할 수밖에 없는 상황이라는 것을 인정하고 다른 방법을 찾을 것을 조언해야 한다.

3 → ① ④ ⑦ ⑨ 카드 확인 좁게는 자신의 목적이나 목표를 바꾸지 않거나, (불안감 때문에 생긴) 고집스러운 모습으로 질문에 대한 조언을 받아들이지 못하는 상태를 의미하며, 자신의 목적이나 입장을 계속 지키려는 모습으로 해석할 수 있다. 긍정적인 영향을 받는다면 자신만의 확신과 신념으로 어떻게든 목표를 달성하려는 의욕을 품고 있으며, 최상의 경우 더 물러날 곳이 없다는 사실을 자각하고 필사즉생의 각오로 문제를 해결하리라는 의지를 보인다는 의미로 이해할 수 있다.

4 → ① ② ⑤ ⑨ 카드 확인 긍정적인 영향을 받는다면 자신의 기반/입지/권위를 통해 문제를 해결할 역량을 얻었다는 것을 의미하나, 반대의 경우 해당 질문 자체가 고집을 부려 남에게 버림받거나 조언을 받아들이지 않아 생긴 문제라는 것을 드러낸다. 그렇기에 이를 해결할 대안을 조언하며 질문자가 실패하거나 부정적인 상황에 빠진 원인이 그 자신에게 있다는 것을 인정하도록 조치해야 한다.

5 → ① ② ④ ⑦ ⑧ 카드 확인 사건이나 상황의 흐름이 이어져 현재 상황과 과거의 영향력을 통해 자신의 생각과 다른 사람의 관점들이 결합하고, 이로써 정해진 흐름을 보여준다. 그렇기에 부정적인 영향을 받는다면 다른 사람이나 다른 세력에게 지배나 점령에 준하는 영향을 받는다는 뜻이며, 긍정적인 영향을 받는다면 그동안 쌓아온 기반을 통해 경쟁자/상대방보다 우위에 올라설 사건이나 상황이 진행 중이라고 볼 수 있다.

6 → ④ ⑤ ⑦ ⑧ 카드 확인 위의 5번 위치와 같은 이유로 장단점을 파악할 수 있다. 긍정적인 영향을 받는다면 자신의 입지를 세우는 데 성공하거나 남에게 자신이 어떤 사람인지 성공적으로 드러내는 것을 의미하게 되나, 부정적인 영향을 받는다면 자신의 입장을 고집해서 비난받거나 더 크게 성공할 수 있는 일을 스스로 소화하지 못해 놓치는 문제로 발전할 수 있다는 점을 경고해야 한다.

7 → ① ③ ⑤ ⑧ 카드 확인 질문자가 자신의 생각을 관철하거나 기반을 지키고 더 능동적으로 다른 사람/분야에 개입하려 힐 때는 긍정적인 의미가 적용되는 경향이 있다. 긍정적인 영향을 받는다면 자신의 포부와 명분이 명확하며, 이를 남에게 양보하지 않고 성공하겠다는 자부심이 일의 해결에 큰 영향을 끼친다.

그러나 부정적인 영향을 받는다면 자신의 주장을 굽히지 않고 현실에 맞지 않게 행동해 손해를 볼 수밖에 없으며, 최악의 경우 남에게 위해를 끼쳐서라도 자신의 목적을 이루려는 태도로 드러난다. 적절히 조언함으로써 이런 행위가 목적을 달성하는 데 도움이 될지라도 결과적으로는 덧없는 노력에 지나지 않는다고 경고해야 한다.

8 → ② ④ ⑤ ⑨ 카드 확인 4의 성향상 해석이 극단적일 수 있다. 질문자를 막는 요소들과 과거에 질문자가 어떤 행위를 해왔는지 확인하고, 궁극적으로 질문자가 원하는 상황이 무엇인지 확인함으로써 질문자의 평판을 파악해야 한다.

긍정적인 영향을 받는다면 자신과 같은 목적/명분을 지닌 사람들을 취합하고 이끄는 사람으로 인정받는다는 사실을 알 수 있지만, 부정적인 영향을 받는다면 자신의 탐욕을 채우거나 기반을 쌓으려 관련 없는 사람들을 희생하거나 강압적인 사람으로 인식되고 있다는 것을 경고해야 한다.

9 → ② ③ ⑧ 카드 확인 질문자가 지배적인 위치나 우세를 유지하고 싶어

하거나 어떤 목표를 달성해 자신의 기반을 마련하려는 희망을 품고 있다고 해석할 수 있으며, 반대로 자신의 행위 때문에 외부와 단절되거나 남에게 완고한 모습을 드러내서 질시받는 것을 두려워하는 모습으로 이해할 수 있다.

---

10 모든 카드를 종합해 질문자의 입장에서 상황과 흐름이 궁극적으로 어떤 경쟁/투쟁을 통해 성립하는지 확인하고, 질문자가 얻으려는/확인하려는 것이 어떤 궤적을 거쳐 끝을 향하는지 따져봐야 한다. 그렇기에 4의 긍정적인 의미를 방해/훼손하는 부분들을 조합해 구체적인 적/장애물/문제의 해결을 제안하고 약점을 없애나가도록 조언하고, 이 과정에서 4의 권위나 기반이 어떻게 변화하는지 확인해 더 긍정적인 흐름을 유지할 수 있도록 이끌어야 한다.

실제 사례 (2003년 6월, 성남 분당 모처, 10대 중반 남성)

질문 어떻게 해야 이번 회장 선거에서 당선될까?

사전 정보 어떻게 수소문했는지는 모르나, 학생의 손을 부여잡고 온 부모의 질문이었다. 고등학교 학생회장 선거에 입후보하려 했으나, 쟁쟁한 경쟁자들 때문에 자신감을 잃은 것 같다며 조언을 구했다(학생은 승산 없어 보이는 싸움에 벌써 질린 기색이 완연했으나, 부모는 이런 경험을 지금 아니면 또 언제 할 수 있냐며, 경험만으로도 충분히 얻는 것이 있는데 왜 포기하냐고 격려했다).

$$5w - 17 - 2s - 6p - 5c - 4 - 9w - 11 - 8p - Qc$$

5w (밑줄: 질문자 자신) 이미 많이 지쳤고 힘들어한다.

17 (밑줄: 장애물) 다른 경쟁자들이 너무 뛰어나서 자신은 비교 대상이 되지 못한다고 생각한다.

2s (밑줄: 기저) 현 상황에서 어떻게 해야 할지 갈피를 못 잡고 있다.

6p (밑줄: 과거) 그 나름대로 선거 운동을 했으며, 주변의 동정표도 있다.

5c (밑줄: 현재/곧 일어날 일) 질문자에게 실망한 지지자들이 하나 둘 나타나고 있다.

4 (밑줄: 미래) 책임감 있는 모습으로 스스로를 다잡고 나아가야만 이 상황을 극복할 수 있다.

9w (밑줄: 질문자의 내면) 어떻게든 이 상황을 버티고 있으며, 지금껏 해왔던 것을 아까워하고 있다.

11 (밑줄: 제3자가 바라보는 질문자) 그 나름대로 자신의 의견이 뚜렷한 사람으로 보고 있다.

8p (밑줄: 희망/두려움) 어설픈 대처로 이도 저도 아닌 상황이 되는 것을 두려워하며, 어떻게든 열심히 해서 좋은 결과가 나오길 바라고 있다.

Qc (밑줄: 결과) 자신의 마음을 다한 결과를 받아들이게 될 것이다.

이 배열에서 4는 6번 위치, '미래'에 드러났다. 넓은 의미로 대인관계를 통해 인정받아야 하는 선거의 특성상 4의 키워드인 '가부장적, 정복, 기반을 쌓고자 희생을 마다하지 않음'을 어떻게 효과적으로 발현해 다른 경쟁자들을 압도할 수 있을지 확인해야만 긍정적인 의미를 적용할 수 있다. 특히 '정복'이라는 의미는 이 상황에서 어설프게 물러나봤자 남에게 정복당할 뿐 뒤가 좋지 못하리라고 예상할 수 있기에, 지더라도 질문자 스스로 4가 갖춰야 할 올바른 기반이나 입지를 어떻게 확보해줄 수 있을지 조언해야 하는 상황이다.

4는 질문자가 이 상황을 어떻게 이겨낼 수 있는지 보여준다. 4의 의미에 긍정/부정적인 영향을 끼치는 카드는 6p, 5c, 9w, 11로 확인되는데, 이로써 자신의 현 지지 기반을 더 확고히 다져야 하며, 다른 후보들과 확실한 차별점을 부각해 자신의 매력과 이미지를 어떻게 각인시킬 수 있는지 고민하되, 지키지도 못할 무리수를 던지지 않도록 주의해야 한다. 반대로 동정심이나 응원조차 시들한 상황을 제대로 통제하지 못하면 목적을 달성할 수 없다는 점을 지적해 4의 의미를 어떻게든 긍정적으로 적용할 수 있도록 해줘야 한다.

① **5w(질문자 자신)** 현 상황이 매우 힘들다는 것을 자각하고 있다는 의미로 해석할 수 있다. 긍정적인 영향을 받는다면 자신의 의도를 성취하기 위해 이겨내야 할 과정들을 긍정적으로 받아들인다는 사실을 시사하나, 부정적인 영향을 받는다면 이런 투쟁의 장에서 자신이 과연 버텨낼 수 있는지 확신하지 못해 경쟁에서 밀려나거나 자신의 뜻을 제대로 구현해내지 못하는 상황에 이르렀다는 것을 경고해야 한다.

② **17(장애물)** 질문자가 이런 상황에 놓여본 경험이 없다는 것을 뜻한다. 긍정적인 영향을 받는다면 이 경험만으로도 다른 사람들이 질문자를 높이 평가할 수 있다는 의미로 해석할 수 있으나, 부정적인

영향을 받는다면 자신의 역량 부족으로 실패할 수 있다는 것을 경고해야 한다.

이 배열에서는 비교적 부정적으로 해석할 수 있다. 홀로 감당하기 어려운 환경인 데다가 결심이 흔들리고 있으며, 이 때문에 지지자가 줄어들어 고립될 상황이라는 것을 확인할 수 있기 때문이다. 형세를 반전시킬 수 있는 조언이 필요한 시점이라는 것을 알 수 있다(5w. 2s, 5c, 4).

___

③ **2s(기저)** 이런 문제에 대해 질문자가 스스로 결단을 내리길 망설여왔다는 것을 시사한다. 긍정적인 영향을 받았다면 이 혼란스러운 상황에서 경거망동하지 않고 위기를 현명히 벗어났다고 해석할 수 있으나, 이 배열에서는 부정적인 의미가 부각돼 자신의 뜻을 제대로 표현하지 않아 주변 사람들과 지지자들에게 실망이나 혼란을 일으켜왔다는 점이 두드러진다.

___

④ **6p(과거)** 질문자의 지지층이 어떻게 형성되었는지 확인할 수 있다. 긍정적인 영향을 받는다면 다른 후보들이 일반적으로 쓰는 수법으로 지지자를 확보했다는 점을 지적하며, 여기에 더해 자신이 속한 학급의 동정표로 기반을 확보했다는 것을 알 수 있다. 그러나 부정적인 영향을 받는다면 명확한 공약이나 성향, 이미지를 다른 학생들에게 제대로 인식시키지 못했다는 점을 경고한다.

___

⑤ **5c(현재/곧 일어날 일)** 질문자의 지지층과 의지가 점차 약화되고 있거나 이미 이런 문제가 심각하게 진행되고 있다는 것을 경고한다. 긍정적인 영향을 받는다면 확실한 지지자를 응집시켜 골수 지지층을 만들어내는 데 성공할 것을 의미하나, 부정적인 영향을 받는다면 질문자의 무기력한 대응이나 태도 때문에 지지층이 서서히 이탈하게 될 것을 경고한다.

___

⑥ **4(미래)** 질문자의 지지층이나 세력이 고립되거나 독보적인 입지

를 갖추게 될 것을 의미한다. 긍정적인 영향을 받는다면 이 혼란스러운 상황을 타파할 사람이자 제3자들에게 인정받거나 자신의 지지자를 확실히 사로잡아 역전극을 연출하게 될 수 있다는 것을 뜻하나, 부정적인 영향을 받는다면 그저 소수의 지지를 믿고 자신의 영역이나 지지율을 빼앗기지 않도록 막 급급하거나, 그럼에도 불구하고 점차 지지세를 잃어 고립되는 상황으로 치달아갈 것을 의미한다.

이 배열에서 4는 조언하지 않으면 부정적인 영향을 받을 수밖에 없다는 점을 알 수 있다. 질문자가 지지를 얻어낸 방식이 그리 탁월하지 않으며 동정 여론에 힘입은 점과, 이런 상황임에도 지지층이 서서히 무너지고 있다는 것이 큰 문제로 꼽히며, 질문자 자신도 스트레스에 과하게 시달리고 있다는 데 문제가 있다. 이 상황에서 질문자가 주장하는 것들이 그 나름대로 공감대나 명분은 있어 보이지만, 막상 그 주장을 얼마나 설득력 있게 전달할 수 있을지 판단하기 어렵다. 그렇기에 현재의 얇은 지지층을 어떻게 넓히고 자신의 의지를 다잡을지, 자신의 공약이나 견해를 학생들에게 어떻게 해야 잘 전달할 수 있을지 조언해 상황을 바꿀 수 있게 만들어야 한다(6p, 5c, 9w, 11).

---

⑦ 9w (질문자의 내면) 질문자가 이 문제로 정신적 스트레스를 많이 받고 있다는 것을 보여준다. 긍정적인 영향을 받는다면 그동안 노력한 것이 아깝지 않게 유종의 미라도 거두려 하거나, 반대로 더 물러서지 않고 이 상황을 어떻게든 이겨내리라는 의지를 가지고 있다고 해석할 수 있으나, 부정적인 영향을 받는다면 더는 이 상황을 견디기 힘들어할 만큼 지쳐 있다는 점을 강조한다.

---

⑧ 11 (제3자가 바라보는 질문자) 다른 학생들에게 자신의 입장을 명확히 드러내지 못하거나 명분이 약하다고 평가받고 있다는 것을 뜻한다. 혼란스러운 선거 현황 속에서도 동정표에 의지하거나 뇌물 등으로 지지층을 가까스로 유지하고 있으며, 이마저도 줄어드는 상황이다. 나아가 질문자가 지금처럼 어설픈 태도를 계속 유지하는 것도 이 카드를 부정적으로 여기게끔 만든다. 그러나 긍정적인 영향을 받

는다면 질문자의 주장이 합당하다고 생각하는 이들이 아직 있으며, 이를 어떻게 확산시키느냐에 따라 상황을 반전시킬 수 있고, 조언을 얻어 부정적인 영향력을 지워야 한다는 점을 시사한다(5w, 6p, 5c, 8p).

---

⑨ **8p(희망/두려움)** 질문자가 현 상황에 열심히 대처하면 어떻게든 반전이 일어날 것이라는 막연한 희망과, 자신의 대처가 미숙해 다른 경쟁자들에게 현격한 차이로 뒤처지는 것을 두려워하는 모습을 모두 드러낸다.

---

⑩ **Qc(결론)** 긍정적인 영향을 받는다면 자신이 선거에서 달성하려는 것들을 학생들이 공감하고 지지할 수 있도록 이끌 수 있으며, 또 질문자가 원하는 바를 달성할 수 있다는 의미로 읽을 수 있으나, 부정적인 영향을 받는다면 자신의 감정에 치우친 나머지 일을 그르치거나 다른 사람들에게 비난받을 수 있다는 것을 경고한다.

===

해석을 마치자 긍정/부정적인 면이 극명하게 갈려 많이 불안해하던 질문자는 농담 삼아 해본 말이 너무 크게 번진 것 같다며 자책했다. 나는 상황을 개선할 여러 방도를 조명하며 자기 확신을 가질 것을 강조했고, 부모에게도 질문자의 취약점과 여러 지원책들을 언급하며 더욱 체계적인 세력 구축에 필요한 현실적 방안들을 조언해 질문자의 강점을 부각시켜볼 것을 당부했다.

이후 그는 당선됐는데, 다른 후보와 달리 현상 유지에 극단적으로 치중하는 방향으로 공약을 내세운 게 승리의 비결이었다. 후보들이 내세웠던 공약들은 일개 학생회장이 바꿀 수 있는 문제들이 아니었으며(교복 자율화, 두발 자율화, 수학여행 고급화 등), 비슷비슷한 후보들과 달리 되지도 않을 공약 대신에 편하게 학창 시절을 보낼 수 있도록 예전처럼 지내자는 질문자의 주장이 설득력을 얻었던 것이다. 그 이면에서 후보 단일화나 세력 통합 등을 소소히 주도하라 했던 조언을 실행했던 것은 덤이었다.

이 배열에서 4는 질문자의 기반과 권위가 어떻게 형성될 수 있는지를 잘 표현했다. 자신의 역량을 주위에 더 선명하게 드러내고 다른 사람들이 자신의 목적을 질문자가 대신 달성해줄 수 있는 사람이라 믿게 만들고, 그에 걸맞는 책임과 의무를 다할 수 있다고 설득하는 데 성공해 학생들의 마음을 얻고 끝내 목표를 달성할 수 있었다.

실제 사례 (2009년 1월, 어느 행사장, 10대 후반 남성)

질문   대학에서 잘 적응할 수 있을까?

사전 정보 대학 합격 직후 행사장에 들른 예비 대학생이었다. 자신과
        같은 학교로 진학하는 친구들과 그다지 친하지 않고, 새로
        운 사람들을 만나야 하는데 스스로 쉽게 어울릴 수 있을지
        고민하고 있었다.

        6c - 21 - 13 - 12 - Aw - 4 - 7p - 9c - 2p - 4p

6c   (질문자 자신) 예전의 친구들과 더 친하게 지내고 싶고, 더 보고
      싶어 한다.

21   (장애물) 그러나 이제 고등학교 시절은 끝나가고 있다.

13   (기저) 이 시절의 끝이 오리라는 사실을 알고 있으며, 이제 다
      른 곳에서 다른 입장에 서게 될 것이다.

12   (과거) 과거의 시험(수능)은 끝났으며, 진학 여부도 결정됐다.

Aw   (현재/곧 일어날 일) 새로운 사람을 만나고 새로운 관계를 맺게
      될 것이다.

4   (미래) 자신의 입장만을 관철하거나, 자신만의 그룹을 만들게
      된다.

7p   (질문자의 내면) 지금 있는 친구들보다 더 좋은 친구들을 만들
      고자 한다.

9c   (제3자가 바라보는 질문자) 자신의 마음에만 충실하며, 자신의
      집단에만 신경 쓰는 사람이라 평하고 있다.

2p   (희망/두려움) 대학에서 이도 저도 아닌 사람으로 보일까 봐 두
      렵다/어떻게든 나 정도면 해낼 수 있지 않을까 하는 낙관론이
      공존하고 있다.

4p   (결과) 과거의 방식대로 관계를 형성할 수 없으며, 그에 집착할
      수록 스스로 고립될 것이다.

실전 해석

이 배열에서 4는 6번 위치인 '미래'에 나왔다. 대인관계에 관한 질문의 특성과 결부해 4의 키워드인 '지배', '정복'의 의미에서 자신이 주도하는 관계를 형성할 필요가 있다는 것을 의미한다. 특히 '지배'라는 뜻에서 이를 달성하려면 자신의 결정이나 주장을 시의적절하게 보임으로써 진취적인 리더십을 발휘해야 한다는 것을 시사한다. 이 점에서 단순히 대인관계를 성립하고자 빠른 접촉을 요구하는 7과 차이가 있다. 그러나 4의 이런 특징은 쉽게 '독선'이라는 늪에 빠질 수 있다는 점을 지적하고, 설득 과정에서 공감을 얻지 못하면 대인관계를 원만하게 만들지 못하고 고립될 수 있다는 것을 경고해야 한다.

이 배열에서 4는 질문자가 자신만의 대인관계를 형성하거나 고립되는 상황을 맞이하는 미래를 예견하게 한다. 4의 의미를 긍정/부정적으로 변화시키는 카드는 12, Aw, 7p, 9c로 확인된다. 이때는 대인관계와 관련해 질문자가 왜 관계를 형성하고 싶은지, 또 질문자가 다른 사람들의 마음을 사로잡을 매력이 있는지 확인해야 한다. 질문자의 매력이나 과거에 대인관계를 유지하고자 어떤 방법들을 썼는지 확인해서 카드의 긍정적인 면을 어떻게 강화시킬 것인지 고민하고 구체적인 수단과 방법들을 조언해야 한다.

---

① **6c (질문자 자신)** 질문자가 과거의 친구나 감정에 의존하고 있다는 것을 뜻한다. 긍정적인 영향을 받는다면 좋은 친구와 더욱 오랜 시간을 함께하고 싶어 하는 애틋한 마음으로 해석되나, 부정적인 영향을 받는다면 나이에 맞지 않게 감정적인 행위를 계속하고 있다는 것을 뜻하며, 최악의 경우 자신의 어리광을 주변에 풀어대는 상황을 뜻한다.

---

② **21 (장애물)** 질문자의 인생에서 하나의 과정을 종료한다는 것을 뜻한다. 긍정적인 영향을 받는다면 지금까지 유지한 대인관계에 관한 결실을 맺고 앞으로도 유지해나간다는 뜻이며, 반대로 부정적인

영향을 받는다면 현재의 모든 대인관계와 단절된 채 새로운 환경을 맞이한다는 뜻이다. 이때는 기존의 친구 관계를 유지하고 자신만의 새로운 친구들을 만들어나가는 방법이나 요령을 조언할 수 있다.

이 배열에서는 부정적인 영향을 받고 있다는 것을 알 수 있는데, 질문자가 그동안 유지하던 대인관계에서 자신의 의도대로 감정을 충족하는 데 그쳤다는 사실을 확인하며 확정된다(6c, 12, Aw, 9c).

---

③ **13(기저)** 21과 비슷한 의미로 적용되나 다르게 이해할 수 있다. 21이 필연적으로 기존의 인연이 끝나는 것으로 해석된다면, 13은 이 과정 속에서 질문자가 큰 환경적·심리적 변화를 맞이한다는 것을 인지하고 있다는 뜻이다. 긍정적인 영향을 받는다면 변화할 환경에 적응해 자신의 기반을 쉽게 다진다는 뜻으로 볼 수 있으나, 부정적인 영향을 받는다면 자신의 잘못된 습관이나 언행 때문에 제대로 적응하지 못한다는 뜻으로 풀이된다.

이 배열에서는 부정적인 영향을 받았다는 것을 알 수 있는데, 대인관계를 유지한 계기 자체가 사라지는 상황에서도 전혀 대비한 것이 없고 자신 위주로 구성한 대인관계에 천착하고 만족하려는 모습을 보여주고 있기 때문이다(6c, 21, Aw, 9c).

---

④ **12(과거)** 질문자가 통과의례, 곧 거듭나고자 시험을 치렀다는 것을 뜻하며, 시험을 마친 뒤 그동안 함께했던 친구들과 헤어질 수밖에 없다는 사실을 알고 있다는 뜻도 있다.

여기서 질문자의 대인관계가 부정적인 영향을 받으리라는 것을 알 수 있는데, 자신의 거칠거나 모난 성격을 받아주던 친구들과 헤어지는 상황을 질문자가 받아들이고 있으며, 대학에 입학한 뒤 새로이 대인관계의 기반을 마련하기 위해 준비할 시간과 상황이 제대로 주어지지 않은 채 질문자가 다른 사람들과 깊게 친밀해지기 어려운 상황이 올 예정인 것도 부정적인 의미를 적용하게 만든다(13, 4, 9c, 2p).

---

⑤ **Aw(현재/곧 일어날 일)** 질문자가 대인관계와 관련한 문제를 이제

깨닫거나 자신의 생각을 계속 밀어붙이게 되고, 새로운 환경에서 새로운 친구들을 발견하리라는 뜻이다. 또한 이런 상황에 적응하고자 남에게 자신을 어떻게 드러낼지를 보여준다. 이로써 질문자는 어떤 행동이나 발언으로 자신의 개성을 부각해 대인관계를 구축하려 한다는 것을 알 수 있다.

---

⑥ **4(미래)** 질문자가 이런 과정을 거쳐 어떤 상황에 놓일지를 보여준다. 긍정적인 영향을 받는다면 대학 생활에서 자신의 영역을 확보하고 새로운 친구들을 얻어 그 안에서 리더의 역할을 하게 되리라고 예측할 수 있으나, 부정적인 영향을 받는다면 무리한 주장/고집이나 다른 사람들의 견제 때문에 질시받거나 고립될 수 있다.

질문자가 과거와 같은 방법을 쓴다고 해서 해결할 수 있는 문제가 아니며, 오히려 이런 안일한 생각이 대인관계에 마찰을 일으킬 수 있다고 경고해야 한다. 또한 지금도 자신의 감정을 충족하는 데 남을 이용하고 희생시키는 모습 때문에 주변의 평가가 좋지 않다는 점도 결과적으로 4의 의미를 부정적으로 만들고 있다는 것을 지적하고, 아울러 이처럼 부정적인 영향을 줄이거나 막는 조치로 자신이 가진 것을 일부 희생하거나 자신의 감정만을 앞세우지 말 것을 조언해야 한다(12, Aw, 7p, 9c).

---

⑦ **7p(질문자의 내면)** 질문자가 대인관계에서 자신을 앞세우고 싶어 한다는 것을 뜻한다. 긍정적인 영향을 받는다면 더 진취적인 접근법 덕분에 쉽게 친분을 쌓을 수 있다는 뜻이 되지만, 부정적인 영향을 받는다면 대인관계를 자기 위주로 편성하려는 욕심 때문에 일을 그르치거나 오히려 반발을 살 수 있다는 점을 경고해야 한다.

---

⑧ **9c(제3자가 바라보는 질문자)** 다른 사람의 시각에서는 질문자가 자신의 감정적 만족을 위해 움직이는 것으로 비친다는 뜻이다. 긍정적인 영향을 받는다면 당장 별다른 문제 없이 평범하고 행복한 일상을 보내고 있다고 해석되지만, 반대로 부정적인 영향을 받는다면 주

변 사람들의 불만이나 항의에도 아랑곳없이 자신의 감정에만 충실하려는 행동 때문에 이기적이라는 평을 듣고 있다는 것을 지적한다.

---

⑨ **2p (희망/두려움)** 새로운 환경에 적응하는 과정에서 벌어질 이런저런 시행착오를 두려워한다는 뜻으로 해석할 수 있다. 반대로, 질문자가 기존에 해오던 대로 사람들을 대하다 보면 어떻게든 관계를 맺어갈 수 있다고 생각하는 막연한 기대로 해석할 수 있다.

---

⑩ **4p (결론)** 질문자가 바뀌지 않으면 반드시 자신의 성격·성향 때문에 대학 입학 후 대인관계에서 최악의 경우 완벽히 고립될 수도 있다는 것을 강하게 암시하며, 나아가 자신이 무엇을 잘못한 것인지 전혀 깨닫지 못하고 홀로 남게 된다는 것을 뜻한다. 그렇기에 자신의 문제를 점검하고 고치도록 조언해 이러한 상황이 오지 않도록 이끌어야 한다.

===

이 배열에 드러난 4는 자신의 입지를 강화하려고 한 행동에 다른 사람들이 피해받을 수도 있다는 사실을 생각하지 못한다는 것을 의미한다. 그렇기에 환경에 변화가 생겨도 원래의 성격을 결코 숨기지 못할 것이라는 점을 보여준다. 이미 지금도 주변 사람들과 불화를 겪고 있는 데다 자신의 독선을 입학 후에도 고치지 못해 학우들과 충돌하리라는 것을 드러낸다고 할 수 있다. 실제 해석 또한 4의 부정적인 모습인 고집이나 독단적 성격 때문에 다툼이 생길 수 있으므로 이 점을 크게 경계해야 한다는 뜻이다.

만약 이 배열이 대학 신입생이 아니라 복학생의 점이었다면 제대한 복학생 특유의 적응력에 더해 자신의 입지를 스스로의 능력으로 이끌어 사라졌던 자신의 학과 내 기반을 복구하고 굳히는 모습으로도 해석할 수 있는 문제였기에, 아쉬워하며 해석을 종료했다.

해석 내내 자신은 전혀 그렇지 않다며 주장한 질문자는 주변 친구들이 계속 반발하자 '그렇게 생각했다면 미안하다'고 사과한 뒤 더는 말을 잇지 못했다. 아울러 이 문제로 질문자가 잘못되지 않을까 많이 걱정했는데, 결국 서너 달이 지나고 질문자에게 점을 볼 것을 권했던 질문자의 친구에게서 그가 계속 외롭다며 술 한잔 하자는 이야기를 반복하고 있으며, 입학 뒤 OT와 MT 등의 모임에서 다른 사람들과 마찰이 점점 심해지자 선배와 동기의 질타가 이어졌고 이에 제대로 대응하지 못했으며 자신이 무엇을 잘못했는지 모른 채 반수*를 알아 보고 있다는 소식을 전해 들었다.

이처럼 대인관계와 관련한 질문에서 4는 자신의 기반이나 권위를 인정해줄 사람이 없고 새로운 환경에서 4가 자신의 권위를 세우기 어려운 상황이었기에 더 취약해진 경우로 봐야 한다. 해석 용법에서 언급한 카드의 의미상, 환경의 변화보다 공격적이고 진취적인 위치 로 나아가는 상황이거나 질문자의 기반을 지키려는 상황을 다루는 질문에서 비중이 급격히 커지며, 정치나 경영 등 확고한 전문가나 일 인자와 관련한 질문에서 두각을 드러내곤 한다. 이는 4의 키워드인 정복/개척/지배/통치가 해석에 영향을 끼치기 때문이다.

그렇기에 해당 배열에서는 자신이 일선에 나서지 않아도 협업·조 화로써 대인관계를 원만히 하는 방법이 있지만, 이를 무시하고 자신 의 뜻대로만 모든 것을 밀어붙이면 다른 사람들과 마찰이 생기면서 자신의 목적마저 달성하지 못할 수 있다는 사실을 경고하고, 마찰을 일으키지 않는 현실적인 방법으로 이를 조절한다면 해석자의 역할 을 다했다고 할 수 있는 사례였다.

* 대학을 다니면서 다음 해 수능을 준비해 다른 대학으로 진학하는 방식을 일 컫는 속어.

V. THE HIEROPHANT
대사제(교황)

전통
Tradition

전통, (고등)교육, 중재, 중개, 성직, 정신적 지주, 여당 당수, 보수, 도덕, 미풍 양속, 예비역, (삶 속의)통찰, 할아버지, 인정, 표리부동(때문에 생긴 모순), 한 배 탄 사람들, 권유, 방문 판매, 성직자, 주교, 게으름, 지혜, 성문화되지 않은 법/규범, 기록 매체, 노년, 신토불이, 공감, 기록, 기억, 여당, 고리타분, 고루, 부패, 독점trust, 담합, 편법, 이중적, 소시오패스, 웜 바이러스worm virus, 누 출, 주임 원사, 중독(자신 또는 사회가 인식하지 못하는 상태), 인습, 광고에 노출 됨, 장관, 부대 대장 등의 노회한 보좌역, 선임자, 정신과 의사, 위업偉業, 연 극 기획자, 매니저, 멘토, 스승, 만성질환, 만성 독, 저항력, 이사, 상무, 고문, (전문적이지 않은)상담가, 구두 합의(보증/차용까지 포함되는 넓은 의미의 합의), 동업자

긍정/부정 확인 기준

주변 사람들에게 신뢰받거나 정신적인 지주로 여겨지는 사람인가?

중재받거나 중재해야 할 상황인가?

어떤 문제든 기준으로 삼는 대안이 있는가?

일방적인 판단으로 문제를 더 혼란스럽게 하고 있지 않은가?

상대방/중재자/멘토를 질문자가 인정하고 있는가?

질문자/상대방이 이 사건에 무형적으로 큰 영향을 끼치는가?

질문자의 행위나 사고방식이 보편적 상식에 닿아 있는가?

이런 기준들을 점검함으로써 긍정/부정적 의미를 확인할 수 있으며, 대사제(교황) 카드의 의미를 더 본격적으로 제시할 수 있다. 이들은 교육, 전통을 의미하는 대사제(교황) 카드가 실제 해석에서 어떻게 작용하는지 면밀하게 분석할 수 있는 몇 가지 필터다. 더 나아가 위에서 언급한 조건뿐만 아니라 더 세밀한 조건들로 이 카드의 키워드를 더욱 정확하고 다양하게 적용할 수 있다.

또한 이 카드는 정신적인 지도자이자 성문화되지 않았지만 사람들이 추구하려는 모든 도덕관념을 관장한다. 상황/시대에 따라 어떤 사람이 이런 권위를 지니는지, 또 그런 이들이 어떻게 자신의 역할을 다하거나 퇴색해서 남을 방해하는지 통찰해야 한다. 그렇기에 해석자의 인생 경험을 녹여내 키워드를 응용할 수 있는 카드로 손꼽힌다.

해석용법

긍정 교황(대사제*, 이하 교황)카드는 자신의 기반/경험/지식을 인정하는 사람이 많으면 많을수록 힘을 발휘한다. 이는 키워드인 '전통', '교육', '중재'에서 먼저 충족돼야 하는 조건이기 때문이다. 또한 이는 현실 속에서 만인에게 인정/공감받는 것들을 주재·승인함으로써 세상의 한 축을 이루며, 이 누적된 경험과 지식으로 쌓은 권위를 모두가 인정하게 만든다.

배열에서 교황 카드가 나오면, 주제를 둘러싼 보편 상식과 도덕적 판단이 어떻게 이루어지는지 빠르게 통찰해야 하며, 그 뒤에야 이 카드의 부정적인 의미들을 배제할 수 있다.

부정 반대로 이런 통념/공감을 기반으로 자신을 따르는 사람을 착취하는 모습을 통해 부정적인 의미를 확인할 수 있다. 상징편에서 언급했던 부정적인 의미들로 이를 알 수 있으며, 통념에 갇혔을 때 '모두가 공감하고 공유하는 정신적인 기반'을 좀먹을 수 있다는 것을 경고한다.

이런 상황에서 교황 카드는 이런 단점/취약점들을 오히려 숭고하고 보편적인 것으로 강요해 구성원에게 일방적인 희생을 강요하거나 사익을 채우려고 부조리를 자행하는 모습으로 변질될 수 있다.

이런 연유로 교황 카드의 전통/교육/중재의 이면에 가장 크게 자리 잡은 '부패', '고정관념', '야합' 등의 키워드가 파생한다. 나아가 질문 전체를 아우르는 상황과 질문자/상대방의 명분에 따라 긍정/부정적인 의미가 결정된다. 이는 현실 속에서 전통을 올바르게 지키고 행해야 하는 자들이 권위를 잃어버린 역사적 사례들로 알 수 있다.**

> * 메이저 상징편 참고. 라이더-웨이트 덱의 제작자들은 타로카드를 설계·기획하면서 점의 기능에 충실하도록 덱의 구조를 바꾼 뒤, 카드 이름과 상징을 바꾸거나 전환해서 자신들의 입문 의식 및 비의적인 절차·과정을 추가했다.
>
> ** 수많은 권위자/성직자의 추악한 범죄를 증거로 댈 수 있다. 역사적으로는

특히 지연/학연/혈연 등 사회 속에서 인맥의 영향을 강하게 받는 대인관계 또는 협의가 필요한 주제들과 밀접한 관련이 있으며, 이로써 교황 카드의 긍정/부정적인 면모를 명확히 확인할 수 있다.

점을 해석하고 조언할 때 이 카드는 문제와 관련한 질문자 모두를 아우르는 사람이 개입함으로써 문제가 해결될 수 있다는 점을 전달한다. 자신이 상담자나 정신적 지주로 여겨지는 상황이 많으며, 그렇기에 연애에서는 좋은 결론이 나오는 경우가 의외로 적다. 성애性愛 관계를 뜻하기보다는, 정신적 지주로서 좋은 상급자/선임자/선배/좋은 오빠 등으로 표현될 수 있기 때문이다.

이런 요소들 때문에, 교황 카드가 나오면 주제와 상관없이 문제의 핵심을 조율할 수 있는 제3자 노릇을 하는 사람에게 도움받을 것을 조언할 수 있다. 그렇기에 제3자가 이 교황 카드의 긍정적인 의미를 살려 문제를 해결할 능력이 있는지 면밀하게 따져봐야 한다. 만약 그에 합당하지 않거나 부적절한 인물에게 조율을 맡기면 범죄와 관련되거나 질문자를 비롯해서 다른 사람들에게 몰상식한 내용을 주입 또는 강요해 문제를 악화시키기 때문이다. 이는 수많은 수뢰受略와 불법 재산 공여 등에서 빠지지 않는 핑계인 '전통적으로, 원래부터 해왔던 관례'라는 변명과 상통한다.

4나 교황 카드 모두 사람들 속에서 자신의 기반을 확보하고, 이로써 자신의 역량을 증명해나간다는 공통점이 있다. 그러나 교황 카드가 전통/중재/교육 등을 유지·수행하며 다른 사람들이 자연스럽게 자신의 목적에 부합하도록 합의하는 과정을 밟아 기반을 마련하는 것과 달리, 4는 남들과 자신의 목적이 다르면 이 문제에 직접 부딪히거나 분쟁을 거쳐 기반을 마련한다는 점에서 차이가 있다.

이는 다른 사람들의 공감과 동의를 받아낼 수 있고 질문 주제와 관련한 사람 모두에게 인정받고 있기에 가능하다는 것을 알 수 있다.

마녀 재판, 이교도 색출, 십자군전쟁, 면벌부 판매 등이 있다. 이렇게 신성을 사칭해 속세의 것을 탐한 사례는 쉽게 찾을 수 있다. 클레멘스 1세처럼 교황이 봉건 영주마냥 용병을 고용해 주변 국가들과 전쟁을 벌이고 본업에 소홀했던 경우 또한 예로 들 수 있다.

이는 4와 권위의 성격이 비슷하나, 과정이나 구성 요건에서 큰 차이점을 띠는 원인이다.

따라서, 유리한 상황이나 자신이 쓸 수 있는 조건들이 다양한 상황에서 이 카드가 드러난다면 교황 카드의 장점을 마음대로 조율할 수 있다. 이때 그 의미가 긍정적으로 발현한다면 자신을 신뢰하는 사람들을 통해 기반을 넓혀나가게 되며, 나아가 많은 사람의 정신적 지주로 남아 대중의 행동을 자신의 생각대로 바꿀 수 있게 된다.*

반대로 자신의 이상을 위배하며 사리사욕을 채운다면, 그 전말이 드러나거나 또는 이를 은폐해 그 분야의 미래를 없애거나 변질시키는 결과를 낳을 수 있다. 작게는 조직의 부조리로 시작해서, 자신의 권위를 악용해 '이 길을 가려면 당연히 해야만 하는 것'이라고 치부하며 이익을 편취하는 행위도 이 카드의 의미에 포함될 수 있다. 이러한 사회 부조리는 굳이 예를 들지 않아도 쉽게 찾아볼 수 있을 것이다.

배열 위치별 특징 켈틱 크로스 배열에서 교황 카드(이하 5)가 나왔을 때 어떻게 긍정/부정적인 영향을 확인하는지 판단하려면 10장의 카드 맥락을 모두 살펴야 한다(이에 관해 더 상세한 내용은 147-149쪽을 참고).

5가 배열에 나타났을 때, 질문 내용이 큰 분쟁이나 대인관계와 관계없다면 배열 안에서 의미의 비중이 매우 떨어지며, 이때는 대부분 카드의 키워드 가운데 '교육'에 치중해 해석된다. '중재', '전통'을 사용할 수 없는 상황이 많기 때문이며, 보편적으로 모두가 받은 교육에 근거한 전통적인 '상식'으로 해석할 때가 많다.

5의 이런 특성은 사회의 통념이나 상식을 기반으로 판단해서 남의 동의를 얻으려는 모습으로 이해할 수 있다. 그러나 그만큼 사회적·

---

* 이런 역사적 사례로 중국 역사에 큰 획을 그은 공자孔子를 들 수 있다. 그는 비록 생전에 자신의 뜻을 완벽히 펼치지 못했으나, 자신의 이상에 공감하며 모여든 수많은 제자가 중국 전역에 진출하고 후학을 키워 결국 동아시아 문화에서 커다란 영향을 끼친 유가 사상을 남겼다.

문화적 통념에 갇혀 남에게 이를 강요하는 모습으로 드러나기도 한다. 이런 긍정/부정적인 측면을 판단할 때는 질문자가 '비상식/몰상식한 판단을 하고 있는가?'를 확인하는 것이 가장 중요하다.

이런 성향 때문에 5는 3, 4, 6, 8번 위치에 있을 때 영향력이 쉽게 강해진다. 교육과 중재의 역할이 그만큼 중요해지는 상황/시점에 해당하며, 이때 문제와 관련한 당사자들이 인정할 수밖에 없는 위치에 질문자 자신 또는 관련한 인물이 자리 잡고 있으면 5의 힘은 극도로 강화된다.

이와 반대로 2, 7번 위치에 있을 때는 5의 존재 자체가 부정되거나 소극적·수동적으로 의사를 표현하는 모습을 보이면서 균형 감각을 잃기 쉬운 상황이 연출되는 경향이 있다.

5가 제대로 기능하지 않거나, 잘못된 방향으로 기능하면 질문과 관련한 모든 사람이 악영향에 휘말릴 정도로 악화되기 쉽다. 최악의 경우 자신이 속한 조직이나 단체 안에서 사람들을 선동해 한꺼번에 타락시킬 수 있다는 것을 경고해야 한다. 보통은 단순히 오지랖이 넓은 사람이 되거나 남에게 관심·인정받지 못하고 무시당하는 상황으로 해석되며, 질문자가 해당 주제에 관해 어느 정도 파악하고 있다고 생각하는 착각 자체로 볼 수 있다.

연애(관계가 성립한 상황) 관계를 구성하는 인원 말고 다른 인물이 관여해 관계에 변화를 일으킨다는 것을 의미한다. 긍정적인 영향을 받는다면 예비 시부모/처부모의 현명함 덕분에 원만한 관계를 유지하거나 결혼식에 좋은 주례 또는 정신적 지주가 되어 다툼이 줄어들며 상호 화합을 이룰 수 있다는 것을 드러낸다. 나아가 양쪽을 서로 알고 있는 현명한 친구로도 해석할 수 있다.

부정적인 영향을 받는다면 손윗사람/친지/친구들의 섣부른 간섭이나 참견으로 관계가 흔들릴 가능성을 뜻할 수 있으므로 상식적인 대응을 주문해 마찰을 사전에 방지하도록 조언해야 한다. 이런 예로 중매에 관한 속담을 들 수 있다. '중매는 잘 서야 본전이고 못 서면 뺨이 석 대'라는 말이 있다. 때로는 어설픈 오지랖으로 주위의 빈축을 사거나 주선자가 자신의 소개팅을 방해하는 요소로 작용하기도 하는 등 중개 자체가 문제나 방해 요소가 될 수 있다는 것을 뜻하기도 한다. 최악의 경우, 5는 권위를 이용해 강제로 상대방을 취하려는 수작으로도 해석할 수 있다.

특히 5는 서로의 연령 차가 크게 벌어질수록 더 긍정적으로 작용하는 경향이 있다. 한쪽이 5의 입장을 고수해 상대방을 정신적·경제적으로도 압도하는 상황이기에 나타나는 경향으로 설명할 수 있다. 상대방이 거부 반응을 보이기도 전에 이미 끌고 가버리는 현상이 쉽게 발생하며, 나아가 경험의 차이로 상대방의 반응이나 거절을 잘 무마하는 모습을 보이기 때문이다.

연애(관계가 성립하지 않은 상황) 남의 도움이 절실한 상황, 또는 반대로 주변 사람들의 시선/관점/간섭이 문제가 된다는 점을 지적한다. 그렇기에 이 상황에서 연애를 달성하려면 '상대방의 주변 사람들'을 먼저 공략하도록 조언해야 한다. 또한 질문자가 연애를 못하는 이유는 자신감이 결여돼 있거나 남의 시선을 염두에 둔 나머지 상대방에게 제대로 접근하지 못하는 데 있다는 것을 드러낸다.

긍정적인 영향을 받는다면 좋은 중개인이나 조력자를 통해 상대방과 관계를 더 원만하게 유지하고 순조롭게 관계를 개선할 수 있다는 의미로 해석되나, 반대로 부정적인 영향을 받는다면 이미 상대방에게 호감을 얻지 못하는 상황이거나 질문자보다 역량이 훨씬 뛰어난 제3자가 상대방의 호감을 사는 것을 두 눈 뜨고 바라봐야 하는 상황이라는 것을 드러낸다. 보편적으로, 이런 유형의 질문에서 5의 치명적인 약점은 '좋은 사람'이라는 선입견 때문에 관계를 더 농밀하게 가져갈 수 없다는 데 있으므로, 이를 어떻게 극복할 수 있을지 고민해서 조언해야 한다.

상대방이 없거나 단순히 호감만 있는 상태에서 나온 5는 질문자가 너무 무난해 몰개성한 사람으로 비치고 있다는 것을 지적할 때가 많다. 긍정적인 영향을 받는다면 사람들의 선망이나 존경을 받는 것을 이용해 상대방의 호감을 살 수 있다고 해석할 수 있으나, 반대로 부정적인 영향을 받는다면 자신의 감정이 무엇인지 명확하게 확립하지도 않은 상태로 남의 행동이나 품성을 평하는 참견쟁이, 꼰대로 비칠 때가 많으며, 다른 사람에게 (그것이 비록 선의라 해도)간섭하려는 모습으로 비친다는 점을 경고해야 한다.

대인관계 질문자의 무형적 자산과 지식을 사람들에게 제공함으로써 일종의 정신적 지주로 자리매김할 것을 조언할 수 있다. 그러나 이 과정에서 다른 사람들이 질문자를 어떻게, 얼마나 인정하느냐는 별개의 문제이며, 이를 명확히 수행해 사람들에게 신뢰를 줘야 한다는 점을 구체적으로 짚어야 한다.

긍정적인 영향을 받는다면 질문자의 여러 요소를 통해 대인관계에 떼려야 뗄 수 없는 사람으로 자리매김하거나 공적 업무의 고문/상담을 담당하는 등, 관계를 대표하는 사람으로서 두각을 드러내는 것으로 해석할 수 있다. 그러나 부정적인 영향을 받는다면 각각의 사람들을 제대로 중재하지 못하거나 관계 전반을 와해시키는 문제, 그 가운데 특히 관계 안에서 파벌이 갈려 갈등을 일으키는 상황을 불러올 수 있다는 점을 경고해야 한다.

사업의 흐름이나 전망 긍정적인 영향을 받는다면 다른 사람의 조력이나 자문을 구해야 일이 원활하게 진행되리라는 것을 알리며, (한쪽이 우위 상태인)동업, 가업의 승계나 선임자의 조력을 받아 발전할 수 있는 상황이라는 것을 드러낸다.

그러나 부정적인 영향을 받는다면 동업자의 배임 행위를 암시하거나, 조언을 빌미 삼아 질문자의 동의 없이 '좋은 게 좋은 거'라며 마음대로 일을 진행하는 것을 의미한다. 이는 전관예우로 시작되는 부조리들과 직결되기에 이를 방지하도록 조언해야 한다.

창업의 성사 여부 교육 관련 분야에 특화된 경우가 많다. 또한 멘토링함으로써 수익을 얻는 형태의 매니지먼트를 뜻할 수 있다. 전통적인 수입원에 충실한 사업체들을 의미하며, 협동조합/공동 생산 후 직거래 형태를 띠는 사업도 이에 포함된다.

그러나 부정적인 영향을 받는다면 합리적이지 않음에도 자행되는 부조리를 유지하는 방식의 사업으로 드러나며, 최악의 경우 자신이 지키고 남들에게 알려야만 하는 명분을 오히려 팔아 치우거나, 분식 회계 또는 독점 따위로 자신의 위치를 강제로 유지하거나, 남의 노동력을 봉사 및 자기 계발이라는 이름으로 갈취해 쌓아올리는 편법을 의미할 수 있다는 점에 주의해야 한다.

진로 적성 전통적 가치를 수호하거나 가르치는 데 재능이 있다는 것을 의미한다. 긍정적인 영향을 받는다면 학위를 취득해 명예를 달성하며 인문학적인 업적을 쌓아 세상에 영향을 끼칠 수 있다는 것을 의미한다. 최상의 경우, 5는 큰 단위의 집단을 아우르는 정신적 지주로 발돋움할 수 있다는 것을 뜻한다.

그러나 부정적인 영향을 받는다면 집단의 이상이나 목적을 다른 방향으로 변질시키거나 사익에 맞춰 명분을 조작하게 될 수 있다는 것을 주의해야 하며, 이 과정에서 자신이 처음에 내세운 명분과 이상을 스스로 어기는 모습 때문에 사람들에게 지탄받을 수 있다는 것을 경고해야 한다. 최악의 경우 표리부동, 자가당착에 빠져 질문자에게 영향력을 받는 모든 이를 변질시킬 수 있다. 그러나 보편적으로 상식적인 행동에 기반해서 신뢰를 얻고, 이로써 자신의 기반과 격을 높여 나갈 수 있다는 것을 강조하는 정도로 해석된다.

시험 결과나 합격 여부 긍정적인 영향을 받는다면 교과서의 기본적인 지식을 기반으로 문제가 출제됐다는 것을 의미하며, 이른바 일반상식Common Sense을 폭넓게 갖춘 사람으로 해석할 수 있다. 그러나 해당하는 전문 지식을 특별히 교육받거나 대비하지 않는다면 시험 실력을 높이는 것과 상관없다는 점을 경고해야 한다. 많은 것을 아는 것과 시험 문제를 잘 풀어내는 것은 전혀 다른 문제이기 때문이다.

반대로 자신의 입지가 어느 정도 확고하며 전문성을 확보한 상황에서 이 카드가 나온다면 자신의 입지/영향력을 토대로 남의 조력을 받는다는 것을 의미한다. 한때 입학 사정관제가 논란이 된 이유는 이런 입지/영향력이 있는 자와 그렇지 못한 자의 격차를 줄일 방법이 전혀 없었기 때문이다. 여기서 알 수 있듯, 인맥/학연 등 자신의 영향력을 이용해 수고를 덜 방법을 동원할 수 있다는 것을 뜻한다. 특히 대학 학사를 마치고 같은 학교의 대학원에서 석·박사 과정을 밟는 상황에 나온 5는 질문자와 교수가 어느 정도 인연을 쌓았느냐에 따라 긍정/부정적인 영향을 곧바로 결정할 수 있을 만큼 중요해진다.

질병의 호전, 완치 민간요법이나 한의학적 치료로 증세가 호전될 수 있다는 것을 의미한다. 특히 과학적 실험보다 오랜 세월에 걸쳐 축적된 방법이 이후에 과학으로 증명된 경우에 더 효과가 증가한다. 이런 면에서 2와 비슷한 의미로 혼동할 수 있으나 2는 약리적인 현상이 아니라 심리적인 면에 국한한다는 점에서 5와는 엄연히 구분된다.

반대로 부정적인 영향을 받는다면 효력이 명확히 규명되지 않은 민간요법 때문에 생긴 부작용이나 성인병 같은 만성질환을 의미하므로 해석할 때 주의해야 한다.

단순한 건강 문제 성인병 키워드가 있는 4와 비슷하나 다른 의미를 띤다. 4는 성인병에서도 급성인 경우를 뜻하나, 5는 만성질환, 특히 당뇨병 같은 질병에 취약하다. 이는 키워드의 성격(4는 진보, 5는 보수)이 다르기 때문이다. 그 밖에 상황과 시대의 흐름에 적응하지 못하고 자신의 관점을 계속 강요하려는 태도로 나타나므로, 현실적인 상황 판단을 할 수 있도록 다른 사람들과의 차이점을 쉽게 이해할 수 있게 도와야 한다.

켈틱 크로스 배열 위치별 긍정/부정 해석법

1 → ②④⑦⑨ 카드 확인 긍정적인 영향을 받는다면 질문에 포함된 문제를 스스로 해결하거나 중재해야 하는 상황을 의미하며, 다른 이들에게 (어떤 내용에 관해) 가르침을 받고 있는 것으로 이해할 수 있으나, 반대로 부정적인 의미로 적용된다면 사람 사이의 간극에서 자신의 이익을 편취하려는 모습으로 해석할 수 있다. 최악의 경우 모든 문제의 원인이 질문자가 지닌 모순 때문이라는 것을 뜻한다.

2 → ①③④⑧⑨ 카드 확인 질문과 관련해 질문자에게 정신적/무형적인 방법으로 개입·간섭하는 사람이 있다는 뜻이다. 부정적인 영향을 받는다면 어떤 단체나 조직에서 자격 요건을 필요로 하거나 상급자나 멘토의 부당한 명령을 뜻할 수 있다. 반대로 긍정적인 영향을 받는다면 이 과정이 당연히 거쳐야 하는 교육 과정이며, 이를 끝마침으로써 더 높은 위치로 나아갈 수 있다는 것을 뜻한다.

3 → ②⑤⑦⑧ 카드 확인 두 가지 양상을 띤다. 첫째로 질문자가 질문과 관련해 모든 상황을 주재하려는 욕망이나 의도가 숨어 있는 것으로 해석할 수 있다. 둘째로 질문 주제와 관련한 무언가를 배워 현 상황을 타개하려는 모습으로 이해할 수 있다.

긍정적인 영향을 받는다면 질문자의 이런 의도가 상황을 극복하는 데 도움이 되거나 사람들의 공감을 얻음으로써 문제를 풀어낼 실마리를 얻는다고 볼 수 있으나, 반대로 부정적인 영향을 받는다면 상황을 악화하거나 편법으로 문제를 우회하려는 것을 뜻하며, 내막이 밝혀지면 구설수에 오를 만한 오해를 살 수 있다는 점을 경고해야 한다.

4 → ①②⑤⑧ 카드 확인 보통은 교육이나 질문자/다른 사람의 개입으로 상황이 바뀜을 뜻하며, 나아가 어떤 방식의 개입이나 무형적인 방법(조언, 잔소리 등)을 해왔거나 영향을 받아왔는지 확인함으로써 문제가 어디서 비롯했는지 확인할 수 있다.

긍정적인 영향을 받는다면 훈육/교육으로 상황이 호전되며 질문자에게 유리하게 흘러간다는 뜻으로 해석할 수 있지만, 부정적인 영향을 받는다면 다른 사람의 개입이나 간섭 때문에 자신의 품성이나 기질이 변질됐다는 뜻으로 해석할 수 있다(최악의 경우 자기 세뇌에 준하는 행위가 이루어졌다는 것을 뜻하나, 이는 흔치 않은 경우이므로 해석에 주의해야 한다).

5 → ① ② ⑦ ⑨ 카드 확인 질문자가 5의 역할을 맡아 생기는 변화로 해석할 수 있지만, 먼저 질문자 자신이 얻으려는 것과 사건을 바라보는 질문자의 입장이 이 위치에 드러난 5를 어떻게 받아들이거나 활용할 수 있는지 판단해야 한다. 긍정적인 영향을 받는다면 스스로 다른 사람들 사이의 갈등을 중재하거나 좋은 중재자를 통해 문제를 해결한다는 뜻으로 풀이되나, 부정적인 영향을 받는다면 다른 사람의 개입 때문에 자신의 의도대로 문제를 해결하지 못하게 됨을 의미하며, 부조리에 영합할 것을 종용받는다는 의미로도 볼 수 있다.

6 → ① ③ ④ ⑤ ⑧ 카드 확인 앞에서 언급한 5번 위치와 달리 5의 영향력을 행사하는 원인에 집중해 5가 어떤 모습으로 사람들에게 드러날지, 또는 5가 질문자에게 제시하는 다양한 상황이 어떻게 펼쳐질지 확인해야 한다.

긍정적인 영향을 받는다면 다른 사람들의 동의나 공감을 얻거나 이 문제의 권위자에게 도움을 받아 문제를 해결하게 되는 것을 의미하나, 부정적인 영향을 받는다면 문제를 그저 덮어두는 선으로 마무리짓고 내부 갈등 요소를 계속 남겨두어 나중에 논란을 일으키게 된다는 것을 의미한다.

7 → ① ② ③ ④ 카드 확인 질문자의 내면에 다른 사람에 대한 간섭이나 중재를 시도하려는 모습이 정상적인지, 만약 아니라면 질문자 스스로 해당 질문/대상에 편견이 있는지 파악함으로써 확인할 수 있다.

긍정적인 영향을 받는다면 질문자의 선의가 사회적으로 정상적·도덕적·일반적인 상식에 기반하고 있다는 것을 뜻한다. 그러나 부정적인 영향을 받는다면 자신의 틀에 갇혀 남을 재단하려는 상황이라는 것을 의미하며, 상대방/자신의 문제가 어디에 있는지 전혀 모르고 있다는 것을 경고해야 한다.

8 → ① ③ ④ ⑨ 카드 확인 부정적인 영향을 받는다면 질문자가 사람들에게 지탄받을 만큼 표리부동한 행위를 한 적 있는지 먼저 살펴보고 남의 눈에 질문자가 어떤 모습으로 비치는지 확인해야 한다.

긍정적인 영향을 받는다면 명실공히 주변에 인정받은 정신적 지주의 역할을 하거나, 문제가 발생할 때마다 찾아 이를 해결해줄 것을 부탁받을 정도로 신뢰받고 있다는 의미로 해석된다.

9 → ② ③ ⑤ ⑧ 카드 확인 긍정적인 영향을 받는다면 사람들이 선망/존경하는 사람이 되기를 원하는 것으로 해석할 수 있으며, 부정적인 영향을 받는

다면 자신의 영향력을 잃거나 다른 사람의 의도 때문에 자신의 의지를 굽히는 상황을 두려워하는 모습으로 해석할 수 있다. 이 카드들을 확인함으로써 더욱 세부적인 내용과, 방지책 또는 현실화하는 방법 등 다양한 조언을 끌어낼 수 있다.

---

10 모든 카드를 종합해 질문자의 역량이 5가 의미하는 권위를 누릴 자격을 갖췄는지 확인해야 한다. 그렇기에 질문 자체의 목적에 5의 권위를 손상시킬 수 있는 것들을 미연에 방지하는 대책을 마련해야 하며, 다른 사람들의 신뢰를 얻고 5의 긍정적인 의미들로 자신에게 대항하는 이들을 압도할 수 있도록 조언해야 한다.

실제 사례 (200X년 9월, 서울 강서구 모처, 30대 후반 남성)

질문 이 동업자는 믿을 만한 사람인가?

사전 정보 만성적으로 소액의 적자를 유지하는 상황을 극복하고자 동업자와 손을 잡았다고 말했다. 대화하면서, 질문자가 홀로 책임과 이익을 독점하는 형태가 아니라 동업자에게 동의를 얻거나 의사소통을 해야 하는 데서 막연한 불안감을 느끼고 있다는 것을 파악했다. 질문자는 동업하게 되면 사업이 원활하게 이루어지리라 예상했으나, 자신의 뜻대로 되지 않는 상황이 길어지자 조급한 마음이 들었고, 이에 해결책을 찾고자 점을 본 것이었다.

7w - 6s - 2p - 13 - 7 - 8p - 5 - 2s - 14 - 9s

7w (질문자 자신) 현재 닥친 것들을 가까스로 막아내고 있다.

6s (장애물) 막아내는 방식이 대안이라기보다는 임시방편, 도피 수단에 가깝다.

2p (기저) 기반을 해치지 않는 선에서 일을 해결하고 싶으며, 아직 견딜 만한 상태이다.

13 (과거) 새로운 방식을 도입해 환경에 변화를 주고 싶다.

7 (현재/곧 일어날 일) 변화된 방식을 당분간 유지하려 할 것이다.

8p (미래) 그러나 이 방식을 고수하면 다시 문제가 생길 것이다.

5 (질문자의 내면) 더 나은 방식을 배우고, 관계의 주도권을 잡고 싶어 한다.

2s (제3자가 바라보는 질문자) 이 방식을 써도 바꿀 수 있는 것은 아무것도 없다.

14 (희망/두려움) 이 상황을 극복해 다시 혼자 사업하고 싶어 한다/동업자에게 팽당하는 것을 두려워하고 있다.

9s (결과) 쓸데없는 고민을 하게 된다. 최악의 상황을 직시하지 않는다면 우려가 현실로 다가올 것이다.

실전 해석

이 배열에서 5는 7번 위치, '질문자의 내면'에 자리 잡고 있다. 사업, 그 가운데 협업/동업과 관련한 질문의 특성상 '교육, 중재'로 서로 장점을 살릴 수 있다고 생각한다는 것을 뜻하며, 질문자가 상대방보다 경험이나 지식에 기반한 '권위'가 있다는 것을 의식하고 있는 상황을 드러낸다. 해석 용법에서 언급했듯이 남의 권위를 인정하지 않으며 독단적이고 확실한 일처리로 권위를 확보하는 4와 달리, 교감이나 통합된 이념/목표를 공유해 다른 사람들이 자발적으로 권위를 인정하길 원하는 5의 의미를 통해 질문자의 속마음을 알 수 있다.

이 배열에서 5에 큰 영향을 주는 카드는 7w, 6s, 2p, 13으로 확인된다. 이로써 5가 부정적인 영향을 받고 있다는 것을 쉽게 알 수 있다. 2p는 현 상태를 유지하는 것이 힘들어 동업을 선택한 전략을 뜻하고, 7w는 이조차도 유지하기 어려워하는 질문자의 모습을 보여주며, 6s와 13으로 자신 앞에 놓인 문제를 회피하고자 동업했다는 것을 확인할 수 있고, 사업의 결실(흑자)을 얻지 못한 상황에도 남에게 경험/권위를 인정받기 바라는 모습을 통해 자신의 경험이 상대방보다 많이 쌓여 있다고 자만한다는 것을 알 수 있다. 이로써 질문자가 상대방이 요청하지 않았음에도 이런 모습을 유지한다면 스스로 원하는 권위의 인정은커녕 실패한 사람이 섣부르게 참견하는 모양새로 전락할 수 있다는 뜻으로 해석된다.

① 7w(질문자 자신) 이 문제에 대해 자신이 쓸 수 있는 방법/대안을 동원해 어떻게든 사업 자체를 유지하고 있다는 것을 뜻한다. 또 질문자 자신이 쓸 수 있는 방법들(동업자의 영입 등)로 상황을 타개하려는 모습으로 해석할 수 있다. 그러나 이런 방법으로는 궁극적인 해결이 불가능하다는 것을 스스로도 이미 알고 있다는 것을 뜻한다.

② 6s(장애물) 이 다양한 방법이 궁극적인 해결이라기보다 언 발에 오줌 누는 수준의 임시방편에 가깝다는 것을 알려주며, 이 방식들을

잘못 쓰면 자신의 목표를 달성하기 힘들거나 현 상황을 극복하지 못하고 회복하기 힘든 수준으로 전락할 수 있다는 것을 경고한다.

③ **2p(기저)** 이 모든 문제를 해결하는 과정에서 자신의 기반을 해치지 않는 선을 유지하려는 의중이나 모습으로 드러나며, 이로써 문제들이 어떤 방법을 쓰든 큰 부담이 되지 않으리라는 것을 알 수 있다. 또한 질문자 자신이 사업과 금전적인 부분을 개선하려 동업한 것이 어쩔 수 없는 선택은 아니었다는 것을 뜻한다.

④ **13(과거)** 기존에 해보지 않은 방식으로 변환하거나 업종 자체를 바꾸는 것을 뜻한다. 질문자가 동업 경험이 없다는 점에 더해, 질문한 원인이 사실은 사업 수익 문제가 아니라 동업 상대와의 관계에서 발생한 큰 변화에 어떻게 적응해야 할지 모르기 때문임을 의미한다.

현재로서는 동업을 취소할 수 없으니, 동업 경험이 부족하더라도 사업을 발전시키려면 동업자가 다양한 방법을 제안하는 한 계속 실행할 수밖에 없는 상황이라는 것을 확인할 수 있으며, 질문자가 이 과정을 제대로 수행하지 못해 사업 일선에서 물러나는 상황이 올까 봐 두려워 점을 봤다는 것을 확정적으로 판단할 수 있다(7w, 7, 2s, 14).

⑤ **7(현재/곧 일어날 일)** 강제로 멈추거나 막을 수 없다는 것을 뜻한다. 긍정적인 영향을 받는다면 자신의 예측이나 전망이 정확하기에 더 빠르게 사업을 진행할 것을 뜻하며, 그만큼 좋은 소식이나 기회가 연달아 생기리라는 것을 드러낸다. 그러나 부정적인 영향을 받는다면 질문자의 편견이나 방식을 고수해 일을 그르치거나, 중요 사안을 제대로 처리하지 못해 후환을 남길 수 있다고 경고해야 한다.

이 배열에서 7은 부정적인 영향을 받게 된다. 질문자가 자신조차 추스르지 못하는 상황이라는 점과 더불어 어디까지나 방편으로써 동업을 선택한 것, 동업 경험이 없어 명확한 주도권을 잡지 못하고 있다는 점이 7이 의미하는 추진력을 방해하고 있다는 것을 확정짓기 때문이다(7w, 6s, 5, 2s).

⑥ **8p(미래)** 사업의 성격이 바뀐 뒤 적응 기간 동안 시행착오들이 뒤이어질 것을 뜻한다. 긍정적인 영향을 받는다면 노력으로 극복해더 명확한 결과를 얻어낼 수 있다는 것을 드러내나, 부정적인 영향을받는다면 경험 부족으로 시행착오가 많아져 손실을 입을 수 있다는것을 경고해야 한다.

⑦ **5(질문자의 내면)** 사업/동업에 관한 질문자의 입장과 생각이 어떤성향을 띠는지 보여준다. 긍정적인 영향을 받는다면 홀로 사업을 이끌며 축적한 노하우와 경험을 살려 상대 동업자도 따라올 수 있도록도와주려는 모습으로 해석되지만, 부정적인 영향을 받는다면 자신이 아는 방식 말고 다른 방법을 이해하지 못하거나 자기가 겪은 경험에 기반한 통념에 갇혀 이를 무시/차단함으로써 동업자의 불만을 살수 있다는 것을 드러낸다.

앞서 살폈듯, 이 배열에서는 부정적인 영향을 받는다는 점을 쉽게확인할 수 있다. 시대/상황의 변화에 적응하지 못한 것을 떠나, 사업운영의 결과물이 명확하지 않음에도 억지로 유지해 상황을 개선하려는 수단을 쓴 만큼, 동업자가 새로운 아이디어나 의견을 내더라도이를 막아버리거나 제대로 수긍하지 않고 부정적인 견해를 드러내기가 쉽기 때문이다.

이른바 '장사'와 '사업'의 차이를 인식하지 못한 질문자의 역량 한계를 드러내며, 동업자의 합류로 자신의 '장사'는 이미 장사가 아닌'사업'으로 변환됐다는 것을 인정하지 않으면 돈과 사람을 모두 잃어버릴 수 있다는 점을 경고해야 한다(7w, 6s, 2p, 13).

⑧ **2s(제3자가 바라보는 질문자)** 긍정적인 영향을 받는다면 신중하고더 안정적으로 경영하거나 자신의 진면목을 숨겨 놓으려는 사람으로 인식된다고 해석할 수 있으나, 부정적인 영향을 받는다면 상황 변화에 적응하지 못한 채 중요한 결정을 그저 미뤄두는 모습으로 인식된다는 것을 지적한다. 이로써 질문자의 생각이나 견해가 동업자에

게 제대로 전달되지 않고 있다는 것을 알 수 있으며, 자신의 의견을 명확히 하지 못하고 상황이 바뀌었음에도 적응하지 못하는 상태로 해석할 수 있다. 특히 이는 질문자의 내면에 드러난 5의 의미와 상충하기에, 이로써 질문자가 확실한 비전이나 의견을 제시하지 못하고 불만을 속으로 끙끙 앓고 있는 상황이라는 것을 알 수 있다.

⑨ **14(희망/두려움)** 사업을 자신이 원하는 방식으로 최적화 하길 원하는 희망과 함께, 동업자에 의해 자신이 배제되는 것을 두려워하는 모습으로 해석된다. 이런 불안감은 질문자가 근시안적인 판단으로 당장의 적자를 개선하기 위해 남의 도움을 얻은 것이라는 점과 더불어, 이런 약점/본심이 있었기에 현 상황이 어서 지나가기만 바라는 소극적인 태도를 보인다는 것을 알 수 있다(7w, 2p, 5, 2s).

⑩ **9s(결론)** 이 모든 상황이 조언 없이 진행된다면 질문자의 사업이 어떻게 진행되는지 극적으로 묘사한다. 이는 곧 수많은 고민들과 동업자에 대한 두려움이 뭉쳐 자신의 일을 제대로 못하는 모습으로 전락하게 됨을 의미한다. 그렇기에, 이 모든 두려움들을 일소해주고 사업적인 문제를 동업자와 함께 제대로 직시함으로써 사업을 더 나은 방향으로 꾸려나갈 수 있다고 조언해야 한다. 긍정적인 영향을 받더라도 어디까지나 질문자가 생각한 최악의 상황이 그저 기우였다는 것을 드러내는 데 그친다.

해석을 마친 뒤, 질문자는 동업자의 자본을 끌어들여 사업을 확장하려 했다고 밝혔다. 또한 동업자가 자신의 의견에 동의했으나 이를 달성하는 방법에서 큰 의견 차이가 있어 어떻게 설득해야 할지 감을 잡지 못한 상태였기에 서로 감정만 상해가는 상황이라 말했다. 그렇기에 나는 현재 이 시도 자체가 틀리지 않았다는 것을 크게 강조하며 동업 경험이 없기에 질문자가 배려해주지 못하면 잘 될 사업마저 손발이 맞지 않아 제대로 운영되지 않을 수 있다는 것을 경고했다.

그러자 질문자는 더 세부적인 내용을 언급했다. 프랜차이즈 사업으로 확장하는 계획을 꿈꾸고 있으나 동업자가 세부 사항까지 간섭하고 있다며, 제대로 사업도 안 해본 사람의 말을 들어 뭐하나 싶은 것이 갈등 요소가 되는 것 같다고 속마음을 털어놓았다. 특히 자신의 영업 방침이나 사업 경험으로 말하는 것을 전혀 듣지 않고 맹목적으로 계속 변화를 요구하는 것은 월권 아니냐며 억울함을 내비쳤다.

나는 더 세밀하게 조언하며 질문자 자신의 경험이 다가 아니라는 것을 강조했다. 또한 동업자는 투자금만큼 정당한 발언권이 있기에 서로 논쟁과 토론을 거쳐 정하는 것은 당연하며, 상대방의 권한을 존중할 것을 권했다.

결과적으로, 몇 년 뒤 질문자가 동업자와 함께 다양한 테마로 내부 디자인을 다각화해 성공을 거둔 것을 확인했다. 그리고 몇 년 뒤에 그와 다시 만났지만 그때는 이미 동업자가 자신의 지분을 챙겨 독립했다고 전했다. 의견 차를 좁히지 못한 그를 탓할 수 없는 상황이었고, 그저 둘이 서로 다른 길을 걷게 된 지 오래됐다는 것을 확인하며 안타까워했다. 더 시간이 지나고 해당 프랜차이즈의 인기는 점차 떨어지면서 그들의 소식을 알 수 없게 됐다.*

이 사례에서는 조언을 통해 5를 긍정적인 효과로 바꾸는 데 성공했으나, 질문자가 이를 끝까지 유지하지 못해 스스로 무너지고 말았다. 이처럼 사업의 흐름과 관련한 점에서 5의 의미는 명확한 결과나 비전이 없는 상태로 질문자의 경험이나 사고방식을 남에게 강요할 경우, 부정적인 영향을 쉽게 받을 수 있다는 것을 확인할 수 있다. 반대로 남의 의견과 사고방식을 수용한 뒤 자신의 경험과 합쳐 새로운 대안을 만들어야 좋은 결과를 낳는다는 교훈을 준 사례였다.

이로써 카드의 '정신적 지주, 보수적, 교육, 전통' 등의 의미를 통해 질문자의 장점을 어떻게 활용할 수 있을지 고민하고, 실질적인 대안과 조언을 함으로써 질문자의 통념에 균열을 일으키는 것만으로도 해석자의 역할을 충분히 해냈다고 할 수 있다.

* 이 점을 본 지 10년 넘게 지난 뒤인 2015년경 다시 찾아본 결과, 그가 만든 프랜차이즈가 소멸한 것을 확인했다.

실제 사례 (1993년 7월, 성남 자택, 40대 중반 남성)

질문   이 상황을 어떻게 해결할 수 있을까?

사전 정보 집에 놀러 오신 두 분이 어머니와 화투를 치다가 고성이 오
가더니 한 분이 씩씩거리며 이럴 거면 더 못 놀겠다며 나가
셨고, 어머니는 다른 한 분에게 잔소리를 좀 하는 것 같더니
조용히 와서 용돈을 주며 어떻게 해야 할 것 같냐고 물어보
셨다.

3s – 4p – 4c – 4 – Pc – 8w – 9w – Pw - 5 – 6c

3s   (질문자 자신) 무엇이 잘못됐는지 알지만, 인정하기는 싫어하고
있다.

4p   (장애물) 자신의 이런 고집이 상황을 더욱 악화시키고 있다.

4c   (기저) 감정을 충족할 만한 상황에도 계속 무언가를 더 원했다.

4   (과거) 이런 성향 덕에 성공을 거둔 적도 있으나, 대인관계에선
마찰을 빚어왔다.

Pc   (현재/곧 일어날 일) 감정적인 충동을 이기지 못하고 자신의 감
정에 공감해줄 것을 강요하려 한다.

8w   (미래) 이 일은 빠르게 퍼져 나갈 것이며, 시간이 얼마 없다.

9w   (질문자의 내면) 자신이 잘못한 것이 없다고 생각하고 있다.

Pw   (제3자가 바라보는 질문자) 무슨 일이 벌어졌는지 서서히 퍼지
고 있는 상황이다.

5   (희망/두려움) 자신의 체면이 상하는 것을 두려워하며, 이 일이
무난히 해결되길 바라고 있다.

6c   (결과) 기존의 방식으로 어떻게든 무마할 수는 있을 것이다.

실전 해석

이 배열에서 5는 9번 위치, '희망/두려움'에 드러났다. 대인관계를 개선하고 싶어 하는 질문의 특성상, 4의 키워드인 '교육, 전통, 권위'가 어떻게 이 관계를 회복하려는 질문자의 의도와 결합할 수 있는지 확인해야만 긍정적인 의미를 적용할 수 있다. 특히 '전통, 권위'라는 뜻을 통해 이 상황에서 속 좁은 태도를 유지해봐야 남에게 비난받을 뿐 문제가 해결되지 못하리라고 예상할 수 있기에, 질문자가 체면을 유지하고 싶다면 응당 주변 사람들의 시선을 의식해 자신의 위신을 다시 세워야 하며, 그에 관한 구체적인 방안이 무엇일지 조언해야 하는 상황이다.

이 질문에서 5는 질문자가 이 상황을 어떻게 이겨낼 수 있는지 보여준다. 5의 의미에 긍정/부정적인 영향을 끼치는 카드는 <u>4p, 4c, Pc, Pw</u>로 확인되는데, 이로써 자신의 고집을 꺾어야 하며, 나아가 다른 이들과 좋은 관계를 유지하려면 상대방의 화를 어떻게 풀어줄지 고민해야 하고, 이 과정에서 자신의 고집과 주장, 앙금을 그대로 드러내봐야 문제가 해결되지 않는다고 주의를 줘야 한다는 점을 알 수 있다. 만약 그렇게 하지 못하면 다른 사람들의 비난에 직면해 자신의 체면, 위신들이 무너지거나 관계 자체가 돌이킬 수 없는 상황으로 치달을 수 있다는 점을 지적해 5의 의미를 어떻게든 긍정적인 방향으로 발현할 수 있도록 조언해줘야 한다는 것을 알 수 있다.

① **3s(질문자 자신)** 이 상황이 왜 벌어졌는지 어느 정도 자각하고 있다는 것을 의미한다. 긍정적인 영향을 받는다면 문제의 원인이 쌍방에게 있거나 서로 의견을 좁히지 못한 수준에 머무를 것을 뜻하나, 부정적인 영향을 받는다면 자신의 잘못을 인정하지 않아 분쟁이 격화함에도 오히려 갈등을 더 부추기는 상황이라는 것을 뜻한다.

② **4p(장애물)** 질문자의 고집스러운 성격이 상황을 악화시키고 있거나, 주변 상황이 고착돼 상황을 개선하기 어려운 현실을 드러낸다.

긍정적인 영향을 받는다면 자신의 능력 또는 기반으로 쉽게 극복할 수 있다고 해석되나, 부정적인 영향을 받는다면 고립 수준을 넘어 남에게 어떤 도움도 받을 수 없는 상황에 빠졌다는 것을 강조한다.

③ **4c(기저)** 질문자가 만족할 때까지 억지를 부렸거나 대인관계를 원활하게 만들려 노력하지 않았다는 점을 지적한다. 긍정적인 영향을 받는다면 자신의 수준에 맞는 사람을 찾지 못해 벌어진 일이라 해석할 수 있으나, 부정적인 영향을 받는다면 온정이나 동정조차 곱게 받아들이지 못해 이런 상황에 자주 빠져왔다는 것을 시사한다.

④ **4(과거)** 질문자가 해온 행동, 기반 때문에 이런 상황이 반복됐다는 것을 지적한다. 비교적 부정적인 영향력이 강화됐다고 판단할 수 있다. 질문자가 이런 상황을 맞이하며 갈등이 깊어지고 있다는 점을 알고 있으나 어떤 조치도 취하지 않아 대처하지 못하는 상황에 몰렸으며, 지금 와서 어떤 반응을 보여도 미숙한 행위 때문에 되레 인망을 잃거나 공감을 얻지 못하고, 질문자가 자신의 이런 상황을 다른 이들의 중재로 해결하길 원하는 상황으로 확인된다(3s, 4p, Pc, 5).

⑤ **Pc(현재/곧 일어날 일)** 질문자가 모종의 돌발상황에 맞딱드리거나 그에 상응하는 행위를 자행했다는 의미로 해석된다. 이는 감정 통제에 실패한 나머지 정제되지 않은 표현을 해 다른 사람들의 심기를 크게 어지럽힌 것으로 이해할 수 있다. 긍정적인 영향을 받는다면 소소한 유머나 돌발 행동으로 분위기를 전환시키려 했던 의도로 파악할 수 있으나, 부정적인 영향을 받아 자신의 감정을 서투르게 토해내 다른 사람들의 질시를 사게 됐다는 것을 알 수 있다(3s, 4, 8w).

⑥ **8w(미래)** 상황이 빠르게 퍼지거나 악화/호전 속도가 빠를 것임을 뜻한다. 긍정적인 영향을 받는다면 '저 사람 왜 또 저래?' 수준의 가십으로 끝남을 의미하나, 부정적인 영향을 받는다면 이 사안이 사람들에게 순식간에 퍼져 지탄받을 상황이 오리라는 것을 경고한다.

⑦ **9w(질문자의 내면)** 질문자 스스로 상황을 힘들어하거나 압박받고 있다는 것을 의미하며, 그럼에도 여전히 자신은 옳고 잘못이 없다는 아집을 품고 있다는 것을 뜻한다. 긍정적인 영향을 받는다면 그러한 행동을 보일 이유가 있었다는 확신과 증거를 내세워 오해를 풀 수 있다고 여기는 상황이라는 것을 의미하나, 부정적인 영향을 받는다면 그저 자신의 잘못을 반성하지 않은 채 핑계를 대며 상황을 부정하려는 속마음을 보여준다.

⑧ **Pw(제3자가 바라보는 질문자)** 상황이 서서히 퍼지고 있다는 것을 뜻한다. 긍정적인 영향을 받는다면 질문자의 입장을 대변하거나 변호할 이들의 조력을 받을 수 있으며, 각 상황을 이해하는 사람들이 잘잘못을 그 나름대로 평가해줄 것을 기대할 수 있다는 의미로 해석할 수 있으나, 부정적인 영향을 받는다면 질문자의 잘못이 낱낱이 주변에 퍼져 체면을 손상시키거나 인망을 빠르게 잃어버리기 시작했다는 것을 경고한다(4c, 4, Pc, 5).

⑨ **5(희망/두려움)** 상황을 누군가 중재해주길 바라는 마음과 함께 남의 시선에 자신의 잘못이 부각되지 않았으면 하는 두려움을 뜻한다. 긍정적인 영향을 받는다면 상대방도 인정하는 중재자의 힘을 빌려 상황을 무마시키고 그리 심한 비판을 받지 않도록 조언할 수 있으나, 부정적인 영향을 받는다면 집단 안에서 자신의 영향력과 발언권이 모두 사라지거나 최악의 경우 집단에서 축출될 상황까지 치달을 수 있다는 점을 경고한다.

이 배열에서는 부정적인 영향을 받는 것을 알 수 있다. 자신의 고집을 꺾지 않고 남에게 강요하는 상황이 과거에서부터 있었으며, 그 과정에서 벌어진 실수나 문제를 바꿀 의지도 없는 상황인 데다가, 이런 질문자의 태도가 서서히 주변에 알려지고 있기 때문이다(4p, 4c, Pc, Pw).

⑩ **6c(결론)** 이 해프닝도 소소하게 흘러갈 것을 의미한다. 긍정적인 영향을 받는다면 한때 그런 일도 있었다고 회상하며 웃어넘길 문제로 끝날 것이라 해석할 수 있으나, 부정적인 영향을 받는다면 이런 문제가 누적되거나 자신의 습관·성격을 고치지 못한 채 사건이 종료될 수 있다는 의미로 해석할 수 있으며, 최악의 경우 이런 문제 때문에 앞서 언급했던 인격적 결함을 이유로 주위 인맥이 하나둘 사라질 수 있다는 것을 경고한다.

═══

당시 나는 어렸기에 이처럼 자세하게 해석하지는 못했으나, 이 상황을 현명하게 극복하려면 자신의 실책을 인정하고 상대방의 기분을 풀어주려 노력하라고 조언하면서, 그 과정에서 자신의 생각이나 감정을 드러내지 않아야 문제를 해결할 수 있을 것이라며 에둘러 말했다. 이 조언은 5의 전통, 중재의 의미를 응용한 것으로, 어디까지나 소소한 일상의 문제들을 요란하게 처리하는 것을 꺼렸던 어른들의 성향을 고려했다. 질문자는 맥락을 알아듣고는 집을 나섰다.

곧 복날이 다가오자, 그는 어머니와 나를 포함해 7명쯤 되는 사람들에게 개 한 마리 잡자며 근처에 좋은 곳을 봐뒀다고 말했다. 이동수단은 자신이 차를 가져올 테니 편히 가자고 너스레를 떨며 모두를 데려갔고, 당연히 질문과 관련한 상대방도 일행에 끼어 있었다. 하루 반나절을 꼬박 계곡에서 술과 고기를 마시며 놀다 보니 감정이 얼추 풀린 듯, 내려올 땐 다시 호형호제하며 헤어졌다.

이 배열에서 5는 문제를 둘러싼 핵심 가치(도덕, 전통)가 무엇인지 지적하며, 그로써 문제를 해결할 수 있다는 점을 보여준 사례였다.

더 먼 후일담이지만, 질문자의 이런 악습은 결국 고쳐지지 않았으며, 10여 년 뒤 그래도 사람이 나쁘진 않다며 감싸주던 어머니마저 등을 돌린 뒤에는 기존 인원과 교류나 연락이 닿지 않게 되었다. 그 뒤에, 내가 그의 죽음을 전해 들은 것도 오랜 시간이 지난 뒤였고, 그제야 옛날 질문자와 추억을 생각하며 오랫동안 상념에 빠졌던 기억이 있다.

VI. THE LOVERS.
연인

의사소통
Communication

의사소통, 대화, 교섭, 타협, (연애나 계약의)성립, 의사소통의 부재, 계약, 결혼, 교섭 결렬, 인연, 공생, 답례, 학연, 사조직, 내부 결속, 관절-신경외과적 질환, 반간反間, 대화의 단절, 흥정, 외교, 위선, 동조자, 바이패스by-pass 수술, 인맥, 연줄, 지연, 교섭가, 협상가, 내란, 간첩, 고백, 애정 교환, 보증, 변호사, 공증인, 성애Eros, 도색Porn, 수교, 합병, 인수, 동맹, 타결, 삼각관계, (연애로 인한)갈등 요소(가 해결되다)

긍정/부정 확인 기준

의사소통을 잘할 수 있는 상황/환경/조건인가?

상대방과 함께 목표를 향해 나아갈 때, 시너지를 일으킬 수 있는가?

한쪽이 강요하거나 일방적으로 소통하고 있는가?

남을 설득할 때 자신이 줄 수 있는 명확한 메리트가 있는가?

둘의 관계가 성립함으로써 제3자들에게 명확한 긍정/부정적인 효과
를 발현하는가?

질문자/상대방의 의도가 순수한가?

해당 인물의 의사소통이 동등한 위치에서 이루어지는가?

메이저 상징편에서 언급한 '의사소통', '시너지 효과' 등의 의미를 통해 질문과 사전 정보가 카드와 어떻게 대응하는지 관찰함으로써 긍정/부정적인 의미를 확인할 수 있다. 앞에서 다룬 내용 말고도 더 다양하고 세밀한 조건들을 점검해 카드의 키워드를 더 확장할 수 있다.

어떤 질문이라도 이 카드는 오로지 의사소통만이 완벽한 해결책이자 유일한 개선책이라는 것을 알려준다. 또 이를 어떻게 실행할 수 있는지, 왜 이 의사소통이 제대로 이루어지지 않는지, 현 상황에서 의사소통을 잘할 방안을 어떻게 찾아야 하는지 살피고 질문자의 고민이 소통의 단절과 그에 따른 갈등에서 비롯함을 일깨운다.

대부분의 초보 해석자는 이 카드를 이해하기 어렵지 않다고 여기지만, 점점 단순한 키워드 속의 다양한 의미를 알아가면서 어렵다고 느낄 수밖에 없는 카드라는 점을 강조하고자 한다.

해석용법

긍정 연인 카드는 의사소통이 이루어지는 순간 강력한 영향력을 발휘한다. 상징편에서 언급했듯 소통을 시작하면서 '선과 악의 구분이 없어지고, 아름다움과 추함의 기준이 사라지면서 환상적이고 경이적인 기적'과 마주할 수 있기 때문이다.

배열 안에서 연인 카드가 나타났을 때는 질문자나 주제와 관련해 어떤 의사소통을 해야 하는지 빠르게 통찰한 뒤에야 연인 카드의 부정적인 키워드 발현을 사전에 막을 수 있다.

부정 반대로 의사소통이 이루어지지 않는다면 오해와 무관심, 편견 때문에 제대로 소통이 이루어지지 않으면서 부정적인 의미가 드러나게 된다. 이는 상징편에서 언급했던 인물들의 시선 구도를 통해 알 수 있다. 아무리 소통하라고 조언해도 상대방이 소통을 받아주지 않는다거나 자신이 상대방과 소통할 의도 자체가 없다면 서로 얻을 수 있는 장점이 있더라도 큰 단점만 생긴다.

또한 분별에 따라서 자신의 관점/판단이 끼어들면 어떻게 될까? 그림의 배경인 성경(창세기)의 일화는 선악과를 먹은 뒤 서로에 대한 터부Taboo가 생기는 모습을 의미하며, 자신과 상대방 또는 사회의 잣대를 들이댈 때 아무리 의도가 좋았더라도 잘못된 판단을 저지를 수 있다는 점을 주의하고 살펴야 한다는 뜻을 담고 있다. 다시 말해, 세상의 지식이 의사소통에 끼어드는 순간, 의사소통은 완벽해질 수 없다는 것을 역설한다.

또한, 연인 카드의 영향력이 줄어들거나 방해물로 드러나면 잘못된 관계를 맺거나 제대로 조합이 이루어지지 않는 상황을 의미한다. 동상이몽同床二夢, 오월동주吳越同舟 같은 경우다. 저마다 목적이 다르기에 제대로 의사소통이 이루어지지 않거나, 이루어지더라도 공동의 목표 달성에 국한되는 등 상호 발전을 추구하지 않는 상황에서는 결국 소통이 비효율적일 수밖에 없으며, 서로 단점만 부각된다는 점에서 연인 카드의 부정적인 의미가 드러난다.

이처럼 연인 카드는 '의사소통'의 빛과 그림자를 모두 담아내기에 키워드의 파생이 잘 이루어지지 않으며, 파생하더라도 다른 메이저 카드보다 깊이가 얕은 감이 있다. 대부분 연인 카드의 파생 키워드는 의사소통이 이루어졌을 때 만들어지는 '대립하거나 나뉘어 있는 것들을 합치거나 조율하려는 노력과 그에 따른 결과'로 드러난다.

이런 까닭에, 연인은 대부분의 질문 주제에서 질문자의 영향력을 강화하지만, 어떤 방향으로 강화될지는 연인 카드만으로 판단할 수 없다.

따라서, 전혀 관계없으나 목적이 같은 상황이라는 것을 확인하면 이 카드는 진가를 발휘한다. 긍정적으로 발현한다면 첫눈에 반한다는 말처럼 별다른 사전 작업 없이 호흡이 맞는 상황으로 발전하며, 소통하지 않아도 서로의 뜻을 이해하고 움직이게 된다. 이런 좋은 예로 들 수 있는 고사故事가 백아절현伯牙絕絃이다.*

반대로, 서로가 무엇을 원하는지 모르는 채 단순한 호감으로 믿고 따르다가 결국 목적이 다르다는 것을 확인하고 분쟁이 생기는 상황도 있다. 수많은 연인의 이별뿐만 아니라 부모 자식 관계에서 생기는 문제를 예로 들 수 있고, 위인을 설명할 때 떼려야 뗄 수 없는 인물이 있는 사례도 있다(피델 카스트로와 체 게바라, 오귀스트 로댕과 카미유 클로델의 관계를 들 수 있다). 각 인물은 연인 카드가 아니고 다른 메이저 카드이지만, 함께했을 때를 생각해보면 이해할 수 있을 것이다.

---

* 메이저 상징편의 천사, 아담과 하와 상징 해설 참고(58-59쪽). 춘추시대에 거문고의 명수로 이름 높았던 백아伯牙에게는 자신의 음악을 정확하게 이해하는 절친한 친구 종자기鍾子期가 있었다. 백아가 거문고로 높은 산들을 표현하면 종자기는 "하늘 높이 우뚝 솟는 느낌은 태산처럼 웅장하구나"라고 하고, 큰 강을 표현하면 "도도하게 흐르는 강물의 흐름이 마치 황하 같구나"라고 맞장구를 쳐주었다. 두 사람은 그토록 마음이 통했으나 불행히도 종자기가 병으로 먼저 세상을 떠나고 말았다. 그러자 백아는 절망한 나머지 거문고의 줄을 끊고 다시는 연주하지 않았다고 한다. 이는 연인 카드가 상대방을 잃었을 때 취하는 모습이라 할 수 있다. 『열자列子』「탕문편湯問篇」, 『순자荀子』「권학편勸學篇」, 『여씨춘추呂氏春秋』「본미편本味篇」 참고.

배열에 연인 카드가 나왔을 때 어떤 인물 자체를 상징하는 경우는 거의 없고, 있더라도 의사소통을 대신 해줄 사람/방법/대안을 묘사하는 데 그친다. 연인 카드를 대신할 수 있는 다른 카드가 언뜻 많아 보일 수 있으나 사실은 그렇지 않은데, 이는 주 키워드인 의사소통을 소화하는 카드가 흔치 않기 때문이다.

해석할 때 질문자가 자신의 상황을 헤쳐나가거나 더 악화되지 않도록 의사소통하려면 어떻게 해야 할지 고민해야 하며, 소통하는 데 질문자가 선택할 수 있거나 시도할 수 있는 방법을 다양하게 조언해 카드의 의미를 긍정적인 방향으로 이끌어야 한다.

배열 위치별 특징 켈틱 크로스 배열에서 연인 카드(이하 6)가 나왔을 때 어떻게 긍정/부정적인 영향을 확인하는지 판단하려면 10장의 카드 맥락을 모두 살펴야 한다(이에 관해 더 상세한 내용은 172-174쪽을 참고).

6이 배열에 나왔을 때 긍정/부정적인 의미를 구분하기 힘든 경우는 몇 없다. 질문자 스스로 다른 사람과 어느 정도 소통하고 있는지 쉽게 알 수 있을뿐더러, 다른 사람들의 반응이나 태도로 이를 쉽게 파악할 수 있기 때문이다.

이로써 6은 자신 혼자만의 목적이나 발전에 모든 걸 건다기보다 자신과 함께할 영혼의 단짝을 만나 무한히 상승효과를 누리려 한다는 것을 알 수 있다. 그렇기에 그 과정에서 완벽한 호흡을 강조하며, 궁극적으로 '말하지 않고 표현하지 않아도 서로의 모든 것을 이해하고 움직이는' 관계/상태가 되고자 한다는 것을 알 수 있다. 그러나 현실적인 문제와 각자의 편견/통념 때문에 제대로 소통하기 힘들다는 점이 6의 한계로 작용한다.

이런 성향 때문에 6은 3, 5, 6, 8, 10번 위치에 나왔을 때 영향력이 쉽게 강해지는 경향이 있다. 해당 위치들은 질문자가 6의 긍정/부정적인 영향을 받는지 쉽게 확인할 수 있기 때문이다. 질문의 목적과 질문자의 의도만으로도 6의 긍정/부정적인 영향을 판단하는 데 큰 지장이 없다.

반대로 2, 4, 7번 위치에 나왔을 때는 카드의 영향력을 직접적으로 확인할 수 없기에 부정적인 영향을 쉽게 받는다. 특히 장애물을 의미하는 2번 위치는 대부분 부정적인 영향을 받는다. 소통 자체가 이루어지지 않고 있거나 상대방이 질문자보다 소통 능력이 월등한 상황이라는 것을 뜻할 때가 많기 때문이다. 다른 위치 또한 자신이 원하는 의사소통을 다른 사람도 원할 것이라는 착각이나 다른 사람에 관한 편견을 가진 채 진행하는 의사소통을 뜻한다. 나아가 '과거에는 이러지 않았는데' 하는 생각에 무리수를 두면서 사람들과 잡음이 생기기 아주 쉽다. 이런 6의 성격 때문에 배열의 전체 흐름이 부정적으로 반전할 수 있으니 주의하고, 긍정적인 의미만 강조하는 해석을 지양해야 한다.

주제별 포인트

연애(관계가 성립한 상황) 외도나 불화처럼 큰 문제에 휩싸인 상황이 아니라면 무조건 긍정적인 영향을 받는다. 카드 이름에서 결정났다고 해도 지나치지 않으며, 질문자에게 큰 걱정할 필요 없이 이전처럼 믿어도 된다고 조언하면 될 정도다. 부정적인 영향을 받더라도 관계 자체의 문제가 아닌 외부의 문제로 생긴 균열을 미리 막도록 조언하는 정도면 충분하다.

그러나 관계가 깨지지만 않았을 뿐 많은 불화에 휩싸여 부정적인 영향이 지배적인 흐름을 보이는 상황이라면, 질문자나 상대방에게 조력자 또는 외도 상대가 이미 있을 수 있고 그에 따라 관계가 흔들리고 있다는 의미로 해석할 수 있다. 이때는 문제를 어떻게 제3자들에게 알릴지 조언해야 하며, 질문자나 상대방이 바라는/바라지 않는 상황을 이끌어내도록 다른 사람들의 도움이나 유도신문, 개인 기록 조회 등으로 증거를 확보하고 유리한 형세에서 자연스럽게 관계를 정리할 수 있도록 조언해야 한다.

연애(관계가 성립하지 않은 상황) 더욱 적극적으로 상대방에게 의사를 표현하고자 다양한 준비나 시도를 할 필요가 있다는 뜻이다. 긍정적인 영향을 받는다면 상대방도 질문자에게 호감이 있는 상황이거나, 질문자의 관계 성립을 도와줄 사람이 있다는 의미로 해석할 수 있다. 그러나 부정적인 영향을 받는다면 이미 상대방에게 연인 또는 호감을 품은 사람이 있다는 것을 의미할 때가 많다. 다행히 부정적인 영향이 나올 때는 대개 애정에 가까운 호감이 아니고 단순히 우정이나 친분에 머물러 있는 상황을 의미한다. 그렇기에 부정적인 영향을 받지 않도록 주변 사람들이나 상대방에게 영향을 주는 사람들을 포섭하라고 조언해야 한다.

상대방이 없거나 단순히 호감만 있을 때 6이 나왔다면, 누군가와 관계 성립을 하려면 기본적인 요소로 배경을 만들 필요가 있다는 점을 지적해야 한다. 긍정적인 영향을 받는다면 질문자에게 다른 사람의 호감을 살 요소가 있다는 의미와 함께 현 상황 자체가 더 호의적이거나 교섭에 순조로운 흐름을 보이고 있다는 것을 밝히고, 관계 성립을 위해 더 능동적으로 행동할 수 있도록 조언해야 한다. 그러나 반대로 부정적인 영향을 받는다면 호감을 주고받을 상대방을 만들고자 외부로 자신을 드러내야 하며, 그 과정에서 자신이 혐오하거나 기피하는 일을 마주할 수 있다는 것을 경고해야 한다.

대인관계 최상의 경우 부모·형제를 초월하는, 보편적으로는 질문자의 친화력을 통해 다른 사람들과 좋은 관계를 유지하게 됨을 뜻한다. 부정적인 영향을 받더라도 최악으로 치닫지 않는다면 좋은 영향을 주는 편이며, 대화의 물꼬를 트는 정도는 용이한 수준으로 해석된다. 그러나 최악의 경우 질문자가 관계를 가지고 있는 인물들 중 엉뚱하거나 질문자에게 치명적인 문제를 일으킬 수 있는 사람이 있다는 점을 지적한다.

사업의 흐름이나 전망 긍정적인 영향을 받는다면 직접적인 접촉이나 공격적인 마케팅을 진행해 좋은 흐름으로 상황을 바꿀 수 있다는 것을 의미하며, 다른 업체와 연대나 전략적인 제휴로 전세를 역전하거나 유리한 상황을 더 확실히 굳혀나갈 수 있다는 것을 뜻한다. 그러나 부정적인 영향을 받는다면 독소 조항이나 불공평한 조건으로 일을 진행해 들인 공에 비해 얻은 게 적거나 없는 상황이 올 수 있으며, 최악의 경우 법적 분쟁이 생기거나 마케팅 과정에서 사람들의 공분을 사며 경쟁력을 상실할 수 있다는 것을 경고해야 한다.

창업의 성사 여부 의사소통을 매개체로 하는 사업이나 마케팅 등으로 분류되며, 동업일 때는 투자자를 모으되 실행/명령권을 각 투자자가 똑같이 나눠 가지는 형태거나 각 분야 전문가가 연맹 형태*로

* 메이저 상징편의 아담과 하와, 구름, 생명의 나무, 불타는 나무 상징 해설 참고. 모든 구성원과 의결권자의 만장일치로 주요 의견을 결의하는 방식을 말한다. 가장 좋은 예시로 국제연맹League of Nations이 있다. 그러나 이런 방식은

뭉치는 경우가 많다. 정신적 지주나 근본을 둔 채 결합한 것을 의미하는 5와 달리, 6은 같은 조건에서 이상적인 화합을 묘사하기 때문이다. 긍정적인 영향을 받는다면 모든 참여자의 개성과 장점을 살리며 자본으로 흉내 낼 수 없는 독창성을 발휘한다는 것을 뜻하지만, 부정적인 영향을 받는다면 '사공이 많으면 배가 산으로 간다'는 속담의 실례를 보여주거나 서로 다른 목표를 두고 일을 진행한 나머지 분열되어 초기 목적을 상실하는 경우까지 있으므로 소통하면서 어떤 목표나 우선순위에 입각해 추진력을 발휘할 수 있도록 결속력을 다져야 한다는 것을 조언해야 한다.

진로 적성 교섭/연예/커뮤니케이션 관련 분야에 소질이 있다는 것을 알 수 있다. 긍정적인 영향을 받는다면 자신과 소통하는 것 자체만으로 수익을 얻을 수 있으며, 나아가 다른 이들의 장점을 파악하고 연결함으로써 자신이 속한 곳을 발전시켜나가는 모습으로 드러난다. 최상의 경우, 협업으로 독보적인 결과물을 창출하거나 다른 사람/사회/문화의 격을 한 단계 이상 높이는 위업을 달성할 것으로 해석할 수 있다.

그러나 부정적인 영향을 받는다면 거대한 소통의 말단에 머무르거나 남의 감정을 오인/이용해 수익을 얻어야 하며, 자신과 함께하는 이들에게 의존하느라 자신의 능력을 발현할 수 없는 상황에 이를 수 있다는 점을 경고해야 한다. 최악의 경우 이는 '내가 하면 로맨스, 남이 하면 불륜'이라고 비판받을 수 있는 상황으로 치닫게 된다. 그러나 보편적으로 다른 사람들과 신뢰를 쌓고 상호 발전을 추구함으로써 자신의 격을 높일 수 있다는 것을 강조하는 정도로 해석된다.

시험 결과나 합격 여부 긍정적인 영향을 받는다면 혼자만의 연구나 공부가 아니라 협업 구조 및 학술 연계로 더 나은 결과를 얻을 수 있

핵심 구성원 가운데 하나라도 거부권을 행사하면 좋은 내용이라도 의결되지 않는다는 치명적인 단점이 있다. 실제로 국제연맹은 이 문제로 제2차 세계대전을 막지 못하고 해체했다.

다는 것을 뜻한다. 나아가 전혀 다른 개념의 공통점/연계점을 분석하고 이를 하나로 묶어 새로운 발전으로 이끌 수 있는 시도를 하라고 조언해야 한다. 그러나 부정적인 영향을 받는다면 실력이 아닌 다른 요건으로 정당한 평가를 받아야 할 남의 기회를 빼앗는 상황을 의미하거나 자신과 함께 노력해왔던 사람들을 버리거나 폄하해 비난받을 수 있다는 것을 경고해야 한다.*

질병의 호전, 완치 긍정적인 영향을 받는다면 건강을 개선하려 다른 사람들과 교류하고 자신의 증상을 공개/소통하거나 상담함으로써 적절한 처방을 받아 해결할 수 있으며, 심리적으로 고립되지 않고 무리하지 않는 선에서 사회 활동을 유지하기만 하면 상황이 호전될 수 있다는 것을 뜻한다.

그러나 부정적인 영향을 받는다면 과도한 일정 또는 많은 이들과 교류하면서 생긴 신체/정신적 피로 누적을 경고하고 충분히 휴식하라고 권하거나, 최악의 경우 이미 피로 누적으로 신체가 정상적으로 기능하지 않는다는 것을 강조하고 입원하도록 조언해야 한다.

단순한 건강 문제 6은 신체 균형을 조율하는 기관이다. 상호 교류로 작용하는 6의 성격에 따른 것이다. 정신 문제는 소통 능력의 괴리감이나 이상 증세 때문인 경우가 많고, 자기애성 성격장애와 증상 면에서 매우 가깝다. 신체 문제는 몸의 균형과 조율을 직접 하는 처치나 시술을 의미하며, 그 밖에 특정 질병은 사람/사물과 직접 접촉으로 알아내는 손/팔 부위에 해당한다. 그러나 이런 해석은 어디까지나 전문 의료진의 검증을 거쳐야 하므로, 해석할 때 충분히 고민하고 사례를 확보해야 하고 이러한 요건이 갖춰지더라도 주의해야 한다.

* 메이저 상징편의 태양, 천사, 아담과 하와, 구름 상징 해설 참고. 이런 식으로 진행된 최악의 사례가 DNA 나선 구조 발견 일화다. 여러 저서로도 나와 있어 1과 6의 긍정, 부정적인 면모를 볼 수 있는 좋은 예다. 〈DNA 이중나선에 얽힌 드라마틱한 이야기〉, 《한겨레신문》, 2008년 10월 15일 자; 제임스 D. 왓슨·앤드루 베리·케빈 데이비스, 『DNA : 유전자 혁명 이야기』, 까치, 2017.

켈틱 크로스 배열 위치별 긍정/부정 해석법

1 → ②③④⑧ 카드 확인 긍정적인 영향을 받는다면 문제 해결을 도와줄 사람이 많거나 자신의 친화력이 높다는 것을 뜻하나, 부정적인 영향을 받는다면 제대로 소통하기를 바라지만 소통을 받아줄 사람이 없거나 질문자의 소통 방식에 문제가 있다는 것을 전혀 자각하지 못하고 있다는 점을 지적해야 한다.

---

2 → ①③⑤⑦ 카드 확인 해당 질문에서 의사소통 자체가 이루어지지 않아 생긴 오해나 문제를 뜻하며, 해당 질문에서 가장 먼저 필요한 것도 의사소통에 있다는 것을 드러낸다. 이를 방해하는 편견이나 환경을 어떻게 극복하는지, 나아가 의사소통을 개선할 대안이 있는지 확인해 조언함으로써 질문자를 둘러싼 문제를 해결할 수 있다는 점을 강조해야 한다.

---

3 → ①④⑦⑧⑨ 카드 확인 기본적으로 남이 개입하기를 바라거나 힘을 합쳐 자신 또는 공공의 목적을 달성하려는 의도가 있다는 것을 뜻한다. 긍정적인 영향을 받는다면 순수한 애정이나 목표 의식이 있다는 것을 의미하나, 부정적인 영향을 받는다면 자신 위주의 의사소통만이 모두 만족할 수 있거나 목적을 달성할 수 있는 유일한 방법이라 생각하는 모습을 뜻한다. 나아가, 경쟁으로 더 빠르고 정확한 목적을 달성할 수 있음에도 연대와 대화를 중시하는 태도 때문에 일 처리가 늦어지는 모습으로도 드러날 수 있으니 주의해야 한다.

---

4 → ②⑤⑧⑨ 카드 확인 긍정적인 영향을 받는다면 원활한 소통으로 별문제 없이 현 상황에 이르렀다고 볼 만큼 큰 비중을 차지하지 않으나, 반대로 부정적인 영향을 받는다면 지금 벌어진 문제가 자신의 소통 방식 및 소통하고 있는 주변 사람들 때문에 일어났다는 것을 의미하며, 최악의 경우 연대 책임을 져야 하는 상황이 왔다는 것을 뜻한다.

---

5 → ①②④⑦ 카드 확인 어떤 문제나 질문을 해결하려면 선결 조건으로 의사소통이 전제된다는 것을 나타낸다. 긍정적인 영향을 받는다면 교섭이나 합의로 문제 해결을 넘어 발전할 기회까지 거머쥐는 상황을 뜻하지만, 부정적인 영향을 받는다면 문제 해결을 위한 소통이 제대로 이루어지지 않는다는 것을 뜻하며, 최악의 경우 소통하고 있다고 여긴 사람의 배신으로 일이 어그러질 수 있다는 것을 경고한다. 이에 따라 현재 벌어진 문제의 해결책과

질문자가 쓸 수 있는 수단들을 확인함으로써 질문자가 긍정적인 결과를 얻게끔 조언해야 한다.

---

6 → ② ③ ⑤ ⑧ 카드 확인 의사소통을 하려면 극복해야 할 장애물이 무엇인지 알아야 하며, 장애물을 넘어서고자 질문자가 무엇을 실천하고 있는지 확인해 조언해야 한다. 긍정적인 영향을 받는다면 상호 교류로 목적의 달성을 넘어 신기원을 이룰 수 있다는 것을 의미하나, 반대로 부정적인 영향을 받는다면 마찰과 분쟁 때문에 목표 달성에 문제가 생기거나 시간이 지연될 수 있다는 것을 경고해야 한다.

---

7 → ① ② ④ ⑥ ⑧ 카드 확인 긍정적인 영향을 받는다면 질문자가 교류나 소통으로 현재의 모든 문제를 해결할 수 있다고 믿음을 뜻하며, 상대방이나 문제의 관련자 몇몇과 이미 소통을 진행하고 있다는 것을 뜻한다. 그러나 부정적인 영향을 받는다면 이런 상상이 그저 질문자만의 착각이며 정세가 질문자의 판단과 달리 꽤 불리함을 나타낸다.

---

8 → ① ③ ④ ⑤ ⑨ 카드 확인 질문자가 사람들의 호의를 사고 있는지 파악해, 질문자가 실제로 남의 감정이나 기대를 감당해낼 수 있는지 확인함으로써 더 명확한 조언을 제시할 수 있다.

긍정적인 영향을 받는다면 다른 이들에게 호감을 사고 있는 상황이며 이를 이용해 문제를 해결하거나 다른 사람의 마음을 쉽게 얻을 수 있는 상황을 뜻한다. 그렇지 못할 경우 좋은 관계를 유지하는 감초 노릇에 머물거나 각각의 개성을 존중하지만 다른 세계에 사는 사람으로 취급받을 수 있다는 것을 경고하며, 최악의 경우 군중 속의 고독을 절감하는 상황이라는 것을 뜻한다.

---

9 → ① ④ ⑦ 카드 확인 다른 위치의 카드를 크게 고려하지 않아도 해석에 큰 무리가 없는 경우가 많다. 더 원만하게 소통할 수 있기를 바라는 모습과 더불어 소통이 불가능해지면서 자신이 불리한 상황으로 흐름이 바뀌는 것을 두려워하는 모습으로 나타나기 때문이다.

---

10 모든 카드를 종합해 의사소통으로 상황을 개선할 수 있도록 조언해야 한다. 그렇기에 질문 자체의 목적이 무엇인지 더 명확하게 확인해야 하며, 질문자가 생각하지 못한 방식이나 사람들의 조력이 있을 수 있다는 것을 자각시켜 카드의 긍정적인 의미를 더 효율적으로 적용할 수 있도록 해야 한다.

질문이 의사소통의 영향이 적을 수밖에 없는 주제(예: 절대평가 시험의 합격 여부)라면, 이를 다른 사람과 연계 및 공동 작업으로 개선할 수 있다는 것을 일깨우는 등 6의 의미로 더 다양한 방법과 좋은 영향을 받을 수 있도록 조언해야 한다.

실제 사례 (2001년 4월 29일, 이화여대 근처, 20대 초반 대학 2학년생)

질문   그녀와 나의 관계는 앞으로 어떻게 될까?

사전 정보 사귀기 직전처럼 보였으나 상대방이 관계 진행에 미지근한 상황이라고 말했다.

14 - Kc - 6p - 4s - 5p - 6 - Pc - Np - 12 - 1

---

14   (질문자 자신) 나는 지금 이 사람의 태도에 따라 이 관계를 정리하려 한다.

Kc   (장애물) 현 상황을 냉철하게 판단하지 못하고 있다.

6p   (기저) 나는 이 관계를 더 유지하고 싶다.

4s   (과거) 과거의 인연과 지금 사이에 별다른 연애 관계를 성립하지 않았다.

5p   (현재/곧 일어날 일) 당분간 관계를 개선하기 힘들 것이며, 관계를 유지하려면 자금이 소요될 수 있다.

6   (미래) 자신의 기반을 희생해 상대방과 의사소통을 진행할 수 있게 된다.

Pc   (질문자의 내면) 현 상황에 대해 제대로 된 판단을 못하고 있으며, 돌발행위를 할 수 있다.

Np   (제3자가 바라보는 질문자) 견실하며 기반을 갖춘 남자로 인식하고 있다.

12   (희망/두려움) 이대로 자신의 기반이 희생당하는 것을 두려워하거나, 이런 헌신으로 상대방이 내게 호감을 가지길 바란다.

1   (결과) 의지를 표명하고 자신을 내세움으로써 원하는 관계를 이룰 수 있게 될 것이다.

실전 해석

이 배열에서 6은 6번 위치, '미래'에 나왔다. 연애라는 질문의 특성과 결부해서 6의 키워드인 '의사소통'을 상대방과 진행하며, 더 성공적으로 의사소통하고자 자신이 이 관계를 어떻게 생각하는지 진지하게 이야기할 기회가 생긴다는 것을 뜻한다. 이 배열에서 6을 해석할 때는 질문자가 오해를 사지 않고 상대방에게 자신의 마음을 전달할 방법이 무엇이며 그 과정에서 어떤 것들이 필요할지 조언해야 한다.

6은 질문자가 자신의 감정을 상대방에게 전달할 기회가 다가오고 있다는 것을 보여준다. 이 배열에서 6의 의미를 긍정/부정적으로 변화시키는 카드는 Kc, 6p, 5p, Np로 확인되는데, 이로써 상대방이 자신에게 보이는 태도에 더 냉철하게 대응해야 하며, 자신이 애정을 받고 싶어 하는 것과 더불어 서로 감정을 교환할 기회 자체가 부족한 상황이라는 것을 알 수 있다. 그러나 이런 악조건 속에도, 주변 모두가 이 관계는 상당히 견실하게 유지되고 있다고 여긴다는 것을 보여준다. 그렇기에 배열에 나타난 6의 긍정적인 의미를 끌어내려면 질문자에게 이 문제를 어떻게 해결할 수 있는지, 또 관계를 유지하려면 어떤 소통이 필요한지 조언해야 한다.

① 14(질문자 자신) 질문자는 상황이 바뀌지 않고 흘러간다면 질문자는 점점 인내심이 바닥나리라는 것을 뜻한다. 긍정적인 영향을 받는다면 자신의 감정을 효율적으로 관리해 상대방의 문제를 해결하고 관계를 성립시킬 수 있다는 것을 의미하나, 부정적인 영향을 받는다면 자신의 능력 부족 및 감정 조율 실패로 섣불리 관계를 정리하는 결단을 내리려 한다는 뜻으로 볼 수 있다.

이 배열에서 14는 별다른 조언이 없다면 부정적인 영향을 받는다는 것을 알 수 있다. 질문자가 자신의 감정조차도 조율하기 힘들어하는 점, 질문자의 역량이나 연애 경험이 부족하다는 점으로 확인할 수 있다. 그러나 남의 시선에는 듬직하고 견실한 이미지이기에 이를 어떻게 유지할 수 있을지 조언함으로써 14의 부정적인 의미를 차단할 수 있도록 이끌어야 한다(Kc, 4s, Pc, Np).

---

② **Kc(장애물)** 질문자가 사람의 감정을 조율하는 능력이 부족해 이 문제에 맞닥뜨렸다는 것을 뜻한다. 질문자가 이 관계를 단순히 자신의 감정이나 관점에 몰두해 상황을 판단한다는 뜻이며, 문제를 해결하거나 개선하지 못하면 14의 부정적인 영향을 받아 관계를 발전시키려는 시도조차 못한 채 관계가 끝날 수 있다는 것을 경고한다(6p, 5p, Np, 12).

③ **6p(기저)** 긍정적인 영향을 받는다면 질문자가 상대방과 애정과 경험을 나누고 싶어 하는 정도로 해석할 수 있다. 그러나 부정적인 영향을 받거나, 자신에게 불리한 상황이라면 상대방의 애정을 갈구하고 있다고 해석할 수 있으며, 최악의 경우 애정 결핍으로 상대방에게 매달리는 질문자의 일방적인 심리를 드러낸다.

④ **4s(과거)** 새로운 관계 이전의 모습을 보여준다. 곧, 과거의 인연과 헤어진 뒤 별다른 만남의 기회가 없었던 것으로 이해할 수 있으며 이런 상황 속에서 주어진 기회를 살리고자 노력해왔다는 것을 확인할 수 있다. 이 또한 긍정적인 영향을 받는다면 다음에 맺을 관계를 준비하고자 자신을 갈고닦았다는 것을 의미하나, 부정적인 영향을 받는다면 별다른 노력 없이 휴식에만 몰두해왔기에 이런 문제를 해결할 역량이 부족하다는 것을 지적한다.

---

⑤ **5p(현재/곧 일어날 일)** 일반적으로는 관계 유지에 필요한 기반/비용이 없는 상황이 닥친다고 해석할 수 있지만, 여기서는 단순한 재정 문제가 아니며 질문자가 이 관계의 성립(이 관계의 무형적 가치)을 이루고자 자신의 유형적 기반을 사용/소모한다는 것을 뜻한다.

긍정적인 영향을 받는다면 이런 노력으로 자신이 원하는 관계를 성사시킬 수 있으나, 부정적인 영향을 받는다면 허상에 지나지 않는 가치를 좇느라 자신의 기반을 탕진하는 모습을 의미한다. 그렇기에 질문자가 기반을 낭비하지 않도록 여러 방면에서 조언해야 한다.

---

⑥ **6(미래)** 부정적인 영향을 받는다면 이 관계가 의사소통의 부재와 그에 따른 오해로 관계를 제대로 성립하기 어려움을 뜻한다. 이 상황을 극복하지 못한다면, 관계를 둘러싼 포석 쌓기 또는 자신의 기반은 소모하지 않은 채 일방적으로 상대방의 호감을 원하는 등 천착하는 모습을 보여준다. 그러나 긍정적인 영향을 받는다면 자신의 진심을 전달하고 상대방과 관계 성립을 이끌어낼 기회가 다가온다고 해석할 수 있다.

이 배열에서는 질문자의 연애 경험이 부족해 쉽게 조급해지거나 상대방의 관심을 얻고자 무리하려 드는 것과 더불어, 기반이 부족해 선택할 수 있는 대안이 몇 없다는 점 때문에 쉽게 부정적인 영향을 받을 수 있다는 것을 확인할 수 있다. 그렇기에 부족한 경험을 채우고 기반이 크게 소모되지 않는 방법을 알려준 뒤, 질문자가 상대방의 사소한 반응 하나하나에 쉽게 동요하지 않도록 냉철해질 것을 조언해 6을 긍정적으로 발현시킬 수 있다(Kc, 6p, 5p, Np).

---

⑦ **Pc(질문자의 내면)** 관계를 맺을 때 조급하거나 충동적인 면이 있다는 것을 의미하며, 이 때문에 관계 개선에 장기적인 포석을 두지 못하는 단점을 드러낸다. 또한 관계에 관한 부정적인 생각도 갑작스러운 상황 변화가 감정에까지 영향을 미친 것이다.

긍정적인 영향을 받는다면 질문자의 솔직한 속마음을 가감 없이 드러내 상대방을 마음을 움직일 힘이 있다는 것을 뜻한다. 그렇기에 부정적인 영향을 가라앉히려면 상대방을 갑자기 즐겁게 해줄 수 있는 방안 가운데 상대방이 부담스러워하지 않을 정도의 가벼운 일을 시도해보라고 조언해 관계 개선을 노릴 수 있다(14, Kc, 4s, 12).

---

⑧ **Np(제3자가 바라보는 질문자)** 긍정적인 영향을 받는다면 질문자의 모습이 호감/비호감을 떠나 견실한 이미지로 주변에 인식된다는 것을 확인할 수 있으며, 상대방도 질문자를 이렇게 보기에 상대방이

질문자에게 특별한 불만이 없다는 것을 드러낸다. 최상의 경우, 이미 주변 사람들이 관계가 성립됐다고 인식한다는 것을 뜻하기도 한다.

부정적인 영향을 받는다면 너무 무미건조한 사람으로 인식된다는 것을 뜻하며, 나아가 상대방이 질문자가 자신의 사정을 이해해주거나 관계 성립을 급하게 진행하지 않으려는 사람으로 인식해 관계가 아닌 자신에게 집중할 수 있다는 점을 경고해야 한다(6p, 4s, Pc).

---

⑨ **12(희망/두려움)** 질문자가 이 관계 때문에 소모한 기반이 단순한 희생으로 끝나는 것을 두려워하거나 상대방에게 종속되는 관계가 되는 것을 기피하는 모습으로 해석할 수 있으며, 최악의 경우 연령상 누구나 거쳐야 하는 통과의례, 입대로 해석할 수 있다. 반대로 모든 것이 관계 성립을 위한 헌신이었다는 것을 상대방/다른 사람들이 이해해주기를 바라는 모습으로 드러난다(14, 6p, 4s, Pc).

---

⑩ **1(결론)** 결국 질문자의 의지를 어떻게 발현하는지에 따라 관계의 성립 여부가 결정된다는 뜻으로 해석된다. 그렇기에 질문자가 자신의 의지, 곧 자신의 마음을 상대방에게 어떻게 전달해 관계를 긍정적으로 이끌어갈 수 있는지 다양한 사례를 들어 조언해야 하며, 이에 맞춰 질문자가 해당 조언을 실행할 수 있도록 방침을 제시함으로써 현 상황에 좌절하지 말고 확실한 기회를 모색할 것을 강조해야 한다.

===

이 배열에서 드러난 6은 질문자 자신의 문제점을 파악하고 해결하지 않으면 의사소통에 실패하리라는 것을 뜻한다. 다행히, 배열을 펼친 시점에서는 관계가 성립할 가능성이 남아 있었기에, 부정적인 흐름을 긍정적인 방향으로 바꿀 수 있도록 조언해야 했다. 나아가 카드 자체가 의사소통이라는 키워드를 어떻게 해석/조언해 긍정적인 방향으로 바꿀 수 있는지 확인하는 단서로 나타났다.

나는 질문자에게 관계를 성립하려면 상대방에게 무리하게 직접적으로 접근하지 말라고 경고했으며, 이 상황에서 필요한 것은 값비싼 선물이 아니므로 오히려 정성이 들어간 작은 선물과 함께 편지를 써

볼 것을 권했다. 그 뒤 상대방이 자신의 감정을 표현할 수 있도록 여유를 주고 어떤 계기가 있을 때 질문자의 마음을 고백하도록 권했다.

이렇게 조언한 이유는 현 상황에서 관계의 저울추가 상대방에게 기울어져 있었으며, 순수한 애정으로 다가가려는 질문자의 마음을 상대방이 모르지 않지만 이 관계와 상관없는 외부 문제 때문에 질문자를 살필 여유가 없거나 질문자가 일방적으로 계속 답을 요청하는 상황 때문에 거절의 의미가 아닌 진심으로 여유를 두고자 한 말에 질문자가 과민 반응한 것이라 판단했기 때문이었다. 이는 그 뒤에 질문자와 함께 만난 상대방의 증언으로 확인할 수 있었다.

그러므로 질문자가 점을 본 이유는 이런 (냉각기를 빙자한) 잠깐의 휴식이 계속되지 않을까 하는 두려움 때문이었기에, 침착하게 상황을 다시 한번 살펴보도록 권하며 관계 개선에 관해 몇 가지 세부적인 조언을 하고 해석을 종료했다.

내 말을 듣고 질문자는 조언을 받아들였다. 실제로 며칠 뒤에 깜짝 이벤트를 기획해뒀고, 이런 시도로도 상대방의 마음을 얻을 수 없다면 깨끗이 단념하려 했다고 답했다. 그래서 이벤트는 시간을 두고 결정적인 때를 노리도록 첨언했다. 또한 입대한다면 모든 노력이 의미 없는 것 아니겠냐는 고민을 토로했지만, 나는 그에게 관계 성립이 이루어지면 이 문제는 그리 큰 장애물이 되지 않을 것이라 격려했다.

한 달 뒤, 개인 홈페이지에서 인연이 성립된 것을 확인했으며, 군 복무 뒤로도 관계가 유지된 것을 확인하고 사안을 종료했다.

이처럼 연애와 관련한 점, 특히 관계를 성립시키기 위해 조언이 필요한 상황에 나온 6은 질문자의 상황에 비중을 두기보다 질문자가 마음을 얻길 원하는 상대방이 어떻게 판단하고 있는지, 어떤 상황인지 확인한 뒤에 조언해야 한다. 물론 질문자의 역량/기반/감정도 해석에 포함되나, 주제의 특성 및 6의 의미를 확인한다면 의사소통은 일방적으로 해낼 수 없다는 점에 착안해야 하기 때문이다. 나아가 해당 조건들을 확인해 상대방에게 자신의 감정을 더 진솔하게 표현하게끔 해준다면 해석자의 역할을 다했다고 할 수 있다.

실제 사례 (2007년 8월, 성남 모처, 30대 초반 여성)

질문   내가 창업할 수 있을까?

사전 정보 카페 관련 프랜차이즈를 시도하려 한다고 말했으며, 커피 전문점이 난립하던 시기였기에 불안해하고 있었다. 카페 관련 프랜차이즈의 상황상, 긍정적으로 볼 수 있는 여지가 몇 없었으나, 질문자가 상황을 매우 긍정적인 관점으로만 보고 있다는 것을 확인한 뒤 해석을 진행했다.

3p - 6w - 5s - 4p - Nc - Kp - 6 -As - 13 - Pw

3p   (질문자 자신) 누군가에게 사업과 관련한 내용을 묻거나 견적을 내봤다.

6w   (장애물) 다른 사람의 성공에 자극받고 있으며, 나아가 자신이 자랑하려는 욕심이 있다.

5s   (기저) 어떻게든, 남보다 편하게 돈을 벌거나 남보다 더 우위에 있고자 한다.

4p   (과거) 사업 자금을 모이려 노력해왔다.

Nc   (현재/곧 일어날 일) 본격적인 자문을 구하러 나갈 것이다.

Kp   (미래) 이로써 자신의 기반을 만들게 된다.

6   (질문자의 내면) 내가 원하는 방향으로 의사소통을 진행하고 싶어 한다.

As   (제3자가 바라보는 질문자) 사업 아이템이 좋다면 이를 반드시 실행하려 하는 사람으로 본다.

13   (희망/두려움) 새로운 사업에 성공하기를 바란다/변화에 적응하지 못하고 사업을 제대로 유지하지 못할까 봐 두려워한다.

Pw   (결과) 사업에 관해 좋은 소식이 들어오고, 기존에 했던 일과 다른 일을 하게 될 것이다.

실전 해석

이 배열에서 6은 7번 위치, '질문자의 내면'에 나왔다. 사업, 창업과 관련한 질문의 특성상 6의 키워드인 '의사소통'을 통해 질문자가 도움 받길 원하며, 자신도 그에 걸맞는 도움을 줄 마음이 있다는 것을 알 수 있다. 이에 따라 6을 해석할 때는 먼저 해당 프랜차이즈 업체가 질문자의 의도와 같은 목표를 가지고 있는지 확인해야 하며, 또 질문자가 좋은 협조자를 구분할 수 있는 경험과 기반이 있는지 판단해야 한다.

이 질문에서 6은 질문자가 좋은 사업 파트너를 만나고 싶어 하는 상황을 뜻하며, 나아가 지금 교섭하는 상대방과 좋은 관계가 되리라 생각한다는 것을 보여준다. 6의 의미를 긍정/부정적으로 변화시키는 카드는 3p, 6w, 4p, Kp, As로 확인되는데, 이로써 전문가와 협의 및 의견 조율을 바라지만 질문자가 경험이 없어 자칫 상대방의 의도에 휘둘리기 쉽다는 점을 경고해야 한다는 것을 알 수 있으며, 기반만 충분하다면 다른 의도가 있더라도 모두 극복하고 자신의 기반을 확장시킬 수 있다는 것을 알 수 있다. 그렇기에 6의 의미를 긍정적으로 발현시킬 수 있는지 객관적으로 판단해 질문자가 올바른 선택을 할 수 있도록 조언해야 한다.

---

① **3p(질문자 자신)** 현재 다른 사람 및 전문가에게 사업에 관해 문의하고 있다는 것을 뜻한다. 이름 있는 프랜차이즈를 통해 투자 정보와 견적을 문의한 상태로 해석할 수 있으며, 개인 수준의 카페보다 노하우가 있는 프랜차이즈 업체를 통해 더 확실한 전망을 얻으려 한다는 것을 알 수 있다.

---

② **6w(장애물)** 질문자를 가로막고 있는 것이 긍정적인 관점과 자신감이라는 것을 보여준다. 나아가 현재 자신이 문의했던 다양한 사업 계획이 그들의 전망처럼 호조일 수 없다는 점을 제대로 인지하지 못했거나 질문자가 이런 분위기에 편승해 문제를 제대로 판단하지 못

하고 있다는 점을 경고한다.

---

③ **5s(기저)** 사업하려는 질문자의 본의를 드러낸다. 더 편하고 쉽게 성공하길 바라며, 그 과정에서 자신이나 남의 사정 또는 불편에 관한 고려가 부족할 수 있다는 것을 뜻한다.

---

④ **4p(과거)** 이 사업을 하고자 자금을 모았던 것을 의미하며, 나아가 자신의 목적에 부합하지 않아 보이거나 확실한 보장이 없는 사업 제안을 완강하게 거부해왔다는 것을 드러낸다. 또한 상대방이 사업에 관해 명확한 수익성을 제시하지 못하면 소극적이고 보수적인 자세를 유지해 자신의 투자금/역량/기반을 강화해왔다는 것을 드러낸다.

---

⑤ **Nc(현재/곧 일어날 일)** 사업 제안 가운데 자신이 원하는 사업을 택한 뒤 실행할 것을 암시한다. 긍정적인 영향을 받는다면 자신이 믿고 있는 것들을 실현하고자 나아갈 것을 의미하나, 부정적인 영향을 받는다면 이 과정이 모호한 상태, 곧 자신의 긍정적인 감정이나 해당 사업에 관한 막연한 이미지를 어설프게 믿고 나아갈 수 있다는 것을 뜻한다(3p, 6w, 5s, As).

---

⑥ **Kp(미래)** 긍정적인 영향을 받는다면 사업 실행으로 기반이 확장함을 뜻한다. 부정적인 영향을 받는다면 기반을 지키는 것에 만족하거나, 큰 성공을 바라는 사업이 아니고 현 상태를 유지하는 수준으로 사업을 꾸리게 되리라는 것을 의미하며, 최악의 경우 현장 상황을 전혀 모른 채 일정 이상의 이익만 나오면 운영에 신경 쓰지 않으려 들 수 있다는 것을 경고한다. 그렇기에 사업에서 이윤을 어떻게 창출할 것이며 목표 수익은 얼마인지 명확하게 계획하도록 조언해야 한다(3p, 5s, 6, 13).

---

⑦ **6(질문자의 내면)** 질문자가 자신에게 교섭력이 있다고 확신하는 것을 드러낸다. 긍정적인 영향을 받는다면 자신이 선택한 프랜차이

즈 업체가 지원을 잘해주리라 확신하고 있으며, 상생할 수 있다고 판단한다는 것을 의미한다. 최상의 경우 내부에 지인이 있거나 업계의 여러 상황들을 고려해 최적의 업체를 선택했다는 것을 나타내지만, 부정적인 영향을 받는다면 모든 판단이 질문자의 착각이거나 다른 업체들과 제대로 비교하지 않고 해당 업체의 홍보 전략만으로 오판하는 것을 의미하며, 최악의 경우 해당 업체가 악의를 품고 질문자의 기반을 송두리째 앗아갈 수 있음에도 전혀 모르는 상태라 해석된다.

질문자가 사업에서 일정 이상의 이익만 보장된다면 그 뒤를 생각하지 않으려는 낙관론에 빠져 있다는 점에 더해, 프랜차이즈임에도 자신이 직접 움직이지 않고 단순 투자에 머무르려 한다는 점 때문에 부정적인 의미가 강화된다는 것을 알 수 있다(3p, 6w, 4p, Kp, As).

---

⑧ **As(제3자가 바라보는 질문자)** 질문자를 대하는 업체나 사람이 질문자의 사업 제의를 큰 기회로 생각하고 있다는 것을 나타낸다. 긍정적인 영향을 받는다면 협업이 최고의 효율을 낼 수 있다는 것을 의미하나, 부정적인 영향을 받는다면 좋은 먹잇감 정도로 생각하고 질문자의 기반을 소모시키려 할 수 있다는 것을 경고한다.

---

⑨ **13(희망/두려움)** 직장인에서 사업자로 성공적인 변환을 기원하는 희망과 함께, 흐름에 적응하지 못해 모아둔 사업 자금을 창업 실패로 잃어버릴까 봐 두려워하는 모습으로 해석할 수 있다. 구체적으로 질문자가 원하는 상황이 남들은 모르는 정보(프랜차이즈 관련)를 먼저 알고 경쟁자가 늘기 전에 이익을 편취하려는 질문자의 바람과 함께, 반대로 이런 시도가 실패하면 자신의 기반을 지키지 못했다는 사실을 말하지 못하고 속앓이할까 봐 걱정하는 모습으로 해석할 수 있다(3p, 6w, 5s, 6).

---

⑩ **Pw(결론)** 어떤 방면으로든 소식이 전해질 것을 뜻한다. 사업과 관련한 소식이 들려올 예정이며, 상황을 되돌리기에는 늦었다는 것을 뜻한다. 또한 사업 진행 과정에서 프랜차이즈 업체와 연계를 통해

사업장 선정이나 업무 관련한 조력을 얻게 됨을 알 수 있다. 나아가 긍정적인 영향을 받는다면 사업 운영 결과를 통해 프랜차이즈 업체가 말한 수익이 증명됨을 드러내지만, 부정적인 영향을 받는다면 이 수익 또한 일시적인 수준에 그치기에 질문자의 사업 운영 능력을 그대로 반영한 수익이 곧 돌아올 것을 의미한다.

이 배열에 드러난 6은 부정적인 의미가 발현해 의사소통이 자신에게만 일방적으로 적용된 경우로 이해할 수 있다. 자신이 기술적으로 부족한 것을 알고 외부의 조력을 받아 해결하려 한 것까지는 좋았으나, 낙관적인 전망을 자신에게만 투영하고 의심없이 믿어버림으로써 6의 의미가 부정적인 방향으로 흘러갔다.

이를 막고자 질문자가 실제 시장조사를 한 것도 아니며, 사업은 어떤 것도 확정할 수 없다고 지적했다. 나아가 질문자가 사업과 관련해 놓치고 있는 정보나 경험이 많다는 점을 크게 강조했다. 그리고 현실적인 대안과 비전 공유를 조언했으나, 질문자는 그 정도로 문제가 생길 리 없다면서 이미 사업자 등록도 했고 자신이 모아놓은 사업 자금이 이 정도라며 액수를 구체적으로 밝혔다. 또한 프랜차이즈 업체도 이 정도면 충분하다며 긍정적인 검토를 내놓았고 점포 위치도 괜찮더라며 너스레를 떨었고, 나는 그녀가 조언을 받아들일 생각도 없이 점을 봤다는 것을 확인한 채 자리를 벗어났다.

아니나 다를까, 몇 달 뒤 개업한 카페에서 차를 마시며, 개업 초의 호황을 맞은 기쁨은 잠시였고 고정 비용을 점차 감당하지 못하겠다는 그녀의 넋두리를 들어줘야 했다.

이 배열과 관련한 사안은, 6이 의미하는 의사소통을 제대로 이용하지 못하게 됨으로써 긍정적인 의미의 카드일지라도 그 의미를 제대로 활용하지 못할 수 있다는 것을 증명하는 사례였다.

이처럼 사업/창업과 관련한 점에서 6은 상대방의 의도와 상관없이 질문자 자신이 어떤 의도를 가지고 있는지 판단해 긍정/부정적인 의미를 분석해야 한다. 의도의 선악과는 관계없이, 목적이 맞아떨어져야 상호 발전이 있을 수 있다는 6의 의미가 부각된 것이다. 공격적인 투자로 고위험 고수익을 원하는 사람에게 고비용의 지속적인 저수익을 확실히 보장하는 이야기를 한들 설득되지 않을 것이며, 반대로 저비용 고수익을 단기간에 얻으려는 이에게 만기 시 평생 보장되는 저비용 고효율 보험을 추천한들 받아들이지 않는 상황과 같다.

그렇기에 질문자가 무엇을 바라는지, 상대방에게 어떤 장단점이 있으며 질문자의 바람을 채울 수 있거나 그렇지 못한지 판단함으로써 6의 의미를 긍정적인 방향으로 이끌어낼 방법을 고민해야 한다.

VII. THE CHARIOT.
전차

결정적 순간
The Decisive Moment

열정, 추진력, 도전, 돌진, 기호지세, 전투, 외강내유, 파죽지세, 선봉, 충각, 기습, 쇼크, 혈압의 급상승/저하, 군인, 시대와 상황에 맞춰 얻은 (불)이익, 차량 사고, 유산소 운동, 경쟁, 동중정, 어떤 행동 중에 망설이다, 과열, 어떤 문제나 판도를 판가름하는 결전, 결정적 순간, 성과 제일 주의, 주변을 살피지 못함, 결과론, 흐름 속에서 자신이 멈춰 있는 것처럼 느껴지는 현상 또는 상황

긍정/부정 확인 기준

상황이 급박하거나 급하게 처리해야 긍정적인 상황으로 바뀌는가?

남을 배려하거나 설득해야 좋은 흐름으로 흘러갈 수 있는 상황인가?

자신의 열정이나 의지가 실제로 일의 성사에 큰 도움이 되는가?

목적을 달성하고자 장애물을 없앨 각오와 방법이 있는가?

다른 사람이 의도한 상황에 놓여 있는가?

어떤 일을 하면서 스스로 옳다고 생각하는가?

메이저 상징편에서 언급했던 '결정적 순간'의 의미를 통해 이 카드를 어떻게 활용할지 확인하는 몇 가지 조건이며, 이로써 긍정/부정적인 의미를 알 수 있다. 위에 언급한 내용 말고도 다른 사전 정보로 전차 카드의 키워드를 더욱 정확하고 다양하게 적용할 수 있다.

쇠뿔도 단김에 빼라는 말이 있듯, 전차 카드는 어떤 상황에 있더라도 자신이 하고 싶은 것을 향해 끝없이 나아가며 절실히 마음먹는다면 누구보다 빠르게 목표에 다다르리라는 것을 나타내지만, 반대로 잘못된 방법을 써서 남에게 큰 피해를 입히거나 극단적인 발언으로 사람들의 지지를 잃어버릴 수 있으니 주의해야 한다.

이런 까닭에 전차 카드를 해석하기에 앞서 명심해야 할 점은, 개인이 무한한 동력을 얻어 앞으로 나가는 것이 불가능하지는 않지만 그 과정에서 자신이 원치 않는 것을 버리며 나아가다가 목적 의식을 잃어버릴 수 있으며, 다른 사람에게 위해를 입히면서도 자신의 길을 우선시하는 태도를 고집하면 전차가 전복되거나 다른 이에게 넘어갈 수 있다는 점을 질문자에게 조언해야 한다.

해석용법

긍정 전차 카드는 어떤 질문/주제와 상관없이 질문자가 이 상황을 타개하거나 개선할 결정적 순간을 맞이하는 상황에서 가장 큰 힘을 발휘한다. 자신의 목표를 계속 추구하며 생기는 여러 장애물을 지나치거나 돌파해 남보다 먼저 목표를 달성하려 하는 '열정, 추진력'의 의미가 부여되며, 이를 가로막는 문제/상대/상황을 극복하고자 계속 부딪히고 '결판내는 순간'을 맞이하리라는 것을 보여준다.

배열에서 전차 카드가 나오면 어떤 시점/순간을 묘사할 때는 중요하거나 결정적인 결단이 필요한 순간이라는 것을 일깨워줘야 하며, 질문자 자신을 둘러싼 상황이나 주제와 관련한 환경의 흐름이 얼마나 급박하게 흘러가는지 판단해야 한다. 또, 질문자와 주제를 관통하는 결정적인 상황이 다가왔는지 확인하는 데 주의를 기울여야 한다.

부정 전차 카드의 '결정적 순간', '열정', '추진력'의 이면에 가장 크게 자리 잡는 '우유부단', '망설임', '남의 의도에 끌려가다'라는 키워드는 전차 카드에 해당하는 상황임에도 질문자가 제대로 통제하지 못하거나 잘못 선택해 부정적인 의미가 드러나는 경우다. 메이저 상징편에서 언급했던 전차 카드 속 인물의 행적이 이를 설명하며, 정확한 판단과 선택으로 문제를 해결하지 못하면 전차를 몰아가는 사람이 아니라 전차에 끌려가는 사람이 될 수 있다는 것을 경고한다.

또한 전차 카드는 자칫하면 너무 서두르는 모습으로 보여 불안감을 느끼게 만들고, 자신을 도와주려는 사람조차 놀라 전열을 이탈하는 상황을 빚을 수 있다. 반대로 빠른 일 처리와 목적을 향한 끊임없는 열정을 보여 선망받는 모습으로 표현되기도 한다.

전차 카드는 주제와 관점에 따라 역할이 크게 바뀌는 카드이며, 주변 카드의 긍정/부정적인 영향이 카드의 의미를 극단적으로 변화시킨다. 이런 요소들은 운명의 수레바퀴 카드(이하 10)와 비슷하다고 볼 수 있으나, 정확히 구분한다면 10은 시대의 요구와 운의 영향이 크게 개입해 거대한 흐름을 뜻하고, 전차 카드는 개인의 도전, 결심이나 노력이 어떤 기회/기로를 맞이하는 순간으로 묘사되는 차이가 있다.

이는 질문 주제와 관계없이 표현되는 전차 카드의 특징이 개입된 것이다. 빠르게 흘러가는 상황 속에서 자신의 방향을 명확하게 잡고 남을 추월하며 목표를 향해 나아가는 경우로 이해할 수 있다. 이 경우 전차 카드의 저돌성, 열정, 과감한 결단력 등이 동시에 이루어지며 대립 구도나 장애물을 돌파/극복해 전세를 역전하는 것이다.

이런 혼란이 발생하는 이유는 전차 카드의 열정과 노력이 자신과 자신을 지켜보는 사람들에게 강한 영향을 끼쳐 주변을 빠르게 바꿔 나가는 것과 달리, 10은 그저 모든 것이 하나의 흐름이자 질문자에게 닥친 시험이며 이로써 질문자의 노력을 기반으로 한 행운/불운을 규정한다는 차이가 있기 때문이다. 비유하자면 모사재인謀事在人 성사재천成事在天이라는 제갈량의 말에서 모사재인, 곧 사람이 할 수 있는 일로 주변을 바꾸는 것이 전차 카드의 의미이며, 성사재천으로 묘사되는 천명/운명적 요소가 담당하는 것이 10의 의미에 속하는 것으로 이해할 수 있다.

따라서 어떤 일을 결정함으로써 빠르게 진행할 수 있는 상황에서 이 카드는 진가를 발휘한다. 긍정적인 영향을 받는다면 남들이 엉거주춤하고 있는 사이에 자신이 해야 할 일들을 빠르게 끝내고 상황을 주도하며, 나아가 자신의 의도대로 사람들을 이끌어 갈 수 있게 된다는 것을 의미한다. 이런 상황의 좋은 예를 든다면 관도 대전*이나 밀비우스 다리 전투**, 인천 상륙 작전 등 전쟁 자체의 판도를 뒤집거나

---

* 메이저 상징편의 호루스의 날개, 초승달 상징 해설 참고(66-67쪽). 이 전투로 당시에 가장 풍족했던 하북을 손에 넣은 조조는 그 뒤로 단 한 번도 전략적 열세에 처하지 않았다.

** 밀비우스 다리 전투에서 승리한 콘스탄티누스 1세는 기독교 공인과 비잔티움 천도를 결정하면서 과거와 단절하고 새로운 개국을 알렸다. 서양의 기본 체제가 과거의 다신교 체계에서 일신교 체계로 개편되는 결정적 전투로 평가된다. 에드워드 기번, 『로마제국 쇠망사』.

역사를 뒤바꿀 수준의 영향을 끼친 대전/회전을 들 수 있다.

반대로, 상황이 바뀌고 있음에도 제대로 결단을 내리지 못하거나 자신의 열정을 엉뚱한 데 쏟아부어서 안 하느니만 못한 상황이 된 경우를 들 수 있으며, 최악의 경우 이런 잘못된 방식을 고집해 남에게까지 큰 피해를 끼치는 경우를 들 수 있다. 예시로 들 수 있는 역사적 사례로 결정적 순간에 제대로 결정을 내리지 못해 나라를 망하게 한 전진前秦의 부견苻堅*을 들 수 있을 것이다.

실제 배열상 이 카드가 나오면, 카드가 의미하는 내용이 일의 진행이나 사건에 관한 관점인지 특정인이나 질문자의 내면을 투영하는지 빠르게 파악하는 데 중점을 둬야 한다. 이를 토대로 판단했을 때 이 카드가 긍정적으로 기능하고 있다면, 적어도 질문자나 그와 함께하는 사람들의 마음을 하나로 모아 결속력을 높이는 것만으로도 생각보다 긍정적인 효과를 얻을 수 있으며, 반대로 질문자가 무엇을 원하는지 명확한 개념이 잡히지 않은 상태로 일에 끌려가면 순수한 의도가 왜곡되거나 변질될 수 있다는 것을 경고해야 한다.

또한 해당 주제와 관련한 상황의 흐름 또는 개인의 심정 변화나 행동 자체가 빨라짐을 의미한다. 급히 속도를 내는 수준이 아니고 이미 질문자나 배열에 관련한 사람들이 속도를 내다가 더 가속하는 상황을 뜻한다. 그렇기에 질문자도 이 상황을 알고 (불안하게 여겨서) 점을 볼 때가 많다는 데 유의해야 한다.

부정적인 영향을 받는다면 준비되지 않았거나 준비 기간이 짧았을 때, 질문자가 자신의 판단과 다른 흐름이나 다른 사람의 계획에 휘둘려 자신을 잃은 채 상황에 끌려갈 신세라는 예측도 할 수 있다.

카드의 의미인 '외강내유'가 특정 인물이나 질문자를 의미할 때는 우유부단함의 의미로 부각될 수 있다. 그러나 이 우유부단은 일을 실

---

* 전진의 부견은 통치를 시작하며 오호십육국 시대를 종식할 상황을 만드는 데 성공했다. 그는 화북 지역을 10년도 되지 않아 통합하는 데 성공했으며, 마지막 세력인 동진東晉을 토벌하면 통일 왕조를 세우는 위업을 달성할 수 있었으나, 비수淝水대전에서 패함으로써 모든 성장 동력을 잃어버렸고, 반란으로 국가는 분열됐으며, 자손들의 짧은 집권이 이어지며 왕조가 멸망했다.

행하기 전, 멈춘 상태에서 고민하는 모습이 아니고 이미 일을 실행하고 있거나 움직이기 시작했을 때 생긴 의심과 의문(예: 등산 도중 '이 산이 맞나?' 하는 의문) 때문에 발이 묶인 상황을 뜻한다.*

배열 위치별 특징 켈틱 크로스 배열에서 전차 카드(이하 7)가 나왔을 때 어떻게 긍정/부정적인 영향을 확인하는지 판단하려면 10장의 카드 맥락을 모두 살펴야 한다(이에 관해 더 상세한 내용은 198-199쪽을 참고).

7이 배열에 나타나면 대부분 해석이 어렵지 않다. 결국 주변 상황이나 질문자가 맞이한 흐름에 따라 긍정/부정적인 의미를 쉽게 적용할 수 있기 때문이다.

결국 7은 자신이 원하는 것을 향해 주변에 아랑곳없이 나아가고 싶어 하는 욕망/열정과, 이 과정에서 무언가 자신을 막으려 한다면 무엇이든 부딪혀 자신이 얻으려는 것을 얻어내려는 모습으로 이해할 수 있다. 그렇기에 질문자가 '원하는 것을 얻는 과정에서 사람/사회의 지탄을 살 만한 방법이 있는가?'가 중요한 판단 조건이다.

이런 성향으로 7은 1, 3, 5, 7번 위치에 나왔을 때 쉽게 영향력이 강해지는 경향이 있다. 주로 질문자의 의도가 (그 자신이 적법하다고 생각하더라도 사람들/사회가 보기에)부적절한 것이 아니라면 긍정적인 의미로 자신의 열정/의욕이 충만하다는 것을 의미하며, 이를 원동력으로 다른 장애물이나 편견을 이겨낼 힘을 얻을 수 있기 때문이다.

이와 반대로 2, 4, 8번 위치에 나왔을 때는 부정적인 영향을 받기 쉽다. 이는 질문자를 가로막는 장애물로 다른 사람의 욕구/의도가 끼어들기 쉽다는 점과 함께, 과거의 영향으로 현재의 문제들이 벌어졌다는 결과론적 시각에서 비롯한다. 질문자는 문제가 생겨서 점을 본 것이지만, 다른 사람들의 시각을 확인하면 문제의 원인이 질문자에게 있다는 것을 알 수 있다.

* 기호지세騎虎之勢의 고사는 단순히 결단력만을 의미하는 것이 아니며, 중도 포기하거나 주춤하게 될 때 밀어닥칠 후폭풍에 대한 경고의 의미도 있다는 점을 잊지 말아야 한다.

주제별 포인트

연애(관계가 성립한 상황) 적극적인 행동을 의미하거나 조언해야 할 때가 많다. 긍정적인 영향을 받는다면 무미건조한 관계를 자신이 주도해 일신하거나 새로운 여행/도전으로 관계의 의미를 강화해 결속력을 높일 수 있다는 것을 조언하게 되나, 부정적인 영향을 받는다면 일방적인 행동으로 상대방의 감정을 해치거나 관계를 엉망으로 만들고 있다는 것을 경고해야 한다.

연애(관계가 성립하지 않은 상황) 과감한 시도로 급격한 변화를 줄 수 있다는 것을 의미한다. 긍정적인 영향을 받는다면 상대방이 질문자에게 끌려오는 것도 모르는 채 빠르게 관계를 구축할 방법이 있고 이를 실행에 옮기도록 조언하게 되나, 반대로 부정적인 영향을 받는다면 상대방과 충돌하거나 질문자가 성급하게 관계를 성립시키려다가 계획을 그르칠 수 있다는 것을 경고해야 한다.

상대방이 없거나 단순히 호감만 있는 상태에서 나온 7은 긍정적인 영향을 받는다면 자신의 이상형이 있는 곳을 빠르게 분석해 탐색하는 것을 권하며, 이로써 호감을 주고받을 사람을 찾아낼 수 있다는 것을 의미한다. 그러나 부정적인 영향을 받는다면 엉뚱하고 돌발적인 행동으로 인망을 잃을 수 있으며, 최악의 경우 잘못된 접근/접촉으로 큰 오해를 살 수 있다는 점을 경고해야 한다.

대인관계 질문자 자신이 직접 추진하는 일이 아니면 남들의 생각과 다르게 너무 앞질러 가거나 질문자 자신의 생각/욕망이 밖으로 드러나는 행동을 취하는 것을 의미하며, 이 때문에 쉽게 주위의 견제를 받는 원인을 제공하게 된다. 다만 긍정적인 영향을 받거나 주도권 자체가 질문자 자신에게 있다면 약간 독선적이더라도 주변 사람들이 이를 이해하거나 잘 따라줄 수밖에 없는 상황이라는 것을 뜻한다. 그러나 부정적인 영향을 받는다면 아무리 옳은 일/생각이라 주장해도 인정받지 못하거나 이런 행위 때문에 누명을 쓸 수 있다는 것을 경고

해야 한다.

사업의 흐름이나 전망 긍정적인 영향을 받는다면 사업의 순항을 뜻하며, 승승장구하고 있다는 것을 의미한다. 이때는 보통 36계의 제5계인 진화타겁趁火打劫*을 조언해야 할 때가 많다. 나아가 현재 하고 있는 일에 박차를 가해 이익을 늘릴 것을 조언하게 된다.

부정적인 영향을 받는다면 계속된 출혈 경쟁이나 비용 상승으로 이익이 사라지는 사업이라는 것을 지적해야 하며, 최악의 경우 사업 목표를 달성했으나 정작 수익이 남지 않거나 오히려 손해 보는 상황으로 치달을 수 있다는 것을 경고해야 한다. 이때, 질문자 스스로 자신의 최종 목적 또는 어떤 행위/방법으로 얻으려는 것을 명확하게 가늠할 수 있도록 판단을 도울 기준을 제시해야 하며, 문제와 관련한 인물 모두가 모르는 함정이나 자연재해, 또는 스스로 초래한 무리수가 감당할 만한 수준인지 확인하도록 권해야 한다.

창업의 성사 여부 긍정적인 영향을 받는다면 빠른 기동력을 살려 움직이거나 정보를 입수해 기회를 선점하는 일회성 프로젝트를 반복하는 방식과 밀접하게 관련 있다는 것을 뜻한다. 이는 7의 기질을 가진 사람들이 선호하는 생산/소비 성향이 상당 부분 얼리어댑터에 가깝기 때문이다. 그러나 부정적인 영향을 받는다면 단순한 일회성 이벤트나 기획을 끝내는 데 그치거나, 연속되더라도 단순한 일의 연속일 뿐 그 일 속에 연계점을 찾지 못한 채 자신을 소모하는 상황으로 악화될 수 있다는 것을 경고해야 한다.

진로 적성 긍정적인 영향을 받는다면 학습력이 빠르다는 것을 드러내며, 자신이 즐기는 방식으로 이 특징을 최대한 강화할 수 있다는

---

* 불이 난 남의 집에 기름을 끼얹고 도둑질을 해서 상대방을 완전히 궤멸시키고 자신의 이득을 극대화해야 한다는 전략이다. 남의 집에 불이 났다는 것은 상대방이 혼란스럽거나 위기가 왔을 때를 의미하며 이때 일거에 공격을 시도하는 것이 승리를 쟁취하기 쉽다는 뜻이다.

것을 의미한다. 그러나 부정적인 영향을 받는다면 질문자가 학업에 전혀 관심이 없거나 갖은 방법으로 학습 의욕을 고취하려 해도 의욕 자체가 없다는 것을 뜻한다.

그러나 보통 7의 의미는 남을 선도하고 자신의 목적을 더 뚜렷하게 갖춰 앞으로 나아가는 적성을 뜻한다. 7이 열정과 달성 욕구를 의미하기 때문이며, 남보다 우위에 있거나 경쟁에서 승리하려는 욕망, 이로써 자신의 존재 이유를 증명하는 개념에 속하기 때문이다.

시험 결과나 합격 여부 긍정적인 영향을 받는다면 분야와 상관없이 자신이 강점으로 내세울 수 있는 부분으로 가능성을 높일 수 있다는 것을 뜻한다. 특히 자신의 전문 분야로 작성하는 논문의 경우 7은 질문자가 해당 분야에 관한 열정을 그대로 드러낼 수 있도록 유도하기만 해도 성공적인 결과를 얻을 수 있다. 그러나 부정적인 영향을 받는다면 시험 주제나 합격 요건을 제대로 인지하지 못한 채 의욕만 가지고 임할 수 있다는 것을 경고하며, 최악의 경우 집중력 장애 또는 문제를 대충 지나쳐 쉽게 맞힐 수 있는 문항도 틀리거나 답안을 밀려 쓰는 경우 등으로 드러난다.

질병의 호전, 완치 극단적인 두 가지 의미가 있다. 첫째로 빠른 완쾌와 재활을 의미하며, 둘째로 급격한 병세 악화와 문제 발생을 뜻한다. 첫째 의미는 별도의 건강 관리나 운동 등 능동적인 대처로 회복하거나 건강해지는 것을 암시하나, 둘째 의미는 능동적인 행동이 주는 충격으로 건강에 큰 해를 입는 것으로 이해할 수 있다. 그러나 전문가조차도 섣불리 첫째 의미와 같은 처방을 내리지 않기에, 둘째 의미를 함부로 적용하면 안 된다는 점을 명심해야 한다.

단순한 건강 문제 정신적인 면에서 자폐증, 분리불안장애 등을 의미하는 경향이 있다. 신체적으로는 폐와 관련한 질환일 경우가 많다. 어떤 의욕이나 능동적인 행위를 하는 데 필수 불가결한 요소와 관련 있기 때문이다. 어떤 이는 7의 그림만 보고 의미를 파악해 교통사고

라는 키워드를 꺼내기도 하지만, 7의 의미에 맞지 않는 낭설이다. 이런 키워드를 적용하려면 반드시 16의 강한 압박이 있어야 한다. 또한 이런 문제를 해석하기 전에, 심각한 사안에 대한 점을 경솔하게 보지 말아야 한다.

켈틱 크로스 배열 위치별 긍정/부정 해석법

1 → ③④⑦⑧ 카드 확인 질문에 해당하는 문제를 질문자 자신이 직접 겪고 있거나 실행하는 상황이라는 것을 의미하며, 질문자가 현재 주변의 조언을 듣고 행동을 바꾸기 매우 어려운 상황이라 이해할 수 있다. 상황을 질문자가 통제할 수 없게 된 이유를 점검해 더 명확하게 해석할 수 있다.

2 → ①③⑦⑨ 카드 확인 부정적인 영향을 받는다면 질문자가 맞닥뜨린 문제가 시간이 촉박하거나 남들이 이미 앞질러 가고 있는 상황으로 이해할 수 있으며, 일이 진행되는데도 자신의 목표를 상실했거나 명확한 목표 없이 문어발식으로 일을 더 벌이는 모습으로 해석할 수 있다. 최악의 경우, 남의 의지에 굴복해 끌려가야 하는 상황으로 볼 수 있다.

그러나 긍정적인 영향을 받는다면 선의의 경쟁으로 각각의 수준을 빠르게 끌어올리는 모습으로 해석할 수 있으며, 이 과정에서 필요 없는 것들이 정리될 수 있다는 것을 뜻한다.

3 → ①⑤⑦⑧⑨ 카드 확인 질문자의 목적이나 질문 의도와 상관없이, 이 일에 대해 조언하더라도 질문자가 듣지 않고 자신이 원하는 방향을 지키려는 의욕을 뜻하거나, 상황이 어떻게 흘러가는지 전혀 모른 채 자신에게 온 불행/행운을 어찌할지 몰라 점을 본 것으로 이해할 수 있으며, 앞서 말한 위치에 드러난 카드들로 질문자를 둘러싼 외부 요인을 확인하고 질문자가 이 일을 어떻게 처리하려 하는지 확인해 더 구체적으로 해석할 수 있다.

4 → ②⑦⑧ 카드 확인 긍정적인 영향을 받는다면 질문자의 과감한 시도로 불리한 상황이 역전되거나 남들에게 큰 충격을 주며 자신의 입지를 넓혔다는 것을 뜻하나, 부정적인 영향을 받는다면 현재 겪는 문제를 일으킨 주범이 질문자라는 것을 드러내며, 최악의 경우 문제를 일으키고도 해결할 의지나 능력조차 없는 질문자가 다른 사람들에게 돌이킬 수 없는 피해를 끼친 것을 뜻한다.

5 → ①②⑦⑧ 카드 확인 질문자 및 질문 주제에 관한 사안이 빠르게 진행된다는 것을 의미하거나 질문자가 어떤 문제에 관해 도전(당)하는 상황이라는 것을 뜻한다. 긍정적인 영향을 받는다면 자신을 맞이할 장애물을 가볍게 돌파하고 다음 단계로 빠르게 나아감을 뜻하지만, 부정적인 영향을 받는다면 방해나 여의치 않은 상황으로 자신의 의도와 다르게 일이 진행되거나 일

자체가 좌초될 수 있다는 점을 경고해야 한다.

6 → ②⑤⑦⑨ 카드 확인 대부분은 자신의 열정대로 일이 추진되리라고 긍정적으로 해석할 수 있으나, 부정적인 영향을 받는다면 악평을 받거나 주변에 민폐를 끼칠 수 있다는 것을 지적하게 된다. 다른 사람들과 충돌하게 될 때 현명하게 대처해야 한다는 점을 조언해야 한다.

7 → ⑤⑥⑧⑨ 카드 확인 문제의 해결책을 쥐고 있거나 의욕이 충만하다는 것을 뜻하며, 주변의 방해나 장애물을 극복할 생각이 있다는 것을 의미한다. 부정적인 영향을 받는다면 해체할 수 없는 장애물 때문에 무모한 돌진을 감행해야 하는 상황, 계란으로 바위를 치는 격이 될 수 있다는 것을 경고해야 한다. 긍정적인 영향을 받는다면 무한한 내면의 열정으로 해석되며, 자신을 막는 것을 어떻게든 극복하리라는 의지가 있고 편견/억압에 굴하지 않으리라는 것을 의미한다.

8 → ②⑤⑥⑨ 카드 확인 공격적이거나 진취적인 모습으로 비치고 있다는 것을 뜻한다. 긍정적인 영향을 받는다면 질문 주제와 관련한 부분의 선두주자로 앞서가는 모습을 통해 선망/질투의 대상이 되고 있다는 것을 의미하나, 부정적인 영향을 받는다면 질문자가 하는 일이 선의에 기반하더라도 이를 추진하며 발생하는 피해에 주변 사람들이 질색하는 모습으로 드러나며, 최악의 경우 '왜 이렇게 나대나?' 하는 반응과 함께 이단아 취급을 당하고, 격리당할 수 있다는 것을 경고해야 한다.

9 → ①⑤⑥⑧ 카드 확인 크게 두 가지 모습으로 나타난다. 자신이 생각하거나 이루고 싶은 대로 상황이 흘러가기를 바라는 질문자가 희망하고 있다는 것을 뜻하며, 동시에 이대로 상황에 끌려가거나 이루지 못할 것을 추구해 자신의 시간과 감정과 기반을 소모하는 것을 두려워하는 것으로 볼 수 있다.

10 모든 카드를 총합해 질문자가 이제부터 어떤 행동이나 결심을 하게 될 것인지 확인해야 한다. 질문의 유형에 따라 다를 수 있으나, 불법적인 수단을 겸하지 않는 한 배열에 드러난 모든 카드의 장점을 모아 질문자가 어떻게 문제를 해결할 수 있는지, 또 주변과 빛을 충돌에 어떻게 대비함으로써 다른 사람에게 양해를 구할 수 있을지 조언해야 한다. 그렇지 못하면 위에서 말한 7의 단점 때문에 일어날 수 있는 상황에 대비해 다가올 결정적 상황에서 최대한 유리한 고지를 차지하는 데 중점을 두고 조언해야 한다.

실제 사례 (1998년 여름, 성남 신흥역 지하상가 모처, 20대 후반 남성)

질문　계속 이 사업을 유지해야 할까?

사전 정보　의류 소매업을 하는 사람이었으며, 이익을 못 낸 지 석 달이 다 돼가는 상태라 불안해하고 있었다.

4p - 5s - 6w - 5c - Qc - 7 - 12 - Aw - 6c - Pp

4p　(질문자 자신) 현재 나는 이 상황을 견디고 있다.

5s　(장애물) 다른 상점의 다양한 방해와 경쟁에서 이기려고 쓰는 수단들이 날 가로막고 있다.

6w　(기저) 이런 상황에도 난 이길 수 있으리라 생각한다.

5c　(과거) 이 사업을 시작하기 전에 다른 시도들을 해봤지만 그리 좋은 결과를 얻지 못했다.

Qc　(현재/곧 일어날 일) 지금 이런 상황에서도 스스로 믿고자 하는 것에 의지해 사업을 유지하려 노력할 것이다.

7　(미래) 어떤 결과가 나오든 자신의 목표를 이루고자 계속 사업을 유지하게 될 것이다.

12　(질문자의 내면) 이 상황을 견디고 있으며, 각오한 손실이라 평하며 더 나은 내일이 올 거라 믿고 있다.

Aw　(제3자가 바라보는 질문자) 개업한 지 얼마 안 돼 어떤 물품을 취급하는지 이제 서서히 인식하는 단계며, 다른 점포와는 구성이나 콘셉트가 다르다는 점을 조금씩 알아가고 있다.

6c　(희망/두려움) 전(5c)처럼 똑같이 실패를 겪기 싫다는 두려움과 자신의 취향과 비슷한 사람들이 이 가게를 찾아와줄 것이라는 희망을 품고 있다.

Pp　(결과) 충분하지는 않으나, 노력한 만큼 서서히 수익이 생길 것이다.

실전 해석

이 배열에서 7은 6번 위치, '미래'에 나타났다. 사업의 흐름과 관련한 질문의 특성과 결부해 7의 의미인 '결정적 순간'이 곧 오리라는 것을 뜻한다. 특히 '열정'이라는 뜻에서 질문자가 사업으로 달성하려던 것을 계속 추구하게 됨을 시사한다. 이런 점에서 질문자의 사업 분야가 침체기를 맞거나 단순한 불황의 영향으로 사업이 잘 되지 않는다는 것을 뜻하는 10과 달리, 질문자가 추구하려는 것을 고집함으로써 문제의 돌파구를 찾아낼 수 있을 것이라는 점을 확인하고, 조언해야 한다는 것을 알 수 있다.

이 질문에서 7은 앞에서 말한 기회가 성사 여부를 떠나 질문자가 원해왔던 요소를 통해 찾아올 것임을 보여준다. 7의 의미를 긍정/부정적으로 변화시키는 카드는 5s, Qc, 12, 6c로 확인되는데, 이로써 상술商術을 제대로 쓰지 못하고 자신의 취향에 집중한 나머지 제대로 사업을 운영하기 어려운 상황일 때 기회를 맞이하리라는 것을 알 수 있다. 그러므로 이 배열에 드러난 7의 의미를 더 긍정적으로 이끌어나가려면 사업이라는 방식으로 어떻게 더 많은 수익을 창출할 수 있을지 조언해 질문자가 눈앞의 문제에 휘말리지 않고 자신의 목표에 집중할 수 있도록 해줘야 한다는 것을 알 수 있다.

질문자의 처지에선 더 물러날 수 없기에 배수진을 치고 본 점이었고, 나는 질문자에게 이 일이 아직 버틸 만하고 조금은 손해를 보더라도 참아야 한다고 말하며 말문을 열었다. 배열의 의미를 순서대로 짚어 어떻게 위와 같은 결론을 냈는지 참고해보자.

---

① **4p(질문자 자신)** 정체 상태로 보이지만, 이 주제와 질문자의 사전 정보로 볼 때 단순히 멈춘 것이 아니라 현 상황에서 새로운 시도를 하기 어려운 것으로 해석할 수 있다. 자신의 기반을 더 잃어버리는 것에 예민한 모습을 의미한다.

---

② **5s(장애물)** 남의 방해 및 주변 상인과 경쟁에서 일어나는 다양한

견제에 가로막힌 상황을 드러낸다. 나아가 질문자 자신이 써야 하는 상술 자체를 제대로 쓰지 못하고 있다는 것을 뜻한다. 다시 말해, 고객을 끌어들일 만한 추가 할인이나 창고 정리, 기타 변칙성 영업이나 운영을 할 수 없는 상황을 의미한다.

③ 6w(기저) 이 사업에 관한 질문자의 의욕이나 생각을 엿볼 수 있는 카드다. 어떻게든 자신이 이 상황을 이겨낼 수 있다고 여기는 것으로 해석할 수 있다. 이 배열을 펼쳤을 때는 IMF 시절이었고 경제 한파가 몰아닥쳐 모두가 힘들어하던 시기였기에, 이는 매우 무모한 생각이라는 것을 알 수 있다.

④ 5c(과거) 이 사업을 시작하기 전에 한 차례 실패했거나 손실을 입었다는 것을 의미한다. 나아가 이 영향은 시대적 측면으로 인해 구매 수요 자체가 줄어들고 있다는 것을 뜻한다. 이 카드는 부정적인 영향을 받고 있으나 모든 것을 잃은 상황이 아님을 드러내며, 질문자도 이를 인지했기에 사업을 진행한 것으로 이해할 수 있다.

⑤ Qc(현재/곧 일어날 일) 질문자가 하고 싶었던 물품을 취급하는 데 집중하고, 업주의 취향이 점포의 특색이나 개성에 더 많이 반영됨을 나타낸다. 실제 점포도 10대 후반-20대 후반을 노린 보세, 중고(구제) 의류 사업이었으며, 공식 수입이 되지 않는 다양한 브랜드를 입고 싶었던 질문자의 마음처럼, 다른 이들도 그런 생각을 하지 않을까 하며 시도한 사업이라 밝혔다. 부정적인 영향을 받는다면 일과 취미를 구분하지 못해 패착을 둘 수 있다는 것을 강력히 경고해야 한다 (4p, 6w, 12, 6c).

⑥ 7(미래) 긍정적인 영향을 받는다면 자신이 믿고자/이루고자 하는 것을 위해 계속 노력한다는 뜻이다. 나아가 주변 상권에서 시도하지 않은 아이템을 판매하며 성과를 얻을 기회가 생길 것이며, 이에 따라 선점 효과를 누릴 수 있다는 뜻이다.

그러나 부정적인 영향을 받는다면 다른 상인들의 견제를 받을 수 있으며 고객 입장에서 다른 점포와 별다를 것 없는 모습으로 전락할 수 있다는 점을 지적한다.

이 배열에 드러난 7은 애석하지만 부정적인 영향을 받고 있다는 점을 쉽게 이해할 수 있다. 질문자의 장사 수완이 그리 좋지 않음에도 자신의 취향에 편향된 상품을 판매하려 드는 태도가 좋은 영향을 줄 수 없기 때문이다. 근처 상가에서 질문자가 취급하는 부류의 상품이 없더라도 부족한 장사 수완 때문에 기회를 잘 살리지 못하는 것으로 확인할 수 있다(5s, Qc, 12, 6c).

---

⑦ **12(질문자의 내면)** 자신의 확신에 모든 것을 거는 각오로 이해할 수 있다. 또는 이 사업을 자신이 후회하지 않으려고 해보는 인생 과업으로 생각하는 것으로도 해석할 수 있다. 그러나 부정적인 영향을 받는다면 자신이 믿는 것을 위해 장사의 본질인 '수익 창출'을 도외시하며, 궁극적으로 사업의 성사 여부와 상관없이 자신의 취향을 남에게 드러내려는 욕망이 과도하다는 것을 경고한다.

자신이 사업을 제대로 운영하지 못하는 이유가 다른 상인의 방해때문이 아니라 자신의 부족한 장사 수완에 있다는 점을 모르고, 구체적인 대안이 없는 상태로 계속 문제를 방치하고 있었던 것을 볼 때, 안타깝게도 부정적인 영향을 받는다는 것을 알 수 있다. 결국 사람들은 질문자의 점포를 '특이하긴 하지만 정작 살 만한 것은 없는 가게'로 평가할 수 있다는 점을 드러낸다(5s, 6w, 5c, Aw).

---

⑧ **Aw(제3자가 바라보는 질문자)** 질문자가 취급하는 상품이 흔치 않다는 것을 뜻하며, 이로써 제3자들에게 신선함, 특이한 것을 취급하는 곳으로 인식된다는 것을 뜻한다. 부정적인 영향을 받는다면 어울리지도 않는 것을 왜 여기서 취급하냐는 인식에 그칠 수 있다는 것을 뜻한다.

---

⑨ **6c(희망/두려움)** 배열 위치에 따른 해석에서도 확인할 수 있듯이,

모든 시도가 그저 과거의 이야기로 맺음되는 것을 두려워하거나, 남들이 자신의 취향을 인정해주길 원하는 희망적인 면모로 해석할 수 있다. 따라서 6c가 의미하는 '추억'을 어떤 방식으로 고객에게 어필할 것인지 조언해 더 긍정적인 효과를 낼 수 있도록 이끌어야 한다.

⑩ **Pp(결론)** 이런 과정에서 수익 창출에는 큰 문제가 없으나, 그만큼 지역/상권에서 유행을 선도하거나 앞질러야 하는 문제가 있다는 점을 지적한다. 수익을 낸 이유가 오로지 남보다 더 노력하거나 새로운 개념(유행)을 받아들인 것에서 비롯하기 때문이다. 이 조건이 없어지면 모든 장점이 사라질 수 있다는 것을 경고해야 한다.

해석을 마치며, 나는 큰 걱정하지 말고 꾸준히 이어가면 적어도 두세 달 안에 수입이 들어오기 시작할 것이라고 호언장담했고, 해석을 세세히 진행하며 현재 질문자가 남과 다른 방법/아이템으로 영업을 하려는 결심이 매우 좋은 결정이었다고 격려했다.

다만 이렇게 계속 운영한다면 남들이 비슷한 방식으로 같은 상권에서 영업하려 들 것을 경고했으며 이에 관한 대책을 미리 세워둘 것을 조언했으나, 자신의 취향에 맞춰 사업을 진행한 것이기에 유행과 무관하게 스스로 하고픈 것을 전파하는 것만으로도 만족한다는 답변을 듣고, 더 해결책을 제시한들 실행하지 못할 것이라고 판단해 자리를 떠났다.

결국 1년 정도 흐른 뒤 그의 점포에 임대 문의 딱지를 본 뒤에야 이 사안의 종료를 확인했으며, 이웃 점포 주인들에게 수소문한 결과 다른 점포나 유행의 변화를 무시한 채 자신의 취향만 고집하다가 과도한 대출로 파산했다는 소식을 전달받았다.

이 배열에 드러난 7은 긍정/부정적인 영향 모두를 아우르는 의미로 적용됐다. 긍정적인 결과까지 닿으려면 자신이 하고자 했던 것이 단순히 취향을 소개하는 데서 그치지 말고 사업에 초점을 맞춰 장기계획을 세우고 개성을 확보해야 했으나, 수익이 생기기 시작하면서 사업보다 자신의 취향에 더 기울어 본의를 잊어버리는 모순에 빠지는 부정적 의미까지 포함하게 된 것이다. 또한 남의 간섭/견제에도 자신의 취향을 고집하며 관철한 것은 긍정적인 영향을 받았다고 볼 수 있지만, 사업이라는 분야의 특성상 취향만으로 성패가 좌우될 수 없다는 점을 무시하고, 조금이나마 수익을 내기 시작하자 계속 취향만을 고집해 언젠가는 성공하리라는 낙관론을 펼치는 바람에 성공할 수 있는 기회를 저버렸다는 점에서 부정적인 의미가 점차 강화될 수밖에 없다는 것을 확인한 사례였다.

이처럼 사업의 흐름과 관련한 점에 드러난 7은 질문자가 추구하는 바가 사업의 목적/수익성과 맞지 않거나 수익을 낼 수 있는 조건에 포함되지 않는다면, 어떻게 남의 호기심/관심을 끌어 수익을 낼 수 있을지 조언하고 흐름을 긍정적으로 바꿀 수 있도록 해야 한다.

이 과정에서 다른 사람들과 자주 충돌하거나 사업을 진행한 목적이 수익과 배치되지 않는다면, 스스로 생각하기에 무리수인 수단을 쓰더라도 실제로는 어떤 문제가 일어나지 않을 것이다. 설령 문제가 생기더라도 그때는 이미 목적을 달성한 뒤이니 망설이지 말도록 조언해 더 원활하게 일 처리를 할 수 있게 돕는다면 해석자의 역할을 십분 다했다고 할 수 있다.

실제 사례 (2006년 7월, 모 회사 사내 행사, 30대 후반 남성)

질문　나와 그녀의 관계는 이제 끝난 걸까?

사전 정보　미혼이었으며, 선 본 상대와 관계를 묻는 점이었다. 다섯 번째 만남 뒤 사흘이 지나도록 별다른 연락이 없어 반쯤 포기한 상태였다(또한 그는 남중-남고-공대-군대-IT 회사 경로를 따라 인생을 살아왔기에 여성 자체를 볼 기회가 너무 적었다).

1 - 5c - 7w - 5 - 10c - 9p - 9 - Ac - 7 - 2c

1　(질문자 자신) 내 나름대로 최선을 다했으며, 할 수 있는 방법을 총동원하고 있다.

5c　(장애물) 그러나 상대방이 내가 원하는 반응을 보여주지 않아 실망하고 있다.

7w　(기저) 어떻게든 상황을 개선해 더 나은 방향으로 관계를 끌고 가고 싶다.

5　(과거) 중매/소개로 만났고, 서로 조금씩 알아가고 있었다.

10c　(현재/곧 일어날 일) 평온하고 아무 소식 없는 상황이 길게 가지 않을 것이다.

9p　(미래) 정보가 부족한 채 이대로 시간이 지나가면 각자의 위치에서 관계를 바라보게 될 뿐이다.

9　(질문자의 내면) 지금 이 상황을 어떻게 대처해야 할지 모르고 있으며, 정보도 없는 채 혼자 고민만 하고 있다.

Ac　(제3자가 바라보는 질문자) 질문자가 상대방을 생각하는 감정이 겉으로도 드러날 정도며, 상대방을 포함한 대부분이 질문자의 감정을 알고 있다.

7　(희망/두려움) 이대로 아무것도 모른 채 아무런 시도 없이 상황이 진행되는 것을 두려워하며, 반대로 커져가는 자신의 감정이 상대방에게 닿기를 바라고 있다.

2c　(결과) 어떤 방향으로든 지금 질문자가 어떤 행동을 하느냐에 따라 그에 따른 대가나 반응을 무조건 받을 것이다.

실전 해석

이 배열에서 7은 9번 위치, '희망/두려움'에 드러났다. 이는 연애라는 질문, 그 가운데서도 상대방은 있으나 관계가 성립하지 않은 상황과 관련한 질문의 특성과 결부해, 자신의 마음을 상대방에게 전달하려는 질문자의 속마음을 보여준다. 특히 '결정적 순간'이라는 뜻에서 알 수 있듯이, 질문자에게 자신의 마음을 전달할 기회가 오거나 확실한 판단을 내린다면 이를 실행해 상대방의 마음을 얻고자 한다는 것을 드러낸다. 단순히 연애 운이 좋은 흐름으로 나아가기를 바라는 10과 차이를 보이며, 이 차이 때문에 질문자에게 더 확실하게 판단을 내려주고 상대방의 마음을 얻으려 할 때 무엇이 필요한지 세밀하게 조언해야 한다는 점을 알 수 있다.

이 질문에서 7은 질문자가 원하는 상황이 있으며, 반대로 원하지 않는 상황이 다가와 자신의 모든 노력이 수포가 될까 봐 과도하게 경계하고 있다는 것을 보여준다. 7의 의미를 긍정/부정적으로 변화시키는 카드는 1, 10c, 9p, Ac로 확인되는데, 이로써 질문자의 노력을 상대방이 그저 받기만 할 뿐 명확하게 대응하지 않아 갑갑해 한다는 것을 알 수 있으며, 어렵게 성사된 둘만의 관계를 질문자가 제대로 파악하지 못했을 뿐 다른 사람들이나 상대방은 질문자가 어느 정도의 감정을 품고 있는지 모두 알고 있다는 것을 확인할 수 있다. 그렇기에 7이 의미하는 '결정적 순간'을 어떻게 제공해 질문자가 실패를 두려워하지 않고 나아가게 할지 다양한 수단과 방법으로 조언해야 한다.

키워드만 보면 부정적인 분위기가 없다고 착각할 수 있으나, 사전 정보와 질문자의 연령을 참고하면 이 배열에 나타난 카드들이 단순히 긍정적이기만 하지 않다는 점을 알 수 있다.

이는 1, 5의 의미가 강화되기 어렵거나 주변 카드의 영향이 부정적이며, 더 진취적이고 능동적으로 행동해야 하는 현 상황에 소극적인 의미의 은둔자 카드가 나온 것은 질문자에게 별다른 조언을 해주지 않으면 부정적 영향이 나타나기 쉬운 상태라는 것을 말해준다.

① **1 (질문자 자신)** 자신의 의지를 표명하고 싶어 하는 질문자의 현 상태를 드러낸다. 그러나 이미 부정적인 영향을 받고 있다는 것을 알 수 있는 질문이기에 연애 방식에 문제가 있거나 제대로 의지를 표현하지 못하는 것으로 해석할 수 있다.

질문자가 기본적인 처세는 가능하나 연애 경험이 그리 많지 않고, 상대방과 자연스럽게 만난 것이 아니라 중매이며, 인위적으로 맺은 관계다 보니 질문자 자신이 하고 싶어 하는 말조차 제대로 표현하지 못하고 있다는 상황과 엮여 부정적인 의미가 확정된다는 것을 알 수 있다. 그러나 다른 사람들은 질문자의 감정을 알기에, 이를 어떻게 표현하는가에 따라 충분히 역전할 수 있다고 질문자를 격려해야 한다(7w, 5, 9, Ac).

② **5c (장애물)** 이런 질문자의 문제가 다른 사람들의 실망이나 자신의 기대만큼 상대방이 반응하지 않을 때 쉽게 낙심하는 모습 자체에 있다는 것을 의미한다. 당시에는 선을 보면 보통 두세 번 만난 뒤에 결혼이나 연애 성립을 확정하는 편이었으니, 사전 정보를 참고한다면 질문자가 조급해하는 것이 잘못된 판단은 아니었다는 것을 알 수 있다.

③ **7w (기저)** 이 상황에 어떻게든 대처하려는 질문자의 심정을 묘사하며, 이 카드가 긍정적인 영향을 받았다면 현 상황에서 가장 필요한 행동을 취해 관계를 계속 지켜내려는 의지로 해석되나, 애석하게도 별다른 조언을 얻지 못한다면 장애물(5c)에 부딪혀 의지 표명이나 명확한 관계 설정을 하지 못하고 어쩔 수 없었다고 변명 또는 자책하리라는 것을 나타낸다.

④ **5 (과거)** 이 관계가 성립할 때의 조건(중매)을 뜻하며, 이성을 대할 때 '좋은 사람'으로만 인식됐다는 것을 뜻한다. 상대방의 관점에서 자신이 질문자에게 감정을 표현하지 않아도 그럭저럭 좋은 관계를

유지할 수 있었던 것으로 짐작할 수 있으며, 질문자가 변화를 보이지 않는다면 이런 태도를 유지하리라는 것을 의미한다(1, 5c, 10c, Ac).

⑤ **10c(현재/곧 일어날 일)** 긍정적인 영향을 받았다면 상대방과 좋은 관계를 유지할 수 있다는 뜻이지만, 현 상황은 명확히 부정적인 영향을 받고 있기에 이 관계가 오래 지속되지 않으리라는 것을 드러낸다. 또 자칫 잘못하면 둘의 관계가 여기서 끝나 각자의 길로 갈 수 있다는 것을 경고해야 하거나, 질문자가 이를 이미 알고 있다는 뜻이다.

⑥ **9p(미래)** 각자의 위치에서 각자의 관계를 구축하게 된다는 의미다. 자신들만의 관계를 심화하는 과정을 묘사하는 카드의 의미상, 이 상태가 이어지면 부정적인 영향을 받을 수밖에 없다. 그렇기에 상황을 긍정적으로 바꿀 조언이 필요하며, 확실한 대안이나 시도를 권해야 한다.

⑦ **9(질문자의 내면)** 질문자가 문제 해결을 위해 스스로 할 수 있는 것이 전혀 없다고 생각하는 모습을 뜻하며, 나아가 이 상황을 극복하고자 조언을 얻으려 한다는 뜻을 담고 있다. 만약 조언대로 하지 않는다면 이 카드는 극도로 부정적인 의미를 띠게 되며, 최악의 경우 연애와 관련한 행위를 모두 포기하는 단계로 나아갈 수 있다.

이를 막으려면 대안을 마련해줘야 한다. 질문자가 자신의 의지나 역량으로 문제를 해결할 수 없다고 여기는 것과 더불어, 능력 부족으로 남의 힘을 빌려 이성을 소개받았음에도 이마저 무산된다면 자신에게 매력이 없다고 생각해 절망하게 되리라는 것을 알 수 있다. '되든 안 되든 해보기라도 하자'는 조언으로 질문자가 소극적인 태도를 벗어나도록 도와줘야 한다(1, 5, Ac, 7).

⑧ **Ac(제3자가 바라보는 질문자)** 주변 사람들이 질문자의 감정이나 상황을 충분히 알고 있다는 뜻이며, 더 나아가 이를 이용해 도움을 요청함으로써 다양한 수단/방법을 학습해야 한다고 조언해야 한다.

또한 감정 표현에 서툴기에 어떻게 마음을 전할지 고민해야 한다는 것을 의미한다.

---

⑨ **7(희망/두려움)** 질문자가 이대로 상황이 흘러가 끝내 아무 결실 없이 흐지부지되는 것을 두려워하고 있으며, 반대로 어떻게든 자신의 감정을 전달해 상대방과 관계 성립을 바란다는 뜻이다. 질문자가 상대방에게 호감을 강하게 느낀다는 것을 보여주는 다른 카드들과, 단순히 각각의 관계가 아니라 '우리'가 되길 원하는 질문자의 의지를 어떻게 전달할지 조언해야 한다. 극적인 시도로 질문자의 막연한 희망을 현실로 만들어나가도록 이끌어야 한다(1, 10c, 9p, Ac).

⑩ **2c(결론)** 매우 간단하나 가장 어려운 답을 나타낸다. 긍정/부정적인 의미를 떠나 관계가 성립된다는 뜻이며, 각자의 길을 걷는 데 합의함으로써 애정과 관련한 관계가 아니라고 결론짓거나, 반대로 모든 장애 요소를 극복해 새로운 관계가 성립될 수 있다는 것을 뜻한다. 그렇기에 지금까지 나온 모든 카드의 의미를 총합하고 질문자가 원하는 것이 무엇인지 확실히 확인한 뒤 해석을 종료해야 한다.

이 배열에서 드러난 7은 질문자가 자신의 감정을 제대로 전달하지 못해 좋은 기회를 놓치는 모습을 뜻하며, 그렇기에 질문자가 엄두를 내지 못하는 극단적인 방식을 동원해 확실하게 관계를 규정해야 한다는 뜻을 담고 있다. 해석 당시, 배열에 드러난 각 카드의 의미는 표면적으로 부정적인 의미를 가지지 않았으나 점 자체가 상당히 부정적인 방향으로 흐르는(질문자의 연령이 큰 장애물로 작용했다) 결과로 드러났다. 해석이 끝나자 그는 자신의 성격, 학력, 능력을 열거하며 대체 무엇이 문제인지 모르겠다고 하소연했지만 나로서는 질문자의 연애 경험이 적어서 생긴 어쩔 수 없는 상황이라고 설명하며 위로할 수밖에 없었다.

중매를 기준으로, 서로의 감정을 확인해야 할 시기를 지나쳤음에도 확답이 나오지 않은 채 상대방이 계속 만남을 유지하다 보니 질문자가 자포자기하려 했던 상황이었다.

그러나 해석을 계속하면서 상대방이 질문자의 감정을 알아챘을 가능성이 높고, 오히려 남자의 고백을 애타게 기다리고 있다는 것을 알 수 있었다.

그렇기에 이 상태가 계속되면 서툰 감정 표현을 보고 실망할 수 있다는 점을 강조하며 해석을 마치고, 지금 당장 연락해 무조건 꽃과 반지를 사 들고 상대방에게 고백하러 가라고 종용했다. 상대방이 원하는 것이 무엇인지 모르는 질문자에게, 소극적인 모습을 극복해야 한다는 것을 7로 확인해 '극약 처방'을 내린 사례였다. 그는 결국 내 말에 당혹하고 반신반의하며 주변 동료에게 떠밀려 행사장을 빠져나갔다.

이런 해프닝이 있은 지 몇 달 뒤, 나는 전혀 모르는 사람에게 청첩장을 받았다. 결혼식장에 도착하고 한참 뒤, 신랑이 인사하며 자신을 소개하자 사례를 떠올리고 축하를 건넸다.

이처럼 연애 관련 질문, 그 가운데서도 상대방은 있으나 관계가 성립하지 않는 상황에 관한 질문에 7이 나오면 먼저 결정적 행동으로 관계를 성립시킬 수 있는지 판단해야 하며, 가능성이 있다면 어떻게 성사시킬지 확실하고 명확한 대안을 조언함으로써 정체된 관계를 진전시킬 수 있도록 도와야 한다.

VIII. STRENGTH.
힘

충돌 속의 견딤
Perseverance in Collision

욕망, 외유내강, 한恨, 인내, 백혈구, 반탄력, 다수결로 생긴 변화, (표현의 부재로 생긴)오해, 저항, 저항력, 항체, 응어리, 응축, 감정의 누적, 내구도, 내성, 방침, 참회, 점진적 발전, 홀딩(주식 용어), 기회, 갱생, 대의명분에 따른 고집, 용기, 용맹, 탄성, 배당금, 빈약으로 생긴 질병 다수, 결의, 부력, 불변, 부동不動, 표현하거나 말하지 못한 감정들, 흔들리지 않음, 신앙, 관용, 부족, 신념, 감화, 신체 저항력 저하로 인한 질병들, 선종禪宗, 주의(급훈, 교훈, 가훈 등의), 움직이지 않으나 움직임, 정중동靜中動

긍정/부정 확인 기준

질문자가 질문에 얽힌 문제를 해결할 능력이 확실하게 있는가?

질문자가 결단을 내리는 타이밍이 중요한가?

비난받고 있거나 누명을 쓰고 있는가?

질문자가 자신을 믿고 있는가?

사람들에게 질문자의 역량이나 능력을 인지시킬 수 있는가?

경쟁자들을 이길 비장의 수단이 있는가?

질문자가 최종 결정권자인가?

메이저 상징편에서 언급했던 '충돌속의 견딤', '인내'의 키워드로 이 카드를 어떻게 활용할지 판단하고, 긍정/부정적인 의미를 판별할 수 있다. 위에서 언급한 기준 말고도 사전 정보를 수집해 힘 카드의 키워드를 더욱 정확하고 다양하게 적용할 수 있다.

'눈 돌리면 피안彼岸'이라는 말이 있듯, 힘 카드는 난관이나 문제에 맞닥뜨려도 자신의 가능성과 신념을 강화해 극복하면 그 가능성과 신념이 현실에 펼쳐진다는 의미를 담고 있다. 반대로 위에서 언급한 요소들이 다른 사람의 힘 때문에 계속 억제된다고 여기면서 나아가지 못하거나, 신념을 버리고 현실에 영합하며 자신의 감정에 굴복함으로써 본능을 제어하지 못하는 상황으로 치닫게 될 수 있다는 점을 주의해야 한다.

해석용법

긍정 힘 카드는 질문자의 '인내력'을 뜻하거나 이제 그만 참고 들고 일어나야 하는 상황에서 나타난다. 이럴 때 '용기'의 의미가 커지며, 반대의 경우라면 자신이 문제에 관해 '관용'을 베풀어야 상황이 호전 될 수 있다는 것을 강조한다.

나아가 인내력과 관련한 모든 것은 메이저 상징편에서 언급했던 '충돌 속의 견딤'에서 나타나며, 곧 이성과 감정의 충돌에서 일어나는 '욕망Lust'과도 통한다. 욕망을 어떻게 관리하고 표출할지 판단하는 작용을 뜻하며, 이런 판단이 배열에 어떻게 적용되는지 확인함으로써 더 정확하게 해석할 수 있다.

부정 그러나 의외로 실제 해석에서는 '관용'을 채택할 만한 상황이 적다. 여기에는 권위적인 한국의 문화 또한 해석에 큰 영향을 미치는 경우로 볼 수 있다. 내부 고발을 부정적으로 보는 시선이나, 사건이 생기면 은폐하기 급급한 현 세태에서는 힘 카드의 진정한 의미이자 존재 의의인 '모든 것을 감내하면서도 크게 나아갈 수 있는 용기'가 발현하는 경우가 흔치 않기 때문이다. 그렇기에 어떤 주제든 질문자에게 불리한 상황에 드러나며, 이때 대표적 키워드의 하나인 '인내'가 주로 적용된다.

이런 이유로 힘 카드는 단순히 무력/물리력이 아니라 '심성, 정신, 의지의 가치와 역할'을 크게 강조하며, 반대로 외부 요소 때문에 계속 지켜내지 못하거나 버티기를 포기하고 주저앉음으로써 부정적인 의미를 띠기도 한다. 그 때문에 '욕망'에 굴복하거나 자신을 주체하지 못하고 주변에 폭력을 사용하는 문제로 치달을 수 있다.

그렇기에 실제 배열에 힘 카드가 나오면 질문자에게 어떤 역량이 있는지 확인하면서 목표를 왜 달성하려는지 파악해야 하며, 실제로 목표를 이룰 수 있는 상황이 오거나 조언대로 실행할 수 있을 때 질문자가 어느 정도 역량/기량을 끌어올릴 수 있는지 점검해야 한다.

특히 대인관계나 연애와 관련한 점에서 이런 상황이 두드러지게 나타날 때가 많다. 자신의 감정을 모으고 모았지만 허탈한 결말을 맞게 되고, 자신을 돌보지 않는 경우를 들 수 있다. 다른 사람들과 생긴 불화를 꾹 참다가 한 번에 발산해 돌이킬 수 없는 상황으로 치달은 경우는 힘 카드의 부정적인 면을 극명하게 드러낸다.

힘 카드는 7과 대비된다. 7의 키워드인 '움직이나 움직이지 않음動中靜'과 달리 '움직이지 않으나 움직이고 있음靜中動'을 의미하기 때문이다. 이는 7이 이미 어떤 일을 실행하는 과정에서 고민하거나 갈등하는 상황을 표현하나, 반대로 힘 카드는 어떤 일에 관해 자신이 원하는 것이 무엇인지 명확하게 설정하고자 고민하고 갈등하는 상황으로 해석할 수 있으며, 이런 까닭에 와신상담臥薪嘗膽의 고사를 적용할 수 있다.

이런 요소들 때문에 힘 카드는 결정적인 기회를 기다리거나 이를 놓치지 않으려 나아갈 것을 주문한다. 지금까지 때를 기다리며 모은 질문자의 역량이 시운을 타면, 다른 사람들보다 월등하게 한달음에 나아갈 수 있다는 것을 예고한다. 이런 경우가 가장 많이 일어나는 상황이 바로 수능이다. 힘 카드가 뜻하는 기회는 자신의 역량을 언제든 쓸 수 있도록 준비하는 상태를 의미하며, 모든 힘의 응축을 끝마치면 작은 기회로도 어떤 장애물이든 뛰어넘어 성공할 수 있다는 것을 의미한다.

따라서, 불리한 상황임에도 이를 끈질기게 견디고 역량을 뭉쳐 일거에 이 열세를 뒤집을 수 있는 상황에 이 카드가 드러날 때는 그 진가를 발휘하게 된다. 이 경우 긍정적으로 발현된다면 단순히 장애물을 극복하는 것을 넘어 대오각성大悟覺醒하여 다른 경쟁자를 초월한 존재로 나아갈 수 있게 된다.

반대로, 이런 역량을 꺼낼 수 없거나 자신이 갈망하던 것을 눈앞에서 놓치는 등, 말 그대로 '때를 놓쳐 후회하는' 상황으로 번지는 경우 이런 아쉬움과 허탈함을 자신이나 남에게 분풀이하거나, 상실감 때문에 아무것도 하지 못한 채 자신을 버리는 극단적인 상황으로 치달을 수 있다는 것을 경고하게 된다.『오즈의 마법사』에 등장하는 용기

없는 사자와 같이 자존감에 문제가 생길 수 있다는 것을 의미한다. 이는 자신이 좋아하는 이성에게 고백하지 못한 채, 다른 사람과 관계가 성립되는 것을 두 눈 뜨고 바라볼 수밖에 없는 안타까운 장면 등으로 예를 들 수 있다.

배열 위치별 특징 켈틱 크로스 배열에서 힘 카드(이하 8)가 나왔을 때 어떻게 긍정/부정적인 영향을 확인하는지 판단하려면 10장의 카드 맥락을 모두 살펴야 한다(이에 관해 더 상세한 내용은 223-224쪽을 참고).

8이 배열에 나오면 8의 키워드의 성격상, 해석할 때 좀처럼 외부적/물질적인 효력이 있는 현상으로 드러나지 않는다. 8의 의미가 더 무형적인 가치나 내면과 관련한 요소로 표현되기 때문이다. 그래서 8이 나왔을 때는 '자신의 힘으로 장애물을 모두 뛰어넘고 원하는 것을 이룰 역량을 얻고자 무엇을 했는가?'가 중요한 판단 조건이 된다.

이런 성향 때문에 8은 3, 4, 7, 9번 위치에 드러날 때 쉽게 영향력이 강해진다. 배열의 해당 위치의 의미와 앞서 언급한 카드의 성향상 질문자의 내면과 더 밀접하게 관련있는 위치에 놓일 때 더 쉽게 영향력이 강화된다.

이와 반대로 5, 6, 10번 위치에서는 주제/질문자의 성향에 따라 조금씩 차이가 있을 수 있지만 질문자의 대안/행동이 유동적이거나 질문자가 열세에 몰려서 불리한 상황이라면 쉽게 부정적인 영향을 받는다. 질문자의 의지/결심과 상관없이 그동안 쌓은 역량과 기반이 다른 사람들에게 영향을 미치거나 절대평가인 상황을 예로 들 수 있다. 결심하기에는 이미 늦었거나 자신의 무력함을 방치한 채 자신의 의사와 상관없이 강제적으로 진행되는 경쟁/평가/분쟁에서는 아무 소용없을 때가 많기 때문이다.

연애(관계가 성립한 상황) 상대방에 대한 배려와 관용을 의미할 수 있으나, 둘 사이에 어떤 사건이 벌어진 상황이라면 어느 한쪽의 인내/용서가 필요하다는 뜻으로 볼 수 있다. 이때 7번 위치라면 질문자, 8번 위치라면 상대방의 용서나 인내가 필요한 것으로 해석할 수 있다.

긍정적인 영향을 받는다면 질문자가 원하는 관계(예: 프러포즈)의 최고조를 이끌어나가는 모습을 뜻하거나 관계를 더 굳히고자 노력한 결실을 곧 맺는다는 뜻이지만, 부정적인 영향을 받는다면 관계를 유지하면서 쌓인 불화 요소의 폭발이 임박했으니 경계하도록 조언해야 한다.

연애(관계가 성립하지 않은 상황) 긍정적인 영향을 받는다면 자신의 마음을 고백할 시기가 다가오거나 애정을 확인하는 순간이 다가오는 등 관계를 성립할 준비가 끝났다는 의미다. 그러나 반대의 경우, 홀로 속만 썩이는 상황이 길어진다는 뜻으로 볼 수 있다. 특히 8이 짝사랑 상태에서 나오면 대부분 부정적인 영향을 받는 것으로 알려져 있는데, 이는 자신의 감정 표현을 '인내'하는 수준을 넘어 제대로 표현하지 못하거나 강제로 '억제'하는 모습으로 쉽게 변질하기 때문이다.

상대방이 없거나 호감만 있는 상태에서 나온 8은 질문자가 이상형에 가까운 사람만 찾는 모습으로 묘사되며, 그렇기에 대부분 부정적인 영향을 받는다. 질문자가 실제로 행동할 의지가 없음에도 상대방의 감정이나 (질문자에 관한) 인식을 확인하는 것과 관련된 질문일 경우가 대다수기 때문이다.

긍정적인 영향을 받는다고 해도 질문자가 행동을 통해 자신을 다른 이들에게 드러내려는 정도에 그치며, 부정적인 영향을 받을 경우 해석/조언을 해주더라도 이를 실행하지 않는다는 것을 뜻한다.

대인관계 이 관계를 유지하고자 자신이 원하는 것을 섣불리 언급하지 않거나 반대로 자신이 원하는 것을 얻고자 기존의 관계를 종료/변경하려는 모습으로 드러나므로 이 점에 착안해 질문자의 상태 및 배열 상에 드러난 카드들의 영향력을 통해 어떤 조언을 할 것인지 판단해야 한다. 노블레스 오블리주Noblesse oblige의 경우처럼 지배자/권위자의 희생정신을 뜻할 때도 있으며, 이 경우 기득권으로 묘사된 사자가 사회적 요구나 도덕률의 압박에 자연스레 굴복한 모습으로 묘사되는 것이다.

긍정적인 영향을 받는다면 앞에서 언급한 것처럼 자신의 이익을 포기하는 등 광의廣義의 인내와 관용이 적용되는 해석이 주를 이루지만, 부정적인 영향을 받는다면 인내가 단순히 지속되어 자칫 왕따를 당하거나 얻어맞는 신세로 격하될 수 있기에 주변 카드의 의미를 조합해 어떻게 상황을 견디고 돌파할지 조언해야 한다.

사업의 흐름이나 전망 질문자가 운영하는 기반을 더 견실하게 유지해 상황을 호전시킬 수 있다는 것을 의미한다. 특히 불황이나 더 거대한 업체/세력과 경쟁하는 상황에 드러난 8은 이 시기를 이겨내면 반드시 보상이 따른다는 의미를 담고 있다. 그러나 부정적인 영향을 받는다면 외부 환경을 도외시한 탓에 기술적으로 뒤처지거나 주먹구구식으로 운영하는 상황으로 전락할 수 있으며, 이 문제로 내부 인원의 이탈 및 배신이 생길 수 있다는 점을 경고해야 한다.

창업의 성사 여부 가치 투자로 사업의 비전을 실현함으로써 이익을 재분배하거나 수익을 재창출하는 산업을 통칭한다. 긍정적인 영향을 받는다면 자신이 원하고 선호하는 성공/기반을 다르게 활용해서 외부로 확장할 수 있다는 뜻을 담고 있으며, 이 아이템/아이디어를 삶과 더 밀접하게 접목하도록 조언해야 한다. 그러나 부정적인 영향을 받는다면 현 상황에서 제대로 구현할 수 없는 것을 남에게 강요하거나, 질문자가 의도한 기능/장점을 사용하고자 많은 조작 및 학습을 강요함으로써 지지층/수요층의 이탈을 앞당기게 될 수 있다.

진로 적성 응축해 폭발하는 성향을 의미한다. 어떤 기준이나 사회의 평가와 상관없이 해당 학문/분야에 대해 스스로 동기 부여를 강하게 만들수록 더 명확한 결실을 맺는다는 뜻을 담고 있다. 나아가 자신의 마음과 욕구에 충실함으로써 재능을 꽃피울 수 있는 계열을 지칭한다. 그렇기에 특별한 분야나 직무에 국한시키지 않으며, 해당 분야/직무의 성향이 8의 성격을 강화하거나 그 직무를 하는 데 필수 요소라면 긍정적인 영향을 받을 수 있다고 조언해야 한다. 단, 부정적인 영향을 받는다면 새로운 환경에 적응하지 못해 생기는 문제를 의미하며, 자신이 해왔던 것 말고는 직무를 맡을 수 없어 본래의 적성/재능을 썩힐 수 있다고 지적하고, 구체적인 개선책을 조언해야 한다.

시험 결과나 합격 여부 공부와 연습의 필요성을 역설하며 지금 받는 억압과 스트레스가 언젠가 끝난다는 것을 뜻한다. 이 압박을 갈무리해 추진력으로 작동할 수 있도록 조언해야 하며, 공부 결과를 평가할 시기를 묻는다면 임박했다고 답할 수 있다. 긍정적인 영향을 받는다면 그동안 갈고닦은 것을 드러내 성과를 거둔다는 뜻이나, 부정적인 영향을 받는다면 긴장/불안이 심해져 아는 것조차 제대로 표현하지 못해 저평가받을 수 있다는 뜻이므로 이를 경감시킬 다양한 수단을 조언해야 한다.

질병의 호전, 완치 보통은 완쾌 시기의 지연을 의미하며, 긍정적인 영향을 받는다면 질문자 자신의 체내 저항력만으로 병세가 호전될 수 있다는 뜻을 담고 있다. 그러나 이미 질병에 걸려 있는 상태거나 부정적인 영향을 받는다면 투약·검사의 치료 효과가 예상보다 저조함을 뜻한다. 최악의 경우, 약에 대한 내성이 생겨 치료를 시도할 수 없는 상태로 해석할 수 있으나, 이는 어디까지나 특수한 사례이기에 해석할 때 주의해야 한다.

단순한 건강 문제 거대한 혈류, 지구력과 근력과 관련할 확률이 높기 때문에, 근육의 이완과 수축으로 생기는 통증과 관계있다. 이는 8이 의미하는 '인내'와 가장 밀접한 신체 활동/장기들이기 때문이다.

  스트레스성 발작도 포함될 수 있으나, 4와는 양상이 다르다. 4는 자신의 목표/욕구를 달성하지 못해 발병하고, 8은 자발적 스트레스가 아니라 제3자/사회/단체에서 갑자기 엄청난 스트레스를 받으며 발병하는 경향이 있다.

켈틱 크로스 배열 위치별 긍정/부정 해석법

1 → ③④⑤⑧ 카드 확인 질문자가 문제를 해결하려는 각오나 생각은 있지만 아직 실행하지 못했거나, 실행을 결심한 직후라는 것을 나타낸다. 사전 정보로 자신의 욕망/목표를 보였는지에 따라 구분할 수 있으며, 긍정/부정적인 영향에 따라 문제를 해결할 역량을 어떻게 모았는지 확인할 수 있다.

2 → ①④⑦⑨ 카드 확인 질문자가 아무 의욕이 없거나 다른 사람의 강력한 의견 피력/개입으로 문제가 커지고 있다는 점을 지적해야 하며, 나아가 장애물을 극복할 방법으로 8의 의미인 용기와 결단력이 필요하다는 점을 강조해야 한다. 부정적인 영향을 받는다면 질문자가 일의 실행이나 판단을 앞두고 크게 망설이고 있다는 뜻으로 볼 수 있다. 긍정적인 영향을 받는다면 남의 행동에 영향을 받거나 시류를 타고 문제의 해결책을 모색할 수 있다고 조언해야 한다.

3 → ①②④⑦ 카드 확인 질문자가 질문 주제와 관련해 의지를 보이거나 상황의 흐름을 가늠하는 것으로 이해할 수 있다. 긍정적인 영향을 받는다면 효율적인 조언으로 질문자의 목적을 달성할 수 있도록 조언해야 한다. 부정적인 영향을 받는다면, 조언이 아무리 현실적이고 효과적이더라도 실행할 생각이 전혀 없는 모습으로 드러나므로 해석할 때 주의해야 한다.

4 → ①②⑦⑧ 카드 확인 긍정적인 영향을 받는다면 질문자가 과감하게 행동/계획을 실행해 뭔가를 얻었다는 의미로 볼 수 있고, 부정적인 영향을 받는다면 때를 놓치거나 나서지 못해 상황이 악화됐다는 의미로 볼 수 있다.

5 → ②③⑦⑨ 카드 확인 질문자가 문제를 해결하고자 행동하기로 결심하거나 이미 실행한 상태라는 것을 뜻한다. 긍정적인 영향을 받는다면 정확한 시점에 실행해 판도를 뒤엎을 힘을 얻는다는 의미로 볼 수 있고 부정적인 영향을 받는다면 제대로 판단하지 못거나 자신의 욕망을 우선하느라 대국적인 판단을 하지 못할 수 있다는 점을 경고해야 한다.

6 → ①④⑤⑦ 카드 확인 긍정적인 영향을 받는다면 질문자에게 문제 해결에 필요한 것들을 최대한 준비해 더 확실한 역량을 갖추면 문제를 해결할 수 있다고 강조해야 한다. 부정적인 영향을 받는다면 앞서 언급한 위치에 드러난 카드들이 지적하는 취약점을 감안해 무모한 결정을 피하되 질문자가 원하는 것을 포기하지 않도록 조언해야 한다.

7 → ① ③ ④ ⑧ 카드 확인 긍정적인 영향을 받는다면 현 상황이 질문자에게 유리하다는 점을 강조하고 계획을 실천할 것을 권해야 하며, 부정적인 영향을 받는다면 질문자의 생각이 만용이나 무리수일 수 있다는 점을 지적하거나 결심/마음만으로 모든 것이 해결되지 않는다는 점을 지적해야 한다.

8 → ② ④ ⑤ ⑨ 카드 확인 긍정적인 영향을 받는다면 추대/옹립을 받아 더 수월하게 목적을 달성할 수 있는 조력을 얻게 되며, 부정적인 영향을 받는다면 남에게 이용당하거나 질문자가 얻을 수 있는 정보를 제한/통제하는 인물 또는 상황 때문에 질문자가 역량을 발휘하지 못할 수 있다고 경고해야 한다.

9 → ② ⑤ ⑧ 카드 확인 질문 주제와 관련한 사항이나 불만이 질문자의 결연한 결심으로 없어지기 바란다는 것을 의미하며, 동시에 상황을 바꿀 수 없어 견디기만 하거나 결정을 미뤄둔 채 주저하는 모습으로 나타난다. 이 카드들로 이 사람이 어떤 문제를 해결하길 원하는지 또는 (현 상황에 주저앉는 것을 비롯해)어떤 상황을 두려워하는지 파악할 수 있으며, 이런 문제/조력이 실제 일어날 수 있는 상황인지 판단할 수 있다.

10 모든 카드의 의미를 종합해, 질문자가 문제의 대책이나 조치를 직접 판단하고 결행할 것을 조언해야 한다. 또한, 질문자가 문제를 어떻게 해결하고 싶은지 확인하고 각 방법의 장·단점을 분석해 주의/조언해야 한다.

긍정적인 영향을 받는다면 모든 준비가 끝나며 자신의 역량을 외부에 드러냄으로써 모든 문제가 일단락되거나 질문자가 원하는 방향으로 문제 해결이 진행된다는 의미로 볼 수 있다. 부정적인 영향을 받는다면 현 상태로는 문제 해결이 불가능하거나 때를 만나지 못했다는 의미로 볼 수 있다.

이에 대처하려면, 질문자의 전력/기량을 급하게 외부에 낭비할 필요 없다고 강조하며 차라리 행동을 멈추고 힘을 모으도록 조언해 역량 낭비를 막아야 한다.

실제 사례 (2001년 1월, 게임 관련 소모임, 고3 남학생)

질문   내 성적으로 내가 원하는 대학을 갈 수 있을까?

사전 정보   점을 볼 때는 정보가 없어 확인하지 못했으나, 이후 피드백을 받았을 때 그가 자신의 수능 점수는 397점이라 말했다 (당시 수능은 400점 만점). 다만 2000년 수능은 '물수능'이라 부를 정도로 쉬웠으며, 만점자만 66명이었다.

10c - 6s - 3p - 4p - 8 - 7p - 9s - 8w - As - Np

10c   (질문자 자신) 만족할 만한 점수를 받아 기분 좋다.

6s   (장애물) 지망하는 대학에 경쟁자가 많고, 자칫하면 원치 않은 대학으로 가야 할 수 있다.

3p   (기저) 이미 원서를 제출했으며, 스스로 부족한 것은 없으리라 생각한다.

4p   (과거) 지금까지 이 결과를 얻고자 학업에 힘썼다.

8   (현재/곧 일어날 일) 자신의 자리를 찾으려 행동에 나설 것이다.

7p   (미래) 다른 기회/방법을 알아보거나 결과를 기다리게 된다.

9s   (질문자의 내면) 만에 하나 자신이 떨어질 것을 두려워한다.

8w   (제3자가 바라보는 질문자) 상황이 빠르게 흘러가고 있어 예측하기 어려울 것이라 보고 있다.

As   (희망/두려움) 자신이 원하는 곳에 입학하길 바라며, 떨어지는 것을 두려워한다.

Np   (결과) 자신의 성적에 맞는 곳에 안착할 것이다.

이 배열에서 8은 5번 위치, '현재/곧 일어날 일'에 나왔다. 시험/학업과 관련한 질문의 특성과 결부해서 8의 키워드인 '인내', '욕망'을 실현할 순간이 왔다는 뜻을 담고 있다. 7이라면 이미 대학 입학 절차를 진행하며 불안해하는 모습을 뜻하나, 8은 이 순간을 기다리고 있거나 최적의 상황을 대비해 이 순간에 단숨에 도약하는 것을 뜻한다는데 차이가 있다. 이에 따라, 대입 준비를 얼마나 했느냐에 따라 긍정/부정적인 의미를 판단할 수 있다.

이 질문에서 8은 질문자가 준비한 것을 평가할 순간이 이미 닥쳤거나 곧 닥칠 것을 드러낸다. 8의 의미를 긍정/부정적으로 변화시키는 카드는 6s, 3p, 9s, As로 확인되는데, 이로써 질문자가 그동안 해왔던 노력을 보상받기를 원하나 평가가 제대로 이루어지기 힘든 상황이라 하향 지원에 대한 유혹을 받는다는 점, 그리고 이런 상황을 속상해하고 걱정하는 모습으로 인해 부정적인 영향을 받고 있다는 것을 알 수 있다. 그렇기에 이 영향을 어떻게 극복할 것인지 조언해 질문자가 자신의 노력에 합당한 결실을 얻을 수 있도록 해줘야 한다.

① **10c(질문자 자신)** 현재 질문자가 만족한 상태라는 것을 보여준다. 긍정적인 영향을 받는다면 자신이 원하는 수준에 도달해 자신뿐만 아니라 주변 사람들까지 경탄하거나 감정적으로 축하하고 있다고 해석되지만 반대로 부정적인 영향을 받는다면 좋은 결과는 그뿐, 뒤에 닥칠 현실적인 문제들 때문에 주변과 마찰을 일으킬 수 있다는 것을 경고한다.

② **6s(장애물)** 이해 수능은 다른 응시자의 점수도 상향돼 질문자가 목표한 대학에 사람이 많이 몰리고 있다는 것을 의미한다. 긍정적인 영향을 받는다면 이런 상황에서도 자신의 자리를 찾아갈 수 있고 이 과정에서 겪는 난관을 이겨내며 성장할 수 있다는 것을 뜻하나, 부정적인 영향을 받는다면 자신의 노력/성적에도 하향 지원함으로써 현

상황을 극복하지 못하고 도피하거나 최악의 경우 자신이 받아야 할 정당한 평가를 받지 못하는 상황에 이를 수 있다는 것을 경고한다.

③ **3p (기저)** 질문자가 자신의 기량이 뛰어나다고 생각하고 있으며, 다른 전문가와 상담했거나 해결책을 조언받았다는 것을 의미한다. 긍정적인 영향을 받는다면 남에게 인정받을 수준의 실력을 질문자가 갖췄다는 것을 의미하나, 부정적인 영향을 받는다면 이 상황을 해결할 역량이 없어 비용을 소모해가며 남의 조력을 청할 수밖에 없다는 것을 경고한다.

④ **4p (과거)** 과거에 이 사람이 자신의 기반 안에서 할 수 있는 것을 최대한 이용해 노력해왔다는 것을 보여준다. 만약 필연적으로 수능 방식이나 출제 경향이 크게 바뀌는 유동적 상황 변화가 있었다면 더욱 불리한 상황으로 변할 수 있었으나, 다행히 난이도만 하향됐기에 이 카드가 긍정적인 영향을 발휘할 수 있었다.

부정적인 영향을 받았다면 다른 수험생의 급격한 점수 상승과 달리, 자신은 모의고사를 보던 때와 점수가 크게 다르지 않아 불이익을 받는 상황을 의미한다.

⑤ **8(현재/곧 일어날 일)** 긍정적인 영향을 받는다면 지금까지 노력해왔던 것으로 자신의 뜻을 드러내 다른 사람들에게 인정받는다는 것을 의미한다. 그러나 부정적인 영향을 받는다면 움직여야 하는 상황이 다가왔음에도 인지하지 못하고 결단 내리지도 못한 채 좋지 못한 흐름을 맞는다는 것을 의미한다.

여기서는 부정적인 영향을 받고 있는데, 질문자가 역경 앞에서 제대로 경험해보지 못한 문제 때문에 소극적으로 대처하려 하고 있으며, 이미 자신의 역량이 충분함에도 불안한 상황에서 남의 조언에 기대려 한다는 점으로 알 수 있다. 나아가 자신이 어떤 선택을 했을 때, 앞날이 어떻게 변화할지 지나치게 걱정하느라 아무 결심도 하지 못하는 상황이라는 것을 알 수 있으며 이 상황이 어떻게든 빨리 끝나기만을 바라는 것에서 8의 부정적인 영향력을 강화하게 된다.

그렇기에 자신이 할 수 있는 것과 할 수 없는 것을 구분하고, 자신의 실력을 믿어 당당히 나아갈 수 있도록 조언함으로써 질문자가 '고심끝에 악수를 두는' 상황으로 치닫지 않게끔 해야 한다(6s, 3p, 9s, As).

---

⑥ **7p(미래)** 점을 본 상황과 시간 배경상, 원서를 낸 뒤 결과를 기다리는 모습으로 해석할 수 있다. 다만 자신의 기대보다 더 높은 곳에 합격하기를 바라는 기회주의적 면모를 드러낸다. 긍정적인 영향을 받는다면 좋은 기회를 틈타 더 좋은 곳에 합격할 수 있다고 해석되나, 부정적인 영향을 받는다면 자신의 역량에 넘치는 곳을 탐하다가 비판받거나 자신이 가진 것마저 놓칠 수 있다는 것을 드러낸다.

---

⑦ **9s(질문자의 내면)** 자신의 기량/노력과는 달리 결과에 대한 걱정/근심으로 고민이 많다는 것을 뜻한다. 긍정적인 영향을 받는다면 모든 걱정/근심은 사실 아무 문제가 되지 않으며, 닥치지 않은 고난을 상상하기보다 능동적으로 문제에 대응하도록 조언해야 한다. 그러나 부정적인 영향을 받는다면 걱정하느라 질문자가 피폐해질 수 있고, 이 때문에 찾아오지 않을 불행까지 질문자에게 닥칠 수 있다는 것을 경고해야 한다.

---

⑧ **8w(제3자가 바라보는 질문자)** 해당 질문 주제와 관련한 모든 사안을 빨리 결정해야 한다는 사실을 모두 알고 있다는 의미다. 나아가 다른 사람들도 각각의 목적을 이루느라 서로 신경 쓸 여유가 없다는 의미다. 긍정적인 영향을 받는다면 고민할 필요 없이 빠르게 일 처리를 해서 남보다 앞서갈 수 있다는 뜻으로 해석되나, 반대의 경우 흐름을 따라가지 못해 루머나 확인되지 않는 정보를 신뢰해서 섣부르게 판단 내리는 일을 경계하도록 경고해야 한다.

---

⑨ **As(희망/두려움)** 승리/패배라는 카드 의미를 적용해 승리를 원하

거나 패배를 두려워하는 모습 자체로 이해할 수 있다. 그러나 단순한 의미와 달리, '모든 것을 다 가질 수 있는 영예로운 승리'와 '자신이 해온 모든 것을 인정받지 못하고 버려지는 패배'의 의미를 가지고 있기에 질문자가 극단적인 상황에 적응하지 못해 심리적으로 힘들어한다는 것을 알 수 있다.

---

⑩ **Np(결론)** 주제와 관련한 모든 상황이 끝나고 질문자가 어떤 상황에 놓이는가를 의미한다. 자신의 노력/역량에 걸맞는 위치를 찾아감으로써 스스로 큰 불만 없는 결과를 얻을 것이며, 이 과정에서 불의의 사태나 급변하는 상황을 미연에 방지한다면 원하는 곳으로 진학하는 데 문제없다는 것을 드러낸다. 이를 도우려면 질문자가 거둔 결실을 제대로 평가해 주변 정보에 휘둘리지 말고 자신이 원하는 바를 관철하도록 조언해야 한다.

===

　이 배열에 드러난 8은 비교적 부정적인 영향을 많이 받고 있는 것을 확인할 수 있다. 그러나 이는 질문자가 준비되지 않아 생긴 문제라기보다 다른 사람/주변 상황의 변화로 생긴 것이다. 이해의 수능은 난이도가 대폭 하향됐으며, 이 때문에 자신의 점수를 확인한 응시자들이 너도나도 입학 원서를 내며 혼란스러워진 상태였다. 그렇기에 질문자도 자신이 원하는 대학에 합격하지 못할까 봐 막연한 두려움에 빠져 점을 본 것이었다.

　그러므로 질문자가 지금껏 해온 것이 과연 다른 사람보다 부족했는지 철저히 확인해 자신감을 회복할 수 있도록 조언했다. 다만 주위에서 더 높은 점수를 받았다고 해서 상향 지원을 조언하는 등, 질문자가 대학 입학을 준비하며 품었던 초심이 변질하면 부정적인 영향을 쉽게 받을 수 있다는 점을 경고했다.

　질문자가 직접 고생해 얻어낸 결과로 승부에서 이길 수 있게 초심을 굳히도록 권하고, 다른 사람들의 행동에 영향받지 말고 처음 목표대로 원서를 접수하도록 조언함으로써 최선의 답을 이끌어낸 사례였다.

결국 한 달 남짓한 시간이 지난 뒤 질문자는 대학 합격 통지 문자를 보내주었고, 축하한다는 말과 함께 좋은 학교 생활을 만끽하라고 격려하며 해석을 종료했다.

이처럼 시험, 학업에 관련한 주제에서 8이 해석에 큰 영향을 미칠 때 질문자가 잘 조율할 수 있다면, 가득 찬 제방이 허물어졌을 때 한 번에 밀어닥치는 물처럼 막강한 힘을 발휘할 수 있다. 그러나 반대의 경우, 흐름을 타지 못한 채 자신조차 휩쓸려 중심을 잡지 못하고 방황할 수밖에 없다. 그렇기에 충분한 결실을 거둔 상태라면 다시 한번 마음을 다잡아 자신이 원한 것에 초점을 맞춰 나아갈 수 있도록 조언하고, 가야 할 길을 올곧게 걸어나갈 수 있도록 도와준다면 해석자의 역할을 십분 다한 것이라 할 수 있다.

실제 사례 (2004년 1월, 서울 모처, 50대 중반 남성)

질문   내가 하고 있는 사업이 어떻게 흘러갈 것인가?

사전 정보   정보가 전혀 없는 상태에서 점을 보았으나, 해석하고 나서 확인한 결과 인문학 관련 사업을 진행해 어느 정도 기반을 다졌으며, 운영에도 문제는 없었다고 이야기해줬다.

3 - Pw - 5w - 8 - 8w - 9w - 8p - 3s - 0 - Nw

---

3   (질문자 자신) 현재로선 문제가 없으며, 쌓아 놓은 기반도 굳건하다.

Pw   (장애물) 투자 제안이 조금씩 오고 있으며, 업계 안에 여러 이슈가 생겼다.

5w   (기저) 지금까지 해왔던 노력으로 어떻게든 되리라 생각한다.

8   (과거) 해내려던 일을 이뤄 지금과 같은 번영을 누리게 됐다.

8w   (현재/곧 일어날 일) 상황이 빠르게 흘러갈 것이다.

9w   (미래) 과거의 경험이나 노하우를 토대로 어렵게라도 이 상황을 이겨낼 수 있을 것이다.

8p   (질문자의 내면) 변화에 대처하는 법이 서툴지만 꾸준히 노력해 이 상황을 이겨내려 한다.

3s   (제3자가 바라보는 질문자) 운영하기 어려운 상황이며, 이를 부정하려 할수록 문제가 심각해질 것이라고 본다.

0   (희망/두려움) 어떻게든 방법을 강구하면 문제를 해결할 수 있으리라고 생각하며, 감당할 수 없는 문제가 생겨 자신이 하고 있는 일들이 무산될까 봐 두려워하고 있다.

Nw   (결과) 반드시 어떤 소식이나 이슈가 쟁점이 되며, 이를 응용하지 않는다면 강제/부정적으로 변화해야 할 상황이 벌어질 것이다.

이 배열에서 8은 4번 위치, '과거'에 나왔다. 사업의 흐름과 관련한 질문의 특성상 질문자가 사업을 이끌어가면서 어떤 요소를 '인내'해 왔으며, 질문자의 '욕망'이 어떻게 다른 사람들을 자극해서 사업을 운영할 수 있었는지 먼저 파악해야 한다. 이로써 자신의 의욕에 충실하기에 일단 사업을 시작하고 그에 따른 비용/경험을 빠르게 채워나간다는 뜻인 7과는 확연히 다른 것을 확인할 수 있다. 그렇기에 사업을 어떻게, 왜 지금까지 운영해왔는지를 반드시 확인해야 하며, 이로써 질문자의 핵심 가치가 무엇인지 확인해 긍정/부정적인 의미를 판단해야 한다.

이 질문에서 8은 질문자의 과거를 보여준다. 이 배열에서 8에게 큰 영향을 주는 카드는 3, Pw, 8p, 3s로 드러나며 8이 부정적인 영향을 받고 있다는 것을 알 수 있다. 3은 기반을 유지한다면 무리 없이 계속 사업을 이끌어 나갈 역량이 있다는 뜻이지만, 업계에 좋지 않은 소식이 전달되거나 질문자의 정보력이 부족하다는 것이 Pw에서, 사업 규모에 비해 운영 능력이 부족하며 '이윤 창출'을 제대로 해내지 못하는 질문자의 역량이 8p에서 드러난다. 결국 이런 요소들이 질문자의 기반을 점차 갉아먹듯 소모하리라는 것을 뜻한다. 기반/비전이 있지만 제대로 운영하지 못하고 있다는 점을 다른 이들도 알고 있다는 것을 보여주면서, 질문자가 자신의 사업과 관련한 업무 처리나 사업 진행을 명확히 규정하지 못해 발생할 수 있는 다양한 모순/분쟁을 뜻하는 3s는 8이 부정적인 영향을 받을 수밖에 없다는 것을 보여준다.

해석할 당시 내가 가장 먼저 추측해낸 것은 이미 사업의 기반을 다 갖췄거나 잘 운영하는 상황인 듯하다는 점이었다. 또한 이 사업이 사람을 많이 상대하지 않는 사업에 해당하며, 기술적인 부분이나 창의적인 부분에서 경쟁자보다 월등히 유리해 수익이 주기적으로 들어오는 구조여서 특허나 저작·기획 관련 업체인지를 물었고, 더 세부적으로는 인문·문학 기획·솔루션을 제공하는 업체로 보인다고 해석한 사례였다.

---

① **3(질문자 자신)** 현재 이 질문자가 사업에 관련한 문제를 느끼지 못할 정도로 여유 있다는 것을 보여준다. 긍정적인 영향을 받는다면 이 기반을 적당히 유지하기만 해도 수익 구조가 흔들리지 않고 안정적인 이익을 가져다줄 수 있는 사업이라는 것을 뜻한다.

그러나 부정적인 영향을 받는다면 3은 쉽게 활력을 잃거나 사업에 관련한 새로운 것들을 받아들이기 어려울 수 있다는 것을 뜻하며, 최악의 경우 자신의 기반 안에 이윤/자산을 갉아먹는 자들이 있다는 의미로 볼 수 있다.

이 배열에서 3은 부정적인 영향을 받았다는 것을 알 수 있는데, 이는 내부에서 업무 분담이나 조율, 또는 사업의 방향성을 제대로 잡지 못하고 있다는 점과 내부 역량을 제대로 모으지 못하는 상황을 드러내며, 이에 더해 업계를 둘러싼 상황 변화에 적응하지 못하는 모습이 제3자들에게도 쉽게 관찰된다는 점으로 알 수 있다(5w, 8, 8w, 3s).

---

② **Pw(장애물)** 긍정적인 영향을 받는다면 어떠한 소식에 발맞춰 사업을 확대하거나 새로운 아이디어를 통해 사업을 확장/발전시킬 수 있는 기회를 잡게 된다는 것을 뜻한다. 반대로 부정적인 영향을 받는다면 정보력이 떨어진다는 것을 의미하며, 나아가 새로운 소식을 입수하는 루트 자체가 한정적이거나 정보통이 없어 새로운 개선안이나 사업 아이템에 대한 고려가 부족하다는 것을 뜻한다(3, 8, 8w, 3s).

---

③ **5w(기저)** 이 사람이 사업에 임하는 기본적인 마인드를 드러낸다. 자신의 노력과 노동으로 사업을 유지하거나 흥하게 만들려는 성향으로 해석할 수 있으며, 긍정적인 영향을 받는다면 질문자의 역량에 맞는 수단/아이템에 심혈을 기울여 최선의 성과를 낼 수 있다는 것을 뜻하나, 반대의 경우 자신이 하고 싶은 것을 통해 성공하려는 고집으로 해석되거나 내부 구성원의 목표가 전부 제각각이어서 제대로 역량을 응집해 일을 추진하기 어려운 상황이라는 것을 지적한다.

④ **8(과거)** 질문자가 어떻게 지금의 기반을 만들어왔는지 드러낸다. 자신이 하려던 것을 꾸준히 준비한 뒤, 기반을 닦고 자신의 영역 안에서 역량을 발휘해 빠르게 고정 수입을 확보했다는 것을 알 수 있다. 긍정적인 영향을 받았다면 역량을 발휘할 때 사회적인 흐름/분위기를 타서 더 많은 보상을 얻었을 것이나, 부정적인 영향을 받아 남들이 이미 이익을 취한 뒤에야 사업을 시작하는 바람에 많은 이익을 얻지 못했다는 것을 뜻한다. 그렇기에 질문자가 간직한 여러 계획을 검토한 뒤 실행해 기반을 굳건히 할 것을 조언하고 현 상황에 만족하지 말고 더 발전할 수 있도록 도와야 한다.

⑤ **8w(현재/곧 일어날 일)** 사업과 관련한 사안이나 흐름이 빠르게 바뀌고 있다는 것을 뜻한다. 만약 질문자가 흐름에 적응하지 못한다면 이에 대처하지 못한 채 손실을 보거나 뒤처질 수 있다는 것을 경고해야 하며, 반대로 흐름을 능동적으로 이용한다면 다른 경쟁 업체보다 우위에 설 수 있다는 점을 조언해야 한다.

⑥ **9w(미래)** 곧 일어날 고난/역경을 질문자가 가까스로 버틴다는 뜻을 담고 있다. 긍정적인 영향을 받는다면 과거의 경험이나 자신의 노하우로 현명하게 극복하는 모습을 의미하나, 부정적인 영향을 받는다면 자신의 영역을 지켜내더라도 정작 남은 것이 없거나 의미 없는 성공으로 빛이 바랠 수 있다고 경고해야 한다.

⑦ **8p(질문자의 내면)** 질문자의 상황 대처 능력이 뛰어나지 않다는 것을 뜻한다. 특히 50대라는 질문자의 연령에 맞지 않게 초보/견습을 뜻하는 카드가 나타났기에 더욱 부정적인 의미로 적용된다. 최악의 경우 서툴게 대처한 나머지 큰 패착을 두고 자신의 기반을 흩어버리는 결과를 빚을 수 있다는 점을 경고해야 한다.

⑧ **3s(제3자가 바라보는 질문자)** 질문자의 회사가 갈등 요소를 내포

하고 있거나 수익 창출에서 모순이 있다는 것을 시사한다. 긍정적인 영향을 받는다면 외부의 비판을 받아들여 문제를 사전에 해결함으로써 발전의 여지를 둘 수 있다고 조언해야 하나, 부정적인 영향을 받는다면 이런 요소들 때문에 회사 사이의 갈등이나 노사 갈등과 마찰이 외부로 드러난다는 점을 경고해야 한다.

⑨ 0(희망/두려움) 질문자가 새로운 사업 아이템을 통한 새로운 수익 루트를 원하거나 '하다 보면 어떻게 되겠지' 식의 희망을 품고 있다는 것을 드러내며, 반대로 이대로 아무것도 모른 채 대처도 못하고 과거의 모습으로 돌아갈까 봐 두려워하는 의미로 해석할 수도 있다.

현재까지 기반을 지키는 데 성공했다는 안도감과 역량을 갖추고 있다는 자신감을 통해 희망적인 모습을 드러내나, 반대로 명확한 비전이 없으며 실제 업무를 명확히 처리할 능력이 부족하다는 점 때문에 자신이 감당하지 못할 문제가 생기는 것을 두려워한다는 것을 알 수 있다(3, 5w, 8, 8p).

⑩ Nw(결론) 새로운 경쟁자의 탄생이나 질문자가 다른 지역/분야로 진출하는 것을 뜻하며, 이로써 실제 질문자가 사업 확장을 준비하고 있느냐를 확인해 다른 사람의 개입인지 자신의 개입인지를 판별해야 한다. 사업의 특성상 기존과 다른 일을 시도하느라 시행 착오를 많이 겪으리라는 것을 알 수 있으며, 어떤 부분을 보완해 이 문제를 덜어낼지 주의를 기울여야 한다.

긍정적인 영향을 받는다면 기존의 기반을 다른 영역까지 성공적으로 넓힐 수 있다는 의미로 볼 수 있으나, 반대로 부정적인 영향을 받는다면 다른 영역에 제대로 정착하기는커녕 내홍이나 업무 과중으로 현재의 기반조차 잃어버릴 수 있다는 것을 경고해야 한다.

이 배열에 드러난 8은 긍정적인 의미를 담고 있지만, 이를 제대로 쓰지 못하거나 쓰더라도 제한적으로 의미를 적용할 수 있기에 빛이 바랜 사례라고 할 수 있다. 과거에 자신 있게 해왔던 것들은 기반이 갖춰지고 나자 마음가짐이 나태해지고, 이 때문에 외부의 변화에 빠르게 반응하지 못한다는 것을 제대로 인지하지 못한 채 '하던 대로 하면 뭘 못하겠어?'라고 생각하는 상황으로 드러난 것이다. 특히, 이 상황이 외부에도 알려져 있다는 점에서 부정적인 영향을 더 강하게 받았던 사례였다.

이런 고질적인 문제는 앞으로도 계속될 것이라고 말하며 해석을 마친 뒤, 지금까지 해온 것들이 틀리지 않다고 강조하며 새로 뭔가를 시도하기보다 무모한 출자를 자제하라고 당부했다. 당시 질문자는 내 조언을 귀 기울여 들었기에 안심하고 해석을 종료했으나, 몇 년 뒤 모든 사업에서 손을 떼고 그가 꿈꿔왔던 것과 전혀 다른 분야에서 생계를 이어가는 수준으로 전락한 것을 몇 년 뒤에야 확인했다.

이렇듯 사업의 흐름과 관련한 질문에 드러난 8은 질문자가 여건을 모두 충족하면 주변의 방해와 역경을 이겨낼 역량을 얻거나 역전할 기회를 가질 수 있다는 뜻으로 해석할 수 있으며, 반대로 어떤 상황이나 배경 여건을 만족하지 못하면 인내하고 힘을 기르도록 권해 부정적인 영향에서 벗어날 수 있도록 조언해야 한다. 이때 가장 중요한 것은 질문자에게 명확한 기준/목표가 있는지, 또 그것을 얼마나 갈망하는지 판단해야 한다는 점이다. 아무리 기반/역량을 모아도 목적 없는 준비는 결국 잉여 자원으로 전락한다는 것을 경고하고, 질문자가 자신의 목적을 잊은 채 단순한 욕망에 빠져 허우적거리지 않게 이끌어준다면 해석자의 역할을 십분 다한 것이라 할 수 있다.

IX. THE HERMIT.
은둔자

고난 속의 달성
Achievement in Adversity

고난, 선견지명, 선구자, 스승, 스승을 찾다, 숨다, 스승을 만나다, 은둔, 찾다, 물극필반物極必反, 울혈, 궤양, 알려지지 않은 진상, 이상理想, 소외자, 아웃사이더, 오컬트, 선각자, (찾거나 인식해야 볼 수 있는)조언자, 컬트/마니아적 요소가 다분한 장르, 기밀, 선지자, 예언가, 사라짐, 민간요법, 사이비, 달인, 신비주의, 재야 인사, (제한된)정보, 국수주의, 빈유, 고난에서 희망을 기원하다, (신이 내린)최악의 시련, 저체중, 무형문화재, 채식주의자, 저혈당, 영양실조

긍정/부정 확인 기준

질문자가 고난에 빠져 있거나 일이 지지부진하게 진행되는가?

일반적이고 상식적인 방안으로 해결할 수 있는 문제인가?

질문과 같은 상황을 자력으로 극복할 수 없는가?

질문자가 조언이나 도움을 원하는 상태인가?

질문자에게 영향을 끼치려고 하는 자가 등장했는가?

제3자들이 인지하기 어려운 문제들을 다루는가?

메이저 상징편에서 언급한 '고난 속의 달성', '(고난 속을 견뎌 얻어낸) 지혜'의 키워드로 이 카드를 어떻게 활용할지 확인하는 몇 가지 조건이며, 이로써 은둔자 카드의 의미를 더욱 다양하게 해석할 수 있다. 나아가 위에 언급한 조건 말고도 다른 사전 정보에서 은둔자 카드의 긍정/부정적인 의미를 확인해 더 세밀하게 조언할 수 있다.

고생 끝에 낙이 온다는 말이 있듯, 은둔자 카드도 자신이 뭔가를 이루고자 한다면 수많은 고행을 거쳐야 한다는 의미를 담고 있으며, 고행과 고난의 극복 과정에서 다른 사람들이 알 수 없는 비의秘意나 비기秘技를 습득한다는 뜻을 아우르고 있다. 나아가 이런 태도를 지켜냄으로써 여태까지의 고난을 이겨내고 높은 경지에 오를 수 있다. 그러나 과정에 천착해 대안을 찾지 않거나 문제가 있음에도 이를 고집해 자신을 망칠 수 있으며, 자신을 구하는 데 천착해 주위 사람의 시선에서 떨어져 나갈 수 있다는 점을 주의해야 한다.

그렇기에 이 카드가 나타난다면 질문자가 어떤 방식으로든 어려움을 견디고 있는 상황이라는 것을 확인하고, 질문자가 전혀 인지하지 못한 방법들을 제시할 수 있도록 고민해야 한다.

해석용법

긍정 은둔자 카드의 가장 큰 의미는 '고난'이다. 자신이 믿고 따르는 것을 성취하려 거친 현실을 버티고 광야를 헤매는 상황이라는 것을 뜻하며, 여기서 '고난을 견디며 체득한 지혜'의 키워드가 파생한다. 나아가 현실에서 자신이 추구하는 바를 이루고자 남의 이해를 바라지 않고, 묵묵히 자신이 믿는 일을 꾸준히 함으로써 성취하고 자신의 목적을 달성하려는 상황이라는 뜻이다.

그렇기에 메이저 상징편에서 언급한 내용을 통해 질문자가 어떤 목적으로 지금 같은 고난을 스스로 감내하는 것인지, 고난 속에서 어떤 지혜를 깨닫고 어떤 영향을 받아 무엇을 이루려 하는지 명확하게 확인해야 한다.

부정 고난 때문에 시야가 편협해질 수 있으며, 벗어날 방안을 찾지 못해 부정적인 영향을 받는 것을 확인할 수 있다. 메이저 상징편에서 언급한 눈을 감은 모습이 이를 나타낸다. 자신이 믿는 것에 아무리 시간·노력·열정을 들여도 개선되지 않는 시간이 길어지면 결국 자신의 가능성을 포기하는 행위나 다름없다는 것을 강조하며, 그 때문에 사람들의 관심에서 멀어지거나 실패자로 손가락질받는 등, 목적성을 상실한 채 자신의 시도를 정당화하며 남들과 충돌할 수 있다는 것을 경고한다.

이런 이유로 은둔자 카드는 '고난과 극복 과정에서 깨달은 지혜'라는 키워드의 이면에 '고집, 교조주의, 원리주의'라는 키워드가 파생하며, 이 요소들을 통해 변화를 거부하고 자신이 선택/습득한 지식과 방침을 고집하느라 스스로 뒤처지는 약점이 생길 수 있다는 점을 강조한다.

또한 이 카드를 단순한 조언자나 스승의 개입으로 볼 수 없으며, 설령 그렇게 보더라도 해석자가 쉽사리 조언할 수 없다는 점에 주의해야 한다. 이 카드를 정확히 해석하기 어렵다고 여기는 사람이 많은 이유가 여기에 있다. 그러나 정작 해석자들이 은둔자 카드의 해석에 큰 실수를 하는 경우는 드물고, 실수하더라도 앞서 언급한 주의 사항을 간과해 적절하게 조언하지 못하는 경우가 종종 있는 정도다.

해석자의 통찰이 닿지 못한 곳에서 갑작스럽게 조언자/조력자가 나타날 경우는 흔치 않고 오히려 무리해서 긍정적으로 해석하려 하다가 카드의 의미를 제대로 적용하지 못할 때가 대부분이니, 착오가 생기지 않도록 주의해서 해석해야 한다.

특히 이 카드가 (질문자 자신을 의미하는) 1번 위치에 나오면 보편적으로 자신을 고립시키거나 질문자의 문제를 남이 찾을 수 없게 만들어 문제를 더 키우는 상황으로 해석되는 경향이 있지만, 이런 경향만으로 무조건 부정적인 해석을 할 수 없다. 또한, 현재 질문자가 겪는 난관에 더해 어떤 방식이든 '정보나 조언자가 없고, 자신이 할 수 있는 방법이 없다'는 착오에 빠지기 쉽다.

은둔자 카드의 부정적인 의미가 크게 부각되는 경우는 연애, 대인관계와 관련한 점에서 확인할 수 있다. 자신을 드러내지 않거나 엄격히 취향을 적용하는 탓에 부정적인 영향을 쉽게 받는다. 반대로 자신이 끊임없이 추구한 것에 관한 결과를 받아야 하는 상황에 나타날 때는 더 쉽게 긍정적인 영향을 받을 수 있다. 이런 요소 때문에 은둔자 카드는 첨단 (쉽게 접할 수 없는 최상위) 지식의 전문가부터 사람들을 기만하고 자신의 틀을 남에게 강요하는 거짓 선지자로도 해석할 수 있다.

따라서, 은둔자 카드가 어려운 상황에도 긍정적이고 강한 영향력을 받는다면 질문자가 '지금까지 보지 못했거나 봤더라도 쉽게 이해하지 못하고 믿을 수 없는 이야기'를 할 조언자가 나타나거나, 스스로 그런 조언자의 역할을 맡아 사람들에게 큰 영향을 끼칠 수 있다는 의미로 해석할 수 있으며, 최상의 경우 현재 겪는 고난이 모두 해소되고 자신의 노력을 보상받는 모습으로 드러난다. 이런 역사적 사례로 이집트 탈출을 권하고 기적을 보여주며 유대인을 구원한 모세를 들 수 있다.

부정적인 영향을 받는다면 거짓 예언자/조언자를 만나 잘못된 길에 들어서거나 질문자가 사람들과 교류를 거부하고 아집을 부리다 못해 폐쇄적인 모습으로 일관하며, 최악의 경우 자신을 깨달은 자로 착각해 남에게 자신의 사상/이념을 강요하고 자신을 따르지 않는 자들을 멸시하는 모습으로 드러난다. 이런 사례 가운데 유명한 인물로 십자군전쟁을 선동한 은자 피에르*와 제정 러시아의 종말을 앞당긴 요승 라스푸틴**을 들 수 있다.

이렇게 부정적인 영향을 강하게 받으면 해석자가 아무리 현실적이고 적절한 조언을 하더라도 질문자는 깨닫지 못하며, 거꾸로 자신이 믿는 바를 해석자에게 항변하는 모습으로 나타난다.

실제 배열에 은둔자 카드가 나오면, 질문자에게 어떤 신념이 있는지 확인하면서 왜 현재의 상황에 처했으며 자신은 이를 어떻게 받아들이고 있는지 파악해야 하고, 만약 이를 극복하려 했다면 어떤 방법을 썼는지 확인해 카드의 긍정/부정적 의미를 적용할 수 있다.

긍정적인 영향을 받는다면 곧 질문자가 달인의 경지에 올랐다는 것을 의미하며, 그 과정에서 불편이 있더라도 자신의 역량과 비전을 믿고 견디도록 격려하고 현재의 어려운 상황을 이겨내도록 다양한 조언을 해야 한다. 그러나 부정적인 영향을 받는다면 질문자가 처한 상황이 생각보다 심각하다는 것을 자각하도록 도와야 하며, 나아가 현재와 같이 정보에 둔감하거나 막연한 믿음만을 가지더라도 변화하는 것이 없다는 것을 말해 질문자의 시야를 환기시키고, 이로써 자신이 왜 이런 처지에 놓이게 됐는지 깨닫도록 이끌어야 한다.

배열 위치별 특징 켈틱 크로스 배열에서 은둔자 카드(이하 9)가 나왔을 때 어떻게 긍정/부정적인 영향을 확인하는지 판단하려면 10장의

---

* 메이저 상징편의 묵상, 랜턴, 후드 달린 옷 상징 해설 참고(82-83쪽). 은자 피에르Pierre l'Ermite는 성 베드로의 계시를 참칭해 이슬람과 전쟁해야 한다고 선동했으며, 이를 교황 우르바노 2세가 이용하면서 십자군전쟁이 발발하게 됐다.

** 메이저 상징편의 후드 달린 옷, 묵상, 지팡이를 든 노인 상징 해설 참고. 조지프 푸어만,『라스푸틴』, 생각의힘, 2017 참고.

카드 맥락을 모두 살펴야 한다(이에 관해 더 상세한 내용은 248-250쪽을 참고).

9가 배열에 나오면 고립되거나 도움을 얻기 어려운 상황을 묘사하며, 이런 문제로 대부분의 해석자가 9의 의미를 충분히 살리지 못하거나 연계를 소홀히하는 경향이 있다. 특히 어떤 카드가 놓이더라도 뜻이 명확히 드러나는 1, 3, 5, 6, 10번 위치일 때 주로 발생한다.

이런 특징 때문에 9는 4, 7, 9번 위치에 나왔을 때 쉽게 영향력이 강해진다. 과거의 역경을 이겨내려 노력한 모습이나 내면의 강한 의지 자체를 뜻할 수 있으며, (희망/두려움에서) 자신의 불리함을 이겨낼 날이 오기를 기다리는 모습으로 드러나기 때문이다. 또한 해석의 범위가 상당히 넓어지거나 간편하게 이용할 수 있으며, 긍정적인 키워드를 적용하기 쉽다.

이와 반대로 2, 6, 8번 위치에 9가 나오면 행동하기 어려운 상황이거나 자신이 모르는 영역에서 발생하는 문제 또는 미래에 닥칠 고난의 시간을 뜻한다. 또한 주변 사람들의 시야/시선을 통해 움직여야하거나 장애물을 극복하는 데 필수적인 조건이 까다로울 때가 대부분이다. 이는 9의 '고립, 폐쇄적, 외로움' 등의 부정적인 의미가 적용되기 쉽고, 긍정적인 의미를 적용하기에 제한이 심한 경향이 있기 때문이다.

연애(관계가 성립한 상황) 상대방과 어떤 이유로든 떨어져 있거나(예: 유학, 기러기 부모), 상대방 또는 관계있는 다른 이들과 소통이 이루어지지 않는다는 것을 지적한다. 긍정적인 영향을 받더라도 잘 극복하면 관계가 돈독해진다는 의미에 그치며, 부정적인 영향을 받는다면 관계가 소원해지거나 소통이 제대로 이루어지지 못해 불만스러운 상황을 뜻한다. 최악의 경우, 관계의 틈새에서 다른 부정들이 생길 수 있다는 점을 드러내며, 질문자도 이를 알면서 내색하지 못하는 상황까지 올 수 있기에 미연에 이를 방지하도록 조언해야 한다.

연애(관계가 성립하지 않은 상황) 쉽게 부정적인 영향을 받는다. 서로 호감을 확인할 방법이 없거나, 질문자가 엉뚱한 방식으로 접근해 상대방이 이해하기 힘든 상황을 뜻하기에 관계를 개선하려고 선택한 방침/방향을 수정하도록 권해야 한다. 긍정적인 영향을 받는다면 상대방의 마음을 얻는 데 필요한 조건을 충족하고자 고행함을 뜻하며, 이를 달성하고 수월하게 관계를 개선한다는 의미로 볼 수 있다.

상대방이 없거나 단순히 호감만 있는 상태에서 나온 9는 최악의 경우다. 9의 의미인 고독이 최우선으로 적용되기 때문이다. 긍정적인 요소를 최대한 적용해 해석해도 결국 질문자에게 인연을 인도할 귀인을 찾아야 한다는 조언이 그나마 나은 축이다. 부정적일 때는 질문자의 대인관계가 협소하거나 상대방을 찾을 수 없는 환경에 있다는 뜻을 담고 있으며, 최악의 경우 질문자의 외양/조건이 기준 이하라는 것을 적나라하게 드러내는 경우까지 있으므로 관계를 맺고자할 때 더 필요한 것에 관해 현실적인 조언을 진행하고 개선하도록 유도해야 한다.

대인관계 모두 인정하는 어느 분야의 전문가처럼(그러나 대중성이 없을 경우가 많다) 묘사된다. 그러나 다수를 상대해야 하는 대인관계의 특성상 깊지만 좁은 관계를 유지하는 경향이 있으며, 설사 넓은 인맥이 있더라도 이중적이거나 같은 분야/장르에 겹치지 않은 사람들이 9의 이미지를 제각각 다르게 인식하고 관계를 맺은 경우로 한정된다. 나아가 이런 요소 때문에 9는 대인관계의 기본적 방침이 자신과 다른 사람들 사이에 투명한 벽을 두고 대하려는 성향으로 해석된다.

이런 요소들이 긍정적인 영향을 받는다면 아는 사람만 아는 확실한 해결사나 전문가로서 주위 사람들이 의지하는 사람으로 인식하고 있다고 볼 수 있지만, 반대의 경우 편협하거나 존재감이 전무한 상태로 해석되며, 최악의 경우 방구석 폐인 같은 사람을 의미한다. 이를 가장 멋지게 해석한 캐릭터가 셜록 홈스다.

사업의 흐름이나 전망 긍정적인 영향을 받았다면 남들이 접근할 수 없는 특수한 지식이 필요한 사업 또는 기술 지원으로 독보적인 영역을 확보하는 것을 의미한다. 이때는 별도의 조치가 필요하지 않으며 질문자의 기술력을 더욱 끌어올리고 연구에 몰두하도록 권하는 데 그친다.

그러나 부정적인 영향을 받는다면 다른 사업자와 연계할 수 없거나 이미 고립 상태 또는 해당 분야의 규모가 작아 수익을 내기 힘든 상황을 뜻하며, 최악의 경우 해당 분야와 관련한 인재들이 질문자의 사업에 참여하지 않거나 고용되기를 거부하고 다른 곳으로 유출된 상황을 의미하며, 기반 유지에 실패하고 몰락할 수 있다는 것을 경고해야 한다.

창업의 성사 여부 크게 두 가지 유형이 있다. 첫째로 아는 사람이 적은 최첨단 기술이나 공유되지 않은 획기적 아이디어로 이루어지는 사업을 뜻한다. 9의 지혜가 1보다 한 수 위의 개념이기에 할 수 있는 해석이며, 부정적인 영향을 받는다면 인지도가 없는 상태를 지적하면서 이를 극복할 마케팅의 필요성을 역설해야 한다.

정리하자면 '다른 사람들이 모르거나 알기 어려운 일에 매진하고 이를 달성해나가는 자'로서 드러나는 경우로 정리할 수 있으며, 이는 9의 선각先覺과 고난이 결합된 의미가 적용되는 경우라 할 수 있다.

진로 적성 수준 높은 전문 지식 자체를 개발/연구하는 것에 소질이 있거나 오래된 전통 기술이나 명맥이 끊긴 것을 복원·계승하는 분야와 관계있을 수 있다. 나아가 도제식 직업 교육을 특성으로 한 직업과 관련한 경우가 많다. 이는 9 특유의 폐쇄성을 직업적인 특성으로 적용해 이해할 수 있다. 나아가 단순히 책사策士가 아니라 모사謀士로 안팎에 드러나지 않는 기획을 입안하는 사람으로 묘사된다.

그러나 부정적인 영향을 받는다면 투자 대비 결실이 적거나 과거의 기술에 머물러 후대에 전승하지 못하는 상황이 올 수 있으니 주의해야 하며, 사회의 인정을 받지 못해 노력이 빛을 받지 못할 수 있다는 의미를 담고 있다. 그러나 보편적으로 사람들이 잘 모르는 분야에서 대성할 수 있다는 의미로 볼 수 있으며, 이 과정에서 주변을 어떻게 설득하고 비전을 제시해 지지를 얻을지 고민하도록 만드는 데 그친다.

시험 결과나 합격 여부 긍정적인 영향을 받는다면 엄청난 양의 선행 학습으로 유리한 고지를 선점하거나 노력을 걸맞는 결과를 얻을 수 있는 상황이라는 것을 뜻하며, 나아가 강도 높은 공부 방법을(예: 기숙 학원) 동원해 좋은 결실을 맺을 수 있다는 것을 드러낸다.

그러나 부정적인 영향을 받는다면 시험/합격 관련 정보가 부족해 불이익을 받거나 필기 시험이 아닌 면접/실기 시험에서 자신의 역량 말고는 믿을 수 있는 것이 전혀 없다는 것을 의미하기에, 정보 공유 없이 잘못된 방식으로 독학하는 모습을 뜻한다. 최악의 경우 다른 이들의 부정이나 편법에 피해를 입을 수 있다는 점을 경고해 만일의 사태를 대비하도록 조언해야 한다.

질병의 호전, 완치 보통은 질문자의 습관이 악화돼 나타나거나 올바르지 않은 식습관으로 문제가 발생하니, 이를 주의하도록 조언하면 큰 문제를 예방할 수 있다. 그러나 이미 질병에 걸린 상태라면 질문자의 생각이 의료진보다 뛰어나지 않다는 것을 인정하도록 설득하

고 자신의 목표 달성을 위해서라도 제대로 건강을 관리하도록 조언해야 한다.

부정적인 영향을 받는다면 이런 태도로 때문에 의약처의 처방을 받지 않거나 진료 자체를 거부함으로써 상황을 악화시킬 수 있다는 뜻으로 풀이되며, 최악의 경우 자신의 종교나 신념을 의료진에게 강요해 적법한 처방을 거부하는 사태가 벌어질 수도 있지만, 이는 흔치 않은 사례이므로 해석에 주의해야 한다.

단순한 건강 문제 습관성 질병(예: 위염, 식도염, 장염, 관절염)에 해당한다. 정신적인 면에서 다이어트와 관련한 거식증·폭식증을 뜻하며, 이상이나 목표에 집착하는 9의 부정적인 의미가 적용되는 경우다. 흔치 않은 사례로 왜소증, 조로증을 뜻할 있으나 극히 드문 경우이니 해석에 주의해야 한다.

그러나 긍정적인 영향을 받는다면 갓 개발된 신약 또는 비전에 준하는 특이한 방식/경험 덕택에 건강이 크게 나아지는 것으로 이해할 수 있다. 다만 이 방식은 남에게 적용할 수 없거나 철저히 개인 체질과 밀접하게 관련한 문제이기에 함부로 해석할 수 없다는 점을 강조하고자 한다.

켈틱 크로스 배열 위치별 긍정/부정 해석법

1 → ② ③ ④ ⑧ 카드 확인 긍정적인 영향을 받는다면 현 상황을 감내하고 더 나은 미래를 기다리도록 조언해야 하나, 이마저도 질문자에게 비전이 없다면 긍정적으로 해석하려 해도 불가능해진다는 점을 경고해야 한다.

2 → ① ⑤ ⑦ ⑧ 카드 확인 질문자가 자신의 목표를 제대로 설정하지 못한 채 방황하고 있다면 조언해줄 수 있는 사람이 질문자 주위에 없다는 것을 뜻하며, 어떤 일을 추진하는 상황이라면 의도치 않게 방해받을 수 있다는 것을 암시한다. 특히 연애와 관련한 질문이라면 질문자의 좁은 교우 관계 또는 사회생활이나 미숙한 감정 표현을 지적하고 극복할 방안을 조언해야 한다. 그러나 긍정적인 영향을 받는다면 자신의 행보에 갑자기 난입한 다른 분야의 귀인을 통해 자신을 발전시킬 기회가 찾아옴을 뜻하며, 이로써 무엇을 깨달을 수 있는지 조언해서 질문자가 문제를 극복할 원동력을 얻을 수 있다는 점을 강조해야 한다.

3 → ① ④ ⑦ ⑨ 카드 확인 질문과 관련한 문제의 방침이 질문자 자신의 뜻/비전과 맞아떨어진다면 충분히 감내할 수 있다는 것을 뜻한다. 긍정적인 영향을 받는다면 어떤 어려움이 있더라도 자신의 목표를 달성하고자 고난을 이겨내는 모습으로 드러나며, 나아가 사람들에게 목표나 우상으로 여겨질 만한 잠재력이 있다는 것을 의미하지만, 반대의 경우 외골수로 행동해 질시를 사거나 고립될 수 있으며, 최악의 경우 자신의 입장을 누구에게도 설득시킬 수 없는 상황으로 전락할 수 있다는 것을 경고한다.

4 → ① ③ ⑤ ⑧ 카드 확인 긍정적인 영향을 받는다면 과거에 겪은 고난을 이겨내고 자신이 목표를 이뤘다는 것을 뜻하며, 부정적인 영향을 받는다면 자신의 폐쇄적인 성향 때문에 일이 악화되거나 남의 도움을 받기 어려운 상황에 놓여 문제를 악화시켜왔다는 것을 드러낸다.

5 → ② ④ ⑦ ⑨ 카드 확인 긍정적인 영향을 받는다면 생각지 못한 남에게 도움을 받거나 자신의 신념을 남에게 드러내고 조력을 얻어 문제를 극복할 원동력을 얻는다는 의미로 해석할 수 있으나, 반대로 부정적인 영향을 받는다면 도움을 청할 사람이 없거나 질문자를 이해해줄 사람 하나 없이 문제가 점차 악화된다는 것을 뜻하므로 주의해야 하며, 다른 카드들을 확인해 이 난국을 헤쳐나갈 방법을 조언해야 한다.

6 → ① ② ④ ⑤ 카드 확인 긍정적인 영향을 받는다면, 질문자가 가진 미지의 영향력을 개발하거나 남들이 모르는 비밀 병기 또는 필사의 일격을 준비하는 과정을 거친다는 뜻으로 볼 수 있고, 그에 준하는 무언가를 제공할 조언자/스승을 만난다고 볼 수도 있다. 그러나 부정적인 영향을 받는다면 자신의 잘못된 판단/행위 때문에 고립되거나 고난을 맞이한다는 뜻으로 해석할 수 있으며, 자신의 잘못된 신념/믿음을 고집하다가 스스로 이루려 했던 가치가 변질될 수 있다는 점을 경고해야 한다.

7 → ① ④ ⑧ ⑨ 카드 확인 긍정적인 영향을 받는다면 자신의 신념을 통해 궁극적인 목적을 달성하고자 스스로 고행을 선택한 모습을 보여주며, 나아가 남들에게 없는 자신만의 비전을 통해 목적을 이룰 원동력을 얻는다는 뜻으로 해석할 수 있다. 부정적인 영향을 받으면 스스로 외부와 소통을 끊어 문제를 더욱 심화하거나 자신이 보려는 것만 보는 모습으로 전락한 상태라는 것을 경고해야 한다.

8 → ② ④ ⑤ ⑦ 카드 확인 긍정적인 영향을 받는다면 질문자가 남의 시선에는 선지자에 가깝게 여겨진다거나, 비범한 생각/행동으로 비전이 있다고 여겨진다는 것을 나타낸다. 부정적인 영향을 받는다면 구태의연한 논리나 주장을 신봉하는 사람 또는 자신의 주장만 반복하며 소통할 수 없는 얼치기로 비칠 수 있다는 점을 경고해야 한다.

9 → ② ③ ⑤ ⑦ 카드 확인 긍정적인 영향을 받는다면 생각지 못한 사람의 조력을 원하고 있거나 자신의 신념이 남에게 인정받기 힘들더라도 스스로에게는 빛으로 다가오길 염원하는 의미로 해석된다. 부정적인 영향을 받는다면 고립되거나 홀로 남는 것을 두려워하는 모습으로 해석할 수 있다.

10 배열에 나타난 모든 카드의 의미를 총합해야 한다. 질문자가 해당 문제를 해결하려 다양한 방법을 썼다면, 그와 상관없는 전혀 다른 방법/수단이 있다는 것을 강조하고 그 방법을 찾도록 이끌어야 한다. 만약 문제 해결책을 찾지 못한다면 찾을 때까지 어려움을 겪으리라고 지적해 9의 의미인 고난을 빠르게 극복하도록 조언해야 한다. 긍정적인 영향을 받는다면, 다가올 고난을 대비하는 과정에서 일말의 깨달음을 얻고 질문자가 원하는 궁극적인 성장을 이룰 수 있다는 것을 뜻한다. 반대로 부정적인 영향을 받으면 이 모든

행위에도 문제를 해결하지 못한 채 모든 고난을 스스로 떠안아야 할 수 있다는 것을 경고해 질문자가 제대로 살피지 못하거나 배려하지 못한 사람/의견이 있다는 것을 스스로 깨닫도록 조치해야 한다.

실제 사례 (2007년 4월, 성남 분당 모처, 10대 중반 남성)

질문   이 상황을 어떻게 바꿀 수 있을까?

사전 정보   갓 고등학교에 입학했는데도 학교 적응이 힘들다며 의뢰한
사례였다. 더 깊은 속내를 물어봐도 애써 피했기에 자세한
사정은 배열을 펼치고 나서 언급할 수밖에 없었다.

5s – 4s – 7w – 6c – Np – 6s – 9 – 10w – Pw - 3p

5s   (질문자 자신) 현 상황이 불공평하거나 부조리하다는 것을 이미
알고 있다.

4s   (장애물) 변할 기미가 없는 상황이 발목을 잡고 있다.

7w   (기저) 상황을 역전시키려는 생각은 없으며, 어떻게든 현상 유
지라도 하려 했다.

6c   (과거) 예전에도 이런 경험이 있었다.

Np   (현재/곧 일어날 일) 상황은 개선되지 않고 유지될 것이다.

6s   (미래) 별다른 조치가 없다면 상황은 점차 악화될 것이다.

9   (질문자의 내면) 자신이 어려운 상황에 있다는 걸 알고 있으나,
벗어나지 못하리라고 생각한다.

10w   (제3자가 바라보는 질문자) 구체적인 상황은 몰라도 질문자가
많이 힘든 상황이라는 것을 알고 있다.

Pw   (희망/두려움) 상황을 변화시킬 좋은 소식이 있길 바라며, 자신
의 처지가 조롱거리로 전락하길 원치 않고 있다.

3p   (결과) 전문가나 다른 사람들에게 상황 개선을 부탁해 문제를
해결하려 할 것이다.

실전 해석

이 배열에서 9는 7번 위치, '질문자의 내면'에 드러났다. 대인관계의 개선을 원하는 질문의 특성상 9의 키워드인 '고난, 조언을 하다/구하다, 외로움'의 의미가 어떻게 상황을 악화했는지 검토해야만 문제의 진상에 닿을 수 있다. 특히 '고난, 괴로움'의 의미를 통해 이 상황에서 질문자가 왜 고난을 겪어야 했는지 파악해 대인관계를 개선시켜야 하며, 그 과정에서 잘못을 개선할 때 도움이 될 조언을 해줘야 한다.

이 질문에서 9는 질문자가 이 상황을 어떻게 이겨낼 수 있는지 보여준다. 9의 의미에 긍정/부정적인 영향을 끼치는 카드는 5s, 6c, 10w, Pw로 확인되는데, 이로써 주변에 자신의 상황을 알려야 하며 나아가 현 상황을 단순히 무시하지 말고 개선해야 하는 상황이라는 것을 알 수 있고, 개선 과정에서 질문자 자신의 의지가 꺾이지 않게 다양한 조언으로 응어리진 마음을 풀어내야 한다는 점을 알 수 있다. 만약 그렇게 하지 못하면, 질문자의 상황이 악화되다 못해 극단적인 선택을 할 수도 있으니 주의해야 하며, 어떻게든 9의 의미를 긍정적으로 전환할 수 있도록 조언해야 한다.

점을 볼 때 필요한 최소한의 사전 정보도 알려주지 않고 상황 개선이 어떻게 가능한지만 반복해 묻던 질문자의 모습에 나는 위화감을 느꼈고, 결론을 확신하며 해석을 시작했다.

---

① **5s(질문자 자신)** 질문자가 불리한 상황에서 별다른 수단을 쓸 수 없는 지경에 몰려 있다는 것을 시사한다. 긍정적인 영향을 받는다면 자신의 유리한 위치 및 상황을 이용해 지금 같은 상황에 처할 일이 없다. 여기서는 부정적인 영향을 받아 남에게 핍박·불공정한 처우·이유 없는 비난과 차별을 받고 있다는 의미를 부각한다.

---

② **4s(장애물)** 질문자가 행동하지 않고 있다는 점을 지적한다. 긍정적인 영향을 받는다면 상황의 역전을 노리며 절치부심한다고 볼 수 있으나, 부정적인 영향을 받는다면 불리한 상황을 개선할 의지 없이

안정만을 좇아 잠시 숨을 고르기 급급한 질문자의 상태를 적나라하게 드러낸다.

③ **7w (기저)** 질문자가 이런 상황을 돌파하고자 했던 노력들이 현상 유지에 급급하고 문제를 뿌리 뽑지 못했다는 점을 지적한다. 긍정적인 영향을 받는다면 어려운 상황에도 현명히 대처해서 넘겨왔다고 해석할 수 있으나, 부정적인 영향을 받는다면 질문자가 문제를 완벽히 해결하려는 의지가 부족했거나 핑계를 대며 문제를 방치해왔던 상황이라는 것을 뜻한다.

④ **6c (과거)** 이 주제와 관련한 경험을 이미 겪어봤다는 것을 뜻한다. 긍정적인 영향을 받는다면 주변 사람들에게 도움을 받아 이를 극복할 수 있거나 이런 문제를 해결해본 경험을 살려 상황을 유리하게 이끌 수 있다는 의미로 해석되나, 부정적인 영향을 받는다면 같은 피해를 입어왔고 지금도 그 상황이 지속되거나 대인관계에 큰 피해를 끼치는 수준으로 낙인 찍힌 상황이라는 것을 경고한다.

⑤ **Np (현재/곧 일어날 일)** 현 상황이 유지되기만 할 뿐 바뀌지 않으리라는 것을 뜻한다. 긍정적인 영향을 받는다면 질문자를 비롯한 관계자들이 상황을 더 악화시키지 않는다는 것을 의미하지만, 부정적인 영향을 받는다면 질문자가 아무리 애쓰더라도 상황을 바꾸기 어려우리라는 것을 시사한다(6c, 6s, 10w).

⑥ **6s (미래)** 어떻게든 상황이 바뀌기 시작할 것을 뜻한다. 긍정적인 영향을 받는다면 상황 개선을 의미하나, 부정적인 영향을 받는다면 질문자가 더욱 불리할 수밖에 없는 상황이 강요되리라는 것을 시사하며, 최악의 경우 관련자 모두와 관계를 끊어야 할 수 있다는 것을 경고한다.

⑦ **9 (질문자의 내면)** 이 상황을 질문자가 매우 힘들어하고 있다는 것

을 뜻한다. 긍정적인 영향을 받는다면 상황을 감내하며 이를 자신의 목표가 있거나, 어려운 현 상황을 견디며 자신에게 다양한 경험이나 지혜들이 쌓이고 있다는 것을 스스로 체감하고 있다는 의미로 적용되나, 부정적인 영향을 받는다면 이 상황을 버텨내는 것조차 힘겨워하며 상황이 빨리 지나가길 염원하면서 가까스로 버티고 있다는 뜻으로 해석할 수 있다. 최악의 경우 질문자가 이런 현실을 극복해내지 못하고 극단적인 선택을 할 수 있다는 점을 경고해야 한다.

이 배열에서 9는 부정적인 영향을 받았다는 것을 알 수 있다. 자신에게 잘못이 없음에도 주변 상황이나 과거 이력 때문에 현 상황이 왔으며, 이를 극복해야 했으나 스스로 답을 찾아내기보다 외부의 조력만을 기다리는 태도를 보이기 때문이다. 자신의 부족함을 채우면서 역량을 강화해 문제를 해결할 수 있도록 조언해야 한다(5s, 6c, 10w, Pw).

---

⑧ **10w(제3자가 바라보는 질문자)** 남들도 질문자의 상황을 어느 정도 눈치채고 있거나 위화감을 느끼고 있다는 것을 뜻한다. 긍정적인 영향을 받는다면 이 힘든 상황을 외부에 알리거나 조력을 요청해 어려운 상황을 극복할 수 있다는 뜻으로 이해할 수 있다. 그러나 부정적인 영향을 받는다면 무신경한 주변 사람들에게 도움받지 못한 채 홀로 상황을 이겨내야 하는 것을 지적하며, 외부에 알리더라도 되레 조롱받거나 방치당할 수 있다는 점을 경고한다.

---

⑨ **Pw(희망/두려움)** 질문자가 현 상황을 돌파해낼 수 있는 소식이 있길 바라는 모습과 반대로 상황을 더 악화시킬 수 있는 소식이 오지 않길 바라거나 되레 더 악화시켜 질문자를 조롱하지 않았으면 하는 두려움으로 해석된다(4s, 7s, 6c, Np).

---

⑩ **3p(결론)** 질문자가 현 상황을 극복하려 전문성을 갖춘 사람에게 의뢰하거나 공식적으로 조력자를 초빙해 문제를 해결해내야 한다는 점을 시사한다. 긍정적인 영향을 받는다면 공적 조치로 가해자들을

속박·제한하거나 물리적인 역량 행사를 할 수 있는 더 큰 조력자를 구해 현 상황을 역전시킬 수 있다는 점을 시사하나, 부정적인 영향을 받는다면 이런 도움이 오히려 상황이 더욱 악화시킬 수 있거나 애써 얻어낸 조력마저 별다른 효과 없이 사라지는 것을 경고한다.

―――――――

해석을 끝낸 뒤, 뭔가 울먹거리는 소리가 들렸지만 애써 무시했다. 질문자가 이런 상황이 오기 전에 해결할 수 있는 방법이 있었음에도 주변에 도움을 제대로 청하지 않았거나 고집을 부려 상태를 더 악화시켰다는 점이 명확했기 때문이다. 그렇기에 질문자 스스로 도움을 요청하지 않으면 이 상황을 바꾸는 건 어려웠고, 조언해준들 질문자 홀로 실행할 의지가 있을지 의심할 수밖에 없었다.

얼마 안 가 질문자는 자신의 사정을 세세하게 이야기하기 시작했고, 나는 그에 맞춰 다양한 방법을 알려주면서 상황을 바꿀 수 있도록 여러모로 조언했다.

몇 달 지나지 않아 학부모와 함께 다시 찾아온 질문자의 표정은 매우 밝아져 있었다. 안쓰러운 표정으로 자녀를 바라보던 학부모가 먼저 말문을 열었는데, 도움에 감사를 표하면서 상황이 여기까지 온 것은 자신에게 큰 책임이 있다고 자책하시는 바람에 감정을 가라앉히느라 애먹었다. 더 자세히 조언해달라는 요청에 자녀가 원하는 방식이 무엇인지 확인하고 가해자들에 관한 조치를 마쳤다면서, 추가로 다른 주제들로 점을 몇 번 더 보고는 돌아갔다.

이 배열에서 9는 문제를 해결하고자 할 때 선택해야 하는 수단이 단순히 홀로 견뎌낼 수 있는 상황이 아닐 때 어떻게 부정적으로 적용될 수 있는지 보여준 사례였다. 9는 어려움을 극복하려 노력하나, 그 과정에서 본연의 목적과 달라지거나 당장 바꿔야 하는 급박한 사안을 처리하지 못하거나 판단력이 경직될 수 있으며, 문제를 해결하려 더 심한 고난과 위기를 겪으면서 극복하려는 성향을 띠기 때문이다.

10대 중반의 질문자가 이런 상황에 놓이는 것은 가혹하며, 스스로 벗어날 방법을 포기해 상황을 더 악화시킨 전적이 있는 한 9의 성향을 이용하는 것을 막아야 한다고 봤으며. 그가 고려하지 못했던 여러 대안을 제시해 질문자의 시야를 넓혀 9의 편협함을 없애고 조언을 받아들이게 만들었던 사례였다.

실제 사례 (2004년 2월, 서울 홍대 모 페스티벌, 20대 중반 남성)

질문 내가 고백하면 그녀는 승낙할까?

사전 정보 인더스트리얼과 일렉트로니카 음악을 아우르는 음악 축제로, 주변이 매우 시끄러웠다. 질문자도 당황한 기색이 역력했다. 축제 분위기상 여성이 하룻밤을 허락할지를 묻는 것으로 볼 수 있었다.

1 - 4c - 7 - 8w - 7s - 15 - 6w - 9 - 4w - 5c

1 (질문자 자신) 내 방법·기술로 상대방의 승낙을 어떻게든 받고 싶다.

4c (장애물) 다양한 방법 가운데 상대방의 마음을 공략할 수 있는 것이 무엇인지 고민해야 한다는 점을 잊고 있다.

7 (기저) 지금 이 관계를 어떻게든 빨리 진행하고 싶다.

8w (과거) 상대방에 관한 정보가 없으며, 만난 지 얼마 되지 않은 상황이다.

7s (현재/곧 일어날 일) 관계를 성립시키려 꼼수를 쓰거나, 편법적인 방법들을 동원할 것이다.

15 (미래) 이 사람이 아니더라도 같은 방식으로 욕망을 채우려 할 것이다.

6w (질문자의 내면) 지금껏 실패한 경우도 몇 없었으며, 나 정도면 상대방을 쉽게 설득할 수 있다.

9 (제3자가 바라보는 질문자) 안중에 없거나, 존재감이 없다.

4w (희망/두려움) 오늘 밤 함께할 수 있기를 원하나, 이 시도가 실패해 아무것도 하지 못하고 하루를 보낼까 봐 두려워한다.

5c (결과) 질문자의 감정은 손상되며, 채워지지 않는다.

실전 해석

이 배열에서 9는 8번 위치, '제3자가 바라보는 질문자'에 드러났다. 연애라는 질문의 특성과 결부해 9의 키워드인 '고난', '고립'의 뜻을 보건대 남에게 자신이 드러나지 않은 상황이라는 것을 뜻한다. 관계를 성립시키려면 자신을 먼저 드러내야 하며, 다른 사람들은 질문자가 자신보다 상대방을 배려해 공감을 이끌어내는 기술이 부족하다고 느낀다는 것을 알 수 있다.

이 질문에서 9는 질문자를 바라보는 사람들의 시선/관점을 의미하며, 그만큼 주목받지 않았거나 전혀 상관없는 사람으로 인식되고 있다는 것을 뜻한다. 9의 의미를 긍정/부정적으로 변화시키는 카드는 4c, 8w, 7s, 6w로 확인되는데, 이로써 9가 부정적인 영향을 받고 있다는 것을 쉽게 알 수 있다.

여기서 7s는 질문자가 가벼운 분위기를 즐기는 것을 넘어 과욕을 부리고 있으며, 과거에도 이런 시도를 해왔고 '되면 좋고 아니면 말고' 식으로 이성에게 접근한다는 것을 보여준다. 이번에도 과거처럼 잘될 거라고 근거 없는 자신감을 보여주는 것에서 질문자의 태도를 확인할 수 있다. 그렇기에 다른 사람이 이런 질문자의 내심/상황을 인지하지 못했다면 모를까, 질문자보다 사람을 더 쉽게 간파할 수 있는 상대방에게 접촉한다면 최악의 상황에 이를 수 있다.

당시 상황상 해석을 길게 할 수 없었고, 간단히 상대방이 누군지 알려달라고 말한 뒤 빠르게 해석해야 했다. 그러나, 이 배열은 실로 재미있는 사례다. 1과 9의 긍정/부정적인 의미가 정면으로 충돌하기 때문이다.

---

① **1(질문자 자신)** 관계 성립을 위한 의지가 있다는 것을 의미한다. 긍정적인 영향을 받는다면 이를 위해 자신이 목표하는 관계를 달성하기 위해(상대방을 속이더라도) 진행하려는 모습으로 해석되나, 부정적인 영향을 받는다면 자신의 매력을 어떻게 상대방에게 전달할 수 있는지 고민하지 않거나 상대방의 취향을 제대로 파악하지 않은 채

관계 성립을 강행하려는 모습을 의미한다.

이 배열에서는 부정적인 영향을 확정적으로 받고 있다. 단순한 욕망을 통제하지 못한 채 상대방에게 집적대고, 짧게 만났음에도 자신이 마음만 먹으면 누구와도 관계를 가질 수 있다고 자만하는 것과 달리 누구도 질문자를 눈여겨보지 않는 것으로 부정적인 영향을 확인할 수 있다(4c, 7, 8w, 6w, 9).

---

② **4c (장애물)** 자신의 욕망을 충족하는 데 골몰하며, 만족할 줄 모른다는 뜻으로 해석할 수 있다. 긍정적인 영향을 받는다면 더 나아지려고 노력할 수 있는 동기를 얻는다고 볼 수 있으나, 부정적인 영향을 받는다면 능력 이상의 과욕을 부린다는 것을 지적하며, 질문자가 시도하려는 것이 정상적인 감정 전달이 아님을 드러낸다. 굳이 할 필요 없는 시도를 자신의 욕망 때문에 하고 있다는 점을 지적해야 하고, 나아가 질문자를 만류해 문제의 소지를 줄여야 한다.

---

③ **7 (기저)** 위에서 언급한 4c를 통해 시도하지 말라고 조언해도, 이미 욕망에 충실해 무슨 말을 하든 상대방을 공략하려는 생각이 가득하다는 것을 알 수 있다. 이는 1의 의지 구현 욕구를 포함하며 나아가 상대방을 굴복시키려 편법을 쓰는 데 주저하지 않는다는 것, 상대방의 의향과 상관없이 진행하려는 것, 개인의 욕심을 채우려는 데 급급한 나머지 긍정적인 열정조차 부정적인 욕망으로 변질돼 적용된다는 것으로 확인할 수 있다. 긍정적인 영향을 받는다면 그나마 자신의 욕망 말고도 상대방에 관해 순수한 호기심이나 관심이 있다는 의미로 볼 수 있다(1, 7s, 6w, 9, 4w).

---

④ **8w (과거)** 상대방과 처음 만났다는 것을 의미하며, 나아가 질문자가 다른 이성들과 관계를 진행했던 유형을 드러내준다. 굳이 이 관계에 한정해서가 아니라 이성을 만날 때마다 조급하거나 짧은 기간에 자신이 원하는 관계만을 추구한 모습으로 해석된다.

긍정적인 영향을 받는다면 이런 과정을 거치더라도 좋은 관계를 성립시켜왔다는 것을 의미하나, 이 배열에서는 부정적인 영향을 강하게 받고 있다는 것을 다른 카드들로 쉽게 확인할 수 있다.

⑤ 7s(현재/곧 일어날 일) 편법 또는 상대방을 기만하는 모습을 의미한다. 긍정적인 영향을 받는다면 과정에 문제가 있더라도 좋은 관계로 성립될 수 있다는 것을 뜻하지만, 부정적인 영향을 받는다면 관계가 성립되고 나서 자신이 취할 이득만 계산하는 모습으로 드러나며, 최악의 경우 사람들에게 지탄받는 행위를 해서라도 자신의 욕구를 채우려 들 것을 지적해야 한다.

⑥ 15(미래) 질문자의 욕망이 겉으로 드러난다는 것을 암시한다. 물론 상대방이 현혹당한다면 질문자는 욕구를 채울 수 있겠지만 이는 어디까지나 이 카드가 긍정적인 영향을 받을 때나 해당하며, 부정적인 영향을 받는다면 질문자가 가진 15의 모습이 공개되며 사람들에게 거부당하거나 지탄받게 된다는 것을 의미한다.

　여기서는 부정적인 영향을 받았다는 것을 알 수 있다. 질문자가 스스로 뛰어난 기량을 가졌다고 생각하는 자만감이 사실은 거짓이며, 욕망에 충실하고 남을 배려하지 않고 속이며 자신의 환상이 이루어지기만을 바라는 모습으로 이를 확인할 수 있다(1, 4c, 7s, 4w).

⑦ 6w(질문자의 내면) 질문자가 이 사안에 관해 확고하게 자신 있어 한다는 것을 드러낸다. 긍정적인 영향을 받는다면 과거의 성공에 기반한 자신감으로 사람들을 설득할 수 있다는 뜻으로 볼 수 있지만 부정적인 영향을 받는다면 이는 그저 근거 없는 자신감을 의미하며, 이 때문에 문제가 생길 수 있다는 것을 뜻한다.

⑧ 9(제3자가 바라보는 질문자) 다른 사람이나 상대방이 질문자를 전혀 인식하지 못한다는 것을 뜻하며, 더 세밀히 해석하면 질문자가 상대방의 취향에 맞지 않아 전혀 눈여겨보지 않는다는 것을 드러낸다. 자칫 잘못 접근해 실수하면 상대방이 이를 기분 나쁘게 받아들인 나

머지 과격한 조치(경찰 신고, 공개 비판 등)로 대응할 수 있다는 것을 암시한다. 그렇기에 다른 이들이 질문자의 속셈을 알아챌 수 있다는 점을 경고해야 하며, 질문자가 시도하는 꼼수나 거짓말, 기만책들이 쉽게 간파당할 수 있다는 점을 강조해 가급적 문제를 일으키지 않고 자중하도록 조언해야 한다(4c, 8w, 7s, 6w).

⑨ **4w(희망/두려움)** 질문자가 자신이 원하는 결과를 얻길 바라는 마음 자체로 해석할 수 있으며, 이런 자신의 노력을 통해 자신의 이상형을 만나고자 하는 희망을 뜻한다. 반대로 이 시도들이 실패해 시간 낭비하는 결과가 나올까 봐 두려워하면서 이 지역/분야에서 자신에 대한 나쁜 평판이 생길까 봐 걱정하는 모습으로 해석할 수 있다.

⑩ **5c(결론)** 궁극적으로 자신의 감정을 상실한다는 것을 뜻한다. 결과적으로 자신의 의지/욕망을 아무 계획이나 진정성 없이 상대방에게 드러내는 순간 거절당하리라는 것을 확인할 수 있으니, 이 충격을 줄일 수 있도록 다양한 조언을 해줘야 한다.

그러나 당시 상황상 그럴 여건이 되지 못했으며, 질문자는 이미 취기가 올라 내 조언을 듣는 둥 마는 둥 했다. 이 시점에서 그의 시도는 처참한 결과를 낳을 수밖에 없다는 것을 알 수 있었다.

이 배열에서 9는 질문자의 정체가 보잘것없다는 것을 적나라하게 보여준다. 자신의 욕망이나 계획이 아무리 뛰어나더라도 이성이 뭘 원하고 어떤 것을 추구하는지 제대로 확인하지 못하면 다른 이들을 설득할 수 없으며, 몇몇 가벼운 만남으로 자신이 언제든 성공할 수 있다고 여기는 질문자에게 별다른 관심을 보이지 않을 것이라는 사실을 알 수 있었다. 나는 질문자가 경거망동하면 마냥 잘나 보이는 허울이 쉽게 벗겨질 수 있다고 경고했다. 해석 당시, 질문자가 은연중에 자신의 엽색 행각을 자랑할 정도였기에 부정적인 영향을 받고 있다는 것을 쉽게 확인할 수 있었기 때문이다.

아니나 다를까, 헛소리하지 말라며 코웃음 친 질문자는 자신만만하게 돌아갔고, 한 시간 정도 지난 뒤 안에서 뺨 맞는 소리와 구성진 욕설이 들려왔으며, 급하게 건물을 나서는 그를 보고 숨죽여 웃을 수밖에 없었다. 잠시 소란이 있었지만 축제는 곧 재개됐고 많은 사람이 질문자에 관해 왈가왈부하며 '뭐 저런 인간이 다 있나' 하는 반응을 보이다가 이내 잊히고 말았다.

이처럼 9는 연애와 관련한 점, 특히 단순한 호감만 있는 상태에서 나왔을 때 쉽게 부정적인 영향을 받을 수 있다는 것을 알 수 있으며, 자신의 성향/입장을 고집할수록 문제가 심각해질 수 있다. 이 과정에서 질문자가 왜 자신의 성향과 입장을 양보하지 못하는지 확인하고 이를 조율해줘야 하며, 질문자의 편협한 시각을 환기시켜야 한다. 나아가 상대방의 마음을 사려면 그만큼 상대방의 처지를 헤아리고 노력해야 한다는 것을 깨닫게 해준다면 해석자의 역할을 십분 다한 것이라 할 수 있다.

X. WHEEL *of* FORTUNE.
운명의 수레바퀴

변화
Rotation

화무십일홍, 운명, 변화, 행운, 변혁, 세대 교체, 유행, 불운, 움직임, 밀물·썰물, 이행, 정점, 환절기, 징크스, 정점에서 내리막으로 향하다, 바닥을 치고 오르기 시작하다, 내리막에서 바닥으로 전락하다, 환절기 질환, 동통, 복권, 재편성, 마침내 전성기를 맞이하다, 갈림길, 이유를 알 수 없는 통증, 증표, 표식, 도박, 우연(을 가장한 필연), 미필적 고의, 배송, 환송, 집결, 집합, 분배, 흐름, 기세의 변화, 날씨, 점占, 무작위 변수를 이용하는 대부분의 행위, 이동, (체질 문제로 생긴)비만, 저체중, 상승, 하락, 이사, 이전

긍정/부정 확인 기준

질문자의 현 컨디션, 상황, 기반이 최절정인가?

질문자의 현 컨디션, 상황, 기반이 하락세인가?

질문자의 현 컨디션, 상황, 기반이 최악인가?

질문자가 자신의 처지를 극복하려 노력하고 있는가?

질문이 누구도 통제할 수 없는 변수와 관련 있는가?

질문자가 (모든 관점/방식을 포괄한 넓은 의미의)시험에 임하고 있는가?

위 내용들은 메이저 상징편에서 언급했던 '화무십일홍'의 의미로 이 카드를 어떻게 활용할지 확인하는 조건들이며, 이로써 긍정/부정적인 의미를 확인할 수 있다. 다른 모든 카드가 그렇지만, 이 카드는 긍정/부정의 의미가 사안마다 달라지므로 해석에 유의해야 하며, 질문과 질문자의 상황, 나아가 질문과 관련한 현실적인 문제들을 함께 살펴 해석해야 한다.

이 때문에 운명의 수레바퀴 카드는 해석 경험이 적은 해석자들에게 어려운 카드로 손꼽힌다. 열흘 붉은 꽃이 없다는 말처럼, 운명의 수레바퀴 카드 또한 세상에 영원한 승자와 패자가 없다는 것을 드러낸다. 위에서 언급한 내용을 통해 과연 운이라는 미지의 것을 누릴 자격이 있는지 시험하는 상황이라는 것을 알려야 한다. 운을 어떻게 계속 잡고 유지할 수 있으며, 놓치지 않으려면 어떻게 해야 하는지, 나아가 질문자에게 없는 운을 어떻게 해야 움켜쥘 수 있는지 확인해야 한다.

해석용법

긍정 운명의 수레바퀴 카드는 단순한 행운/요행을 의미하지 않으며, 그 자신이 행운을 움켜쥐고자 얼마나 노력했는지 증명할 수 있을 때 힘을 발휘한다. 이 모든 것이 신성한 존재의 의지이며 사람이 조율할 수 없는 존재가 부여하는 '운'을 뜻하기 때문이다. 나아가 현실 속에서 운명이 어떻게 흘러가는지 보여주거나 다시 한번 흐름이 바뀌고 있다는 것을 의미하기도 한다.

이로써 배열에 운명의 수레바퀴 카드가 나오면 본인/주제에 어떤 흐름이 계속돼왔는지 가장 먼저 확인해야 하며, 이 흐름이 어떤 방식으로 변화할지 알 수 있다.

부정 그러나 이런 흐름의 변화에 적응하지 못하거나, 자신이 마땅히 해야 하고 지켜내야 할 것을 방치하면 계속 불행이 겹쳐서 온다는 것을 의미한다. 최악의 경우 아무런 문제가 없어도 불행을 겪고 고난에 빠질 수도 있다. 메이저 상징편에서 언급한 스핑크스, 뱀, 아누비스는 이때 질문자를 시험하고 인도하는 역할을 강조한 것이며, 운명의 수레바퀴에 올라탄 질문자가 어디에서 어떤 판단을 내리는지 지켜본다는 것을 역설한다. 그 가운데 가장 대표적인 것이 복권 추첨과 카지노의 룰렛이다. 이는 실제 상징에서도 확실히 볼 수 있으며, '화무십일홍花無十日紅, 권불십년權不十年' 등의 의미를 그대로 보여준다.

그래서 운명의 수레바퀴 카드의 '행운'은 '불행'을 파생한다. 수많은 사람이 감당할 수 없는 행운에 휩쓸려 주변과 자신을 망치는 모습에서 시작해, 그럼에도 미담으로 자신의 격을 올리거나 역경 속에서 일생일대의 결정을 내리는 데 성공하는 모습을 통해 긍정/부정적인 의미를 확인할 수 있다. 그렇기에 이 카드는 운명 앞에서 겸허하고 불운 속에서 의지를 잃지 말 것을 강조한다.

그러나 위에서 언급한 의미 때문에 해석이 힘들어진다. 행운에서 불행으로, 불행에서 행운으로 변환하는 상황을 파악하기 어려울 때가 많지만, 다양한 조건으로 판단하고 질문자가 어느 구간에 있는지 면밀히 확인해 극복할 수 있다.

특히 점의 해석에서 필연에 가까운 운명적인 사건을 앞두고 이 카드가 나오면, 애석하지만 그 결과는 정확하게 어떤 효과를 내는지 해석자들도 알 수 없을 때가 많다. 엉뚱하고 황당한 시도로 거두는 큰 성공/이슈를 만드는 사례도 있지만, 누구 하나 실패할 것이라 생각하지 않은 일이었음에도 성공하지 못한 채 몰락하는 사례도 있기 때문이다.

운명의 수레바퀴 카드의 또 다른 키워드는 '이동'이다. 변화/변동의 의미가 있기에 그 이동이 긍정/부정적 영향 아래 어느 쪽으로든 실행되는 것을 뜻하나, 주제 자체를 이동과 관련한 문제로 한정해 연계 해석을 한 게 아니라면 이동의 의미가 직접적으로 적용되는 사례는 드물며, 보편적으로 무작위 배정/발령의 경우가 대다수다. 고교평준화 지역에서 학생들을 무작위로 배정해 입학시키는 것을 예로 들 수 있다.

다만 이 이동의 키워드는 연애나 대인관계와 관련한 질문에서는 애정의 대상이 바뀌거나 사랑의 방식/과정이 바뀌는 것으로도 표현될 수 있기에 해석할 때 주의해야 한다.

이런 특징 때문에 운명의 수레바퀴 카드는 심판 카드와 비슷하면서도 다른 의미를 지닌다. 단순한 사람이 알 수 없는 흐름의 변화를 논하는 운명의 수레바퀴 카드와 달리, 모든 노력의 결과를 확인하고 다른 사람 또는 절대적 존재의 심판 아래 천국과 지옥이라는 극단적 결과를 놓고 시험에 임하는 것에서 차이가 있으며, 운명의 수레바퀴 카드는 흐름이 변화하는 것을 알아채기 힘들거나 아예 인식조차 못하는 상황이지만, 심판 카드는 그날이 다가온다는 사실을 모두가 인지하고 있다는 점에서 의미가 전혀 다르기 때문에 구분해야 한다.

따라서, 불리한 상황을 감내하고 더 나은 미래를 준비하려고 노력하는 자 또는 유리한 상황을 더 길게 유지하고 싶어하는 자에게 이 카드가 출현한다면 그 진가를 발휘한다. 긍정적인 영향을 받는다면 천운이 함께해 기적과도 같은 성공을 거두는 경우에서 시작해, 작은 시도라 생각하고 벌린 일들이 큰 효과를 드러내 예측하지 못한 성공을 얻는 상황을 의미하게 된다. 이런 실제 사례로 탐험가 어니스트 섀클턴Ernest Henry Shackleton의 남극 탐험 실패 후 귀환 과정을 들 수 있을 것이다.*

반대로, 상황이 유리해도 이를 유지하려 노력하지 않거나 자신의 행운만 믿고 경솔히 일을 진행한 경우를 들 수 있다. 이런 실제 사례가 바로 자원의 축복을 저주로 오용한 나우루를 들 수 있다.**

배열 위치별 특징 켈틱 크로스 배열에서 운명의 수레바퀴 카드(이하 10)가 나왔을 때 어떻게 긍정/부정적인 영향을 확인하는지 판단하려면 10장의 카드 맥락을 모두 살펴야 한다(이에 관해 더 상세한 내용은 273-274쪽을 참고).

10이 배열에 나타나면 우리가 생각하는 말 그대로의 행운으로 해석되는 경우(복권 당첨 등)는 매우 희귀하고 특수하다. 이런 의미보다 운명과 변화가 언제나 영원할 수 없고, 세상 전반의 모든 행운/불행은 동전의 양면과 같이 영원히 불규칙하게 반복된다는 의미를 담고 있기 때문이다. 더 나아가 행운이나 불행이 찾아오더라도 그것은 한순간에 지나지 않으며 영속되지 않는다는 것을 시사한다. 이런 특성 때문에라도 10은 충분히 연구해야 할 카드이나, 카드 이름이나 묘사를 이해하지 못하는 사람들 때문에 운명론과 우연성만을 보여주는 카드로 대중에게 알려졌다.***

* 메이저 상징편의 구름, 수레바퀴, 아누비스 상징 참고. 천운도 이런 천운이 없을 정도였으며, 이를 극복하려 선택한 결정은 말 그대로 운명의 수레바퀴를 굴려 생을 선택한 희귀한 사례다. 그의 탐험대가 남긴 비스킷은 불운을 극복한 표장과 같았고, 그 자신은 가장 위대한 실패를 이겨낸 사람으로 기록됐다.

** 1980년대 1인당 국민소득이 3만 달러에 달하며 사치를 즐겼으나, 주 수출 품목인 인광석이 고갈된 후 실업률이 90퍼센트에 달하는 빈국으로 전락했다.

*** 2002년 드라마 〈겨울연가〉에 등장한 뒤 국내 타로카드계는 격변을 맞는다. 몇백 명 남짓한 동호회가 보름 만에 6만 명 넘게 늘어나는 등 급격히 성장했으나 불행히도 당시 많은 오해와 잘못된 지식의 확산을 막지 못했고, 이는 타로카드 해석 및 서비스의 질적 저하를 불러일으킨 요인으로 손꼽힌다.

이런 특성 때문에 10은 외부로 표출되는 4, 5, 6, 8, 10번 위치에서는 상황의 변화와 운명적 요소(불행/행운)를 뜻하며, 반대로 내부를 포괄하는 1, 3, 7, 9번 위치에서는 심적 변화, 또는 질문자 자신이 그 행운을 소유하는 문제와 관계되거나 행운 자체를 획득하는지 여부를 언급하는 일이 잦다.

그렇기에 질문과 관련해서 외부 환경의 변화를 모색하거나 맞이해야 하는 상황이라면 주변 카드와 질문에 따라 영향력이 좌우되는 경향이 있다. 1, 3, 7번 위치에서 영향력이 강화되며, 이를 질문자가 인지하고 있는지 확인함으로써 실제 해석에 적용할 수 있다. 반대로 2, 5, 8번 위치에 놓이면, 질문자의 인지 여부에 관계 없는 상황이나 제3자들이 흐름을 바꾸거나 질문자를 가로막으며 약화되기 쉽다.

반대로 질문자의 내면과 관련한 질문이라면 3, 6, 7번 위치에 놓일 때 영향력이 강화되며, 질문자가 스스로 어떤 각오를 했거나 변화를 원하는지 확인함으로써 명확한 해석에 다다를 수 있으며, 1, 4, 8번 위치에 놓인다면 영향력이 약화된다. 질문자의 심적 변화나 각오의 원인이 자신에게 있거나, 다른 사람의 압박 때문에 바꾸는 시늉만 하는 모습으로 해석할 수 있기 때문이다.

이런 성향과 무관하게 9번 위치에 10이 드러나면 아무리 긍정적/부정적인 적용을 하려 해도 별 영향이 없는 상황으로 나아간다. 10의 의미 가운데 '수레바퀴를 직접 돌릴 수 없음'이 그대로 적용돼 단순한 희망이나 두려움으로 해석할 때가 대다수다. 그러나 실제 희망/두려움의 의미가 현실에 드러날지 판단해야 할 상황이 오면, 배열에 있는 다른 카드들의 의미를 별도로 연계해 해석자의 역량으로 해석해야 한다. 이때는 해석하기가 매우 어려우니 극단적인 표현을 남발하지 않아야 한다.

주제별 포인트

연애(관계가 성립한 상황) 상호 관계가 어떤 사건을 계기로 소원해질 수 있다는 점을 경고하며, 현재까지 자신들의 관계가 잘 유지되고 있었는지 점검하도록 권해 발생할 수 있는 다양한 문제에 대비할 것을 조언해야 한다. 긍정적인 영향을 받는다면 관계가 새로운 국면으로 전환되며 더 좋은 관계가 될 수 있다는 의미로 볼 수 있으나, 부정적인 영향을 받는다면 이처럼 우연에 가까운 사건이나 문제 때문에 관계가 급속도로 악화하거나 필연적인 이유로 관계가 소원해지거나 최악의 경우 이별하게 될 수 있다는 뜻으로 해석할 수도 있다.

연애(관계가 성립하지 않은 상황) 긍정적인 영향을 받는다면 우연히 관계가 급속도로 개선될 수 있다는 의미로 볼 수 있으며, 이때를 대비해 상대방의 호감을 살 수 있는 것들을 미리 준비하도록 촉구해야 한다. 반대로 부정적인 영향을 받는다면 아직 상대방의 곁에 질문자가 있을 때가 아니라는 것을 뜻하고, 긴 시간이 지난 뒤나 다음 기회를 노려야 한다는 점을 강조하며, 지금의 노력이 무의미한 상황을 맞이한다는 뜻으로 해석할 수 있다.

상대방이 없거나 단순히 호감만 있는 상태에서 나온 10은 긍정적인 영향을 받는다면 연애와 관련한 운 자체가 크게 호조를 띤다는 예고로 볼 수 있다. 이로써 새로운 인연을 만날 수 있기에 외부 활동을 더 많이 하도록 권해야 한다. 그러나 부정적인 영향을 받는다면 이 상황이 한동안 계속 유지될 것이며, 그 어떤 기회라고 할 것도 없이 시간만 계속 흐를 것임을 뜻하기에 고독을 견딜 수 있는 대책을 다양하게 조언해야 한다.

대인관계 비교적 가벼운 주제라면 단순한 화제 전환이나 대인관계의 종류/성향이 바뀌는 것을 뜻한다(예: 학교 모임에 나가던 것을 사내 야유회로 바꾸는 등). 그러나 반대의 경우 이런 변화들이 자신의 생활에 큰 영향을 미치게 된다는 것을 뜻하며, 나아가 새로운 인연이나 질문자의 상황/여건이 변화할 수 있으니 주의해야 한다.

긍정적인 영향을 받는다면 질문자의 상황이 크게 호전되며, 주변의 조력을 받거나 남을 도와주는 것을 계기로 발전할 수 있다는 것을 의미한다. 그러나 부정적인 영향을 받는다면 주변에 좋지 못한 인물들이 도사리며 질문자를 노릴 수 있다는 것을 경고하며, 남의 잘못에 휘말려 자신의 처지가 곤란해질 수 있다는 것을 드러낸다.

사업의 흐름이나 전망 부정적인 영향을 받지 않는다는 전제하에 상여금/불로소득에 해당하는 수익을 뜻하며, 의도하지 않은 호재(예: 유행)를 맞아 이윤을 얻는 것으로도 볼 수 있다.

부정적인 영향을 받는다면 지금의 호재들이 사그러들거나 제3자 또는 국가 등 자신의 힘이 닿지 않는 이들에게 판단/판정을 받아 하락세로 들어가는 징조로 해석된다. 절정에 오르고자 필요한 노력들을 끊임없이 하지 않는다면 결국 아래로 내려가리라는 10의 의미로 이해할 수 있다.

창업의 성사 여부 영업 시기가 제한적이거나 한철에 국한되는 사업(예: 수영복, 난로, 아이스크림 등)을 뜻하며, 긍정적인 영향을 받는다면 시기에 따라 사업 아이템을 자연스럽게 전환해 수익을 얻거나 사람들이 원하는 것이 무엇인지 명확한 영감을 얻어 진행할 수 있다는 뜻으로 해석된다. 그러나 부정적인 영향을 받는다면 잘못된 선택이나 사업 구상으로 자신의 기반을 잃는다는 뜻으로 볼 수 있으며, 최악의 경우 그동안 구축해온 기반이 전부 사라질 수 있다는 것을 경고한다. 이런 극단적인 해석은 10이 지닌 행운/불행의 의미가 적용되기 때문이나, 각각의 상황과 연계 해석에 따라 변화할 수 있으니 신중하게 해석해야 한다.

진로 적성 종교, 오컬트, 명리학과 관련될 수 있으며, 더 나아가 세상의 흐름을 예측하거나 전망하는 분야를 담당한다. 긍정적인 영향을 받는다면 정확한 예측을 통해 자신의 앞날을 쉽게 재편하며, 누구도

믿지 않거나 상상하기 힘든 미래를 미리 준비해 선구자적인 업적을 쌓을 수 있다는 것을 의미한다. 그러나 부정적인 영향을 받는다면 이 예측에 실패하거나 너무 급진적인 대안을 제시해 다른 사람들의 신뢰를 잃어버리는 상황으로 치달을 수 있다는 것을 경고해야 한다.

시험 결과나 합격 여부 질문자의 컨디션을 확인해 적절히 조언해야 한다. 긍정적인 영향을 받는다면 질문자가 공부하는 방향으로 출제 경향이 잡히거나 학업 성취도가 노력에 비해 높은 경우로 해석할 수 있다. 부정적인 영향을 받는다면 시험 출제 경향이 자신의 공부 방식과 맞지 않거나 학업 성취도 저하, 더 나아가 전혀 예측하지 못한 문제가 시험에 출제된다는 의미로 볼 수 있다.

질병의 호전, 완치 건강한 상황에서 악화되거나, 악화된 상황에서 좋아지는 전개가 일반적이다. 건강한 사람은 특정 시기를 잘 지나가면 큰 문제로 발전하지 않는다는 의미로 볼 수 있다. 그러나 고령자의 경우 자연의 순환과 관련한 문제로 볼 수 있으며, 상황이 더 나아진다고 해도 결과적으로 필연적인 흐름에 굴복할 수밖에 없다는 점을 조언해야 한다. 최악의 경우 건강하던 사람이 이 흐름에 따라 자신에게 허락된 운이 고갈되며 건강을 되찾지 못하거나, 과거에 정상 기능했던 부위가 영구적인 손상을 받는다는 의미로 해석할 수 있다.

단순한 건강 문제 봄이 지나 여름이 오듯, 새벽이 깊을수록 아침이 다가옴을 알리는 자연의 변화를 표현한다. 환절기와 관련해서, 시기가 변하며 적용되는 것을 통칭한다. 배열/주제에 드러난 카드들의 연계에 따라 단순한 통풍에서 시작해 어패류 식중독, 성장통, 노환까지 다양한 스펙트럼이 있다.

부정적인 영향을 받는다면 질문자의 상황상 걸릴 수 있는 질병을 추려 예방을 조언해야 하며, 긍정적인 영향을 받는다면 흐름/시기의 변화로 자연스럽게 회복하거나 힘든 고비를 (제3자, 또는 천운으로)넘길 수 있다고 조언할 수 있다.

켈틱 크로스 배열 위치별 긍정/부정 해석법

1 → ②④⑦⑨ 카드 확인 질문 자체가 질문자의 상황을 바꿀 수 있는 전환점인지 확인해 이를 어떤 방향으로 이끌고 싶어 하는지 명확하게 파악해야 한다. 긍정적인 영향을 받는다면 좋은 기회를 맞이한 상황이며 이로써 자신이 얻으려는 것을 달성할 수 있다고 해석되나, 반대로 부정적인 영향을 받는다면 불운이 서서히 다가오고 있으며 제대로 선택/판단하지 않는다면 모든 것을 잃어버릴 수 있다는 점을 경고해야 한다.

2 → ①④⑤⑧ 카드 확인 질문자를 가로막는 것의 형태를 파악해야 하며, 유형적일 때는 물질적인 유행이나 트렌드의 변화로 생긴 장애, 무형적일 때는 시대의 흐름이나 상황의 변화로 생긴 불리함이 장애물로 적용된다. 긍정적인 영향을 받는다면 이 흐름을 남에게 전가하거나 회피해 불리한 시기를 넘어설 수 있다고 조언할 수 있지만, 반대로 부정적인 영향을 받는다면 어설프게 회피하려다 더 큰 문제에 맞닥뜨리게 되니, 질문자가 택한 수단이 잘못됐다는 점을 경고해 현 상황을 받아들이도록 조언해야 한다.

3 → ②⑤⑥⑧ 카드 확인 질문자가 질문과 관련한 전환점을 자신도 모른 채 맞거나, 더 나은 방향으로 나아가려는 욕망이 있는지 파악해야 한다. 그래서 3번 위치의 10은 단순히 다른 카드와 연계를 넘어 질문 자체의 성격이 더 발전/도태되는 성향이 있는지 파악해 긍정/부정적인 의미를 끌어내야 한다. 긍정적인 영향을 받는다면 이 문제에 부딪힌 것 자체가 자신의 흐름을 결정하는 계기가 될 것이며, 이를 극복함으로써 더 나은 결과를 받아볼 수 있다는 점이 강조된다. 부정적인 영향을 받는다면 불운을 대비해 자신의 역량과 기반을 최대한 보전할 대안을 마련하도록 조언해야 한다.

4 → ①③⑦⑧ 카드 확인 질문자의 과거에 어떤 전환점이 있었고, 이로써 현재의 질문에 이르렀다는 것을 뜻한다. 긍정적인 영향을 받았다면 과거의 흐름에 기대 현재의 문제를 해결할 수 있다는 의미로 해석할 수 있으며, 반대로 부정적인 영향을 받았다면 좋지 않은 운이 현재까지 계속 영향을 미치고 있기에 더 신중하고 안전한 방식으로 문제를 해결하도록 조언해야 한다.

5 → ③④⑥⑨ 카드 확인 예측하기 어려운 흐름이 어떤 자신/다른 사람/시류/유행으로 이루어진 것인지 이 카드들로 알 수 있다. 관련 문제에 질문자 스스로 선택할 수 없거나 이미 선택한 일 때문에 예측할 수 없는 흐름에

빠진다는 의미로 해석할 수 있다.

6 → ① ② ⑤ ⑧ 카드 확인 긍정적인 영향을 받는다면 자신의 노력에 비해 좋은 결과를 얻거나 정확한 시점의 적절한 행동으로 주목받는 일이 생길 수 있지만, 반대로 부정적인 영향을 받는다면 잘못된 선택과 그에 따른 대가를 치르는 과정을 거치게 되므로 주의해야 한다.

7 → ① ② ③ ⑨ 카드 확인 긍정적인 영향을 받는다면 질문과 관련해 질문자가 크게 신경 쓸 필요가 없으며, 흐름만 그대로 따라가면 일을 마칠 수 있다는 의미로 해석할 수 있다. 그러나 부정적인 영향을 받는다면 질문자의 단순 변심이 일을 점차 그르치게 만들 수 있다는 것을 경고해야 하며, 나아가 이런 행위 때문에 부정적인 흐름이 더 빨리 올 수 있다고 경고해야 한다.

8 → ② ④ ⑤ ⑨ 카드 확인 긍정적인 영향을 받는다면 몇몇 행운으로 사람들의 호감을 쉽게 살 수 있거나 부정적인 상황이 와도 무난히 넘겨 크게 부각되지 않을 수 있으나, 반대로 부정적인 영향을 받는다면 다른 사람들에게 기회주의적인 모습이 부각되고 있으며, 그저 잠시 스쳐 지나가는 사람으로 인식하기 쉬운 상태라는 것을 드러낸다.

9 → ② ③ ⑥ ⑦ 카드 확인 비교적 쉽게 해석할 수 있다. 내게 닥칠 불행을 두려워하며, 행운을 희망하는 것으로 볼 수 있다. 카드들을 확인해 왜 상황이 바뀌기를 바라는지, 질문자가 어떤 흐름으로 바뀌기를 바라기에 불행에 가까운 변화가 다가와도 긍정적으로 받아들일 수 있는지 확인하는 등 세밀한 내용을 파악할 수 있다.

10 결론에 드러난 10은 질문과 관련한 사안이 질문자는 파악할 수 없으나 일관된 방향으로 흘러간다는 의미로 해석할 수 있다. 그렇기에 다른 카드를 종합해 이것이 어떤 방향/의도/시류와 맞물려 긍정/부정적인 의미로 해석될 수 있는지 명확히 파악해야 한다. 사실상 점의 긍정/부정을 최종적으로 결정짓기 때문에 궁극적으로 긍정/부정적 의미를 규정하는 행위 자체가 의미 없는 때가 많다. 이렇게 표현할 수밖에 없는 것은, 카드의 중추 키워드인 '화무십일홍'의 뜻을 살펴보면 쉽게 이해할 수 있을 것이다. 스스로 떠안아야 할 수 있다는 것을 경고해 질문자가 제대로 살피지 못하거나 배려하지 못한 사람/의견이 있다는 것을 스스로 깨닫도록 조치해야 한다.

실제 사례 (1999년, 성남 분당, 30대 초반 여성)

질문   현재 운영하는 사업을 계속 유지하려면 어떻게 해야할까?

사전 정보 직장을 다니면서 작은 쇼핑몰을 소호SOHO 형태로 운영해
가계를 꾸리는 두 아이의 어머니였다.

8p - 9s - 10p - 3c - 10 - 5c - Pp - 7p - Kp - Np

8p   (질문자 자신) 현재 기반을 쌓으려 하고 있으며, 그만큼 다양한
시도를 하고 있다.

9s   (장애물) 그러나 이 시도가 잘못됐을 때 생길 손실을 두려워하
고 있다.

10p   (기저) 나는 그저 생활과 일상이 유지될 만큼의 수익을 얻을 수
있으면 된다.

3c   (과거) 지금까지 생활에 큰 문제는 없었으며, 꽤 괜찮은 수익을
올리고 있었다.

10   (현재/곧 일어날 일) 그러나 상황이 좋지 않게 흘러갈 것이며, 이
를 막아내야 할 것이다.

5c   (미래) 이대로 별다른 조치를 하지 않으면 손실을 피할 수 없게
된다.

Pp   (질문자의 내면) 이 일로 큰 수익을 원하지 않으며, 망하지만 않
으면 어떻게든 된다고 여기고 있다.

7p   (제3자가 바라보는 질문자) 노력에 비해 많은 수익을 원한다고
생각하고 있다.

Kp   (희망/두려움) 더 확실한 기반을 얻고 싶어 하는 한편, 아무것도
하지 못한 채로 가진 것을 내주는 상황이 올까 봐 두려워하고
있다.

Np   (결과) 가진 것을 유지하려면 노력할 수밖에 없으며, 그렇지 않
으면 대리인을 둬야 한다.

실전 해석

이 배열에서 10은 5번 위치, '현재/곧 일어날 일'에 자리 잡고 있다. 사업의 흐름과 관련한 점의 특성상 '행운/불운', '화무십일홍'의 의미를 통해, 질문자가 어떤 흐름 속에서 이와 같은 고민을 하는지 파악해야 한다. 질문자가 기반을 더 굳건히 하고자 두 가지 일을 동시에 맡으려는 판단이 해당 흐름을 어떻게 변화시키는지, 또는 질문자에게 어떤 부담을 주는지 파악해야 한다. 양자택일하기 어렵고, 하나를 택하더라도 잘못하면 양쪽 모두 포기당할 수 있는 심판 카드의 의미와 차이점을 드러낸다. 그렇기에 해석에 앞서 질문자가 얼마나 양쪽 일을 계속하며 견뎌낼 수 있는지를 먼저 판단해야 한다.

이 질문에서 10은 질문자에게 곧 (또는 이미) 닥친 일을 드러낸다. 이 배열에서 10에게 큰 영향을 주는 카드는 10p, 3c, 5c, 7p로 확인되며, 이로써 비교적 부정적인 영향을 많이 받는다는 것을 알 수 있다. 10p는 질문자의 기반이 굳건하기는 하지만 더 큰 것을 소화하기 어렵다는 것을 뜻하고, 5c는 새로운 시도를 해도 제대로 인정받지 못한다는 것을 뜻하며, 7p는 이 결정 자체가 질문자의 욕심에 따랐다는 것을 뜻하면서 부정적인 영향을 받으나, 이와 반대로 3c는 어느 정도 휴식한 상태이며 이로써 여유를 얻었다는 것을 뜻하기에 마냥 부정적인 영향만 받지 않았다는 점을 알 수 있다. 더 긍정적인 흐름으로 이끌어주려면 질문자의 건강 상태나 양쪽 일을 병행하며 생길 수 있는 공적 문제 및 사내 평판 등을 조율하는 데 도움이 될 만한 조언을 해 질문자가 목표를 달성할 수 있도록 도와야 한다.

① 8p(질문자 자신) 긍정적인 영향을 받는다면 기반을 쌓으려 노력하는 모습이 결실을 맺을 수 있다는 것을 의미한다. 그러나 부정적인 영향을 받는다면 현재로선 기반을 더 늘릴 수 없고 현 상황을 유지하거나 가벼운 잡무만 가능하며 기술적인 발전을 꾀할 수 없는 상황이라는 것을 의미한다.

② **9s(장애물)** 긍정적인 영향을 받는다면 자신의 역량을 믿고 나아감으로써 불안감을 해소하고 원하는 것을 이루며 실체 없는 두려움에 굴복하지 말 것을 뜻한다. 그러나 부정적인 영향을 받는다면 이런 상황에서 현실이 더 나아질 수 없다고 여기며 질문자 스스로도 이를 절감한다는 것을 뜻하며, 다른 방도나 제3의 방법을 구하지 못하면 그동안의 노력이 물거품이 될까 봐 불안해하는 모습을 보여준다.

③ **10p(기저)** 긍정적인 영향을 받는다면 질문자가 원하는 수준의 수익이 자신의 일상을 영위할 수준만 되어도 좋으리라는 생각을 뜻한다. 더 나아가 사업이든 직장이든 자신의 일상을 크게 변화시키지 않는 선에서 이 모든 것들을 해결하려는 성향으로 해석된다.

그러나 부정적인 영향을 받는다면 자기 보전에 그치거나 자신의 기반을 어떻게든 유지하려는 목적이 있기에 이 같은 결정을 했다는 것을 드러낸다. 나아가 질문자가 사업과 관련해 특출난 재능은 없으며 비교적 일상적이고 쉽게 찾아볼 수 있는 사업을 운영할 수준에 그치고 있다는 것을 의미한다.

④ **3c(과거)** 긍정적인 영향을 받는다면 사업과 직장 일을 병행하며 얻은 수익으로 좁은 대인관계(가족, 친지, 친구 등) 정도는 만족시킬 만했다는 것을 의미한다. 그러나 부정적인 영향을 받는다면 부모가 되는 과정에서 경력이 단절된 김에 충분히 휴식을 취해야 했으나 쉬지 못했으며, 기반이 점차 부실해져 새로운 시도를 해야 할 필요성을 느끼고 질문한 상황이라는 것을 시사한다.

⑤ **10(현재/곧 일어날 일)** 과거의 방식으로는 문제가 해결될 수 없다는 것을 강력하게 암시한다. 질문자가 인식하던 일상의 개념이 이미 바뀌었기에 기존 방식으로 해결할 수 없다는 것을 드러내며, 과거의 만족스러웠던 수익과 휴식은 어디까지나 과거의 상황에만 적용될 뿐 현재나 미래까지 만족스럽게 할 만한 정도가 아니라는 것을 강조한다. 아울러 직장과 사업을 병행하면서 생기는 감정적 손실과 수

익 유지의 균형을 맞추기엔 질문자의 행동력이나 현재까지 쌓은 기반이 이를 부담할 수 없기에, 완전히 새로운 방식으로 직장이나 사업 가운데 하나를 반강제적으로 선택할 수밖에 없다는 것을 드러낸다. 이 배열의 10은 이런 조건들 때문에 부정적인 영향을 받는다는 것을 알 수 있으며, 따라서 자신이 감당하지 못할 수준을 지키려고 무리하면 큰 난항에 부딪힐 수 있다는 것을 경고해야 한다(10p, 3c, 5c, Kp).

⑥ **5c (미래)** 질문자가 (문제 해결 여부를 떠나) 자신이 병행하는 일 가운데 하나를 손에서 놓을 수밖에 없거나, 고집하면 다른 사람들과 마찰이 심해질 것이며 이 때문에 상심/아쉬움을 겪으리라는 것을 의미한다. 직장과 사업 가운데 어느 쪽을 택해야 하는지는 배열의 다른 카드들을 참고함으로써 명확하게 조언해야 한다. 긍정적인 영향을 받더라도 상심/아쉬움을 겪는 다른 사람들과 극단적인 대립/충돌을 피하는 데 그치기에, 배열 전체를 부정적인 방향으로 흘러가게 만드는 원인이 되는 카드다.

⑦ **Pp (질문자의 내면)** 부정적인 영향을 받는다면 질문자가 현재 선택지로 둔 부분이나 기반을 쌓고자 고민하며 살핀 정보들을 바라보는 시야가 좁다는 것을 드러낸다. 더 나아가 자신의 사업/직장에 대한 경험이나 노하우가 부족하다는 것을 드러내며, 미숙함을 스스로 인지한 상태라 해석된다. 그러나 긍정적인 영향을 받는다면 자신이 부족한 부분이 무엇인지 알고 이에 관한 탐구/연구를 진행하며 결핍을 채우려는 생각이 있다는 것을 뜻한다(8p, 3c, 7p).

⑧ **7p (제3자가 바라보는 질문자)** 직장/사업을 병행하는 질문자의 고민이 그 주변에서는 욕심으로 비치고 있다는 것을 확인할 수 있으며, 이런 상황이 전면적으로 공개된다면 현실적으로 사업/직장 가운데 하나를 버릴 수밖에 없다는 것을 드러낸다. 현실적으로 직장에서 개인 사업자를 용인하는 상황 자체가 질문자의 직장 내 입지나 다양한 선택지를 제한하기에, 다른 사람은 자신의 부업을 탐욕으로 볼 수 있

---

⑨ **Kp(희망/두려움)** 자신이 굳이 어떤 행동을 하지 않더라도 스스로 원하는 기반이 쌓이길 바라는 모습으로 이해할 수 있으며, 반대로 이 상태로 아무런 조치를 하지 않은 채 자신이 가진 것을 남의 압박이나 간섭으로 놓칠까 봐 두려워하는 상황으로 해석할 수 있다(8p, 9s, 10, Pp).

---

⑩ **Np(결론)** 최종적으로 질문자가 자신의 입지만 유지할 수 있다면 어느 쪽이든 선택하는 데 큰 지장이 없다는 것을 드러내며, 이와 함께 더 온전히 자기 손에 쥘 수 있는 수익을 선호한다는 것을 의미한다. 그러므로 이 배열에서 질문자에게 필요한 조언은 사업을 더 현실화해서 자신의 기대 수익과 최소 수익을 분석하도록 조언해야 하며, 더 나아가 자신의 기반을 안정적으로 쌓는 데 필요할 현실적인 조언을 다양하게 해야 한다는 것을 알려주는 카드다.

이 배열에 드러난 10은 쉽게 부정적인 영향을 받는 것을 확인할 수 있다. 그러나 질문자가 왜 이런 고민을 해왔는지 파악하고 이에 따라 다른 개선안을 내놓아 부정적인 영향력을 차단할 수 있다는 것도 알 수 있다.

실제 해석 당시, 나는 배열을 펼치고 나서 지금처럼 느슨한 운영 방식으로는 매출이 점차 떨어질 것이며, 부업은 어디까지나 부업에 머무를 수밖에 없다는 것을 지적하며 지금까지 수익을 낸 노하우가 단순한 직거래 창구 수준의 운영이었으며 마케팅/홍보에 관해 전혀 생각하지 않아서 매출이 늘지 않았던 것이라고 해석했다.

그러므로 이 상태로 방치하고 직장과 사업을 병행하면 곧 다가올 부정적인 흐름에 따라 얻고자 하는 것을 모두 놓칠 수 있다고 강조했다. 그리고 질문자의 의향을 물었으며, 사업으로 기반/소득을 유지하고 싶다는 답을 듣고 난 다음, 다른 경쟁자들이 쓰는 방식을 넘어 질문자만의 노하우로 공격적인 마케팅을 펼쳐 구매층을 확보하는 전략이 필요하다고 조언했고, 직장에 관한 생각은 접어두라고 했다.

결과적으로 이 해석은 정확하지 못했으나, 질문자가 조언의 맥락을 충실히 따랐기에 상황을 개선할 수 있었다. 애당초 마케팅에 투자할 수 있는 금액 자체가 상당히 제한적일 수밖에 없는 소규모 쇼핑몰의 현실을 생각하지 못하고 조언했기에 그대로 실행하지 못하고 취직할 수밖에 없었지만, 다행히도 그녀가 지인에게 쇼핑몰의 운영/관리/홍보를 무상으로 도와달라고 설득하는 데 성공했으며, 경비 절감에 성공한 덕분에 순수익은 목표 액수를 돌파했고, 이 수익이 반 년 정도 유지되자 직장을 그만두고 자녀에게 집중할 수 있는 환경을 만드는 데 성공했다는 소식을 알려왔다. 조언이 정확치 않았기에 혼란을 겪을 수 있었으나, 다행히 질문자가 가장 중요한 것이 무엇인지 알았기에 어설픈 해석이 결실을 맺을 수 있었던 사례였다.

특히 쿠폰·스탬프 같은 단순한 마케팅보다 더 공격적인 방향 전환이 필요하고, 추천인 제도 등을 예시로 들며 상품을 다각화해 소득을 늘릴 수 있다고 조언했다. 8p에서 나타나는 초보적인 노하우/요령이 소소하게나마 이득을 창출해왔기 때문에 굳이 개선할 필요 없다는 생각하에 방치했다고 이해했기 때문이다.

이 배열에 나온 10은 변화를 받아들이고 질문자가 이에 맞춰 행동함으로써 긍정적인 영향을 얻은 사례다. 10의 영향으로 Pp가 Np로 올라서는 상승효과가 일어났으며(이에 대해서는 코트 상징/해석편을 참고), 기존의 소규모 부업 수준의 일이 조언을 능동적으로 받아들여 사업 규모를 확장하는 결과로 드러났다. 만약 반대로 수익이 얼마 되지 않으니 사업을 포기하라고 조언했다면 해석이 완벽하게 뒤집힐 수 있었기에 주의해서 해석하려 노력했으며, 조언을 명확히 했기에 잘못을 저지르지 않을 수 있었다.

위와 같은 사례도 있으나, 사업과 관련한 주제에서 10은 예상 밖의 요소들, 주제와 전혀 상관없는 것이 사업 전반을 뒤흔드는 식의 모습으로 나타날 수 있기 때문에(예: 화물 하역선이 기상 악화로 지연 도착) 더 폭넓은 시야로 조언해야 한다는 점을 늘 명심하며 해석해야 한다.

실제 사례 (2014년 12월, 대학교 4학년 태국 교환학생, 20대 중반 남성)

질문   산스크리트어를 석사 전공으로 이수해도 될까?

사전 정보 산스크리트어 어학 박사인 교수 밑에서 공부하다 보니 이 언어를 자연스럽게 접하고 공부하기 시작했으며, 호기심이 생겨 전공으로는 어떨까 싶어서 점을 봤다고 말했다.

9c - Aw - 3c - Np - 2w - 10c - 10 - 6w - 7s - Pw

9c   (질문자 자신) 이 언어를 공부하는 것이 너무 만족스러웠고, 더 공부하고 싶다.

Aw   (장애물) 너무 충동적이거나 갑자기 빠져든 공부이기에 정확한 비전 없이 공부하고 있다.

3c   (기저) 어떤 공부든 내가 즐겁다면 상관없다.

Np   (과거) 태국어 공부가 어느 정도 수준에 다다랐으며, 관련 업무를 할 수 있는 수준이다.

2w   (현재/곧 일어날 일) 새로운 분야의 공부를 할지 말지 결정해야 할 상황이 다가온다.

10c   (미래) 자신의 만족을 위해 계속 공부할 것이다.

10   (질문자의 내면) 뭔가 환기하고 싶어 하며, 분야를 바꾸고 싶어 한다.

6w   (제3자가 바라보는 질문자) 현재 자신이 하고 있는 공부(태국어) 수준이 뛰어남을 인정하고 있다.

7s   (희망/두려움) 더 쉬운 길을 택해서 편하게 공부하고 싶다. 어설프게 분야를 옮겨 자신의 노력이 무용지물이 될까 봐 두려워하고 있다.

Pw   (결과) 어떤 결정이 이루어지고, 이를 통보받거나 하게 된다.

실전 해석

이 배열에서 10은 7번 위치, '질문자의 내면'에 자리 잡았다. 학업, 진로와 관련한 질문의 특성상 10의 키워드인 '행운/불행', '화무십일홍'은 질문자의 고민이 단순한 변심인지 인생의 큰 기로라고 확신하는지 파악하고 적용해야 한다. '자신의 인생을 걸고 돌이킬 수 없는 확신을 얻을 것'이라는 심판 카드의 의미와 차이가 있으며, 이로써 질문자가 새로운 공부 분야에 관해 내린 판단이 객관적으로 어떤 영향을 끼칠지 살펴보고, 질문자가 과연 새로운 도전을 소화할 수 있는 여건이 되는지 확인해야 한다.

이 질문에서 10은 질문자가 자신의 판단을 과신하고 있거나 자신도 모르는 필연적인 끌림에 따라 결정한다고 생각한다는 것을 드러낸다. 10의 의미를 긍정/부정적으로 변화시키는 카드는 9c, Aw, 3c, 7s로 확인되는데, 이로써 자신의 학업 성취로 감정을 충족하려 한다는 것을 알 수 있으며, 나아가 이 생각이 확실한 판단을 전제로 하지 않았고 단순한 충동/욕구를 따르는 것임을 지적한다. 또한 자신이 학업을 즐기듯이 해야 하는 성향이 있어 가볍게 시작했다가 호기심이 커지며 질문했다는 것을 알 수 있다. 그러나 이는 그저 '상황이 따라주면 한번 해볼까?' 하는 얄팍한 생각이라는 것이 7s로 드러난다. 자칫 잘못하면 기존에 자신이 해온 학과 공부에 지장을 주고 지금껏 이룬 성과를 무가치하게 만들 수 있다고 경고해서 이 생각을 단념하게 해야 한다는 것을 알 수 있다.

---

① **9c (질문자 자신)** 질문자에게 큰 목적은 없으며, 여유로운 상황에서 자신의 만족을 채우고자 고민하고 있다는 것을 드러낸다. 이로써 질문자의 학업과 관련해 불상사나 장애물은 없다는 것을 확인할 수 있다. 긍정적인 영향을 받는다면 굳건한 자신의 기반을 통해 마음껏 지식을 탐낼 수 있는 상황이라는 것을 의미하나, 반대로 부정적인 영향을 받는다면 이 생각 자체가 자신의 탐욕에 기원하거나, 자신이 이를 추구함으로써 다른 사람들이나 구성원들이 더 길게 괴로워할 수

있다는 것을 전혀 생각하지 않았다는 점을 경고해야 한다.

---

② **Aw (장애물)** 긍정적인 영향을 받는다면 확고한 영감과 비전으로 실행해 독보적인 존재가 될 수 있다는 의미로 해석할 수 있으나, 반대로 부정적인 영향을 받는다면 질문자의 의향이 정확한 정보나 비전으로 제시되지 않고 구체적이지 않으며 즉흥적이기 때문에 질문자에게 장애물로 작용한다는 의미로 해석할 수 있다.

---

③ **3c (기저)** 긍정적인 영향을 받는다면 질문자가 학업·진로에 관해 자신이 즐기면서 남들과 공유할 수 있는 지식/공부에 흥미 있다는 의미로 볼 수 있다. 실제 해석 당시 이 언어를 익혔을 때의 현실적인 효용성에 관해 의문을 표하자, 불교에 관심이 있고 사람들에게 불교를 알리는 것도 가치 있을 것이라고 답해 확실히 확인할 수 있었다.

그러나 부정적인 영향을 받는다면 이 관심은 어디까지나 자신에 국한되며, 자신이 학업을 이어갈 수 있게 만들어주는 사람들(가족)에게 더 큰 짐을 떠안길 수 있다는 점을 경고한다. 최악의 경우, 자신이 학업에 전력할 수 있는 시간을 더 빨리 소모하는 바람에 제대로 학업에 집중하지 못하고 학업을 마칠 수 있다는 점을 지적한다.

---

④ **Np (과거)** 질문자의 공부가 어느 정도의 수준에 도달했는지 확인할 수 있다. 긍정적인 영향을 받는다면 관련 업계에서 실무를 볼 수 있는 실력을 갖췄다는 뜻으로 볼 수 있고, 더 나아가 자신의 수준을 확고히 다졌다는 점을 시사한다. 그러나 부정적인 영향을 받는다면 본래 자신이 공부하던 분야의 학습 능률이 좋지 않은 상태가 계속됐으며, 이 때문에 다른 분야를 선택했다는 뜻으로 볼 수 있다(9c, Aw, 2w, 10).

---

⑤ **2w (현재/곧 일어날 일)** 현재 질문자가 진로를 고민한다는 뜻으로 볼 수 있다. 또, 마음속으로 현실/이상적인 답안을 이미 정해놓았다고 예측할 수 있다. 긍정적인 영향을 받는다면 질문자가 정상적으로

판단해 문제를 무난히 해결한다는 뜻으로 볼 수 있지만, 부정적인 영향을 받더라도 자신의 의향을 사람들에게 밝혔지만 제대로 평가받지 못하거나 부정적인 견해를 받는다는 뜻으로 볼 수 있다.

---

⑥ **10c(미래)** 긍정적인 영향을 받는다면 질문자가 자신의 만족을 우선시하고 스스로 가장 납득할 만한 결론을 낸다는 뜻으로 볼 수 있다. 그러나 이 결정이 (자신이 공부하던) 태국어인지, 산스크리트어인지는 이 카드로 확인할 수 없다. 다만 확실한 것은, 스스로 어떤 결정을 하더라도 만족한다는 것을 드러낸다. 그러나 부정적인 영향을 받는다면 이 기쁨은 순간일 뿐, 다른 고난이 도사리고 있을 수 있다는 점을 경고한다.

---

⑦ **10(질문자의 내면)** 부정적인 영향을 받는다면 현재 공부에 별다른 불만이 없고, 갑작스러운 흥미가 생겼으나 제대로 준비하지 않은 상태라는 것을 지적한다. 그러나 긍정적인 영향을 받는다면 이 결정을 통해 해당 분야에 독보적으로 자리매김할 수 있다고 여기는 (남을 설득할 수 없는)태도로 점을 보고 있다는 것을 나타내며, 결국 부정적인 영향을 받는다는 것을 알 수 있다. 스스로 만족할 수 있다면 어떤 공부를 하더라도 큰 문제로 여기지 않는 질문자의 성향과 더불어 실제 의도가 더 편한 길을 찾으려는 데 있다는 점으로 볼 때, 10의 의미가 크게 약화되는 것을 확인할 수 있으며, 단순한 변심이라는 것을 알 수 있다(9c, Aw, 3c, 7s).

---

⑧ **6w(제3자가 바라보는 질문자)** 사실상 주변 사람들도 질문자의 변덕을 의아해하는 것으로 해석할 수 있다. 주변에서 보기에 질문자는 현재 부족함 없어 보이며, 전공을 바꾸려 하면 다른 학우/교수/조교들이 만류하리라는 것을 확인할 수 있다. 나아가 부정적인 영향을 받는다면 이런 고민을 하는 질문자의 모습이 자만에 지나지 않는다고 냉소한다는 사실을 보여준다.

---

⑨ **7s(희망/두려움)** 이 결정으로 진로를 더 빠르게 확정할 수 있지 않을까 하는 희망을 품으면서도, 자신이 하고 있는 공부조차 제대로 끝내지 못한 채 새로운 전공을 선택함으로써 자신의 계획/목표에서 멀어질 수 있다는 점을 걱정하는 의미로 해석할 수 있다.

⑩ **Pw(결론)** 질문자의 고민에 관한 결론이 스스로 학교 측에 과목 변경을 통보하거나 다른 사람들의 소식 때문에 과목 변경이 좌절된다는 뜻으로 해석할 수 있다. 이 카드는 이 배열에선 더 특수한 해석을 적용할 수 있다. 질문자의 희망대로 전과가 이루어지면 자신의 수준이 Np에서 Pw로 격하한다는 것을 보여주기 때문이다(이에 대해서는 코트 상징/해석편을 참고). 결국 질문자는 자신이 지금까지 쌓아온 것들을 놓치기 싫어서라도 본래 하던 공부를 이어가리라는 것을 알 수 있다.

═══════════════════════════

이 배열에 드러난 10은 질문자 자신만의 변화를 의미한다. 현 상황 자체가 본인에게 불리하지 않기에 절박하지 않고, 말 그대로 한때의 바람과도 같은 수준에 머무름으로써 질문 자체를 그리 크게 고민할 필요가 없다는 것을 확인할 수 있다. 내면의 변화는 어디까지나 내면에 국한될 수 있으나, 만약 이 배열에서 10의 영향력이 강했다면 남에게 이해받지 못하더라도 자신의 천명을 따르려는 모습으로 드러날 수 있다는 점을 유의해야 한다.

실제 해석 당시 만류하는 조언을 들은 질문자는 잠시 생각해보겠다고 답했으나, 얼마 안 돼 전공 변경을 포기하겠다고 결정했다. 2017년 2월 현재 질문자는 자신의 본래 전공 석사 과정 중이며, 산스크리트어는 취미로 익히겠다는 결심을 굳힌 것으로 확인했다.

이처럼 학업과 관련한 질문에서 10은 긍정적인 영향을 주기 어려울 때가 많은데, 이는 공부가 가진 특성에서 비롯한다. 단기간에 모든 것을 학습하고 뭔가를 달성하거나 새로운 방향을 잡기는 어렵기 때문이다. 어떤 공부든 일정 수준에 도달하고 현실적인 수익/기반을 마련하려면 오랜 시간이 필요하다는 점이 10의 긍정적인 영향을 억누른다고 이해할 수 있다. 다만 자격증/수준 평가처럼 단기간 집중 학습이 효율적인 주제와 관련해서는 10의 긍정적인 영향이 적용될 수 있다는 점을 참고해야 한다.

XI. JUSTICE.
정의

판단
Decision, Define

판단, 정의定義, 신의信義, 법, 규정, 군율, 군법, 명령命令, 명명命名, (강제적 수단을 동반한)설득, 조인, 여론, 군중심리, 주장, 웅변, (시스템적)제한, 특례, (잘못된)진실, 대세, 흐름, 평론, 칼럼, 아전인수, 강령, (어떤 단체, 집단에서의)판단과 판결, 위선, 기획, 아류亞流, (정략에 의한)폭력 및 따돌림, (황제와는 다른)고집, 석·박사 과정, 교수, 대외적 이미지, (하위 기관의)판결, 오심, 오진, 검사, 검시, 부검, 진료, 결정하다, (이단)심문(관), 독대, (명목상의)대의명분, 기자, 저널리즘, 평가, 면접(하다·받다), 시험, (매관, 매직)임명, 발령(내다·받다), 조율, 총무, 인사, 계획

긍정/부정 확인 기준

질문자가 문제를 해결하기 위해 악한 수단도 동원할 각오를 했는가?

문제 해결 과정에서 장애물을 맞이했을 때, 질문자의 대응 방식이 상식적인가?

남의 관점과 전혀 다른 것을 추구하거나 권하려 하는가?

질문자 자신에게 문제가 있을 때, 이를 인지/인정하고 있는가?

질문자의 행위/생각에 명분이 있는가?

위와 같은 내용을 확인함으로써 정의 카드의 긍정/부정적인 의미를 확정할 수 있다. 메이저 상징편에서 언급한 정확한 '판단'이 이 카드의 의미를 결정짓는다는 것을 알 수 있으며, 다른 사람/제3자들과 의견 대립이나 조건 결렬 같은 문제에서 질문자가 생각하는 최선의 기준이 있다는 것을 드러낸다. 그러나 질문자의 기준이 상대방/사회의 기준과 충돌할 수 있다는 점을 주의해야 한다.

이런 과정을 거쳐 해석자는 질문자가 생각하는 옳고 그름의 개념이 상대방이나 제3자들에게 문제가 될 소지가 있는지 확인하고, 어떤 사안과 행동에 관해 조언할 때 질문자의 경향/생각/사고방식에 합당한 조언을 꺼낼 수 있도록 다양한 관점/정의가 요구하는 해결책을 명확하게 제어해내야 한다. 그렇지 않으면 질문자/해석자의 이중 잣대와 모순 때문에 해석은 산으로 가고, 조언은 해결책을 제시하지 못할 수 있다.

해석용법

긍정 정의 카드의 쉬운 키워드라고 한다면 메이저 상징편에서 언급한 것과 같이 '정의' 그 자체가 될 수 있다. 그러나 이 정의가 상당히 자의적 판단에 의존하기에, 해석자는 이를 판별해내야만 한다. 그 밖에 많이 통용되는 의미는 '균형'이지만, 이 또한 자의적 해석이 따를 수밖에 없으므로 정의 카드 자체의 본질적인 키워드는 '자의에 따른 결정과 판단'으로 볼 수 있다.

그렇기에 이 카드는 이미 한번 결정/결심한 것을 뒤집을 수 없는 상황에서 자신이 추구하고자 하는 바를 명료하고 논리적으로 정립한 상태에 나타날 때 힘을 발휘한다. 이런 상황에 정의 카드는 개인의 정의를 넘어 사람들에게 영향을 미치며, 나아가 질문을 둘러싸고 있는 상황이나 판도 자체를 뒤흔드는 거대한 물결로 작용한다.

부정 반대로 자신의 주관이 없어진 상황이라면 아전인수我田引水의 전형적인 모습을 보여주며 자멸하게 된다. 어떤 사람은 시대마다 변화하는 대세를 따르는 것으로 좋게 해석하려 하나, 단순히 무언가의 영향을 받는 것을 넘어 자신의 근본적인 사고방식을 이루는 기준 자체가 흔들리거나 변질하는 결과로 치달으며, 이는 제3자/관련자의 이탈 및 배신의 명분으로 작용한다(예: 백성을 중시하던 사람이 갑자기 패업霸業을 위해 강병책을 쓰는 경우).

정의 카드는 주로 내면의 흐름을 이끄는 카드이지만, 밖으로 드러날 때는 대의명분의 영향을 가장 크게 받는다. 이는 정의가 개인에 머무르지 않고 집단·단체·사회·국가가 공감하는 것일 때 더 강하게 적용되며, 거대담론 가운데 자신이 속한 집단의 주장을 능동적이든 수동적이든 따라가거나 주도하려는 모습으로 드러나기 때문이다.

이런 연유로 정의 카드가 강한 영향력을 발휘해 배열 전체를 이끌면 질문자의 판단은 제3자나 사회적 관점으로 봤을 때 최선은 아니더라도 정답인 상황으로 드러나며, 그 과정에서 생길 희생이나 피해에 개의치 않고 자신의 정의/이상/목적을 관철하며 장애물을 넘어서도록 조언해야 한다. 반대로 부정적인 영향을 받는다면, 세상이 뭐라 하든 자신이 옳다고 믿는 것만 추종하거나, 엉뚱한 기준과 잣대를 들이밀어 사람들에게 배척당하는 상황 또는 남의 정의에 적절하게 대응하지 못해 밀려나는 모습으로 드러난다. 정의라는 상대적 개념에서 우위를 점하지 못할 때 주로 드러나며, 긍정적인 의미와 반대로 자신의 정의가 매몰되는 것을 실시간으로 바라볼 수밖에 없거나 사람들에게 이런 상황이 노출되는 것으로 해석할 수 있다.

정의 카드가 의미하는 정의, 올바른 판단, (이를 통해 끼칠 수 있는) 영향은 주장에 따른 근거나 신뢰성을 갖춘 뒤 스스로 믿고 실행하는 상황을 말하며, 나아가 질문과 관련한 개인·단체·사회·국가의 정의가 합당한 경우 또는 (스스로 내세우는 정의를 원하거나 찾을 때) 장애물이 있든 없든 자신이 원하는 바를 달성해나갈 수 있다는 뜻을 담고 있다. 또, 자신을 바꾸는 것을 넘어서 관계된 모든 것을 자신의 정의와 합치하도록 변화시킬 수 있다는 것을 드러낸다.

이런 요소 때문에 정의 카드는 남의 입장/취향을 인정해야 좋은 흐름을 끌어올 수 있는 상황에 등장하면, 자신의 정의를 계속 강요한 나머지 불만/지탄을 한몸에 받을 수 있다는 점을 반드시 경고해야 하며, 남의 입장을 이해하고 질문자가 양보할 수 있을 때에도 자신의 명분을 앞장세워 계속 상대방에게 요구하지 않도록 경고해야 한다.

나아가 질문자가 어떤 기준을 가지고 있는지 확인하면서 왜 목표를 달성하려는 것인지 파악해야 하며, 만약 목적이 수단을 합리화하거나 정당한 수단에 집착해 목적을 잊어버리면 카드의 의미가 퇴색하기 쉽다는 점을 항상 주의해야 한다.

따라서, 긍정적인 영향을 받아 자신의 판단이 정확하며 정당한 명분이 있다면 상대방의 어설픈 반항이나 근거 없는 주장은 힘을 잃으며, 모든 상황을 자신의 의지대로 쥐락펴락하는 상황으로 나아간다. 이런 사례로 대표적인 것이 한고조 유방의 법삼장法三章*이다.

---

* 메이저 상징편의 검, 천칭, 발, 성벽관 상징 해설 참고(100-101쪽). 초한쟁패기, 한고조 유방은 진나라의 수도 장안을 정복한 뒤 가혹한 법치로 피폐해진

그러나 부정적인 영향을 받아 판단 자체가 잘못되거나 판단력이 흐려졌을 때, 더 나아가 자신의 정의 기준 자체가 모순이거나 오류가 있다는 점을 제3자도 아는데도 고집을 부려 자신을 망치는 사례도 있다. 노예제를 고집하다가 결국 나라를 내전으로 이끌어버린 미국 남부연합Confederate States of America을 예시로 들 수 있다.*

배열 위치별 특징 켈틱 크로스 배열에서 정의 카드(이하 11)가 나왔을 때 어떻게 긍정/부정적인 영향을 확인하는지 판단하려면 10장의 카드 맥락을 모두 살펴야 한다(이에 관해 더 상세한 내용은 297-298쪽을 참고).

결국 11은 자신의 정의/판단 기준이 정당하다는 것을 드러내는 과정에서 어느 정도 남들의 기준과 부딪히거나 받아들이는 과정으로 이해할 수 있다. 때문에 11이 배열에 나왔을 때 긍정/부정적인 의미를 파악하는 것은 크게 어렵지 않다. 결국 질문자의 가치 판단 기준을 사회 전반의 상식과 비교해 확인하거나, 상대방의 입장에서 질문자의 행위나 발언이 어떤 반응을 보일지 유추해서 이해하는 상황이 보편적이기 때문이다.

이런 성향 때문에 11은 2, 5, 7, 9번 위치에 나올 때 강한 영향력을 발휘한다. 이때 질문자의 기준점이나 자각하는 한계선, 자신의 신념 등을 극복/고수하는 모습으로 드러나지만, 반대로 부정적인 영향을

이들을 위무慰撫하고자 세 가지 죄만 엄히 다스리고 그 밖의 모든 규제와 악습을 철폐한다고 포고했다. 이 세 가지 법은 사람을 죽이는 자는 사형, 사람을 상하게 하는 자에게 엄벌, 물건을 훔치는 자는 그에 상응하는 벌을 받는다는 내용이었다. 진나라의 가혹한 법에 지친 이들은 유방의 덕치에 마음을 기울였으며, 뒤이어 초패왕 항우가 장안을 불태우고 포로를 몰살하며 혹독한 처사가 이어지자 민심이 유방에게 기울어 천하를 통일하는 큰 힘으로 작용한다.

* 노예무역이 그 끝을 보이던 당시, 미국 남부는 이런 흐름을 거스르며 노예를 이용한 플랜테이션 목화 농업을 토대로 경제를 운영하고 있었다. 이처럼 시대 착오적이고 유럽 귀족을 흉내 낸 특유의 분위기를 고집하던 남부는 '노예제와 백인 우월주의의 사수'라는 미명하에 미합중국에서 집단 탈퇴하며 내전의 서막을 올린다. 그러나 생산력에서 뒤처진 남부의 패배는 기정사실이었다.

받아 어떤 장애물이나 거대한 벽으로 자리 잡는다면 이를 뚫고 자신의 기준을 명확히 해야 한다고 조언해야 한다. 그렇기에 자신의 신념이 옳다고 생각하는 것에서 나타나는 떳떳함 또는 자신이 구축하려는 뜻/의지로 표현되거나, 목표에 닿아 뭔가를 소유하려는 희망/두려움으로 드러날 때가 많다.

반대로 <u>3, 6, 7번 위치</u>에 나올 때는 11의 가치가 주변의 영향력에 쉽게 흔들리거나 약화한다. 질문자가 맹신하는 부분을 놓친 상황으로 작용할 수 있거나, 자신의 뜻대로 일을 진행하려는 의도가 드러나 사람들이나 상대방에게 반발을 일으키고 충돌하는 상황으로 해석할 수 있기 때문이다. 이때 11에 해당하는 질문자가 스스로 당위성이나 명분을 찾지 못하면 최악의 경우 자가당착을 넘어 치명적인 모순을 지닌 채 문제에 맞닥뜨리는 상황으로 악화될 수도 있다.

연애 관계 성립 유무에 따라 해석이 달라질 수 있으나, 근본적으로 상대방을 자신의 생각/의도대로 움직이려 하거나 상대방을 자신의 취향대로 만들려는 모습으로 나타난다. 다만 4처럼 직접 행동하거나 강제하는 방식 또는 5의 (잔소리로 대표되는) 정신적인 방식과 달리, 11은 상대방이 선택할 여지를 없애는 방식으로 자신의 주장/성향을 강제하려는 모습을 보여준다. 이 점을 참고해 연애 당사자의 배열을 토대로 상황을 조절하거나 한 발 물러서도록 조언해야 하며, 긍정적인 영향을 받는다면 상대방의 단점/약점들을 보완함으로써 관계를 더 쉽게 성립할 수 있으나, 부정적인 영향을 받는다면 경우라면 애당초 성향이 맞지 않는 것을 억지로 바꾸려다가 다툼이 일어날 수 있다는 점을 경고해야 한다.

상대방이 없거나 단순히 호감만 있는 상태에서 나온 11은 비교적 쉽게 부정적인 영향을 받는다. 이는 질문자가 이성을 바라보는 관점 자체가 편협하거나 너무 이상론에 머물러 있기 때문이다. 긍정적인 영향을 받는다면 서로의 취향을 존중하고 남의 영역을 함부로 재단하지 않도록 조언함으로써 좋은 흐름을 맞이할 수 있다는 뜻으로 볼 수 있으나, 부정적인 영향을 받는다면 자신의 잣대로 이성을 폄하하거나 제대로 된 정보도 없이 겉만 보고 남을 판단하고 있지는 않은지 배열로 확인하고 조언해야 한다.

대인관계 긍정적인 영향을 받는다면 자신의 입지나 명분을 토대로 남들의 추앙/추대를 받거나 신망을 얻는 것으로 해석할 수 있으며, 부정적인 영향을 받는다면 자신의 소신대로 밀어붙이는 것은 긍정적인 영향을 받을 때와 같지만 그 소신 자체가 어긋나 있거나 사람들에게 지지받지 못해 고립되는 모습으로 드러난다. 그렇기에 문제와 관련한 사람들의 성향이 어떤 부분에서 질문자와 충돌하는지 확인해서 어떻게 이탈/조율/합의할지 조언해야 한다.

사업의 흐름이나 전망/창업의 성사 여부 11에 해당하는 인물이 주장하는 것에 대해 다른 사람/소비자들의 확실한 수요가 있는지 파악하면서 질문자가 지나치게 낙관하지 않도록 조언해야 한다. 특히 처음 사업을 시도한다면 부정적 요소들을 강조함으로써 규모를 줄이거나 소극적으로 투자하도록 조언해야 할 때가 많다.

이는 11이 사회에서 인정하는 것이 아니라 자신만의 아이디어나 관점을 고수하고 행동으로 옮기는 상황을 뜻할 때가 많기 때문이며, 그렇기에 11의 의미에서 겉으로 드러나지 않는 부분들(특히 자신이 모든 것을 파악하고 있다고 착각하는 것을 넘어 그 근거를 위조하는 경우로도 드러난다)에 관해 반드시 언급해둬야 하며, 설령 질문자가 합당한 주장을 하더라도 주위를 환기하도록 만들 필요가 있다.

긍정적인 영향을 받는다면 질문자의 판단이 정확하고, 사업 추진으로 수익을 얻을 수 있다고 해석할 수 있다. 최상의 경우 (매우 드문 사례이지만) 질문자의 사업 아이템이 유행하거나 시대를 풍미하는 경이적인 모습으로 드러날 수 있지만, 반대로 부정적인 영향을 받는다면 잘못된 사업 계획을 옳다고 여기거나 질문자 개인의 취미/취향에 기울어지면서 수익이 변변찮은 상황이 될 수 있다는 점을 늘 상기시켜 경쟁에서 뒤처질 수 있다는 것을 경고해야 한다. 나아가 질문자가 잘못된 사업 방침을 바꾸거나 다른 분야를 참고해 질문자가 놓친 부분이 무엇인지 확인/체험하도록 해야 한다.

진로 적성 자신만의 독보적인 영역, 전공 자체를 지목하거나 조직·단체·사회 체계·국가 규칙·강령·규약·약관 등을 수호하는 분야로 표현된다. 그러므로 이와 관련한 다른 단체나 개인의 반론에 주의하고, 항상 실증적인 관점으로 대처하도록 조언해야 한다. 반대로 질문자가 다른 사람이나 단체를 평가하는 위치에 있다면 중립을 지키도록 강조해야 한다. 정치 논쟁에서 자신이 믿는 신념을 강제로 남에게 주입하려는 행동을 암시할 수 있기 때문이다.

긍정적인 영향을 받는다면 사람들에게 자신이 속한 곳의 정의를 정당하게 행하는 모습을 넘어 요직에 배치되거나, 사회에서 늘 수요가 있는 다양한 직종으로 나아가는 소질 자체를 뜻한다. 그러나 부정적인 영향을 받는다면 자신의 결과를 정당화하고자 이를 조작하거나 억지로 사람들을 설득하려는 모습으로 드러난다. 많은 사이비 역사가나 사이비 과학자가 범하는 오류 가운데, 불확실한 것을 확실한 것으로 만들기 위해 객관적인 사실을 호도하려는 시도를 예로 들 수 있다. 이때, 해석자는 질문자가 알고 있는 것과 다른 것을 인정할 수 있도록 다양한 관점을 보여주고 잘못된 길로 나아가지 않도록 만류해야 한다.

시험 결과나 합격 여부 긍정적인 영향을 받는다면 자신이 알고 있는 것들을 그대로 표현함으로써 좋은 결과를 받게 된다는 의미로 볼 수 있으며, 진부한 표현이지만 '노력한 만큼 얻는다' 말고는 다른 해석이 나오기 힘들다. 그러나 부정적인 영향을 받는다면 자신만만하게 알고 있는 답이 틀릴 수도 있다는 것을 역설하는 카드이기도 하다. 이는 11이 묘사하는 '주관적 시각'의 폐해를 통해 유추할 수 있는 해석이다.

질병의 호전, 완치 정기검진처럼 규칙적으로 정해진 검사·진찰로써 병의 예후를 미리 알아차린다는 뜻으로 볼 수 있다. 긍정적인 영향을 받는다면 미연에 질병을 방지할 수 있다는 의미로 해석되며, 반대로 부정적인 영향을 받는다면 자신의 목적이나 명분을 만들어내려고 과로하다가 병세가 악화할 수 있다는 뜻으로 해석할 수 있다. 최악의 경우 이 때문에 자신이 얻으려던 가치/목표를 달성하기도 전에 건강 문제로 포기해야 하는 상황이 올 수 있다는 점을 경고한다.

단순한 건강 문제 균형이 필요한 부분이 불균형해져 나타날 수 있는 전반적인 질병을 뜻하며, 이때 11의 키워드를 다른 카드와 연계해 더 정밀한 병명을 알아낼 수 있다. 예를 들어 11과 5p가 배열에 강력한 영향을 미치는 상황에서 5p가 11의 영향력을 압도한다면, 영양실조나 결핍으로 생긴 장애 및 신체 이상을 의심할 수 있다.

켈틱 크로스 배열 위치별 긍정/부정 해석법

1 → ② ④ ⑤ ⑧ 카드 확인 긍정적인 영향을 받는다면 질문자가 생각하거나 하고 있는 일이 옳다는 것을 뜻하며, 사람들의 지지·지원을 등에 업고 있다는 뜻으로 해석된다. 그러나 부정적인 영향을 받는다면 자신이 옳다고 과신하고 있으며 이런 태도가 왜 잘못된 것인지 전혀 인지하지 못하고 있다는 점을 경고해야 한다. 최악의 경우, 모든 이를 적으로 만들어 질문자 자신이 옳은 이야기를 해도 믿어주지 않는 절망적 상황이 올 수 있다.

2 → ① ③ ④ ⑤ ⑦ 카드 확인 기본적으로 질문자와 다른 명분·규칙·정의를 강요하는 상황이나 이를 주도하는 인물이 문제 해결에 장애가 되고 있다는 의미로 볼 수 있으며, 나아가 이를 극복하거나 해당 명분에 타협하는 데 성공함으로써 장애물을 넘어설 수 있다고 조언할 수 있다.

긍정적인 영향을 받는다면 장애물 자체가 기실 아무런 영향이 없거나, 올바른 명분을 내세워 상황을 극복할 수 있다는 뜻으로 해석된다. 그러나 부정적인 영향을 받는다면 질문자의 수단/목적이 좁게는 남의 공감을 얻어낼 수 없으며, 최악의 경우 이 수단/목적이 반사회적 성향을 띠고 있다는 점을 나타낸다.

3 → ① ④ ⑦ ⑨ 카드 확인 1번 위치와 다른 점이 있다면, 질문자 자신의 가치관/판단 기준이 그 자신에게 있어 매우 당연한 것이라 생각하기에 크게 의미를 두지 않는 모습으로 드러난다는 점이다.

긍정적인 영향을 받는다면 질문자가 생각하는 방식/규칙들이 정당하면서도 보편적인 사회 정의와 합치한다는 것을 뜻하며, 부정적인 영향을 받는다면 스스로 믿고 있는 기준/가치가 문제 해결에 전혀 도움이 되지 못하거나 되레 문제를 키우는 요인이라는 것을 자각하도록 조언해야 한다.

4 → ② ③ ⑦ ⑨ 카드 확인 질문자가 과거에 결정(당)했던 요인들이 질문과 관련해 어떤 문제를 일으켰는지 확인해야 한다. 긍정적인 영향을 받는다면 과거에 내린 결단이 해당 문제에 큰 조력이 되거나 사람들의 지지를 얻는 계기가 되었다는 뜻으로 해석할 수 있으나, 부정적인 영향을 받는다면 질문자의 독단적인 모습이나 잘못된 명분 때문에 질문과 관련한 문제 해결을 가로막는 장애물이 됐다는 뜻으로 볼 수 있다.

5 → ① ③ ④ ⑨ 카드 확인 긍정적인 영향을 받는다면 질문자의 판단 기준

이나 명분을 내세워 더 수월하게 목적을 달성하거나 사람들에게 지지받는 다는 의미로 해석할 수 있지만, 부정적인 영향을 받는다면 섣불리 자신의 속 내를 드러내 사람들에게 질시받거나 반박당하는 등 난처한 상황으로 전락할 수 있다는 점을 경고해야 한다.

---

6 → ① ③ ⑦ ⑨ 카드 확인 긍정적인 영향을 받는다면 질문자의 발언이나 행동으로 전달되는 순수한 의도나 명분이 인정받는다는 의미로 해석할 수 있으며, 이로써 질문자가 원하는 바를 얻어낼 수 있다고 확인할 수 있다. 부정적인 영향을 받는다면 이와 반대로 자신의 모순이 드러나며 명예가 실추될 상황이 올 수 있다는 점을 경고해야 한다.

---

7 → ② ③ ⑤ ⑧ 카드 확인 질문자 스스로 질문 주제에 대해 자신이 옳다고 여기는 마음 자체로 해석된다. 긍정적인 영향을 받는다면 자신의 신념을 토대로 자신감을 가지고 문제에 임하고 있다는 것을 뜻하나, 부정적인 영향을 받는다면 정당한 비판마저 받아들이지 못하고 문제를 제대로 직시하지 못하는 상태라는 것을 뜻한다.

---

8 → ① ④ ⑤ ⑨ 카드 확인 긍정적인 영향을 받는다면 이는 다른 이들에게 기준이 되거나 어떤 사안에 관한 처리 또는 질문자의 관점이 고평가받는 경우로 이해할 수 있다. 반대로 부정적인 영향을 받는다면 남에게 자신의 모순을 적나라하게 드러내거나 질문자의 개성이 지나치게 부각되면서, 문제와 관련한 사안에 적극적으로 개입할 수 없게 된다는 뜻을 지닌다.

---

9 → ① ② ⑦ ⑧ 카드 확인 질문자가 자신이 옳다고 여기는 방식대로 일이 처리되길 바라며, 그렇지 않고 남의 명분에 끌려다니다가 자신이 원치 않는 행동을 하며 문제도 해결하지 못할까 봐 두려워한다는 뜻으로 해석된다.

---

10 결론에 11이 나오면 모든 카드를 총합해 질문 주제와 관련한 사람들의 이해타산/명분을 파악해야 한다. 이로써 질문자가 어떤 판단을 토대로 진영을 선택했는지, 어떤 방식을 선호하는지 확인하고 각각의 입장 차를 비교·분석해 조언해야 한다. 긍정적인 영향을 받는다면 이 카드를 통해 정당한 권리 행사 및 명분을 토대로 상대방을 무력화할 수 있다고 해석할 수 있으나, 반대로 부정적인 영향을 받는다면 단순한 소신 표명에 그치거나 소수 의견·세력으로 남아 제대로 목적을 달성하기 어려워진다는 점을 강조해야 한다.

실제 사례 (2013년 겨울, D모 사이트, 20대 남성)

질문   연애하고 싶은데 왜 난 연애를 못하는가?

사전 정보 당시 게시글에서 질문한 내용에는 별다른 언급이 없어서
내가 문자, 그제야 지금껏 연애를 해본 적 없으며 군입대를
몇 개월 앞둔 상태라고 덧붙였다.

7c - 2s - 11 - 5w - 4p - 10s - 14 - 6w - 3s - 20

7c   <u>(질문자 자신)</u> 난 연애하고 싶다.

2s   <u>(장애물)</u> 그러나 상황이 여의치 않거나 연애하기 애매한 상황
이다.

11   <u>(기저)</u> 내가 연애하는 것은 당연한 일이다.

5w   <u>(과거)</u> 업무 또는 자신의 처지나 해야 할 일 때문에 연애를 할
수 없거나, 이성을 설득하지 못했다.

4p   <u>(현재/곧 일어날 일)</u> 자신의 생각을 바꿀 의향이 없고, 그렇다고
어떤 행동을 하고 있지도 않다.

10s   <u>(미래)</u> 생각을 바꾸지 않으면 연애할 수 없으며, 달성하더라도
이별이 예정돼 있다.

14   <u>(질문자의 내면)</u> 내 연애관에 맞지 않으면 연애를 시작하지 않
겠다.

6w   <u>(제3자가 바라보는 질문자)</u> (근거없는) 자신감이 너무 과하다고
보고 있다.

3s   <u>(희망/두려움)</u> 어떤 갈등 요소가 있어도 연애하고 싶다는 바람
이 있으며, 사람들과 마찰이 일어날까 봐 두려워하고 있다.

20   <u>(결과)</u> 이런 관점/관념을 바꾸지 않는다면 연애할 수 없으며,
비판만 받을 것이다.

실전 해석

이 배열에서 11은 3번 위치, '기저'에 나왔다. 관계가 성립하지 않은 상태, 단순한 연애 운을 조망하는 질문의 특성상 질문자의 상대방에 관한 '판단 기준'이 어떻게 성립해 있는지, 그리고 어떤 이상형을 원하는지가 확고하다는 것을 드러낸다. 그러나 자신의 현실을 자각하지 않거나 자신의 목적을 앞세워 남의 입장을 배려하지 못하면, 배열 전체에 부정적인 영향을 끼칠 수 있다는 점을 확인할 수 있다.

이 질문에서 11은 질문자조차 인지하지 못하거나 인지하더라도 밝히지 않은 부분을 드러낸다. 이 배열에서 11에 영향을 주는 카드는 7c, 5w, 10s, 3s로 확인되는데, 이로써 11이 부정적인 영향을 받고 있다는 것을 확인할 수 있다. 질문자는 명확한 기준이나 목표 없이 자신이 바라는 이상향만 좇으려는 태도나 생각이 실제 현실로 드러날 리 없다고 믿는다. 그러나 연애를 시도할 때 일어날 갈등을 두려워하는 모습에서 자신의 기준에 문제가 있다는 사실을 이미 질문자 스스로 알고 있다는 것을 드러낸다. 질문자 자신은 과거부터 그 나름대로 노력해왔다고 항변할 수 있으나, 노력만으로는 비판을 피할 수 없다는 점을 알 수 있다.

---

① **7c(질문자 자신)** 질문자가 연애하고 싶어 하는 생각에 이것저것 상상하고 있다는 뜻으로 해석되며, 부정적인 영향을 받는다면 그 상상은 현실성이 떨어지거나 (실제 연애하려면 해야 할 행동은) 취하지 않고 있다는 점을 드러낸다. 이로써 더 현실적인 문제들을 고려해서 관계를 이루려면 다양하게 고민해보도록 조언해야 한다.

---

② **2s(장애물)** 실제로 행동하지 않는 현 상황 자체를 뜻하며, 나아가 상대방에게 접근하기 쉽도록 도와준 경험이 없다는 것을 드러낸다. 긍정적인 영향을 받는다면 '가만히 있으면 중간은 간다'는 말처럼 질문자의 경거망동을 줄일 수 있도록 조언할 수 있으나, 부정적인 영향을 받는다면 좋아하는 사람이 있더라도 정상적으로 접근하는 방식

자체를 모른다는 것을 암시한다.

---

③ **11(기저)** 질문자가 생각하는 것들이 공상에 가까운데도 연애해 보고 싶다는 질문자 나름의 명분을 내세우고 있으며, 자신이 그동안 겪어보지 못했거나 자신의 방식으로 성공하지 못했다는 점을 망각 하고 있다는 뜻으로 해석할 수 있다. 이는 내가 상대방에게 차이지 않았고 상대방이 내 이상형이 아니어서 좋아한 적도 없었다는 합리 화로 이어지기 쉬우며, 이런 태도가 계속되면 이성 관계에서 갈등을 빚을 수밖에 없다는 점을 지적해야 한다(7c, 5w, 14, 3s).

---

④ **5w(과거)** 연애와 관련해서 질문자의 경험이 부족하거나, 상대방 에게 자신의 논리 또는 관점을 제대로 전달/투사하지 못했던 과거를 드러내며, 이런 실패들이 질문자의 시야나 관념을 상당히 좁게 만든 것으로 해석할 수 있다.

긍정적인 영향을 받았다면 다른 사람들이나 상대방에게 자신의 노력을 보여주고 관계를 성립하려 노력했다는 것을 뜻하나, 그렇다 면 현재 질문자가 7c에 빠질 일도 없거니와 관계를 성립하고 싶다는 생각에 점을 봤다고 보면 답은 불 보듯 뻔하다.

---

⑤ **4p(현재/곧 일어날 일)** 질문자가 자신의 성향/관점/기준을 바꿀 의향이 전혀 없다는 것을 드러내며, 사람들과 갈등을 겪더라도 자신 의 명분이 현실적으로 정당하다고 주장하리라는 뜻으로 해석된다.

긍정적인 영향을 받는다면 '열 번 찍어 안 넘어가는 나무 없다'는 각오로 자신이 원하는 상대방과 관계를 계속 도모하라고 조언할 수 있으나, 부정적인 영향을 받는다면 이 과정에서 사람들과 충돌할 수 있다고 지적하며 '열 번 찍어 안 넘어가는 나무도 있다'는 현실적인 조언으로 질문자를 만류해야 한다.

---

⑥ **10s(미래)** 질문자가 자신의 성향/기준을 바꾸지 않으면 찾아올 필연적인 실패를 뜻한다. 최악의 경우, 자신의 재화로 상대방을 구매

하는 행위까지 이어질 수 있으며 거역할 수 없는 흐름(입대)에 굴복해야만 하는 절망적인 상황을 드러낸다. 더 큰 문제는, 자신의 생각만이 아니라 다른 사람들, 특히 이성들이 질문자를 대하는 시선 또한 그리 좋지 않게 바뀌리라는 데 있다. 설령 긍정적인 영향을 받더라도 질문자의 가치 기준을 뒤엎고 재정립해 자신의 착오를 완전히 개선해야만 관계를 성립시킬 수 있다고 조언해야 한다.

⑦ **14(질문자의 내면)** 긍정적인 영향을 받는다면 질문자 자신이 생각하는 관계에 관한 상상이 현실적으로 이루어질 수 없다는 것을 자각하고 우선순위를 정리하거나 대안을 골라내고 있다는 뜻으로 해석되지만, 부정적인 영향을 받는다면 이런 상황에도 자신의 기준을 타협하지 않고 오히려 자신의 기준에 따라 자신이 사람들을 걸러내고 있다고 생각하는 모습으로 변질된다.

이 배열에서는 부정적인 영향을 받았다는 것을 알 수 있다. 현실적으로 적용되지 못한 11과 자신의 취향/성향을 고집하려는 4p 때문에 이 카드도 제 역할을 못하게 됐다고 볼 수 있다. 이런 문제는 이후 남의 시선을 악화시키는 요소로 작용하며, 나아가 다른 사람들과 갈등을 일으키는 주 원인으로 자리 잡는다(11, 4p, 6w, 3s).

⑧ **6w(제3자가 바라보는 질문자)** 질문자의 이런 성향을 제3자들이 잘 모르거나, 근거 없는 자신감으로 보고 있다는 것을 드러낸다. 부정적인 영향을 받는다면 그저 남의 연애담이나 연애의 성공을 질투하는 사람으로 여겨지며, 주변 사람들에게 '겉은 멀쩡한데 왜 연애를 못하지?'라고 평가받는다는 의미로 해석할 수 있다. 긍정적인 영향을 받는다면 사람들에게 나쁜 평가를 받지는 않으며, 호감을 품은 이성이 있다고 해석할 수 있으나, 이 배열에서 그런 의미를 추가할 수 없다는 것은 위에서 살펴본 것으로 추론할 수 있다.

⑨ **3s(희망/두려움)** 자신의 기준/관점에 합당한 상대가 있다면 수단을 가리지 않고 인연을 맺으려는 희망적인 의지로 해석되나, 이 과정

에서 이상형에 가까운 이성이 자신을 혐오할지도 모른다는 두려움 또는 사람들에게 자신의 마음을 밝히면 현실에 비해 과한 욕심이라 여기는 이들과 갈등을 겪을 수 있다는 것을 질문자 스스로 인지하고 두려워한다는 뜻으로 해석할 수 있다.

⑩ **20(결론)** 네 종류의 해석을 제시한다.
1. 질문자의 성향/관점이 사람들에게 드러나서 비판받는다.
2. 이런 성향을 강제로라도 버려야 흐름을 개선할 수 있다.
3. 다가올 심판(입대)을 피하지 못한다.
4. 질문자가 생각하는 방식/태도를 고집한 채 관계를 성립시킬 수는 없다.

다른 카드들로도 질문자가 이성에게 정상적인 방식이나 올바른 태도로 접근하지 않았다는 것을 확인할 수 있다. 제대로 조언을 듣고 실행하려는 마음조차 없다는 것이 모두에게 드러났으며(이 게시물은 공개 게시판에 게시됐다), 그 때문에 부정적인 의미가 확정됐다는 것을 알 수 있다.

해석을 마친 뒤 나는 곧장 그에게 입영 일자부터 물었고. 채 반 년도 남지 않았다는 것을 확인한 뒤 그를 강력하게 비판했다. 질문자가 어설픈 공상이 망설임에 머무르며 아무런 명분을 얻지 못한 상태에서 어울리지 않게 11이 나온 탓에 부정적인 영향을 강하게 받았다고 강변하며, 자신이 말하지 않은 자신만의 기준을 열거하면서 '연애를 못하는 게 아니라 이런 사람(이상형)이 없어 안 하는 것이다'라는 식의 반응을 보였다. 사실상 이 시점에서 모든 점의 해석은 끝났다.

오히려 논쟁을 계속하다가 다른 해석자들도 게시물을 확인하고 모두들 '널 만나는 여자는 무슨 죄로 1년 반 넘는 시간을 기다려야 하냐'는 말로 비판하기 시작하자, 끝내 질문자가 자신의 생각이 잘못됐다는 것을 인정하지 않은 채 게시글을 삭제하고 도망가버렸다.

이 배열에 드러난 11은 부정적인 의미가 강해진 나머지, 모호하고 현실성 없는 질문자의 감정이 사람들과 불화를 일으키는 원인으로 작용한 경우였다. 이런 요소에서 비롯한 초조함과 집착이 마지막으로 남은 긍정적인 의미인 소신마저 변질시켰다. 나아가, 결정적으로 책임감 없는 자들의 결말을 맞으며 11의 의미는 자신만의 망집妄執과 아집我執으로 전락해버렸고, 긍정적인 요소를 발휘할 수 있는 다른 카드들조차 오염시켜 부정적인 의미로 만들었다.

결과적으로, 이 점의 후일담은 결국 연애를 해보지 못하고 입대한다는 짧은 게시글로 확인할 수밖에 없었으며, 그마저도 게시판 주제와 관련 없는 글로 판단한 관리자가 글을 삭제하면서 일단락됐다.

이처럼 상대방이 없는 상태에서 단순한 연애 운을 묻는 점에 나온 11은 부정적인 영향을 드리우기 쉬우며, 질문자가 무엇을 잘못 판단하고 있는지를 설득하기 어려울 때가 많다. 심지어 '제가 뭘 잘못했습니까?' 같은 말로 자신의 명분·행동·생각이 옳다고 여긴 나머지 독선에 빠지기 쉽다는 점에 주의해야 한다.

실제 사례 (2002년 여름, 경기 성남 서현역 근처 술집, 40대 중반 남성)

질문 이 상태를 어떻게 벗어나야 하는가?

사전 정보 정확하게 어떤 이유로 점을 보는지 몰랐기에, 실력이 미진하다고 말하며 어떤 내용을 다루는지 모르면 해석이 어려워질 수 있다고 이야기하자, 질문자는 흔쾌히 웃으며 단순히 자신이 운영하는 사업장의 수익이 늘어날지 궁금해서 점을 보려 했다고 답했다.

7p - Ns - 8w - 9w - 3c - 8p - 5 - 11 - 4s - 5c

7p (질문자 자신) 더 많은 수익을 원한다.

Ns (장애물) 그러나 수익을 얻으려 급진적인 방법을 쓰거나, 자신이 아는 방법만 쓰려 한다.

8w (기저) 자신도 통제하지 못할 만큼 일을 밀어붙이고 있다는 것을 안다.

9w (과거) 이런 기반을 만들고자 노력했으며, 기반을 지키려 한다.

3c (현재/곧 일어날 일) 현재 별다른 무리는 없으며, 영업도 잘 되고 있다.

8p (미래) 노력한 만큼 결실이 있으나, 규모 확장 없이는 그 이상을 바랄 수 없다.

5 (질문자의 내면) 자신이 해왔던 사업에 대한 확신이 있으며, 현 소득도 무난한 수준이라고 생각한다.

11 (제3자가 바라보는 질문자) 질문자의 사업을 인정하고 있으며, 잘 해나가리라고 믿는다.

4s (희망/두려움) 더는 별다른 시도를 하지 않아도 될 만큼 여유가 생기길 바라며, 이렇게 해도 명확한 성과 없이 사업을 실패할 수 있다는 것을 두려워하고 있다.

5c (결과) 질문자가 원하는 정도는 아니지만, 적어도 사업을 유지하는 것은 어렵지 않을 것이다.

실전 해석

이 배열에서 11은 8번 위치, '제3자가 바라보는 질문자'에 드러났다. 사업의 흐름과 관련한 질문의 특성상 질문자가 생각하는 수익 '기준'을 사람들이 모두 인지하고 있으며, 이미 달성한 모습으로 드러나고 있다는 점을 지적한다. 다시는 이 기준을 만족시키지 못하거나, 이미 그 너머로 승화하는 데 성공한 모습을 뜻하는 20과 차이를 드러내며, 질문자가 스스로 원하는 수준을 달성했다는 것을 다른 사람들도 아는 시점에서 질문을 통해 원하는 바가 무엇인지 확인해야 정확한 해석과 조언을 할 수 있다.

이 질문에서 11은 사람들이 이미 질문자가 (자신이 원하는) 경지에 도달했다고 생각한다는 점을 드러낸다. 11의 의미를 긍정/부정적으로 확정짓는 카드들은 7p, 9w, 3c, 4s로 확인된다. 7p는 질문자의 물질적인 욕망이 자신의 역량을 넘어서고 있다는 것을 의미하고, 9w는 현재와 같은 위상을 얻을 수 있도록 많은 노력을 기울였다는 것을 뜻하며, 3c는 현재 별다른 문제가 없고 결실을 즐기는 단계이나 그만큼 지출이 늘어날 것을 의미하고, 4s는 질문자가 이제 조금이나마 휴식하길 원하지만 수익을 늘리지 못할까 봐 두려워한다는 것을 뜻하며, 별다른 조언이 없다면 질문자의 역량이 점차 줄어들면서 부정적인 흐름이 다가온다는 것을 알 수 있다. 그렇기에 이런 요소들을 조정하고 11의 의미를 더 긍정적으로 이끌어가야 한다.

① **7p(질문자 자신)** 질문자가 자신의 능력 밖의 수익을 원하는 모습을 뜻한다. 긍정적인 영향을 받는다면 현재 질문자의 역량으로 새로운 목표를 세우고 재화를 모을 수 있다는 의미로 해석할 수 있으나, 부정적인 영향을 받는다면 자신의 역량을 넘어서 탐욕을 부리느라 자신이 가진 것마저 제대로 유지하지 못할 수 있다는 점을 경고한다.

② **Ns(장애물)** 질문자가 이런 목적을 달성하려 급진적인 방법을 쓸 수 없거나 남의 자본/기반과 이로 인한 견제 및 경쟁 구도 때문에 빠

르게 치고 나아갈 수 없다는 의미로 해석할 수 있다.

긍정적인 영향을 받는다면 이에 굴하지 않고 자신이 가진 것을 희생하더라도 앞질러나갈 수 있다고 해석할 수 있으나, 부정적인 영향을 받는다면 이런 과정을 강행하며 주변 상인이나 경쟁 업체를 자극해 과열 경쟁으로 치닫게 될 수 있다는 점을 경고해야 한다(7p, 8w, 9w, 11).

③ **8w (기저)** 긍정적인 영향을 받는다면 질문자가 질문과 관련한 문제에 상당히 빨리 대응하려 노력한다고 해석할 수 있으며, 더 나아가 사업과 관련해 신속히 결정해야 하는 정보가 필요하거나 해당 정보를 참고/이용해서 결정해야 하는 상황이라는 것을 드러낸다.

그러나 부정적인 영향을 받는다면 문제를 숙고할 시간 없이 졸속으로 실행할 수밖에 없는 상황이라는 것을 의미하며, 최악의 경우 질문자의 조급한 성미 때문에 일을 다 그르칠 수 있다는 점을 경고해야 한다.

④ **9w (과거)** 긍정적인 영향을 받는다면 질문자가 지금의 기반을 마련하고자 견뎌낸 고행을 의미하며, 그렇기에 자신의 노력을 스스로 배신하지 않으려고 다양한 방어책이나 정신무장을 해왔다는 것을 드러낸다. 그러나 부정적인 영향을 받는다면 자신의 경험에만 의존하는 모습으로 드러나며, 다른 사람들이 전달한 정보를 믿지 않거나, 믿더라도 자신에게 적용하는 과정이 매우 느리게 진행될 수 있다는 것을 경고한다.

⑤ **3c (현재/곧 일어날 일)** 현재 질문자가 자신의 방침/경험을 토대로 문제 없이 기반을 운영한다는 것을 드러낸다, 특히 이 카드는 질문자가 종사하는 업종(주류 판매업)에 관해 더 긍정적으로 해석되므로 큰 문제 없다는 해석을 이끄는 결정적 카드로 볼 수 있다. 그러나 부정적인 영향을 받는다면 애써 구축한 기반을 더 개선하려는 마음보다 이를 즐기려는 성향이 점차 강해질 것을 암시한다.

⑥ **8p (미래)** 질문자의 의욕과는 관계없이 자신의 기반에서 해왔던 노력만큼 결실을 맺는다는 뜻으로 해석할 수 있으며, 더 나아가 기반에서 나오는 전체 액수에 비해 질문자의 순이익은 얼마 되지 않는다는 점을 시사한다. 자영업자라는 이름이 무색하게 수입에 비례해서 지출이 이어지는 것과 같은 이유로, 수익 자체는 큰 문제 없으나 지출이 커져 체감하는 수익이 적어 보인다고 해석할 수 있다.

⑦ **5 (질문자의 내면)** 자신의 노하우로 문제를 해결할 수 있다고 믿는다는 것을 보여주며, 다른 사람들에게도 삶이나 사업적인 방법/경험을 가르치려 든다는 것을 확인할 수 있다.

이는 비교적 긍정적인 영향을 받고 있다. 질문자가 스스로 욕심이 과하다는 것을 어느 정도 알고 있으며 급진적인 대안을 찾지 않고 견실하게 운영해서 문제를 극복하려 하며, 문제를 막을 수 없다는 것을 자각하고 자신의 경험 속에서 해결책을 찾을 수 없다는 점을 인지해 사람들에게 조언을 청하고 배움을 구하려는 모습으로 알 수 있다.

부정적인 영향을 받는다면 남의 의견을 듣더라도 이미 자신이 알고 있는 사회적 통념에 따라 행동하려 한다는 점을 지적할 수 있지만, 현 상황이 질문자에게 그리 큰 부담을 주지 않으며 절약이나 과거의 경험을 활용해 감당할 수 있을 것이라 판단한다는 점 때문에 더 긍정적인 의미로 적용된다(7p, Ns, 8w, 9w).

⑧ **11 (제3자가 바라보는 질문자)** 긍정적인 영향을 받는다면 질문자가 자신의 영역/관점/시각을 다른 사람에게 인정받을 수 있다는 의미로 해석할 수 있으나, 반대로 부정적인 영향을 받는다면 기존의 방식으로는 지금의 기반보다 확장할 수 없다고 보는 비판적 시각이 있다는 뜻으로 볼 수 있다.

이는 질문자의 기반에 관한 욕망과 과거에 노력해왔던 이력/경험을 통해 지금처럼 현재를 즐기는 모습으로 확인할 수 있으며, 결정적으로 이 순간이 멈추지 않기를 바라고 있다는 점 때문에 비교적 긍정적인 영향을 받았다는 것을 알 수 있다(7p, 9w, 3c, 4s).

⑨ **4s(희망/두려움)** 질문자가 지금 같은 생활이 멈추지 않길 바라는 두려움과 이렇게 수익을 내려고 계속 노력하는 것을 잠시 쉴 수 있길 바라는 희망을 동시에 품고 있다는 뜻으로 해석할 수 있다.

⑩ **5c(결론)** 현재의 방법으로는 질문자의 기대 수익을 실현할 수 없다는 의미로 해석할 수 있다. 부정적인 영향을 받는다면 과도한 목표 설정으로 주변의 사람들이 피곤해지거나 분쟁이 생겨 이탈할 수 있으며, 이로써 지지자들도 떠날 수 있다는 것을 경고한다. 긍정적인 영향을 받는다면 질문자가 기반을 쌓고 잠시나마 즐길 수 있던 것들을 포기해야 문제를 해결할 수 있다는 뜻으로 해석할 수 있다.

배열을 확인한 뒤, 먼저 현재로서는 수입이 변함없을 것이라고 말하며 수입은 고정적으로 들어오지만 소요 자금이나 당장 필요한 돈에는 못 미치는 상태가 계속돼 점을 본 것 아니냐고 되물었다. 거기에 더해 수익에서 지출을 빼면 정작 순이익은 회사원 월급 정도밖에 남지 않는 것이 문제라고 지적했다. 자금이 부족하다가 다시 수입이 들어오고, 그것으로 자금난을 해결하는 악순환을 반복하는 양상으로 보였기 때문이다.

나아가 이런 상황을 만든 주 요인으로 불필요한 낭비를 지적했다. 체면 유지라는 명목하에 나가는 지출들이 의외로 많다고 경고하자 질문자는 크게 놀라며 자녀가 예술 전문 고등학교를 지망하는 통에 교육비로 지출하는 돈이 너무 부담된다고 했다. 나는 이런 과다 투자가 벌써부터 필요하냐고 지적했으나, 그는 어쩔 수 없다며 다른 아이들도 같은 교육을 받기에 따라잡으려면 선택의 여지가 없다고 항변했다.

나는 자녀가 스스로 노력하지 않고 있다면 많이 투자한들 의미가 없지 않냐고 다시 말하면서, 현 상황에서 소득이 늘어날 공산은 없기에 오랫동안 이 상황이 유지될 것이므로 대안을 마련해보는 수밖에 없다는 조언으로 해석을 마쳤다.

이 점의 후일담은 그해 겨울에 들을 수 있었다. 자녀의 진학이 실패했다는 이야기에 나는 이제 돈 걱정이 사라졌을 것이라 첨언했고, 그도 쓴웃음을 지으며 맥주나 한잔 마시고 가라고 대답함으로써 이 사안의 종료를 확인했다.

이 배열에서 11은, 정작 사업과 관련한 사안에서는 긍정적인 영향을 받으며 질문자의 기반이 주변 사람들에게 고평가를 받고 있다는 것을 보증하는 역할로 작용했으나, 정작 수익과 관련해서는 질문자의 고민을 해결하지 못해 그 의미가 퇴색했다.

이 사례에서 나는 전문적인 조언으로 상대방의 의지/고집을 환기해야 했으나, 결과적으로는 앞을 바라보기만 했을 뿐 질문자를 개선시키지 못한 해석을 한 경우였다. 만약 그때 내게 이 분야에 관한 지식이 조금이라도 있었다면, 여러 가지 비용 절감법을 조언함으로써 문제를 해결해줄 수 있었을 것이다.

이처럼 11이 연계되면서 배열을 주도할 때는, 질문자가 사전 준비나 다른 사람과 공감대 형성을 마친 상태로 볼 수 있다. 이때는 질문자의 의도를 그대로 구현하는 힘이나 의지로 변환되며 점의 해석에 상승효과를 일으킨다. 그러나 반대의 경우, 해석자는 질문자가 자신의 편의 및 기호에만 맞추거나 사회성이 결여된 선택/주장을 하고 있는 것이 아닌지 의심할 필요가 있으며, 질문자의 의도가 공적 제재의 대상이 될 수도 있다는 점을 경고해야 한다.

이런 사례와 같이 11은 어떤 목적에 관해 주관을 강하게 투사하거나, 목적 자체에 매몰된 경우로 나타날 때가 많다. 이는 본래 자신의 판단 기준을 스스로 어길 때가 많기 때문이다. 이 카드가 긍정적으로 나타날 때 발생하는 공통 요소는 스스로 추구하는 바가 명료하고 이로써 주변의 동의·공감을 받으면서 긍정적인 효과를 불러온다는 점이며, 이런 요소를 질문자들에게 어떻게 이해시키느냐가 해석/조언을 하는 데 가장 큰 관건이라는 점을 명심해야 한다.

XII. THE HANGED MAN.
매달린 남자

자기희생과 통과의례
Iniciation

헌신, (자기)희생(양), 성인식, 통과의례의 시작, 맹목적, 시대에 맞추지 못함, 순교, 입적, (깨달음을 위한)고행, 흐름에 매몰됨, 의존증, 커밍 아웃, 고난, 사회적 약자, 지체 장애, 소아마비, 마조히즘, 상황에 대응하지 않으려는 자세 (못하는 것이 아님), 스톡홀름 신드롬, 고해성사, 자살, 자해, 할례, 종양, 동상, (자신의 의지가 아닌 상태에서)구경거리가 되다, (봉와직염 같은)부패성 질환, 부동不動, 부종, 노출, 게릴라, 기다림, 번지점프, 기회비용(이미 지불한 상태), 새로운 시야, 구세주, 타성에 젖다, 봉사 활동, NGO, 환경 단체, 정신적 요소에 휘둘리다, 투항

긍정/부정 확인 기준

문제를 해결하는 데 동원할 수 있는 방법이 전혀 없는가?

제3자의 관점에서 관찰했을 때, 현재 질문자가 희생하고 있는가?

문제의 관련자들이 질문자의 의도를 인지하고 있는가?

언제든 현 상황을 벗어날 수 있는가?

입학·초경·입대·결혼·임신·취직을 앞두고 있는가?

체제 변환, 사회적 변화를 맞이한 상태인가?

질문자의 종교·사회·정치·사상적 기반이 명확하고 논리적인가?

이런 내용들을 확인함으로써 긍정/부정적 의미를 확인할 수 있으며, 매달린 자 카드의 의미를 더 본격적으로 제시할 수 있게 된다. 헌신/희생을 기반으로 하며, 나아가 사회 곳곳의 통과의례들을 의미하는 이 카드가 현실적으로 어떻게 적용되는지 알 수 있는 몇 가지 조건들이다.

시대가 바뀌며 통과의례의 의미가 퇴색한다고 여겨지나, 이 개념 자체는 인류가 문명을 이룩하기 시작하면서 태동된 하나의 본능과 같은 것이며 사회 곳곳에서 전통과 정당한 권위를 지키고자 유지되고 있다. 다만 희생양이 된 자들에게 그 의미가 어떻게 적용되는지는 별개이나, 이 개념이 사라지지 않을 것이라는 점에선 수많은 연구자가 동의하고 있다.

이런 조건을 비교하면서, 해석자는 질문자의 입장뿐 아니라 그의 현 상황이 남들에게 어떻게 비치는지 확인하고, 이에 따라 질문자의 행동들을 제어해 더 매달려 있어야 하는지 또는 이미 웃음거리로 전락한 것은 아닌지 확인해야 한다. 대부분 보편적인 사회 문화에 따른 관점이 우선하며, 이 문제가 어떠한 조직/단체에 국한된다면 이 과정 자체에 불법적/반인권적 행위가 강요되는지 살필 필요가 있다.

해석용법

긍정 매달린 자 카드에서 실제로 가장 많이 쓰이는 키워드를 꼽자면 희생일 것이다. 이는 그림에서도 쉽게 나타나기에 많은 해석자가 알고 있으며, 더 나아가 보편적으로 '헌신'으로 이해한다. 메이저 상징편에서 언급했듯, 이 카드의 의미는 '자기희생', '통과의례'이며, 더 명확하게 표현하면 어떤 사회·단체·조직에 속하고자 (그 단체에서 소중하게 여기는 것을 스스로) 희생하는 것이라 할 수 있다.

부정 매달린 자 카드가 배열에 나왔을 때 긍정적/부정적 의미 양쪽에 공통으로 핵심 기반이 되는 의미는 '자신(이 믿는 뭔가)의 의지를 구현하려는 고행의 과정'이다. 보편적으로 어떤 문제나 상황 자체를 매우 당연하게 여기거나 희생이 필요하다고 인식하는 경우로 나타나며, 최악의 경우 저항조차 못하는 상태 또는 맹목적인 추종으로 묘사할 수 있다. 나아가 스스로 잘못된 것을 알면서도 어쩔 수 없다는 식의 자포자기나 광신적인 면모로도 표현된다. 반대로 최상의 경우, 위대한 순교자이자 자신을 불태워 세상 모든 이에게 깨달음을 주는 존재로 자리매김해 다른 사람들의 귀감이 된다.

이런 이유로 이 카드는 시련을 극복함으로써 한 단계 성장하려는 열망을 뜻한다. 그러나 그 개인에게는 그렇게 인식될지언정, 제3자 또는 관계자들의 모습을 제대로 응시하지 못하면 스스로 납득하지 못할 비난에 둘러싸일 수 있다는 점을 주의해야 한다. 반대로 이 카드의 의미가 긍정적으로 발현하면 스스로 불리한 상황이라는 것을 알면서도 자신을 희생하겠다는 각오로 드러나며, 이 모습을 바라본 사람들이 공감·동의하고 같이 행동함으로써 문제를 뿌리 뽑을 수 있게 된다.

그렇기에 실제 배열에 매달린 자 카드가 놓이면 질문자에게 어떤 목표/목적이 있는지 파악해야 하며, 목표 달성을 위해 희생할 수 있는 것들이 무엇이고 그 희생의 정도가 다른 사람들의 지지나 동의를 얻어낼 수 있는 것인지 확인한 뒤 질문자에게는 시의적절하게 이를 실행하도록 조언해야 한다.

부정적인 영향을 받아 그 어떤 방법도 조언할 수 없다면, 사람들의 웃음거리가 되거나 정작 자신이 이루려는 목적은 달성하지 못한 채 희생만 치르는 상황으로 악화되며, 좋은 일을 했음에도 아무런 대가를 받지 못하거나 오히려 누명을 쓰는 상황까지 치달을 수 있다는 점에 유의해야 한다.

위에서 언급한 요소들 때문에, 매달린 자 카드가 의미하는 희생/헌신은 다른 사람의 눈에 옳지 않은 일이나 조롱거리가 될 수 있다는 점을 지적해도 이를 인정하지 않고 억지를 부리는 모습으로 비칠 수 있다. 이때는 해석자가 조언하려 해도 받아들이지 않는 사례가 속출하며, 그나마 조언을 인정하더라도 이를 왜곡하여 자신이 원하는 식으로 제멋대로 이해하거나 자의적으로 수정해 행동할 수도 있다.

특히 해석하면서 힘 카드(이하 8)와 비슷한 점이 있다는 것을 토로할 때가 있다. 자신의 목적/목표를 이루고자 힘을 모아 한달음에 나아가는 8의 모습이, 그 어떤 시련에도 자신의 이상을 구현하고자 몸을 내던지려 하는 매달린 자 카드와 비슷한 의미로 보이기 때문이다. 그러나 8은 목적의식이 명확하고 이를 달성하고자 힘을 비축하다가 한순간에 발산해서 자신이 원하는 바를 성취하려 드는 것과 달리, 매달린 자 카드는 자신의 이상이 구현되기를 바라는 마음에서 사람들의 지탄/비웃음에도 아랑곳없이 웃으며 고난을 받아들이고, 이로써 사람들에게 그 의미를 전달하며 이상을 통해 현실을 바꿀 수 있다는 것을 드러낸다는 점에 차이가 있다.

따라서 이 카드는 사람들이 생각지 못한 것을 먼저 깨닫고, 자신의 확고한 이상을 드러내 현실을 바꿀 수 있는 기회를 맞았을 때 진가를 발휘한다. 긍정적으로 발현된다면 자신의 육체적·현실적인 기반을 희생하면서 그 이유 및 자신의 이상을 널리 알려 변화를 이끄는 모습으로 발전하며, 최상의 경우 세상 전반에 걸친 이념이나 정신적 가치

를 재정립하는 위업을 세울 수 있다.[*]

반대로 자신의 이상/이념이 맞는지 검증을 거치지 않은 채 사람들에게 이를 강요하거나 이성적이지 않은 태도로 자신의 신앙을 강권하는 모습으로 전락할 수도 있다. 이를테면 지금도 지하철에서 포교를 일삼는 광신자부터 자신의 이상을 실현하려 다른 사람들을 고난에 빠뜨리는 자, 더 나아가 자신의 인생을 망가뜨린 자의 사례를 들 수 있다.[**]

배열 위치별 특징 켈틱 크로스 배열에서 매달린 자 카드(이하 12)가 나왔을 때 어떻게 긍정/부정적인 영향을 확인하는지 판단하려면 10장의 카드 맥락을 모두 살펴야 한다(이에 관해 더 상세한 내용은 322-324쪽을 참고).

12가 배열에 나왔을 때 통과의례의 의미를 빼더라도 상황이 진전되지 않거나, 질문자 스스로 일의 진행을 멈추고 있는 모습으로 해석되기 쉽다. 스스로 끌려가는 상황이라는 것을 알고 있거나 어쩔 수 없다는 식으로 대처하는 것으로 볼 수 있으며, 대상자의 내면이 완벽하게 무기력해진 채 어떤 의지도 내보이지 못하는 상태로 볼 수 있다. 긍정적인 영향을 받는다면 남의 희생에 감화해 자신도 이를 따라 더 원대한 것을 이루거나, 자신의 희생으로 부작용 없이 문제를 해결

[*] 메이저 상징편의 T형 십자가, 후광, 거꾸로 매달린 자 상징 해설 참고(108-109쪽). 세계 4대 종교의 창시자 가운데 기독교, 불교의 창시자인 예수, 석가모니는 각자의 기질은 달랐으나 종교를 개창하고 전승할 때 모두 12를 활용했다. 예수와 그의 사도이자 첫 교황인 베드로의 십자가형으로 이를 확인할 수 있으며, 큰 파장을 남겼기에 수많은 명화로 전승되며 매달린 자 카드의 도상에도 응용됐다. 석가모니는 고행과 설법으로 자신의 사상을 죽을 때까지 펼쳤으며, 열반으로 자신의 깨달음을 전하기도 했다.

[**] 조선 후기 황사영 백서 사건은 이를 적나라하게 보여주는 사례다. 한국에서 천주교가 전파되던 당시 자행된 황사영 백서 사건은 신앙을 위해 국가를 포기해야 한다는 과격한 논리 때문에 박해의 규모를 키우고 더 잔혹하게 진행되는 계기를 제공했다. 백서의 내용은 말 그대로 외세를 통해 국가 전복을 추진한 것이었으며, 이러한 내용이 발각되자 황사영은 능지처참당했다.

하는 경우처럼, 이상을 따라 결심한 것들을 지키고 결실을 맺는다는 의미로 해석할 수 있다.

이런 성향 때문에 12가 2, 5, 7번 위치에 나오면 배열 전체의 해석에 큰 영향을 끼친다. 해당 위치에서 부정적인 영향을 받는다면 실제 이 카드의 모습을 한 당사자의 방해가 있거나 수익 없는 봉사 활동이 될 수 있으며, 또는 주제 전반의 과정에서 통과의례가 필요하는 의미로 해석할 수 있으니, 이를 대비하거나 각오를 굳히는 모습으로 볼 수 있다.

반대로 12가 4, 5, 8번 위치에 나오면 영향력이 적거나 부정적인 의미로 드러나기 쉽다. 현재의 문제가 과거의 방치/희생/망설임 때문에 생겼거나, 문제 자체가 다른 사람의 잘못된 희생 때문에 생겼을 수 있고, 자신의 희생이 꼭 필요하지 않은 상태에서 희생하는 것은 그저 남을 위한 제물에 지나지 않을 수 있기 때문이다.

특히, 자신이 이미 조롱거리가 되었거나 희생자 취급을 받는다면, 이런 인식을 바꾸는 데 많은 노력과 수고를 들여야 하기에 부정적인 영향을 받기 쉽다는 것을 확인할 수 있다.

연애(관계가 성립한 상황) 헌신적 사랑으로 이해하곤 하지만, 그 이면에는 상대방의 의사와 상관없이 일방적으로 헌신한다는 믿음을 가지고 있다는 것을 경고한다. 부정적인 영향을 받는다면 관계의 균형을 잃은 채 한쪽의 희생만을 강요하고 있다는 점을 지적해야 하며, 이 때문에 관계가 무너질 수 있다고 경고해야 한다. 그러나 긍정적인 영향을 받는다면, 서로 헌신하면서 말 그대로 '애틋하고 아름다운', '감동적인' 모습을 유지하려 애쓰고 있다는 점을 언급해 지금의 마음이 변치 않도록 격려해야 한다. 특히 어려운 상황일수록 이 조언은 더 의미심장하게 적용될 수 있다.

연애(관계가 성립하지 않은 상황) 부정적인 영향을 받는다면 짝사랑, 또는 상대방에게 그 어떤 호감도 내비치지 못한 채 바라볼 수밖에 없는 상황을 의미한다. 또한 상대방의 관심을 능동적으로 끌어내지 못하거나 불가항력으로 상대방에게 접근할 수 없는 상황까지 나타낼 수 있으며, 나아가 최악의 경우 관계가 성립하지 않았음에도 상대방에게 위험하게 종속된 관계로 발전할 수 있다. 그러나 긍정적인 영향을 받는다면 질문자가 사랑을 이루고자 순애보적인 방식으로 상대방을 감동시켜 관계를 성립할 수 있다는 점을 조언해야 한다.

상대방이 없거나 단순히 호감만 있는 상태에서 나온 12는 부정적인 영향을 받는다면 일방적인 구애 또는 자신의 사정 때문에 연애가 불가능한 상황이라는 의미로 해석할 수 있으며, 최악의 경우 자신의 사정이나 신체적 제한 때문에 연애 자체를 포기하고 있다는 뜻으로 볼 수 있다. 긍정적인 영향을 받더라도 '당신은 사랑받기 위해 태어난 사람'처럼 누구에게든 할 수 있는 이야기를 해줄 수밖에 없으며, 지금 겪는 환경이나 상황을 전환하지 않는다면 새로운 인연을 스스로 찾아가기 힘들 수밖에 없다는 것을 드러낸다.

또한 연애와 관련한 질문에서 12는 아주 흔치 않지만 강제적 결혼(정략결혼)을 의미하기도 한다. 당사자 사이의 협의나 감정으로 구축되지 않은 관계이며, 부모들이 암시 및 과시 때문에 자녀의 선택권을 없애고 매달아놓은 것이라 이해할 수 있다. 그러나 이 의미를 실제 적용할 경우는 극히 드물다. 현대사회에서 이렇게 진행되는 관계가 사실상 거의 없기 때문이다.

대인관계 새로운 관계를 시도하지 않거나 기존의 사람들에게 의존적인 모습을 보이는 것으로 해석할 수 있다. 긍정적인 영향을 받는다면 남에게 헌신/봉사함으로써 신망을 얻을 수 있다는 것을 뜻하며, 자신이 속한 집단의 상징적인 인물로 자리매김하는 경우를 들 수 있다. 그 밖에 12의 일반적인 의미처럼 충직한 친구의 모습으로도 드러나며, 자신의 양보를 통해 관계를 발전시키거나 노력하는 모습을 뜻하기도 한다.

그러나 부정적인 영향을 받는다면 남을 대할 때 수동적이라는 뜻으로 해석할 수 있으며 따돌림이나 집단 괴롭힘의 대상으로 낙인찍히는 것을 의미할 수 있다. 이는 집단 괴롭힘과 따돌림으로 대변되는 학교 폭력의 원인이 학업과 가정에서 오는 스트레스를 발산하고자 '희생양'을 찾는 데서 시작되곤 하기 때문이다.

사업의 흐름이나 전망 손해를 무릅쓰고 나서 얻을 수 있는 것이 더 많다는 것을 예측해서 진행하는 사업 투자가 필요하다고 조언해야 한다. 현실적 효과가 없더라도 진행하는 대기업의 기업 이미지 광고부터 시작해 제 살 깎아 먹는 방식으로 가격을 할인하는 자영업자도 여기에 해당한다. 대기업은 그 자체로 전략적 대안이 될 수 있으나, 자영업자는 부정적인 영향을 받는다면 단순히 권리금 인상으로 수익을 창출하는 데 국한될 때가 많고, 기본적으로 자신이 종사하거나 믿는 것을 위해 자신을 희생하는 것이 아니기에 사실상 12의 본래 목적을 상실하는 상황으로 드러난다는 점을 경고해야 한다.

반대로 긍정적인 영향을 받는다면 이런 유형의 방법으로 대중/고객의 지지를 얻어 해당 분야나 자신의 사업적 목표를 달성할 수 있다는 의미로 해석할 수 있다.

창업의 성사 여부 긍정적인 영향을 받는다면, 주로 자신의 소유물이 아니거나 공적 자금을 재분배하는 복지/종교 관련 사업으로 성공할 수 있다는 뜻으로 해석된다. 12가 근본적으로 자신이 신봉하는 이상/사상을 공유하는 사람들이 헌신한 것을 응용/이용하는 방식의 사업을 뜻하기 때문이다.

물론 이 또한 부정적인 영향을 강하게 받는다면 온정주의에 머물거나 심각하게는 남에게 자신의 이상을 강요해 물질적인 것들을 쥐어 짜내는 경우로 전락할 수 있다는 점을 경고해야 한다.

진로 적성 종교, NGO, 복지 관련 부분에 강점을 드러내며, 자신을 희생해 특정한 이상이나 정신적 가치를 높이는 분야에 뛰어난 기질을 지닌다는 뜻으로 해석할 수 있다. 긍정적인 영향을 받는다면 질문자가 헌신함으로써 스스로 믿고자 하는 이상이나 세상 전체를 개선할 수 있다는 의미로 해석할 수 있으며, 다른 사람들도 이런 질문자의 모습에 영향을 받아 같이 행동한다는 뜻으로 볼 수 있다.

그러나 부정적인 영향을 받는다면 정신/신체적 자해 행위에 버금가는 모습으로 드러나며, 이 때문에 조롱거리로 전락할 수 있다는 점을 드러낸다. 그래서 질문자의 이상이나 행동, 나아가 질문자가 동의하는 정신적 가치가 올바른 것인지 사전에 확인해 질문자가 이에 심각하게 경도되지 않도록 주의를 줘야 하며, 자신의 기반/역량을 더욱 굳건히 한 뒤에야 도전할 수 있을 문제에 너무 일찍 도전하느라 자신의 시간과 역량을 낭비하지 않도록 경고해야 한다.

시험 결과나 합격 여부 강제로 공부해야 하는 상황을 뜻하거나, 통과하지 못하면 다음 단계로 진행할 수 없는 결정적 시험 또는 자격 요건 심사에 임하는 것을 의미한다. 이때, 예체능 계열이라면 12는 하나의 벽으로 묘사되어(예: 슬럼프) 이 상황을 타개해야만 자신의 기량이나 수준이 한 단계 올라갈 수 있다는 뜻으로 해석할 수 있다.

긍정적인 영향을 받는다면 이로써 새로운 경지에 도달/승급/상승한다는 의미로 해석되나, 부정적인 영향을 받는다면 답보 상태에 머무르거나 오히려 다른 사람의 성장에 밑거름이 되는 수가 있다.

질병의 호전, 완치 격리/요양의 필요성을 역설하거나 만성적 질환을 의미한다. 자신이 원치 않는데도 필연적으로 나타날 수밖에 없는 천형天刑을 의미하기 때문이다.

그러나 이는 어디까지나 희귀한 사례에서만 적용할 수 있으며, 실제로 이런 상황은 매우 흔치 않다는 점에 주의해야 한다. 이는 12의 의미 가운데 하나인 '강제적으로 어떤 형태를 유지해야 함'에서 파생하며, 최악의 경우 유전으로 생긴 형질 변화(탈모, 혈우병 등)를 의미할 수 있기에 해석에 극히 주의해야 한다.

단순한 건강 문제 보통은 현재 습관/상태를 유지하기만 해도 건강을 유지할 수 있다는 의미로 해석되지만, 부정적인 영향을 받는다면 체내 저항력의 저하와 피로 누적으로 생긴(간단한 휴식만으로도 막거나 치유할 수 있는) 질환으로 해석된다. 또한 정신적인 측면으로는 무력함으로 일어나는 문제들과 큰 연관성이 있다. 이는 카드가 의미하는 '헌신, 희생'의 이면에 있는 '내가 이렇게 한들 뭐가 바뀔까?'와 같은 성향을 통해 발현한다. 질문자가 만약 이런 문제로 고민한다면 매너리즘에서 벗어나고자 강렬한 충격을 주거나 질문자의 목표 의식을 재점검하고 그 비전이 실현됐을 때 얻을 수 있는 고양감을 언급해 자신감을 회복할 수 있도록 조언해야 한다.

켈틱 크로스 배열 위치별 긍정/부정 해석법

1 → ④⑤⑧ 카드 확인 질문자가 문제에서 벗어날 수 없는 상태라는 것을 확정하며, 긍정적인 영향을 받는다면 자기희생과 헌신으로 자신의 상황을 개선할 뿐만 아니라 다른 사람들에게 영향을 끼칠 수 있다는 의미로 해석할 수 있지만, 반대로 부정적인 영향을 받는다면 질문과 관련한 문제에서 질문자가 선택할 수 있는 것이 없거나 극단적인 수단밖에 선택할 수 없다는 의미로 해석할 수 있다.

2 → ③④⑤⑦ 카드 확인 질문자의 의도나 행동을 막는 요소가 통과의례(입대, 시험 등)라는 것을 나타내거나, 문제와 관련한 주변 상황이 변치 않는다는 것을 드러낸다. 긍정적인 영향을 받는다면 '피할 수 없다면 즐겨라'와 같은 마음가짐으로 문제를 적극 해결해 일소할 수 있다는 의미로 해석할 수 있으나, 부정적인 영향을 받는다면 이런 상황이 불가피하다는 것을 인정하지 않고 문제를 회피하려 할 때 문제가 더 커진다는 점을 경고해야 한다.

3 → ①②④⑧ 카드 확인 질문과 관련한 문제들에 관해 질문자가 희생하거나 상황에 끌려가고 있다는 의미로 해석할 수 있으며, 위치상 질문자가 알 수 없는 경우까지 있기에 질문과 관련한 상황 정보들을 확인해 질문자가 은연중 남의 의도에 휘둘리지 않도록 조언해야 한다.

긍정적인 영향을 받는다면 질문자가 이 상황을 받아들이려 하고 이로써 더 빨리 문제를 해결할 수 있다는 의미로 해석할 수 있으나, 부정적인 영향을 받는다면 질문자가 다른 사람에게 이용당하기 쉬운 상황이라는 것을 인지시키고 이런 상황에 빠진 원인을 확실히 파악해 대안을 세우도록 조언해야 하며, 최악의 경우 이미 다른 사람이 쳐놓은 덫에 빠져 물질적/정신적으로 손실을 입을 수 있다는 점을 경고해야 한다.

4 → ③⑥⑧⑨ 카드 확인 긍정적인 영향을 받는다면 다른 사람이나 자신이 과거에 한 희생 및 헌신 덕분에 현재까지 도움을 누리고 있다는 의미로 해석하거나 스스로 달성하려던 것을 현재에 성취했다는 의미로 해석할 수 있지만, 부정적인 영향을 받았다면 과거의 어떤 결심/영향력 때문에 질문자의 시간을 낭비하거나 아무런 조치를 취하지 않고(못하고) 있으며, 오히려 과거에 아무것도 하지 않는 게 나을 뻔했다는 뜻으로 해석된다.

5 → ②③⑧⑨ 카드 확인 긍정적인 영향을 받는다면 질문자가 원하는 것

을 얻고자 자신을 희생/헌신하는 모습을 남에게 드러냄으로써 문제를 해결하거나 상황을 자신에게 유리하게 만들 수 있다는 것을 조언해야 하며, 부정적인 영향을 받는다면 변화에 적용하지 못하거나 행동하지 않아 스스로를 궁지에 몰아넣을 수 있다는 점을 경고해야 한다.

---

6 → ③⑤⑦⑨ 카드 확인 긍정/부정적 영향 때문에 행동할 수 없거나 자신을 희생하게 될 수 있다. 긍정적인 영향을 받는다면 질문자가 생각하는 이상이나 성취하려는 욕구가 발현돼 스스로 움직이지 않더라도 주변에서 영향을 받아 질문자가 원하는 상황을 만들어준다는 의미를 가지며, 부정적인 영향을 받는다면 자신의 결정과 상관없이 조롱거리가 되거나 아예 관심받지 못하게 되는 경우까지 일어날 수 있다는 점을 경고해야 한다.

---

7 → ②③④⑧ 카드 확인 긍정적인 영향을 받는다면 자신의 신념/생각에 관해 확신하고 있으며 이를 실현하고자 기꺼이 자신을 내세울 준비가 됐다는 의미로 해석하거나, 지금의 고통을 참고 앞으로 올 결실을 믿고 있다는 의미로 해석할 수 있다. 반대로 부정적인 영향을 받는다면 질문자에게 문제 해결 의지 및 방안이 없거나, 설령 남에게 이를 받았더라도 적용하지 않아서 문제를 더 심화시킬 수 있다는 점을 경고해야 한다.

---

8 → ①③⑤⑥ 카드 확인 이 위치에 12가 나오면 질문의 관련자/제3자가 질문자를 약자로 보고 있다고 이해해야 한다. 긍정적인 영향을 받는다면 자신의 불리한 모습이나 핍박받는 모습이 밖으로 드러나고 있다는 점을 활용해 다른 사람의 도움을 얻도록 조언할 수 있으며, 나아가 상대방을 압박해서 자신이 원하는 바를 이룰 수 있다. 그러나 반대로 부정적인 영향을 받는다면 외부 인물조차 질문자를 희생양/조롱거리로 인식한다는 의미로 전락하기 때문에 이에 따른 명예 보전이나 자신이 알지 못하는 사람의 여론을 다시금 확인하도록 권해야 한다.

---

9 → ①③④⑦ 카드 확인 질문 주제와 관련해 자신이 이런 희생양이 되지 않기를 바라거나 이 상황에 적용하지 못하고 그대로 멈춰 있는 것을 두려워하는 모습을 드러내며, 스스로 양보/선언함으로써 자신이 손해를 입더라도 완벽하게 문제가 해결되길 바라는 희망으로 이해할 수 있다.

---

10 모든 카드의 의미를 종합해 질문에 관한 문제를 해결할 질문자의 대안을 먼저 접수해야 하며, 문제를 해결할 수 있는지 배열의 다른 카드들을 통해

확인해야 한다. 부정적인 영향을 받는다면 질문자의 방식으로는 문제가 완벽히 해결될 수 없다는 점을 강조해 이를 개선할 수 있도록 조치해야 한다. 희생으로 모든 것이 해결되지 않는 문제거나, 현실적인 요건 때문에 희생의 의미가 퇴색했다고 볼 수 있기 때문이다. 반대로 긍정적인 영향을 받는다면, 질문자의 결심을 통한 자기희생/헌신으로 문제가 완전히 해결된다고 해석할 수 있다.

실제 사례 (2006년 5월, 자택, 60대 후반 남성)

질문　이 사업의 성공으로 가족과의 갈등을 해결할 수 있을까?

사전 정보　군포-산본 근처에서 실버타운 관련 사업을 추진하려 했다. 질문자 사후 확인한 결과, 겉으로 드러나지 않았으나 여러 요인 때문에 이미 가족과 관계가 좋지 않다는 것을 질문자 스스로 인지했던 듯하다.

5p - 8s - 4 - 7w - Aw - 6c - 12 - Nw - 6 - 21

5p　(질문자 자신) 지금 현실적인 기반이 부족하거나 없다.

8s　(장애물) 일은 이미 진행돼버렸기에 다른 것(가족)에 집중하기 어렵다.

4　(기저) 이 일이 성공하면 기반을 만들 수 있다고 생각한다.

7w　(과거) 예전에 추진했던 것들의 성사 여부와 관계없이, 임시방편으로 갈등을 봉합해왔다.

Aw　(현재/곧 일어날 일) 새로운 사건/정보로 상황이 바뀔 수 있다.

6c　(미래) 과거의 기억과 인맥이 유지되지 않는다면 그저 왕년을 추억하는 허망한 계획이 될 것이다.

12　(질문자의 내면) 가족을 위해 많은 것을 희생한다고 생각한다.

Nw　(제3자가 바라보는 질문자) 가족에게 질문자의 행동은 그저 또 다른 돌발 행동으로 보일 뿐이며, 사업과 관련한 사람들이 보기에도 중요한 인물이 아니고 그저 자신들의 이익을 분배받길 원하거나 계획을 지연시키는 사람으로 비칠 뿐이다.

6　(희망/두려움) 이 일로 가족과 관계가 좋아지길 희망하며, 반대로 이런 노력이 수포가 되면서 상황이 악화되지 않을까 두려워하고 있다.

21　(결론) 이 일은 현 상태에서 고정된다. 사업이 진행될 가능성은 전혀 없고, 지금까지 있었던 가족 사이의 불화도 변함없을 것이다. 나아가, 이 문제를 끝내 해결하지 못할 것이라는 의미를 담고 있다.

실전 해석

이 배열에서 12는 7번 위치, '질문자의 내면'에 자리 잡고 있다. 사업의 흐름과 이를 통한 대인관계를 조망하는 질문의 특성상, 가족을 부양하고 자신의 책임을 다하려는 질문자의 '희생, 헌신'을 의미한다. 역경을 견뎌 자신이 원하는 것을 달성하기만 하면 모든 문제가 해결될 것이라 믿는 8과는 차이가 있다. 그렇기에 자칫 부정적인 영향을 받아 자신의 방식만이 대안이라고 믿는 질문자를 다른 가족 구성원이나 다른 사람들이 인정하지 않는다면 문제가 더욱 커질 수 있다고 경고해야 한다. 나아가 긍정적인 영향을 받을 수 있도록 가족 구성원들에게 자신이 희생하는 것이 어떤 의미인지 알려줌으로써 질문자가 원하는 가장의 권위를 회복하거나 가족 구성원으로서 배려받을 수 있도록 조치해야 한다.

이 질문에서 12는 질문자의 내면을 보여준다. 이 배열에서 12에게 큰 영향을 주는 카드는 8s, 4, 7w, Nw로 확인되며, 이를 통해 12가 부정적인 영향을 받기 쉬운 상황이라는 것을 알 수 있다. 8s는 질문자에게 뚜렷한 비전이 없다는 것을 나타내고, 4는 자신의 생각과 판단이 맞다고 여겨 다른 구성원들의 반발을 무릅쓰며 계속 자신의 고집을 밀어붙이려는 모습으로 드러난다. 7w는 과거에도 명확한 결과물을 내지 못한 채 자신의 주장/판단을 계속 밀어붙였다는 것, Nw는 질문자 자신의 평가와 달리 남들이 보기에는 그저 방황하거나 이방인에 가깝게 인식되고 있다는 점을 강조한다. 이런 요소들이 결합해 질문자가 생각하는 것과 달리 다른 이들이나 가족 구성원들은 질문자를 높게 평가하지 않고 있다는 것을 확인할 수 있다.

① **5p (질문자 자신)** 질문자에게 기반이 거의 없다는 것을 드러내며, 질문자의 절박함을 그대로 표현해주는 카드다. 자신에게 기반이 없기에 사전 정보에서 언급한 실버타운 관련 사업으로 기반을 쌓으려 하는 모습도 뜻한다. 긍정적인 영향을 받는다면 공적 자금 또는 복지 사업과 관련한 자문을 구해 부족한 자금을 어느 정도 해결할 수 있

다는 의미로 볼 수 있으나, 부정적인 영향을 받는다면 질문자 스스로 사업을 운영할 만한 역량/기반이 전혀 없다는 점을 이미 인지하고 있다는 뜻으로 해석할 수 있다.

---

② **8s(장애물)** 사업 확정이 되지 않은 현실이 질문자의 의도를 가로막고 있다는 것을 의미하며, 나아가 가족과의 유대 관계를 해친 원인이 질문자 자신에게 있다는 뜻을 나타낸다. 이로써 과거의 그럭저럭 유지는 가능했던 기반(7w)을 스스로 무너뜨렸다는 점을 확인할 수 있으며, 부정적인 영향을 받아 질문자가 구상한 계획이나 비전이 단순한 핑계일 수 있거나 현실성이 떨어진다는 점을 지적해야 한다.

그러나 긍정적인 영향을 받는다면 질문자와 비슷한 상황의 사람들을 수소문해 힘을 모아 사업 규모를 확장할 수 있으며, 그 과정에서 대안을 찾을 수 있다는 뜻으로 해석할 수도 있다.

---

③ **4(기저)** 긍정적인 영향을 받는다면 질문자가 가장의 책임을 다하고자 의지를 불태우고 있다는 뜻으로 볼 수 있으며, 나아가 이 문제를 확실히 해결해 자신의 권위를 다시 올바르게 세우려 한다는 의미로 해석할 수 있다.

그러나 부정적인 영향을 받는다면 질문자의 가족들이 질문자에게 '가장 노릇을 제대로 못한 것 아니냐'고 책임을 물을 때 반박할 수 없다는 것을 드러내며, 최악의 경우 질문자는 지금 이 문제가 얼마나 심각하게 곪아 있는지 모른 채 자신의 행위가 당연하다고 인식한다는 점을 경고한다.

이 배열에서는 부정적인 영향을 받고 있다는 것을 쉽게 확인할 수 있다. 지금껏 질문자가 거둔 성과는 전혀 없고 변명하기만 하면서 자신의 계획을 강행하려는 통에 정상적인 권위를 얻지 못하고 있다는 점을 알 수 있다. 이런 상황에서도 자신이 가족에게 헌신하고 있다는 믿음(그것이 가족을 비롯해 다른 사람들을 설득하지 못하고 있더라도)에 휘둘려 제대로 판단하지 못하고 있으며, '이 일만 제대로 해결하면 모든 문제를 끝낼 수 있다'는 희망에 매달리고 있다(5p, 7w, 12, 6).

④ **7w(과거)** 긍정적인 영향을 받는다면 여러 차례 실패했지만 그럭저럭 기반을 유지할 수 있었던 과거의 모습을 뜻하나, 부정적인 영향을 받는다면 질문자가 하려는 사업에 필요한 자금이 현저히 부족하다는 뜻으로 해석할 수 있으며, 최악의 경우 과거의 여러 시도들로 자산을 탕진했다는 것을 전혀 인지하지 못한다는 점을 드러낸다. 이는 5p와 극명한 대비로 쉽게 유추할 수 있으며, 사업을 시작하기 전 또는 가족 사이의 갈등이 촉발되기 전에는 질문자가 문제의 심각성을 전혀 모른 채 '어떻게든 유지해왔다'고 생각해왔다는 것을 알 수 있다.

⑤ **Aw(현재/곧 일어날 일)** 사업 자체의 시작, 정보 입수로 해석된다. 긍정적인 영향을 받는다면 남보다 빨리 해당 사업과 관련한 정보를 입수하고 이로써 성공을 거둘 수 있다는 의미로 해석되나, 부정적인 영향을 받는다면 질문자의 구체적이지 못한 사업 계획으로 일의 진척이 더뎌지거나 이 때문에 가족과 불화가 더 심해진다는 의미로 해석된다. 그러나 이 배열에선 해당 정보를 실행할 만한 기반이 없는 상황이기에 정보의 유무와 상관없이 부정적인 영향을 받을 수밖에 없다는 점을 알 수 있다.

⑥ **6c(미래)** 질문자가 과거를 회상할 상황이 온다는 뜻으로 해석할 수 있다. 긍정적인 영향을 받는다면 과거의 경험을 이용해서 사업을 일으키고 가정의 화목을 도모할 수 있다는 의미로 해석되나, 부정적인 영향을 받는다면 자신의 역량이 부족함을 절감하고 과거에 대한 미련/회한을 곱씹게 되거나 예전 같은 모습으로 돌아가고 싶어 하게 될 것을 드러내며, 최악의 경우 질문자가 이 사업을 전혀 하지 못할 만큼 역량이 없다는 것을 직접 확인하는 상황이 온다는 뜻으로 해석할 수 있다.

⑦ **12(질문자의 내면)** 긍정적인 영향을 받는다면 자신을 희생·헌신

해 상황을 헤쳐나갈 수 있다는 뜻으로 해석되나, 부정적인 영향을 받는다면 자신 때문에 생긴 가족/남의 고통은 무시하고 자신의 희생과 헌신이 더 크다고 인식한다는 의미로 해석된다.

이 배열에서는 부정적인 영향을 받고 있다는 것을 알 수 있다. 질문자는 스스로 원해서가 아니라 상황이 어려워졌기에 뭐라도 해야 한다는 생각으로 자신을 희생하고 있으며, 이 희생은 당연히 해야 하는 것으로 인지하고 있으나 근본적인 문제 해결이 불가능하다는 것은 인지하지 못하고 있다. 그렇기에 가족과 다른 사람들은 질문자를 방해자/개입자로 인식하고 있으며, 최악의 경우 현실 감각을 잃어버린 것이라 평가절하당하고 있다고 해석할 수 있다(8s, 4, 7w, Nw).

⑧ **Nw(제3자가 바라보는 질문자)** 질문자의 연령(60대 후반)이나 위치(가장이지만 무직)에 비해 수준이나 격이 현저히 떨어진다는 평가를 받는다고 해석할 수 있다. 카드에 있는 의미('현실적인 삶보다 자신의 이상을 향하는')가 주제와 연관성이 없거나 문제 해결에 도움이 되지 않기에 부정적인 영향을 받은 것으로 이해할 수 있다(5p, 8s, 7w, Aw).

⑨ **6(희망/두려움)** 질문자가 의사소통 개선 및 관계 복구를 원하며, 반대로 소통의 단절과 고립을 두려워하고 있다는 것을 알 수 있다. 이는 기반이 부족한 현 상황에서도 자신이 할 수 있는 일을 어떻게든 해내 상황을 바꿔보려 노력하고 있다는 데서 알 수 있으며, 질문자가 이 사업에 성공해서 현실적인 기반/소득을 확충하고 단절된 관계를 복구하고 싶어 한다는 것을 알 수 있다(5p, 7w, 12).

⑩ **21(결론)** 부정적인 영향을 받고 있다는 것을 쉽게 확인할 수 있다. 이 상황을 개선하지 못하며, 자신의 기반을 확고하게 다져놓지 못한 대가를 치르게 된다는 의미로 해석할 수 있다. 이는 가정에서 발언권 소멸과 자신의 역량 한계를 확인하는 것으로 귀결되며, 최악의 경우 사업에 참여하지 못한 채 가족과 소통이 단절되는 것을 경고한다.

이 배열에 드러난 12는 막연한/맹목적인 모습이 부각되며 부정적인 영향을 받는다. 막연한 기대감과 성공에 대한 맹신은 결국 잘못된 계획 및 실행되지 않은 프로젝트 때문에 조금씩 자신의 기반을 갉아먹었으나, 그럼에도 스스로 현실을 인정하지 않고 한번의 성공으로 모든 것을 역전할 수 있다는 막연한 희망에 매달리느라 자신에게 남아 있는 것조차 유지하지 못했다. 이는 결국 그가 실패의 늪에 가라앉은 원인이 됐다.

나는 현재 질문자가 부양 능력을 상실한 지 오래됐으며, 이 때문에 가정에 균열이 일어난 점을 문제의 가장 큰 원인으로 꼽았다. 가부장적인 모습으로 일관한 것, 그리고 기반을 제대로 운영하지 못한 상태에서 주변의 불만을 임기응변이나 자신의 주장을 계속 관철하는 것으로 억지로 무마했던 것 때문에 문제가 더 커졌다고 지적했다.

과거, 질문자는 지역 유지로서 기반이 굳건했으나 계속된 실패로 과거의 영화를 찾아보기 힘들 정도였다. 그 와중에 없는 자금을 끌어모아 기회를 노리는 시도가 이 사업이었으나 이 또한 무산될 공산이 크며, 사업의 성공으로 관계를 복구하려는 방법은 결국 문제를 해결해주지 못할 것이라 해석했다. 하지만 '다른 방법이 없다'는 한 마디와 함께 침묵한 그를 배웅하며, 나는 불길한 징조를 느꼈다.

시일이 지난 뒤, 그가 투자한 사업은 결국 사기로 판명됐다. 이 사례는 12가 사업과 관련한 점에 어떤 맹점이 있는지 보여주며, 사람이 절박해지면 자신이 유지하던 이성이 어떻게 사라지는지 관찰할 수 있었다.

그는 국회의원에만 네 번 입후보했고, 민주화운동에 참여해 시력을 잃었음에도 굳은 의지로 계속 활동해 국가유공자로 인정받은 사람이었다. 또한 작고한 전직 대통령과도 교우가 있던 사람이었으나, 네 번에 걸친 낙선은 그의 기반을 피폐하게 만들었고, 지역에 행사할 수 있었던 영향력도 점점 줄어들었다. 사자死者의 명예를 위해 축약하자면, 그는 이 점을 본 뒤 몇 년 지나지 않아 병환으로 세상을 떠났으며, 가족들은 곁을 떠난 것도 모자라 그 누구도 병시중조차 해주지 않아 그의 여동생이 간병을 해왔다는 것을 뒤늦게 그의 장례식에서 확인할 수 있었다.

이처럼 사업의 흐름과 관련한 주제를 해석하며 일의 성사를 예측할 때, 12는 질문자가 믿는 '성공 가능성'이 얼마나 낮은지 질문자 스스로 제대로 알고 냉정하게 판단하는가에 따라 긍정/부정적인 의미를 적용할 수 있다. 질문자의 여유/기반이 굳건하다면 12는 자신의 비전을 모든 이와 공유하고 실현해 자신의 수익에 천착하지 않고 더 많은 사람과 나눌 수 있다는 점을 강조해야 하며, 그 과정에서 놀림거리가 되거나 수모를 당하더라도 그 모든 과정이 질문자가 다다르려 하는 원대한 꿈에 다가서는 길이라고 강조함으로써 올바른 방향으로 이끌어준다면 해석자의 역할을 다했다고 할 수 있다.

실제 사례 (2007년 겨울, 삼성역 근처 신차 론칭 파티, 20대 중반 남성)

질문 이 관계를 계속 유지할 수 있을까?

사전 정보 질문자는 질문 당시 공식적으로 연애하는 관계는 아니고, 서로 호감이 있는 사이라고 주장했다. 공식적이고 더 깊은 관계로 발전할 수 있는지 묻는 질문이었다.

6s - 9w - 7s - 14 - Kp - 12 - 2w - 18 - 7c - 0

6s (질문자 자신) 관계를 좀 더 제대로 성립하고 싶어 한다.

9w (장애물) 일정과 맞지 않는 일이 생기거나, 노력에 비해 관계가 얕은 편이다.

7s (기저) 편하고 빠르게 상대방과 관계를 맺으려 하고 있다.

14 (과거) 이 관계를 성사시키려 그녀 주변의 경쟁자들을 물리친 끝에 연애를 진행했다.

Kp (현재/곧 일어날 일) 관계 성립에만 몰두한 나머지 성립한 뒤의 관계를 방치/방기하고 있다.

12 (미래) 질문자가 할 수 있는 일은 없으며, 현 상태를 유지하고자 많은 것을 희생하게 될 것이다.

2w (질문자의 내면) 상대방과 어떤 나날을 지낼지 이것저것 생각하고 있다.

18 (제3자가 바라보는 질문자) 현재 이 관계가 정식으로 사귀는 것인지 모르는 상태거나 모호한 표현 때문에 연애가 성립한다고 보기 어려운 상태로 비치고 있다.

7c (희망/두려움) 자신이 원하는 대로 이 관계가 성립하길 바라고, 반대로 이 모든 관계가 한낱 꿈처럼 물거품이 되는 것을 바라지 않는다.

0 (결과) 관계 성립은 실패하며, 질문자는 다시 새로운 관계를 시작해야 한다.

이 배열에서 12는 6번 위치, '미래'에 나왔다. 연애라는 질문의 특성과 결부해 12의 키워드인 '헌신, 희생'으로 상대방의 마음을 자신에게 돌리도록 주문하고 있다. 자신의 목표를 설정해 상대방을 단숨에 공략하려는 8과 달리, 조건 없는 애정을 드러내고 상대방을 보듬어 관계를 발전시킬 수 있다는 점을 시사한다. 따라서 이 배열에서 12를 해석할 때는 상대방이 질문자의 헌신을 어떻게 긍정적으로 받아들일 수 있는지 확인해야 하며, 나아가 상대방 또한 질문자의 헌신을 올바르게 받아들일 수 있는 사람인지 판단해야 한다.

이 질문에서 12는 질문자가 상대방에게 헌신/희생할 예정이라는 것을 보여준다. 12의 의미를 긍정/부정적으로 변화시키는 카드는 7s, Kp, 2w, 7c로 확인되는데, 이로써 비교적 부정적인 영향을 받고 있다는 것을 알 수 있다. 7s는 관계의 신뢰성이 전혀 보장되지 않고 떠보는 태도를 의미하며, Kp는 자신의 재력/기반으로 상대방의 호감을 사려 한다는 의미로 볼 수 있고, 7c는 관계를 통해 어떤 것을 이루려 하기보다 자신의 감정에 충실하려 한다는 의미로 볼 수 있다.

반대로 2w는 그저 자신의 의지나 감정을 상대방에게 드러냈다는 의미를 지니기에 유일하게 긍정적인 영향을 주지만, 그 영향은 어디까지나 질문자가 상대방에게 악의를 품고 접근하지 않았다는 정도의 의미에 그친다.

---

① **6s(질문자 자신)** 긍정적인 영향을 받는다면 관계를 더 농밀하게 개선하려는 질문자의 현 상태를 드러내며, 이를 위해 다양한 시도를 계획/실행하고 있다는 뜻으로 해석할 수 있다. 그러나 부정적인 영향을 받는다면 관계를 성립하려고 시도하는 것 자체가 자기 자신의 만족을 위한 도피에 지나지 않는다는 점을 지적한다.

② **9w(장애물)** 관계를 개선하려면 해야 할 일이나 상대방이 요구하는 조건들을 충족하려면 질문자가 상당히 노력해야 한다는 것을 뜻

한다. 질문자가 내게 항변한 것과 달리(또는 그의 말이 실제 맞더라도) 관계를 정식으로 성립하는 데 필요한 기준을 충족하지 못하고 있다는 것을 드러낸다.

긍정적인 영향을 받는다면 자신에게 조금 무리가 되더라도 강행해 버텨낸다면 관계를 성립할 수 있다는 뜻으로 해석할 수 있으나, 부정적인 영향을 받는다면 고생은 고생대로 하고 관계는 여전히 성립되지 않은 채로 계속 이 상황에 머물러야 한다는 점을 경고한다.

---

③ **7s(기저)** 긍정적인 영향을 받는다면 질문자가 상대방과 빨리 관계를 성립하려 하고, 자신이 원하는 것을 편취하고 싶어 하는 성향이 있다는 뜻으로 해석할 수 있다. 상대방의 동의나 묵인이 있다면 더 빠른 관계의 진전을 의미하지만, 반대로 부정적인 영향을 받는다면 다른 경쟁자/상대방과 마찰 또는 이 과정에서 질문자가 자신이 유리하다고 여기는 것으로 상대방을 속이거나 관계 성립 후 애정을 확인하는 방식도 상관없으니 성립만 된다면 그만이라는 식의 태도를 가지고 있다는 점을 지적한다.

---

④ **14(과거)** 긍정적인 영향을 받는다면 관계의 성립 과정에서 질문자 자신의 기준을 만족하는 여성이 드물었으며, 나아가 관계를 성립하고자 스스로 배제해야 했던 요소들이(물질/시간/기반 등) 많았다는 의미로 해석할 수 있다. 이에 따라 상대방도 질문자의 노력을 인지하고 더 가까운 관계로 접근한다는 의미로 해석할 수 있으나, 부정적인 영향을 받는다면 질문자의 노력/희생 여부와 무관하게 둘 사이에 이미 보이지 않는 선이 그어져 더는 관계를 성립하지 못하는 분위기가 형성돼 있다는 뜻으로 해석할 수 있다.

이 배열에서는 비교적 부정적인 영향을 받았다는 것을 알 수 있다. 질문자가 해왔던 많은 노력/수고와 관계를 급진적으로 개선하려 동원한 꼼수들에도 상대방과 관계가 완벽히 성립되지 않았다는 것과 더불어, 이런 고민을 하는 상황에도 질문자는 여전히 상대방이 '관계를 성립할 마음이 없음'을 인지하지 못한 채 헛된 노력을 계속하고 있다는 것에서 이를 확인할 수 있다(9w, 7s, 2w, 7c).

---

⑤ **Kp(현재/곧 일어날 일)** 긍정적인 영향을 받는다면 자신의 확고한 기반이 상대방과 관계를 진행하는 데 큰 도움이 되고 있다는 의미로 해석할 수 있으며, 나아가 상대방이 다른 경쟁자들보다 이 질문자의 기반이 월등하다고 판단한다는 뜻으로 볼 수 있다.

그러나 부정적인 영향을 받는다면, 아직 명확한 설정이 되지 않았음에도 관계가 어느 정도 안정되어 질문자가 안심하고 있다는 점을 경고하며, 상대방을 감정적으로 감화하지 못하고 물질적인 것들로 성급히 관계를 성사하려 하고 있다는 것을 의미한다(6s, 14, 18).

⑥ **12(미래)** 어떤 변수가 개입하더라도 질문자는 아무런 행동을 할수 없으며, 상대방의 요구나 목적에 자신의 기반/감정을 희생해야 한다는 뜻으로 해석할 수 있다. 이런 부정적인 의미는 결국 질문자가 자신이 원하는 목적/방향으로 관계를 이끌려는 꼼수 자체가 기반을 희생할 수밖에 없는 방법들을 동원하고 있다는 점과 더불어, 자신이 희생한 것에 상응하는 대가(관계 성립)를 받을 수 있으리라고 막연히 기대한다는 데서 의미가 확정된다.

만약 긍정적인 영향을 받았다면 이 질문자가 상대방에게 가진 호감이 그만큼 진실되며, 상대방 또한 이를 인지해 좋은 관계를 성립할 시기가 다가오고 있다고 해석할 수 있지만, 위에서 언급한 흐름 때문에 이 해석을 적용할 수 없다는 점을 알 수 있다(7s, Kp, 2w, 7c).

---

⑦ **2w(질문자의 내면)** 긍정적인 영향을 받는다면 지금까지 상대방에게 자신의 호감을 계속 내비쳐온 것에 대한 답을 기다리고 있으며, 이로써 더 나은 관계 성립을 원한다는 뜻으로 해석할 수 있으나, 부정적인 영향을 받는다면 그동안 질문자가 상대방에게 들인 물질적 기반들에 관해 보상(관계 수락)을 원하고 있다고 해석할 수 있으며, 최악의 경우 '내가 들인 돈과 시간이 얼마인데 왜 그냥 받기만 하고 제대로 보답/성의를 보이지 않는가?'라는 생각에 골몰하고 있다는

점을 지적한다.

---

⑧ **18(제3자가 바라보는 질문자)** 제3자들에겐 이 관계가 제대로 형성되지 않은 모호한 관계로 보인다는 점을 드러낸다. '너는 쟤와 연애한다는데 연애를 이런 식으로 하는 경우가 대체 어디 있나?'와 같이 의아해한다는 것을 의미하며, 상황을 모르는 사람은 질문자가 연애한다고 여기지도 않고, 그저 미묘한 기류를 혼자 착각한 것으로 보는 상황이라는 것을 드러낸다.

긍정적인 영향을 받는다면 남몰래 질문자와 상대방이 밀월을 즐기며 둘의 관계가 더 밀접해질 수 있다는 뜻으로 해석할 수 있으나, 최악의 경우 위에서 언급한 과정을 통해 상대방조차 질문자를 '연애 상대'로 인식하지 않고 있을 수 있다는 점을 경고한다(6s,7s,14,7c).

⑨ **7c(희망/두려움)** 질문자가 생각하는 이상적인 관계가 달성되기를 바라면서도, 이 관계가 한여름 밤의 꿈처럼 아무 의미 없게 되는 것을 두려워하는 모습으로 해석할 수 있다.

⑩ **0(결론)** 결국 새로운 시작으로 귀결한다는 점을 강조한다. 긍정적인 영향을 받는다면 이 관계가 공식적인 연인 관계로 재시작한다는 의미로 해석되나, 부정적인 영향을 받는다면 연애할 준비가 제대로 되지 않은 질문자 및 그와 연애할 생각이 없는 상대방이 각자 갈 길을 걸어가는 결말로 나아가며, 최악의 경우 이 과정에서 여러 사건 사고가 벌어질 수 있다는 점까지 경고한다.

위에서 언급한 해석들을 통해 충분히 긍정적인 영향과는 거리가 멀다는 점을 쉽게 이해할 수 있으며, 이 관계를 맺으려 희생한 기반은 상대방에게서 되찾기 힘들 것이라는 점도 확인할 수 있다.

이 배열에 드러난 12는 질문자가 상대방에게 현혹당해 물질적 기반을 낭비하는 상황을 오로지 자신의 순수한 사랑이라 단단히 착각하고 헌신하는 모습으로 나타났다. 그러나 이는 관계 맺길 갈망하는 질문자가 왜 상대방이 계속 모호한 태도로 관계를 유지하려 했는지 의심하지 못한 것도 '헌신'의 의미 속에 있는 부정적인 영향이 발현한 것이라 이해할 수 있으며, 이로써 질문자의 이성적 판단이 일시적으로 마비된 사례라는 것을 알 수 있다.

상대방의 잘못된 대처에 원인이 있을 수 있다는 것을 질문자에게 알리고 만에 하나를 대비해 생각을 환기하도록 조언해야 했다. 그렇기에 실제 해석 당시 나는 마지막으로 질문자에게 쓸데없는 욕망을 가라앉히라고 주문하며, 냉정한 시각으로 다시 상대방에 대한 생각을 정리하라고 당부했다. 그렇지 않으면 자신의 감정과 돈, 명예가 모두 손실되는 것을 두 눈 뜨고 보게 될 것이라고 경고하며 해석을 마쳤다.

이 사례는 관계를 달성하려 고생한 것에 비해 얻은 것이 거의 없는 상태이기에 질문자가 더 주의했어야 하며, 상대방의 의사를 명확히 확인하고 확실히 관계를 설정해야 했으나, 이런 합의점이 전혀 없는 상태로 계속 진행된 나머지 이 상황에 도취되며 스스로 기반을 탕진하면서 관계를 유지하는 상황을 보여준 사례였다. 조언을 해주며 해석을 마칠 때의 분위기는 상당히 살벌했고, 그는 잔뜩 화가 난 표정으로 내 연락처를 적어갔다.

얼마 지나지 않아 내게 심심한 유감을 표하며 연락한 그는 앞에서 언급한 상대방의 문제를 확인한 뒤, 그 여성 때문에 잃은 것들을 되찾을 수단이 있는지 물으려고 내게 연락했다며 사정을 설명했으나, 나는 '이미 늦었으니 더는 불필요하게 노력하지 말라'고 조언하며 위로를 건넬 수밖에 없었다. 이는 0이 의미 가운데 하나인 '사용함으로써 다시 질료로 변해버린 현자의 돌'(메이저 상징편 187쪽 참고)의 의미로 결과를 예측할 수 있었던 사례였다.

결과적으로 두 달 정도 지난 뒤 상대방이 명성이 자자한 바람둥이였으며, 그녀와 내연 관계였던 사람이 그때 행사장에도 두 명이나 더 있었다는 것을 확인했다며, 질문자가 이런 정황을 확인한 뒤에야 오해해서 미안하다는 말을 전한 것으로 사안을 끝맺었다.

이처럼 연애와 관련한 점, 특히 호감은 있으나 아직 관계가 성립하지 않은 상황에 드러난 12는 질문자 자신이 정말 헌신할 만한 가치가 있는 상대인지 제대로 판단하지 못하면 잘못된 것 또는 상대방의 의도적인 유혹/기만/거짓에 현혹돼 맹목적으로 추종하고, 무엇을 위한 것인지도 모른 채로 상대방에게 자신의 기반/가치/감정을 비상식적이고 몰상식하게 투사할 수 있으니 주의해야 한다. 특히 위 사례는 12의 헌신이 무조건 성스럽고 정당하며 상대방의 공감을 끌어낼 수 있는 것이 아니라는 점을 잘 보여준다고 할 수 있다.

그렇기에 모든 사람에게 사랑의 의미/성격/유형은 모두 다를 수 있다는 점을 상기하고, 질문자가 이루려는 것과 상대방이 원하는 것이 다를 수 있다는 것을 파악해서, 더 자연스럽게 관계를 성립할 수 있도록 조언한다면 해석자의 역할을 다한 것이라 할 수 있다.

XIII. DEATH.
죽음

변환
Transformation

변환, 죽음, 종료, 무정부주의, 마감, 유통기한, 임박, 출산, 불치병, 운명론, 시한부, 말기, (생물학적 의미로서)변태, 제대, 돌이킬 수 없는 일의 종료와 그로 인한 변화, 미성년자에서 성인으로 성장함(이를 달성하기 위한 모든 과정 포함), 거스를 수 없는 흐름과 끝을 의미하는 표현을 모두 쓸 수 있다

긍정/부정 확인 기준

질문자 스스로 변해야만 하는 상황인가?

질문과 관련한 일을 거친다면 큰 변화를 겪게 되는가?

질문자가 현재 어떤 시험이나 승급 단계를 밟고 있는가?

질문자가 질문과 관련한 흐름에서 변화를 시도하거나 겪은 뒤인가?

졸업, 입학, 이직, 취직, 결혼, 이혼 등 신분에 변화가 일어났는가?

분쟁과 관련한 상황 속에서, 질문자는 문제 해결책을 다양하게 갖출 수 있는가?

많은 입문자가 이 카드를 순진하게 죽음 그 자체로 이해하곤 한다. 실제 키워드에도 죽음이라는 의미가 있으나, 죽음 카드가 실제적인 죽음을 뜻할 때는 의외로 아주 흔치 않다는 점을 미리 밝힌다. 사실 이 카드를 대표하는 키워드는 메이저 상징편에서 언급했듯 변환 Transformation이며, 이는 죽음이라는 단순한 단어보다 죽음 카드의 의미를 더 잘 포괄할 수 있기 때문이다. 애벌레가 나비가 되듯, 새로운 경지나 관점으로 변환하는 것을 뜻하는 카드다.

그렇기에 이 카드를 해석할 때는 먼저 사전 정보와 질문의 주체/주제를 확인해야 한다. 스스로 상황을 바꾸려는 원동력이 무엇인지 명확하게 확인해두지 않으면 해석에 난항을 겪는다. 나아가 위에서 언급한 조건들과 그 밖의 다양한 문제를 통해, 죽음 카드가 뜻하는 흐름의 변화 및 변하는 상황들이 어떻게 긍정/부정적으로 적용되는지 파악할 수 있을 만큼 폭넓은 경험/지식/정보가 필요하다. 이 과정을 겪는 동안 질문자에게 따르는 고통이나 시험들을 어떤 방식으로 극복/순응할 수 있는지 조언해야 한다.

해석용법

긍정 죽음 카드는 새로운 영역으로 나아가고자 기존의 것과 이별을 해야 하는 상황일 때 강력한 영향력을 끼친다. 죽음 자체를 암시하는 경우도 (드물게) 있으나, 돌이킬 수 없는 상황일 때만 적용할 수 있다. 곧, 이미 새로운 시작점이 없어질 나이(70대 이상)거나 생에 새로운 변환을 의미하는 선택지가 오로지 죽음으로 향하는 길밖에 없을 때만 적용할 수 있다.

그러므로 어떤 일/상황에서 끝을 맞이하고 한 차원 더 높이 올라가는 변화를 표현하기에, 이에 해당하는 상황이 오기 전에 모든 것을 정리하고 새로운 시작을 대비하라고 조언해야 한다.

부정 반대로 이런 변화가 부정적으로 발현하면 제대로 여물지 못한 상태로 세상에 나아가거나 자신의 의지와 상관없이 강제로 변환해버리는 경우를 들 수 있다. 이는 죽음의 무자비함에서 기원하며, 사람이 아무리 노력하더라도 정해진 때, 이른바 '죽음'에 준하는 상황이 닥쳐 자신이 해놓은 모든 것을 마무리하지 못하고 변환'당하는' 처지로 전락할 수 있다는 것을 경고한다. 이런 부정적인 영향은 실생활에서 '정해진 기한' 안에 일을 처리해야 하는 상황 또는 '미룰 수 없는' 법적 문제 등, 이른바 '절대 미룰 수 없는 조건, 시간에 쫓기는 상황'일 때 더욱 부각된다.

이런 이유로 죽음 카드의 '변환'이라는 의미는 해석에서 '어떤 일/과정의 종료를 의미하면서도 새롭게 다른 일들을 시작한다'는 뜻을 파생한다. 태양이 다시 떠오르듯, (완벽한 죽음이 아닌 한) 새로운 일/환경에서 자신의 일상을 다시 시작하는 것을 뜻하기 때문이다.

이 변화가 긍정/부정적인지는 죽음 카드 하나만으로 확인할 수 없으며, 카드가 의미하는 '변환'이 끝난 뒤에 생기는 치명적인 문제나 단점조차도 배열의 다른 카드들을 살펴서 조언/처치해야 한다. 긍정적인 영향을 받는다면 위에서 언급했듯 일신한다는 의미로 해석할 수 있으나, 부정적인 영향을 받는다면 변환 과정 동안 발생한 문제들을 그저 '질문자가 상황 변화에 적응하지 못했다'라는 말로 끝맺게 된다(예: 입대→전역→사회생활).

특히 질문자가 더 좋은 방향으로 변환하도록(예: 승진, 이직) 이끌고자 할 때, 죽음 카드는 순조롭게 진행된다면 다행히 목적을 달성한다는 의미로 해석할 수 있으나, 반대의 경우 큰 부담을 져야 하거나 자신이 생각한 것보다 큰 대가를 치러야 할 수 있다는 것을 경고해야한다(예: 좌천, 해고).

이런 요소들 때문에, 질문자가 상황을 능동적으로 변화시켜가고 있다면 죽음 카드의 의미를 긍정적인 변화로 받아들일 수 있다. 또한 다른 사람들은 눈치채지 못하는 시세 변화를 본능적으로 미리 알고 변환이 끝난 뒤에 다가올 그다음 단계로 향한다고 이해할 수 있으며, '변환' 자체를 질문자가 스스로 조율/실행하는 상황이라면 가장 유리하고 명확한 대안으로 미리 대비해 더 나은 기반을 만들 수 있다고 확언할 수 있다. 이는 질문자가 다른 사람/자신의 상황이 변화할 것을 이미 인지하고 있다는 의미가 카드에 포함되기 때문이다.

그렇기에 변화를 순응하거나 맞이하고자 많은 사전 준비를 하며 고통을 감내하거나, 미래를 예견해 최악의 상황을 대비한 경우 이 카드는 긍정적인 의미를 발휘한다. 이로써 변환 과정을 빠르게 수습해 더 나은 미래를 도모하는 모습으로 발전하며, 다른 사람들이 충격에서 벗어나지 못하거나 시간을 지체하는 사이 자신의 역량/기반을 더 확고하게 구축할 수 있다.*

그러나 부정적으로 발현하면 필연적인 변화가 다가오는데도 이를 받아들이지 않거나 역행을 고집하는 상황으로 이해할 수 있다. 작게는 나이가 들었음에도 계속 젊은 시절의 노동 강도로 무리하게 일을

---

* 메이저 상징편의 깃발, 죽음의 기수, 남녀노소, 탑 상징 해설 참고(116-117쪽). 이런 상황을 보여준 역사적 사례가 바로 산업혁명이다. 이 당시의 영국은 유례없는 정치/사회/경제적 안정을 토대로 모험적인 투자를 감행하는 데 큰 부담이 없는 환경을 만들었으며, 식민지 확장으로 넓은 시장까지 확보한 상태에서 석탄을 이용한 증기기관이 개발되자 사상 최고의 황금기를 누리게 됐다.

추진하다가 자신의 노하우를 전수하지 못하는 경우를 들 수 있으며, 마감 기일에 맞추지 못해 계약을 해지당하는 경우도 여기에 속한다. 최악의 역사적 사례로 성 바르톨로뮤 대학살*을 들 수 있다.

배열 위치별 특징 켈틱 크로스 배열에서 죽음 카드(이하 13)가 나왔을 때 어떻게 긍정/부정적인 영향을 확인하는지 판단하려면 10장의 카드 맥락을 모두 살펴야 한다(이에 관해 더 상세한 내용은 350-351쪽을 참고).

13은 뜻이 워낙 강렬해서 많은 해석자가 쉽게 '종료, 변환'의 의미를 꺼내며 실제 해석에도 흔히 나타나지만, 특히 10번 위치에 나왔을 때 주제의 경중과 상관없이 자주 혼란을 겪는다.

이는 13이 의미하는 종료나 변환의 뜻이 해당 위치에서 긍정적/부정적인 영향을 의미하는지 확답하기 어렵기 때문이며, 이런 혼란을 조금이나마 해결하려 한다면 2, 3, 4, 5, 7번 위치의 카드들을 연계해 긍정/부정의 의미를 확인해야 한다. 이는 질문자를 가로막는 요소에 더해 질문자가 어떤 상황인지 확인하고, 나아가 과거와 현재를 살펴 질문자가 어떤 마음으로 사안을 대하는지 확인함으로써 긍정/부정적인 종료와 변환의 의미를 결정할 수 있기 때문이다. 이런 방법으로도 명확한 답이 나오지 않는다면 괜한 억측을 하느니 차라리 질문자에게 해석의 어려움을 토로하고 상세한 이야기를 듣고 나서 조언하는 편이 더 낫다.

그 밖에 13이 배열에서 강한 영향력을 지니는 곳은 6, 7, 8번 위치다. 이는 곧 다가올 변화와 질문자의 심경 변화, 다른 사람들의 관점

---

* 메이저 상징편의 죽음의 기수, 강, 태양 상징 해설 참고. 프랑스 발루아왕조의 종말을 앞당긴 사건으로 평가받으며, 단순한 권력 다툼에서 생긴 비극이다. 당시 심약한 샤를 9세가 주변 권신과 가톨릭교회의 압박으로 학살을 허가하자, 프랑스 상공업을 지탱하던 신교도(위그노)가 대거 학살됐고, 살아남은 자들은 플랑드르와 스위스 등지로 피난했으며, 엘리자베스 1세와 네덜란드는 자신의 종교적 양심을 지켜야만 했다. 이 사건으로 프랑스는 내전으로 빠져들게 되며, 앙리 나바르(앙리 4세)가 평정할 때까지 혼란을 겪는다. 그 뒤 발루아왕조가 단절되고 새로이 부르봉왕조가 개창한다.

변화가 질문과 관련한 흐름을 크게 바꿀 수 있다는 것을 의미하며 그 밖에도 환경이나 사람들의 심리까지 아우르는 폭넓은 변화가 배열의 다른 카드들 의미까지 쉽게 변화시킬 수 있기 때문이다.

반면 9번 위치는 유독 영향력을 발휘하기 힘든 경우가 많다. 배열 위치의 의미상 변화 자체를 갈망한다는 것에 지나지 않거나 변화를 기피하는 경향으로 해석되기 때문에 마이너 수트에도 못 미칠 정도의 영향력을 지닌다. 이는 변화가 실제로 일어나지 않았기에 13이 의미하고자 하는 바가 쉽게 퇴색할 수 있다는 점에 기인한다. 그렇기에 해석할 때 약화된 영향력을 어떻게 긍정적으로 강화할 수 있는지 고려해야 한다.

연애(관계가 성립한 상황) 부정적인 영향을 받는다면 관계의 끝을 뜻하거나 심경이 변화하면서 관계가 와해 과정으로 접어드는 상황을 의미하며, 긍정적인 영향을 받는다면 연애와 관련한 상황/국면이 긍정적으로 변화해 새로운 국면에 돌입하는 것(예: 연애→결혼)을 의미한다. 이는 12에서 이어지는 통과의례의 의미와 결부해 기존 관계가 재구성되기 때문이다.

그러나 이러한 해석은 그만한 주제가 주어지고 오망성Pentacle의 긍정적인 영향력을 받았을 때만 가능하다. 이는 연애가 감성적인 관계이기에 컵이 등장하는 것과는 사뭇 대조적인데, 결혼은 감정의 소통뿐 아니라 현실적인 관계를 포함하기 때문이다. 이런 이유로 연애 결혼은 컵에서 오망성으로 변화해가는 과정을 담게 된다.

연애(관계가 성립하지 않은 상황) 긍정적인 영향을 받는 상황에서 관계 확립을 위한 준비가 돼 있다면 관계를 성립시킬 수 있다는 의미로 해석할 수 있다. 단순한 호감이 애정으로 변화하고 있다는 의미로 볼 수 있다. 그러나 부정적인 영향을 받는다면 질문자가 애정하는 대상이 다른 사람과 관계를 성립하거나 반대로 질문자 자신의 성향/상황 변화 때문에 호감이 사라진다는 의미로 해석하며, 최악의 경우 반강제적인 상황 때문에 관계를 성립하려는 시도 자체를 단념해야 할 때도 있다.

단순한 호감만 있는 상태에서 13이 나왔을 때, 긍정적인 영향을 받는다면 다른 사람의 호감을 사고자 자신을 변화해야 하는 상황에 다다랐다는 뜻으로 해석할 수 있으며, 이로써 사람들의 긍정적인 반응을 얻어낼 수 있다는 뜻도 담겨 있다. 나아가 질문자가 평소 가지 않았던 새로운 장소/환경을 맞이해 자신의 매력을 더 쉽게 어필할 수 있다는 뜻으로 해석할 수 있다.

그러나 부정적인 영향을 받는다면 상황 자체가 연애하기 어렵게 변하고 있다고 해석되며, 최악의 경우 이미 혼기를 놓쳤거나 연애를 할 수 있는 운이 소멸했다는 것을 지적한다.

대인관계 사회 배경에서 비롯한 차이 또는 어쩔 수 없이 관계가 끊어지는(예: 상대방이나 대상자 본인의 이사 등) 상황을 뜻하거나 관계의 재설정(예: 동료→친구, 친구→연인)을 의미하며, 때로는 관계 자체를 발전시키려면 필요한 조건(예: 전역)을 뜻하기에 다른 카드들과 연계 해석해서 13이 이 배열에서 무엇을 의미하는지 읽어내야 한다.

그렇기에 긍정/부정적 영향을 주고 있는지를 파악해 다가올 변화에 적응하도록 조언하고, 혹시라도 올 수 있는 부정적 흐름을 긍정적으로 바꿀 방법을 알려줘야 한다.

사업의 흐름이나 전망 질문에 업종 변경이나 상호/점포 이전 등이 언급되지 않는 한, 사업을 정리해야 한다는 뜻으로 해석된다. 이를 막으려면 대대적인 체제 정비나 업종/위치/소비 대상을 다양화해서 주변 상권이나 질문자의 사업을 변경해야 한다는 의미다.

그 밖에, 어떤 특정 기획/프로젝트의 성사 여부를 묻는 것이라면 13을 기점으로 사건이 종결됐다는 것을 뜻하며, 이와 함께 발생하는 효과 및 향후 사업의 흐름에 어떤 영향을 끼치게 되는지 확인할 수 있다. 나아가 이에 따른 후폭풍이나 혜택을 조언해 더 긍정적인 방향으로 나아갈 수 있도록 이끌어야 한다.

창업의 성사 여부 극적 변화를 토대로 하는 직종에 관련이 있으며, 외부/내부의 공사나 정비를 토대로 기존의 모습을 일신시키는 분야나 통과의례 자체를 위탁받아 진행함으로써 수익을 얻어내는 사업들로 묘사되며, 나아가 어떤 사안들의 마무리를 진행해 수익을 얻는 분야를 총칭한다.

긍정적인 영향을 받는다면 원자력 재처리 등 높은 수준의 역량이 필요한 사업이나 법정관리 등 고도의 기술이 필요한 작업으로 고수익을 얻는다는 뜻으로 해석되지만, 부정적인 영향을 받는다면 단순 재활용 수집부터 시작해 환경 미화 등 역량이 저조한 만큼 많은 수익을 기대할 수 없는 분야와 관련될 것이라는 뜻으로 해석된다.

진로 적성 긍정적인 영향을 받는다면 질문자가 고민하는 진로 변경에 관한 사안이 옳은 판단이라고 볼 수 있으며, 자신 또는 다른 사람의 변화를 통해 영향력을 행사하는 분야에 재능이 있다는 것을 드러낸다. 이때 정체돼 있는 것을 자극해 변환시키는 데 특별한 재능이 있다는 뜻으로 해석할 수 있다.

그러나 부정적인 영향을 받는다면 정상적인 흐름을 강제로 종료하는 방식의 업무 방식에 특화돼 있다는 것을 드러내며, 이 과정에서 불법/강제적인 수단을 동원해 불화를 일으키기 쉬운 분야와 밀접하게 관련된다는 뜻으로 해석할 수 있다.

시험 결과나 합격 여부 진학/진급/졸업 등 한 주기의 종료를 뜻하나, 사실 휴식과 시작의 양면성을 띠기에 실제 해석에는 시기적인 문제가 간섭하는 때가 많다. 긍정적인 영향을 받는다면 해당 시험을 통과해 다음 단계로 나아간다는 의미로 해석할 수 있으며, 이로써 기존의 자신을 일신할 수 있는 하나의 큰 기점을 통과했다는 뜻으로 볼 수 있으나(예: 고시 합격), 부정적인 영향을 받는다면 일정 기한 안에 취득해야 하는 자격 시험에 불합격하거나 시험 시간이나 제출 기한에 맞추지 못해 심사조차 받지 못하는 상황을 의미할 수 있으므로 부정적인 영향을 받지 않도록 사전에 방비할 것을 조언해야 한다.

질병의 호전, 완치 실제 죽음을 앞둔 사람이 아니라면 수술이나 입원 정도의 영향력을 뜻하나, 성장통부터 시작하는 다양한 질병이 이 카드에 포함될 수 있다는 데 유의해야 한다. 그러나 보통은 컨디션 난조나 휴식의 필요성을 강조하는 선에 그칠 때가 많다.

또한 질문자가 고령이거나 병이 위중하다면 이 카드는 극단적인 방법(수술)을 통한 극복 정도의 미약한 희망을 뜻하는 데 그친다. 다시 말해, 태어난 모든 것이 맞이해야 할 끝을 의미한다. 그러나 이런 경우는 흔치 않으므로 해석할 때 극히 주의해야 한다.

단순한 건강 문제 정신적인 면에서 공황장애 등 낯선 환경이나 상황 변화에 적응하지 못해 발병하는 질환을 의미하는 경향이 있다. 최악의 경우 자신이 익숙한 환경을 만들고자 주변을 강제로 변환하는 데 집착하는 강박으로 발전한다.

신체적인 면에서는 최악의 경우 생식기와 관련된 질환들로 나타나게 되나, 보편적으로는 일시적인 통풍이나 환경에 적응하지 못해 발생하는 풍토병에 국한되는 경향이 있다.

켈틱 크로스 배열 위치별 긍정/부정 해석법

1 → ② ④ ⑤ ⑦ 카드 확인 질문을 재검토해 질문자가 어떤 까닭으로 이런 변화를 원하게 됐는지 확인해야 한다. 이로써 과거의 영향이 현재에 어떻게 적용되며, 질문자가 이를 긍정/부정적으로 판단하는지 확인해 의미를 확정할 수 있다. 긍정적인 영향을 받는다면 변해야 할 때를 미리 인지하고 자신이 어떤 방향, 방법으로 변화해야 하는지 고민하고 있다는 것을 의미하나, 부정적인 영향을 받는다면 변화의 흐름에 휩쓸리는 것을 그저 두려워하고 있거나, 자신이 의도하는 것이 이미 이룰 수 없는 상황이라는 것을 모른다고 해석할 수 있다.

2 → ① ③ ⑦ ⑨ 카드 확인 부정적인 영향을 받는다면 변화 자체가 질문자를 막고 있는 장애물이라는 것을 의미하나, 반대로 긍정적인 영향을 받는다면 질문자가 이 변화의 물결을 이겨냄으로써 모든 문제가 해결될 수 있다는 것을 의미한다. 나아가 13의 영향력이 어떻게 강화/약화되느냐에 따라 이 장애물이 질문자가 넘어설 수 있는 문제인지 판단할 수 있다.

3 → ① ② ⑤ ⑧ 카드 확인 질문 전반이 변화, 변혁과 깊이 연관 있다는 것을 뜻하며, 긍정적인 영향을 받는다면 변화의 기로에서 질문자 스스로 변화하려는 의지가 있다는 것을 뜻한다. 그러나 부정적인 영향을 받는다면 멸망, 끝에 다다른 것을 본능적으로 눈치채고 자신의 생존을 위해 기존에 머무르던 곳을 떠나려는 데 지나지 않는다는 것을 의미하며, 최악의 경우 자신이 해야 할 것을 회피하려 하거나 책임지지 않으려는 속마음을 드러낸다.

4 → ① ⑤ ⑧ ⑨ 카드 확인 사전 정보나 질문 내용에 13의 의미가 들어 있을 때가 많다.(예: 회사 관뒀는데 구직 잘 될까요?) 긍정적인 영향을 받는다면 자연스러운 계약 만료나 자신의 의지로 과거의 흐름을 끝내고 새로운 조류를 받아들이려는 것으로 볼 수 있으나, 부정적인 영향을 받는다면 자신의 의지대로 상황을 끝낸 것이 아니거나 이미 흐름에 휩쓸려 강제적으로 현재의 상황에 놓인 것을 의미하며, 상황을 반전할 역량이 질문자에게 없다면 필연적으로 질문 주제와 관련해 어떤 내용도 개선하지 못한다는 것을 경고해야 한다.

5 → ① ② ⑦ ⑨ 카드 확인 질문자가 곧 맞을, 또는 지금 맞은 상황을 어떻게 받아들일지 조언해야 한다. 긍정적인 영향을 받는다면 자연스러운 변화의 흐름에 적응해 자신을 탈바꿈하는 계기가 다가오고 있다는 의미로 해석할

수 있으나, 반대의 경우라면 피할 수 없는 변화의 물결에 휘말려 자신의 위치를 찾지 못하고 표류할 수 있다는 점을 경고한다.

---

6 → ③④⑤⑦ 카드 확인 질문자에게 피할 수 없는 일이 다가오고 있다는 것을 드러낸다. 긍정적인 영향을 받는다면 단순한 통과의례의 종료와 그에 따른 보상이 기다린다고 해석할 수 있으나, 반대의 경우라면 피할 수 없는 끝이 기다리고 있으며 이로써 발생하는 충격과 변화에 적응하지 못할 수 있다고 경고해 이를 대비할 수 있도록 조언해야 한다.

---

7 → ②③⑧⑨ 카드 확인 긍정적인 영향을 받는다면 변화에 대한 질문자의 갈망이 현실로 일어날 수 있다고 해석할 수 있으며, 어떤 변화를 원하는지 파악함으로써 더 세밀하게 해석할 수 있으나, 반대의 경우 수동적인 태도로 염원하는 것이 능사가 아니라고 지적해야 하며, 상황을 끝내거나 끝내지 않으려면 먼저 현 상황을 받아들여야 대안이 나올 수 있다고 조언해야 한다.

---

8 → ①⑤⑥⑨ 카드 확인 기본적으로 사람들은 질문자가 변했다는 것을 이미 인지했다는 뜻으로 볼 수 있으며, 이런 인식들이 질문자가 문제 해결을 위해 행동할 때 도움/방해가 될 수 있다는 점을 환기시켜야 한다. 긍정적인 영향을 받는다면 과거의 좋지 않은 이미지가 개선된다는 것을 의미하지만, 부정적인 영향을 받는다면 필요 없는 존재거나 존재감이 거의 없는 상태로 드러나며, 최악의 경우 좋았던 인상이 폄하되거나 누명을 써 사람들에게 제대로 해명하지 못하는 상황에 이를 수 있다는 점을 주의해 조언해야 한다.

---

9 → ①②③⑦ 카드 확인 변화가 빨리 이루어지길 원하는 희망과 그 반대의 두려움, 그리고 변화를 기대하거나 바라지 않는 양면을 모두 뜻한다.

---

10 모든 상황이 종료되거나 현재로선 아무것도 할 수 없이 정해진 흐름대로 흘러갈 것을 뜻하나, 이것이 질문자가 원하는 방식대로 될지는 확언할 수 없기에 해석하기 어렵다. 그렇기에 어떤 질문이건 질문자의 사전 정보, 배열에 드러난 모든 카드를 참고해 이 막을 수 없는 흐름의 정체를 파악해야 한다. 긍정적인 영향을 받는다면 질문자가 원하는 방향으로 일이 진행되거나 진급·승급하는 것으로 결론낼 수 있으나, 부정적인 영향을 받는다면 상황에 종속되거나 원치 않게 사안이 종료되는 것을 뜻하며, 질문자가 이 때문에 충격을 받지 않도록 다양한 조언으로 완충해줘야 한다.

실제 사례 (2005년 7월, 내무반, 20대 후반 남성)

질문   제대한 뒤 기반을 제대로 잡으려면 어떻게 해야 할까?

사전 정보 군대 동기가 본 점이다. 입영 날짜까지 같았으나 생각보다 늦게 입대한 이였고, 사정을 들어보니 산업기능요원으로 대체 복무를 하다가 고용주의 횡포를 보다 못해 항의하자 해고당해서 부족한 복무 기간을 강제로 채워야 하는 상황이었으며, 이 때문에 나보다 8개월 먼저 제대해야 했다.*

9w – Ns – 6c – 5s – 8s – Pc – 13 – 4p – 10p – Np

9w   (질문자 자신) 지금껏 잘 감내해왔고, 많이 바꾸려 노력했다고 여긴다.

Ns   (장애물) 아는 대로 하려는 것 외로, 성미가 너무 급한 것이 문제다.

6c   (기저) 이런 성격 때문에 여러 문제를 일으켜왔다.

5s   (과거) 불합리한 상황에 어쩔 수 없이 굴복해야만 했다.

8s   (현재/곧 일어날 일) 자신이 택할 수 있는 방법이나 대안이 많지 않다는 점을 알고 있다.

Pc   (미래) 비슷한 상황이 다시 와도 감정적으로 대응할 것이다.

13   (질문자의 내면) 스스로 변하고 싶어 하며, 어느 정도 변했다고 생각한다.

4p   (제3자가 바라보는 질문자) 여전히 변하지 않았으며, 양보하지 않으려 한다고 생각한다.

10p   (희망/두려움) 일상으로 돌아가 평범히 지내길 원하며, 반대로 아무런 변화 없이 시간을 허비하는 것을 두려워한다.

Np   (결론) 자신의 기반을 확보하는 데 성공하나, 현상 유지에 그칠 것이다.

---

* 그는 산업기능요원으로 2년 4개월 동안 근무했음에도 현역 재입대를 하는 바람에 기간을 8개월밖에 줄여주지 않은 것에 불만을 토로했다.

실전 해석

이 배열에서 13은 7번 위치, '질문자의 내면'에 나왔다. 자신의 발전을 위해 변화의 기회를 모색하려는 질문의 특성상 13의 키워드인 '변환, 끝, 시작'의 의미가 어떻게 상황을 개선시킬 수 있는지 확인해 더 높은 수준으로 올라갈 방법이 무엇인지 알아내야 한다는 점을 알 수 있다. 특히 '변환'의 의미를 통해 질문자가 과거의 자신과 어떻게 달라지려 하는지 파악하고, 이를 달성하면 어떤 수준의 입지를 확보해 기반을 확충할 수 있는지 다양한 방법을 이야기해줘야 했다.

이 질문에서 13은 질문자가 자신을 어떻게 변화시키고 싶어 하며, 그 변화를 어떻게 이루려고 하는지 보여준다. 13의 의미에 긍정/부정적인 영향을 끼치는 카드는 Ns, 6c, 4p, 10p로 확인되는데, 이로써 스스로 조사한 정보나 학습했던 기술·지식을 과감히 적용하고 과거에 겪었던 문제들을 재발하지 않게 만들고, 남들이 자신이 변했다는 것을 확신할 수 있을 만큼 말과 행동을 바꿔 인식을 전환해야 하며, 나아가 이런 과정을 일상적인 수준으로 고착시켜야 가능하다는 점을 알 수 있다. 그렇게 하지 못하면 질문자의 의욕과는 달리 다른 사람들이 질문자의 변화를 제대로 인식하지 못하거나 질문자 자신이 제대로 바뀌지 못한 상황에서 스스로를 과신하는 경우로 어긋날 수 있다는 점을 경고해야 하며, 13의 의미를 긍정적으로 적용할 수 있도록 질문자의 결심을 다잡아야 한다는 점을 알 수 있다.

동기가 먼저 떠나기에 나는 많이 아쉬워했다. 체력이나 사회 경험이 없었던 내 단점을 보완해주던 좋은 동기이자 형이었기에 사건을 끼워넣지 않으려 부단히 마음을 다잡아야 했다.

---

① **9w (질문자 자신)** 군 생활을 잘 견뎌냈으며 이제야 고생이 끝나고 집에 갈 준비를 하는 질문자의 상황을 드러낸다. 부정적인 영향을 받는다면 부대 안의 행실에 따라 보복당하거나 대규모 훈련 같은 문제가 생겨 전역일이 밀리는 불상사가 벌어질 수 있다는 의미로 해석되나, 그의 군 생활은 그런 것들과 거리가 멀었기에 채택할 수 없었다.

② **Ns(장애물)** 질문자의 급한 성정이 계획을 망치거나 실수를 만들 수 있다는 점을 지적한다. 긍정적인 영향을 받으면 조급함에 걸맞는 실력을 갖춰 자신을 막는 모든 요소를 빠르게 제거하고 목적을 달성할 수 있다고 해석되나, 부정적인 영향을 받는다면 자신이 배운 것을 토대로 빨리 정착하려는 것은 좋으나 이미 어느 정도 좋지 않은 전적 (현역 재입대 사유)이 있기에 조급함으로 되레 일을 그르칠 수 있다는 점을 경고한다(9w, 6c, 5s, 4p).

③ **6c(기저)** 질문자가 자신의 진로 또는 업무에 이런 고질적인 문제를 고치지 못하고 있다는 점을 시사한다. 긍정적인 영향을 받는다면 과거의 경험을 기반으로 같은 실수를 하지 않거나 근무 환경이 좋은 곳을 선별해 문제의 여지를 없앨 수 있다고 조언할 수 있지만, 부정적인 영향을 받는다면 비슷한 문제를 언제든 다시 일으켜 자신의 상황을 더욱 악화시킬 수 있다는 점을 경고한다.

④ **5s(과거)** 질문자가 과거에 남의 횡포에 시달리는, 이른바 '갑질'을 당했다는 점을 시사한다. 입대 전 열악한 근무 환경 개선을 요구했으나 이를 무시한 고용주와 정면충돌했고, 일방적으로 불리한 싸움 끝에 재입대한 전력을 고스란히 보여주는 카드다. 긍정적인 영향을 받는다면 재입대 자체가 없는 상황으로 해석되기에 부정적인 영향을 받을 수밖에 없다는 점을 서로 동의했다.

⑤ **8s(현재/곧 일어날 일)** 질문자에게 선택의 여지가 몇 없다는 점을 드러낸다. 긍정적인 영향을 받는다면 기술 직군이라는 점을 이용해 어디서든 자신의 기반을(그것이 비록 마음에 들지 않더라도) 쉽게 만들 수 있다는 점을 뜻하나, 부정적인 영향을 받는다면 질문자가 할 수 있는 일 자체가 제한적이며, 새로운 분야로 진출하려면 현재 자신이 알고 있는 기술을 모두 포기해야만 하는 상황이 올 것을 경고한다.

⑥ **Pc(미래)** 질문자가 진로 선택에 관해 진중하게 고민하지 못할 것을 의미한다. 긍정적인 영향을 받는다면 자신이 원하는 것을 받아준다고만 하면 당장 가서 일하면서 기반을 만들 수 있을 것이라 해석되나, 부정적인 영향을 받는다면 기분에 휩쓸려 취업 현장이나 환경, 복지 등의 조건을 제대로 검토하지 못한 채 다시 힘든 환경에 내몰릴 수 있다는 점을 경고한다(9w, 8s, 17).

---

⑦ **13(질문자의 내면)** 어떻게든 더 나은 방향으로 변화하고자 하는 질문자의 내심을 드러낸다. 긍정적인 영향을 받는다면 제대 후 사람이 바뀔 수준의 큰 변화를 맞이하고자 하는 모습을 뜻하나, 부정적인 영향을 받는다면 자신이 이미 변했다고 인식하기만 할 뿐 실상 바뀐 것이 없거나, 변화의 기회가 찾아왔지만 이를 잘 살리지 못하고 있는 상황이라는 점을 경고한다.

이 배열에서는 비교적 부정적인 영향을 받았다는 것을 알 수 있다. 조급한 성미와 함께 과거의 습관을 제대로 바꾸지 못했다는 점과 더불어 다른 사람들도 질문자의 태도나 습관이 여전하거나 질문자의 고집이 세다는 것을 모두 알고 있다는 점으로 확인되며, 이 변화로 도달하려는 수준이 그저 평범한 정도에 국한된다는 점을 통해 현재 질문자의 수준이 그 이하의 열악한 상황이라는 것을 드러내기 때문이다(Ns, 6c, 4p, 10p).

---

⑧ **4p(제3자가 바라보는 질문자)** 질문자의 입장과 태도가 완고하다는 점을 모두 알고 있다는 의미로 해석된다. 긍정적인 영향을 받는다면 자신의 기반을 지키려는 모습을 뜻하나, 부정적인 영향을 받는다면 자신의 기반이나 경험에 매여 변화를 거부해서 상황을 악화시킬 수 있다는 점을 경고한다.

---

⑨ **10p(희망/두려움)** 질문자가 이런 결심, 결의를 다져 문제를 일으키지 않고 평범한 삶이 오길 바라는 희망적인 면과 함께 이런 의지, 노력을 동원해도 특별한 성과 없이 일상적인 삶에 천착해야 한다는

것을 두려워한다고 이해할 수 있다.

⑩ **Np(결론)** 질문자가 원하는 변화가 이뤄진 뒤에 그에 맞는 기반을 얻게 될 것을 암시한다. 긍정적인 영향을 받는다면 자신의 단점을 보완하고 되려 이를 역이용해 더 나은 기반과 입지를 만들어낼 수 있다는 의미로 해석되나, 부정적인 영향을 받는다면 현상 유지에 급급한 나머지 변화의 의미가 쉽게 퇴색될 수 있다는 점을 지적한다.

해석을 끝내자 기분이 편치 않았는지, 그게 뭐 대수냐고 말했지만 이미 그런 반응을 보이면 진 거 아니냐는 내 말에는 딱히 반박하지 않았다. 지금까지 해온 일 자체가 환경이 열악할 수밖에 없었는데, 가장 강조했던 것은 회사 생활을 하며 생긴 개인적인 감정을 풀 대상이나 방법을 따로 만들어두고 조직 안에서 생긴 일을 그냥 군대에서 잘 지냈듯 대화에 감정을 자제해 충격을 줄일 것을 당부했다. 그런 이야기를 계속하며, 먼저 동기를 떠나보내는 아쉬움을 뒤로했다.

전역 후 2년여 뒤, C 모 사이트에서 본 그는 비교적 안정된 생활을 하고 있었다. 나아가 자신의 새로운 시도를 계획하고 준비하는 것을 확인할 수 있었다.

이 배열에서 13은 질문자가 자신을 바꾸려 한다는 점을 쉽게 알 수 있으나 그 시도나 의지가 명확한지 모호할 때는 변화의 시도가 그저 착각에 지나지 않을 수 있다는 점을 경고하며, 질문자의 의도가 명확한 상황에서 적절하게 조언함으로써 변화를 성공적으로 이룰 수 있도록 조언해야 한다는 점을 강조하고 있다.

실제 사례 (2012년 6월, D모 사이트, 20대 중반 여성)

질문   친척의 병이 얼마나 심각한가?

사전 정보 이혼한 뒤 귀농해 편안히 일상을 지내던 큰아버지가 갑작스럽게 병원에 실려가고 나서 본 점이었으며, 병환이 어느 정도인지 문의한 사례였다. 큰아버지가 대장 내시경 검사를 하다가 내부에 무언가가 꽉 차 있는 상태라 검사가 어려워 큰 병원으로 향했으며, 의사는 암까지 의심할 수 있다는 견해를 내놓았다고 했다.

9s - 8w - 2w - 9w - 8 - 13 - 9p - 7p - 4w - 2c

9s   (질문자 자신) 몸이 좋지 않은 것을 걱정하고 있으며, 올 것이 왔다고 생각하고 있다.

8w   (장애물) 몸 상태를 호전시킬 시간이 얼마 없다.

2w   (기저) 몸이 이런 상태가 된 것에 대해 스스로 잘못된 판단/행동을 하고 있다는 것을 인지하고 있었다.

9w   (과거) 과도한 노동이나 스트레스가 쌓여왔으며, 스스로 이를 이겨내야 한다는 생각만 한 채 문제를 키웠다.

8   (현재/곧 일어날 일) 그동안 쌓인 문제가 한번에 터질 것이다.

13   (미래) 자신을 돌보지 않은 자에게 다가올 일이 기다리고 있다.

9p   (질문자의 내면) 몸에 문제가 있다고 인식했으나, 별일 아니라 생각하고 자신의 요령대로 대처했다.

7p   (제3자가 바라보는 질문자) 문제가 커지고 있다는 것을 경고하며, 걱정하고 있다.

4w   (희망/두려움) 몸에 생긴 문제가 별일 아닌 채 끝나길 바라나, 이 병으로 영원히 쉬게 될까 봐 두려워한다.

2c   (결론) 진료가 진행되며, 병증이 그대로 다른 사람들에게 드러난다.

실전 해석

이 배열에서 13은 6번 위치, '미래'에 나왔다. 건강과 관련한 질문의 특성상 13의 키워드인 '변환, 종료'로 질문자의 몸 상태가 긍정/부정적인 방향으로 변화할 것을 의미한다. 이 변화는 막을 수 없는 시간의 흐름과 관련돼 있기에 해석할 때 주의해야 한다. 사전 정보에서 질문자의 큰아버지가 과거에 어떤 생활 습관을 가지고 살아왔는지 확인해야 하며, 이로써 진료 기관에서 진행하는 검사의 결과를 예측해야 한다.

이 질문에서 13은 질문자의 신체에 피할 수 없는 변화가 진행되리라는 것을 의미한다. 13의 의미를 긍정/부정적으로 변화시키는 카드는 2w, 9w, 8, 9p로 확인되는데, 이로써 질문자가 자신의 병세를 남몰래 키워왔고 자신의 역량에 맞지 않게 과도한 노동이나 심리적 압박감이 계속돼 상태가 악화됐다는 것을 알 수 있다. 또한, 자신의 병색이나 현 상황을 가족에게까지 숨겨온 것을 드러내는 9p로 부정적인 영향을 받고 있다는 것을 알 수 있다. 최악의 경우 13의 키워드인 '죽음'이 직접적으로 적용될 수 있다는 충격적인 내용을 미리 알려 마음의 준비를 하도록 조언해야 한다는 것을 알 수 있다.

---

① **9s(질문자 자신)** 질문자(큰아버지)가 현재 외부의 판정, 곧 의사의 소견을 받는 것 자체를 두려워하고 있다는 것을 보여준다. 긍정적인 영향을 받는다면 실체 없는 걱정이었다는 점을 드러내며, 별문제가 아니라는 의미로 해석되나, 부정적인 영향을 받는다면 자신이 두려워하는 미지의 요소들이 실체를 드러낼 수 있다는 것을 질문자가 이미 알고 있다는 의미로 해석된다.

② **8w(장애물)** 이 상황을 극복할 시간이나 여유가 얼마 없다는 것이 문제라는 것을 드러낸다. 질문자에게 남은 시간이 얼마 없다는 것을 뜻하며, 이 문제를 해결에 동원할 수 있는 수단도 많지 않다는 것을 알 수 있다. 긍정적인 영향을 받더라도 건강의 중대한 기로와 관련한

점의 특성상 빨리 전문가를 찾아 볼 것을 조언하는 정도에 그친다.

③ 2w (기저) 긍정적인 영향을 받는다면 자신의 건강 상태가 좋지 않다는 것을 인지하고 이에 따른 예방/대비책을 강구해왔다는 의미로 해석되나, 부정적인 영향을 받는다면 질문자가 자신의 건강이 악화되고 있다는 것을 이미 알고 있다는 의미로 해석되며, 오히려 이를 더 가속시킨 것으로 이해할 수 있다.

④ 9w (과거) 그동안 질문자가 어떤 생활을 했으며, 어떤 환경에서 있었는지 설명해준다. 긍정적인 영향을 받았다면 자신의 신체를 단련하고 관리함으로써 질병을 사전에 차단할 수 있었다는 것을 의미하나, 부정적인 영향을 받았다면 가정사로 생긴 스트레스 또는 노동으로 쌓인 피로를 단순히 참아야 한다고 생각해 스스로를 채찍질한 결과라는 점을 알 수 있으며, 나아가 이 문제들이 질문자의 건강을 크게 악화시킨 근본적인 이유라는 의미로 볼 수 있다.

⑤ 8 (현재/곧 일어날 일) 위에서 언급한 건강 악화의 이유들이 모여 발병하는 것을 뜻한다. 이는 8의 의미인 '인내'가 부정적인 영향을 받은 것으로 이해할 수 있다. 갑작스럽게 충격이 가해진 것을 비롯해 스스로의 몸을 관리하지 않고 방치했다는 점과 더불어 주위 사람들에게 자신의 사정/상황을 공유하지 않았다는 점으로 확정되며, 최종적으로 질문자 자신도 생에 미련을 대부분 버렸다는 것을 확인할 수 있기 때문이다. 그렇기에 이 충격을 이겨내지 못할 때 찾아올 '변환'이 치명적일 수밖에 없다는 점을 강조하게 된다(8w, 2w, 9p, 4w).

⑥ 13 (미래) 8에서 언급한 충격을 이겨내지 못할 때 다가올 종언을 의미한다. 긍정적인 영향을 받는다면 구사일생하고서 삶의 교훈을 얻는다는 뜻으로 해석되나, 사전 정보나 배열의 다른 카드들을 볼 때 부정적인 영향을 받을 수밖에 없다는 점을 쉽게 확인할 수 있다. 병을 키운 생활 습관과 더불어 과거의 스트레스를 해소하지 않은 탓에

이를 미연에 방지하지 못하고 큰 문제로 만든 것을 알 수 있으며, 이 문제를 애써 내색하지 않고 자신의 병색이나 몸 상태에 관한 정보를 가족과도 공유하지 않았다는 점 때문에 부정적인 영향을 받는다는 것을 알 수 있다. 그렇기에 다른 주제와 달리, 건강에서 '종료'를 극복할 수 있는 조언이 없고 최악의 경우가 적용된다는 것을 알 수 있다 (2w, 9w, 8, 9p).

---

⑦ **9p(질문자의 내면)** 긍정적인 영향을 받는다면 스스로 환경을 개선해 자신의 건강을 관리해낼 수 있다고 생각한다는 것을 드러내지만, 부정적인 영향을 받는다면 질문자가 이 문제를 가급적 외부에 드러내지 않으려는 태도를 드러낸다. 건강 문제가 최악에 이르렀음에도 그저 참거나 시간이 지나면 해결되리라고 여겼다는 것을 알 수 있다.

---

⑧ **7p(제3자가 바라보는 질문자)** 질문자가 생각하는 것만큼 몸 상태를 스스로 개선할 수 없다는 점을 지적한다. 나아가 신체적으로 계속 무리하고 있다고 인식하거나 정상적으로 활동하는 질문자의 모습을 보며 사람들이 우려하고 있었다는 것을 뜻한다. 다시 말해, 질문자는 이 일이 벌어지기 전부터 중병을 앓고 있다는 예후가 보였으며, 이를 제3자가 일찍 확인했다면 그 시점에서 질문자를 병원 또는 요양원 등의 의료 기관으로 인도해야 했다는 점을 지적한다.

---

⑨ **4w(희망/두려움)** 질문자가 자신의 신체적 문제를 조기에 해결해 다시 일상으로 돌아가길 바라는 희망과 함께, 아무런 희망이 없는 채 모든 활동을 끝내야 하는 비극적인 상황이 오지 않길 바라는 두려움으로 드러난다. 그러나 앞서 언급했듯, 결국 부정적인 영향을 받아 자포자기로 발전하게 된다.

---

⑩ **2c(결론)** 질문자의 진료 결과와 더불어 그에 적법한 처방이 진행된다는 것을 의미한다. 특히 13의 무게로 인해 시한부에 가까운 진단과 함께 완치가 불가능한 상태에서 연명 치료가 처방될 것이라고 해

석된다. 이 카드의 긍정적인 의미조차도 13이 부정적인 영향을 받아 배열 전체를 지배하게 되면서 부정적인 영향을 받을 수밖에 없다는 것을 극명하게 드러낸다. 결과적으로 이 카드의 긍정적인 화합과 그에 따른 효과가 사라져버리고, 질문자의 미래도 암울할 수밖에 없다는 의미로 해석할 수 있다.

이 배열에 나온 13은 실체를 가진 '죽음'을 의미할 때 어떻게 드러나는지 잘 나타내고 있다.

자신의 몸이 무너져가는 것으로 촉발된 내적 갈등과, 자신이 지금껏 지키려던 것에 대한 아쉬움/집착을 비치지 않았던 것과 함께 이 모든 것을 자신이 안고 가려 했다는 점이 복잡하게 얽혔으며, 조기 발견해서 수술이나 투약으로 완치할 수 있었던 병을 질문자가 해결 의지를 보이지 않았던 바람에 문제가 커진 결과를 13으로 설명한다.

이에 더해 13은 그 결과마저 가혹하게 다가온다는 것을 드러낸다. 벗어날 수 없는 죽음이라는 굴레를 확인하고 정면에서 맞아야 할 위기를 뜻하며, 곧 죽음에 이를 정도로 병이 악화된 상태를 표현한다.

실제로 그는 자신의 병을 끝까지 감추다가 병을 키운 것으로 드러났다. 나아가 이를 억누르고자 쓴 방법들 때문에 더욱 빨리 자신의 몸을 갉아먹었다. 이런 대처는 결과적으로 13의 이름 그 자체의 의미가 더 빨리 적용되도록 만든 악수였다.

나는 그의 삶을 밝히는 등불이 이제 곧 꺼질 수밖에 없으며, 이에 더해 이 죽음은 끔찍하게도 느리게 다가올 것이라 해석했다. 나아가 발병 원인과 악화의 원인은 해당 인물 자신이며 어디에 해당하는 어떤 질병일지도 예측했으나, 너무 무거운 내용이었기에 몇몇 이들에게만 밝히고 공개하지 않았다.

이 점의 결과는 결국 내가 다시 질문자를 수소문해 찾고, 이메일로 직접 해당 배열의 해석을 진행해 질문자가 직접 전해줬다.

해당 인물은 대장암으로 판정됐고, 3개월 시한부 선고를 받았다. 질문자는 그의 모든 장기와 뼈까지 암세포가 전이된 상태였다는 사실을 알려주었다.

이처럼 건강과 관련한 점에서, 질문 주제가 상당히 심각한 상황이라는 것을 전제했을 때 13은 치명적인 결과를 초래하기 쉽다. 설령 이를 극복할 수 있더라도 극단적인 방법(적출, 이식 같은 대수술)을 써야만 건강을 회복 또는 유지할 수 있다는 뜻으로 해석된다.

그러나 특이할 만한 문제가 없는 상태에서 드러난 13은 생활 습관의 개선이나 컨디션의 난조를 극복하고 원래 모습을 되찾거나, 때로는 성장기가 끝났다는 의미로 해석할 때가 더 많다는 점을 강조하고 싶다. 이런 사례는 흔치 않으며 함부로 적용하지 말아야 한다고 당부하고자 한다. 아울러, 이런 민감한 주제와 관련한 배열을 집필하는 데 허락해주신 질문자에게 감사를 표하고자 한다.

XIV. TEMPERANCE.
절제

적절함을 위해 덜어냄
Optimization

최적화, 아름다움, 중용, 양비론, 구조 조정, 구제, 미학, 중도, 흑묘백묘론, 도량형, 회복, 사회 기반 시설infrastructure, 정리 해고, 법정 관리, 병합, 협조, 업/다운로드, 구제금융, 연성, 균형, 혼합, 분리, 정제, 정류, 다이어트, 미사, 49재, 장례, 의식, 영성체(기독교), 잠복기, 제약製藥, 탈색, 전하, 변압, 과도기, 절제술, 조정기, 발전發電, 기증, 정화, 투약, 전기, 지방 흡입, 갑상선 등 내분비계 장애, 다한증, 건조증, 유행의 종료, 그 밖에 필요 없는 것을 배제함으로써 최선의 것을 찾는 행위

긍정/부정 확인 기준

질문과 관련한 문제에서 필요 없는 것들을 배제할 역량이 있는가?

주변 상황을 정리하기 위해, 질문자가 자신이 가진 것들을 정리 또는 포기할 수 있는가?

자신에게 필요한 것과 그렇지 않은 것을 나누는 기준이 명확한가?

어떤 사안을 결정했을 때, 남에게 직접적으로 영향을 미칠 수 있는가?

남의 손에 자신의 거취가 결정되는 사안인가?

질문자가 질문 사안에 깊숙이 관련된 기준을 맞추고자 어떤 일들을 해낼 수 있는가?

절제 카드의 가장 대표적인 의미는 메이저 상징편에서도 언급했듯 최적화라고 볼 수 있다. 실제 어원도 옛 포도주의 희석을 뜻하는 단어 Temperare가 최적의 비율을 맞춘다는 의미라는 점에서 이를 확인할 수 있다. 그렇기에 이 점에 착안해 카드의 긍정/부정적인 의미를 구별하고 더 긍정적인 영향을 줄 수 있도록 조언하는 데 주의를 기울여야 한다.

또한 이런 과정을 통해 해석자는 질문자가 원하는 적절함이 무엇인지 파악하고 이것이 실현할 수 있는 것인지, 이 과정에서 남들에게 피해를 끼치거나 다른 사람과 충돌하는지 확인해야 한다. 모든 사람에게 적용되는 적절함과 개인에게만 적용되는 적절함이 서로 다를 때 문제가 발생하기 때문이다.

그래서 해석자는 위에서 언급한 조건들을 비교해야 하며, 이로써 질문자가 얻고자 하는 최상/최선의 결과가 무엇인지 확인하고 이에 필요한 어떤 조건들을 해결할 수 있는지 분석해 그가 원하는 목표로 향할 수 있도록 조언해야 한다.

단, 그것이 질문자의 의사와 달리 다른 사람에게 통제되고 있다면 다른 사람의 의도에 휘말려 자신이 얻고자 하는 것을 달성하지 못할 수 있다는 점을 경고해야 한다.

해석용법

긍정 절제 카드는 질문자가 자신/남을 아우르는 기준을 설정했을 때 힘을 발휘한다. 이는 '적절함'의 의미를 통해 남과 불필요한 마찰을 줄이는 것으로 그 의미를 강화시키기 때문이다.

그러므로 배열에 절제 카드가 나왔다면 질문자의 기준이나 균형 감각이 뛰어난지 확인한 뒤에야 이 카드의 부정적인 의미들을 배제할 수 있다.

부정 이 적절함 때문에 더욱 박차를 가해야 할 상황을 제대로 살리지 못하거나, 반대로 현 상황의 적절함을 인식하지 못하고 자기 자신을 소모/학대할 때 부정적인 의미를 드러낸다. 자신의 기준에 미치지 않는 모든 것을 배제하는 모습으로 드러나며, 남의 요청이나 양해를 무시하는 방식으로 치닫게 될 수 있다는 점을 경고한다. 이런 성향이 극단적으로 나타나면 무관심으로 일관해 남의 질시/비판을 받을 수 있다는 것을 강조한다.

그렇기에 나는 절제 카드의 '절제'라는 의미를 가장 정확하게 정의할 수 있는 키워드로 '최적화'를 꼽는데, 절제와 중용 두 단어를 모두 수용 가능한 개념이라 판단했기 때문이다. 이로써 파생하는 의미로 '다이어트'는 미적 관점을 충족하기 전에 자신의 몸을 꾸준한 노력으로 '최적화'하는 과정이라고 이해할 수 있으며, 치료나 회복을 위해 '투약'하는 것 또한 신체의 균형을 되찾아 최적화된 상태로 만드는 과정이라고 이해할 수 있기에 같은 의미를 적용할 수 있다.

이 과정에서 최상위에 속하는 것이 다른 사람/사회/문화권에 필요 없는 것들을 배제한 모든 것을 지닌다는 의미로서의 '아름다움'이다. 물론 균형을 적절히 유지하는 것이 더 중요하기에 이를 통제하지 못하고 휩쓸리면 돌이킬 수 없는 부작용이 생긴다는 점도 최적화에 실패한 예로 이해할 수 있다(예: 요요 현상, 부작용).

반대로 부정적인 의미로 파생한 '남에 대한 무관심'은 '이기주의',

'탐미'의 의미를 파생한다. 이는 앞서 언급한 대로 자신의 기준에만 집중한 나머지 남에 대한 공감을 배제하는 성향에서 비롯한다(예: NIMBY, PIMFY).

이런 요소들 때문에 절제 카드는 긍정/부정적인 영향을 파악하려 다른 카드들에게 받는 영향을 분석하기 전에, 먼저 균형을 맞추고자 뭔가를 버리는 행위가 질문자에게 긍정/부정적으로 적용되는지를 확인해야 해석에 큰 오류가 생기지 않는다. 나아가 질문자가 적절함을 만들어낼 역량이나 의지가 있는지 확인한다면 더 쉽게 긍정/부정적인 의미를 구분할 수 있다.

따라서, 질문자가 찾으려는 적절함이 시기/상황과 부합해 절제 카드가 긍정적으로 발현해 다른 사람들의 공감을 얻어낸다면 자신의 기준을 표준으로 제시해 모두에게 편의를 제공하거나 최상의 경우 사회를 변혁해 더 나은 생활을 영위하게 할 수 있다.

그러나 부정적으로 발현하면, 편견에 입각해 다른 사람과 자신을 구분하려 하거나 차별함으로써 자신이 우월하다고 믿는 상황으로 발전하거나, 객관적으로 최적화 기준을 너무 무리하게 잡아버려서 자신을 혹사하는 경우로 드러난다. 이런 사례로 작게는 다이어트에 실패해 요요 현상을 겪거나 기준점을 너무 높게 잡아 심리적 부담이 커져 거식증에 걸리는 경우를 들 수 있으며, 심각하게는 인종차별이나 텃세로 발전할 수 있다(최악의 역사적 사례로 KKK의 형성과 활동을 들 수 있다).

배열에 이 카드가 나왔을 때, 긍정적인 영향을 받고 있다면 필요 없는 것들을 배제해서 자신의 목표에 빠르게 닿을 수 있거나 주변의 나쁜 영향에서 벗어나는 것을 뜻하나, 반대로 부정적인 영향을 받는다면 오히려 자기 자신이 속하거나 머물고자 한 것에서 배제당하는 모습으로 드러나거나 남에게 불필요한 존재로 인식되는 상황까지 이르게 될 수 있다는 점을 주의해야 한다.

배열 위치별 특징 켈틱 크로스 배열에서 절제 카드(이하 14)가 나왔을 때 어떻게 긍정/부정적인 영향을 확인하는지 판단하려면 10장의

카드 맥락을 모두 살펴야 한다(이에 관해 더 상세한 내용은 374-375쪽을 참고).

이런 까닭에 14는 메이저 아르카나에서 드물게 어느 위치에서도 존재감을 드러낸다. 본래의 뜻에서도 어느 한쪽이 부족하고 넘치는 현상 자체를 배격하려는 의도가 있기 때문이다. 그래서 긍정/부정적인 의미를 판단할 때 질문과 관련한 상황과 질문자의 관점/역량에 초점을 맞춰야 한다.

그러나 2, 4, 5, 6, 8번 위치에 나왔을 때는 각 위치의 의미 때문에 비교적 존재감이 약화되기 쉽다. 질문 주제 및 관련 사건의 발생에서 자신이 남에게 절제당하는 의미로 적용될 때가 흔하기 때문이며(예: 정리 해고) 이때 다른 카드들과 공조가 이루어지지 않으면 스스로가 남의 기준/조건에 따라 쉽게 제한될 수 있기 때문이다.

반대로 3, 7, 9번 위치에 나왔을 때는 배열 주체의 내면적 요소에 속하고, 주제 자체를 인식하는 질문자의 관점이나 주제에 관해 어떤 과정과 결말을 원하는지 보여주기에 더 긍정적인 효과를 받기 쉬운 경향이 있다. 이때 자신의 기준을 합리적으로 면밀하게 설정해 다른 사람들의 공감을 이끌어내거나, 잘못된 기준이더라도 이를 드러내지 않도록 조언함으로써 의미 없는 분쟁에 휘말리지 않도록 해줄 수 있다.

연애(관계가 성립한 상황) 관계 정립을 위해 필요한 휴식/교류를 의미하거나, 욕망 자체를 조절할 필요가 있다는 뜻으로 해석할 수 있다. 나아가 관계의 유지/보수를 위해 필요 없는 것들을 정리해 더 나은 관계로 향하는 과정을 뜻한다.

긍정적인 영향을 받는다면 관계를 더 굳건히 유지하려 상대방과 합의 조건을 다양하게 설정함으로써 관계를 건전하게 이끌어나갈 수 있다는 의미로 해석할 수 있으나, 부정적인 영향을 받는다면 서로 이해하려 하지 않은 채 감정적으로 정리를 시작하거나, 이미 흩어져 각자의 길로 가려는 징조를 뜻하기에 이를 막을 다양한 방안을 조언해야 하며, 마지막 순간에 쓸데없는 분쟁을 일으키지 않도록 조치해야 한다.

연애(관계가 성립하지 않은 상황) 긍정적인 영향을 받는다면 연애를 하려는 자발적인 노력으로 다른 사람/상대방의 기준에 맞춰 자신의 경쟁력을 끌어올리는 것을 의미하며, 나아가 질문자가 다른 사람/상대방의 미적 관점을 충족한다는 것을 의미한다.

그러나 부정적인 영향을 받는다면 질문자가 다른 사람들의 선택지에 들지 못하는 상황이거나 다른 경쟁자들 때문에 탈락한 상황을 뜻하며, 최악의 경우 질문자의 극복하기 어려운 결함 때문에 다른 사람들에게 외면받는 상황을 뜻한다.

상대방이 없거나 단순히 호감만 있는 상태에서 14가 나오면, 해당 인물에게 적절한 모습을 연출하도록 조언해야 한다. 이는 관계 성립에 필요 없는 요소 때문에 오히려 사람들과 충돌하거나 괜한 오해를 살 수 있다는 것을 뜻하기 때문이다.

이때 14가 긍정적인 영향을 받는다면 군이 설명하거나 의견을 피력할 필요 없이 각자 역할을 다하는 모습만으로도 연애 운이 호전될 수 있다는 뜻으로 해석할 수 있지만, 부정적인 영향을 받는다면 위에서 언급한 요소들 때문에 생긴 충돌/오해로 다른 사람들과 다투거나 좋아 보였던 관계마저 서먹해질 수 있다는 점을 경고한다. 이에 따른 후폭풍 또한 관계를 끊어버릴 정도로 강할 수 있으므로 14에게 영향을 미치는 카드들의 의미를 총합하고 원인이 무엇인지 확인해 미연에 방지할 수 있도록 조언해야 한다.

대인관계 긍정적인 영향을 받는다면 자신의 기준으로 시비를 판단해 문제를 해결할 수 있다고 해석된다. 그러나 부정적인 영향을 받는다면 사람들에게 배제당할 수 있다는 것을 경고하거나, 최악의 경우 조리돌림에 가깝게 대우받고 있다는 의미로 해석된다.

그렇기에 어느 한쪽의 손을 들지 않도록 주의를 주면서 해당 분쟁의 근본 원인이 무엇인지 명확하게 밝히도록 조언해야 한다. 혼란을 겪게 된 원인이 무엇인지 파악하고 이를 토대로 양보나 합의를 이끌어내야만 문제가 더 커지지 않기 때문이다. 그렇지 못하면 관계 자체를 포기하는 것까지 고려해 자신의 기준을 포기하거나 행동에 혼란을 겪지 않도록 조치해야 한다.

사업의 흐름이나 전망 어떤 상위 기관이나 질문자보다 높은 위치에 자리 잡은 사람들의 자금/인맥 등을 융통해 난관을 돌파하라는 의미로 해석된다. 특히 재정적 부분에서 14는 자금의 유동성과 밀접한 관련이 있으며, 긍정적인 영향을 받는다면 안팎의 의견 조율과 합의를 거쳐 더 나은 비전을 제시해 위기를 극복한다는 뜻으로 해석되거나 불필요한 비용/인력을 정리해 재무 건전성을 확보할 필요성을 부각시킨다.

그러나 부정적인 영향을 받는다면 부당하게 손해를 보거나, 일의 진행에 반드시 필요한 것들을 희생/축소해 사업에 지장이 생긴다는 뜻으로 해석된다. 최악의 경우 반드시 지켜야 할 방침이나 요소들을 원가 절감이나 수주 목표 달성이라는 미명하에 위반하는 경우까지 드러날 수 있으므로 해석할 때 주의해야 한다.

창업의 성사 여부 창업 성사에 필요한 기준을 충족할 필요가 있다는

점을 우선적으로 조언해야 한다. 나아가 특정 분야라면 어떤 기준을 심사/평가하고, 적재적소에 배치함으로써 수익을 창출하는 계열을 의미한다. 긍정적인 영향을 받는다면 설문 조사 및 각종 공적 심사 기관을 통해 사회의 현 상태를 확인하는 통계 분야, 또는 인사 관련 업무를 통해 조직의 생산성을 향상시키는 종류의 사업에 재능이 있다는 의미로 해석된다.

반대로 부정적인 영향을 받는다면 이 과정에서 이익을 편취/조작하는 방식을 취하게 된다는 뜻으로 해석되며, 최악의 경우 인력의 재배치를 빙자해 남의 노동력을 쥐어 짜낸 수익을 얻는 데 급급한 모습으로 드러날 수 있다는 점을 경고한다.

진로 적성 긍정적인 영향을 받는다면 인사관리 및 정책 심사를 통해 사회적 입지를 확보하거나 다른 사람의 넘치거나 모자라는 부분을 파악·조치하는 분야에 두각을 드러낼 수 있다는 뜻으로 해석된다. 이 때문에 약품 개발·의학·화학 등 적절한 배분으로 안정성/확장성을 확보하는 분야에 소질이 있다는 의미로 볼 수 있다.

그러나 부정적인 영향을 받는다면 자신의 불만이나 요구사항을 남에게 강제하는 경향이 있다는 점을 지적해야 하며, 이 과정에서 자신의 기반/역량을 검증하지 못한다면 그저 몽니쟁이로 낙인찍힐 수 있다고 경고해야 한다. 그러나 부정적인 영향을 받더라도 자신의 기반이나 역량을 객관적으로 증명해낼 수 있는 단계에 이른다면 비평·평론에 해당하는 기질로 발현될 수 있다.

시험 결과나 합격 여부 편향된 부분에 대해 재고하거나 과목 사이의 평균치를 맞출 필요가 있다는 것을 의미한다. 긍정적인 영향을 받는다면 이미 하고 있는 방식으로 계속 발전할 수 있다는 것을 의미하나, 부정적인 영향을 받는다면 현재의 방식에 문제가 있으며, 학습 효율이 떨어진 상태라는 것을 의미하므로 조언으로 더 적절한 방법을 강구하도록 이끌어야 한다.

또한 예체능 계열에서는 트레이닝, 예술 관련 과목의 사전 준비,

체육 계열의 워밍업을 의미한다. 성적의 향상/하락에 관한 주제에서 나왔을 때 긍정적인 영향을 받는다면 기존 기술의 원리를 자신의 노하우로 녹여내 새로운 방법을 시도하는 데 성공해 자신만의 기법을 창출해내는 수준에 이르러 다른 경쟁자보다 뛰어난 기량을 갖출 수 있다는 뜻으로 해석된다. 그러나 부정적인 영향을 받는다면 나쁜 버릇, 잘못된 자세 및 준비 미흡으로 슬럼프를 겪거나 부상당할 위험이 있다는 것을 경고해야 한다.

심사 결과나 콩쿠르, 공모전과 관련 있다면, 경쟁하는 다른 이들의 평균 수준을 월등히 뛰어넘지 않는 한 필연적으로 해당 행사의 최적화를 위해 배제당하는 것을 의미하나, 실제 해당 심사 기준이나 참여자들의 평균 수준을 객관적으로 확인하지 않는 한 합격 여부를 확답할 수 없으니 주의해서 해석해야 한다.

질병의 호전, 완치 신체 불균형으로 생기는 다양한 질병을 의미한다. 이 상황이 일시적일 뿐이라면 단순 투약으로 회복할 수 있다는 것을 의미한다. 또한, 질병을 예방하려면 불필요한 것들을 과감하게 없애야 하는 것을 뜻하기에 보통 다이어트나 환자식 자체를 뜻하지만, 이 카드로 표현되는 질병들은 대부분 심각하게 인명을 앗아가는 경우가 거의 없으며, 있더라도 치료 시기를 놓치거나 방치한 경우에 해당한다.

긍정적인 영향을 받는다면 이런 행위로 신체 균형을 맞추고 정상적인 생활로 개선된다는 것을 의미하며 그 과정에서 걸리는 시간/과정들로 해석되나, 부정적인 영향을 받는다면 이 과정에서 긴 시간이 필요하거나 약효가 제대로 듣지 않는 상황이라는 것을 뜻한다. 최악의 경우 질문자가 중병에 해당하는 질병을 앓고 있다면 전문의 상담과 장기적인 투약·처치가 필요한 상태라는 것을 의미하나, 이는 흔치 않은 사례이므로 해석에 극히 주의해야 한다.

단순한 건강 문제 정신적인 면에서 강박증, 그 가운데 특히 결벽증과 밀접한 연관이 있다. 최악의 경우 의처/의부증으로 발전한다. 이는

결국 자신이 원하는 적재적소에 해당하지 않는 것들에 스스로 정신적인 부담을 느껴 발생하는 병증을 의미하기 때문이다. 이미 자신이 '절제'하지 못하고 있음에도 오직 자신만이 '절제'하고 있다고 생각해 이에 집착하는 상황이라 이해할 수 있다.

그렇기에 질문자가 이런 문제로 곤란해하고 있다면 스스로 생각하는 기준을 바꾸도록 조언하고, 이를 자력으로 하지 못한다면 전문가의 처방을 받아보도록 권해야 한다.

켈틱 크로스 배열 위치별 긍정/부정 해석법

1 → ② ④ ⑦ ⑧ 카드 확인 긍정적인 영향을 받는다면 질문자 스스로 14의 의미와 관련한 것들을 실행하고 있거나 필요성을 느껴 합리적인 정리 기준을 확립했다는 뜻으로 해석할 수 있으나, 부정적인 영향을 받았다면 이미 다른 사람에게 14에 해당하는 행위를 당해버린 상태로 이해할 수 있다.

2 → ① ④ ⑤ ⑧ 카드 확인 부정적인 영향을 받는다면 질문과 관련해 질문자가 배제당할 위기에 놓여 있거나 스스로 적절한 조치를 취하지 못해 무너져내리고 있는 상황이라는 것을 뜻한다. 최악의 경우, 이런 문제들을 벗어나지 못하거나 과거의 문제에 다시 한번 휘말리는 상황까지 의미할 수 있다. 그러나 긍정적인 영향을 받는다면 문제 해결을 위해 질문자에게 필요 없는 것들을 당장 모두 버림으로써 이를 해결할 수 있다고 조언해야 한다.

3 → ① ④ ⑦ ⑨ 카드 확인 질문자가 해당 문제를 무의식적으로 어떻게 인지하고 있는지 확인해야 한다. 긍정적인 영향을 받는다면 이 문제를 해결함으로써 자신에게 불필요한 것들을 정리하거나 자신을 정화해나가려고 노력하고 있다는 것을 뜻하나, 부정적인 영향을 받는다면 의도적으로 다른 사람들을 배제함으로써 자신의 욕심을 채우거나 목적을 달성하려는 이기적인 모습으로 드러날 수 있다는 점을 경고해야 한다.

4 → ② ③ ⑦ ⑨ 카드 확인 긍정적인 영향을 받는다면 최적화된 전력으로 뭔가를 달성했거나 다른 사람/조직의 기준에 맞춰 생존에 성공한 사람으로 묘사되지만, 부정적인 영향을 받는다면 과거에 발생한 사안에 적절하게 대응하지 못했거나 남에게 버림받아 현재와 같은 상황으로 전락하게 되었다는 것을 뜻한다.

5 → ① ② ④ ⑨ 카드 확인 질문과 관련한 사안에 대해 질문자 또는 질문에 깊이 관련된 제3자/단체들이 사전 정지 작업을 진행하거나 이미 하고 있다는 의미로 이해할 수 있다.

긍정적인 영향을 받는다면 문제 해결을 위해 필요 없는 것들을 배제해야 하는 상황이 진행되며, 이로써 자신의 경쟁자들이 사라지는 현상을 겪게 된다는 것을 의미한다. 반대로 부정적인 영향을 받는다면 이 과정에서 질문자 자신의 역량 부족 때문에 선택받지 못하거나, 제대로 최적화하지 못해 발생한 문제 때문에 질문과 관련한 내용을 해결하지 못하게 된다는 것을 뜻한다.

6 → ② ③ ⑤ ⑧ 카드 확인 긍정적인 영향을 받는다면 질문자가 원하는 것을 얻으려 자발적으로 최적화를 진행하며, 나아가 외부의 조력이나 기준을 만족시킨다는 뜻으로 해석된다. 그러나 부정적인 영향을 받는다면 오히려 자신/남의 기준을 충족하지 못해 자신의 역량을 제대로 발휘하지 못한다는 의미로 해석된다.

---

7 → ③ ⑤ ⑧ ⑨ 카드 확인 질문과 관계한 사안에 대해 질문자가 혐오하는 것들을 버리거나 선호하는 것을 취하려는 생각을 하고 있다는 뜻으로 해석된다. 긍정적인 영향을 받는다면 이 생각들에 객관/주관적으로 합리적인 이유가 있으며, 질문자가 문제의 소지를 미리 제거하는 방법을 실행할 생각이 있다는 뜻으로 해석되지만, 부정적인 영향을 받는다면 자신의 한계에 대한 절망, 또는 열등감 때문에 문제의 원인을 제대로 분석하지 못하거나 남 탓을 하는 모습으로 해석된다.

---

8 → ② ④ ⑤ ⑨ 카드 확인 크게 두 가지 의미로 나뉜다. 첫째, 질문자가 어떤 사안/남에 대해 필요한 조건 또는 그 충족 여부를 판단하는 입장/상황으로 인식되고 있다는 의미로 해석된다. 둘째, 반대로 질문자 자신이 어떤 기준으로 평가받아야만 하는 입장/상황을 뜻하며, 해당 기준을 맞추고자 질문자가 어떤 희생/노력을 강제받고 있다는 의미로 해석된다. 긍정적인 영향을 받는다면 공적 업무로 사람들에게 신뢰받거나 귀감 또는 이상형으로 자리 잡는다는 의미로 해석되지만, 부정적인 영향을 받는다면 배제 대상으로 인식되거나 이기적인 모습 때문에 인심을 잃어버리고 있다는 점을 경고해야 한다.

---

9 → ① ③ ⑦ ⑧ 카드 확인 자신이 원하는 목표를 깔끔하게 이루고자 하는 희망과, 이를 이루지 못하고 배제당하는 것에 대한 두려움을 의미한다.

---

10 모든 카드의 의미를 총합해서 문제와 관련해 질문자에게 필요한 '적절함'의 기준을 확인해야 한다. 질문 주제/유형에 따라 세부적 의미는 바뀔 수 있으나, 해당 주제가 어떤 기준과 규칙에 따라 긍정/부정적인 모습을 규정할 수 있는지 파악해야 하며 이를 질문자의 역량으로 도달할 수 있는지 확인함으로써 질문 내용의 성사 여부를 예측할 수 있다. 성사하지 못한다면 14의 단점으로 생길 수 있는 상황을(예: 사람들에게 지지받지 못하거나 적절하지 못한 대응으로 자신의 장점을 살리지 못하는 경우) 대비시켜야 한다.

실제 사례 (2007년 겨울, W호텔 S통신사 행사, 30대 초반 남성)

질문 이곳에 내 짝이 될 만한 사람이 있을까?

사전 정보 이 행사는 크리스마스, 밸런타인데이와 같은 날에 커플이 아닌 사람들을 모아 소개팅을 진행하는 방식을 취했으며, 상당히 번잡한 분위기에서 진행됐다.

8c - 9w - 14 - 6p - 10 - 4s - 5w - 8w - 7c - 2c

8c (질문자 자신) 이 행사를 참여한 것 자체를 뜻하며, 행사에 대한 기대감이 급감한 상태다.

9w (장애물) 새로운 인연을 만나려면 예상보다 많은 노력이 필요하다는 점이 발목을 잡고 있다.

14 (기저) 내가 원하는 이성의 기준이 있으며, 이에 걸맞지 않다면 호감을 가지지 않을 것이다.

6p (과거) 그동안 이성에게 어필하려 다양한 방법을 썼다.

10 (현재/곧 일어날 일) 기회가 다가오고 있으며, 이 기회는 질문자의 연애관에 영향을 줄 수 있다.

4s (미래) 자신의 기준을 어떻게 하느냐에 따라 이 행사를 참가한 결과가 다르게 나올 수 있으나, 시도의 성공 여부와 상관없이 새로운 연애를 준비하는 재충전의 시간이 올 것이다.

5w (질문자의 내면) 이 자리에 나와 어떻게 행동해야 하는지 적응하려 애쓰고 있다.

8w (제3자가 바라보는 질문자) 촉박한 시간 속에서 마주하는 사람이며, 선택하거나 선택받지 않은 한 큰 의미를 부여할 수 있는 사람이 아니라고 인식하고 있다.

7c (희망/두려움) 자신이 원하는 이성을 만나 관계를 유지할 수 있기를 바라는 희망과 그저 아무 의미 없이 시간만 버리는 날이 되지 않기를 바라는 두려움이 있다.

2c (결론) 어떻게든 관계를 성립할 수는 있겠지만, 이를 통해 행복해질 수 있는지는 모르는 상태로 행사는 종료될 것이다.

실전 해석

이 배열에서 14는 3번 위치, '기저'에 나왔다. 연애와 관련한 문제에서 특히 관계의 성립 여부를 묻는 질문의 특성상 '최적화', '절제'를 통해 상대방과 관계를 성립시키려 한다는 것을 알 수 있다. 이는 앞서 해석 용법에서 언급한 것처럼 질문자에게 별다른 문제가 없다는 점을 확인한 뒤 상대방이 어떤 이성을 원하는지 빠르게 파악해 조언해야 한다는 것을 알 수 있으며, 이로써 질문자가 관계를 성립시킬 기회를 놓치지 않도록 이끌어야 한다.

이 질문에서 14는 질문자도 모르고, 알더라도 밝히지 않은 부분을 드러낸다. 14의 의미를 긍정/부정적으로 변화시키는 카드는 8c, 6p, 5w, 7c로 확인되는데, 이로써 질문자의 기준이 이 행사와 맞지 않으며, 자신의 기준만을 관철하려 한다면 주어진 기회를 스스로 버리는 모습이 될 것이라는 점을 알 수 있다.

애당초 큰 기대를 하고 오지 않았다는 것을 의미하는 8c, 자신의 기준을 양보하지 않으려 하는 6p의 행동과 더불어, 상황에 적응하기보다 비평하거나 투덜대는 모습을 의미하는 5w의 영향으로 더 부정적인 방향으로 흘러간다는 것을 알 수 있으며, 연애를 했으면 하는 막연한 바람만이 남아 있다는 것을 보여주는 7c 때문에 이대로라면 질문자는 자포자기하고 집으로 돌아갈 것을 의미한다고 볼 수 있다. 그렇기에 어떤 조언으로 14의 부정적인 요소들을 걷어내 질문자가 이 행사에서 새로운 인연을 만날 수 있도록 도와야 하는지 고민해야 한다.

① 8c (질문자 자신) 긍정적인 영향을 받았다면 이 행사에 참여해서 얻을 것을 이미 얻었다는 것을 뜻하며, 그에 따른 여흥을 즐긴다는 의미로 해석되나, 부정적인 영향을 받는다면 행사에 대한 기대감이 사라지고 있는 상황을 드러낸다. 행사 참여 전까지 부풀었던 희망이 어떤 이유 때문에 깨졌는지 다른 카드들로 파악해야 한다는 것을 알 수 있다.

② **9w (장애물)** 이 행사에서 이성과 만남을 지속적으로 유지하려면 질문자가 생각한 것보다 많은 노력이 필요하다는 점을 지적하며, 이를 위해 자기 어필 및 다른 동성과 경쟁 구도에서 승리해야만 하는 상황이 장애물로 드러난다는 것을 확인할 수 있다. 긍정적인 영향을 받는다면 이런 경쟁에서 승리해 자신이 원하는 기회를 부여잡을 수 있다는 것을 뜻하나, 부정적인 영향을 받는다면 이 과정에 지친 질문자가 빠르게 포기하고 집으로 돌아가버릴 수 있다는 것을 드러낸다.

③ **14 (기저)** 긍정적인 영향을 받았다면 자신이 선호하는 이상형을 발견했으며, 이에 따라 그녀에게 어떻게 접근할 것인지 고민하고 있다는 것을 뜻하나, 부정적인 영향을 받는다면 행사를 참여하며 자신의 연애관으로 다른 이성들을 평가/분류하고 있다는 것을 의미한다. 또한 이 기준은 가벼운 분위기로 진행되는 행사 내용과 초면에 곧장 관계를 성립시키는 것에 관한 불편함, 그리고 작위적인 노력으로 남과 경쟁하거나 이성에게 어필해야 하는 문제 때문에 질문자의 부푼 기대가 금방 꺼졌다는 것을 뜻한다. 결정적으로 사람을 파악하는 데 기본적인 시간조차 주지 않았다는 점이 다른 모든 카드의 부정적인 의미를 활성화시킨 이유라는 것을 확인할 수 있다(8c, 6p, 5w, 8w).

④ **6p (과거)** 긍정적인 영향을 받는다면 행사 주최 측의 홍보를 보고 질문자가 응모했으며 이에 당첨돼 기회를 얻었다는 것을 드러낸다. 그러나 부정적인 영향을 받는다면 그동안 연애를 하고자 이런저런 수단을 동원했으나 질문자가 마땅한 대안을 세울 수 없었다는 것을 의미한다.

⑤ **10 (현재/곧 일어날 일)** 이 행사가 하나의 기회라는 것을 의미한다. 긍정적인 영향을 받는다면 이로써 자신에게 둘도 없는 기회를 거머쥐며 과거에 맺지 못했던 관계들에 대해 일말의 보상과 같은 관계를 성립시킬 수 있다는 것을 뜻하나, 반대로 부정적인 영향을 받는다면

자신감을 상실해 다가온 기회를 알아보지 못할 수 있다는 점을 경고한다.

이 배열에서 10은 비교적 부정적인 영향을 받고 있다는 것을 알수 있다. 질문자의 연애관이 경직돼 있거나 (속되게 말해) '눈이 높은' 상태라는 것을 지적하는 14와 한동안 연애 관계를 맺지 못했거나 그경험이 부족함을 드러내는 4s 때문에 부정적인 영향을 받게 된다는 것을 알 수 있으며, 짧은 시간 안에 자신이 원하는 바를 달성하려면 재빠르게 움직여야 하는 상황이 발목을 잡고 있다는 것을 8w가 드러내는 반면, 그 과정 속에서 보이지 않던 실마리가 존재한다는 것을 의미하는 7c를 통해 가능성이 전혀 없지는 않다는 것을 알 수 있다.

그렇기에 이 기회를 잡으려면 질문자의 연애관을 재정립해야 한다는 것을 확인할 수 있으며, 나아가 연애 성립을 위한 수단이 자신의 기준에 맞지 않더라도 결과론적인 태도로써 자신이 원하는 연애 관계를 성립시킬 수 있다는 점을 강조해야 한다. 이런 내용 때문에 실제 해보지 않은 시도들이더라도 급변하는 상황에서 결과를 얻어 내려면 급한 대로 할 수 있는 모든 노력을 기울이도록 조언해야 한다 (14, 4s, 8w, 7c).

---

⑥ **4s(미래)** 행사를 참여한 결과가 어떤 방향(성립/실패)이 되더라도 결국 잠깐의 휴식이 필요할 수밖에 없다는 것을 의미한다. 그렇기에 관계가 성립된다면 행사 종료 후 조급하게 연락을 서두르지 않도록 조언해야 하며, 반대의 경우라면 실패를 자책하거나 아쉬워하지 말고 다음 기회를 효율적으로 활용할 수 있도록 휴식을 취하며 준비해 나가도록 조언해야 한다.

---

⑦ **5w(질문자의 내면)** 이 상황에 적응하려 기존에 생각해왔던 개념들과 충돌을 일으키고 있는 모습으로 해석할 수 있다. 나아가 현실적으로 다른 동성 경쟁자들과 부딪히는 상황에 상당히 피로감을 느끼고 있다는 점까지 의미한다. 긍정적인 영향을 받는다면 다른 경쟁자와 경쟁에서 이겨 이성과 관계를 진행할 기회를 얻는다는 것을 의미

하나, 부정적인 영향을 받는다면 이 피로감을 버텨내지 못하고 중도 이탈하거나 자신의 매력을 어필할 기회조차 얻지 못할 수 있다는 것을 경고한다.

---

⑧ **8w(제3자가 바라보는 질문자)** 쉽게 해석할 수 있는 카드다. 한정된 시간 속에서 인연을 결정해야 하며 하루이틀에 불과한 행사이기에 빠르게 행동해야 하는 시점이라는 것을 행사 참여자 모두 인지하고 있다는 것으로 해석할 수 있으며, 나아가 특별한 의미가 주어지지 않는 한 그저 스쳐 가는 인연에 지나지 않을 것을 의미하는 카드다.

---

⑨ **7c(희망/두려움)** 자신이 원하는 이성을 만났으면 좋겠다는 희망과 이런 행사로 자신이 원하는 이를 만날 리가 없다는 두려움/절망을 의미한다. 그러나 이는 어디까지나 실체가 없는 것이며, 행사를 참여한 사람들 속에 질문자가 원하는 사람은 반드시 있지만, 그녀가 누구인지 명확하게 알아내기 어렵다는 의미도 포함된다.

---

⑩ **2c(결론)** 조언에 따라 해석이 바뀔 수 있으나, 기본적으로 어떤 방식으로든 관계가 성립되긴 할 것이라는 뜻으로 해석된다. 이 인연이 긍정/부정적인지는 배열에서 명확하게 나오지 않으며, 그렇기에 다른 카드들을 통해 이 관계를 더 긍정적인 방향으로 이끌어나갈 수 있도록 다양한 시도를 해보도록 조언해야 한다.

나아가 이 해석의 결론은 어디까지나 이성을 만나게 된다는 점만 명확할 뿐 그 뒤의 행복을 보장하진 않는다는 점을 강조해야 하며, 그 사람이 질문자에게 어떤 영향을 끼칠지는 전혀 확답할 수 없다는 점을 부각해 더 좋은 인연을 택하도록 이끌어야 한다.

===

이 배열에 드러난 14는 연애 관계를 성립할 때 질문자의 기준이 걸림돌이 되고 있다는 것을 보여준 사례였다. 이런 번잡한 장소에서 드러내는 모습이 실제 그 사람의 인격과 큰 관계가 없을 수 있다는 점을 생각해보지 않아 가능성을 낮추고 있었다는 뜻으로 이해할 수 있다. 마치 바둑을 두기 전에 흰 돌 주머니에 검은 돌 몇 개가 있다고 해서 준비가 제대로 안 됐으니 대국을 하지 않겠다며 기권하는 상황과 같다.

그렇기에 나는 질문자의 판단 기준을 옹호하며 위로했다. 그러나 이 기회도 애써 얻은 것인데 가치관에 맞지 않는다고 자포자기하는 것은 너무 이른 결정이지 않느냐고 넌지시 비판했으며, 사람의 인연이라는 것은 언제 어떻게 다가올지 모르는 것이라고 일침했다.

이어서 이런 변화는 언제나 일어나고 있으며, 여흥이 잠시 가라앉으며 생기는 시간을 이용해 기존의 가치관을 잠시 버리고 자신이 목표로 삼으려는 이성에게 달려들어 볼 것을 강력하게 권하며 조언을 추가적으로 더 진행하려 했으나, 마침 휴식 시간 종료를 알리는 소리가 울렸다. 나는 돌아가려는 그를 잠시나마 붙잡고 일단 누구든 상관없이 이상형에 가깝다 싶으면 눈치 보지 말고 도전해보라고 당부하며 해석을 종료했다.

결과적으로 이 점의 후일담은 그 행사가 끝나기 전 그가 누군가의 손을 잡고 달려나간 것을 내가 목격한 것으로 일단락됐다. 지금 그는 어떻게 지낼까?

이처럼 연애와 관련한 점에서 14는 자신/남의 기준을 어느 정도 충족했는지 확인함으로써 긍정/부정적인 영향을 빠르게 파악할 수 있다. 나아가 조언으로 이를 조율해서 더 관계를 긍정적으로 이끌어 나갈 수 있도록 해야 한다는 점을 확인할 수 있다. 이 과정에서 질문자의 기준 또한 그 나름대로 이유가 있다는 점을 이해하되, 상황이나 환경에 따라 이를 유연하게 바꿀 수 있어야 한다는 점을 설득하고 질문자로 하여금 조언을 받아들일 수 있도록 해준다면 해석자의 역할을 십분 다한 것이라 할 수 있다.

실제 사례 (1992년 1월, 자택 근처의 작은 주점, 40대 중반 여성)

질문   이 장사를 유지할 수 있을까?

사전 정보 이 점포는 간이 건물에 가까운 상태로, 생계를 위해 임의로
계약서를 작성해 영업하는 식당 겸 주점이었으며 질문자는
자발적으로 장사를 관둘 생각이 추호도 없다고 밝혔다.

4p - 5s - 3c - 7w - 8s - 10s - Ps - 15 - Nw - 14

4p   (질문자 자신) 이 일을 계속하고 싶어 하며, 손에서 놓고 싶지
않다.

5s   (장애물) 다른 이들의 다양한 협잡이나 방해 공작이 있으나, 제
대로 대응할 수 없는 상태다.

3c   (기저) 자신의 흥미를 채우고 주변 사람들과 관계를 유지·개선
하려고 운영했으며, 문제를 해결하려는 노력을 제대로 하지 않
았다.

7w   (과거) 그동안 어려운 환경에서도 장사를 잘 유지해왔다.

8s   (현재/곧 일어날 일) 상황이 변화하는 것에 대응해야 하나, 정작
대안이 없다.

10s   (미래) 원하지 않는 결말이 집행될 예정이다.

Ps   (질문자의 내면) 심리적으로 위축돼 있으며, 다른 사례나 정보
를 취합하려 한다.

15   (제3자가 바라보는 질문자) 별도의 계약이나 법적 보호를 받지
못한 상태라 인식되며, 실질적인 도움을 줄 수 있는 방법이 없
다고 여긴다.

Nw   (희망/두려움) 이 상황을 해결해줄 제3자의 개입을 바라고 있으
며, 반대로 자신이 원하지 않는 상황을 현실로 드러내줄 사람
들의 개입을 원치 않고 있다.

14   (결론) 스스로의 역량이 충분하지 않다면, 제3자들의 개입에
항거할 수 없으며, 좋든 싫든 최악의 상황이 다가올 것이다.

실전 해석

이 배열에서 14는 10번 위치, '결론'에 나왔다. 사업의 흐름과 관련한 질문의 특성상 '절제', '최적화'가 어떻게 이루어지는지 긍정/부정적인 면을 모두 확인해야 한다. 긍정적인 영향을 받는다면 사업 운영/품목에 변화를 주어 더 수익을 높일 수 있다고 조언하거나, 고객층을 구분해 더 전문적인 운영으로 기반을 튼튼히 할 수 있게 조치해야 한다는 것을 알 수 있다. 부정적인 영향을 받는다면 이 '최적화'로 자신의 기반이 송두리째 흔들리거나 고객들의 이반離反 같은 악재로 수익이 떨어질 수 있다는 것을 경고해야 한다.

이 질문에서 14는 질문자의 사업이 어떤 결말을 맞을지 드러낸다. 배열의 모든 카드를 순차적으로 해석해본 뒤 질문자가 맞은 역경을 잘 헤쳐나갈 수 있도록 조언해야 하며, 이 과정에서 질문자가 사업을 운영하려 노력했던 방침이나 현재 보유한 전력을 파악해 다른 사람과 경쟁 및 외부 충격으로 사업이 좌초하지 않도록 방침을 세워줘야 한다. 긍정적인 영향을 받아 문제들이 해결된다면 질문자가 조언을 받아들여 흔들리는 사업을 정상화하게 되는 것을 뜻하나, 그렇지 않다면 생길 수 있는 다양한 문제에 관해 상황별 조언을 세밀히 진행함으로써 최악의 상황에 대비할 수 있게 해야 한다는 것을 알 수 있다.

당시 집 주변은 재개발 공사로 점포가 하나둘 폐점하던 상태였으며, 철거 과정에서 편법으로 보이는 여러 징조*가 나타났기에 근처 점주들이 불안해하거나 불침번 같은 제도를 운영하기도 했다.

이 배열을 해석할 때 나는 상당히 어렸기에, 질문자에게 내가 점을 본다는 것을 주위에 알리지 말아달라고 당부했으나, 그녀는 별 기대도 하지 않는 듯 웃으며 그러겠다고 했다. 어린아이의 해석이다 보니 하나의 유흥이라고 생각하며 아이와 어울려주려고 점을 봤던 것이 아니었을까 회상한다.

---

* 담벼락에 래커 칠로 '철거', '나가라'와 같은 낙서들이 생기기 시작했고, 새벽 2-3시에 유리창을 두들기거나 돌멩이를 던지는 행위들이 일어났다.

① **4p(질문자 자신)** 현 상황을 유지하고 재산을 지키려는 질문자의 모습을 드러낸다. 긍정적인 영향을 받는다면 필요 없는 지출이나 낭비를 줄여 현 상황을 쉽게 개선시킬 수 있다는 것을 뜻하나, 반대로 부정적인 영향을 받는다면 상황을 반전할 방법이나 수단을 전혀 모르거나, 알고 있더라도 실행하지 않으려는 상태라는 것을 뜻한다.

---

② **5s(장애물)** 크게 두 가지 의미가 있다. 첫째, 질문자의 장사 자체가 불법에 가까웠기에 법적 보호를 받기 힘들고 둘째, 이런 약점을 파악한 제3자 또는 건물주의 법적 권한 행사 때문에 자신의 기반을 지키기 힘들다는 점을 드러낸다. 긍정적인 영향을 받는다면 남에게 없는 꼼수나 불법적인 수단 및 청탁을 할 수 있고 이를 동원해 문제를 해결할 수 있다고 조언해야 하나, 부정적인 영향을 받는다면 남의 의도나 협잡에 휘말려 어떤 대책을 세워도 효력이 없다는 것을 드러내며, 최악의 경우 강제집행으로 거리에 나앉는 상황까지 올 수 있다는 점을 경고한다.

---

③ **3c(기저)** 질문자의 업종 양태나 사업 방식을 시사하며, 곧 질문자의 업종(소규모 동네 주점)을 의미하면서 질문자가 이 장사를 지속해 얻고 싶어 하는 것이 물질적인 것보다 소소한 감정적인 만족에 기울어져 있다는 것을 의미한다. 이는 긍정/부정적인 영향을 떠나 지금 당면한 문제를 해결하기 위해 질문자가 쓸 수 있는 방법이 인맥이나 친분을 기반으로 한 수단밖에 없다는 것을 드러낸다.

---

④ **7w(과거)** 과거에도 비슷한 문제를 겪어봤으며, 그 나름의 노하우로 위기를 극복했던 전력이 있다는 것을 뜻한다. 긍정적인 영향을 받는다면 질문자가 이런 상황에 대한 경험이 있기에 상황에 따른 대안을 이미 세워뒀다는 것을 뜻하나, 반대로 부정적인 영향을 받는다면 현 상황에 봉착하기 전부터 이런 문제들과(퇴거나 재개발 공지 등) 관련한 통보/연락을 이미 받았음에도 경고에만 그치고 집행되지 않으리라 여기며 영업을 계속해왔던 것을 뜻한다.

⑤ **8s(현재/곧 일어날 일)** 과거(7w)와 연계해 강제집행을 앞둔 상황이 다가오는데도 질문자에게 전혀 대안이 없다는 것을 뜻한다. 긍정적인 영향을 받더라도 질문자가 도움을 얻을 수 있는 곳이 전혀 없었다고 여기는 태도를 문제 삼아야 할 정도에 그치나, 부정적인 영향을 받는다면 적극적으로 문제를 해결하지 않았기에 상황을 반전시키기에는 너무 늦어버렸다는 것을 의미한다.

⑥ **10s(미래)** 질문자의 노력에도 필연/우연적 요소들 때문에 질문자의 의지나 기반이 분쇄당하는 것을 뜻한다. 질문자가 원하는 문제해결과는 동떨어진 일들이 연속적으로 일어날 것을 뜻하며, 최악의 경우 강제 폐업이나 철거로 이어질 수 있다는 점을 시사한다. 긍정적인 영향을 받더라도 이 카드의 의미는 그나마 몇 푼의 퇴거 보상금을 받고 이를 기반으로 새로 일을 시작해야 한다는 점 이상의 의미가 없다는 것을 뜻한다.

⑦ **Ps(질문자의 내면)** 긍정적인 영향을 받는다면 이 상황을 해결하려 질문자 나름대로 위기를 모면하려는 방책이 있다는 것을 드러내나, 부정적인 영향을 받는다면 그 노력조차 역량의 한계 때문에 제대로 된 법적 절차를 알지 못한다는 점을 뜻한다. 이 때문에 적극적으로 대처할 수 없다는 점을 알 수 있으며, 질문자에게 조언하더라도 이를 해결하지 못하면 질문자가 조언을 실행조차 못하는 상황이라는 것을 알 수 있다(5s, 3c, 8s, 15).

⑧ **15(제3자가 바라보는 질문자)** 별도의 계약으로 점유 기간이 종료되는 등, 법적 절차를 집행하는 데 질문자가 방해되고 있다는 것을 뜻하며, 질문자가 자신의 권리를 주장하거나 정당한 심판을 받기 힘든 상황이라는 것을 다른 사람들도 알고 있다는 의미로 드러난다. 긍정적인 영향을 받더라도 매력적인 여성이라는 평가 정도에 그치며, 최악의 경우 질문자의 위법 행위 때문에 정당한 조치를 전혀 취하지

못하고 있으며, 그렇기에 제3자나 주변 관련자들이 질문자를 공적으로 핍박하는 것이 옳다고 여길 수 있다는 점을 경고한다(5s, 3c, 8s, Ps).

---

⑨ **Nw(희망/두려움)** 질문자가 이 문제를 해결해줄 외부 인물을 기대하고 있다는 희망과 더불어 외부 개입 세력으로 인해 억지로 떠밀려 나가야 할 수 있다는 점을 두려워하는 모습으로 해석된다(4p, 5s, 10s, Ps).

---

⑩ **14(결론)** 질문자의 역량이나 대처가 제대로 이루어지지 않는 현상황이 계속되면 강제집행으로 사업장이 폐쇄될 수 있다는 것을 예언한다. 배열에 드러난 다른 카드들에서도 계속 언급되는데, 문제를 해결할 수 있는 법적 지식 역량의 부족과 제대로 된 전문가를 섭외하지 않으려는 태도가 이 상황을 악화시키는 주범이라 할 수 있으며, 절차를 제대로 인지하지 못했기에 공식적으로 자신이 받는 피해를 항변하지 못한다는 것을 통해 14가 부정적인 의미를 띤다는 것을 확인할 수 있다.

해석을 마치며, 아무래도 사업을 그만둘 의지가 추호도 없는 상태로 보이나 외부의 문제에 너무 준비가 미흡한 상태라고 말했다. 이는 그녀도 수긍했으며, 자신의 인맥을 동원해 해결하려 노력하고 있다고 답했다. 그러나 이어지는 해석을 듣고 난 뒤 당황한 기색이 역력해졌고, 자신의 그런 모습을 아이에게 비쳤다는 것을 뒤늦게 깨달은 그녀는 고맙다는 말과 함께 황급히 자신의 점포로 돌아가면서 해석이 종료됐다.

해당 점포 부지에 빌딩이 신축될 예정이었으며, 결국 법적 절차로 그녀의 점포는 강제 철거됐다. 또한 근처에 있던 다른 점포들도 봄이 다가오며 하나둘 퇴거·철거 절차가 진행됐고, 마지막으로 남아 있던 낚시 용구점과 주점은 그해 4월경, 누전으로 인한 화재로 전소한 것으로 사안이 종료됐다.

이 배열에서 14는 그 의미가 매우 가혹하게 드러난 경우였다.

그녀에게 닥칠 문제들이 자신을 배제시키게 된다는 것을 뜻했고, '정화'나 '최적화'로 질문자가 발전해가는 입장이 아니라 다른 이들의 관점이나 자신과 관련 없는 이권 다툼에 밀려 질문자가 버려지는 상황으로 나타난 것이었다.

극단적인 사례지만, 이처럼 14가 늘 좋은 의미로만 해석되지 않는다는 점을 강조하려 이 사례를 들었다. 14는 어디까지나 정화, 정리로 묘사될 수 있으며, 이 과정이 추구하고자 하는 바가 개인을 넘어 주제 자체, 곧 질문자 자신의 심리나 이득과 전혀 상관없는 방향으로 드러날 수 있다는 점을 해석할 때 주의해야 한다.

이처럼 사업의 흐름을 조망하고자 하는 점에서 그 사안이 폐업을 논의해야 할 정도로 위급한 상황이라면 14는 무리를 해가며 사업을 유지하는 것이 오히려 더 큰 손해를 불러일으킬 수 있다는 점을 드러내며, 빠르게 정리 과정을 거쳐 자신을 구하라는 의미로 해석할 수 있다.

물론 부정적이라면 이 모든 위급 상황을 질문자가 막을 수 없다는 점을 강조하며, 집착할수록 문제는 더 심화되리라는 점을 경고한다.

XV. THE DEVIL.
악마

현실화
Materialization

합리화, 유혹, 타락, 흑화, 폭력, 억압, 뇌물, 담합, 현실, 나태, 중독, 마약, 필요악, 늪, 개미지옥, 함정, 음모, 스캔들, 불륜, 병세의 악화, 부조리, 난교, 악성 종양, 고름, 방만, 현혹, 사기, 노예, 배임, 횡령, 파렴치, 노출증, 장애, 기형, 내분, 강간, 근친상간, 화간 등 모든 성적 폭행, 추행, 희롱, 정치(인), 퇴폐, 폭동(의 배후), 피라미드, 네트워크 마케팅, 사이비, 모함, 헤어날 수 없음, 사도-마조히즘, 변태적 발상, 후안무치, 오판, 위증, 벗어날 수 없는 틀을 구축하다, 웅집, 부패, 응고, 매혹, 사채업(자), 건달, 사지死地, 누명(을 씌우다), 원나이트 스탠드, (원치 않는)임신, 종속(당하다), 기생충, 장난, 치기, 섹스어필, (태아의)신체 구성, 증권 발주, 투자 유치, 계약, 모든 형이상학적 개념을 현실 세계로 끌어오기 위해 행해지는 행위들과 변명, 방편들

긍정/부정 확인 기준

질문자가 이 상황을 벗어날 수 없게 만든 공식적인 계약이나 합의가 있는가?

질문자가 상황을 모면하고자 할 수 있는 수단이 다양한가?

명분과 현실이 합치되는가?

문제 해결 방식이 도덕적으로 위배되더라도 합법적 절차를 거치는가?

무형적 가치를 유형적 가치로 만드는 과정인가?

(예: 단순 호감→연인 성립 등)

문제의 관련자들이 상황 변화를 원하는가?

악마 카드는 죽음 카드, 탑 카드와 함께 배열에 나왔을 때 해석하기 꺼려지거나 결과가 좋지 않다고 알려진 세 카드 가운데 하나다. 많은 사람이 지금도 이 카드를 부정적인 의미라고 생각하며, 실제 키워드 또한 좋은 의미를 찾기 힘들다. 그러나 위에서 언급했듯 죽음 카드의 이름인 죽음이라는 단어가 실제 죽음을 의미하는 경우가 흔치 않듯, 악마의 의미 또한 다르게 적용해야 해석의 정확성을 보장할 수 있다.

그렇기에 이 카드를 해석하면서 질문자의 입장을 먼저 이해해야 할 필요가 있으며, 나아가 해석자는 질문자의 관점에서 남에게 해를 입히는 한이 있더라도 자신의 목적을 달성해야 하거나, 높은 이상을 실현하고자 현실에 타협해야 하는 상황이 있을 수 있다는 것을 인지해야 한다. 섣불리 불법·악·합리화 같은 의미가 점철됐다는 이유만으로 이 카드의 긍정적인 뜻을 고려하지 않거나 질문자에게 조언을 삼가지 않아야 한다.

해석용법

긍정 악마 카드의 실제 의미는 메이저 상징편에서 언급했듯 '무형적인 것들을 유형적인 것으로 변환하는 과정' 곧, '현실화'를 뜻한다. 그렇기에 악마 카드가 배열에 나오면, 목적을 위해 수단을 가릴 수 없는 상황이거나 기반을 더 확고히 해야 할 상황일 때 그 의미가 강화된다.

부정 이는 계속 형성되고 전래되던 무형적인 미덕들이 자본 논리와 금권주의 때문에 변질하는 모습을 통해 부정적인 의미의 이해를 돕게 되며, 나아가 황금만능주의로 부패하는 과정을 생각하면 카드의 이해가 쉬워질 것이다. 또한 이 과정에서 필연적으로 일어나는 위선과 자기 합리화로 자신을 위한 협잡이나 속임수를 그럴싸하게 포장해가는 모습을 통해 이 카드의 부정적인 의미를 잘 이해할 수 있다.

그러나 악마 카드의 이런 모습조차 때로는 최선의 방법이 될 수 있으며, 나아가 객관적인 관점에서도 옳은 선택이 될 수 있는 상황이 있다는 점을 강조한다. 이에 관한 좋은 예시로는, 논의에 그치거나 이론으로 머물러 있는 것들이 체감/인식할 수 있는 수단을 통해 사람들을 설득하거나 자신에게 대항하는 실체 없는 주장을 무력화하는 것을 들 수 있다.

만약 현실로 구현되는 것을 원하지 않는 경우라면 카드의 의미가 부정적으로 적용될 수밖에 없으나(예: 강제적인 범법 행위) 이것이 필수적인 과정에 포함된다면(예: 태아의 인체 형성) 악마 카드의 역할이 매우 중요한 의미로 부각된다.

이 때문에 악마 카드는 '현실화', '유형화'의 이면에 '주객전도'라는 키워드가 파생하며, 이것이 질문자의 태도/심리/상황 변화를 가져와 부정적 의미가 추가 발생하면서 '부패', '(필요)악'의 의미를 더한다.

이런 이유로 배열에 악마 카드가 나왔을 때 무턱대고 긍정적으로 해석할 수 없다. 다른 카드들에서 아무리 긍정적인 영향을 받더라도 이런 합리적 선택/이유에 관해 뚜렷한 목적의식이나 명분이 있어야 하며, 그래야만 악마 카드의 부패와 타락에 잠식되지 않았다는 것을 증명할 수 있기 때문이다. 이는 메이저 상징편에서 언급했듯 악마 카드에 그려진 사슬과 악마의 의미를 통해 대대적으로 묘사된 것으로 확인할 수 있다.

그러나 이런 기준을 세워도 해석자가 질문자에 관해 많은 것을 파악하지 못하는 한계가 있으므로, 긍정적인 해석을 적용해 조언하기에는 그 이면의 심각한 부정적 면들(최악의 경우 범죄·위법과 관련된)을 고려할 수밖에 없다는 점에서 카드의 해석이 어려워진다.

나아가 이 의미는 악마 카드의 보편적인 해석에서 타성에 젖을 수밖에 없는 상황을 강제하거나 스스로 도취해 늪에 침잠하는 등, 때로는 자신이 속는지도 모른 채 만족에 빠져 있는 것을 나타내는 해석이 대부분이다.

이런 요소들 때문에 악마 카드는 어떤 목표를 달성하려면 반드시 거쳐야 하는 질적 악화-양적 강화를 의미한다. 카드의 기본 의미가, 자신이 생각하거나 이상으로 삼는 것을 현실에 꺼내려 할 때 밟아야 할 필수 과정 속에서 자가당착이 생길 수 있다는 점을 지적하기 때문이다.

그러나 많은 사람이 좋은 이상/이념을 전파하려 할 때, 악마 카드만큼 강렬하고 쓰기 쉬우며 책임질 필요도 없는 수단이라 보여 이를 실행하곤 한다. 문제는 그렇게 쉽고 간편한 일이라고 생각한 것을 실행하는 순간, 자신이 꿈꿔왔던 이상/이념을 추구하는 것이 아니라 이를 돕고자 실행한 단순한 방침 및 일시적 조직 같은 것에 오히려 이상/이념이 뒤흔들리는 상황이 더 많이 발생한다는 점으로, 악마 카드가 사람들에게 부정적인 모습으로만 비치는 이유를 알 수 있다.

하지만, 그 모든 것은 악마 카드에 해당하는 행위나 상황을 알고 쓴 질문자의 책임이다. 가볍게는 채무자가 채권자에게 돈을 갚아야 할 때 둘러대는 핑계에서부터 시작해 범죄자들의 '나도 어쩔 수 없었다', '술에 취해서 정신이 없었다'는 변명은 악마 카드의 영향력으로 변질한 모습을 그대로 보여준다.

이로써 악마 카드가 의미하는 과정 속에서 초심을 지키는 것이 정말 어렵다는 것을 알 수 있다. 그럼에도 초심을 굳건히 지키거나 악마 카드가 의미하는 필요악을 모든 사람들에게 납득시키지 않는 한 질문자가 의도하는 바가 변질될 수 있다는 것을 반드시 강조해야 하며, 이 과정에서 자신을 속이지 말라고 간곡히 당부해야 한다.

그렇기에 자신이 써야 할 것과 넘어서면 안 되는 선을 명확히 구분할 수 있는 상태에서 이 카드가 긍정적으로 발현한다면 자신의 영향력을 확장하는 데서 그 한계를 명확히 판단하고 자신을 따르는 이들에게 피해를 끼치지 않게 되며, 이로써 사람들을 유혹해 그들의 것을 알아서 희생하거나 소비하게 만드는 상황으로 발전한다. 이를 가장 잘 활용했던 국가가 바로 로마제국과 명나라 이전의 중국이다. 두 국가가 악마 카드의 의미를 잘 다뤘을 때 누렸던 번영과 그렇지 못할 때 거쳤던 고난을 역사적으로 확인할 수 있다.

부정적으로 발현하면 자신의 이상을 저버리며 현실에 영합하거나, 자신의 잘못을 인정하지 않은 채 그 나름의 이유가 있었다고 항변하는 경우를 들 수 있다. 수많은 정치인/혁명가가 이에 잠식당했으며, 그 가운데 가장 유명한 인물로 로버트 무가베를 들 수 있다.*

실제 배열에 악마 카드가 나왔을 때 이를 부정적인 요소의 개입/나쁜 의도/현상으로 해석하는 경우가 많으며 이런 해석이 어느 정도 보편적인 것은 맞지만, 그럼에도 이 카드를 좋게 활용할 수 있다는 것을 유념해야 한다. 상황이 여의치 않으면 악마 카드의 의미에 담겨 있는 술책/방편으로 문제를 해결할 수 있다는 조언도 취해야 하며, 자신이 필요악에 가까운 수단(또는 자신의 목적을 구현하려면 필수 불가결한 방법)을 이용해 문제를 해결하거나 자신의 권리/명분을 지켜낼 수 있도록 조언해야 한다.

* 그는 식민지였던 국가를 해방시킨 독립운동가였으며, 이를 정치적 기반으로 삼아 대통령에 당선했으나, 1960년 집권 이후 독재자로 타락한 뒤 모잠비크는 회복할 수 없을 만큼의 타격을 입었고 아직까지도 혼란한 상황이다. 〈37년 독재자 로버트 무가베 위한 호화롭고도 꼼꼼한 노후 보장 계획〉, 《경향신문》, 2017년 12월 29일 자.

배열 위치별 특징 켈틱 크로스 배열에서 악마 카드(이하 15)가 나왔을 때 어떻게 긍정/부정적인 영향을 확인하는지 판단하려면 10장의 카드 맥락을 모두 살펴야 한다(이에 관해 더 상세한 내용은 402-404쪽을 참고).

15가 배열에 나왔을 때 다른 카드에 비해 긍정/부정적인 의미를 결정하기 힘들다. 부정적인 의미로 해석할 수밖에 없는 경우가 많고, 질문자에게는 이 문제가 절실할 수 있으나 해석자나 다른 사람들에게 도의적인 문제를 언급해야 하거나, 최악의 경우 범죄와 연관될 수 있기 때문이다.

결국 15는 특정한 목적을 추구했던 초기 목표에 반해야만 일이 성사될 수 있다는 것을 역설한다. 자신의 뜻이 아무리 옳은 것이라도 이를 유지하고 계속 추구하려면 현실적인 문제(자금)가 반드시 해결돼야 하기 때문이다. 그렇기에 이런 15의 성향에 얽매이지 않으려면 '질문자가 지금 이런 일들을 겪어야 하는 이유가 대체 무엇인가?'가 가장 중요한 판단 조건이 된다. 이를 설득하지 못한다면, 결국 질문자는 자신의 뜻이나 더 나은 미래를 내세우며 자신과 다른 사람들을 속이려 드는 꼴밖에 안 된다는 점을 알려 다시 초심으로 돌아가도록 권해야 한다.

이런 성향 때문에 15는 특히 1, 3, 5, 7, 8번 위치에 나왔을 때 약화되기 쉽다. 질문자의 입장/의도/관점이 어긋나 있다는 것을 드러내 주는 대표적인 위치들이기 때문이다.

이와 반대로 2, 5, 6, 9번 위치에 나왔을 때, 질문자 스스로 인지하지 못했거나 15의 긍정적인 의미가 시간의 흐름상 필수 불가결한 문제라면, 질문자가 원하는 것이 뭔지 확인하는 과정을 거쳐 이를 적용시키기 쉬우나, 그렇더라도 자신의 심리/욕구일 뿐인 수준에 멈추거나 밖으로 표현할 수 없는 이기적인 생각 정도로 머무른다.

나아가 15의 영향이 배열 전체를 지배하는 상황이 되면 조언조차 무색할 때가 많다. 그럼에도 15의 의미에 해당하는 문제들을 찾아서 조기에 없애거나 개선해야 한다.

15의 의미가 배열을 통해 질문자가 어떤 영향을 받고 있는지 통찰해낸다면 그에 따라 대비/방지해 문제에 대처하도록 만들 수 있고, 이로써 15의 영향을 배제하는 데 성공하면 부정적인 의미를 가벼운 매혹이나 단순한 유혹 정도로 격하시킬 수 있다. 또한 이를 역전시켜 15에 해당하는 요소를 질문자가 역이용해 상대방의 행동을 제약하거나 자신이 원하는 바를 이룰 수 있다.

그러나 이런 대비책이나 방지책은 윤리 강령 등 명분 차단을 통해 사전에 15의 의미에 잠식된 요소들을 봉쇄하도록 다양한 수단을 동원해야 한다. 또한 15의 '부패'의 의미가 이미 만연할 때, 이를 해결하려면 큰 충격이나 손실을 강제로 줘야 하기에 정상 작동되는 부분들까지 피해를 입을 수 있다는 점을 주의해야 한다. 극단적인 예로, 뱀에 물려 중독됐을 때 초기에는 독이 퍼지지 않도록 피를 뽑아내지만, 상태가 심각하면 팔다리 하나를 절단하는 경우를 들 수 있다.

그렇기에 해석자는 정확히 어떤 상황인지 파악하는 것을 넘어서 심각한 상황이라는 것을 확인했을 때 조언해줘야 하나, 실제 해주지 않아야 할 때도 있다는 점을 유념해서 점을 해석해야 한다. 질문자가 감당해야 하는 것들을 거꾸로 해석자가 짊어질 수 있으며, 자칫 심각한 사건에 잘못 엮일 수도 있기 때문이다.

연애(관계가 성립한 상황) 긍정적인 영향을 받는다면 질문자가 이 관계로 욕망을 충분히 충족하는 것을 의미하지만, 부정적인 영향을 받는다면 질문자가 속박(당)하고 있거나 연애 상대방을 속거나/속이는 상황이라는 것을 뜻한다. 나아가 최악의 경우 자신에게 끼치는 잘못된 영향들을 제대로 인지하지 못하고 있다는 것을 경고한다.

연애(관계가 성립하지 않은 상황) 긍정적인 영향을 받는다면 단순히 상대방을 유혹하는 행위에 국한했을 때 더 적극적이고 농밀한 표현으로 접근할 수 있다는 것을 의미하나, 부정적인 영향을 받는다면 욕구를 해소하려고 관계를 성립하려 한다는 것을 뜻한다. 나아가 최악의 경우 범죄 행위로 발전하는 등(예: 스토킹, 성추행, 성희롱) 상태가 심각해질 수 있기에 해석에 주의해야 한다. 다시 정리하면, 유혹이나 매혹적인 면에 경도돼 실제로 실행에 옮기거나, 연애 대상을 속여서 상대방을 취하려는 모습으로 나타난다.

상대방이 없거나 단순히 호감만 있는 상태에서 드러난 15는 질문자의 욕망/본심이 다른 사람들에게 은연중에 노출되거나 오해받고 있다는 것을 뜻하거나, 이성들의 현실적인 기준들을(예: 기반, 욕구)을 충족하지 못한 나머지 엉뚱하게 변질된 욕망을 가지게 됐다는 것을 시사한다. 이때 질문자가 폭력·유혹·사기·단순 육욕肉慾 등 사랑이 아닌 다른 목적을 지닌 것으로 해석된다. 그렇기에 질문자에게 어떤 문제나 욕구가 있는지 명확하게 밝히고 이를 해소할 수 있도록 조언해야 하며, 나아가 사회적으로 문제가 될 만한 생각을 품고 있지 않은지 확인해야 한다.

대인관계 크게 세 가지로 나뉜다.

1. 문제의 발생이며 이 경우 문제 자체가 고질적이거나 이미 예고됐던 경우

2. 특정 대상(상대방/단체/대상자 자신)의 성격이나 행동이 문제가 되는 경우

3. 관계 자체가 성립할 수 없거나 상당히 불법적이고 부도덕한 사안에 속하는 경우

첫 번째 경우에는 문제의 원인을 뿌리 뽑지 못한다면 같은 문제가 계속 생길 수 있다는 점을 경고해 이를 해결할 수 있도록 조언해야 하며, 두 번째 경우에는 해당 대상의 고질적인 문제거나 구조적 모순 때문에 악영향을 점차 많이 받을 수 있다고 주의를 줘야 한다. 세 번째 경우, 자신의 욕구가 일으킬 수 있는 사회적인 물의에 대해 어떤 명분·실력·합의로 사람들의 부정적인 시각을 누그러뜨릴 수 있는지 확인해줌으로써 질문자가 다른 사람이나 사회 규범과 충돌하지 않는 선에서 자신의 욕구를 누릴 수 있다고 조언해야 한다.

사업의 흐름이나 전망 속임수나 계략으로 상대방을 기만해야 하거나 기만당하고 있는 것으로 해석되며, 사회적으로 범죄에 속하는 요소들까지 포함하는 일련의 행위도 동원해 현 상황을 타개하고 있거나 이런 요소들 때문에 질문자 자신이 위기에 몰려 있다는 것을 뜻한다. 이런 15의 의미를 더욱 유리하게 적용받으려면 가장 먼저 다른 사람 또는 거래 대상과 체결한 계약서 등에 유리한 조항이 있는지 확인하도록 조언해야 한다. 이는 15의 의미 가운데 '합리화'와 이에 따른 권리 주장으로 질문자의 긍정/부정적인 상황을 역전시킬 수 있는 조언으로 작용한다.

그러나 사업 관계에서 공증이 불가능하다는 것이 밝혀지면, 자신이 어떤 피해를 보더라도 이를 증명할 수 없으며, 이 때문에 발생하는 감정적인 문제들은 15가 해결할 수 없다는 점을 이해해야 한다.

이에 해당하는 쉬운 예로 근로계약서를 작성하지 않고 일하면 각종 복지 누락이나 임금 체불에 대해 노동자가 주장할 수 있는 권리가 크게 제한되는 것을 들 수 있다. 더 복잡하게 논한다면 기업 사이에 계약서에 기재되지 않은 것을 상대방에게 주장할 수 없는 점도 여기

에 속한다. 최악의 경우, 부채를 모면하려 새로운 부채를 만들어버리는 상황에 이를 수 있다는 점을 경고한다.

창업의 성사 여부 긍정적인 영향을 받는다면 사업 아이템을 살리기 위해 투자자를 모집하거나 주식을 발행해 자금을 끌어모을 수 있다는 것을 의미한다. 특히 주식 발행은 그 좋은 예로, 아이디어를 구체적·현실적으로 구현해 사업화하는 것을 보여주기 때문이다. 그러나 이 과정에서 15는 주식 구매자들에게 경영권을 일부 내줘야 하며, 이들에게 수익을 분배해야 하는 채무/계약 관계가 성립한다는 데서 15의 진면목을 보여준다.

특정 분야를 묘사한다면 15는 주로 '필요 없지만 굳이 해야 하는 일'로 수익을 창출한다. 15의 키워드인 '필요악'에서 비롯하며, 다른 사람들이 모두 해야 하기에 어쩔 수 없이 소비하는 업무에 해당한다. 부정적인 영향을 받는다면 이런 행위로 사람들을 알선, 강제로 참여시켜 자신을 비롯한 다른 사람들까지 불행하게 만드는 사업 계열을 모두 포함한다. 이런 업종으로 가장 악질적인 분야가 (이른바 네트워트 마케팅이라고 일컫는) 다단계 업체들이다. 그러나 긍정적인 영향을 받는다면 예식·의전 등 남에게 보여지기 위해 어쩔 수 없이 해야 하는 분야에 해당하거나, 질적 저하를 감수하더라도 다품종 대량생산으로 수요를 채울 수 있는 분야에 해당한다.

시험 결과나 합격 여부/진로 적성 슬럼프나 방해자가 있다는 것을 뜻하며, 다른 경우 불법적인 방편(약물, 불법 개조, 조작)을 의미한다. 이때 교사를 비롯해 연인·친구·부모의 주변 인물이나 게임·물질적·정신적인 면까지 포함될 정도로 폭넓게 적용되기에 질문자의 학업 성취를 막고 있는 것이 무엇인지 먼저 파악한 뒤 이를 배제하도록 조언함으로써 극복할 수 있다는 것을 강조해야 한다.

또한 시험 결과나 합격과 관련해 이런 해석은 '이미 합격이나 입상할 사람이 정해져 있는' 상황에 질문자가 임한 상태를 뜻하는 경우가 대부분이며, 질문자 스스로 심사위원이나 합격자를 채택할 수 있는 사람에게 별도의 불법 행위를 취하지 않는 한 좋은 결과를 받아볼 수 없다는 것을 의미한다.

반대로 긍정적인 영향을 받는다면 특정 분야에 중독됐다는 의미로 해석되며, 이를 이용해 더욱 깊게 파고들어 한 분야의 준전문가 수준의 역량을 지니고 있다는 것을 뜻할 때가 많다. 최상의 경우 이는 질문자가 특정 분야에 악마적인Demonic 재능이 있다는 것을 뜻하며, 자신이 몸담은 분야를 깊게 파고든 끝에 그에 따른 결과물이나 성과를 보여 사람들을 유혹할 수 있다는 것을 뜻한다. 그러나 이런 사례는 흔치 않고, 보통은 학업이나 합격에 집중하지 못하고 있으며 이 상황을 개선하지 않으면 질문자가 원하는 바를 달성하기 힘들 것을 예견하는 해석이 대부분이다.

질병의 호전, 완치 이미 병을 앓고 있는 경우와 표면적으로 건강에 문제가 없는 상태에 따라 해석이 달라진다. 전자의 경우는 치료하기 어렵거나 휴유증이 심한 질병일 수 있으며, 점차 건강이 악화된다는 의미로 받아들일 수 있다. 최악의 경우 합병증과 유전적인 문제까지 포함될 수 있으며, 이런 상황이라면 긍정적인 영향을 받더라도 치료 비용이나 기간이 늘어날 수 있다는 것을 뜻한다.

반대로 건강한 상태라면 누적되는 독성으로 생긴 질병이나 중독 또는 생활습관 때문에 신체가 노쇠해져 가거나 병에 침습되기 좋은 상황이라는 것을 뜻하며, 이를 어떻게 교정해 정상적인 몸으로 변화시켜야 하는지 조언해야 한다.

단순한 건강 문제 정신적인 면에서 중독·의존증을 포괄하며 특히 이 경우 마약·알코올·성관계 중독은 비교적 대표적인 사례에 속한다. 술이나 마약류로 위안하는 것이 '본말전도'되면서 이에 집착하는 모습으로 변질되기 때문이다. 성관계도 마찬가지로, 관계 전후의 긴장감이나 안정감으로 마음이 편해지는 것을 넘어 '그렇게 하지 않으면 방법이 없다'는 핑계와 함께 나락에서 벗어나지 못하는 점으로 설명된다.

신체적인 질병이라면, 이는 기능이 상실되다 못해 신체가 병을 유지하기 위해 기능하는 수준에 도달하는 질병을 뜻하며, 수많은 암 질환이 이에 해당한다고 할 수 있으나 어디까지나 극단적인 사례일 뿐이므로 해석에 주의해야 한다.

켈틱 크로스 배열 위치별 긍정/부정 해석법

1 → ③④⑥⑧ 카드 확인 질문과 관련한 일이나 내용에 이미 문제가 발생했거나, 질문자 자신이 문제의 원인이라는 것을 의미한다. 나아가 이 상황을 질문자가 인지하지 못하고 있는 경우일 수 있다.

긍정적인 영향을 받는다면 질문자 자신의 기획·구상이 현실적으로 이뤄지는 단계라는 것을 의미하나, 부정적인 영향을 받는다면 질문자가 특정한 상황/문제에 곤란함을 겪고 있는 경우를 뜻하며, 최악의 경우 이렇게까지 문제가 심화된 원인이 질문자에게 있다는 것을 의미한다.

2 → ①③④⑨ 카드 확인 질문자의 의도 또는 원하는 것이 현실적인 문제 때문에 제대로 실행되지 않고 있다는 것을 의미한다. 긍정적인 영향을 받는다면 질문자를 가로막는 문제가 사실은 별문제 아니며, 오히려 일정 이상의 각오나 준비로 상황을 반전시킬 수 있다고 조언해야 하나, 부정적인 영향을 받는다면 현실의 까마득한 문제 때문에 질문자의 의지나 계획이 좌절되기 쉬우며, 이를 해결하려면 많은 것을 포기해야 한다는 것을 뜻한다. 최악의 경우, 범죄에 노출돼 있는 상황까지 의미한다.

3 → ①②④⑦ 카드 확인 이 문제에 관한 질문자의 관점이 도덕적·법적으로 문제가 되는 부분이 있는지 먼저 점검할 필요가 있으며, 나아가 질문자가 진정 원하는 것이 무엇인지 배열 해석 순서를 어기더라도 먼저 확인해야 한다. 질문자 자신이 이를 획책하고 있다는 뜻으로 해석될 수 있기 때문이다.

긍정적인 영향을 받는다면 질문자의 이런 경향들이 필수 불가결한 상황에서 일어나거나 자신의 기반/이상을 현실에 구현하려 하다 보니 형성된 것으로 이해할 수 있으나, 부정적인 영향을 받는다면 자신의 기반을 이루는 과정에서 남의 희생이 당연하다고 생각하며 문제에 임하고 있다는 것을 강력하게 드러내며, 질문 주제와 관련한 문제 자체가 이런 질문자의 성향 때문에 발생했다는 점을 경고한다.

4 → ①②⑧⑨ 카드 확인 이로써 질문과 관련한 문제들이 어떻게 일어났는지 확인할 수 있다. 긍정적인 영향을 받는다면 해당 문제는 기반의 확장과 유지를 위한 사전 정지 작업을 마쳤다는 것을 뜻하며, 이와 연관한 현실적인 절차(양해·계약·합의 등)를 거쳐 현재에 이르렀다는 것을 뜻하나, 부정적인 영향을 받는다면 현재 발생한 문제가, 과거에 제대로 해결되지 않았던 문제 또는 상황을 악화시킬 만한 문제를 제대로 해결하지 못했던 것이 원인이라

는 점을 의미한다. 최악의 경우, 질문자가 저지른 과거의 과오가 현재에 이르러 심판받는 모습으로 드러나는 경우로 드러난다.

---

5 → ② ③ ⑦ ⑨ 카드 확인 긍정적인 영향을 받는다면 질문자가 원하는 상황이나 결과물이 실체를 갖춘다는 것을 뜻한다. 그러나 반대의 경우, 질문자의 의도가 폭로되거나 남의 기반에 옥죄이게 되는 상황을 맞이한다는 것을 의미하며, 최악의 경우 이것이 옳지 않거나 정당하지 않은 조건인데도 반강제적으로 받아들여야만 하는 상황에 있다는 것을 뜻한다.

---

6 → ① ② ⑤ ⑨ 카드 확인 긍정적인 영향을 받는다면 질문자가 다른 사람이나 자신의 희생이 전제되더라도 얻으려는 것을 얻는다고 해석할 수 있으나, 부정적인 영향을 받는다면 목적을 달성하는 데 필요한 것들을 소화하지 못해 남에게 끌려다니거나, 명분에 희생당하는 모습으로 전락할 수 있다는 점을 조언해야 한다. 나아가 이를 실행하지 못하면, 질문과 관련해 스스로 추구해왔던 것들과 오히려 거리가 멀어질 수 있다는 점을 경고해야 한다.

---

7 → ① ③ ④ ⑨ 카드 확인 때때로 해석하다가 질문자가 해석으로 얻고자 하는 것이 없다고 말하거나, 자신과 관련 없다는 식으로 대응한다면, 15는 질문자가 해석자를 기만하려 든다는 점을 적나라하게 보여준다.

긍정적인 영향을 받는다면 질문자가 원하는 바를 이루고자 수단과 방법을 가리지 않아도 된다는 점을 강조할 수 있으나 이 또한 악의적인 의도가 없는지 주의를 기울여 조언해야 한다. 부정적인 영향을 받는다면 질문자의 의도나 생각이 잘못됐다고 조언해야 하며, 스스로 생각하는 방식을 바꾸지 않으면 문제가 더욱 커지거나 다른 사람들에게 피해를 끼칠 수 있으니 주의를 줘야 한다.

---

8 → ② ③ ⑤ ⑦ 카드 확인 주변의 좋지 않은 평가나 오해 들이 생긴 이유를 확인해야 한다. 만약 질문자가 이런 오해를 기꺼이 받아들이고 있는 상황이라면 이로써 스스로 원한 대로 계획이 진행되고 있다는 점을 강조할 필요가 있다.

긍정적인 영향을 받는다면 질문과 관련한 사람들의 수요/욕구를 파악하고 이를 대행하는 방법으로 목적을 달성하기 쉽다는 것을 강조해야 한다. 부정적인 영향을 받는다면 어떤 문제나 사건을 해결하기 위한 희생양이 될 수 있다고 주의를 줘야 하며, 질문 시점을 기준으로 과거에 해왔던 것들 때문에 운신의 폭이 좁아졌다는 점을 인정하고 잘못을 사과하거나 반성하지 않으면 문제를 해결할 수 없다고 조언해야 한다.

9 → ② ③ ④ ⑦ ⑧ **카드 확인** 질문과 관련해서 현실적인 부분이나 욕구를 충족하고 싶다는 긍정적인 관점과, 반대로 자신의 본심이나 잘못이 드러나 행동에 제한이 생기거나 남들에게 손가락질당하지 않기를 바라는 부정적인 관점을 모두 살펴야 한다. 이로써 질문자가 정확하게 무엇을 얻고자 하며, 무엇을 회피하고 싶어 하는지 파악할 수 있다.

10 모든 카드의 의미를 총합해 질문자가 원하거나 원치 않는 결과가 어떻게 현실 속에서 구체화될 수 있는지 확인해야 한다. 질문의 주제나 유형에 무관하게 15는 필요악적인 면모를 강하게 드러내므로, 질문자가 원하는 것을 굳이 달성하려 들 때 발생할 수 있는 다양한 부조리 및 처음 간직했던 이상이 현실과 타협하는 지점을 유추함으로써 긍정/부정의 의미를 파악할 수 있다. 그렇지 않으면 15의 부정적인 면에만 집착해 제대로 해석할 수 없기에 해석하면서 이를 특히 경계해야 한다.

실제 사례 (2012년 12월 17일, 제18대 대통령 선거 2일 전)

질문　　문재인 후보의 선거 판세는 어떻게 흘러가고 있는가?

사전 정보　당시 야당 후보였던 문재인 제19대 대통령(이하 후보)의 대선 판세를 가늠해본 점이었다. 설문 조사를 비롯해 다양한 지표에서 박빙 상태였다.

15 - 8c – 10w – 6p – 7p – 19 – 5w – Qw – 17 - 10s

15　　(질문자 자신) 조직이 너무 비대해졌고, 자신의 통제를 따르기 어려운 상황에 이르렀다.

8c　　(장애물) 지지층이 점차 빠져나가고 있으며, 내부 누수가 일어나고 있다.

10w　　(기저) 여기까지 오려고 많은 노력을 기울여왔다.

6p　　(과거) 선거운동을 꾸준히 진행해왔으며, 많은 이에게 조력을 얻어냈다.

7p　　(현재/곧 일어날 일) 예측한 것 이상의 성과를 얻거나, 상대방의 지지층을 공략하려 한다.

19　　(미래) 자신이 쏟아부은 노력만큼 결과를 얻어낼 것이다.

5w　　(질문자의 내면) 계속 노력하고 있으며, 내부 잡음에 의연하게 대처하고 있다.

Qw　　(제3자가 바라보는 질문자) 야당의 입장을 반영한 후보로 인식하고 있다.

17　　(희망/두려움) 목표를 달성하고 싶어 하는 희망과 함께, 이미 격차를 따라잡을 방법이 없는 것은 아닌가 두려워하고 있다.

10s　　(결론) 자신의 지지 기반을 유지하게 될 것이다.

실전 해석

이 배열에서 15는 '질문자 자신'을 뜻하는 1번 위치에 나왔다. 이는 자신의 현 상태가 외양적으로 비대해졌다는 것을 시사하며, 반대로 그만큼 역량이 분산되거나 최초에 목표한 전략대로 일이 진행되지 않고 있다는 것을 지적한다. 그렇기에 다른 경쟁자를 압도하고 승리해야 하는 질문의 특성상 15의 키워드인 '합리화, 부패, 타락'의 의미가 어떻게 현 상황에 문제를 일으킬 수 있는지 확인해 목적을 달성할 수 있도록 조언해야 한다는 점을 알 수 있다. 특히 '부패'의 의미에서, 이 후보가 결전을 앞두고 어떻게 자신을 알려 득표율을 높여야 하는지 파악해야 한다는 것을 알 수 있다.

이 질문에서 15는 이 후보가 자신의 상황을 어떻게 파악하고 있는지, 스스로 판단한 내부 사정이 어떤 수준인지 보여준다. 15의 의미에 긍정/부정적인 영향을 끼치는 카드는 10w, 6p, 19, Qw로 확인되는데, 이로써 지금까지 진행해온 전략들을 계속 밀어붙이고 있다는 점과 함께 대중에게 자신을 어떻게 부각시켜 현재의 지지율을 이끌어냈는지 확인할 수 있으며, 이 결과로 후보가 하려던 것을 대중에게 명확히 인식시켜 목적을 달성할 수 있다는 점을 알 수 있다.

① 15(질문자 자신) 현 상황이 그리 좋지 않다는 점을 드러낸다. 긍정적인 영향을 받는다면 세력을 더 확장해 외형을 과시할 수 있는 수준에 이르렀으며, 지지율을 더 끌어올릴 수 있는 수단을 다양하게 쓰고 있다는 것을 뜻하나, 부정적인 영향을 받는다면 내부 잡음으로 생긴 문제와 비대해진 조직 때문에 당선에서 오히려 멀어지고 있다는 것을 이미 이 후보가 인지하고 있다는 의미로 해석된다.

이 배열에 드러난 15는 비교적 부정적인 의미가 부각됐다는 것을 알 수 있는데, 사공이 많아 의사 결정에 주도권이 없고 후보 개인의 매력만으로 대중을 설득해야 하는 상황에 몰렸다는 것을 확인할 수 있으며, 외부에 드러난 호의적 여론이나 분위기에 휩쓸려 낙관론이 퍼지고 있는데 정당 안의 여러 세력의 주장이나 요구를 일일이 타협해야 하는 등, 전력을 다하려 해도 할 수 없는 상황으로 묘사되고 있다는 것을 알 수 있다(10w, 6p, 19, Qw).

---

② **8c (장애물)** 지지자들이 떨어져나가고 있거나 내부 조직의 통솔에 문제가 생겼다는 것을 의미한다. 긍정적인 영향을 받는다면 지지층을 확고히 다지고자 자신의 개성을 명확히 하는 과정에서 소수 지지층이 이탈하는 수준에 멈추는 정도를 뜻하나, 부정적인 영향을 받는다면 자신의 지지층이 점차 이탈하고 있는데도 잡지 못하거나 눈치채지 못하고 있다는 것을 경고한다.

---

③ **10w (기저)** 이 판도에서 아군 세력들을 통합·통솔하기 매우 어려웠던 전력과 함께 사공이 많아 배가 제대로 향하지 못했던 경험이 있었던 단점을 부각시킨다.

긍정적인 영향을 받는다면 야당 특유의 투쟁 노선을 힘겹게 이끌어 목적을 달성하도록 선거에 총력을 다했다는 것을 의미하나, 전적상 그럴 수 없기 때문이다.* 부정적인 영향을 받는다면 여기에 더해 내부 노선 갈등이 극심하게 벌어지면서 오히려 내부 분란을 수습해 선거를 완주해내는 것조차 버거운 상황이라는 것을 보여준다.

---

④ **6p (과거)** 이 후보가 지지를 얻고자 다양한 방법으로 선거운동을 해왔다는 단순한 의미로 해석할 수 있다. 긍정적인 영향을 받는다면 더 효과적인 수단으로 지지층을 끌어오는 데 성공해왔다는 것을 의미하며, 정권 심판 심리를 이용해 효율적으로 공략해왔다는 것을 뜻하나, 부정적인 영향을 받는다면 자신의 역량 부족으로 동정표를 받는 데 그치거나 최악의 경우 불법적인 방법으로 선거에 나섰다는 것을 경고한다.

---

* 당시 민주통합당은 너무 많은 계파가 몰려 있었다. 친노 진영, 구 동교동 세력, 호남 토호 세력, 참여연대 및 진보신당 세력까지 더해져 당론을 통일하기 어려웠고, 새누리당과 당색 구분을 위해 당론을 진보 성향으로 변경했다.

⑤ **7p(현재/곧 일어날 일)** 자신에게 없는 것을 탐하는 모습으로 해석되며, 이는 곧 이 후보 측이 상대 지지자를 이탈시키려 하거나 빼앗으려는 수단을 강구하고 있다고 이해할 수 있다.

긍정적인 영향을 받는다면 상대 후보의 취약점을 공략해 무너뜨리거나 부족한 능력을 부각시켜 상황을 유리하게 만들 수 있는 상황이라는 것을 뜻하나, 부정적인 영향을 받는다면 상대 후보의 지지층 공략에 무리수를 던지거나 무리수 때문에 기존 지지층이 이탈하는 상황을 만들어버리는 경우로 이해할 수 있으며, 능력 이상의 공수표를 던지는 등 오히려 상대 후보 진영의 결속력을 강화시킬 수 있다는 점을 경고한다.

---

⑥ **19(미래)** 질문자가 자신이 해왔던 노력의 결실을 마주할 예정이라는 것을 뜻한다. 단순히 개표 결과를 받아들이는 것으로 이해할 수 있으나, 더 넓은 의미로는 대선 이후 정계 개편까지 포괄하는 거대한 흐름까지 예측할 수 있는 카드다.

긍정적인 영향을 받는다면 승리 그 자체를 의미하며, 자신의 성과를 떳떳하게 드러낼 것을 의미하나, 부정적인 영향을 받는다면 자신의 부족한 부분들도 드러나 완벽한 승리를 거두지 못하거나 거꾸로 제3자의 심판을 받을 수 있다는 점을 경고한다.

이 배열에서는 부정적인 영향을 받았다는 것을 알 수 있다. 허수에 지나지 않거나 부풀려진 것을 토대로 다양한 무리수 또는 의미 없는 수를 쓰며 역량을 낭비하고 있으며, 내부 잡음을 봉합하는 데 많은 에너지를 쓰고 있다는 점과 더불어 동상이몽 또는 각자의 목적에만 치중하고 있다는 점으로 확인할 수 있다(15, 10w, 7p, 17).

---

⑦ **5w(질문자의 내면)** 이 후보가 선거 과정을 힘겹게 버티고 있다는 것을 뜻하며, 또한 자신이 속한 집단의 내부 잡음이 아직도 이어지고 있다는 점을 시사한다. 긍정적인 영향을 받는다면 이 과정조차 판세에 도움이 되는 역량들을 성장시켜 원동력으로 삼을 수 있다고 해석되나, 부정적인 영향을 받는다면 이 내부 잡음이 심해지는 것에 대한

스트레스가 심하거나 이 상황이 주는 압박감에 힘들어하고 있다는 것을 지적하며, 이 잡음 때문에 기존에 지녔던 전력들도 조기에 고갈될 수 있다는 점을 경고한다.

---

⑧ **Qw (제3자가 바라보는 질문자)** 질문자의 외부 이미지가 당론을 쫓는 모양새로 비치고 있다는 것을 뜻한다. 긍정적인 영향을 받는다면 정권 심판론에 따라 현 정부의 실책과 개선책을 제시하거나 지난 5년 동안 쌓여왔던 문제들을 부각시켜 시민들이 자신이 속한 정당의 당론이 정당하고 옳다고 판단하고 있으며, 이로써 생각을 돌리는 이들이 늘어나고 있는 상황을 의미한다.

그러나 부정적인 영향을 받는다면 후보 자신의 개성보다 배후에 있는 정당의 당론에 끌려가는 이미지를 주고 있으며, 이 후보의 주장이 설령 옳더라도 이를 과연 실행할 수 있는지 의구심을 가지는 등, 후보의 진정성이 느껴지더라도 현 상황을 바꾸는 것은 무리가 있지 않을까 하는 의구심만 증폭하는 수준에 지나지 않는다는 것을 경고한다(8c, 10w, 7p, 5w).

---

⑨ **17 (희망/두려움)** 이 후보가 당락 여부를 원하거나 두려워하고 있는 상황을 보여준다. 세부적으로 해석한다면 많은 이들의 의미 있는 참여로 자신의 세력을 늘리고 싶어 하는 희망적인 면모와 반대로 허울에 지나지 않는 세력을 기반으로 당선된들 정책 실행에 도움이 되지 못할 가벼운 지지에 오히려 부담감을 느끼는 것*으로 이해할 수 있다(15, 8c, 6p, 5w).

---

⑩ **10s (결론)** 어떤 방식으로든 이 상황이 종료될 것을 뜻한다. 긍정적인 영향을 받는다면 그동안 쌓인 실책을 처리하고 다시 시작할 수 있는 상황이 다가온다는 것을 의미하나, 부정적인 영향을 받는다면

---

*노무현 전 대통령의 정치적 몰락은 그를 지지하던 시민들이 당선과 동시에 비판적 지지라는 프레임에 갇혀 선거 당시 보여줬던 적극적 지지 활동을 이어가지 못했던 것에서 시작한다.

모든 기반을 잃거나 처음부터 다시 시작해야 할 상황에 몰리며 이어지는 정계 개편에 완전히 매몰되는 상황으로 내몰리게 될 것을 경고한다.

결국 이 후보는 낙선했다. 이후 벌어진 국정 공백과 참사들을 설명하는 것이 본문의 목적이 아니기에 생략하고자 한다. 선거 종료 후 이 후보는 대선 패배 책임을 모두 짊어졌고 그의 정치적 자산으로 평가받은 '친노' 계파들은 폐족 대접을 받아야만 했다. 나아가 정당은 내부 분열로 지리멸렬하기 일보 직전이었다.

총선으로 정계에 복귀한 그는 기존 조직과 체계를 바꾸기에 이르렀고, 과거와 다른 방식으로 여당의 입지를 얻는 데 성공했다.

그 뒤의 이야기는 현재 진행형이다.

이 해석은 과거의 잘못된 해석을 바로잡고자 다시 해석한 것이다. 처음 해석할 당시에는 사견이 너무 짙게 개입된 나머지 15, 17, 19의 의미를 크게 긍정적으로 해석하는 실수를 저질렀으며, 결론의 10s를 부정적으로 읽지 않았기에 큰 오류가 발생했던 사례였다.

이 배열에서 15는 외형적으로 세력을 크게 만드는 것까지는 문제가 없으나, 내부에 도사린 수많은 잡음과 문제를 제대로 통제하지 못하거나 애써 모은 역량을 엉뚱히 낭비할 수 있다는 점이 부각된 경우였다. 당의 조직력을 총동원해 결전을 벌여야 하는 대한민국 대통령 선거의 특성상 어쩔 수 없는 현상이나, 각자의 이해타산을 당선 이후에야 얻을 수 있다는 점을 강조해 당장 상황이 마음에 안 들더라도 최선을 다할 수 있도록 조언해야 하는 상황이라는 것을 알 수 있게 해주는 카드였다.

실제 사례 (2007년 봄, 신도림, 40대 남성)

질문　이 프랜차이즈 사업을 해도 될까?

사전 정보　당시 그는 선풍적인 인기를 끌며 확장해나가던 C모 외식 프랜차이즈 사업을 할지 고민하고 있다고 말했다. 비교적 큰 점포를 두고 24시간 운영, 박리다매를 기반으로 한 프랜차이즈였다.

6s - 3c - 5p - 7p - 9s - 15 - 10 - 7 - 10s - 2w

6s　<u>(질문자 자신)</u> 더 나은 수익을 얻고자 알아본 사업이다.

3c　<u>(장애물)</u> 생각보다 시장이 좁거나 수익성을 알아본 투자자가 적다.

5p　<u>(기저)</u> 현재 자신의 투자금이 적거나 이런 유형의 사업과 관련한 경험이 부족하다.

7p　<u>(과거)</u> 자신의 역량에 비해 많은 수익을 기대했다.

9s　<u>(현재/곧 일어날 일)</u> 자신의 선택으로 생긴 문제들 때문에 갈등하게 될 것이다.

15　<u>(미래)</u> 이 때문에 다른 사람이나 자신의 사업에서 복잡한 문제들이 수면 위로 올라와 사업을 지체시키거나 자신의 투자금을 잃을 위기가 닥칠 수 있다.

10　<u>(질문자의 내면)</u> 사업할 시기가 다가왔다는 것을 인지하고 있다는 점과 함께, 자신에게 제대로 된 기회가 왔다는 생각 또는 착각에 빠져 있다.

7　<u>(제3자가 바라보는 질문자)</u> 다른 사람이 만류하거나 다른 의견이 있더라도 듣지 않을 사람이라 보고 있다.

10s　<u>(희망/두려움)</u> 현실로 다가오지 않았으면 하는 상황들 때문에 사업이 실패하는 것을 두려워하며, 지금까지의 욕심을 버리고 새로운 시도로 재시작하기를 바라고 있다.

2w　<u>(결론)</u> 자신의 다양한 기량을 통해 사업을 시작하게 될 것이며, 그에 따른 위험 부담을 감당해내야 할 것이다.

실전 해석

이 배열에서 15는 6번 위치, '미래'에 나왔다. 사업 및 창업과 관련한 질문의 특성상 15의 키워드인 '부패', '합리화', '현실화' 같은 의미가 어떻게 적용돼 창업을 시작하는 것인지 명확한 비전이 없는 한 부정적 영향을 받는다는 것을 뜻한다. 이로써 해당 사업에 결함이 있거나 수익을 앞세워 사업의 본 목적을 호도하고 있지는 않은지 파악하고, 질문자에게도 사업을 하기 위해 기본적으로 필요한 사업 마인드를 갖추고 임하도록 조언해서 계약 체결 이후에 발생할 수 있는 본사와의 마찰을 미리 대비하도록 해야 한다는 점을 알 수 있다.

이 질문에서 15는 질문자가 자신의 계획을 현실에 구현하게 될 것을 의미하거나, 자신의 물질적인 탐욕이 앞설 수도 있다는 것을 경고한다. 15의 의미를 긍정/부정적으로 변화시키는 카드는 6s, 3c, 9s, 10s로 확인되는데, 이로써 배열 안에서 15가 부정적인 영향을 받는다는 것을 알 수 있다. 자신의 재능이나 역량과 전혀 상관없는 분야/방식을 쓰고 있다는 것을 지적하면서, 이런 성향을 띠는 원인이 어떤 목표의식보다 쉽게 돈을 벌려는 모습만 보이며 질문자에게 별다른 비전이 없다는 것을 알 수 있으며, 자신의 자산 관리나 노후 대비를 핑계로 사업을 벌이려 하지만 이는 실제 벌어지지 않거나 급한 문제가 아닌 것으로 파악된다.

그렇기에 15의 긍정적인 의미를 되살리려면 질문자가 사업을 왜 해야 하는지, 그리고 해당 업계에서 사업할 때 어떤 기준과 명분을 유지해서 더욱 오래, 번창할 수 있는지 조언해야 한다는 것을 알 수 있다.

---

① 6s (질문자 자신) 신新사업에서 활로를 찾으려는 질문자의 의도를 그대로 드러내며, 긍정적인 영향을 받는다면 자신이 얻고자 하는 것을 위해 모험을 시도하는 모습을 의미한다. 그러나 부정적인 영향을 받는다면 질문자가 자신의 상황을 개선하려는 미명하에 현실에서 도피하려 한다는 것을 드러낸다.

② **3c (장애물)** 긍정적인 영향을 받는다면 주변 인맥이나 정보망을 통해 사업에 긍정적인 영향을 줄 수 있다는 것을 뜻하거나, 질문자의 기질이 소규모 주점에 특화돼 있다면 이를 살리도록 주문할 수 있지만, 부정적인 영향을 받는다면 질문자가 더 손쉬운 방법으로 사업을 성공하고 싶어 하는 모습을 드러내면서 사업 운영에 필요한 정보력/시야가 좁다는 뜻으로 해석된다. 이로써 질문자가 문의한 사업이 큰 규모가 아니라는 것을 알 수 있다.

③ **5p (기저)** 긍정적인 영향을 받는다면 지금 수준에서 선택할 수 있는 가장 최적화된 사업 모델이 이 업체가 제안하는 것임을 알고 질문자가 능동적으로 접근해 계획을 세우고 있다는 것을 의미하나, 부정적인 영향을 받는다면 질문자의 사업 수완이 부족하다는 점과 함께 기반이 제대로 구축되지 않았기에 자금 부담이 최대한 덜하고 투자금 회수가 빠른 사업에 주목하고 있다는 것을 드러낸다. 나아가 질문자가 관심을 둔 C모 프랜차이즈가 큰 자본금이 없어도 쉽게 점포를 얻을 수 있는 곳이라는 점을 뜻한다.

④ **7p (과거)** 긍정적인 영향을 받는다면 질문자가 과거부터 계속 사업과 관련해서 계획해왔으며 이로써 남보다 먼저 이 시장을 선점해 수익을 얻어내려 오랫동안 고민해왔다는 것을 의미하나, 부정적인 영향을 받는다면 질문자의 사업 수완이 부족하며, 이런 계획을 실행하는 자신의 역량을 제대로 가늠하지 못하고 청사진만을 그려 물질적인 부분에 대해 욕심을 부리고 있다는 것을 암시한다.

⑤ **9s (현재/곧 일어날 일)** 사업을 시작하고 나서 발생할 수 있는 여러 악재들에 대한 두려움/공포에 휩싸이게 되며, 이 때문에 스트레스를 받게 된다는 뜻으로 해석된다. 실패하면 자신이 지금껏 다진 기반을 잃어버릴 수 있다는 데서 비롯한 두려움이다. 긍정적인 영향을 받는다면 어디까지나 불안감에 지나지 않으며, 만전을 기하면 문제 없이

사업할 수 있다는 것을 의미하나, 부정적인 영향을 받는다면 질문자의 모호한 불안감이 실제 사건으로 벌어지리라는 것을 뜻하며, 이 때문에 자신이 애써 쌓아둔 기반을 무너뜨릴 수 있다는 점을 경고한다.

⑥ **15(미래)** 질문자가 선택한 사업 아이템이 당장은 좋아 보일 수 있지만 계약 외적인 문제로 투자금을 회수하지 못하거나 오히려 해당 사업 아이템을 유지시키고자 자기 자신의 기반/노동력 등을 희생해야 하는 상황이 다가올 수 있다는 점을 경고한다. 질문자에게 뾰족한 대안이 아닌 상태에서 업체의 말만 믿다가 자칫 표류할 수 있다는 점과 더불어, 스스로 편한 방식을 찾으려고 할 뿐 비전이 있는 상태가 아니라는 점으로 확인할 수 있으며, 질문자조차 이를 알고서 불안해하는 모습으로 확인할 수 있다. 나아가 해당 업체가 기반이 상실되는 것을 두려워하는 질문자를 충동해 목적을 달성하는 데 성공하리라는 것을 드러낸다(6s, 3c, 9s, 10s).

⑦ **10(질문자의 내면)** 긍정적인 영향을 받는다면 스스로 사업할 때가 왔다는 것을 직감하고 있거나 사업을 운영할 만한 호운이 다가오고 있으며, 질문자가 이 사업으로 변화를 주어 긍정적인 효과를 얻을 수 있다는 것을 의미한다. 부정적인 영향을 받는다면 사업을 시작하며 너무 낙관적이거나 한때의 유행을 너무 신봉하고 있다는 점을 지적한다. 나아가 질문자가 더 물러설 곳이 없는 상황이라는 것을 은연중 드러낸다. 최악의 경우 만약 사업에 실패하면 재기하는 데 오랜 시간이 걸릴 수 있다는 것을 경고한다. 이 배열에 드러난 10은 부정적인 영향을 받고 있다는 것을 알 수 있는데, 자신이 겪고 있는 어려움을 직면하지 않고 더 편한 길을 찾거나 도피하려 하는 질문자의 성향과 사업 경험 및 기반이 부족함에도 도박에 가까운 확률을 신봉하고 있다는 점으로 확인할 수 있다(6s, 3c, 5p, 10s).

⑦ **7(제3자가 바라보는 질문자)** 긍정적인 영향을 받는다면 사업이 빠르게 진척될 것이며 이에 따라 사람들의 부러움을 살 수 있다는 것을

의미하나, 부정적인 영향을 받는다면 질문자가 주변의 인물들이나 상대 업체의 현혹에 쉽게 이끌리고 있다는 점을 경고하며, 이를 만류하는 사람의 조언을 제대로 듣지 못하고 계속 일을 진행시킬 것을 의미한다.

여기서는 부정적인 영향을 받는 것을 알 수 있는데, 스스로 조사한 것에 관해 검증하지 않은 채 일을 실행함으로써 수익을 얻는 사람들 또는 사업에 관한 지식이 부족하거나 시야가 편협한 사람들의 말을 무턱대고 믿는 모습으로 주변에서 인식하고 있다는 것을 알 수 있다 (3c, 9s, 15, 10s).

이 시점에서 질문자는 내가 돈 만지는 게 그리 문제냐는 식으로 대꾸하며 조언을 전혀 받아들이지 않았다. 나아가 이런 식으로 자신을 막은 사람들에게 어떤 훈계를 해왔는지 언급하며 '니들 같은 종자들 때문에라도 더 잘해볼 것이다'라고 말한 뒤 기세등등하게 자리를 박차고 행사장을 나가버렸다.

---

⑨ **10s(희망/두려움)** 질문자가 이번 사업이 과거에 겪었던 실패들을 극복해낼 획기적인 기회가 되기를 바라는 희망과 함께, 이번 사업이 실패해 자신의 모든 기반이 사라질 수도 있다는 것에 관한 두려움을 의미한다.

---

⑩ **2w(결론)** 결국 질문자가 준비한 대로 일이 진행되리라는 것을 드러낸다. 그러나 이전의 모든 카드가 경고한 내용들을 제대로 방비하지 않는다면 그 끝에서 최악의 결과를 맞을 수 있다는 것을 조언해야 했으나, 그는 이미 자리를 떠난 뒤였다.

이 배열에서 15는 질문자가 기대한 수익이 구현하기 어려운 것을 넘어, 해당 프랜차이즈 업체가 불법적이거나 필요악적인 수단으로 강제적으로 수익을 내고 있었다는 것을 드러내는 요소로 작용했다. 여기서는 10의 영향을 무시할 수 없는데, 자신의 운 자체를 뜻하는 10이 악마 카드의 영향에 지배당해서 반강제적으로 추락하며, 이런

흐름을 7이 가속해 결정타를 날려버렸다. 이 때문에 결과적으로 이 질문자는 남의 의도에 농락당할 수밖에 없다. 조언하려 했지만, 그는 연이은 부정적인 해석을 견디지 못했는지 해석을 종료하기도 전에 자리를 박차고 나가버렸다.

이 점의 후일담은 두 달 정도 지난 뒤에 드러났다. 해당 브랜드가 TV 고발 프로그램에서 첨가물 관련 불법 행위로 적발돼 프랜차이즈 이미지에 치명적인 타격을 입은 것이다. 이 일을 시작으로 외식업계 관련 첨가물 문제가 조명되며 다른 업계까지 제재 처분 및 사과문을 올리고 고객들을 달래야 했으며, 질문자가 문의한 프랜차이즈 브랜드는 시장에서 대거 철수하거나 고객이 급격히 감소했다. 한때 동네마다 한 곳은 있는 24시간 프랜차이즈였던 이 업체는 지금은 기억하는 이도 몇 없는 수준으로 전락했다.

지금 와서 회상해보노라면 질문자가 만약 조언을 받아들여 실행하면 어떤 상황이 됐을까? 아마도 이 모든 것은 한때의 해프닝이자 세상의 수많은 유혹 가운데 하나에 자신이 넘어갈 뻔했다는 것을 확인하고 간담이 서늘해지는 데 그쳤을 것이다. 그러나 15의 무서운 점은 바로 이런 결정을 내리기 어렵게 만들거나 시야를 가려 자신의 선택이 온당하며 내가 살려면 당연하고 기본적인 것을 취할 뿐이라고 인식하게 만든다는 점에 있다는 것을 주의해야 한다.

이런 배열처럼 15는 사업과 관련한 점에서 남의 의도에 농락당하거나 이익 편취, 일방적인 종속으로 발생하는 고정 지출, 발을 빼기 힘들 정도의 큰 유혹, 사기, 배임 등 범죄 행각으로 연결되는 경우가 많다. 사업의 성공이라는 달콤한 열매에 자신이 놓치고 있는 것들이 무엇인지 전혀 판단하지 못하는 경우로 드러나며, 최악의 경우 이윤에 매달려 사업을 통해 발현해야 할 가치들을 매몰시키는 상황으로 나아간다. 요식업임에도 요리에는 정성과 신선함이 없어지고, 패션 업임에도 디자인이나 옷의 재질이 뒤처지는 상황은 이런 문제로 빚어진다는 것을 알 수 있으며, 최악의 경우 자신의 이윤을 유지하려 남의 노동을 강제로 희생시키는 것을 당연하게 여기는 풍조를 예로 들 수 있다.

　이 같은 상황을 피할 수 있도록, 사업하기 전에 왜 사업을 시작했으며 이 사업으로 무엇을 이루거나 어떤 가치를 지키려 하는지 확인하고, 이를 꺾으려 하는 순간 15의 '부패'가 엄습한다는 점을 경고해 초심을 지킬 수 있도록 조언한다면 해석자의 역할을 다했다고 할 수 있다.

XVI. THE TOWER.
탑

급변
Impact, Shock

THE TOWER.

대격변, 변화, 변수, 추락, 전환점, 낙하, 깨달음, 각성, 침공, 급습, 붕괴, 호외, 강습, 함몰, 진상이 드러나다, 문화 충격, 인식의 전환, 사고사, 급사, 변사, 가치관의 붕괴, 역설, 속보, 기존 상황을 제3자/외부 요소가 뒤집다, 급상승, 급하락, 테러리즘, 탈옥, 혁명, 혁신, 천재지변(또는 그에 준하는 일들), 역전, 결정타, 충격, 전격전, 저항, 관념, 흐름에 밀려남, 버티지 못함, 갑작스럽게 발생한 각종 사고, 패러다임의 전환, 불의의 일격

긍정/부정 확인 기준

일의 진행에 전혀 문제 없는가?

지금까지 했던 방법/방식을 관성적으로 쓰는가?

간섭이나 개입이 질문자에게 영향을 미치는가?

질문자가 어떤 난관에도 대응할 수 있는 역량이 있는가?

예기치 못한 문제가 생길 수 있는가?

자신의 언행이 남에게 강한 영향을 미칠 수 있는가?

무조건 부정적인 의미로 해석하는 것을 넘어, 다른 사람들이 버티지 못한 역경을 버텨내면 급격한 성장이 이루어진다는 것을 의미하는 탑 카드의 긍정적인 의미를 부여할 수도 있다. 실제로 이런 상황이 온다면, 기존 질문자를 둘러싼 모든 것이 완벽히 탈바꿈해 주변 사람들과 다른 관점을 얻어낼 수 있다.

또한 난관에 봉착했거나 뭔가를 준비하는 상황이라면 생각하지 못한 문제들이 생길 수 있다는 것을 의미하는 카드(예: 상부의 결정만 내려지면 일이 끝나는 상황이나 예상치 못한 문제로 반려되는 상황)나, 미리 대비한다면 전화위복을 뜻하게 되므로 질문자가 어떤 상황을 가장 두려워하는지 확인해 이를 미연에 방지해야 한다.

그러나 공든 탑이 무너지듯, 탑 카드는 어떤 대비를 해도 자신의 판단 범위를 넘어설 만큼 불가항력의 상황에서는 천우신조를 기대할 수밖에 없다는 문제가 있다. 그저 최대한 노력해 이 순간을 넘어서야 한다는 점을 조언하고, 이 상황을 넘어서기만 한다면 그 뒤부터 펼쳐지는 새로운 비전들에 대해 믿음을 가지도록 이끌어야 한다.

해석용법

탑 카드는 타로카드를 처음 접한 사람들조차 누구나 쉽게 이해할 수 있을 정도로 강렬하고 압도적인 의미를 품고 있으며, 질문자가 계획해서 세운 공든 탑이 치명적인 사건 사고와 얽혀서 끝내 무너지거나 의지가 꺾이는 일이 생기는 것으로 해석될 때가 많다. 그렇기에 그 어떤 상황에 나와도 강력한 영향력을 발휘하며, 모든 주제에 '격변'의 의미를 적용하도록 만든다.

그러므로 배열에 탑 카드가 나오면, 질문자나 질문 주제와 관련해 전혀 생각하지 못한 부분에서 올 수 있는 위험이 무엇인지 파악해야 하며, 그것이 아무리 엉뚱한 상상이더라도 대비책이 있는지 확인해야만 부정적인 키워드를 배제할 수 있다.

이러한 카드의 특성상 가장 자주 적용되는 키워드는 '혼돈과 이로 인한 공황'이다. 어떤 관점의 사각에 놓여진 곳에서 일어나는 갑작스러운 문제에 대해 질문자가 상황을 제대로 대비하지 않았거나 인식하지 못했을 때 벌어지는 상황을 뜻하기 때문이다. 이때 대부분 부서지는 탑과 떨어지는 사람들을 통해 질문자에게 위해가 오거나 계획이 어그러지는 것에 초점을 맞춰 해석하게 된다. 곧, 탑 카드가 일으킨 변화에 적응하지 못했다고 해석하는 것이며, 탑에 내려치는 번개의 의미를 '기존의 관념/의미/업적/수익을 한번에 앗아갈 수도 있는 거대한 충격'으로 묘사함으로써 질문자에게 경각심을 심어주거나 주변을 충분히 살필 것을 경고한다.

긍정 탑 카드는 이렇듯 극단적인 모습으로 묘사되나, 해석의 진중함에 부담을 줄 수밖에 없는 면들 때문에 카드의 긍정적인 의미를 미처 살피지 못하는 일이 자주 발생한다.

이러한 긍정적인 의미 가운데 가장 먼저 들 수 있는 것이 '깨달음', '자각'이다. 메이저 상징편에서도 언급했듯 탑 자체를 쌓아 올리는 자가 바로 질문자 자신이자, 생을 영위하는 사람들이라는 인식을 통해 이를 스스로 부숴 각성하는 순간으로 해석하는 경우에 속한다.

이를 더 현실적인 이야기로 전환한다면, 사람의 일생에서 태어나 양육과 교육을 받고 자신의 이상을 확립해서 굳건히 삶을 영유하며, 스스로 기준을 정하고 자신의 역량을 세상에 증명하는 통과의례를 거친 뒤, 자신이 해야 할 것들을 이루고자 필요 없는 것을 버리면서 자신의 목적 달성에 필요한 기반을 늘리는 행보를 거듭한 사람에게, 탑 카드는 이 순간 시간과 운명이라는 절대적인 존재가 그동안 일군 노력을 판단하고 완성을 향해가는 과정에서 본래의 목적을 잃고 변질되지는 않았는지 확인하고자 역경을 부여하는 순간으로 이해할 수 있다. 마법사 카드부터 시작된 현실의 삶이 탑 카드에 도달하며 결정적인 기로를 맞이하는 것이다.

이런 의미에서 탑 카드 자체가 의도하는 바는 단지 급변이나 충격을 의미하는 것이 아니며 삶이나 질문과 결부된 사건의 '거대한 전환점Turning Point'으로 작용하는 것을 이해할 수 있다. 그렇기에, 이 카드를 통해 조언할 때 당면한 실패나 역경을 딛고 일어나 자신이 보지 못했거나 잊고 있었던 것을 되새겨 재기할 수 있도록 조치해야 하며, 이 과정에서 얻는 경험이 비슷한 문제들을 해결하는 데 하나의 기준을 만들어주리라는 것을 알려줘야 한다.

이러한 요소들로 생긴 '변화'라는 의미 때문에, 탑 카드는 '변환'의 의미를 지닌 13과 뜻이 비슷하다고 여겨지곤 한다. 그러나 자연스럽고 변치 않는 필연적 변화의 시기가 반드시 다가오며, 이로써 긍정/부정적인 의미를 떠나 과거의 자신과 전혀 다른 존재로 나아가는 13의 '변환'과 달리, 탑 카드는 필연적인 부분을 전제하지 않더라도 발생할 수 있는 '급변', '충격'을 뜻한다. 이것이 긍정적이라면 획기적인 성공이나 입지전적인 기록을 남길 수 있다는 것을 의미하며, 반대로 부정적인 영향을 받는다면 존재 자체를 부정당하거나 자신이 쌓아왔다고 생각한 것들이 물거품에 지나지 않았다는 것을 강제로 확인할 수 있는 수준에 다다르는 점에서 차이가 있다.

따라서, 모든 외부 충격을 감내하고 견뎌내고 살아남아 이 카드의 의미를 긍정적으로 발현한다면 자신을 제외한 모든 경쟁자 및 간섭 세력이 일소되고, 남아 있는 모든 자원을 질문자가 흡수하는 경우로 발전하며, 다른 이들에게 역경을 견뎌내고 각성에 성공한 자로 남거나, 반대로 사람들에게 탑 카드가 의미하는 충격을 선사해 자신이 원하는 바를 이루어내는 경지로 나아간다. 이런 역사적인 사례가 바로 대항해시대의 서막을 연 바스쿠 다 가마Vasco da Gama의 희망봉 발견*과 크리스토퍼 콜럼버스Christopher Columbus의 신대륙 발견**이다.

부정 그러나 부정적으로 발현하면, 기존의 체제/습관/기반/역량에 안주해 외부 충격을 대비하지 못하고 휩쓸리거나, 자신을 상실할 정도의 거대한 충격을 받는 상황을 맞이하게 된다. 19세기 우리나라를 포함해 식민지로 전락한 많은 민족과 국가를 이 사례로 들 수 있다. 나아가 이 과정에서 독립을 유지한 것만으로도 명예로운 기록이라 평할 정도인 제국주의 시대를 정상적으로 헤쳐나간 국가는 거의 없다시피 하며, 이 부정적인 영향을 피하고 자신의 영역을 지킨 국가는 태국과 일본 정도였다.

실제 배열에 이 카드가 나왔다면 반드시 예상 밖의 사태가 발생할 수 있다는 것을 지적해야 하며, 이 사태가 어떤 방향에서 올지 최대한 주변을 살피고 질문자가 사전에 대비할 수 있도록 조언해야 한다. 또한 탑 카드의 특성상 외부 충격을 막아낸다면 그에 따른 수혜가 크다는 점을 강조해 주변의 변화를 최대한 살피도록 조언해야 한다.

배열 위치별 특징 켈틱 크로스 배열에서 탑 카드(이하 16)가 나왔을 때 어떻게 긍정/부정적인 영향을 확인하는지 판단하려면 10장의 카드 맥락을 모두 살펴야 한다(이에 관해 더 상세한 내용은 430-432쪽을 참고).

* 메이저 상징편의 왕관, 번개, 탑 상징 해설 참고(140-141쪽). 기존에 시도되지 않은 혁명적인 항법으로 아프리카를 우회해 인도에 도착하는 데 성공했다.

** 메이저 상징편의 번개, 탑, 떨어지는 사람 상징 해설 참고. 아메리카 대륙을 인도라 믿은 오류가 있었고 그의 식민지 경영 방식이 비인도적이었다는 점은 비판받아 마땅하나, 긍정적으로는 인류 역사에 아메리카 대륙이 본격적으로 편입될 수 있는 계기를 마련한 획기적 사건이다.

16은 앞에서 언급한 대로 배열에 나왔을 때 강력한 힘을 발휘한다. 16이 언급하는 역경을 어떻게 극복할 수 있는지에 관해 다양한 시각으로 대안을 확보해 질문자가 받을 충격을 덜어줘야 한다. 특히 질문자가 호언장담하는 만큼 허점이 발생하기 쉽다는 점에 착안해 엉뚱한 상상으로라도 질문자가 생각하지 못한 이야기들을 들려줌으로써 만에 하나라도 발생할 수 있는 문제를 감지할 수 있도록 시야를 환기해주는 데 최선을 다해야 한다.

이런 이유로 실제 배열상 이 카드는 특히 1, 5, 6, 7, 8번 위치처럼 시점이 곧 다가오거나 이미 진행되고 있는 흐름을 나타내는 위치에 놓일 때 영향력이 강해지는 경향이 있다. 이때 16의 의미가 어떻게 적용되는가에 따라 16의 위험 요소나 혼란을 피할 수 있게 하는 등 조언의 성격/방향이 바뀌기 때문이다. 그렇기에 질문자가 얻으려는 바를 이루는 데 동원할 수 있는 다양한 방법을 제시해야 한다.

위와 반대로 3, 4, 9번 위치에서는 영향력이 약화된다. 이는 이미 과거에 일어난 변혁 이후의 모습을 묘사하는 데 지나지 않거나 질문과 관련한 수많은 장애물을 물리치고 싶다는 욕구 정도로 희석되기 쉽기 때문이다. 그러나 이조차 주제 전반에 강한 영향을 끼치기 십상이며, 오히려 질문자가 왜 이런 상황/조건에 처하게 되었는지 극명하게 드러내는 사례가 많다.

16은 주제에 따라 분류할 필요조차 없을 정도로 명확한 의미를 담고 있다. 대표적인 키워드인 급변이 모든 주제에서 공통적으로 응용되기 때문이다. 그럼에도 주제별로 세부적인 내용을 파악하려 한다면 아래와 같이 살펴볼 수 있다.

연애(관계가 성립한 상황) 관계를 종결지을 갑작스러운 사건(예: 남자 친구의 갑작스러운 입대)을 의미하거나, 관계를 송두리째 뒤흔들 만한 사건(예: 상대방 여성의 임신 통보, 갑작스러운 이민/유학으로 관계 단절)으로 드러나게 된다. 드물게는 상대방 이성 또는 질문자와 관련한 정보가 폭로돼 관계가 끊어지는 상황으로 이어지는 것처럼 좋지 않은 의미를 띤다. 최악의 경우, 강제적인 이별을 선언하는 수준의 불가항력을 암시하기에 해석할 때 주의를 기울여야 한다.

긍정적인 영향을 받는다면 바라 마지않는 새로운 환경으로 전환(예: 기대하지 않았으나 내심 기다렸던 이민 절차의 해결로 입국 수속 만료)하면서 관계가 급진전되는 상황으로 나타날 수 있다. 최상의 경우, 연애를 방해하는 다른 요소가 갑자기 전부 사라지는 현상까지 포괄하므로, 폭넓은 시각으로 관계에서 벌어질 수 있는 일들을 통찰해야 한다.

연애(관계가 성립하지 않은 상황) 연애 실패 및 환경 변화로 연애에 전력을 다할 수 없다는 것을 의미할 때가 많다. 그렇기에 변화할 환경에 빨리 적응하게 만들어 남들의 관심을 얻을 수 있도록 조언할 필요가 있다. 그 밖에, 주변 인물들의 연애 소식이나 연애와 관련한 간섭(예: 부모의 중매 제안)을 받는 것처럼 연애와 관련한 여러 돌발 상황으로 해석된다.

단순 호감이나 일방적으로 애정을 쏟는 관계에서 16이 나왔다면 극단적으로 연애 성립 상태에서 (위에서 언급한) 관계 단절에서 시작해 애정을 쏟았던 대상이 다른 사람이나 질문자 자신과 연애하는 경우로 해석된다. 갑작스럽게 상황이 진행되기 때문에 대상의 환경과 자신의 준비 상태를 점검하도록 조언해야 하며, 이 과정에서 어떤 모습을 보이느냐에 따라 질문자의 연애 흐름이 크게 변화할 수 있으니 주의해야 한다.

대인관계 부정적인 영향을 받는다면 갑작스러운 폭로나 사건들로 관계가 파탄하거나 단절되는 상황(예: 부모의 압박이나 개입)으로 이어지게 된다는 것을 암시한다. 그러나 긍정적인 영향을 받는다면 다른 사람들에게 이런 영향을 끼쳐 자신이 의도하는 바를 이루는 경우로 해석할 수 있다.

사업의 흐름이나 전망 일반적으로 공황에 준하는 충격으로 해석되며, 긍정적인 영향을 받는다면 이런 정보를 미리 알고 있다면 엄청난 이득을 얻을 수 있다는 것을 뜻한다. 역사적 예로는 나폴레옹 패전 소식을 먼저 접한 로스차일드가家의 투기*를 들 수 있으며, 반대의 의미로는 9·11 테러 당시의 일반 투자자들이 그 예가 될 것이다.**

창업의 성사 여부 부정적인 영향을 받는다면 지금까지 세운 계획이나 사업 아이템을 포기해야 하는 극단적인 상황부터 관계 법령 문제로 창업이 좌절되는 상황까지 의미할 수 있다. 그러나 긍정적인 영향

---

* 메이저 상징편의 번개, 탑, 불타는 창문, 떨어지는 사람 상징 해설 참고. 로스차일드가는 나폴레옹이 전쟁에서 패배했다는 소식을 미리 접하고 런던 주식시장에 자신의 모든 주식을 매각한 뒤 나폴레옹이 이겼다는 허위 정보를 퍼트린다. 혼란에 빠진 투자자들은 앞다퉈 매각했고, 폭락한 채권과 주식을 로스차일드가에서 재매입했다. 얼마 뒤 승전보가 알려지자 주가는 연일 치솟았고, 로스차일드가는 엄청난 차익을 거둬들였다.

** 메이저 상징편의 번개, 탑, 떨어지는 사람 상징 해설 참고. 9·11 테러 다음날, 전 세계 증시가 일제히 폭락했다. 우리나라는 당시 주식 시장에 상장된 기업 가운데 98퍼센트가 하락하는 진기록을 세웠다. 당사자인 미국은 테러 직후 7일 동안 주식 거래를 중지할 수 있었기에 그나마 피해가 덜했으나, 주식 시장이 다시 열리자 하루 만에 다우지수가 9000대로 주저앉는 사태가 벌어졌다.

을 받는다면 최상의 경우 새로운 상품이나 기획으로 획기적인 특수를 누릴 수 있으며, 그렇지 않더라도 확고한 수요층이 있는 서브컬처 관련 창업이나 수요 대비 공급이 적은 최첨단 기술을 다루는 따위의 아이디어 의존형 사업으로 수익을 얻는 것이라 해석된다. 이는 서브컬처나 최첨단 산업의 특징인 신제품 및 신기술로 사람들의 인식과 관념을 자극해 수익을 창출하기 때문이다.

사업 유지나 확장과 관련한 경우라면 완전히 새로운 분야를 개척하거나 (외부 요인으로)업종을 강제 변경해야 하는 상황으로 표현될 수 있다. 최악의 경우 예측하지 못한 악재(예: 수송 도중의 천재지변)로 받는 피해를 의미한다.

진로 적성/시험 결과나 학업 관련 긍정적인 영향을 받는다면 학업 성취가 남달리 압도적인 발전을 거듭하거나(예: 조기 진급, 추천 입학) 연구에서 엄청난 발견/성과를 거두는 것으로 드러나며, 이때 질문자 자신이 불타는 탑이 아닌 내리치는 번개가 되어 세상에 경종을 울린다고 해석할 수 있다(이런 경우는 매우 드물기에 적용할 때 주의해야 한다). 부정적인 영향을 받는다면 이해하기 벅찬 지식을 강제로 마주해야 하는 경우로 드러난다. 최악의 경우, 지적 능력이 하루아침에 결여되는 경우(예: 소아마비, 중풍, 치매)까지 포함할 수 있으므로 이 역시 의미 적용에 있어 주의해야 한다.

질병의 호전, 완치 이미 중병을 앓고 있는 상황이라면 긍정적인 요소는 없다. 그나마 그 끝에 이르러 긴 고통을 받지 않고 빠른 안식을 찾게 된다는 점을 위안 삼아야 할 정도로 의미가 심각해질 수 있으니 해석에 주의해야 한다. 또한 별다른 이상이 없는 상태라면 급성 질환이나 사고를 주의하도록 조언해 스스로 경계하도록 해줘야 한다.

단순한 건강 문제 사고나 충돌로 생긴 급작스러운 부상 또는 외부 약물, 음식으로 신체를 강제 각성시키는 경우(예: 철야를 위해 카페인을 다량 섭취)로 묘사되며, 최악의 경우 급성 질환이나 질병이 악화되는

것을 모르는 상태에서 갑작스럽게 통보받는 것(예: 건강한 사람이 갑자기 암 확정 통보를 받는 것)까지 의미하기에 해석에 주의해야 한다. 긍정적인 영향을 받는다면 수술이나 접골 등 격통이 따르는 처치를 거쳐 신체를 회복하는 것으로 묘사되며, 최상의 경우 임상 실험이 끝나지 않은 약을 투약해 회복하는 상황으로 드러날 수 있다. 이러한 해석은 탑이 신체로, 그리고 번개가 외부 타격(질병)으로 인식되는 것에 기인한다. 그러나 이런 주제의 점을 해석·조언하기에 앞서 전문가의 진단이 우선해야 한다는 점을 강조하고자 한다.

켈틱 크로스 배열 위치별 긍정/부정 해석법

1 → ② ⑤ ⑥ ⑧ 카드 확인 부정적인 영향을 받는다면 질문에서 드러난 문제가 질문자에게 큰 변화를 일으킨 상황에서 점을 보는 경우거나, 이 때문에 이미 낭패를 겪고 있는 상황으로 해석할 수 있다. 반대로 긍정적인 영향을 받는다면 질문자가 다른 이들에게 16에 준하는 충격을 던진 경우로 해석할 수 있다.

전자는 질문이나 사전 정보에서도 이미 드러난 상황일 것이므로 해석에 큰 문제나 어려움이 없으나, 후자로 해석될 때는 그 파장으로 앞으로의 행보에 문제가 생길 수 있다는 점을 반드시 언급해 대비하도록 조치해야 한다.

---

2 → ① ③ ④ ⑦ 카드 확인 16이 어떤 분야/문제에서 발생하는지 알 수 있고, 문제의 근원과 질문자가 안일하게 생각하고 있는 부분을 점검하도록 요청해 문제를 미연에 방지하거나 충격을 최소화할 수 있도록 조언해야 한다.

긍정적인 영향을 받는다면 질문자가 겪고 있는 상황에 휩쓸리지만 않더라도 많은 것을 얻을 수 있다는 점을 의미하나, 부정적인 영향을 받는다면 충격에 견디지 못하고 질문 주제와 관련한 상황에서 이탈당할 수 있다는 것을 경고해야 한다.

---

3 → ① ④ ⑦ ⑨ 카드 확인 질문 의도나 목적을 투사할 때가 많다. 긍정적인 영향을 받는다면 질문자가 스스로 변화를 염원하고 있거나 남/자신에 대한 강한 충격을 요구하고 있는 상황으로 이해할 수 있으나, 부정적인 영향을 받는다면 단순 변심에 지나지 않거나 최악의 경우 남에게 목적 없이 위해를 끼치려는 것일 수 있으므로 질문과 관련한 정보와 배열상의 카드들을 총합해 질문자가 질문으로 얻고 싶어 하는 것이 무엇인지 먼저 확인해야 한다.

---

4 → ① ② ⑧ ⑨ 카드 확인 보통 질문에서 16이 의미하는 사고가 무엇인지 언급되는 경우가 많으나 그렇지 않다면 위의 배열 위치에 드러난 카드에서 과거에 있었던 사안이 무엇인지, 그리고 이 일들이 질문자에게 어떤 영향을 끼치고 있는지 확인해야 한다.

긍정적인 영향을 받는다면 질문자에게 벌어진 변화가 가져온 다양한 상황이 큰 문제가 되지 않는다는 것을 언급해 현 상황에 적응하도록 권해야 하나, 부정적인 영향을 받는다면 과거에 벌어졌던 일들로 아직까지 혼란을 겪고 있거나 안착하지 못한 상태라는 점을 강조해야 하며, 또한 과거의 행실이나 다른 사람과 얽힌 문제들이 향후 질문과 관련한 행보를 가로막는 결정적

원인이 될 수 있다는 점을 경고해야 한다. 최악의 경우 이런 과거의 문제가 지워지지 않는 주홍글씨로 낙인찍히는 경우로 발전한다.

---

5 → ① ③ ⑦ ⑧ 카드 확인 이로써 질문자가 두려워하거나 예측하지 못한 변수들이 무엇인지 점검하고 이것이 실제 닥쳐올 것을 알려 문제를 방지/해결하도록 조치해야 한다.

긍정적인 영향을 받는다면 복권 당첨 같은 횡재수를 암시할 수도 있으나 흔치 않은 해석이며, 일반적으로는 우발적인 사건 때문에 극적으로 형세가 반전될 수 있다는 것을 암시한다.

부정적인 영향을 받는다면 16의 본래 의미에 준하는 일들 때문에 질문자의 의도대로 일이 흘러가지 않는다는 것을 의미하며, 최악의 경우 순조롭게 흘러가는 일임에도 개인적인 사정 때문에 흐름을 타지 못한 채 좌절하거나 그 반대 상황으로 드러난다.(예: 큰 프로젝트를 성공적으로 이끌었으나 집안 사정으로 중도 하차하는 바람에 고과에 프로젝트 참여 이력이 누락될 수밖에 없는 상황, 모든 일정을 다 소화해 포상을 받아야 하는데도 지도부의 무능 및 조직 자체에 균열이 일어날 수밖에 없는 외부 충격으로 이를 인정받지 못하는 상황 등)

---

6 → ① ② ⑤ ⑨ 카드 확인 일반적으로 부정적 영향을 받기 쉬운 위치이나 만약 긍정적인 영향을 받는다면 지금까지 진행한 완벽한 준비로 상대방/대중의 폭발적인 반응을 얻으면서 주변 판도를 뒤흔드는 존재로 발돋움한다고 해석할 수 있다. 그러나 이런 경우는 그만큼 흔치 않으므로 쉽게 적용할 수 없으며, 반대로 부정적인 영향을 받는다면 진행하던 것이 중도에 좌초되거나 예상치 못한 비보를 듣는 것처럼 자신의 의도와 상관없이 주변 인물/상황의 개입으로 좌절할 수 있다는 점을 경고해야 한다.

---

7 → ① ② ③ ④ ⑨ 카드 확인 긍정적인 영향을 받는다면 지금까지와 다른 새로움으로 자신을 변화시킬 수 있으며, 이로써 모든 문제를 해결할 수 있는 원동력을 얻는다고 해석할 수 있다. 그러나 부정적인 영향을 받는다면 과거부터 지금까지 누적된 일들 때문에 질문자의 내면이 완전히 피폐해지거나 공황 상태에 접어들었다는 것을 확인할 수 있으며, 이 혼란을 바로잡으려면 무엇이 필요하고 과연 해결할 수 있는 문제인지 가늠해서 마음을 다잡을 수 있도록 조언해야 한다.

---

8 → ① ③ ⑤ ⑦ 카드 확인 질문자의 어떤 행위/목적이 사람들에게 반감을 사거나 지금껏 겪지 못했던 새로운 이미지의 사람으로 다가오는지 판단해

야 한다.

긍정적인 영향을 받는다면 사람들에게 신선함을 넘어서 파격적인 모습으로 각인되고, 이로써 질문자 자신의 입지나 개성을 어필하고 있다는 의미로 해석되나, 부정적인 영향을 받는다면 상황에 어울리지 않는 돌발적인 행위 때문에 주위에 민폐를 끼치는 인물로 부각돼 있다는 것을 알려 주의하도록 해야 한다.

9 → ① ④ ⑥ ⑦ **카드 확인** 해석이 단조로워지는 경향이 있다. 질문에 관한 운명의 흐름이 이대로 가만히 있기를 바라는 두려움으로 해석되거나, 반대로 현 상황의 급변을 희망하는 모습으로 해석되기 때문이다.

10 해석이 급격히 어려워진다. 이는 이 카드가 의미하는 돌발 상황이 질문자에게 긍정/부정적으로 드러나는지 파악하기 어렵기 때문이다. 질문과 관련한 여러 상황과 예측하기 힘든 변수를 통제하려면 만에 하나라도 벌어질 수 있는 사건들을 모두 조사할 필요가 있다.

대부분, 앞서 나온 아홉 장의 카드를 살펴보고 질문자가 다가오는 충격에 준비 못한 상태로 파악된다면 일이 무산되거나 실패한다는 뜻으로 해석된다. 그러나 충실히 준비했더라도 막지 못할 돌발 상황이 무엇인지 조언함으로써 16이 주는 충격을 최대한 완화할 수는 있다.

실제 사례 (2015년 1월, 20대 중반 남성, '타로카드; 최종 결론' 카페)

질문　이 공모전에서 1위 할 수 있을까?

사전 정보　작은 커뮤니티에서 진행하는 공모 이벤트에 응시한 것이었으며, 주최자가 간단한 상품을 건 이벤트였다. 이런 공모전에는 처음 참가한다고 밝혔다.

Qp - Ap - Ps - 2p - 7p - Kw - 16 - 8w - 3w - 6p

Qp　(질문자 자신) 커뮤니티 활동하면서 이 대회를 알고 참가하게 됐으며, 평소 실력을 보여주려 한다.

Ap　(장애물) 이런 행사에 참가한 경험이 적거나 처음 참여한다.

Ps　(기저) 커뮤니티나 이벤트에 관한 내용을 모르기에 점을 봐서 미리 파악해보려 한다.

2p　(과거) 과거 커뮤니티에서 활동하는 데 큰 문제가 없었다.

7p　(현재/곧 일어날 일) 마침 기회가 왔으니 자신의 역량을 사람들에게 보이고 싶어 한다.

Kw　(미래) 주최자나 커뮤니티 운영자의 개입이 있게 된다.

16　(질문자의 내면) 이런 대회에 참가하는 것이 자신에겐 하나의 충격이 되며, 사람들에게 자신의 작품으로 자극을 주려 한다.

8w　(제3자가 바라보는 질문자) 대회 결과나 진행에 관해 조급해하는 모습으로 비치고 있으며, 대회가 온라인으로 진행된다.

3w　(희망/두려움) 좋은 결과가 있기를 바라는 희망과, 기대한 만큼 성적이 나오지 않는 것에 관한 두려움이 있다.

6p　(결론) 질문자의 기대보다 훨씬 초라한 결과가 드러날 것이다.

실전 해석

이 배열에서 16은 7번 위치, '질문자의 내면'에 나왔다. 공모전과 관련한 질문의 특성상 질문자가 생각하는 이 공모전에 자신이 어떤 충격을 주거나 받게 되는지 확인해야 한다는 것을 알 수 있다. 이에 따라 이 배열에서 16을 해석할 때는 질문자의 역량 외에 질문자가 전혀 예측하지 못하고 있는 상황이 무엇인지 경고해서 이에 대비할 수 있도록 조언해야 한다.

이 질문에서 16은 질문자가 스스로 예측하지 못한 상황과 마주하거나 사람들에게 자신의 역량을 드러내 '충격'을 주거나 받는다는 것을 뜻한다. 16의 의미를 긍정/부정적으로 변화시키는 카드는 Qp, Ap, Ps, 2p, 3w로 확인되는데, 이로써 비교적 부정적인 영향을 받고 있다는 것을 알 수 있다. 자신의 역량에 어느 정도 자신이 있다는 것을 드러내는 Qp와 더불어 해당 공모전이 열리는 커뮤니티의 수준을 관찰하려 하거나(Ps) 자신의 역량을 확인받고 싶어 하는 3w는 실제 공모전의 성사나 입상 여부를 떠나 질문자의 호기심이 더욱 강하게 작용해서 응모한 것으로 이해할 수 있기 때문이다. 그러나 질문자의 역량이 면밀하게 가공되지 않았다는 것을 지적하는 Ap와 과거의 결실도 일정 이상 또는 프로급의 수준이 아니었다는 것을 드러내는 2p 때문에 부정적인 면이 더욱 부각된다는 점을 알 수 있다. 그렇기에 이 상황에서 질문자에게 16이 직접적으로 관계되는 것이라 이해할 수 없으며, 질문자조차 당황할 수밖에 없는 상황이 무엇인지 판단해 대비하도록 조언해야 한다.

① **Qp(질문자 자신)** 이 대회 참가자 가운데서 질문자가 어느 정도의 역량을 지녔는지 보여주며, 나아가 대회의 성격을 드러낸다. 긍정적인 영향을 받는다면 질문자가 참가자 가운데 비교적 경험을 많이 쌓은 편이라 생각하고 있으며, 다른 경쟁자보다 상대적으로 우위에 있다는 것을 알 수 있다. 나아가 대회의 성격이 내부 결속 및 화합과 그동안 두드러진 활동을 하지 않은 사람들을 깨워 커뮤니티를 활성화

할 목적이 있다는 것을 드러낸다. 그러나 부정적인 영향을 받는다면 커뮤니티 안에서 친목을 도모하고 있는 이들 사이에 끼어 자신의 진면목을 제대로 평가받지 못하거나 방해꾼으로 인식되고 있다는 것을 뜻한다(Ps, 2p, 16).

---

② **Ap(장애물)** 긍정적인 영향을 받는다면 질문자의 경력/이력으로 대회의 권위를 자연스레 올려버리는 경우가 될 수 있다는 점을 드러내며, 최상의 경우 이로써 실력 향상에 도움을 얻을 수 있다는 것을 의미하나, 부정적인 영향을 받는다면 질문자가 대회 경험이 부족하다는 것을 드러내며, 대회에 입상하는 데 필요한 기교나 방법들을 잘 모른 채로 자신의 경험이나 기술만을 그대로 가져가야 하는 상황이 문제가 된다는 점을 경고한다.

---

③ **Ps(기저)** 질문 의도를 보여준다. 긍정적인 영향을 받는다면 이 배열로 자신의 역량 수준을 가늠하는 것이 목적이라 해석할 수 있으나, 그 밖에도 커뮤니티의 분위기 흐름을 살피는 등 행사를 넘어 자신이 알지 못하는 것들을 파악하려는 의도가 있다고 해석할 수 있다. 그러나 부정적인 영향을 받는다면 기회를 틈타 자신의 수준이 남보다 우위에 있다는 것을 확인하려 드는 태도를 보인다는 뜻으로 해석된다(Qp, Ap, 2p, 3w).

---

④ **2p(과거)** 긍정적인 영향을 받는다면 그동안 커뮤니티에서 질문자가 별달리 특별한 활동을 하지 않았으며, 그저 그때그때 상황에 맞춰 어울려왔던 것으로 해석할 수 있다. 그러나 부정적인 영향을 받는다면 질문자의 수준이 답보 상태였다는 것을 의미하며, 새로운 시도로 자신에게 자극이 될 만한 일을 찾도록 조언해야 한다.

---

⑤ **7p(현재/곧 일어날 일)** 긍정적인 영향을 받는다면 질문자가 자신의 역량을 커뮤니티 안에 드러내 이벤트 우승 이상의 목표를 달성하려 움직인다는 것을 뜻하나, 반대로 부정적인 영향을 받는다면 부족

한 역량에도 입상을 노리는 모습으로 해석된다. 또한 대회 일정이나 진행에 관해 자세한 논의 없이 대회 개최에만 집중하려 하는 주최자의 무리수 때문에 문제가 발생할 수 있다는 점을 드러내주는 카드다.

⑥ **Kw(미래)** 대회 주최자나 커뮤니티 운영자의 의도대로 일이 계속 진행될 것이며, 이 과정에서 문제가 발생하거나 충돌이 일어날 수 있다는 것을 드러낸다. 이를 자세히 알아내려면 뒤이어 드러날 8w와 6p로써 졸속에 그치거나 대회 규모에 대해 실망한 나머지 대회 자체를 (변명을 대며)없던 일로 해버릴 수 있다는 점까지 예측할 수 있다. 또한 질문자가 확고한 경험을 할 것을 암시한다(Qp,Ap,2p,7p).

⑦ **16(질문자의 내면)** 긍정적인 영향을 받는다면 질문자가 커뮤니티 및 그 안에 활동하는 다른 회원들에게 자신의 작품으로 자극을 주려하는 의도가 있다는 것을 뜻하며, 반대로 부정적인 영향을 받는다면 이 과정 속에 자신이 알지 못하거나 인지하지 못한 곳에서 외부 충격이 가해질 수 있다고 주의를 줘야 한다.

나아가 이 외부 충격은 질문자의 역량이나 의도 때문에 오는 것이 아니라 오히려 대회 참여 경험이 부족해 처음 겪는 상황을 맞이해서 충격을 받는다는 것을 뜻한다. 이는 질문자가 남들보다 실력이 부족하지도 않기에 스스로를 부각시키려 무리수를 두지 않을 것이라는 점과, 공모전 또는 커뮤니티 안에 결정권을 가지고 있지 않다는 점과 이 상황을 강제로 통제할 수 없다는 점으로 알 수 있다(Qp,Ap,Ps,2p, 3w).

⑧ **8w(제3자가 바라보는 질문자)** 이 대회 및 상황이 매우 빨리 진행되고 있다는 것을 의미하며, 대회가 온라인에서만 이루어지는 소규모 행사라는 것을 드러낸다. 부정적인 영향을 받는다면 상황에 대처할 여유가 전혀 없다는 것을 뜻하나, 질문자의 사전 정보로 볼 때 이는 적용될 수 없다는 것을 알 수 있다.

⑨ **3w(희망 / 두려움)** 자신의 노력에 걸맞는 결과가 나오기를 바라는 희망과, 반대로 자신이 원하지 않는 결과가 다가오는 것 또는 결과 자체가 없는 상황이 오는 것에 관한 두려움으로 해석된다.

---

⑩ **6p(결론)** 이 행사의 결과가 흐지부지되리라는 것을 강하게 암시한다. 이는 질문자의 역량 문제보다 대회 진행과 관련해 제대로 준비되지 못하거나 주먹구구식으로 대응한 여파로 갑작스레 중단되리라는 것을 시사하며, 대회와 관련한 양해 서류나 사과문 정도로 마무리되거나, 한때의 웃지 못할 해프닝으로 끝나리라는 것을 알 수 있다.

===

실제 이 질문이 게시판에 올라왔을 때 해석을 시도한 질문자 자신이나 다른 해석자들은 질문자의 역량이 대회에서 어느 정도 드러날 것이며 이에 따른 결과를 예측하는 데 비중을 두었으나, 나는 질문 자체가 타로카드 공부에 치중해 있고 1번 위치에 놓인 Qp에서 이미 자신의 역량을 어느 정도 증명한 것을 본 뒤에 질문의 맥락을 '내가 이 대회에서 좋은 성적을 거둘까'보다 '이 대회가 무난히 끝나 (당연히) 입상할 수 있는가?'로 이해하고 해석한 사례였다.

그리하여 대회가 조기 무산되거나 파행으로 이어지지는 않는가를 문의했으나, 질문자는 '작품 마감 기한을 못 맞추는 경우가 아니라면 대회가 무산될 리 없다'고 말하며 결과가 나오면 알려주겠다고 답했기에 큰 문제가 없을 거라 생각했다.

이 배열에서 16은 해석할 때 질문과 사전 정보로 질문자의 상황이 전혀 16과 어울리지 않다면 어떤 문제들을 탐색하고 경계해야 하는지 잘 보여준다. 질문과 관계없는 문제에 대해, 질문자는 질문 자체에서도 절실할 필요가 없었으며 대회 향방과 관련 없이 사태의 흐름을 그저 관망하는 것만으로 충분히 만족하는 상태였기 때문이다. 이 때문에 질문자의 관망하는 자세가 '급변'하게 될 것을 의미하며, 이 사건 이후 질문자가 비슷한 소규모 공모전들에서 주최자의 자질에 관한 의심을 지우지 않거나, 최악의 경우 덮어놓고 주최 측을 불신하게 되는 기점이자 충격으로 각인될 수 있다는 것을 경고한다.

결과적으로 이 공모전은 주최자의 사정으로 무산됐다.

그는 2016년 2월에 심사 및 결과 발표가 있었어야 했으나 주최자가 잠적하면서 결과 발표는커녕 심사조차 진행되지 않은 채 유야무야됐다는 사실을 전했다.

이처럼 학업, 시험이나 콩쿠르, 공모전 입상 여부를 묻는 질문에 나온 16은 질문자가 생각하지 못했던 사안들 때문에 탈락이 결정돼 버리거나 이 사례처럼 대회 자체가 없어지는 등, 질문자가 생각하지 못한 사건들이 발생하게 된다는 것을 의미한다. 그러나 16의 긍정적인 영향력을 끌어내는 데 성공한다면 입상을 뛰어넘어 해당 분야에 충격을 주며, 이로써 해당 대회의 권위까지 끌어올리게 될 수 있다는 것을 의미한다.

그렇기에, 질문자의 가능성을 파악하거나 해당 분야를 둘러싼 문제들에 관한 근황을 파악해 어떤 방식으로 이 시험에서 살아남을 것인지, 나아가 남에게 자신의 역량을 어떻게 드러낼지 같이 고민해야 하며, 이로써 새로운 대안을 꺼내주거나 허망한 기회에 매달리지 않게끔 조언한다면 해석자의 역할을 십분 다한 것이라 할 수 있다.

실제 사례 (2008년 여름, 서울 강변역 근처, 30대 후반 남성)

질문   내가 투자한 주식이 오를까?

사전 정보 당시 필자는 배열을 확인한 후 300~500만원 내외의 소액 투자가 아니냐 문의했다. 그는 정확히 맞혔다며, 그 정도 자금을 투자하고 있다고 밝혔다.

2s - 2p - 8p - 11 - Pp - 8s - Np - 16 - Qs - 10

2s   (질문자 자신) 현재 투자금 매도/매수 상황을 지켜보고 있다.

2p   (장애물) 투자금에 큰 손실을 입을 수준의 모험을 하지 않으며, 기존의 투자 성향을 고수하려는 질문자의 태도 때문에 수익에 차질을 빚고 있다.

8p   (기저) 큰 욕심은 없고, 규모에 맞는 소소한 수익을 원한다.

11   (과거) 자신의 투자 기준이 있거나 기존의 투자처에 대한 확신이 있다.

Pp   (현재/곧 일어날 일) 자신이 이미 인지하고 있는 정보를 통해 확정적으로 수익을 얻을 수 있는 투자처에 투자하게 된다.

8s   (미래) 스스로 자신하던 투자처에 관한 정보와 상충하는 다른 환경 변화들 때문에 갈등하게 된다.

Np   (질문자의 내면) 투자 금액에 대한 부담이 없으며, 기존과 같은 수익률이라면 만족할 수 있다고 여긴다.

16   (제3자가 바라보는 질문자) 상황의 급변으로 긍정적이든 부정적이든 격변이 오고 있으며, 이 때문에 수익률의 향방을 가늠하기 어려워질 것이다.

Qs   (희망/두려움) 투자금에 큰 손실이 발생하는 것을 두려워하거나, 반대로 그 어떤 상황이 오더라도 투자금 규모에 큰 변화가 없기를 바라고 있다.

10   (결론) 변화에 적응하지 못하면, 최악의 경우 투자금의 손실뿐 아니라 자금 운용에 문제가 발생할 것이며, 반대로 이 흐름에 적응하면 기존의 투자 규모를 뛰어넘는 수익을 얻을 것이다.

실전 해석

이 배열에서 16은 8번 위치, '제3자가 바라보는 질문자'에 드러났다. 사업의 흐름, 투자와 관련한 질문의 특성상 16이 의미하는 '급변'이 질문자의 수익에 어떤 영향을 끼칠지 예측해야 한다. 단순히 업종/투자처를 변경하거나 그 투자처의 매력이 사라지는 것을 의미하는 13과 달리, 16은 급변하는 상황/정세로 일어날 혼란을 예고한다. 이 상황 변화를 미리 파악해 선수를 친다면 그에 따른 수익을 얻어낼 수 있다고 조언해야 하며, 현 상황에 안주했을 때 닥칠 수 있는 다양한 문제들을 경고해야 한다.

이 질문에서 16은 투자와 관련한 이슈들이 전반적으로 급격하게 변화하는 것을 의미한다. 이 배열에서 16에 큰 영향을 끼치는 카드는 2s, 8p, Pp, Np로 확인되며, 이 때문에 16이 부정적인 영향을 받을 수밖에 없다는 것을 확인할 수 있다. 질문자의 소극적 태도와 함께 현 상황이 어떻게 급변하고 있는지 인지하지 못하고 있거나 자신의 본업에 전념하다 보니 폭넓은 시야로 상황을 파악하기 힘들다는 것을 드러내는 8p, 질문자의 자금 운영 역량이 초보 단계에 머무르고 있다는 것을 드러내는 Pp와, 이를 자극하고 조언해도 극단적인 변화를 기피하려 하는 Np의 의미에서 이를 확인할 수 있다.

① **2s (질문자 자신)** 긍정적인 영향을 받는다면 무모한 도전을 하지 않고 현 상황이 어떻게 흘러가는지 명확하게 확인한 뒤 투자 행보를 결정할 것이라는 의미로 해석할 수 있으나, 반대로 부정적인 영향을 받는다면 질문자가 현재 투자처나 투자금의 용도를 변경할 계획이 없거나, 있더라도 이 투자금을 동원하기 애매한 상황이라는 것을 드러낸다.

실제 질문자는 진지하게 이 점을 보는 것이 아니라 얼마 되지 않는 금액의 투자금으로 큰 욕심 없이 그저 담배값 정도를 벌고자 한다고 밝혔다.

② **2p (장애물)** 투자 규모가 적어 큰 수익을 기대하기 어렵다는 점을 지적하며, 질문자의 소극적인 투자 성향이 오히려 수익을 막고 있는 상황이라는 것을 뜻한다. 이와 이어지는 기저와 연계해 어떤 문제 때문에 질문자가 소극적인 투자 성향을 띠는지 확인하면 더 자세하게 조언을 할 수 있다.

---

③ **8p (기저)** 긍정적인 영향을 받는다면 질문자가 큰 수익을 원하지 않고 투자를 경험하고자 운용하고 있다는 것을 알 수 있으며, 비록 수익이 적더라도 자신이 확실하다고 생각하는 업체에 투자하는 방식으로 저수익/저위험을 지향하고 있다는 것을 알 수 있다. 그러나 부정적인 영향을 받는다면 자신의 역량 부족으로 큰 수익을 누릴 수 있는 기회들을 놓칠 수 있다는 것을 경고하며, 최악의 경우 투자와 관련한 소질이 전혀 없다는 것을 드러낸다.

---

④ **11 (과거)** 자신의 규칙이나 방식대로 투자를 진행해 지금껏 큰 실패를 겪지 않았다는 것을 의미하며, 이 때문에 도박에 가까운 투자 방식을 동원하지 않는 방침 또는 기준이 형성됐다는 것을 드러낸다. 이는 질문자의 소극적이고 위험도가 적은 종목을 선호하는 방식이 자신의 규칙으로 정립된 것에 큰 영향을 받아 성립됐다는 것을 확인시켜준다.

긍정적인 영향을 받는다면 자신만의 합리적인 투자 기준이 이미 확고해져서 어떤 상황에도 대처할 수 있다는 것을 뜻하나, 부정적인 영향을 받는다면 경직된 기준을 완화하지 않아 예상 밖의 사태에 대처하지 못하게 될 수 있다는 것을 지적한다. 이 배열에서는 부정적인 영향을 받았다는 것을 확인할 수 있는데, 그 나름의 기준이 어디까지나 현상 유지(2p, Np)와 관련될 뿐 투자의 본 목적인 수익 확보에 있지 않았다는 점(8p, Qs)으로 알 수 있다(2p, 8p, Np, Qs).

---

⑤ **Pp (현재/곧 일어날 일)** 부정적인 영향을 받는다면 질문자의 투자 경험/역량이 다른 사람에 비해 초보 수준에 머물러 있다는 것을 뜻

하며, 별다른 조언이 없다면 질문자가 기존의 방식대로 투자하게 될 것을 알 수 있다. 최악의 경우 자신이 바라는 수익조차 제대로 구현하지 못하는 기량을 개선해야 한다는 것을 경고한다.

그러나 긍정적인 영향을 받는다면 잃어도 큰 타격이 없는 금액을 토대로 실물 경제가 어떻게 움직이고 있는지 학습하려 투자를 계속할 것을 의미하며, 이로써 어떤 투자 기법을 동원해 수익을 얻어낼 수 있는지 습득함으로써 점진적으로 발전할 수 있다는 것을 뜻한다(2p, 7s, 16, Qs).

---

⑥ **8s(미래)** 질문자의 선택에 오류는 없으나, 결과적으로 스스로의 투자 방향에 혼선이 생길 수밖에 없다는 것을 뜻한다. 최악의 경우 인지부조화가 일어나며, 실제 손실이 다가오더라도 결국 다시 원래대로 돌아올 것이라 착각한 채 손실의 폭을 더 넓히는 상태가 반복될 수 있다는 것을 경고한다.

---

⑦ **Np(질문자의 내면)** 부정적인 영향을 받는다면 조언하더라도 견실한 방식을 선호하는 질문자의 성향상 받아들이려 하지 않는 태도를 뜻하며, 더 현실적인 내용들을 지적하며 나아갈 경로를 수정해주지 않는 한 질문자가 자신이 해왔던 방식을 포기하지 않으리라는 것을 드러낸다.

그러나 긍정적인 영향을 받는다면 질문자의 기반에는 큰 무리가 없는 투자금이기에 어떤 상황이 오더라도 별문제가 되지 못한다는 자신감이 있다는 것을 의미한다(2s, 8p, 11, Qs).

---

⑧ **16(제3자가 바라보는 질문자)** 단순히 격변을 예고하는 것을 넘어 투자와 관련한 흐름 자체가 흔들리는 것을 암시하며, 그렇기에 기존의 소극적이고 위험도가 낮은 투자처를 선호하는 방식으로는 감내할 수 없는 충격이 다가온다는 것을 의미한다.

부정적인 영향을 받는다면 이 흐름에 적응하지 못해 투자금을 회수하지 못할 정도의 손실이 다가올 수 있다는 것을 강력히 경고하며,

질문자의 역량으로는 이 변화를 미리 감지할 수 없다는 것을 확정하게 된다. 그렇기에 새로운 방법을 조언해야 하나, 앞에서 언급했듯 투자금에 대해 큰 의미를 두고 있지 않기에 현실적인 조언이 아닌 한 이를 듣지 않아 낭패를 보게 된다는 것을 알 수 있다. 반대로, 긍정적인 영향을 받는다면 이 변화를 미리 간파해 투자 방식을 바꾸거나 원금을 보전해 손실을 예방할 수 있다는 것을 의미한다(2s, 8p, Pp, Np).

⑨ Qs(희망 / 두려움) 투자금이 의미 없이 사라지거나 큰 손실을 보게 되어 아쉬운 마음이 들지 않기를 바라는 두려움과 자신이 평상시 투자해온 방식대로 꾸준한 수익을 얻고자 하는 희망으로 해석된다(2p, Pp, 16).

⑩ 10(결론) 16을 어떻게 받아들이고 적응하는가에 따라 해석의 향방이 크게 바뀐다. 최상의 경우 16이 가져다주는 격변에 적응해 천우신조에 가까운 수익률을 내게 될 것이며, 이로써 자신의 인생 계획을 바꿀 수 있을 정도의 큰 행운을 쥘 수 있다고 해석된다.

그러나 16의 충격을 이겨내지 못하거나 적절하게 대응하지 못할 때는 손해가 막심해지며 추가 지출이 생겨나 자신의 계획을 지연시키거나 최악의 경우 손해를 뛰어넘어 패가망신에 준하는 빚을 지는 상황까지(선물 옵션 등) 예측할 수 있지만, 다행히 질문자가 견실한 투자를 추구하기에 이는 적용할 수 없다.

이 배열에 드러난 16은 좋은 영향력을 발산하는 것으로 보이기 쉬운 카드가 다수 배치돼 있어 자칫 잘못하면 질문자에게 급격히 좋은 흐름이 찾아오거나 일확천금을 얻는 기회로 해석하기 쉬우나, 질문 자체의 특성 때문에 해당 카드들의 부정적인 영향을 간파할 수 있었던 사례였다.

또한 이 사례에서 16은 배열에 나온 다른 카드들이 비교적 소소한 내용을 다루고 있음에도 재난 그 자체를 의미하며, 수익을 유지하거나 더 획기적인 이익을 얻고자 꾸준히 노력하지 않은 모든 사람에게 충격을 던지는 사건이 일어나리라는 것을 의미한다.

실제 해석 당시에 내 해석을 들은 질문자는 자신이 알고 있는 고정 투자처가 종교 단체 산하의 견실한 석재회사라는 것을 밝혔다. 그는 업체 특성상 큰 손실이 날 수 없는 상황인데 무슨 소리냐며 해석을 신뢰하지 않는 기색이 역력했다.

그렇기에 나는 다시 카드를 한 장 한 장 짚어가며 왜 이런 해석이 나오는지 설명했으며, 추가적으로 전혀 다른 방식의 공격적 투자를 할 것을 종용했다. 나는 펀드 가운데 곡물, 특히 옥수수와 연계된 곡물 펀드와 브라질을 언급했다. 이는 당시 부시 행정부의 특성상 내연 기관과 관련한 주가를 지키려는 전략을 실행할 것이며, 이 과정에서 당시 이슈가 되었던 바이오 에탄올* 산업과 관련한 재료인 옥수수의 수요가 급등할 것을 지적하며, 브라질 행정부가 추진하는 재활용 산업 및 경제 부흥 정책에 관한 내용을 설명하며 질문자가 잘 알지 못하더라도 손해 보는 투자는 아니라는 것을 강력하게 주장했다.

이에 덧붙여, 아무리 내부 사정을 잘 알고 있는 회사라도 변동성을 인식하지 않는 한 실패는 반드시 찾아올 것이라 지적하며 질문자가 놓인 위치나 기반, 역량을 확인하고 이 사안이 무리수가 될 수 있다는 것을 강력히 경고했으나, 결국 그의 생각을 바꾸는 데 실패했다. 그는 고작 300만 원에 이번에 받을 상여금인 500만 원을 합쳐봐야 800만 원인데 이 금액으로 펀드를 해봤자 수익이 얼마나 된다고 그런 수고를 들이냐며 넉살 좋게 웃고는 이야기를 끝내버렸다.

이 점의 후일담은 실로 무섭게 다가왔다. 서브프라임 모기지 사태가 벌어지며 전 세계 증시가 충격을 받아 주가가 약세를 지속했다. 이 과정에서 그가 투자한 주식은 점을 보던 당시 이미 1000원 대를 사수하지 못한 상태였으며, 이윽고 매수 금액이었던 1×00원대에서 70퍼센트 손실에 육박하는 400원대로 하락했다. 이 업체의 주가는 1년 반이 지난 뒤 서브프라임 모기지 사태가 어느 정도 수습된 다음

---

* 곡물을 가공해 화석연료를 대체할 수 있는 연료로 만드는 기술이다.

에야 복구됐다.

서브프라임 모기지 사태와 함께 연이어 바이오 에탄올 산업체의 곡물 매집으로 옥수수를 주식으로 삼는 중남미 쪽 곡물가가 폭등하며 연일 곡물 펀드가 상한가를 유지했고, 브라질은 인도·러시아·중국과 함께 BRIC으로 지칭되며 새로운 양질의 투자처로 탈바꿈했다.

여기에 더해 브라질은 유전까지 발견되고 월드컵, 올림픽을 모두 유치하는 데 성공하며 엄청난 호황을 맞았다. 결론의 10은 이런 흐름을 이 국가들이 유지하는 데 성공하면 황금기를 누릴 수 있다는 것을 의미하나, 애석하게도 부정부패로 이를 유지하지 못해 다시 쳇바퀴 돌아가듯 불황을 맞이한다는 점까지 언급한다.

이 사례는 투자에서 안전을 추구하는 것은 좋은 방침이나, 그 방침조차 상황에 맞지 않으면 손실이 발생할 수 있다는 점을 깨달을 수 있는 좋은 예라 할 것이다.

이처럼 사업의 흐름이나 투자와 관련한 질문에 드러난 16은 예측 자체가 어렵거나 납득하기 힘든 상황들을 보여줄 때가 많다. 앞에서 언급한 사례의 질문자 또한 이런 예측을 받아들이기 힘들어했다는 점에서도 이를 쉽게 알 수 있다.

그러나 가능성을 넓히고 해석자 자신의 경험이나 인식의 지평을 확장해 상황을 예측하고 알아내는 과정이 가장 중요하다. 또한 이런 류의 주제에서 16은 보편적으로, 소소하게는 지역 상권 이웃의 갑작스러운 공격적 마케팅(출혈 경쟁)에서 시작해 배송 지연이나 자연재해로 생긴 피해를 넘어 세계적 홍보(특히 주식에서 이런 경향이 심하다)로 이어질 수도 있는 영향력을 발휘한다는 점에 주의해야 한다. 그렇기에 질문자의 고정관념을 어떻게 환기해 더 나은 방향으로 발전을 도모할 수 있는지 조언한다면 해석자의 역할을 다했다고 할 수 있다.

XVII. THE STAR.
별

새로운 경지, 훨씬 더 높은 경지로 나아감
Renewal

고차원, 감화, 격이 다름, (현실적이지 못한)희망, 성기체聖氣體/Astral, 갱신, 격차, 이상, 다중 결과성(마케팅), 극비, 이상형, 채널링, 채널러, 비전秘典, 커스터마이징의 극대화, 초회 프로모션, 안내하다, 가르치다(직접적 가르침이 아님), 표식(상징을 포함한 자연물들이 알려주는 것들), 위대한 선지자나 사상가/예술인/작품들, 암호 체계, (감정/정신적)회복, 소개하다, 새로운 것/경지의 경험, (새로운 개념/대안을)보여주다, 한정, 새로운 약속, 리셉션, 발인에서 49재 사이의 기간, 다른 세계로 이동, 신약성경

긍정/부정 확인 기준

해당 분야의 관련자가 아니면 알기 어렵거나 잘 모르는 것들과 관련
있는 내용인가?

질문자가 목표를 달성하려 어떤 노력을 했으며, 그 노력은 정당한가?

질문자가 질문과 관련해 달성한 것이나 결과물의 수준이 높은가?

다른 사람들에 비해 질문자의 수준이 어떠한가?

질문 주제가 장례·접신 등 현실에 있을 수 없는 것과 관련돼 있는가?

질문이 현실적으로 이루어질 수 없는 수준의 것들을 논하는가?

대중적으로 별 카드는 희망 찬 메시지를 전달한다고 알려져 있으나,
실상 그런 의미는 거의 없으며 있더라도 그 희망은 그저 덧없는 선
망이나 동경 수준에 머무른다. 메이저 상징편에서 언급했듯 질문자
가 스스로 다른 사람들에게 등불과 같은 존재가 되거나 그만한 결과
물을 내지 못했다면, 그저 이런 경지에 오른 사람을 보고 부러워하는
데 지나지 않는다는 것을 뜻하기 때문이다.

그렇기에 별 카드를 해석할 때 해석자는 질문자가 유리/불리한 상
황인지를 가장 먼저 확인해야 하며, 이로써 질문자가 자신의 길을 걸
어가고자 자신을 완성해나가는 과정에서 고민하는 것인지 구분하고
현 상황에 맞게 조언해야 한다.

질문자가 새로운 경지나 더 높은 수준을 달성하는 데 성공한 경우
라면 큰 무리 없이 해석이 진행될 때가 많으나, 그 반대의 경우라면
자신의 수준을 가늠하지 못한 채 헛된 공상을 하고 있다는 점을 지적
하는 것을 넘어 이미 자신이 꿈꾸거나 선망해온 길을 걸어가는 사람
을 부러워하는 수준에 머무를 수 있다는 것을 반드시 경고해야 한다.

해석용법

긍정 별 카드 이후의 카드들(18, 19, 20, 21)은 질문자가 그에 합당한 업적/경력/결과물을 남겼을 때만 강력한 영향력을 발휘한다. 이는 곧 역경을 딛고 일어나 성공한 증거가 있고 많은 사람에게 귀감이 될 때 비로소 '(많은 사람에게)희망(이 됨)'의 의미가 주어지기 때문이다.

특히 별 카드는 자신의 분야 또는 질문과 밀접한 관계가 있는 분야에서 남다른 자신만의 비전vision을 제시하고 이로써 많은 사람에게 영향을 끼치고 있을 때 그 의미가 강화된다.

부정 반대로 이런 기준에 미치지 못한다면 별 카드에 주어진 희망의 의미는 보편적으로 적용될 수 없으며, 적용해도 빛 바랠 때가 많다. 별 카드에서 말하는 희망은 잡을 수 없거나 닿기 힘든 이상향을 바라는 수준에 머무른다. 이를 이루려면 많은 수고와 노력과 각오가 있어야 하나, 질문자에게 이런 준비가 돼 있지 않는 한 그가 품은 희망은 덧없다는 것을 의미할 뿐이라는 점을 경고해야 한다.

이 때문에 별 카드의 '더 높은 차원으로 발돋움', '희망'의 이면에 자리한 '격차', '이룰 수 없는 희망'의 의미가 파생하며, 자신의 역량/기반을 어떻게 증명할 수 있으며 사람들이 이를 어떻게 받아들이는지 확인해 긍정/부정적인 의미를 결정할 수 있다.

나아가 이 의미들이 다른 키워드와 결합하면 자신보다 격이 높은 사람들을 바라보거나 그들에게 뭔가 원하는 것으로 이해할 수 있다. 예를 들자면 연애 관계에서 상대방의 조건이 자신과 엄청나게 차이(연예인이나 기업가를 바라보는 일반인들의 시각)가 나거나 그런 사람이 자신의 연인이 되기를 바라는 희망 또는 싸울 엄두조차 내지 못하는 사람을 마주하는 상황(예: 미국의 국방)에 적용되며, 이 상황에서 자신의 시야나 경험을 늘리는 기회가 생기는 것을 뜻하는 따위의 다양한 상황에 적용할 수 있다.

특히 이런 부정적인 의미들은 메이저 상징편에도 언급했듯 이른바 '사다리 걷어차기'와 같은 의미를 파생하며 최악의 경우 특정 분야에 대한 독점과 이로써 한 번의 성과를 올린 뒤 안주하며 사람들에게 피해를 입히거나 좋지 못한 선례를 남기는 경우를 예로 들 수 있다.

특히 질문자가 역량을 갖추고 있다면 자신을 완성하고자 다른 사람이 접근할 수 없는 곳에서 노력하는 것으로 이해할 수 있으나, 그 반대의 경우 자신의 역량을 제대로 판단하지 못한 채 다른 사람들과 자신을 격리하거나 자기 위안에 급급하는 모습으로 해석된다. 또한 어떤 초월자들(신, 운명, 영웅)이 갑자기 나타나 자신의 희망을 대신 달성해주기를 바라는 영웅주의 및 의존 성향으로 나타나는 사례도 있다.

그 밖에 차원이 다른 뭔가가 현실에 나타나는 경우를 의미한다. 이때 주변 카드의 연계에 따라 초환·강령·접신까지 포함할 수 있으며, 월등히 높은 수준의 무언가와 접촉하는 것을 뜻한다. 그러나 이 경우 질문자의 수준에 따라 다른 존재가 무엇인지 다르기에 명확한 의미로 정리할 수 없으며, 응용의 폭이 지나치게 넓어져 해석의 정밀함을 해칠 수 있다는 점에 주의해야 한다. 단순히 언어 소통이 되지 않는 외국인과 접촉하는 것부터 복잡하게는 말 그대로 강신降神까지 해당할 수 있기에, 더욱 해석에 주의해야 한다.

그렇기에 주제와 상관없이 질문자의 역량을 가장 먼저 확인해야 하며, 질문 주제와 관련해 일정 이상의 수준이 무엇인지 파악해야만 해석의 오류를 줄일 수 있다. 카드 그림에서 묘사하는 것이 실존하지 않거나 관념적이거나 모호한 대상과 대면하는 순간이기에, 실제 해석에서 이를 어떻게 적용할지가 문제다. 키워드를 이해하지 못하는 데서 생긴 이런 문제는, 특이 사항이 없을 때 별 카드의 의미가 실제 어떤 현실적인 대안이 아니기 때문에 질문자 자신이 노력하는 방편을 구하도록 조언해 카드의 모호한 의미를 구체적으로 만들어 바로잡을 수 있도록 조치해야 한다.

별 카드에 합당한 역량을 증명해내면 사람들에게 희망의 등불이 돼줄 수 있다. 같은 가치/분야를 공유하는 모든 이에게 귀감이 되며,

이런 마음가짐으로 현실을 변혁하는 것으로까지 나아갈 수도 있다. 이런 역사적 인물로 이순신, 제갈량, 조지 워싱턴을 들 수 있다. 셋은 모두 자신의 가치(조선, 한실 부흥, 독립)를 내건 상징적 위인이었으며, 그 가치에 걸맞는 역량을 발휘해 살아생전 한 나라를 유지시키는 데 성공했고 후대의 귀감이 됐다.

그러나 부족한 역량으로 남을 시기하거나 자신의 역량에 만족하지 못하고 뒤이을 사람을 배제하는 행위로 비판받거나 초창기에 이룬 업적을 빛 바래게 만드는 사례도 있다.

배열 위치별 특징 켈틱 크로스 배열에서 별 카드(이하 17)가 나왔을 때 어떻게 긍정/부정적인 영향을 확인하는지 판단하려면 10장의 카드 맥락을 모두 살펴야 한다(이에 관해 더 상세한 내용은 458-460쪽을 참고).

17이 배열에 나오면, 아무 노력도 없이 바라보기만 하는 자, 17을 향해 나아가는 자, 이미 17의 경지에 올라 있는 자로 해석된다. 이는 사전 정보로 질문자의 수준을 파악함으로써 더욱 명확히 파악할 수 있다.

이런 성향 때문에 17은 3, 7, 9번 위치에 나왔을 때 질문자의 관점을 표현하는 위치에 속하기에 긍정적인 영향력이 쉽게 강화된다. 주로 심리적 충격이나 이를 통한 개선, 또는 시야의 확장을 뜻할 때가 대부분이며, 긍정적인 영향을 받는다면 이런 과정을 거쳐 질문자의 격이나 수준이 높아지는 것을 뜻한다. 그러나 부정적인 영향을 받는다면 질문자가 원하는 목표나 수준에 도달하는 데 질문자 수준 이상의 역량이나 의지가 필요하다는 점을 강조해야 하며, 이를 이룰 수 있는 현실적인 방법들을 제시해야 한다.

반대로 5, 6, 8번 위치에 나왔을 때는, 긍정적인 영향을 받는다면 질문자가 자신의 수준/경지를 사람들에게 보여주거나 사람들이 질문자를 17과 같은 사람으로 인식하고 있다는 점을 뜻하기에 질문자의 역량이 객관적으로 이에 못 미칠 때는 쉽게 악화될 수 있다. 이때는 외부 상황과 관련해 넓고 새로운 시각으로 접근해야 한다고 조언함으로써 자신의 목표/비전에 더 빨리 다가갈 수 있게 도와야 한다.

　부정적인 영향을 받는다면 외부의 시각에서 벗어나 소외된 길을 걸어가야 한다는 것을 의미하며, 나아가 자신의 가치를 인정받지 못하는 상황일 수 있으므로 이를 어떻게 해결할 수 있는지 조언해야 한다. 최악의 경우 혼자만의 세상에 빠져 소통을 거부하는 사태로 이어질 수 있다는 점을 경고해야 한다.

연애(관계가 성립한 상황) 긍정적인 영향을 받는다면 상대방과 관계가 진전하는 것을 뜻한다. 그 밖에 상대방과 앞날에 관한 생각을 공유·합의함으로써 애정이 각별해질 수 있다.

부정적인 영향을 받는다면 현실적인 격차(재정, 지위) 때문에 관계가 제대로 성립하지 못하거나 강제 이별 또는 한쪽의 희생만을 강요하는 상황이라는 것을 경고해야 하며, 이런 관계가 지속되는 것이 과연 서로에게 좋은 영향을 줄 수 있는지 진지한 성찰을 할 수 있도록 조언해야 한다.

연애(관계가 성립하지 않은 상황) 매우 절망적인 키워드로 드러난다. 실제 호감을 품은 사람에게 구애하지 않는 한 17의 긍정적인 의미를 절대 적용할 수 없다. 그렇기에 대부분 선망/동경의 대상 그 이상의 존재를 묘사하는 것에 그치며, 격차가 큰 상태에서 진행되는 관계라는 점을 자각시켜 자포자기하게 하는 편이 더 나을 수 있다. 최악의 경우 상대방이 기혼자거나 이미 연애 중이라는 뜻으로도 해석할 수 있기에 조심스럽게 접근해야 한다.

상대방이 없거나 단순히 호감만 있는 상태에서 17이 나왔을 때도 부정적인 영향을 쉽게 받는다. 질문자의 이상이 너무 거창하거나 자신의 현실로는 관계를 성립시키기 어려운 이상형을 가지고 있다는 점을 지적할 수 있으며, 나아가 현실적인 문제들 때문에 연애 자체를 진행시키기 힘들다는 뜻으로 해석되기도 한다.

그러나 긍정적인 영향을 받는다면 질문자의 수준이 높아 이를 만족시킬 만한 사람이 없다는 점을 양해시켜야 하는 경우까지 있으나, 일반적으로는 우연이나 어떤 계기로 자신이 원하는 이성을 마주치는 상황을 의미하므로 만남에서 자신의 이미지를 어떻게 어필할지 미리 대비할 수 있도록 조언해야 한다.

대인관계 긍정적인 영향을 받는다면 말 그대로 어떤 집단에서 군계

일학群鷄一鶴 같은 존재라는 것을 드러내고, 자신이 할 일에 매진하며 사람들을 격려하거나 이끄는 것을 뜻한다. 그러나 부정적인 영향을 받는다면 사람들 속에서 주목받지 못하거나 겉도는 상황으로 드러나며, 최악의 경우 이런 문제로 집단에서 배제당하거나 스스로 이탈할 수밖에 없다는 것을 의미한다.

그렇기에 사람들과 마찰이 계속되는 상황이나 소통 부재로 문제가 발생하면 질문자의 성찰이 먼저 뒤따라야 하며, 이로써 그 집단 안에 있어야 할 이유가 무엇인지 스스로 납득할 수 있도록 조언해야 한다.

사업의 흐름이나 전망/창업의 성사 여부 해석하기가 매우 까다롭다. 사업 종류·유형·아이템의 본질을 묘사하기가 꽤나 어렵기 때문이다. 그만큼 17을 긍정적으로 해석할 수 있는 조건을 충족하기 어렵다는 것이며, 군이 묘사한다면 학술의 장에서 나온 혁신적인 기술을 곧장 사업화해 성공하는 것을 들 수 있으며, 그만큼 알려지지 않은 분야/방법들을 상품화해 수요를 창출하는 사업 유형으로 나타난다. 이는 사업 유형을 떠나 투자 가치 여부를 따지는 점에도 마찬가지의 성향을 띠고 있기에 질문자가 상당한 정보를 손에 넣고 있지 않으면 긍정적인 영향을 받지 못한다.

이런 유형의 질문에서 17이 긍정적인 영향을 받는다면 다른 경쟁자보다 더 나은 기술을 갖춘 업체/전문가와 연계해서 시장을 선점하거나 남들은 접근할 수 없는 정보를 쥐고 이윤을 창출해내는 호재로 해석할 수 있으나, 부정적인 영향을 받는다면 기술은 뛰어나지만 사람들에게 상품성을 인정받지 못해 사장될 수 있다는 것을 경고해야 한다. 또한 스스로 자부하는 분야나 기술이 사람들에게 아무런 의미 없는 상황으로도 해석할 수 있다.

진로 적성/시험 결과나 합격 여부 긍정적인 영향을 받는다면 남보다 뛰어난 학습 능력 또는 비전/목표가 설정돼 있으며 이를 향한 경로 설정을 마쳤거나 이미 자신이 목표한 수준에 도달한 것으로 해석할

수 있다.

이는 진로 적성과도 밀접한 관련이 있으며 질문자가 몸담으려는 분야에 관한 미래 예측이나 비전 제시에 소질이 있다는 것을 뜻한다. 최상의 경우 조기 진급 및 월반처럼 특정 분야의 천부적 재능을 인정받는 경우로 해석되며, 다양한 상황(예: 수시 합격)에서 긍정적인 의미로 적용할 수 있다.

그러나 부정적인 영향을 받는다면 자신의 현 상황이나 재능에 걸맞지 않은 목표를 설정하고 있거나 목표가 모호한 상태에서 여론에 흔들릴 수 있다는 것을 경고한다. 최악의 경우 환각·환상·환청처럼 있지도 않은 것에 관해 막연한 지식을 떠벌려대는 수준으로 격하될 수 있다.

질병의 호전, 완치 갑작스러운 천형天刑이나 변이된 질병을 뜻할 수 있으며 치료 방법을 찾기 어려운 병을 통칭한다. 최상의 경우 이유를 알 수 없는 완치를 뜻하나 희귀한 경우이기에 해석에 주의해야 한다. 또한 '강림, 진화'의 의미가 적용될 때는 신열神熱 등의 무속巫俗 관련 질병도 포함된다. 이 질병들은 혈통 개념과 무작위성이 뒤섞인 양상* 이기에 적용이 제한되는 경우가 많다는 점에 유의해 해석해야 한다.

단순한 건강 문제 정신적인 면에서는 조현병 가운데서도 다른 인격을 생성하는 증상에 해당할 수 있다. 신체적인 질병은 뇌하수체/호르몬과 긴밀한 접점이 있다. 이는 17의 키워드인 무한한 생장과 회복이라는 키워드에 가장 흡사한 역할을 담당하는 신체 부위이기 때문이다.** 나아가 이와 비슷한 역할을 담당하는 신체나 정신적인 문제들

> * 메이저 상징편의 토라, 여인, 물병, 호수 상징 해설 참고(148-149쪽). 신병의 발병 원인은 학계에서도 논란이 지속되고 있다. 또한, 한국 무속의 분류가 강신무降神巫와 세습무世襲巫로 분류돼 있으며, 별 카드는 강신무와 관련될 경우가 잦다. 강림한 다른 차원의 존재를 맞이하는 경우로 해석할 수 있으나, 이런 특이한 사례는 해석할 때 필히 조심해야 한다.
>
> ** 메이저 상징편의 여인, 물병, 호수, 지상에 내려지는 물 상징 해설 참고.

로 해석할 수 있지만, 계속 강조했듯 실제 해석할 때 주의를 기울일 것을 간곡히 당부하고자 한다.

켈틱 크로스 배열 위치별 긍정/부정 해석법

1 → ②④⑦⑨ 카드 확인 세 가지 유형으로 해석이 분류되는 경향이 있다.

1. 질문자가 질문 주제와 관련한 목표나 이상을 확정
2. 질문 주제와 관련한 다른 사람의 영향으로 질문자가 자신의 수준을 넘는 경지를 엿본 상태(상상해온 이상형을 마주치는 것도 포함)
3. 질문자가 형용할 수 없는 다른 문제에 휩싸임(질문 자체가 특수성을 띠고 있기에 조언에 주의를 기울여야 한다)

긍정적인 영향을 받는다면 1은 배열 전반에 영향을 끼치며, 질문자의 역량이 강화되거나 기반이 확장되는 효과를 낳는다. 그러나 부정적인 영향을 받는다면 1은 배열에서 그 어떤 역할도 하지 못한 채 현실성 없는 계획, 부질없는 희망으로 의미가 급전직하하기에 질문자의 상황과 역량을 가늠하는 데 힘써서 더 명확한 방향으로 발전할 수 있도록 조언해야 한다.

2 → ①③⑤⑦ 카드 확인 이 문제가 무엇인지, 극복할 수 있는지 확인해야 한다. 긍정적인 영향을 받는다면 질문자가 이 문제를 해결함으로써 한 단계 더 발전할 수 있다는 것을 강조해야 하며, 최상의 경우 걱정했던 문제가 사실 없었고 자신의 마음가짐만 바꾸면 된다는 있다는 것을 조언해야 한다. 그러나 반대의 경우, 질문자의 목적이나 목표가 터무니없이 이상적이거나 자기 위주로 계획을 짠 나머지 다른 사람들과 불화가 생길 수 있다는 것을 경고해야 하며, 최악의 경우 제3자의 개입해 자신이 계획한 모든 것이 수포가 될 수 있다는 것을 지적해 질문자가 놓치고 있는 부분을 조명해줘야 한다.

---

3 → ④⑤⑥⑦ 카드 확인 질문 주제와 관련해 질문자가 해온 다양한 일과 질문자의 내심을 파악해 그의 비전을 확인해야 하며, 이 과정에서 질문자가 올곧게 나아가고 있는지 점검해야 한다. 긍정적인 영향을 받는다면 질문자의 행보를 판단하는 사람들의 간섭을 배제하고 자신의 목표를 추구할 수 있도록 격려해 목표에 더 빨리 닿을 수 있다고 조언해야 한다. 반대의 경우, 질문자의 잘못된 이상과 목표 때문에 다른 사람들이 겪게 되는 문제들을 주의를 줘야 한다.

4 → ①③⑦⑨ 카드 확인 과거에 겪거나 목격한 사안 때문에 질문자의 태

도가 변화한 이유를 추적함으로써 더욱 상세한 내용을 확인할 수 있다. 긍정적인 영향을 받는다면 과거의 경험 덕분에 단숨에 일취월장하는 모습으로 해석되나, 반대의 경우 '성공한 사람들은 자기 계발서로 남의 인생을 망친다'는 말처럼 잘못된 영향을 받아 오히려 방황하는 상태라는 것을 일깨워야 하며, 현재의 방침을 바꾸고 더욱 현실적인 대안을 세울 수 있도록 조언해야 한다.

5 → ① ② ③ ④ 카드 확인 곧, 또는 지금 현재 질문자에게 새로운 경지가 펼쳐진다는 것을 확인할 수 있다. 긍정적인 영향을 받는다면 질문자가 그동안 해왔던 노력이나 계획이 결실을 맺어 다른 사람들에게 자신의 경지를 보여줄 수 있다는 것을 의미하며, 이로써 질문자의 입지가 강화된다고 해석할 수 있다.

그러나 부정적인 영향을 받는다면 질문자에게 어떤 영향도 주지 못하고 오히려 빈정이 상하는 등 부정적인 효과를 일으킨다는 것을 주의해야 하며 이를 외면하도록 조언해야 한다. 또한 다른 사람들에게 자신의 입지를 쓸데없이 밝히는 것과 같은 행동으로 반감을 살 수 있으니 주의하도록 당부하고, 곧 다가올 17과 같은 상황은 질문자와 관련한 것이 아니니, 자신의 역량/기회를 낭비하지 않도록 경고해야 한다.

6 → ① ② ④ ⑧ 카드 확인 질문자가 현재 어떤 노력을 하고 있으며 그것이 자신을 발돋움시키거나 이상을 향해 나아가는 데 도움이 되는지 먼저 확인해야 한다. 긍정적인 영향을 받는다면 이로써 질문자가 목표한 결과를 얻어내거나 그에 못지않은 진전이 있다는 것을 의미하지만, 부정적인 영향을 받는다면 다른 사람이 질문자를 추월하거나 최악의 경우 자신의 바람이 허황되다는 것을 자각하지도 못한 채 같은 실수를 반복하는 상황으로 발전할 수 있으니 이를 경고해야 한다.

7 → ① ③ ④ ⑨ 카드 확인 질문자가 스스로도 믿을 수 없거나 생경한 경험을 하고 있다면 이로 인해 질문자의 시야가 넓어지거나 좋은 영향을 받아 발전할 수 있는 원동력을 얻는다는 것을 뜻하나(여기에는 오르가즘도 포함된다), 반대의 경우 질문자가 현재 생각하고 있는 것들이 의미 없거나 현실에 없다는 것을 일깨우고 질문자가 이를 놓치게 하는 것들을 질문자에게서 차단해야 한다.

8 → ① ④ ⑤ ⑦ 카드 확인 긍정적인 영향을 받는다면 다른 사람에게 귀감이 되는 존재로 인식되고 있다고 해석되며 이로써 질문자 자신이 추구하는 분야나 질문 주제와 관련한 다른 인물들에게 영향을 끼치게 된다고 해석할 수 있다. 그러나 부정적인 영향을 받는다면 자신의 능력과는 별개로 사람들에게 주목받지 못하는 모습으로 전락하며, 이를 극복할 방법으로 질문자의 역량이나 재능을 사람들에게 보여줄 것을 조언해 정당한 평가를 받도록 이끌어줘야 한다.

---

9 → ① ② ④ ⑦ 카드 확인 기본적으로 자신의 현 상황을 벗어나 더 나은 곳으로 가기를 원하는 모습과, 그 반대로 자신이 겪는 이 상황을 다른 사람이 알아주지 못한 채 덧없이 방황하는 것을 두려워하는 모습으로 해석할 수 있다. 이는 질문자가 과거와 현재에 어떤 문제를 겪어왔으며, 문제 없는 최상의 경우에 자신이 닿을 수 있었다고 생각하는 것이 무엇인지 확인함으로써 알 수 있다.

---

10 긍정적인 영향을 받는다면 질문과 관계된 (쉽게 닿을 수 없는)새로운 경지나 경험을 겪을 수 있다는 것을 의미하며, 최상의 경우 이로 인해 기존의 자신과는 전혀 다른 삶을 살아가게 된다는 것을 뜻한다.

그러나 부정적인 영향을 받는다면 재주는 곰이 넘고 돈은 주인이 챙긴다는 말과 같은 상황이 벌어질 수 있으며, 다른 사람의 평가를 받기 어려울 수 있기에 폐쇄적인 자세를 견지하도록 조언해야 한다.

대부분 질문 주제와 배열의 다른 카드들로 어떤 분야와 관련한 문제인지 특정지을수록 명확한 내용을 확인할 수 있으므로, 사전 정보를 듣는 과정에서 놓치는 것이 없도록 주의해야 한다.

실제 사례 (2001년 겨울, 에듀넷 PC 통신 내 소모임, 10대 후반 여성)

질문   이 학과를 선택해 내가 하려는 것을 해낼 수 있을까?

사전 정보 역사학 계열로 진학하려 했으며, 세부 전공을 결정하고자 배열을 펼쳤다.

7s - Pp - 2w - 17 - 6p - 4s - Kp - 11 - 8s - 6s

7s   (질문자 자신) 쉬운 방법을 통해 대학 입시에 대한 부담이 없으나, 경솔하게 진로를 결정할 수 있다는 점을 조심해야 한다.

Pp   (장애물) 이런 문제로 고민한 경험이 부족한 상황이기에 조언을 구해야 한다.

2w   (기저) 자신의 꿈이 있으며, 이를 이루고자 한다.

17   (과거) 다른 입시생에 비해 월등한 성적과 기반을 갖추고 있기에 진학에는 전혀 문제 없다.

6p   (현재/곧 일어날 일) 입학하기를 원하는 대학에 지원할 것이다.

4s   (미래) 결과를 기다려야 한다.

Kp   (질문자의 내면) 입시에 대한 긴장이 없으며, 자신의 꿈에 현실적으로 다가가고 싶어 한다. 나아가 역사 관련 유물에 직접적으로 접촉하며 체득하는 것을 원하고 있다.

11   (제3자가 바라보는 질문자) 질문자가 원하는 목표가 확고히 서 있는 상태라 보고 있다.

8s   (희망/두려움) 고민이 길어져 어설픈 선택을 할까 두려워하며, 자신이 걸어온/걸어갈 길이 명확하기에 더는 망설이고 싶지 않으려 마음먹었다.

6s   (결론) 질문자가 원하는 방향으로 나아갈 것이며, 그 길이 불투명하더라도 계속 나아가게 될 것이다.

이 배열에서 17은 4번 위치, '과거'에 나왔다. 이는 진로, 학업과 관련한 질문의 특성과 결부해 질문자가 '더 높은 차원으로 발돋움'했거나 반대로 다른 이들의 성과를 부러워하는 상황을 의미한다. 또한 과거에 이룬 것을 기반으로 혜택을 누린다는 것을 뜻하거나 반대로 과거의 잘못된 선택 또는 목표 달성의 실패로 자신의 꿈을 놓게 돼 이를 다시 이루려면 긴 시간이 필요할 수 있다는 것을 경고해야 하고, 이를 명확히 파악하려면 질문자의 현 상황을 파악해 긍정/부정적인 영향에 따른 의미를 판단해야 한다는 것을 알 수 있다.

이 질문에서 17은 질문자의 과거 성적과 학업 성취 수준을 드러낸다. 17의 의미를 긍정/부정적으로 변화시키는 카드는 7s, 2w, Kp, 8s로 확인되는데, 이로써 비교적 긍정적인 영향을 받고 있다는 것을 알수 있다. 물론 질문자가 자신의 비전을 명확하게 제시하지 못했고, 목표 없이 공부만으로 평범하게 살아가는 것을 두려워하고 있기에 카드의 의미를 완벽히 긍정적으로 적용할 수는 없다. 그러나 기존의 방식과 달리 사람들의 반발을 일으킬 수 있는 수단을 쓸 수 있을 만큼 유리한 위치에 있고, 자신의 기반이 그만큼 굳건한 상태라는 것을 Kp로 확인할 수 있다. 그러므로 질문자가 어떤 분야에 관심을 갖고 있는지 확인해 더 세부적인 진로를 설정하도록 조언해야 한다.

① **7s(질문자 자신)** 긍정적인 영향을 받는다면 진학을 걱정할 필요가 없는 상황이며 당시 기준으로는 반칙/편법 같은 방식으로 진학을 선택할 수 있다는 것을 드러낸다. 이는 질문자가 수시로 대학을 선택하려 한다는 것을 드러낸다. 그러나 부정적인 영향을 받는다면 사람들의 지탄을 받을 수 있는 불법적인 방식으로 자신이 원하는 것을 얻어내려는 태도를 지적해야 한다. 이 해석을 마치자, 실제 질문자는 전교 1~5등을 오가는 성적이었다는 것을 밝혔다.

② **Pp(장애물)** 긍정적인 영향을 받았다면 질문자 스스로 명확하게

진로 설정을 마치고 해당 분야에 관한 정보를 얻도록 조언해 경쟁자들보다 뛰어난 수준의 역량을 갖출 수 있다는 것을 뜻하나, 부정적인 영향을 받는다면 질문자가 참고할 만한 표본이 부족하다는 것을 뜻하며, 당연하다면 당연하겠지만 질문자의 경험이 일천하다는 것을 지적한다. 실제 질문 당시 질문자는 고등학교 2학년이었으며, 가족들이 원하는 진학과 자신이 원하는 진로가 같지 않아 언쟁이 자주 오갔다고 말했다(2w, Kp, 11).

---

③ **2w(기저)** 긍정적인 영향을 받는다면 질문자가 자신의 이상을 이루고자 계획을 세워두고 있다는 것을 뜻하나, 부정적인 영향을 받는다면 질문자의 이런 생각이 허황되거나 구체적인 대안이 전혀 없고 한번 찔러나 보려는 생각으로 질문했다는 것을 뜻한다.

---

④ **17(과거)** 긍정적인 영향을 받는다면 질문자가 자신의 꿈을 달성하는 데 필요한 역량을 갖췄다는 것을 뜻한다. 또한 다른 사람이 쓸 수 없는 방식으로 대학을 자유롭게 선택할 수 있는 질문자의 역량과 더불어 이 역량이 자신의 이상을 달성하려 쌓은 것에 기인하며, 입시를 앞두고 보이는 질문자의 여유로운 모습에서 17을 충분히 긍정적으로 해석할 수 있다. 질문에서도 드러나듯 질문자는 진학 여부보다 진학 후 자신이 꿈꾸던 이상에 닿을 수 있는가 고민하고 있다는 점에서 긍정적인 의미를 확정한다.

반대로 부정적인 영향을 받는다면 자신의 성적에 비해 욕심이 과하다는 것을 뜻하며, 다른 이들의 대학 합격 소식을 부러워하는 수준에 그친다는 것을 경고한다(7s, 2w, Kp, 8s).

---

⑤ **6p(현재/곧 일어날 일)** 이런 역량을 갖췄더라도 입시를 위해서는 결정권자에게 합격 여부를 판정받는 과정이 필요하다는 것을 의미한다. 그렇기에 남에게 자신의 합격을 구걸하는 모습으로 해석할 수 없으며, 다만 자신의 역량이 충분함에도 절차에 따른 과정을 거쳐서 대학이 자신을 선택할 수 있도록 순서를 밟는 것으로 해석된다.

⑥ **4s(미래)** 결과를 기다리는 모습 및 합격 후 보장되는 휴식을 의미한다. 합격 여부에 관계없이 이미 질문자의 역량이 충분히 자신이 원하는 곳으로 나아갈 수 있다는 것을 확정하는 카드기도 하다. 부정적인 영향을 받는다면 자신이 목표한 모든 것이 실패할 수 있다는 것을 의미하나, 질문자의 역량으로 보아 이는 실현되지 않으리라는 것을 쉽게 알 수 있다.

⑦ **Kp(질문자의 내면)** 긍정적인 영향을 받는다면 질문자가 이 문제에 관해 다양한 대안을 가지고 있으며 자신의 진학과 관련해 현실적인 문제가 전혀 없다고 보는 상태를 드러낸다. 반대로 부정적인 영향을 받는다면 질문자의 노력 부족과 게으름을 지적하며 최악의 경우는 등록·입학금 문제로 꿈이 좌절될 수 있다는 것을 경고하나, 물질적인 문제는 질문자의 가정이 매우 여유롭다는 점을 확인해 부정적인 의미를 배제했다. 또한 진학에서 시험 문제나 내신 수준이 다른 학우보다 월등하다는 것을 뜻한다(Pp, 2w, 17).

⑧ **11(제3자가 바라보는 질문자)** 질문자가 남의 개입/간섭을 용납하지 않으며 이 때문에 다른 사람들과(특히 부모·담임) 충돌하고 있다는 것을 드러낸다. 이는 기존의 방식(정시 입학)을 통하지 않은 상태에서 발생하는 차별이나 불이익을 심려하는 모습과 역사학 등 관련 인문학의 진로/취업 문제 등이 결부돼 '그걸 배워 어떻게 먹고살 것이냐' 식의 태도에 질문자가 자신의 뜻을 확고히 하면서 충돌이 발생하고 있다는 것을 알 수 있다(7s, 17, 6p, 8s).

　나는 자신이 원하는 방향으로 나아가 본 적 없는 사람의 이야기를 귀담아들을 필요 없으며, 원하는 곳으로 나아간 것을 뒷날 후회하지 않을 자신이 있다면 된 것이라고 조언했다.

⑨ **8s(희망/두려움)** 자신의 선택으로 향후 진로를 변경하기 어려워지면서 불투명한 미래를 걷게 될까 봐 생긴 두려움과, 자신이 결심한

진로에 관해 다른 이들의 참견을 배제하고 자신이 걷고자 하는 길을 계속 걸어나가기를 바라는 희망으로 해석된다.

⑩ **6s(결론)** 질문자에게 어떤 간섭이 일어나더라도 결국 자신이 원하는 방향으로 나아갈 것이며, 또한 이 과정에서 이런저런 어려움이 있더라도 포기하지 않을 것을 뜻한다. 반대로 부정적인 영향을 받는다면 다른 방식으로 도피(유학 등)하는 수단을 써서라도 질문자가 자신이 원하는 바를 이루고자 노력하리라는 것을 드러낸다.

해석을 마치며 나는 그녀에게 이 문제를 심각하게 고민할 필요는 없다며 안심시켰다. 스스로 진학할 분야를 이미 선택했고 그에 관한 주변 사람들(특히 가족)의 반응에 정면으로 맞서는 것이 지금 당장은 괴로울 수 있으나, 뒷날 스스로 목표하는 곳에 도달한다면 가족들이 가장 먼저 자신을 인정하게 될 것이기에 용기를 가지라고 조언했다.

그녀는 해석에 동의하며, 자신의 성적은 사실 전국 석차를 다투는 수준이라는 점을 알려줬다. 이로써 진학에 관한 문제는 없다는 점을 재차 확인해줬으며, 그와 함께 17의 의미가 긍정적이라는 것을 확정하게 됐다.

나아가 나는 배열에 드러난 내용으로 역사 관련 학과에서도 특히 고고학에 질문자의 재능이나 취향이 있다는 점을 언급했다. 배열에 질문자의 성격이 직접 접촉하고 실물을 확인하는 것에 의의를 두는 성향이 언급됐기 때문이다.

이 배열에서 17은 긍정적인 영향을 넘치도록 받는 모습으로 드러난다. 이는 질문자의 실제 수준과 환경 및 사전 준비가 철저했기에 가능했으며, 이를 갖추려 노력했다는 데서 부정적인 의미를 꺼내기 힘들 정도였기 때문이다. 오히려 11이 배열의 긍정/부정을 뒤흔들 수 있었으나, 이 또한 17이 긍정적인 영향을 받으면서 남들에게 자신의 비전이 단순한 고집으로 비치지 않도록 결과물을 만들어 낼 수 있는 역량이 있다는 점을 증명하며 부정적인 영향을 차단했다.

이 점의 후일담은 무려 4~5년의 세월이 지난 뒤 확인할 수 있었다. 우여곡절 끝에 질문자와 연결 고리가 돼줬던 PC 통신망이 인터넷의 보급으로 몰락해버린 통에 연락이 두절됐기 때문이다.

당시 나는 군대에서 휴가를 나와 집에서 쉬던 중, 우연찮게 연락이 닿아 질문자를 볼 수 있었다.

질문자는 입국한지 얼마 되지 않았음에도 시기가 맞아 볼 수 있었다며, 이미 고고학에 투신해 발해와 관련한 프로젝트에 참가하느라 곧 러시아로 재출국할 예정이라는 것을 알려줬고, 서로 오랜 시간이 흘렀다는 것을 체감하며 술 한잔을 나눌 수 있었다.

이처럼 학업이나 진로에 관련한 배열에서 나온 17은 앞에서 언급한 사례처럼 긍정적인 의미로 해석할 수 있으나, 역으로 그만큼 17이 요구하는 노력/재능/환경들의 기준점이 높다는 점에 주의해야 한다. 그렇기에 단순히 17이 배열에 나왔다는 이유만으로 섣부르게 희망을 논하기에 앞서, 질문자에게 과연 17이 긍정적인 영향으로 드러날 만한 수준에 닿았는지, 또는 그 수준에 닿으려 어떤 노력을 해왔는지 먼저 판단해야 한다. 나아가 이로써 질문자의 진정한 소질을 확인해 그에 따른 발전을 도모할 수 있도록 세밀한 조언을 한다면 해석자의 역할을 십분 다한 것이라 할 수 있다.

실제 사례 (2014년 11월, 서울 송파구 잠실동, 20대 초반 남성)

질문 올해 아버지의 직장 운이 어떨까?

사전 정보 그룹 중역으로 승진하기를 바라던 아버지(50대 중반)에 관한 점이었다. 다른 곳으로 발령이 날 것 같은데 이를 어떻게 이해해야 할지 갈피를 잡기 어려워하던 시기였으며, 어느 쪽으로 결론이 나든 정년을 대비할 여유가 생기기를 원하고 있었다.

5p - 4s - 2w - 18 - Ac - 8p - Ns - 17 - 4c - 5s

5p (질문자 자신) 현재 내세울 수 있는 것이 없거나 사내 정치에서 소외됐다.

4s (장애물) 현재 쓸 수 있는 수단이 없고 반강제로 대기해야 한다.

2w (기저) 사내에서 더 확고한 입지를 쌓고 싶다.

18 (과거) 불안한 움직임이나 결과물로 좋은 평을 듣지 못했다.

Ac (현재/곧 일어날 일) 이 때문에 감정에 휘둘려 업무 처리가 제대로 이루어지지 않고 있다.

8p (미래) 제대로 된 업무보다 쉽고 간편한 일을 하게 될 것이다.

Ns (질문자의 내면) 이런 외부 상황으로 마음이 조급해져 있다.

17 (제3자가 바라보는 질문자) 그 나름의 기반과 업적이 있으나, 이는 아는 사람만 알 뿐이다.

4c (희망/두려움) 좌천되는 것을 두려워하며, 승진한다 해도 더욱 높은 자리에 오르고 싶어 한다.

5s (결론) 사내 정치 문제나 과거의 부진을 빌미로 좌천될 것이다.

실전 해석

이 배열에서 17은 8번 위치, '제3자가 바라보는 질문자'에 나왔다. 이로써 직장 동료나 사측의 관점에서 질문자가 그 나름의 업적을 쌓았던 것을 인정하고 있다는 것을 알 수 있다. 나아가 예정돼 있는 보직 이동이 승진/좌천의 의미를 띤 인사 조치인지 파악하려면 질문자의 역량과 사내에 구축한 입지가 어떤지 확인해야 한다.

긍정적인 영향을 받는다면 승진해서 다른 계열사의 임원진으로 발령 난다는 것을 뜻하며, 더 많은 권한과 함께 중역으로서 자신의 가치를 증명해보일 것을 의미하나, 부정적인 영향을 받는다면 좌천성 인사와 함께 그동안 자신이 해왔던 것을 인정받지 못하게 될 수 있다는 점을 경고한다.

이 질문에서 17은 질문자가 다른 사람들에게 어떻게 평가받는지 보여준다. 이 배열에서 17에 긍정/부정적인 영향을 주는 카드는 5p, 18, Ac, Ns로 확인되는데, 이로써 17이 부정적인 영향을 받고 있다는 것을 알 수 있다. 인사와 관련해 조력을 받기 힘들거나 정치적 기반이 부족하다는 것을 드러내는 5p, 상황 파악이 제대로 되지 않았거나 자신의 역량을 제대로 발휘하지 못해 낮게 평가받았다는 것을 의미하는 18과 더불어, 감정적으로 동요하거나 조급해진 모습을 의미하는 카드들(Ac, Ns) 때문에 부정적인 의미가 확정된다.

그렇기에 상책으로 이 상황을 극복할 수 있도록 대안을 마련해줘야 하며, 그렇지 않다면 중책으로 권토중래를 위해 자신이 꺼내들 수 있는 비장의 카드들을 쓰지 않도록 권고해야 하며, 최악의 경우 좌천당해 자신의 자리가 사라질 수 있다는 점을 부각시켜 최대한 버틸 수 있도록 수단을 가리지 말 것을 조언해야 한다.

① **5p(질문자 자신)** 긍정적인 영향을 받는다면 질문자가 온갖 역경을 겪고 있으나 이를 해결할 수 있는 방안이 있다는 것을 의미하며, 이 대안을 어서 찾아 실행해 문제를 극복할 수 있다는 것을 뜻하나, 부정적인 영향을 받는다면 질문자가 사내에서 기반이 전혀 없다는

것을 의미한다. 그러나 질문자의 지위(부장)상 여기서 말하는 기반은 단순히 역량이나 실적을 말하는 것이 아니며, 정확하게는 사내 정치나 알력과 관련이 클 가능성이 매우 높다는 점을 암시한다.

---

② **4s(장애물)** 긍정적인 영향을 받는다면 적당한 휴식을 취해 다음에 닥칠 문제들을 더 수월히 극복할 수 있다는 것을 의미하나, 부정적인 영향을 받는다면 자신이 움직여야 할 상황인데도 휴식을 취하고 있거나 적절한 대처를 하지 못해 상황이 더 불리한 형국으로 향한다는 것을 경고한다.

---

③ **2w(기저)** 긍정적인 영향을 받는다면 질문자가 단순히 승진을 원하는 것이 아니며, 승진 이후 진행할 수많은 계획이나 비전이 있다는 것을 의미한다. 그러나 부정적인 영향을 받는다면 인사 조치에 막연한 기대감을 품고 있다는 것을 의미하는 데 그치며, 최악의 경우 상부에서 질문자의 역량 부족을 간파하고 이에 따른 인사 해임/좌천 통보를 내리게 될 것을 경고한다.

---

④ **18(과거)** 긍정적인 영향을 받는다면 사내의 불안정한 흐름을 역이용해 질문자가 원하는 것을 달성할 수 있다는 것을 뜻하거나 사내에서 질문자의 위치가 상부의 목적(예: 신제품 개발) 때문에 극비로 진행되는 사안에 참여하고 있어 남들의 오해를 사기 쉬운 상태라는 것을 뜻한다. 부정적인 영향을 받는다면 질문자의 과거 실적이 승진을 막는 요소로 작용하거나 사내 정치 때문에 질문자가 격리/소외당할 수 있다는 것을 경고한다.

　이 배열에서 18은 부정적인 영향을 받았다는 것을 확인할 수 있다. 질문자가 이런 좋지 않은 상황에도 제대로 대처할 수 없는 상황이며, 자신의 의도나 생각을 다른 사람과 제대로 공유하지 못하고 있다는 점으로 알 수 있다. 또한 이를 인정하지 않으려는 질문자의 입장이 다른 사람에게 드러나면 최악의 상황으로 흘러가기 쉬운 상황이라는 것을 뜻한다(4s, 2w, Ac, 17).

⑤ **Ac (현재/곧 일어날 일)** 긍정적인 영향을 받는다면 질문자가 원해 마지않는 상황을 맞고 이로써 큰 만족감을 얻게 된다는 것을 의미하나, 부정적인 영향을 받는다면 자신의 의도와 전혀 상관없는 상황을 맞이해 당혹감을 느끼거나, 최악의 경우 자신의 감정을 마구잡이로 발산해 다른 사람들과 충돌할 수 있다는 것을 경고한다.

⑥ **8p (미래)** 긍정적인 영향을 받는다면 인사 조치가 진행되더라도 큰 문제 없이 기존의 업무를 이어나갈 수 있다는 것을 뜻하나, 부정적인 영향을 받는다면 질문자의 역량에 비해 터무니없이 가치 없는 일을 할 수 있다는 것을 경고하며, 최악의 경우 권고 사직에 준하는 인사 명령으로 초라한 업무를 맡을 수 있다는 것을 드러낸다.

⑦ **Ns (질문자의 내면)** 긍정적인 영향을 받는다면 어떤 인사 조치가 이뤄져도 업무에 빠르게 적응해 본분을 다하리라는 질문자의 내심을 부각시키나, 부정적인 영향을 받는다면 조급한 탓에 엉뚱한 시도나 충돌을 일으켜 인심을 잃거나 자신이 하려 했던 본연의 업무조차 그르칠 수 있는 상태에 빠졌다는 점을 경고한다(5p, 4s, 2w, 4c).

⑧ **17 (제3자가 바라보는 질문자)** 긍정적인 영향을 받는다면 다른 사람들의 귀감이 될 만한 실적으로 자신의 입지를 확보했으며, 그에 따른 보상을 받을 수 있다는 것을 의미하나, 반대로 부정적인 영향을 받는다면 자신의 실적을 알아주는 사람이 흔치 않으며, 자신과 직접적인 관련이 있는 사람들에게만 인정받고 있다는 것을 뜻한다.

그렇기에 17의 긍정적인 면모를 강화할 수 있도록 자신이 어떤 일을 얼마나 달성했는지 알리거나 자신의 진가를 알아줄 수 있는 사람들과 이해관계를 형성해 더 많은 이들이 질문자를 인정할 수 있도록 조치할 것을 조언해야 한다.

⑨ **4c (희망/두려움)** 질문자가 현재 자신의 처우를 불만족스러워하고

있으며 어떤 보상/조치가 이뤄져도 성에 차지 않을 것을 의미하며, 자신이 어떤 실적을 달성하더라도 이를 제대로 평가받을 수 없지 않을까 하는 두려움을 느끼고 있는 것을 의미한다.

⑩ **5s(결론)** 긍정적인 영향을 받는다면 질문자의 역량을 동원해 남 ˙ 에게 지탄받더라도 자신의 목적을 달성할 수 있다는 것을 의미하나, 반대로 부정적인 영향을 받는다면 다른 사람의 수단이나 협잡으로 자신이 배척될 수밖에 없다는 것을 드러낸다.

회사 내부의 문제와 관련한 질문에서는 가장 먼저 질문자가 승진/좌천 기준을 충족했는지, 회사에 기준이 명확한 가이드라인이 있는지 확인해야 한다. 여기에 더해 '라인'이라는 사내 정치의 판세를 파악해 각 파벌의 간극을 메울 17에 질문자가 어울릴 만한 사람인지 점검해야 하며, 이 과정에서 알력이 발생하는 경우가 없는지도 확인해야 한다(보통 이런 조언은 부장에서 상무, 상무에서 전무 정도의 고위 관리직의 사례에 제한적으로 적용한다).

이 배열에 나온 17은 질문자의 성과/실적 여부와 상관없이 17의 '바라보는 자에게만 빛을 주는' 성향 때문에 제3자의 인정이나 동의를 얻어내는 데 실패하리라는 것을 뜻한다. 인사 고과가 아닌 학업 성취와 관련한 질문이었다면 자신의 뛰어난 기량을 그대로 성적에 반영함으로써 공정한 평가를 받을 수 있으나, 다른 사람들의 개입이 쉽고 숨어 있는 경쟁자가 많은 환경인 회사에서는 자신이 17을 직접 드러내는 작업을 해야 한다는 것을 조언했던 사례였다.

실제 해석 당시, 장남이고 입대를 앞뒀던 질문자의 입장에서 걱정되어 봤던 점이었으나, 이 해석을 직접 전달해도 아버지가 받아들일 리 만무하다는 생각에 나 또한 동의할 수밖에 없었고 사내 정치에서 밀려나는 상황을 반전시키지 않는 한 좌천될 것이라 해석하고 차후더 문제가 생길 때 연락하라는 말과 함께 해석을 종료했다.

결국 2~3개월 뒤, 질문자의 아버지는 다른 한직으로 좌천됐으나 이는 직위 상승이 안 된 것뿐 단순한 보직 이동(그러나 승진을 노리기 어려운 직책)을 받았다는 것을 알렸다. 3년이 지난 지금, 그는 국방의 의무에 충실하고 있으며, 그의 아버지는 자신의 역량을 증명해 작지만 직책이 한 단계 상승한 것을 확인했다.

이처럼 시험(승진/좌천), 대인관계와 관련한 질문에서 17은 자신의 역량을 다른 사람들이 얼마나 이해해주며, 그에 따른 지지나 공감을 어떻게 받을 수 있는지 고민하지 않으면 쉽게 부정적인 영향을 받는다는 것을 알 수 있다. 이를 긍정적인 영향으로 이끌어가려면 자신이 발휘할 수 있는 최상의 결과물을 확보하는 것과 더불어, 다른 사람들에게 자신의 비전이 무엇인지 설파하고 이를 공유할 수 있도록 사람들을 같이 보듬어나가야 한다고 조언한다면 해석자의 역할을 다한 것이라 할 수 있다.

XVIII. THE MOON.
달

무의식
Unconsciousness

불확실, 트라우마, 매혹, (집단)무의식, 현혹 , 군중심리, (모호한)광기, 행방불
명, 트릭스터, 문학, 배신, 불안감, 불안정, 다중 인격, (상상)임신, 비밀결사,
허장성세, 허허실실, 공성계, 동요, (감성과 이성의)불협화음, 숨겨진 뜻秘意,
열정, (억눌리거나 강제된)야성, (이유가 불분명한)변덕, 월경불순, 성 호르몬 장
애, 문재文才, 모호함, 양면성, 모의, (본능, 이성, 개성의 개입으로 인한)돌발 행
동, 모순, 부조리, 익명, 신기루, 마음이 옮겨가다, 동성애, 성 도착증, 망집妄
執, 우물尤物, 뮤지컬

긍정/부정 확인 기준

질문자의 건강/심리 상태가 정상인가?

질문과 관련한 문제에서 군중/대중의 심리가 큰 영향을 미치는가?

질문자의 의뢰 내용이 명확한 목표나 가치를 향하는가?

질문자의 과거 이력 안에 심리적으로 큰 문제들이 있는가?

어떤 일의 완성이 다가오고 있는가?

(여성 한정)월경 주기 관련 문제인가?

문제와 관련해 심리적인 변화가 큰 영향을 미치는가?

불확실성을 의미하는 카드의 특성상 해석자에게 반강제적으로 폭넓은 사고를 강요한다. 그렇기에 이 카드의 다양한 의미가 어떤 규칙과 의미로 해당 질문 및 관련한 사안과 결부되는지 탐색해나가야 한다.

달 카드는 여사제 카드와 더불어 메이저 카드 22장 가운데서 그 의미를 명확하게 정의하기 어려운 카드로 손꼽힌다. 나아가 달 카드의 부정적인 요소 때문에 진정한 의미를 제대로 적용하기 힘들다고 알려져 있다. 그러나 메이저 상징편에서 언급했듯 모든 것은 완성/정상화를 앞당기기 위한 모종의 불안일 뿐이며, 이런 무의식적 요소들을 통과해야 더 나은 결과를 얻을 수 있다는 것을 확인해야 한다.

그렇기에 이 카드를 해석하면서 질문자가 겪은 과거의 문제들이나 심리적인 불안감들이 어디서 기원하는지 탐색하고 이해해 그 원인을 없애거나 보완함으로써 달 카드가 가진 긍정적인 면모를 이끌어내야 한다. 그것이 비상식적인 방안일 수 있더라도 이는 질문자가 거쳐야 할 난관이며, 결과물을 만들어내려면 거쳐야 할 하나의 과정이라는 것을 이해할 수 있도록 해석할 때 배려해야 한다.

긍정 달 카드는 주위 상황에 관해 질문자가 판단하지 못하거나, 인식할 수 없는 상황인 모든 경우에 힘을 극단적으로 발휘한다. 메이저 상징편에서 언급했듯 달 카드의 대표적인 의미인 '불확실성', '무의식'이 강화되기 때문이다. 또한 달 카드는 모호한 상황에서 질문과 관련한 모든 이의 생각/행동이 명료하지 못해 발생할 수 있는 불화/기시감 등을 모두 포함한다.

그러므로 배열에 달 카드가 나왔을 때는, 배열 주제와 관련한 주변 환경이 질문자를 심리적으로 어떻게 압박하고 있는지 확인해야 하며, 질문자의 콤플렉스나 징크스를 확인한 뒤에야 카드의 부정적인 의미들을 배제할 수 있다.

부정 나아가 이런 불확실성으로 자신의 역량을 제대로 발휘하지 못하거나, 어떤 행동을 취해야 할 때 주저해 일을 그르치는 모습들로 드러난다. 메이저 상징편에서 언급한 가재(무의식)와 밀접한 관계가 있으며, 어떤 일을 마주하면서 실존한다고 전해지지만 실체가 없는 문제들(징크스, 징조)을 인지하지 못할 때 적용된다. 이는 반대로, 이에 집착해 이성적인 판단을 하지 못할 수 있다는 것을 경고한다.

이 때문에 달 카드의 '불확실성', '무의식'의 이면에 가장 크게 자리 잡는 '징조', '징크스', '콤플렉스'의 의미가 파생하며, 이 불확실성을 어떻게 확실성으로 바꿀 수 있는지에 따라 긍정/부정적인 의미를 결정할 수 있다.

그렇기에 질문자가 자신이 목표하는 특정한 가치나 목적을 이루고자 불확실한 요소들을 삽입/배제하면, 징크스 등의 현상 때문에 비과학적이지만 질문자에게는 성공을 암시하는 징조를 상징한다. 예를 들어 자신을 가로막는 트라우마/콤플렉스를 배제하는 데 성공해 문제를 해결하는 것을 뜻하나, 반대로 이에 실패하거나 매달려 정상적으로 해결할 수 있는 문제를 악화시키거나 스스로를 망가뜨려

버리고 긴 슬럼프에 빠지는 상황으로 확인할 수 있으며, 이런 요소들 때문에 질문 주제와 관련한 문제들이 질문자의 통제를 벗어날 수 있다는 점을 미리 경고해야 한다.

이는 불확실성, 곧 달이 차면 기울듯 일어나는 변화로 생기는 현상이며, 이런 현상에서 질문과 관련한 사안에 이성-본능-무의식이 가하는 무의식적인 요소들에 어떻게 대응해야 할지 파악하려는 노력으로 극복해내야 한다.

달 카드는 이런 모호함 속에서 벌어지는 수많은 시행착오를 의미한다. 특히, 실제 이성적인 판단으로 일어나는 행동들은 예측할 수 있는 범위 안에 있으나, 만약 본능이나 무의식에 따른 행동일 때는 달 카드의 대표적 키워드인 '변덕'과 '광기'의 의미가 부각된다. 곧, 17의 새로운 차원에 다다른 수련자/연구자들은 자신들의 내면, 나아가 모든 것에 내재한 수많은 요소를 관찰함으로써 내면에 잠재하는 수많은 면모를 꿰뚫는 통찰이 필요하다는 것을 말한다.*

이 때문에 달 카드의 특성상 많은 해석자가 자주 달 카드의 의미를 가급적 약화시키거나 축소해 해석하려 한다. 해석자의 입장에서는 상대방의 속마음을 정확히 읽는 것이 일정 선을 넘어서기 어렵다는 점이 이러한 편법을 더욱 부추긴다.

거기에 더해 달 카드가 긍정/부정적인 영향력을 뛰어넘어 질문과 관련해 핵심을 의미하는 정도로 강화되면, 많은 해석자가 이에 확답하는 것을 꺼리거나 해석을 포기할 때가 많다. 나는 이것이 질문자를 주기적으로 관리하지 못하는 한국 타로카드계의 한계 때문에 생긴 문제라고 생각한다.**

* 이런 좋은 예로 도공들의 도자기 제작 과정을 들 수 있다. 이 과정을 모르거나 이해하지 못하는 이들은(17에 도달하지 못한 이들은) 그가 왜 멀쩡한 도기를 완성되지 않았다며 파기하는지 이해할 수 없으며, 계속 같은 작업을 반복하는 그들의 모습을 기이하다고 여긴다. 그러나 이 과정을 통과해낸 것은 명품으로 대우받으며, 도공 자신을 상징하는 결과물로 자리 잡는다.

** 현재 국내 타로카드 업계는 크게 세 가지 영업 방식으로 구분할 수 있다. ① 오프라인 타로 숍 ② 온라인 일대일 상담 방식(메신저 또는 메일) ③ ARS 등 전화 상담 방식

또한 달 카드는 질문자가 속내를 숨긴 채 묻는 상황을 의미하기도 한다. 이는 불안정, 불안한 속마음을 감추는 의미가 적용돼 남에게 자신의 내심을 보이는 것을 꺼리는 성향에서 기인한다. 이뿐 아니라 카드의 불확실성과 연결돼 많은 변수가 일어날 수 있기에 질문자의 명확한 사전 정보가 없는 한 특정 상황/인물/흐름으로 적용시키기 매우 어렵다. 이때는 주변 카드들과 연계해 그 문제나 갈등의 원인이 어디에 있는지, 질문자가 느끼는 일말의 불안감들이 어디에서 비롯하는지 확인해야 한다. 이는 많은 해석자가 달 카드의 해석을 어려워하는 근본적인 이유다.

그렇기에 달 카드가 긍정적으로 발현되는 예로는 이런 무의식적인 요소를 가동해 다른 사람의 감정과 행동을 바꾸고, 나아가 자신의 결과물을 창출해 완성에 다다르는 것을 들 수 있다. 역사에 남은 수많은 걸작/대작이 이 과정을 거쳐 만들어졌고, 상황에 따라 다르지만 긴 고뇌의 시간 동안 달 카드가 의미하는 심적 고난과 자신을 옭아매는 무의식을 이겨내는 경우가 있으며,* 반대로 이런 무의식적인 요소들을 인지하지 못한 채 일필휘지로 완성해 자신의 대표 걸작을 창출하는 경우를 들 수 있다.** 반대로 부정적으로 발현되면, 자신의

그나마 ①은 질문자의 주기적인 방문으로 관리될 수도 있으나, ②, ③은 관리가 허술하거나 일회성에 그치는 경우가 많으며 질문자가 건네준 정보를 어느 정도 신뢰할 수 있느냐의 문제를 해결하지 못해 세밀한 해석이 어렵다.

* 메이저 상징편의 두 개의 탑, 개 상징 해설 참고(158-159쪽). 환상문학의 거장인 J. R. R. 톨킨이 완성한 가운뎃땅 이야기의 시초였던 『실마릴리온』은 1914년부터 초기 아이디어를 구상해왔으며, 1973년 사망할 때까지 평생을 바쳐 집필했고, 사망한 뒤 아들 크리스토퍼 톨킨의 손으로 세상에 공개된다. 가히 성경에 버금가는 분량으로 새로운 세계를 창조하는 데 성공했다.

** 메이저 상징편의 두 개의 탑, 개 상징 해설 참고. 이런 사례로 중국 당나라 시기의 명 시인, 이백李白, 이하李賀 두 명을 들 수 있다. 이 둘은 두보杜甫, 왕유王維와 함께 당시사걸唐詩四傑로 불리나, 작품 성향이 극명하게 다르다. 두보는 유학에 근거해 사회의 어려움이나 국난에 관한 현실을 반영한 시를 주로 지었으며, 왕유는 불교의 색채를 강하게 드러냈다. 그러나 이백은 특유의 풍류와 도교적 색채를 천부적인 재능으로 자연스럽게 표현해낸 천재라 불린다. 이하 또한 어이없이 관직에 진출할 기회를 박탈당한 뒤 시에 몰두하는 것

무의식에 휘둘려 주변을 황폐하게 만들거나 남/자신의 기반을 황폐하게 만들어버릴 수 있다. 수많은 신화에서, 신들의 종말이나 분쟁의 불씨를 당기는 존재들은 각각 사람들에게 내재한 불안함과 무의식이 잘못 드러나면 어떤 문제를 일으키는지 묘사한다는 점(예: 북유럽 신화의 로키, 그리스신화의 에리스)으로 이를 알 수 있으며, 역사적인 사례로 로마제국의 암군 가운데 기행으로 여러 기록이 남은 엘라가발루스 황제를 들 수 있다.* 또는 18세기 후반에서 19세기 초반에, 인류 역사상 초유의 하얗다 못해 창백한 모습이 미적 기준으로 유행했던 시기를 예로 들 수 있다.**

배열에 이 카드가 나왔을 때는, 질문자 및 관련자와 이를 둘러싼 분위기가 불안정한 상태라는 것을 먼저 인지해야 한다. 이런 여지가 전혀 없을 때는 어떤 목표를 달성하는 준비 단계를 의미하며, 그 때문에 생긴 고충이나 고민을 해소해 카드의 부정적인 의미를 최대한 배제할 수 있도록 조언해야 한다.

을 넘어 이에 집착했으며, 그리하여 중국 고전문학 전체를 통틀어도 찾기 힘든 귀기 어린 글들을 남겼다. 이하는 18의 불안정성을 극대화한 시로 유명하니 일독을 권한다.

* 메이저 상징편의 늑대 상징 해설 참고. 로마제국의 사회 문화는 전반적으로 동성애 혐오가 기본이었으며, 설사 이를 하더라도 로마 시민이 삽입당하는 것을 금기시했으나 '자신을 여자로 만들어주면 제국 절반을 주겠다'라는 발언을 스스럼없이 해왔으며, 은퇴 전까지 정결/순결을 맹세해 로마 시민에게 존경/선망의 대상이었던 베스타의 여사제를 강간하는 기행을 일삼았다. 결국, 이 황제는 섭정인 외할머니에게 버림받고 이복동생인 알렉산데르 세베루스를 견제하려 하다가 근위대에게 참살당한다. 그의 시신은 로마 시내에 질질 끌려다녔으며, 티베르강 하수구에 버려졌다.

** 메이저 상징편의 늑대 상징 해설 참고. 이 시기 여성들은 창백하게 보이려고 애쓴 나머지 중금속인 납을 비롯해 차가운 물을 얼굴에 발라 피부색을 최대한 하얗게 만들려 애썼으며, 이 과정으로 결핵/납중독 따위의 질병에 걸려 단명한 경우도 많았다. 이에 더해 엠파이어 스타일이 유행하며 신체의 실루엣을 극단적으로 드러내려 코르셋을 착용했으며, 이런 강제 교정 행위로 탈장, 골격 이상, 호흡 곤란에 시달려야 했다.

배열 위치별 특징 켈틱 크로스 배열에서 달 카드(이하 18)가 나왔을 때 어떻게 긍정/부정적인 영향을 확인하는지 판단하려면 10장의 카드 맥락을 모두 살펴야 한다(이에 관해 더 상세한 내용은 486-488쪽을 참고).

18이 배열에 나오면 해석할 때 오류가 생기기 쉽다. 18을 제대로 파악하지 못해 천편일률적인 조언이나 해석을 할 때 오류가 더 잦아지며, 오류 발생을 막으려면 어떤 질문이라도 조급히 해석하는 습관이 생기지 않도록 경계해야 한다.

이런 성향 때문에 18은 1, 4, 6, 8번 위치에 나왔을 때 의미가 쉽게 강화된다. 이는 외부적으로 질문 주제와 관련된 사람들이 질문자의 상태를 쉽게 파악할 수 있기 때문이다. 이때 18이 강화되더라도 긍정적인 영향보다 부정적인 영향을 발산하기 쉬우며, 질문자가 어떤 작업이나 목표에 다다르는 과정의 막바지가 아닌 한 긍정적인 영향을 받기 어려운 경향이 있다.

반대로 3, 7번 위치에 18이 나왔을 때는 해석이 어려워지기는 하나 배열 자체에 끼치는 영향력이 감소하는 경향이 있다. 질문 자체가 질문자에게 내재한 문제를 분석하는(예: 진로) 문제가 아니라면 영향력이 감소하며, 설사 강화되더라도 문제의 근원만 탐색해내면 배열 전반의 해석 난이도가 급격히 낮아지는 카드이기에 조언 성향이나 방향성이 잘못되는 사례가 적다.

그러나 18의 불안정성과 변덕의 요소가 질문자 안에 있기에 다른 사람, 심지어 가족이나 질문자 자신조차 이를 인지하지 못하는 경우로 발전할 수 있으므로 주의해야 한다. 최악의 경우 이런 요소들이 악화돼 자신을 비롯한 주변 사람들에게 치명적인 피해를 입히는 결과로 돌아올 수 있다.

더 큰 문제는 이에 관한 해결책조차 연계나 카드의 키워드 안에서 정확하게 나타나지 않는다는 점이다. 대부분의 해석자는 18이 이 위치에 나왔을 때 문제의 직접적인 해결책을 언급하기 어려워하며, 해결책을 논하더라도 단 한 번의 해석에 기인하기보다 질문자를 장기적으로 관리해 질문자의 고질적인 문제점을 인식한 상태에서 하는 경우가 대부분이라는 점에 주의해야 한다.

18은 이런 이유 때문에 주제에 따른 분류가 모호해지는 경향이 있다. 키워드의 강렬함이 어떤 문제에도 쉽게 접근할 수 있기에 구체적이진 않더라도 기본적인 방향성이나 분위기를 파악하는 데 무리가 없기 때문이다.

주제별 포인트

연애(관계가 성립한 상황) 관계가 크게 변화하는 냉각기를 의미한다. 완성을 향해 가는 상황에서 긍정적인 영향을 받는다면 결혼을 결정한 뒤에 프러포즈를 준비하는 기간 정도로 비교적 가볍게 해석할 수 있으나, 부정적인 영향을 받는다면 이별 직전의 침묵이나 감정 싸움을 의미하며, 최악의 경우 혼전 우울증Marriage blue이나 속궁합 문제 등 관계 성숙 과정에서 일어날 수 있는 치명적인 문제로 치닫는다. 감정의 지속 시간이 길어지며 감정 자체에 관한 의구심(예: 지금까지 우리가 정말 사랑했을까? 식의 자문)으로 변형되는 것을 경고해야 한다.

연애(관계가 성립하지 않은 상황) 변덕이나 일관적이지 않은 연애관 때문에 생기는 문제로 이해할 수 있다. 이럴 때 질문자의 가정 환경이나 성장 배경에 연애에 관한 편견/불안감이 자리 잡게 된 계기가 있는지 확인해야 하며, 일반적으로 이 문제를 해결하면 자연스럽게 연애 운도 개선되는 경향이 있다. 그러나 이 또한 질문자가 혼기를 놓쳤거나 관계를 성립하고 싶어도 간섭하는 사람(예: 시부모)의 문제 때문에 악화될 수 있으며, 최악의 경우 파혼/이혼 같은 이유 때문에 스스로 정상적인 접근을 차단하는 상태로 치달을 수 있기에 해석에 주의해야 한다. 보통 긍정적인 영향을 받는다면 자신에게 어울리는 연애상像을 구축하는 과정에서 일어나는 자연스러운 현상으로 해석되나, 반대로 부정적인 영향을 받는다면 작은 상처에 크게 반응해 히스테리컬한 심리 상태가 지속되는 경우로 이해할 수 있다.

상대방이 없거나 단순히 호감만 있는 상태에서 드러난 18은 질문자의 애정의 정체 자체를 의심해야 하며, 상대방 자체를 좋아하는 것보다 상대방이 풍기는 이미지나 개성에 천착한 단순 애정을 의미할 수 있다는 점을 경고한다. 최악의 경우 이미 반려가 있는 사람과 무분별한 관계를 가지는 것을 의미하기도 하나, 이런 사례는 흔치 않기에 해석할 때 주의해야 한다.

긍정적인 영향을 받는다면 자신의 마음에 진솔해지는 관계를 추구하고 있다는 점을 명백히 하도록 조언해 애정을 올바르게 쏟을 수 있도록 유도해야 한다. 부정적인 영향을 받는다면 단순한 호감을 과대평가해 애정으로 착각하는 상황이며, 더욱 구체적이고 현실적인 연애관을 구축하도록 조언해야 한다.

대인관계 연애와 비슷한 양상을 띤다. 군중심리 때문에 생긴 모호한 관계를 의미할 수 있으며(예: 대학 MT), 이를 더 확장해 해석한다면 깊은/가벼운 관계로 착각하는 것을 의미한다. 또한 이 관계 자체가 누군가의 음모/배신/배임을 통한 모의를 뜻하거나 역으로 질문자가 이런 속사정으로 일하고 있다는 뜻일 수 있으니 해석에 주의해야 한다. 긍정적인 영향을 받는다면 점조직의 장점처럼 자신이 하고 있는 일에 (직접적인 관계는 없는)남의 일이 결합해 우연처럼 일이 진전될 수 있다는 뜻으로 해석할 수 있다. 반대로 부정적인 영향을 받는다면 다른 사람과 맺은 관계를 과신하거나 위임해서 생긴 구설수로 해석된다.

사업의 흐름이나 전망 다른 주제와 마찬가지로 불확실성이나 알지 못하는 위험 요소가 늘 내재하고 있다는 것이다. 이를 질문자의 심리 상태로 바꿔 이해한다면 영업 방침이나 계획의 변경, 변심이 쉽게 이루어질 수 있다는 것으로 해석할 수 있다. 긍정적인 영향을 받는다면 유행을 선점하거나 사람의 심리를 질문자의 판매 상품/서비스에 연계해 막강한 수익 아이템으로 삼는 최상의 경우가 있다. 그렇지 않더라도 소비자/투자자의 마음을 일시적으로 끌어오는 방법을 동원해 매출을 늘리는 과정으로 이해할 수 있다.

부정적인 영향을 받는다면 위에서 언급한 장점을 강제로 조장하거나 거짓으로 꾸며 수익을 갈취하는 영업 방식을 취하고, 이 때문에 동업자/직원에게도 악영향을 끼칠 수 있다는 것을 경고해야 한다. 최악의 경우, 있지도 않은 수익으로 남을 현혹하는 과정을 포함할 수 있기에 해석에 주의를 기울여야 한다.

창업의 성사 여부 실제 사람의 욕망/음심淫心을 자극하는(예: 유흥업) 일이나, 감수성을 자극/충족시켜 수익을 얻는(예: 예술, 방송, 공연) 사업을 지칭한다. 18의 불안정성/광기/무의식과 같은 키워드와 깊이 연관돼 있기 때문이다. 나아가 창업 과정에서 사소한 문제들이 전부 정리되는 과정을 의미할 수 있다. 반대로 부정적인 영향을 받는다면 불법적인 문제(예: 무등기 및 임차료 보전이 불가능하거나 탈세를 조장하는 식의 영업)가 있을 수 있다는 것을 지적한다.

진로 적성 특정 과목이나 학과를 묻는 것이라면 문예 계열을 뜻한다. 욕망이나 감수성 양쪽을 해소하고 인간 본연의 본능을 표현하는 데 글이라는 매체가 가장 먼저 두각을 드러내기 때문이다. 여기에 더해 사람들의 심리를 움직이거나 유도하는 분야도 해당한다(예: 통계, 미디어, 마케팅, 정치). 그러나 부정적인 영향을 받는다면 사람들의 불안감을 부추겨 이득을 편취하는 모습으로 전락하며, 최악의 경우 범죄와 연루돼 올바른 평가나 대우를 받지 못할 수 있다는 점을 경고해야 한다.

시험 결과나 합격 여부 수능 같은 결전이 아닌 한 반드시 부정적인 경향을 띤다. 이는 완성되지 않거나 17의 수준을 겸비하지 않는 한 질문자의 역량 부족과 시험 경향의 변화로 하향세를 탈 수밖에 없는 현실이 개입되기 때문이다. 공모전처럼 재능이 필요한 상황이라면 작업물에 화룡점정 같은 효과를 가미할 필요성이 있다는 점을 조언해야 한다. 긍정적인 영향을 받는다면 지금 겪고 있는 슬럼프나 징크스가 있다면 이를 해결하는 과정으로 삼도록 조언해야 할 정도로 큰 문제가 없다. 하지만 부정적인 영향을 받는다면 심리적인 문제나 긴장으로 시험/학업에 예상 밖의 장애물이 생길 수 있다는 것을 경고해서 페이스를 조절하도록 조언해야 한다.

질병의 호전, 완치 특정한 질병이라고 할 수 없는 통풍 또는 스스로 그렇다고 생각해 느끼는 통증/효과(예: 상상임신)로 해석되거나 반대

로 이에 상응하는 치료법(예: 플라시보 효과)으로 이해할 수 있다. 그렇기에 질문자가 이런 상황에 놓여 있다면 먼저 심리적으로 안정을 취할 수 있게 하고 스트레스를 덜어내게 한 뒤 전문가의 진료를 받아볼 것을 권해야 한다.

단순한 건강 문제 정신질환으로 분류되는 질병이 대부분 연관된다. 특히 인격 장애, 트라우마, 콤플렉스 따위가 반드시 포함된다. 부정적인 영향을 받는다면 특별한 이유나 과한 스트레스가 개인의 정신적 성숙도 및 자아 확립을 크게 방해하고 있다는 것을 드러낸다.

이때 긍정/부정적인 영향에 따라 이유를 알 수 없는 호전/악화를 의미하기에 상당히 특이한 사례가 아닌 한 실제 적용할 때 해석의 정밀성을 해치는 경향이 있으므로 해석에 주의해야 한다.

켈틱 크로스 배열 위치별 긍정/부정 해석법

1 → ②③④⑨ 카드 확인 이로써 질문자가 어떤 외부/내부적 요인 때문에 불안해하는지 확인할 수 있으며, 어떤 작업/업무와 관련한 질문일 경우 이 불안이 해결됐을 때 돌아오는 보상이 자신에게 어떤 의미가 있는지 사전에 확인함으로써 해석을 더 세밀하게 진행할 수 있다.

긍정적인 영향을 받는다면 질문자가 현재 하는 고민을 남에게 이해받길 바라지 말고 계속 노력해온 대로 정진할 것을 조언하면 약속된 결과를 얻을 수 있을 것이라 해석되나, 부정적인 영향을 받는다면 자신의 마음을 다잡지 못한 채 상황을 제대로 인지하지 못한다는 점을 경고해야 한다.

2 → ③④⑦⑨ 카드 확인 질문자의 심리적 불안정 및 문제와 관련한 외부 상황을 예측하지 못하는 이유를 확인해야 한다. 대부분 질문자의 심리 상태 때문에 시야가 가려진 경우이므로 안정을 찾고 나서 문제가 되는 것이 무엇인지 다시 확인하도록 주문해야 하나, 외부 상황 전체가 군중심리 등으로 혼란스럽다면 자신이 처음 목표했던 바가 무엇이었는지 되새겨 대처할 것을 조언해야 한다.

긍정적인 영향을 받는다면 혼란을 틈타 자신이 원하는 바를 이룰 수 있다는 의미로 해석되나, 부정적인 영향을 받는다면 자신도 혼란에 휩싸여 다른 사람들처럼 이 상황에 매몰당할 수 있다는 것을 경고해야 한다.

3 → ①②④⑦⑨ 카드 확인 질문자가 무엇을 원하는지, 그리고 어떤 심리 상태인지 명확하게 밝혀야 한다. 긍정적인 영향을 받는다면, 자신도 모르는 사이 올바른 방향으로 나아가고 있으며 해당 질문과 관련한 여정이 끝난 뒤 결과를 확인할 때에 이르러서야 성장/성공했다는 것을 자각한다는 뜻으로 해석되나, 반대로 부정적인 영향을 받는다면 질문 자체가 정확하지 않거나 목표가 애매한 상황을 지적한다.

최악의 경우 질문자에게 질문 주제와 관련해 특정 목적이나 문제의 향방이 어떻게 흘러가더라도 그 안의 중요한 의미를 포착하지 못하거나, 똑같은 문제를 반복하는 상황이라는 것을 전혀 눈치채지 못하고 있다고 경고해야 한다.

4 → ②③⑤⑧ 카드 확인 질문 자체를 참고할 필요가 있다. 이로써 과거의 어떤 사건이나 경험이 현재에 영향을 미치는지 먼저 확인해야 한다. 이로써 질문자가 겪었던 문제가 어떤 내용인지 파악해 이를 더 긍정적인 흐름으로

보완/대처할 대안을 찾아 조언할 수 있다.

긍정적인 영향을 받는다면 이 점을 보려는 이유가 결과물 확인에 지나지 않을 만큼 배열에 별 영향을 끼치지 않으며, 질문자가 걱정하는 문제가 실제 과거에도 일어나지 않았다는 것을 뜻한다. 반대로 부정적인 영향을 받는다면 스스로 예상한 문제를 제대로 대비하지 않아 문제가 더욱 심각해졌다는 것을 인지시키고 이를 수습할 대안들을 조언해야 한다.

---

5 → ②⑥⑧⑨ 카드 확인 곧 또는 이미 다가온 불안/불확정성이 어떤 문제 때문에 생기며, 질문자가 원하지 않는 문제가 무엇인지 확인함으로써 어떤 문제가 다가올지 예측할 수 있다.

긍정적인 영향을 받는다면 대중의 지지로 문제를 해결하거나 피장파장의 논리로 장애 요소들을 배제한다고 해석되나, 부정적인 영향을 받는다면 다른 이들과 불화나 질문자의 징크스 및 트라우마 때문에 일이 지연되거나 낭패를 보는 것으로 드러난다는 점에 주의해야 한다.

---

6 → ①②③⑤⑨ 카드 확인 현재 질문자가 문제를 해결하거나 개선하려 어떤 수단을 동원하고 있으며 이에 따른 부작용이 무엇인지 확인함으로써 긍정/부정적인 판단을 할 수 있고, 질문자가 이런 방식을 택한 이유나 문제로써 무엇을 얻고자 하는지 확인해 더 명확한 내용을 해석해낼 수 있다.

긍정적인 영향을 받는다면 질문자에게 방해되는 요소들이 사라지고 자신에게 집중할 수 있는 여유나 권한이 생기는 것으로 해석할 수 있으나, 반대의 경우 남의 훼방이나 이간질, 최악의 경우 직접적인 방해나 질문자 자신의 약점 또는 장애 때문에 좌초하는 상황을 의미하는 것으로 해석할 수 있다.

---

7 → ①②③④ 카드 확인 질문자가 고뇌하는 문제가 무엇인지 확인함으로써 과거 또는 질문자의 기본 기질과 질문이 어떤 관계를 띠고 있는지 파악해 이를 역이용하거나, 조언을 통해 질문자가 겪고 있는 심리적 갈등을 해소해야 한다.

최상의 경우 문제 자체가 없기에 완성을 향해 한 걸음 내딛는다는 것을 의미하며, 긍정적인 영향을 받는다면 지금 갈등하는 시간이 차후에 큰 경험이나 결과로 돌아오게 될 것이라고 응원해야 한다. 반대로 부정적인 영향을 받는다면 스스로 문제를 해결하지 않으면 더 큰 장애물이 나타날 수 있다는 점을 경고해야 하며, 최악의 경우 질문자 자신에게 내재한 문제 때문에 모든 일이 무산되는 것을 의미하므로, 사안의 경중에 따라 해석에 신중해야 한다.

8 → ①③④⑨ 카드 확인 질문자가 남에게 예측할 수 없는 사람으로 비쳐 오히려 별일 아닌 문제에서 의심을 사는 경우로 해석할 수 있다. 긍정적인 영향을 받는다면 다른 사람들도 질문자가 중요한 순간을 맞고 있다는 것을 인지하고 별달리 개입 또는 간섭하지 않는 것(예: 수능 한 달 전의 가정 생활)으로 해석되나, 부정적인 영향을 받는다면 남들에게 의심을 사고 있거나 음모의 배후자로 각인되는 따위의 좋지 못한 인식을 심어주고 있다는 것을 경고해야 한다.

---

9 → ①③⑤⑧ 카드 확인 질문자가 자신의 완성을 위해 할 수 있는 방법을 총동원하고 싶어 하는 바람과, 자신이 나아가고 있는 길이 문제를 더욱 심화시킬까 봐 느끼는 두려움으로 해석할 수 있다.

---

10 해석을 매우 어렵게 만드는 위치다. 18의 의미를 더 쉽게 해석해내려면 먼저 질문자의 역량을 점검해 문제를 해결할 수 있는지 판단해야 하며, 그와 함께 문제를 해결함으로써 질문자가 어떤 결과를 얻어낼 수 있는지를 평가해 긍정/부정적인 의미를 확정할 수 있다.

긍정적인 영향을 받는다면 질문자가 목표를 달성하고자 바깥의 시선에 더는 신경 쓸 필요가 없게 된다는 것을 뜻하나, 부정적인 영향이 강해지면 다른 사람의 개입이나 불황 따위의 변수 때문에 일이 제대로 진척되지 않는다는 것을 경고해야 한다. 최악의 경우, 다른 사람의 악의적인 개입 때문에 자신의 의지와 상관없이 방황해야 하는 순간이 다가온다는 것을 뜻하므로 해석에 주의해야 한다.

실제 사례 (2012년 여름, 방산 업체 L사 협력 업체 직원, 30대 초반 남성)

질문 이 직장을 그만두고 다른 일을 해볼까?

사전 정보 당시 내가 일하던 직장(보안업체) 동료였으며, 직장 내 태도 문제로 평이 좋지 않았다. 그는 직장을 다니며 준비하던 글이 있었고, 이것으로 비전이 생기면 당장 그만두겠다며 말했으나, 나는 그를 일단 만류했다.

19 - 4w - 1 - 3w - 10c - 6w - Ap - 18 - 8 - 2p

---

19 (질문자 자신) 자신감이 넘치나, 자만하고 있다.

4w (장애물) 더는 다른 시도를 할 여유가 없다.

1 (기저) 스스로 재능 있다고 믿으며, 무엇이든 해낼 수 있다고 생각한다.

3w (과거) 자신의 노력에 대한 반응이 있었으나 명확한 결과물을 내진 못했다.

10c (현재/곧 일어날 일) 별다른 변화 없이 일상을 맞이해야만 하는 상황이다.

6w (미래) 자신의 역량을 과신하고 남의 반발을 무시한 채 결심한 바를 밀어붙일 것이다.

Ap (질문자의 내면) 자신이 낮게 평가받는다고 생각하며, 자신에게 가능성이 많다고 생각한다.

18 (제3자가 바라보는 질문자) (직무와 관련해)문제를 일으키는 사람으로 인식되고 있으며, 언행 및 근무 태도가 불안정하고 직무에 임하는 마음가짐에 문제 있는 사람으로 여겨지고 있다.

8 (희망/두려움) 자신의 능력이 발휘돼 남들이 알아서 대우해주기를 희망하며, 반대로 현실의 벽을 넘지 못하고 자신의 역량을 발휘하지 못할까 봐 두려워하고 있다.

2p (결론) 결국 현실에 적응하려는 어떤 시도도 하지 못한 채 주저앉게 될 것이다.

실전 해석

이 배열에서 18은 8번 위치, '제3자가 바라보는 질문자'에 나왔다. 직장, 대인관계와 관련한 질문의 특성상 질문자가 어떤 이유로 이직을 고려하는지 확인해야 하며, 다른 사람들이 질문자를 신뢰하지 못하거나 좋지 못한 평가를 내리는 이유가 무엇인지 파악해 질문자의 이 고민이 근본적으로 어디에서 비롯하는지 파악해야 한다는 것을 알 수 있다.

이 질문에서 18은 제3자들이 질문자를 어떻게 평가하는지 보여준다. 이 배열에서 18에게 큰 영향을 주는 카드는 19, 1, 3w, 8로 확인되는데, 이로써 18의 의미가 비교적 긍정적인 영향을 받고 있다는 것을 알 수 있다. 자신의 능력에 대한 자신감을 의미하는 19와 1, 질문자가 이 상황을 조금 더 감내할 수 있기를 원하는 8로 보아 질문자가 그 나름대로 깊이 고민하고 있다는 것을 알 수 있다. 그러나 세 장의 메이저 카드가 나왔어도 과거에 드러난 3w 때문에 질문자의 19, 1에 비해 성과가 기대만큼 나오지 않았다는 점에 입각해, 질문자가 보인 자신감의 정체가 무엇인지 확인해야만 이 긍정적인 영향이 제대로 발현된 것인지를 파악할 수 있다.

① 19(질문자 자신) 긍정적인 영향을 받는다면 자신의 역량을 기반으로 결과물을 창출해서 그에 따라 평가받고 있다는 것을 의미하나, 부정적인 영향을 받는다면 자신의 역량에 대한 과한 자신감이 자만으로 치닫고 있다는 것을 경고한다.

이 배열에서는 부정적인 영향을 받고 있는 것을 알 수 있다. 질문자가 보안 업무와 전혀 관계없는 창작 관련 직종을 추구하려 한다는 점에서 19의 결과물이 없음에도 자신의 역량을 과신한 것을 알 수 있으며, 보안 업무의 특성상(보안 관련 업무는 남에게 부각되는 것을 선호하지 않는다) 오히려 문제를 일으키는 요소로 작용하고 있다는 것을 드러낸다. 해석 당시에도 작문에 대한 재능을 언급했지만 단편집이나 습작조차 없었으며, 공모전 입상 경력조차 없다는 점을 확인함으로써 부정적인 의미를 적용했다(1, 3w, Ap, 8).

---

② **4w (장애물)** 긍정적인 영향을 받는다면 질문자가 원하는 방식으로 문제를 해결할 수 있다는 것을 뜻하나, 반대로 부정적인 영향을 받는다면 질문자가 동원할 수 있는 수단/방법이 이미 없다는 것을 뜻하며, 나아가 자신 있어 하는 해당 분야의 재능이 서서히 소멸하고 있다는 것을 시사한다.

---

③ **1 (기저)** 긍정적인 영향을 받는다면 질문자의 출중한 역량을 증명하고 그에 따른 대우나 자신의 능력을 객관적으로 증명할 수 있다는 것을 의미한다. 그러나 부정적인 영향을 받는다면 재능이 없는 것은 아니나 단순한 기교에 지나지 않거나 이미 시기가 지나 퇴화했다는 것을 지적한다.

　이 배열에서는 부정적인 영향을 받는다. 자신이 이룬 것이 전혀 없는데도 자만하고 있다는 점, 자신이 제대로 된 역량을 갖추고 있지 않다는 것을 인지하고 있다는 점으로 확정할 수 있다. 결국 자신이 믿는 턱없이 부족한 재능으로 인생 역전을 노리거나 (재능을) 남에게 자신을 포장하는 용도로 쓰고 있다는 것을 알 수 있다(19, 3w, Ap, 8).

---

④ **3w (과거)** 긍정적인 영향을 받는다면 질문자가 자신의 역량을 발휘해 그에 따른 결과물을 얻었다는 것을 뜻한다. 반대로 부정적인 영향을 받는다면 지금까지의 근무 태도/대인관계에 대해 제대로 대응하지 못해 다른 동료에게 질시받는다는 것을 뜻한다. 또한, 이 때문에 직장에서 무리하게 글을 쓰려다 보니 생긴 잡음이 서서히 주변과 마찰을 일으키기 시작했다는 것을 경고한다.

---

⑤ **10c (현재/곧 일어날 일)** 긍정적인 영향을 받는다면 회식이나 회사 동료/상사들과 유대관계를 더 잘 유지해나가거나 이직할 분야/업체와 협의가 잘 진행될 수 있다는 것을 의미하나, 부정적인 영향을 받는다면 질문자가 자신을 둘러싼 문제가 무엇인지 파악하지 못한 나

머지 이 문제를 해결하지 못하리라는 것을 뜻한다.

---

⑥ **6w(미래)** 긍정적인 영향을 받는다면 다른 사람의 조언을 수용해 원만한 관계를 이어나갈 수 있다는 것을 의미하나, 부정적인 영향을 받는다면 질문자가 끝내 자신의 의지/생각을 밀어붙인다는 것을 뜻한다. 나아가 이 때문에 다른 동료나 상사와 마찰을 빚을 것을 암시한다.

---

⑦ **Ap(질문자의 내면)** 긍정적인 영향을 받는다면 질문자가 스스로 뛰어난 재능이 있다고 판단한다는 것을 드러낸다. 그러나 부정적인 영향을 받는다면 전문 지식도 없이 그저 가공되지 않은 소질만 있다는 것을 지적하며, 질문자가 맞이한 현실상 그저 질문자 스스로 낙관적인 견해를 가지고 있다는 것을 뜻할 뿐 실제 현실에 도움이 되지 않는다는 점을 지적한다.

---

⑧ **18(제3자가 바라보는 질문자)** 긍정적인 영향을 받는다면 질문자의 재능이 높이 평가받고 이로써 본격적으로 작품 활동을 하고 있다는 것을 의미하나, 반대로 부정적인 영향을 받는다면 자신의 취향/취미에 집착해 남의 업무까지 방해하는 사람으로 낙인찍혀 인식이 악화됐다는 것을 뜻한다.

특히 교대 시간 엄수 등 동료 사이에 지켜야 할 것이 많은 업무의 특성상 이 문제가 더욱 심각해지기 쉽다는 점을 들 수 있으며, 질문자가 자신의 희망이나 포부를 말해도 질문자가 별다른 결과물을 낸 경험이 없기에 신뢰받지 못하거나 뜬구름 잡는 소리로 받아들여진다는 것을 알 수 있다. 결과적으로 18은 자만과 그를 뒷받침하려고 자행된 기교들이 오히려 사람들에게 부정적이고 기회주의적인 모습으로 비치고 있으며, 이 때문에 불화가 일어나리라는 것을 경고한다(19, 1, 3w, 8).

---

⑨ **8(희망/두려움)** 질문자가 자신의 역량으로 이 모든 질시나 방해를

뛰어넘으려는 포부를 담고 있으나, 반대로 자신의 역량이 부족해 아무런 변화조차 시도하지 못한 채 현실에 주저앉아버리는 것을 두려워하는 것으로 해석된다.

이 해석은 이미 자신의 재능의 한계를 마주한 것과 더불어 재능과 관련 없는 일상을 겪으며 자신을 이해해주지 못하는 사람들과 계속 불안정하고 불편한 관계를 이어가야 한다는 점에서, 희망보다 두려움에 해당하는 의미가 질문자의 현실에 적용된다는 것을 알 수 있다 (4w, 10c, 18).

⑩ **2p(결론)** 질문자가 결국 아무런 조치를 하지 못한 채 현상 유지에 급급한 모습으로 직장 생활을 영위하리라는 것을 의미한다. 또한 이 현상 유지가 질문자가 원하는 방향보다 점차 악화되는 동료 관계 및 자신의 재능을 개발하지 않는 태만 때문에 부정적인 영향을 받는다는 것을 드러내며, 궁극적으로 두 개의 펜타클을 모두 놓치는 결말로 치달아갈 것을 경고해야 한다.

이 사례에서는 유독 부정적인 의미가 강화된 것을 알 수 있다. 이는 질문자의 역량을 높게 평가해 해석한다면, 충분한 재능과 결실을 볼 수 있는 위치이나, 막상 그것이 이뤄져도 정작 현실적으로 변하는 것이 없는 수준이기 때문이다. 그가 생각한 Ap의 예측량은 2p 수준에 그쳤으며, 그 자신이 그렇게 바라는 것을 얻어내더라도 지금 같은 상황이 급변할 수 없다는 것을 쉽게 알 수 있는 사례다.

또한 자신의 이미지가 자신의 생각과 주변 동료들의 시각이 전혀 다르다는 점은 18의 부정적인 영향을 최대로 이끌어낸다. 역량조차 회사 전체를 좌우하지도 못하는 수준인 만큼, 다른 이들과 계속 충돌하면 그나마 존재하는 입지마저 사라질 수 있다는 것을 알 수 있는 사례다.

이 배열에 나온 18은 배열 전체를 잠식할 정도로 부정적인 영향을 끼치고 있다는 것을 알 수 있다. 스스로 과대평가를 일삼으며 사람들에게 자신의 능력과 상관없이 불편함을 선사한 질문자는 결국 이런 행위 때문에 다른 이들의 신뢰를 스스로 저버렸다. 나아가 직장 내의 문제인 만큼 주변의 평가가 중요하다는 점도 영향을 끼쳐 18이 19나 1의 긍정적인 의미를 적용시키기 어렵게 만들었던 사례. 이 때문에 질문자의 장점들이 모두 매몰된다는 것을 알 수 있다.

해석을 마치고, 이런 내용을 전부 말하기 어려웠던 나는 넌지시 더 경거망동하지 말라고 조언했으나, 질문자는 코웃음 치고 "자신을 잘 모르는 이들이 이런 헛소리를 하더라. 미신에 지나지 않는 것에 얽매이면 내가 뭘 할 수 있겠냐?"라며 조언을 무시했다.

결과적으로 이 점의 후일담은 얼마 지나지 않아 그해 여름 막바지가 되며 밝혀졌다. 근무 태도 관리 및 정시 교대가 이루어지지 않고 업무 절차에 맞지 않는 일 처리를 고집하던 그가 결국 동료와 크게 다퉜고, 이 일이 책임자의 귀에 들어가 자진 퇴사한 것이다. 흉흉한 사태가 벌어졌는데도, 나를 포함한 다른 동료 모두가 회식을 하며 그의 퇴사를 반기지 않는 사람이 없을 정도였다. 그 뒤 직장에서 그의 이야기는 빠르게 잊혔다.

이처럼 대인관계와 관련한 점에서 18은 질문자 자신이나 주변 사람들이 불확실하고 불안정한 기색/분위기/행동을 하고 있다는 것을 지적하며, 이런 모습이 상황을 어떻게 악화하거나 다른 사람들에게 어떤 인식을 심어주는지 확인해 긍정/부정적인 의미를 판단해야 한다는 점에 주의해야 한다. 이 과정에서 실체 없는 것을 두려워하지 말고 스스로 떳떳하게 문제를 해결할 수 있도록 조언해 혼란을 방지하도록 이끌어준다면 해석자의 역할을 십분 다한 것이라 할 수 있다.

실제 사례 (1996년 5월, 자택, 40대 중반 남성)

질문　향후에도 호경기가 이어질까?

사전 정보　당시 어머니의 친우였던 두 중년 남성이 심심풀이로 본 점이었다(편의상 A, B로 구분). A는 국내에 있는 소규모 공장 둘을 운영하고 있었으며, 실제 질문자인 B는 캠핑 용구(특히 텐트)를 제작하는 공장 하나를 운영하고 있었다.

12 - 4p - 5s - 6p - 18 - 7s - 14 - 16 - Ps - 20

12　(질문자 자신) 현재 사업과 관련해 묶인 자산이 있으며, 이를 어떻게 운영할지 고민하고 있다.

4p　(장애물) 가급적 현 상태를 유지하고 싶어 한다.

5s　(기저) 최대한 손해를 줄이고 수익을 늘리려 하며, 이 과정에서 (적법한 과정을 거치는 한)수단을 가릴 필요가 없다고 생각한다.

6p　(과거) 다양한 일을 수주해서 사업을 유지하고 있으며, 큰 폭의 적자/흑자를 거둔 적 없이 현상 유지를 해왔다.

18　(현재/곧 일어날 일) 불안감을 고조시키는 사건들이 벌어질 것이며, 한 치 앞을 예측하기 어려워질 것이다.

7s　(미래) 편법·불법적인 방안을 동원해서라도 돌파구를 찾아야 할 시기가 다가오며, 이를 먼저 인지하고 정보를 얻어내는 사람이 유리해질 상황이 오고 있다.

14　(질문자의 내면) 어떤 내용이 되건 자신의 사업에 도움이 되는 부분을 편취해 적용하려 하거나, 가치 없다고 생각하는 것들을 배제해나가려 한다.

16　(제3자가 바라보는 질문자) 갑작스러운 충격으로 사업에 큰 문제가 발생할 것이며, 이 파장은 질문자들의 주변 사람들에게도 큰 영향을 끼칠 것이다.

Ps　(희망/두려움) 자신에게 유리한 정보가 있다면 빨리 얻어내기를 바라는 희망과, 통제하지 못할 상황이 닥치는 것에 관한 두려움이 있다.

20 <u>(결론)</u> 자산 및 자본 관리가 방만하게 이뤄진 모든 곳이 사멸할 것이며, 자신의 인맥·기량·기반·자산 등 이용할 수 있는 것을 모두 계측해 기준 이하가 된 자들에게 심판이 내려질 것이다.

실전 해석

이 배열에서 18은 5번 위치, '현재/곧 일어날 일'에 나왔다. 사업의 흐름이나 경기를 묻는 질문의 특성상, 질문자가 알려는 경기 흐름이 어떤 이유로 불안정해지거나 예측하기 힘든 상황으로 빠져든다는 것을 알 수 있다. 사업 운영에 따른 위험을 어떻게 관리할 수 있고, 이 과정에서 위기를 기회로 살릴 수 있는지 파악해 해결책을 조언해야 한다. 또한, 이런 흐름에서 질문자의 사업 아이템, 자본의 유동성이 일정 이상의 수익이나 규모를 확보할 수 있도록 구체적으로 방안을 조언해야 한다는 것을 알 수 있다.

이 질문에서 18은 이미 일어나고 있거나 곧 일어날 문제로 사업의 예측이 불가능해지거나 불경기가 시작될 수 있다는 것을 경고한다. 이 배열에서 18에게 큰 영향을 주는 카드는 4p, 7s, 16, Ps로 확인되는데. 이로써 18이 부정적인 영향을 확실히 받고 있는 것을 알 수 있다. 자신의 기반을 유지하려고 애쓰는 4p에 비해 제대로 사업 운용이 되지 않고 있으며, 임시방편으로 위기를 벗어나려는 7s, 그러나 이런 방편으로 벗어날 수 없는 거대한 충격이 시장에 올 것을 16이 드러내고 있으며, 두 질문자가 모두 이 사안에 대처할 수 있는 기량이 현저히 부족하다는 점을 뜻하는 Ps 때문에 부정적인 영향을 받는 것이 확정된다는 점을 알 수 있다.

---

① **12(질문자 자신)** 긍정적인 영향을 받는다면 이 상황을 감내하고 버텨내는 데 성공하면 큰 수익을 얻거나 문제를 일으킬 상황을 미연에 방지할 수 있다는 것을 의미하나, 부정적인 영향을 받는다면 현 상황을 스스로 바꾸기에는 많은 방해 요소 때문에 자산을 유동적으로 운용하기 힘들다는 것을 뜻한다.

이 배열에서는 부정적인 영향을 받는다는 것을 알 수 있는데, 특히 다른 이들에게 일감을 수주하는 중소기업의 생리상 필연적인 부분이다. 경기가 나쁠수록, 어음 거래 등으로 자금 유동성 문제가 해결되지 않은 상태에서 갑작스럽게 상환 요구를 받는 것과 같은 문제가 자주 발생할 수 있는 불황에 예민해질 수밖에 없는 현실로 확인할 수 있다(6p,18,16).

---

② **4p(장애물)** 질문자들이 위에서 언급한 현실적인 문제 때문에 자신이 직접 자유롭게 운용할 수 있는 자산을 손에 쥐고 있으려는 심리 자체로 드러나며, 현 상황이 변하지 않길 바라는 태도 자체가 앞으로 다가올 변화에 적응하지 못하는 결과로 나타날 수 있다는 것을 의미한다.

긍정적인 영향을 받는다면 현물 자산을 최대한 확보해 곧 다가올 역경을 견딜 수 있다는 것을 의미하지만, 부정적인 영향을 받는다면 이를 확보하기 어렵거나, 확보하지 않더라도 어떻게든 사업은 운영해왔다는 안일함에 의지해 현 상태를 유지하려 드는 것을 지적한다.

---

③ **5s(기저)** 사업 재능에 해당하는 문제며, 질문자 A, B 모두 실제 운영하고 있기에 큰 의미를 둘 만한 내용은 아니다. 굳이 해석한다면 자신의 역량을 동원해 남의 재화를 어떻게 얻어낼지 궁리하고 이를 위해 (법의 테두리 안에서)수단을 가리지 않으려는 기질을 의미한다. 이 또한 부정적인 영향을 받는다면 수익에 천착해 남들에게 피해를 끼치는 것을 전혀 개의치 않는 태도를 뜻한다.

---

④ **6p(과거)** 질문자의 사업 운영이 어떻게 이뤄졌는지를 나타낸다. 긍정적인 영향을 받는다면 다른 업체와 협업이나 하청으로 고정적인 수익을 얻어왔다는 것을 의미하나, 이는 대부분 하청/수주에 의지하는 중소기업의 업무 특성을 그대로 드러내며, 이로써 현상 유지를 해온 것으로 해석된다. 부정적인 영향을 받는다면 자금 수급이 점차 어려워지고 있다는 것을 의미한다.

---

⑤ **18(현재/곧 일어날 일)** 긍정적인 영향을 받는다면 신제품 출시 및 새로운 판매처 확보를 위한 사전 준비 및 이에 따른 투자가 이뤄지고 있다는 것을 의미하나, 부정적인 영향을 받는다면 현상 유지를 하기

어려워질 사건이 다가오거나 불황을 의미하는 전조가 나타난다는 것을 뜻한다.

그러나 앞에서 언급한 대로 이 배열에서는 부정적인 의미로 확정된다. 불안정한 상황이 닥치면 임시방편이나 편법을 동원해 충격을 무마하려는 시도를 할 것이며, 다가올 문제를 제대로 파악하지 못하면 다양한 사고(예: 갑작스러운 대출 상환, 어음 지급 요청)에 대처하지 못할 수 있다는 것을 경고한다(4p, 7s, 16, Ps).

---

⑥ **7s(미래)** 질문자들이 앞서 언급한 불안정한 상황들을 맞을 경우, 임시방편/불법/편법적인 요소를 동원해 위급한 상황을 피하려 할 것을 의미한다. 긍정적인 영향을 받는다면 남에게 피해를 끼치더라도 자신은 어떻게든 건사할 수 있다는 의미로 적용되나, 부정적인 영향을 받는다면 이 때문에 불법적인 일에 연루돼 경제사범으로 전락할 수 있다는 것을 경고한다.

---

⑦ **14(질문자의 내면)** 긍정적인 영향을 받는다면 문제가 될 요소들을 배제/정리해 재정 건전성을 확보하려는 것을 뜻하나, 반대로 부정적인 영향을 받는다면 수단과 방법을 가리지 않고 이를 실행함으로써 다른 사람들과 마찰이나 충돌을 일으킬 수 있다는 것을 경고한다.

이 배열에서는 부정적인 영향을 받는다는 것을 알 수 있다. 현재 진행되고 있거나 곧 다가올 불안정한 흐름에서 자신의 기반을 운용/정리하려 극단적인 수단까지도 동원하려는 태도로 확인할 수 있고, 이런 행동을 할 최적의 타이밍을 모색하고 있다는 점에서 이를 확인할 수 있다. 그러나 각자의 대안이 무색할 정도의 충격이 다가오면 14의 영향력은 아무 의미 없는 상태로 전락하며, 이에 따른 다양한 대안을 만들어두도록 조언해야 한다는 것을 알 수 있다(5s, 18, 16, Ps).

---

⑧ **16(제3자가 바라보는 질문자)** 긍정적인 영향을 받는다면 갑작스러운 유행이나 호황이 닥쳐 수익을 극대화할 수 있다는 것을 뜻하나, 이 배열에서는 이 전조가 이미 18에서 드러났기 때문에 부정적인 영

향을 받을 수밖에 없다는 것을 알 수 있다. 이로써 갑작스러운 불황이 시작될 것이며, 그에 따른 충격이 오리라는 것을 의미한다.

　이 상황을 개인 수준에서 피할 수 없다는 것, 그리고 이를 예견한 자들은 각자 생각하는 최악의 상황을 가정해 빨리 자산을 처분하고 현상 유지를 하는 데 필요한 실물 자산 보유 방침을 세우고 있다는 것을 확인할 수 있으며, 앞으로 닥칠 사회적 혼란 및 장기 불황으로 많은 사람이 자신의 기반을 강탈당할 수 있는 사건이 다가오고 있다는 것을 알 수 있다. 비록 어린 나이였지만, 나는 이에 관해 '할 수 있는 모든 것을 해서 어떤 문제가 생기더라도 수중에 돈을 쥐고 있을 것'을 강력히 조언했다(12, 5s, 18, 14).

---

⑨ **Ps(희망/두려움)** 위험한 상황이 오거나 자신에게 유리한 정보가 있다면 빨리 알아내기를 바라는 희망과, 자신이 통제하지 못할 상황이 닥치는 것에 관한 두려움이 있다는 것을 뜻한다. 그렇기에 자신의 역량이 어디까지 닿을 수 있는지 확실하게 평가하고, 감당하지 못할 충격은 억지로 버틸 필요가 없다는 점을 강조해 상황에 맞는 조치를 하도록 확신을 심어줘야 한다.

　당시 내 경험이 일천했기에 자세히 표현하지는 못했으나, 무리를 해서라도 모든 사업을 정리해 현금이나 금처럼 최대한 안전하다고 여겨지는 것을 확보하고, 긴 어려움을 이겨내야 한다는 것을 반복해 강조했다. 또한 지금 움직이지 않으면 돌이킬 수 없는 수준의 손해를 볼 것이라고 경고했다(4p, 6p, 14).

---

⑩ **20(결론)** 단순히 불안에 그칠거라 생각하고 넘어갈 수 있는 사건 사고가 세상 전체를 완벽히 뒤바꿔버릴 수 있는 큰 사건으로 커질 수 있다는 것을 경고하며, 이에 대비하지 못하면 완전히 처음부터 다시 시작해야 하는 충격이 다가올 수 있으니 대비할 것을 주문한다. 이는 여러 메이저 카드의 의미가 전부 긍정적으로 발현하지 못한 것에서 더 확신할 수 있다. 또한 이 과정을 버틸 대안도 현상 유지나 충격을 감내하는 수준이 아니라, 전방위적 재앙 속에서 생존해야 하는 수준

의 모습으로 표현되는 것에 주목해본다면 실로 가공할 현상/사건이 개인의 수준이 아니라 사회 전체에 파장을 일으키는 수준으로 벌어지리라는 것을 알 수 있다.

———

이 사례도 부정적인 의미가 발현됐다. 특히 이 과정에서 18은 의미심장한 뜻을 하나 더 추가한다. '준비를 마쳤거나 이미 17의 수준에 올라선 자들은 이 문제를 회피하거나 극복할 수 있을 것'이라는 의미다. 실제로 IMF 구제금융을 조기 상환했으나 빈부 격차는 더 벌어졌으며, 이 위기에 대비하지 못한 자들은 거리로 나앉았다. 그러나 반대로 이 기회를 이용한 자들은 헐값으로 방치된 남의 자산들을 구매해 한때의 역경을 슬기롭게 버텨낸 것만으로 많은 재화를 거둬들였다. 또한 수많은 대기업 가운데 이 시기를 견디고 생존한 기업들은 재정 건전성을 인정받았고, 파산/부도 처리된 그룹들의 분야를 잠식해 더 큰 자본을 쌓는 데 성공했다.

이 배열에서 나온 18은 배열상의 다른 메이저 카드(12, 14, 16)들이 해석의 방향성을 명확하게 밝혀줬기에 비교적 자세한 내용을 확인할 수 있었던 사례다. 단순한 흐름을 예측하는 질문이었는데도 격한 묘사들이 이어졌고, 경기가 좀 좋지는 않아도 평소처럼 사업하는 데 큰 문제가 없다고 여긴 시절이었기에 거대한 변화가 과연 무엇일지 당시에는 가늠하기 어려웠다. 그러나 18의 모호함 때문에 다른 모든 이의 생활이 좋지 않게 변화할 수 있다는 것을 간파하는 데까지는 성공했다.

어린아이의 철없는 해석에, A는 시종일관 심각한 표정을 지으며 내 조언에 집중했고, B는 '설마 그런 일이 있기나 하겠느냐, 헛소리하지 말고 술이나 마시자, 술맛 떨어지게'라며 너스레를 떨었다.

그 뒤 연락이 닿아, A는 어차피 중국으로 공장을 옮길 계획도 있던 차니 손해 본다고 해서 뭐 어떠냐며 내 조언을 정말 무모하게 실행했다는 것을 확인했다. 얼마 뒤 전화로 '사업 어차피 제대로 풀리지도 않는 거 모조리 정리해 중국이나 가야겠다'며 떠난 터라 연락조차 제대로 되지 않았다. B는 그런 일이 있을 수가 없다며 한국에서 계속 공장을 운영해나갔다.

상황은 급격히 찾아왔다. 점을 보고 몇 개월 뒤, 한보 그룹 부도와 맞물려 정계 부패까지 드러났으며, 대기업의 부도가 연달아 일어나 사람들에게 충격을 줬다. 결국 이 사태는 IMF가 개입하는 상황까지 이어졌으며, 과거의 호황에 비할 수 없는 시련 속에서 사업 유지에 실패한 B는 결국 공장을 버린 채 채무를 떠안고 도피 생활을 전전하게 됐다.

내가 이들을 다시 만난 것은 15년 넘게 흐른 뒤였다. A는 중국에서 악전고투를 거듭한 끝에 성공했으며, 다시 보게 됐을 때는 이미 중국에 공장을 둘, 한국에 공장을 세 곳이나 운영하고 있다고 전했다. 이제는 그마저 자녀에게 느긋하게 물려주고 사람 좋은 얼굴로 내게 학자금을 융통해주는 정도는 얼마든지 지원하겠다면서 계속 잘 공부해보라는 말과 함께 사의를 표했다.

B는 이보다 더 시간이 흐른 뒤에야 만났는데, 그동안 겪은 고생이 적나라하게 보일 정도로 노쇠했으며, 반백의 머리로 이제 모든 문제를 간신히 일단락했다고 알렸다. 그가 내 말을 기억하는지는 확인하지 못했으나 다시 사업을 할 여력도, 의지도 없어졌다며 허탈하게 웃고는 어머니와 근황을 주고받고 발길을 돌림으로써 모든 사안이 종료됐다.

사례가 좀 극단적이나, 이처럼 사업과 관련한 배열에서 18은 질문자와 관련해 좋지 않은 사건/흐름으로 드러나기 쉽다. 사업 자체가 확정된 요소를 확보하고 가는 것보다 사람이나 경기, 자금의 소요, 사고, 시간 등 예기치 않은 수많은 난항에 쉽게 노출되기 때문이다. 18의 불확실성은 결국 모두가 어느 정도 '이런 일이 벌어지면 감당하지 못하는데'라는 불안감을 내포하며, 사전에 이 요소들을 불식시키거나 만약에라도 벌어질 수 있는 문제를 방비하도록 조치함으로써 거대한 흐름에 휩쓸리지 않게 한다면 해석자가 할 수 있는 조치들을 최대한 한 것이라 평할 수 있다.

XIX. THE SUN.
태양

결과물의 완성
The Completion of Outcome

결과물, 위엄, 압도, 대표자, 승계, 자신감, 자만, (결과물로 인한)승리, 리더십, 카리스마, 방심, 위대함, 개선, 긍정, 일방통행, 유복자, 자녀, 위압, 완성물, 감화, 상속, 과욕, 과소비, 사치품, 액세서리, 권세, 권력자, 신흥 강호, 장애물 없음, 자의적, 낙관론, 건강함, 건강미, 천연덕스러움, 타고난 재능

긍정/부정 확인 기준

질문자가 다른 사람보다 월등한 역량이 있다고 증명할 수 있는가?

자신을 증명할 수 있는 확고한 결과물이 있는가?

다른 사람의 영향력을 강하게 받고 있는가?

다른 사람의 평가를 떠나, 자신이 완성한 것이 있는가?

태양 카드는 해석하기 쉬운 편이며, 질문자의 역량을 충분히 확인할 수 있느냐 없느냐가 긍정/부정적인 해석을 좌우한다.

어떤 장애물이나 난관이 있어도, 태양 카드의 의미가 긍정적으로 발현된다면 큰 걱정 할 필요 없이 자신이 해왔던 방식이 틀리지 않았다는 것을 증명하면 되기에 보통 긍정적으로 해석하나, 카드의 밝은 이미지와 달리 자신의 역량이 부족한 상황이라면 이 모든 긍정적인 의미가 완벽히 반전하기 때문에 질문자의 자만심을 일소하고 문제를 해결할 수 있도록 현실적인 조언을 해줘야 한다.

이로써 질문자가 진정한 완성을 이뤘는지, 아니면 스스로 완성에 다다랐다고 착각해 남을 기만하는지 판결하는 순간이 온다는 점에 입각해, 질문자에게 진실로 필요한 것이 무엇인지 놓치지 않도록 해줘야 한다.

해석용법

긍정 태양 카드는 예부터 늘 긍정적인 의미를 강하게 부여받았으며, 메이저 상징편에서 언급했듯 여러 긍정적인 의미가 들어 있기에 해석자나 입문자 대부분이 쉽게 이해할 수 있는 카드로 인식한다. 이 때문에 어떤 주제라도 해석하기 쉬운 편이다.

또한 질문자의 역량이 떳떳하게 원하는 결과를 얻어낼 수 있는 상태인지 확인함으로써 긍정/부정적인 의미를 명확히 판단할 수 있다.

부정 그러나 태양 카드는 준비 없는 상태, 다시 말해 결함이 있거나 뭔가 간과한 부분이 있을 때는 부정적인 의미를 드러낸다. 이는 특히 제대로 완성되지 못한 모습이 밖으로 드러났을 때 더욱 극대화되며, 나아가 사람들의 질시를 사거나 자신보다 더 높은 사람에게 심판당하는 상황을 초래한다(예: 이카로스의 신화).

그렇기에 진인사대천명盡人事待天命과 같은 상황에서 태양 카드의 의미들은 긍정적인 방향으로 해석되는 경향이 있으며, 반대로 수주대토守株待兎와 같은 상황이라면 대상자의 낙관론을 지적해 역량을 강화하도록 조언해야 한다. 나아가 질문자 자신이 자만하고 있다는 것을 눈치채지 못했을 때 생길 수 있는 부정적 요소들을 다시 점검하게끔 조언해야 한다. 위에서 언급한 내용들만 주의한다면, 태양 카드를 해석하는 데는 어려움을 겪지 않을 것이다.

주로 쓰이는 다른 의미로 '상속자, 유복자, 승계'가 있다. 이는 자기 자신의 총화總和가 이어져, 받은 것을 이어갈 수 있는 자격을 갖춘 자를 뜻하기 때문이며, 메이저 상징편에서 언급한 태양과 아이의 도상을 통해 이해할 수 있다.

이 관점에 입각해 창작/예술가들이 각자의 역량을 집결해 하나의 결과물로 완성한 창작물들도 태양 카드의 의미에 포함되며, 부부가 잉태한 자녀 또한 이에 해당한다. 나아가 태양 카드는 수많은 사람이 당도하고자 했던 영예를 의미한다. 크게는 세계 정복에서 시작해 자신의 위엄을 떨치는 것부터, 작게는 자신의 후계를 낳고 자신의 생을 기록하고 증명해줄 후원자이자 계승자를 이어가는 것을 묘사한다.

메이저 아르카나를 1부터 시작해 하나의 서사 구조로 이해할 때, 이 카드에서 드디어 어떤 결과물이 완성된다는 것을 의미하며 이는 17과 18을 지나 순수한 정화의 결정체가 완성된 것을 뜻한다. 결국 어떤 결과물의 도출/승리들이 운이나 누군가의 개입이 아닌, 자신의 능력이나 사전에 완비된 요소들이 유기적으로 결합해 뭔가를 완성시키는 모습으로 표현된다.

이 때문에 태양 카드의 긍정적인 영향을 받는다면 세상에 자신의 흔적/족적을 남기는 데 성공해 다른 사람들에게도 이를 나눌 수 있는 것을 넘어 불멸의 영광을 얻게 된다. 이런 역사적 사례로 전기의 발견을 들 수 있다. 이 발견으로 전기를 생산할 수 있는 모든 지역의 사람들은 활동 시간을 늘릴 수 있었다.

반면 태양 카드의 부정적인 영향이 지나치게 강해지면 작게는 자기 과시욕이 지나친 나머지 허풍이 심한 사람을 예로 들 수 있으며, 크게는 자신이나 자신이 속한 단체/사회의 역량을 과대평가해 자신뿐만 아니라 이에 함께한 모든 이에게 치명적인 피해를 입힌 경우를 예로 들 수 있다.* 나아가 이런 요소들은 짧은 기간에 나타나는 것이 아니라, 시행할 때는 선의로 적용했으나 세월이 지나며 주변 상황이나 환경을 살피지 못한 채 계속 유지돼 역량을 저하시키는 족쇄로 작용하는 경우도 포함된다.** 실제 배열에서 태양 카드가 나오면, 질문

* 메이저 상징편의 태양, 아이, 해바라기, 깃발 상징 해설 참고(168-169쪽). 춘추전국시대 송 양공은 전쟁에서조차 예의범절을 지키다가 대패했으며, 결국 송나라는 이 대패를 겪은 뒤 단 한 번도 강대국의 반열에 오르지 못하게 된다. 이를 조롱하는 고사성어가 바로 송양지인宋襄之人이다.

** 메이저 상징편의 태양, 아이, 벽돌, 말, 깃발, 깃털 상징 해설 참고. 로마제국의 최전성기인 트라야누스 대제의 다키아 정벌이 이와 같다. 당대에도 완벽한 황제Optimus Princeps로 불렸던 그는 이 원정으로 로마제국의 최대 판도를 확립하나, 게르만족을 견제하던 다키아의 몰락으로 3세기부터 이민족의 침습이 시작됐다는 견해가 있다. 또한 정복지 방어에 비용이 더 들어 효율적인 운영이 불가능한 지역이었다. 결국 다른 속주와 달리 이곳은 금방 포기하게 된다.

자가 결과물을 만들어내는 데 성공했는지, 그리고 그 결과물이 어느 정도 수준인지 확인해야 긍정/부정적인 의미를 판단해 적용할 수 있다. 이 점만 주의한다면, 태양 카드의 해석은 수월할 것이다.

배열 위치별 특징 켈틱 크로스 배열에서 태양 카드(이하 19)가 나왔을 때 어떻게 긍정/부정적인 영향을 확인하는지 판단하려면 10장의 카드 맥락을 모두 살펴야 한다(이에 관해 더 상세한 내용은 513-515쪽을 참고).

19는 배열상에 나왔을 때 긍정적인 의미만 쓰이기 쉽다. 그렇기에 질문자가 과연 긍정적인 의미를 소화해낼 수 있는지 검증하는 과정이 중요하며, 이 과정이 해결되면 해석 자체는 큰 어려움이 없다.

카드의 의미상 다른 사람들도 인식할 수 있는 1, 5, 6, 8번 위치에서 영향력이 쉽게 강화되는 것을 알 수 있으며, 이때 자신의 결과물이 어느 정도 수준인지에 따라 긍정적인 영향을 더 크게 받을 수도 있다.

반대로 내면에 국한돼 다른 사람들이 인식하거나 평가하기 어려운 2, 3, 7번 위치에서 영향력이 약화되기 쉽다. 이는 장애물 자체가 자신감이나 완성된 상태 자체일 경우고, 자신이 제대로 인지하지 못하는 자만심이나 방심, 또는 단순한 낙관론과 태평함으로 해석하기 쉬울 수밖에 없기 때문이다.

주제별 포인트

연애(관계가 성립한 상황) 긍정적인 영향을 받는다면 서로 의견이 통일돼 더 나은 관계로 결실을 맺는 모습으로 해석되며, 최상의 경우 관계의 결과물(아이, 임신)을 얻게 된다는 것을 의미한다. 이는 서로 다른 두 사람의 역량이 하나돼 새로운 것을 완성시켰다는 것을 다른 사람들에게 증명하는 상황을 의미하기 때문이다. 그러나 부정적인 영향을 받는다면 각자 갈 길을 가거나 의견 합치에 실패해 제대로 된 결실을 맺지 못하는 모습으로 발현되며, 최악의 경우 연인이 서로 각각의 취향을 찾아 외도하는 상황으로도 드러난다.

연애(관계가 성립하지 않은 상황) 긍정적인 영향을 받는다면 질문자가 해온 것들에 초점을 맞춰 새로운 인연을 만날 수 있다는 것을 의미한다. 그러나 이 또한 자신의 기반이나 외부 활동이 전혀 없다면 긍정적인 영향을 받더라도 제대로 조언할 수 없는 상황에 빠지기 쉽다는 점에 주의해야 한다. 반대로 부정적인 영향을 받는다면 질문자가 드러내는 언행/성격/태도 때문에 관심을 가지려던 사람조차 질문자를 떠나고 있다는 의미로 전락하며, 이를 고쳐 이미지를 개선시키도록 조언해야 한다.

　단순한 호감이나 일방적으로 애정을 쏟는 상황에서 나온 19는 부정적인 영향을 쉽게 받는다. 이는 자신과 관련 없이 애정의 결실을 맺을 수 있는 상황적인 문제와 크게 결부된다. 긍정적인 영향을 받는다면 질문자가 어떤 결실(예: 취직 성공)을 맺고 상대방에게 고백하는 상황을 의미하거나 상대방이 질문자를 인식하고 호감을 가진다는 뜻으로 해석할 수 있다. 그러나 부정적인 영향을 받는다면 최악의 경우 다른 사람과의 결혼/연애 문제를 질문자와 상담하는 상황까지 생길 수 있다. 그러나 보편적으로 호감을 품었던 사람의 소식을 다른 사람에게 전해 들음으로써 좌절을 겪는 상황이 다가온다는 것을 의미한다.

대인관계 질문자가 성격에 문제가 있는 사람이 아니라면 남들에게 인기 있는 사람이라는 것을 의미하며, 쉽게 긍정적인 영향을 받아서 질문자가 원하는 것을 남들이 잘 받아들여준다는 의미로 해석된다. 나아가 모임을 이끄는 사람이거나 모임을 대표하는 사람으로서 질문자의 대인관계가 충실해질 수 있다는 것을 의미한다.

그러나 이런 문제와 관련해 19가 부정적인 영향을 받는다면 쉽게 최악의 의미로 치닫는다. 자신을 과신해 사람들에게 억지로 자신의 장점을 어필하여 없던 혐오를 만드는 상황(예: 부장님 개그)으로 드러나기 쉽기 때문이다.

사업의 흐름이나 전망 긍정적인 영향을 받는다면 더는 조언이 필요하지 않은 경우가 많으며, 그저 방심하지 말라고 주문하는 말고는 할 것이 없다. 사업 아이템이나 전망이 밝아 재화를 쉽게 끌어모을 수 있다는 것을 의미하기 때문이다. 나아가 자신의 사업을 남에게 드러내고자 다른 분야와 컬래버레이션Collaboration함으로써 본격적으로 흐름을 탈 수 있다고 강조할 수 있다.

그러나 부정적인 영향을 받는다면 자신의 성과를 시기하는 다른 이들의 개입이나 경쟁 업체가 생겨나는 것으로 해석할 수 있으며, 이로써 자신의 결과물을 남에게 긍정적으로 어필해야 하는 과정에서 발생하는 피로감/자금 누수로 이해할 수 있다. 최악의 경우 이미 난립하는 경쟁 업체들 때문에 자신의 사업 아이템이 지닌 장점이 퇴색하는 상황으로 치달을 수 있다는 점에 주의해야 한다.

창업의 성사 여부 자신이 생산한 결과물로 사업을 추진하는 사업 양태를 뜻한다. 나아가 질문자의 능동적인 태도로 남들을 자극하거나 자연스럽게 질문자의 결과물을 찾아 소비할 수 있도록 만들어주는 구조를 구축해 이윤을 창출할 수 있다는 것을 뜻한다. 긍정적인 영향을 받는다면 질문자만 이용할 수 있는 특허 또는 브랜드를 등록해 큰 수익을 확보할 수 있다는 것을 뜻하나, 반대로 부정적인 영향을 받는다면 이를 사칭하거나 도용·표절해 수익을 얻는 것을 의미하며, 이

때는 원래의 권리자에게 발각당해 법적 책임을 물을 수 있다는 점을 경고해야 한다.

진로 적성 보통 질문자가 이미 진로를 확정한 경우에 속한다. 이때 19는 쉽게 영향력이 강화되며, 이를 위해 조언할 필요도 없을 정도로 스스로 계획을 짜뒀을 공산이 크다. 그러나 부정적인 영향을 받는다면 비전이 없는데도 낙관하면서 매진하는 것을 강조해야 하며, 더 명확하게 대안이나 계획을 구성해 남들을 설득할 수 있도록 현실적인 조언을 해야 한다.

시험 결과나 합격 여부 질문자의 과거 성적이 그대로 드러나며, 적당히 휴식을 취하더라도 기존 성적을 유지할 수 있다는 것을 뜻한다. 나아가 질문자가 학습 과정을 상당히 긍정적으로 소화하고 있다는 것을 드러내기에 신체 균형을 잘 보조할 수 있도록 주변 사람(부모)들의 배려가 필요하다는 점을 언급하는 선에서 조언을 마무리하는 경우가 많다. 최상의 경우 월반이나 수시 입학 제도로, 다른 학생들이 시험을 대비할 시간 동안 자신의 학습 성과를 다른 사람에게 인정받아 여유를 즐기게 된다는 것을 뜻하며, 나아가 후원을 받아 착실히 성장할 수 있는 환경을 뜻하는 경우로도 드러난다.

그러나 부정적인 영향을 받는다면 제대로 된 비전 없이 낙관론을 펼치고 있는 것으로 해석되며, 최악의 경우 학업을 포기하는(예: 수포자) 모습으로 드러난다. 이때는 질문자의 적성이 무엇인지 분석하고 최대한 질문자가 자신의 재능을 발휘할 수 있을 만한 분야들을 소개해 흥미를 이끌어내야 한다.

질병의 호전, 완치 굳이 점을 볼 이유도 없는 경우가 많다. 신체 내부에서 이미 알아서 질병에 저항해 완치될 수 있다는 것을 뜻할 때가 대부분이거나 모든 치료가 완료돼 완치 판정을 얻어낸 상황을 의미한다. 그러나 부정적인 영향을 받는다면 병이 있는데도 인식하지 못하거나 부정하는 모습을 의미하며, 최악의 경우 생명의 마지막 불꽃

을 피워내고 있는 상황일 수 있다는 점에 주의해야 하므로, 질문자의 상태나 환경에 따라 해석할 때 주의를 기울여야 한다.

단순한 건강 문제 긍정적인 태도가 강화돼 발생하는 질병들을 의미한다. 그렇기에 정신적인 면에서 조증이나 화병을 의미하며, 문제를 해결하는 순간(결과물을 만들어내는 순간) 질환들이 쉽게 사라질 수 있는 병과 연관성이 있다. 신체적인 면에서는 고혈압 등 신체 변화로 발생하는 질병에 해당하며, 즉시 투약해 쉽게 병세를 가라앉힐 수 있는 경우가 많다. 과거 19는 3, 8과 결합했을 때 '혈우병'을 암시했다.* 그러나 이는 이제 적용하기 어려운 의미이므로 주의해야 한다.

---

* 메이저 상징편의 태양, 아이, 깃발 해석 참고. 대영제국 빅토리아 여왕에게 있었던 혈우병 인자가 각 제국 황실 사이의 결혼으로 퍼진 것과 관련한 해석이나, 이 문제는 해결된 상태이므로 현재는 적용하기 어렵다.

켈틱 크로스 배열 위치별 긍정/부정 해석법

1 → ③ ④ ⑦ ⑨ 카드 확인 질문자가 어떤 근거/경험/역량을 통해 현재와 같은 자신감을 내세우는지 파악해야 한다. 긍정적인 영향을 받는다면 질문자가 자신감을 가질 만한 상황이라는 점을 인식해 다른 카드들의 의미조차 긍정적으로 끌어올리는 효과로 드러나나, 반대로 부정적인 영향을 받는다면 자만 가득한 질문자의 태도 때문에 해석을 제대로 진행하기 힘들 정도로 악영향을 끼치며, 결과물조차 없는 상태임에도 자신감이 넘쳐 조언을 제대로 듣지 않는 경우가 많다.

2 → ① ③ ④ ⑦ ⑨ 카드 확인 이 위치의 카드로 질문자가 어떤 역량을 지녔으며, 이로써 무엇을 이루려 했는지 확인해 긍정/부정적인 의미를 판단해야 한다. 질문자에게 문제를 해결할 만한 역량이 있는가에 따라 의미가 확정된다. 긍정적인 영향을 받는다면 문제를 극복해 승리를 거머쥘 수 있다는 것을 의미하지만, 부정적인 영향을 받는다면 다른 이들에 비해 뒤떨어진 역량/기반으로 패배하거나 라이벌에게 자신의 목표를 뺏기는 모습으로 해석된다.

3 → ① ② ④ ⑧ 카드 확인 질문자가 가진 자신감이나 낙관적 사고가 어디에서 비롯하는지 확인해야 한다. 긍정적인 영향을 받는다면 질문자 스스로 믿는 구석이나 확고한 자신의 역량이 있다는 것을 인지하고 나아가는 상황을 뜻하나, 부정적인 영향을 받는다면 단순히 낙천적이거나 자신을 가로막는 장애물에 관해 제대로 된 정보 없이 막연히 부딪히는 꼴로 전락하기 쉬운 상황이라는 것을 경고한다.

4 → ① ② ⑤ ⑧ 카드 확인 질문 자체를 참고해야 한다. 특히 과거의 긍정적/낙관적인 흐름으로 질문자가 어떤 영향을 받거나 경험을 얻었는지 확인해야 하기 때문이다. 긍정적인 영향을 받는다면 과거에 얻은 성공/경험 덕분에 당면할 문제를 무난히 해결하거나, 남의 보증을 얻어내는 의미를 띤다. 그러나 부정적인 영향을 받는다면 과거의 영광에 취해 앞날을 제대로 살피지 않고 있다는 것을 경고해야 한다.

5 → ① ② ③ ④ ⑧ 카드 확인 질문자가 진정한 승리 또는 결과물의 완성을 눈앞에 두고 있는지 먼저 확인해야 하며, 이 준비가 제대로 됐는지에 따라 긍정/부정의 의미가 나뉜다. 긍정적인 영향을 받는다면 굳이 조언할 필요도 없을 만큼 모든 문제를 해결할 수 있다는 뜻으로 해석되며, 질문자가 하고

싶은 방향대로 해나갈 수 있게끔 격려해주는 것이 조언의 전부가 될 정도다. 그러나 부정적인 영향을 받는다면 다른 사람이나 제3자들의 개입으로 자신의 결과물이 폄하당하거나 조롱받는 상황까지 초래할 수 있으니, 자신의 역량을 과대평가하거나 다른 사람들의 시각을 생각치 않은 채 부족한 자신의 결과물을 함부로 꺼내들지 않도록 경고해야 한다.

6 → ① ③ ⑤ ⑦ ⑨ 카드 확인 질문자의 역량으로 다가올 내용이 무엇인지 파악해야 한다. 특히 이 위치의 19는 부정적인 의미를 받으면 문제가 심각해지는데, 이는 자신이 해온 노력에 따른 결과이기에 최악의 경우 자신의 잘못된 행위 때문에 신체가 구속되는 상황으로까지 해석할 수 있기 때문이다.

긍정적인 영향을 받는다면 충분한 노력을 거쳐 이루어질 결과물로 무엇을 추가로 얻게 되는지 질문자에게 조언해야 하며, 이로써 더 나은 방향으로 결실을 이루도록 이끌어야 한다.

7 → ① ③ ⑤ ⑧ ⑨ 카드 확인 질문자가 어떤 이유로 낙관하고 있는지 확인해야 한다. 긍정적인 영향을 받는다면 그리 큰 문제가 될 수 없는 내용이나, 부정적인 영향을 받는다면 다른 사람들의 부정적인 시각을 인식하지 못하거나 오히려 적반하장에 가까운 모습을 드러내고 있다는 점을 알 수 있으며, 이를 교정하지 못하면 남들에게 축객에 준하는 반발을 사게 될 수 있다는 것을 경고하고 조언해야 한다.

8 → ② ⑤ ⑦ ⑨ 카드 확인 다른 사람들이 질문자를 어떻게 인식하는지 확인할 수 있다. 긍정적인 영향을 받는다면 다른 사람들에게도 긍정적인 힘을 전달하는 모습으로 우상Idol 같은 입지를 쌓고 있다는 것을 드러내지만, 반대의 경우 스스로 자멸하려 남의 부정적인 관심을 끌어대는 모습으로 인식되고 있으니 저급하게 관심을 끌려는 질문자 자신의 모습을 인지하도록 조언해 이를 교정해줘야 한다.

9 → ② ④ ⑤ ⑦ 카드 확인 자신의 성공을 바라는 희망과 자신의 자만으로 일이 실패하거나 남의 결과물보다 뒤처지는 상황에 관한 두려움이라는 의미로 적용될 수 있다. 위의 카드를 참고해 어떤 문제로 질문자의 희망/두려움이 발현하는지 알 수 있다.

10 해석을 쉽게 만드는 경향이 있을 정도다. 질문과 관련해 어떤 상황이 작용하며, 질문자가 어느 정도의 역량이 있는지 확인만 한다면 큰 무리 없이

긍정/부정적인 의미를 결정할 수 있기 때문이다.

　긍정적인 영향을 받는다면 앞에서 언급한 대로 질문자의 위엄을 떨치고 자신의 정수를 결과물로 만들 수 있는 현상을 통칭한다는 점을 강조해야 한다. 이로써 망설임 없이 더 정진하도록 이끌어야 한다.

　부정적인 영향을 받는다면 자신이 쌓아왔던 인과율의 결과를 맞이할 것이므로 조언의 의미가 없거나, 이를 도울 때 오히려 해석자까지 휘말릴 수 있고 별다른 조언을 할 필요가 없다는 점에 유의해 방관하는 편이 더 나을 수도 있으니 해석과 조언을 할 때 신중해야 한다.

실제 사례 (2006년 11월, 어느 모임, 30대 초반 여성)

질문　이 사업을 한다면 전망이 좋을까?

사전 정보 질문자는 해외 구매 대행을 겸하는 온라인 쇼핑 사이트를
구상하고 있다고 말했다.

4s - 7p - 7 - 10w - 8s - 11 - 19 - Pc - 2p - Ps

4s　(질문자 자신) 현재 별다른 행동을 취하고 있지 않으며, 더 나은
수익을 내고자 고민하고 있다.

7p　(장애물) 자신의 역량에 비해 큰 수익을 기대하는 것이 문제점
이다.

7　(기저) 확신이 들면 주저하지 않고 공격적으로 투자하려 한다.

10w　(과거) 현재 수익을 유지하는 것조차 상당한 부담/압박을 받고
있다.

8s　(현재/곧 일어날 일) 사업 유지 및 전망을 고민하고 있다.

11　(미래) 자신의 뜻을 관철해서 사업 유지 여부를 결정하게 될 것
이다.

19　(질문자의 내면) 자신이 일군 수익이나 실적에 만족하고 있으며
큰 문제는 없을 것이라 낙관하고 있다.

Pc　(제3자가 바라보는 질문자) 제대로 계획을 세우지 않은 채 기분
내키는 대로 사업을 운영하는 것으로 비치고 있다.

2p　(희망/두려움) 다른 문제들이 있더라도 지금처럼 버틸 수 있기
를 바라며, 반대로 제대로 운영하지 못해 수익을 창출하지 못
할까 봐 두려워하고 있다.

Ps　(결론) 사업과 관련해 정확한 정보/절차를 모른 채 실행하면
손실이 발생할 것이며, 정보를 면밀히 확인해 손실을 미연에
예방해야 한다.

이 배열에서 19는 7번 위치, '질문자의 내면'에 나왔다. 창업과 관련한 질문의 특성상 자신의 결과물이나 역량을 증명할 수 있다면 긍정적인 의미를 적용할 수 있으나, 그렇지 못하다면 질문자의 낙관이 과하다는 점을 지적해야 한다. 나아가 이 계획이 그만큼 현실적인 계산하에 구상된 것인지 판단해 창업에 앞서 주의해야 하거나 질문자가 더 부각시켜야 될 부분이 무엇인지 조언해야 한다.

이 배열에서 19에게 큰 영향을 주는 카드는 4s, 7, 8s, Pc로 확인되는데, 이로써 비교적 부정적인 영향을 받고 있다는 것을 알 수 있다. 질문자가 휴식을 취하다가 구상한 계획이며, 자신이 결정한 것을 신봉해 빨리 진행하려는 모습이 부각되나, 다른 사람들은 이런 질문자가 그저 충동적/즉흥적인 계획을 하는 것에 지나지 않는다고 평가하고 있으며, 실제로 사업을 시작하는 과정의 자세한 단계들을 전혀 모르거나 질문자가 계획한 수준으로는 사업을 실행에 옮기기 힘들 수 있다는 것을 경고해야 한다.

---

① **4s(질문자 자신)** 긍정적인 영향을 받는다면 휴식을 취하며 충분한 역량을 비축하고 있다는 것을 뜻하며, 나아가 이 사업 아이디어로 수익/이익에 구애받지 않고 휴식을 겸해 기반을 유지할 수 있도록 운영하려 하고 있다는 것을 의미한다.

이로써 과거의 경험이나 상황에 비춰 이 휴식/현상 유지가 긍정적인 의미를 지니는지 확인할 수 있다. 그러나 부정적인 영향을 받는다면 저노동 고수익을 노린 단순한 아이디어에 지나지 않는다는 것과 질문자의 수준이 이를 실행에 옮기기에는 공백기가 너무 길었다는 것을 지적한다.

---

② **7p(장애물)** 긍정적인 영향을 받는다면 이런 생각 자체가 다른 사람들을 앞서는 것이며, 그렇기에 먼저 이를 선점함으로써 얻을 수 있는 메리트를 확보할 것을 의미하나, 부정적인 영향을 받는다면 질문

자가 자신의 투자금보다 많은 수익을 기대하는 것이 문제라는 점을 지적한다. 이는 단순히 투자 규모의 문제보다 질문자의 기량/경험을 토대로 하지 않고 단순한 시세의 흐름이나 투기 열풍에 편승하려는 움직임을 만류해야 한다는 것을 알 수 있다.

③ 7(기저) 질문자의 사업이나 투자 성향을 드러낸다. 긍정적인 영향을 받는다면 어떤 일을 추진할 때 주저하지 않고 빠르게 실행할 수 있다는 것을 뜻하나, 부정적인 영향을 받는다면 제대로 정보를 수집하지 않거나 냉철한 판단이 되지 않는 상태에서 자신감만으로 사업을 밀어붙이려 한다는 것을 지적하게 된다.

이 배열에서 7은 부정적인 영향을 받고 있다는 것을 알 수 있는데, 이는 질문자가 7의 의미를 제대로 살리지 못한 채 현상 유지에 급급하고 있다는 점과, 이 때문에 우려나 반발을 사고 있다는 것을 알 수 있다. 또한 질문자가 자신의 성향대로 투자에 성공하더라도 기대할 수 있는 수익이 그리 크지 못하다는 점 때문에 7은 부정적인 의미로 해석되며, 단순한 충동이나 맹목적인 저돌성의 의미를 드러낸다(4s, 8s, 19, Pc, 2p).

④ 10w(과거) 긍정적인 영향을 받는다면 다양한 고난/압박을 견뎌내고 자신의 기반을 확고히 해왔다는 것을 뜻한다. 부정적인 영향을 받는다면 질문자의 현 상태가 다양한 압박이나 사건 사고, 시련 들을 겪고 나서야 이룰 수 있었던 기반이라는 것을 의미하며, 이로써 질문자의 사업인 식견/능력이 뛰어나지 않다고 확정할 수 있다. 물론 장사하는 데 큰 도움이 될 경험일 수 있으나, 질문자가 원하는 수익창출과는 거리가 멀거나 실제 적용하기 어려운 문제라는 점을 시사한다.

⑤ 8s(현재/곧 일어날 일) 긍정적인 영향을 받는다면 다른 업체들의 문제점을 파악해 이를 개선함으로써 더 성공적인 창업이 가능하다는 것을 의미하거나, 더 나아가 창업에 필요한 법적 문제들을 해결해

자신의 기반을 확장할 수 있다는 것을 뜻한다. 그러나 부정적인 영향을 받는다면, 수익 창출 여부로 선택의 폭이 좁아지거나 고민할 수밖에 없는 상황을 뜻한다. 또한 가용할 수 있는 투자금의 규모 문제 때문에 아이디어를 제대로 구현하기 힘들다는 점을 지적한다.

⑥ **11(미래)** 질문자가 자신의 신념을 굽히지 않을 것을 뜻한다. 긍정적인 영향을 받는다면 자신의 계획대로 일을 처리해 순조롭게 출발을 할 수 있다는 것을 의미하나, 19의 의미를 질문자가 확고한 실력/기반으로 보여줄 수 없을 때는 부정적인 영향을 받게 되며, 그동안 현상 유지에 급급했던 장사 수완과 무리해서라도 사업을 이끌고 가려는 성향 때문에 문제가 계속 발생할 수 있다는 것을 경고한다.

　이 배열에서는 부정적인 영향을 받고 있다는 것을 확인할 수 있다. 질문자가 별다른 결과물 없이 휴식을 취하고 있고, 단순한 계획으로 일을 추진하려는 성향 때문에 주먹구구식으로 운영할 수밖에 없다는 점을 확인할 수 있으며, 이로써 질문자의 정의나 역량의 면에서 11의 긍정적인 의미를 적용하기 어렵다는 것을 알 수 있다(4s, 7, 19, 2p).

⑦ **19(질문자의 내면)** 긍정적인 영향을 받는다면 질문자가 자신의 뛰어난 역량을 스스로 확신하고 이에 따라 자신의 계획을 그대로 실행하기만 해도 성공할 것이라 자신하고 있다는 것을 뜻한다. 그러나 부정적인 영향을 받는다면 질문자가 자신의 결과물에 대해 자만하고 있다는 것을 경고해야 하며, 최악의 경우 이 자만감이 질문자의 기반을 노리는 다른 경쟁자 또는 방해꾼 들에게 노출돼 약점으로 자리 잡았다는 것을 뜻한다. 이는 결국 앞서 언급한 대로 부정적인 영향을 받고 있다는 것을 확인할 수 있으며, 제대로 된 판단이나 준비가 갖춰져 있지 않아 결국 긍정적인 영향을 받지 못하고 부정적인 영향이 더 강화된다는 것을 알 수 있다(4s, 7, 8s, Pc).

⑧ **Pc(제3자가 바라보는 질문자)** 7, 11, 19의 의미에 부정적인 영향을 끼친다. 긍정적인 영향을 받는다면 질문자의 즉흥적인 생각이 시의

적절한 상황을 맞이해 사업이 흥한다는 것을 뜻한다. 반대로 부정적인 영향을 받는다면 질문자의 그 어떤 역량/결과물도 제3자에게 인정받기보다는 그저 자신의 단순한 변덕/충동에 따른 것으로 인식된다는 것을 알 수 있다.

나아가 Pc 때문에 생기는 이런 이미지들은 질문자가 자신에 관해 가치/역량을 평가했던 것들이 외부적으로는 아무런 영향을 끼치지 못했다는 것을 통렬히 직시하게 만드는 요소로 작용한다(7p, 7, 10w, 2p).

⑨ **2p(희망/두려움)** 이런 자신의 성향/욕구를 충실히 실행해 성공하기를 바라거나 남들의 비판적인 시각을 극복하고 성과를 얻어냈더라도 수익이 생각보다 크지 못하리라는 것을 드러내며, 최악의 경우 투자금 자체를 회수하지 못해 기반이 무너질까 봐 두려워하고 있다는 것을 의미한다.

⑩ **Ps(결론)** 결국 질문자가 자신의 역량을 냉정하게 판단하지 못한 채 일을 진행한다면 자신보다 월등히 높은 역량을 지닌 제3자 또는 세력에게 방해받을 수 있다는 것을 자각해야 한다고 지적해야 한다는 의미를 담고 있다. 질문자가 장사 수완이 부족하다는 점에 더해, 자신이 새로 구축하려 하는 수익 구조를 형성 및 유지하는 데 어떤 노력이 필요한지 모르는 모습으로 드러나기 때문이다.

그렇기에 제대로 된 정보나 경험 없이 장사를 하면 질문자가 예상치 못한(그러나 이보다 역량이 높은 자들은 쉽게 예측할 수 있는) 문제와 맞닥뜨리거나 다른 사람들과 마찰이 생길 수 있다는 점을 경고해야 한다.

해석을 끝내며 나는 질문자의 의지와 상관없이 계획 자체가 현실성이 없다는 점을 지적했으며, 설령 일이 성공한다고 해도 제대로 된 수익을 얻기 어려울 것이라 단언했다. 이는 제대로 된 장사나 사업을 원하는 것이라기보다, 일종의 여가 생활과도 같이 즐기려 든 나머지 질문자가 수익을 제대로 낼 수 있을지 의구심이 들었기 때문이다.

자신의 생각과 다른 답을 얻은 질문자는 이를 인정하기 싫어 하는 기색이 완연했고, 수익이 확실해 보이는 아이디어인데도 이를 소화하지 못한다고 하는 해석 결과를 받아들이기 힘들어했다. 결국, 이미 어떤 장애물이 있더라도 하기로 마음먹은 이상 굳이 이런 내용을 점으로 봐야 했냐는 볼멘소리를 하며 해석을 종료했다.

이 배열에서 나온 19는 근거 없는 자신감으로 자신의 주장을 관철할 것이라는 의미로 드러났다. 또한 역량/자본도 충분치 않은 상황에서 19의 긍정적인 의미는 전혀 발휘되지 못했으며, 이 때문에 어떤 선택을 하더라도 제대로 성공할 수 없다는 것을 드러낸다. 이처럼 정확히 상황을 판단하지 못한 채 단순한 충동/욕구로 일을 진행했다는 점에서 긍정적인 요소가 대거 이탈할 수밖에 없는 사례였다.

이 배열의 후일담은 금방 확인할 수 있었다. 아니나 다를까 주변 사람들의 만류에도 자신이 구상한 방식으로 창업했지만, 커뮤니티를 통해 초기 수익을 얻으려던 의도가 해당 커뮤니티의 운영자에게 거부당함으로써 시작부터 계획이 암초에 부딪친 것이다.

지금도 이런 경향이 강하지만, 과거 한국 커뮤니티 문화상 상업적인 문제로 커뮤니티 분위기나 운영 의도가 충돌하며 문제를 일으켜왔기에 은연중에 이를 터부시해왔는데도, 이런 사항에 관해 사전 합의조차 없이 마케팅을 시도해 커뮤니티의 공분을 불러일으킨 것이 큰 패착으로 작용한 사례였다.

이처럼 사업과 관련된 점에서 19는 명확한 판단 근거나 성공 조건을 확보하지 못하면 부정적인 의미를 특히 강조한다. 이는 사업이라는 분야의 특성상 자신과 비교할 수 없는 거대 자본(예: 대기업 프랜차이즈)이나 동종 자영업자들과 경쟁을 피할 수 없기 때문이다.

그렇기에 확실한 사업 아이템이나 비전 없이 달려드는 것은 그저 자신의 노력을 무의미하게 소모하는 결과로 다가오게 되며, 이윽고 다른 사람의 결과물과 위엄에 굴복하는 비극적인 결과로 드러날 수 있다는 것에 주의해야 한다.

실제 사례 (2011년 5월, D모 사이트 관련 모임, 20대 후반 여성)

질문   이 사람과 결혼할 수 있을까?

사전 정보 질문자는 나이 차가 많이 나는 남자와 만나고 있었다. 상대
방의 경제적 조건과 나이 차로 고민 중이었으며, 성격이나
인품에는 문제가 없다고 밝혔다. 다만 질문자는 상대방의
사정상 결혼 과정을 제대로 진행하지 못한 채 시간이 흐르
고 있어 이별까지 고민 중이라 토로했다.

10p - 4w - Pc - Nw - 19 - 14 - 2w - 4c - 5w - 3p

10p   (질문자 자신) 큰 사건이나 문제가 일어난 것은 아니며, 일상을
영위하고 있다.

4w   (장애물) 그러나 일상이 계속 지속되다 못해 질문자가 원하는
것을 방해하고 있다.

Pc   (기저) 관계를 자신의 뜻대로 빨리 이루고 싶어 하는 충동에 빠
져 있거나 이런 욕구를 자제하지 못하고 있다.

Nw   (과거) 다른 사람들의 개입 또는 간섭이 있었고, 이를 견디며
관계를 유지해왔다.

19   (현재/곧 일어날 일) 그동안의 노력으로 더 명확한 결과를 얻게
될 것이다.

14   (미래) 명확한 결과를 얻으려면 서로 포기하거나 양해해야 할
부분이 있으며, 이에 따른 합의가 이루어지게 된다.

2w   (질문자의 내면) 이 관계를 더 장기적으로 확고히 하려는 내심
을 품고 있다.

4c   (제3자가 바라보는 질문자) 질문자가 이 상황을 상당히 불만스
러워한다는 것을 모두 알고 있다.

5w   (희망/두려움) 자신의 노력이 무색해져 상대방과 다투게 되는
것을 두려워하며, 자신의 의지를 관철하고 싶어 한다.

3p   (결론) 질문자 및 상대방을 조율할 수 있는 다양한 사람의 의견
을 참고해 서로 조건을 합의하게 될 것이다. 이 과정을 무난히

해낸다면 결혼에 성공할 것이고, 해내지 못한다면 다른 중개 또는 중매로 새로운 만남이 이뤄질 것이다.

실전 해석

이 배열에서 19는 5번 위치, '현재/곧 일어날 일'에 나왔다. 이미 성립한 관계에 관한 질문의 특성상 결실을 맺어 '결과물'을 만들어내야 하는 상황이 다가왔다는 것을 확인할 수 있고, 이로써 질문자가 어떤 의미로 '결실'을 얻고자 이 관계를 유지/해제할지 파악해야 한다. 부정적인 영향을 받는다면 서로 원하는 바가 달라 굳건했던 관계가 아쉬움을 남기며 끝날 수도 있다는 점을 경고해야 한다.

이 질문에서 19에게 긍정/부정적인 영향을 주는 카드는 10p, 4w, Pc, Nw, 4c로 확인된다. 이로써 부정적인 영향을 쉽게 받는다는 것을 알 수 있다. 질문자가 상대방과 관계를 비교적 장기간 유지하며 어느 정도 일상에 가까운 관계로 발전했고, 서로의 이상을 합치해 결혼이라는 목표를 이루려는 과정에서 문제가 발생해왔다는 것을 알 수 있기 때문이다. 그러나 조급하고 충동적인 질문자의 성향 때문에 문제가 더욱 악화되기 쉬운 상태라는 것을 의미하며, 상대방 또한 이를 인지하고 있기에 더욱 해석에 주의해야 한다는 것을 알 수 있다.

---

① **10p (질문자 자신)** 키워드의 평범한 일상이라는 의미를 통해 이 문제를 상당히 긴 기간 동안 끌어왔다는 점을 알 수 있다.

긍정적인 영향을 받는다면 이 상황도 그동안 일어났던 잡음처럼 잠시 이슈가 되다가 사라질 문제라는 것을 뜻하나, 부정적인 영향을 받는다면 이 상황을 변화시키지 않을 경우 질문자가 낙담한 나머지 다른 관계를 물색할 수 있다는 것을 경고한다.

---

② **4w (장애물)** 긍정적인 영향을 받는다면 서로 의도/목표를 합치시켜 문제를 해결할 수 있다는 것을 의미하나, 부정적인 영향을 받는다면 어느 한쪽의 의도나 이상에 부합하는 방식으로 문제를 끝내려는 태도가 문제 해결을 더욱 어렵게 만들고 있다는 점을 경고한다. 나아가 좀처럼 상황이 변하지 않는 것이 장애물로 작용하고 있다는 것을 알 수 있다.

③ **Pc(기저)** 긍정적인 영향을 받는다면 질문자의 돌출 행동으로 문제가 의외로 쉽게 해결될 수 있다는 것을 의미하나, 부정적인 영향을 받는다면 질문자가 이런 상황을 견디기 어려워하는 성격이라는 것을 드러내며, 나아가 이 관계가 이대로 흘러가는 것에 대한 인내심이 한계에 다다랐다는 것을 알린다. 이로써 상대방의 혼사 관련 논의가 제대로 이루어지지 않으면 질문자가 관계를 쉽게 포기하려 들 수 있다는 점을 알 수 있다(10p, Nw, 2w).

④ **Nw(과거)** 긍정적인 영향을 받는다면 질문자가 자신의 의사를 명확히 밝혀 자신이 생각한 대안/계획으로 문제를 해결하려 했다는 것을 의미하며, 질문자에게 다른 이성이 없다는 전제 아래 그동안 이 관계에 관여하거나 참견 또는 조언한 사람이 많았다는 것을 뜻한다. 부정적인 영향을 받는다면 이 때문에 상당한 스트레스를 받았음에도 관계를 유지해왔다는 것을 의미하며, 이로써 질문자의 인내력이 바닥난 원인을 설명한다(10p, 19, 14, 4c).

⑤ **19(현재/곧 일어날 일)** 질문자가 그동안 어떤 노력을 기울였느냐에 따라 긍정/부정적인 결과가 다가오게 된다는 것을 뜻한다. 긍정적인 영향을 받는다면 상대방이 처한 문제를 긍정적으로 받아들이고 관계의 결실을 맺고자 자신의 조건을 양보하는 따위의 적극적인 행동으로 문제를 해결할 수 있다는 것을 의미하나, 부정적인 영향을 받는다면 자신 위주로 관계를 편성하려 하거나 남의 부족한 부분을 이해하지 못한 채 독단적으로 행동하는 등 자신이 내건 조건을 만족하는 다른 이성과 접촉할 수 있다는 것을 경고한다.

앞에서 언급한 대로 부정적인 영향을 쉽게 받는 상황이며, 이를 긍정적인 흐름으로 바꾸려면 해석 당시 상대방에 대해 인내하고 배려하고 다른 사람의 간섭이나 조언에 흔들리지 않도록 조언해(그것이 다른 사람과 충돌해 문제를 일으키더라도) 질문자가 상대방을 포기하지 않고 애정을 꾸준히 갈구했다는 것을 계속 보여주며 상대방의 신뢰를 끌어낸다면 문제를 해결할 수 있다고 설득해야 한다(10p, 4w, Pc, Nw, 4c).

---

⑥ **14(미래)** 긍정적인 영향을 받는다면 질문자가 얻을 결과를 더욱 명확하게 하고자 필요 없는 부분들을 배제하거나 상대방과 합의를 거쳐 혼인 절차를 최적화하게 된다는 것을 뜻하며, 반대로 부정적인 영향을 받는다면 합의가 이뤄지지 않아 상대방과 결별할 수 있다는 것을 경고한다.

그러나 이는 질문자가 원하는 관계가 이별을 의미하지 않는다는 점과 더불어 상대방에 대한 애정이 식어 갈등하는 문제가 아니라는 것을 알 수 있으며, 질문자가 자신의 감정에 충실해지고자 상대방이나 다른 사람들에게 이를 어필하려는 움직임에 가깝다는 점을 통해 긍정적인 영향을 받았다는 것을 확인할 수 있다. 곧, 상대방과 공식적으로 결합하고자 본격적인 행보에 나선다는 것을 뜻한다(4w, Pc, 19, 4c).

---

⑦ **2w(질문자의 내면)** 질문자가 이 관계를 어떤 관점으로 생각하는지 드러낸다. 긍정적인 영향을 받는다면 상대방과의 결합 및 미래를 전망하며 계획을 구상하는 것으로 이해할 수 있으며, 자신의 의지를 상대방에게 보여줄 계획이 있다는 것을 의미한다. 부정적인 영향을 받는다면 질문자의 다양한 생각이 상대방에게 전혀 전달되지 않아 애를 먹는 상황이라는 것을 보여준다.

---

⑧ **4c(제3자가 바라보는 질문자)** 긍정적인 영향을 받는다면 긴 세월 이어진 연애 관계이기에 더 크고 확실하며 현실적인 감정 표현(예: 프러포즈)을 원하고 있다는 것을 드러내며, 반대로 부정적인 영향을 받는다면 자신이 바라는 것만큼 상대방이나 다른 사람들의 호응이 없다는 것에 불만을 품고 있는 모습으로 해석된다.

---

⑨ **5w(희망/두려움)** 질문자가 이런 자신의 노력이 그저 다른 사람들

과 벌이는 분쟁에 그쳐 자신의 의지가 꺾일까 봐 두려워하는 모습으로 이해할 수 있으며, 반대로 지금까지 관계를 유지하려는 노력을 다른 사람이나 상대방이 인정함으로써 자신이 원하는 바를 이뤘으면 하는 바람을 표현한다.

⑩ **3p (결론)** 이 관계를 한 단계 더 높은 수준으로 끌어올리려면 둘만 논의해서는 안 된다는 것을 적나라하게 표현하며, 실권자들(양가 부모)이나 경험자(주변 기혼자)의 중재나 조언을 현실적으로 받아들여서 상대방과의 격차나 각자 져야 하는 부담을 나누는 과정을 거쳐야 한다는 것을 강조한다. 나아가 이 과정에서 자신이 바라는 것을 꺾지 않으면 관계가 파국으로 끝날 수 있기에 상대방의 조건이 질문자가 바라는 것을 다 채우기 어려울 수 있다는 점을 인정하도록 조언해야 한다.

이 배열에서 나온 19의 의미에 걸맞는 결과를 얻어내려 질문자가 장시간 노력한 요소들을 확인할 수 있었으며, 나아가 인내력의 한계에 다다라 포기하려 할 때 점을 봄으로써 대안을 찾으려 한 경우로 볼 수 있었다. 물론, 이런 노력 끝에 자신의 이기심을 극복한 질문자의 노력은 충분히 결실을 맺게 됐다.

뒷날 이 배열을 제공한 사람은 질문자(신부)가 2012년 8월 결혼에 성공했으며, 결혼 준비 과정에서 이런저런 문제들이 발생했으나 신부 측이 집이나 혼수에 대해 크게 양보하고 신부 측 부모의 불만을 적극적으로 진화하는 데 성공해 결혼했다는 사실을 알렸다. 나아가 이를 위해 자신이 꿈꿨던 결혼 생활의 환상까지 내려놓았다는 점을 확인했다.

이처럼 관계, 연애와 관련한 질문에 나온 19는 그에 합당한 노력을 요구하며, 이를 충족하지 못하면 그저 잠깐의 인기에 편승한 관계가 되거나 남에게 허세를 부리는 모습으로 전락하기 쉬워진다는 점을 주의해야 한다.

또한 19는 명확히 그 위엄과 영광을 정당하게 쟁취했느냐를 증명하지 않는 한 긍정적인 의미를 적용할 수 없다. 이 점에 입각해 해석을 진행한다면 긍정/부정적인 의미를 판단하는 것이 전혀 어렵지 않으며, 이런 방식으로 찾아낸 의미들이 구체적으로 어떤 문제를 가리키는지 찾아내고 해석을 응용하는 것도 수월해진다는 점을 강조하고자 한다.

XX. JUDGEMENT.
심판

최종 결론
Final Decision

심판, 최종 결론, 청산, 최종심, 확진, 번복 불가, 심사, 드러난 결과, 부활, 거부권 없음, 판독, 회생, 사면, 권고, 복권復權, (원치 않는)종료, 최고장催告狀, 대중에게 노출됨, 종말, 진상이 모든 이에게 밝혀짐, 상고 기각, 제3자들의 냉엄한 평가, 번복할 수 없는 판결 순간에 교차하는 희비

긍정/부정 확인 기준

어떤 일의 마지막을 기다리는 순간인가?

대중/제3자들이 긍정/부정적일 수밖에 없는 행동/결과물을 내놓았는가?

대중/제3자/판정단의 기준에 얼마나 충족했는가?

질문자가 할 수 있는 것을 모두 쏟아부었는가?

질문 주제가 변경/번복할 수 없는 문제와 관련 있는가?

특정 분야의 권위나 영향력을 확고히 지닌 사람이 관련돼 있는가?

긍정적인 요소를 전혀 기대할 수 없는 절망적 상황인가?

타로카드의 메이저 아르카나는 메이저 상징편에서 언급했듯 인생을 하나의 거대한 조류로 이해할 수 있으며, 그 경로의 종착역인 심판 카드는 악마 카드까지 도달해 자신의 목적을 잊은 사람들은 탑 카드의 충격으로 걸러내고, 악마 카드에서 본질을 잊지 않은 자들은 충격을 견뎌내고 별 카드, 달 카드, 태양 카드를 거쳐 자신의 결과물을 가져와 이곳에서 심판받는 것을 묘사한다.

그렇기에 심판 카드를 해석하려면 17, 18, 19에서 계속 언급했듯 대중, 다른 사람들, 그리고 질문자의 역량과 기반을 판단/감정할 수 있는 제3자의 관점을 얼마나 충족했는지 확인해야 하며, 그 과정에서 변명이나 회피를 할 수 없는 절대적인 상황을 의미한다는 점에 주목해야 한다.

그 어떤 변명도 이제 이 카드 앞에서는 통하지 않는다는 점을 강조할 수밖에 없다.

해석용법

심판 카드는 각자가 맺은 결실을 평가받는 상황에서 힘을 발휘한다. 앞에서 언급한 조건들에 대해 면밀히 확인하는 과정만 거친다면, 이 카드 또한 태양 카드처럼 해석을 쉽게 만들어준다. 그렇기에 이 카드는 의미 파악이 어렵다기보다 의미를 적용할 때 해석자가 질문자에게 해야 할 조언의 방향을 잡기 어렵다고 생각하는 경향이 있다.

메이저 상징편에서 언급했듯 심판 카드의 가장 중요한 키워드는 '최종 결론이 내려지는 순간'을 뜻한다. 그렇기에 좋고 나쁨을 떠나 완성된 것들을 불러 일으켜 세우는 과정을 의미할 수 있으며, 나아가 최종적으로 완성된 모든 존재에 대해 번복할 수 없는 (다른 사람이 내린)결정으로 축약할 수 있다. 이 때문에 심판 카드의 키워드는 '최종 결론'에 더해 '구원', '심판', '사면', '복권復權' 따위의 긍정/부정적인 의미가 파생된다.

실제 해석할 때 이 카드가 나왔는데도 질문자가 아무 전조를 느끼지 못하는 경우는 거의 없다. 있더라도 거꾸로 다른 사람을 질문자가 심판하는 경우에 국한하며, 가장 모호하고 알 수 없는 방향으로 발전하더라도 이는 심판 카드가 나온 시점에 이뤄지는 모종의 결정/결단으로 인해 향후 가야 할 길이 정해지는 경우에 속한다.

이런 심판 카드의 극단적인 의미를 어떻게 긍정/부정적으로 평가할 수 있을까? 다음과 같은 기준으로 평가해야 한다.

1. 질문자의 역량, 나아가 질문자가 헤쳐나가야 하는 문제들이 어느 정도의 기량이나 역량을 요구하는가?
2. 질문과 관련한 심판/판단의 기점이 되는 시기에 질문자가 확실히 대비하고 있는가?
3. 질문자가 남의 심판으로 영향을 크게 받을 수밖에 없는 상황인가?

1, 2번 조건은 질문자의 역량을 판단하는 문제로, 태양 카드의 긍정/부정적인 영향을 분석하는 것과 큰 차이가 없으므로 해석하는 데

큰 문제가 없다. 이때는 '시험을 앞두고 공부를 하고 있는가?' 정도의 문답만으로 비교적 정확하게 판단할 수 있기 때문이다.

3번 조건은 질문자의 역량만으로 판단할 문제가 아니며, 이 인물/단체의 성향이나 조류를 파악해 질문자가 대비하도록 조언해야 한다는 것을 의미하므로, 어떤 대안을 마련하도록 조언하는지가 해석자의 수준을 가늠하는 척도가 된다.

다시 말해, 11은 자신이 옳다고 생각하는 것을 남에게 밝히는 것을 의미하며, 심판 카드는 이와 상관없이 남이 자신을 평가하거나 심판하는 경우에 속한다. 그러므로 문제가 되는 것들의 진위 여부와 관계없다. 아무리 자신이 정의롭고 억울한 사연이 있더라도 이를 심판하는 것은 사법부의 판단이듯, 심판 카드가 나왔을 때는 오로지 객관적 관점/기준에 부합하는지를 중점으로 두고 해석해야 한다.

긍정 따라서 심판 카드의 의미가 긍정적으로 발현되면 자신이 옳다고 생각한 것이 당대에는 문제가 돼서 억울한 평가를 받거나 묻혀서 세상에 드러나지 못한 채 고초를 겪고 사라져야 할 위기에 놓이지만, 대중의 재평가나 다른 뛰어난 인물의 노력으로 다시 부각되며 부활하는 사례를 들 수 있다. 이런 역사적인 사례로 빈센트 반 고흐를 들 수 있다.

부정 반대로 심판 카드의 의미가 부정적으로 발현되면 수많은 모순과 혼란이 모여 불안감만 커지던 상황 속에서 원치 않은 심판의 순간을 맞아 자신의 기반과 역량을 모두 소모하는 결과로 치닫는 것을 들 수 있다. 작게는 범죄자들의 3심에서 떨어진 유죄 판결부터 자신의 추하고 악한 부분을 대중에게 들켜 조리돌림당하는 것, 크게는 세상을 이끌어가는 이데올로기/패러다임의 변화가 시작됐는데도 이에 적응하지 못한 개인/사상/사회/체제가 모두 매몰당하는 거대한 장이 열린 상황을 꼽을 수 있다. 이런 내용을 극적으로 확인할 수 있는 사례로 현대의 시작인 제2차 세계대전이 있다.

실제 배열에 심판 카드가 나왔다면 기본적으로 시점이나 상황을 의미하는 위치(예: 켈틱 크로스 배열의 1, 4, 5, 6, 8번 위치)에 등장할 때 질문자가 어떤 상황을 겪었거나, 겪게 되는지 가장 잘 표현해준다. 그렇기에 배열 위치와 관련 없이 거의 모든 위치에서 제 역할을 수행한다는 점을 참고해 해석을 진행해야 한다.

배열 위치별 특징 켈틱 크로스 배열에서 심판 카드(이하 20)가 나왔을 때 어떻게 긍정/부정적인 영향을 확인하는지 판단하려면 10장의 카드 맥락을 모두 살펴야 한다(이에 관해 더 상세한 내용은 539-540쪽을 참고).

이처럼 20은 카드의 의미가 막중하기에 질문자의 행동을 제약하기 쉽다. 그렇기에 다른 카드들에 비해 주제가 심각한 내용을 다룰수록 크게 부각되는 경향이 있다. 이는 카드의 의미인 심판/감정되는 것의 결과로 생기는 괴리가 클 수밖에 없기 때문이다.

이런 성향 때문에 20은 2, 4, 8번 위치에 나왔을 때 부정적인 요소가 강하게 드러나는데, 이는 질문자의 역량으로 넘지 못할 벽을 의미하거나 과거의 실책이나 죄과 때문에 새로 시작하려 해도 이런 요소들이 족쇄처럼 얽혀 발전을 막는 의미로 발현될 수 있으며, 다른 이들의 편견이나 선입견에 자신의 개성이 쉽게 매몰당할 수 있는 위치이기 때문이다.

반대로 질문자의 내면이나 각오, 희망을 의미하는 위치에서 비교적 긍정적인 영향을 쉽게 받는다. 특히 3, 7번 위치에서는 질문자가 스스로 문제를 해결하고자 각오를 굳히고 있거나 다가올 심판을 받아들이면서 문제를 어떻게든 끝내려는 모습으로 표현된다.

연애(관계가 성립한 상황) 크게 둘 가운데 하나의 의미만 포함한다. 곧, 새로운 관계로 발돋움해 연애를 완벽히 끝내야만 하는 기점이 다가오고 있다는 것을 의미하며, 반대의 경우 결별과 이 때문에 둘의 인연이 끝났다는 것을 의미한다. 그렇기에 서로 숨김 없이 자신의 생각이나 상황을 공유하고 이로써 대안을 마련하거나 후회를 남기지 않도록 주문해야 한다.

연애(관계가 성립하지 않은 상황) 별 의미 없거나, 연애할 필요가 없는 상황(연애 성립 및 중매로 빠른 결혼)을 의미한다. 그렇지 않으면 경쟁에 밀려 연애 대상으로 삼아왔던 사람과 이별하는 의미로 해석되며, 긍정적인 의미로 드러나기 힘든 경향이 있다. 20의 의미상 질문자가 실제 "연애하고자 할 수 있는 행위나 노력"을 얼마나 했는지에 따라 긍정/부정적인 의미가 달라지므로 해석에 주의해야 한다.

상대방이 없거나 단순히 호감만 있는 상태에서 나온 20은 질문자가 자신의 호감/애정을 인식하고 있는지 확인해야 하며, 이와 함께 애정을 쏟는 과정에서 질문자가 혐오할 수 있는 요소들이 있었느냐에 따라 긍정/부정적인 의미가 나뉜다. 부정적인 영향을 받는다면 애정을 쏟았던 상대방이 다른 사람과 인연을 맺거나 질문자가 접근할 수 있는 여지를 차단하는 것을 뜻하나, 긍정적인 영향을 받는다면 그동안 쏟았던 애정에 대해 보상받는 것을 뜻하기에 자신의 감정을 솔직히 드러낼 수 있도록 다양한 조언을 해야 한다.

특히 연애와 관련해 20의 해석은 조심스러울 수밖에 없다. 그러나 무엇이 어떻게 일어나는 것과 상관없이 보편적으로 어떤 문제/관계에 대한 정리와 청산을 의미한다는 점은 변하지 않는 것에 주목해야 한다.

대인관계 질문자가 다른 사람들을 배격해야 하는 경우가 아닌 한 부정적인 의미를 드러낸다. 긍정적인 영향을 받더라도 관계를 청산해 대인관계를 초기화하거나 갱신하는 경우로 드러날 때가 많다. 보편적으로 다른 사람들의 개입 때문에 질문자가 배제/심판되는 모습을 뜻하나, 질문자가 남의 잘못된 점을 바로잡는 상황이라면 다툼이나 언쟁으로 발생한 문제들을 제3자들의 동의하에 해결할 수 있다는 점을 강조해 조언해야 한다.

사업의 흐름이나 전망 대체적으로 부정적인 의미를 띤다. 법정 관리, 통폐합, 정리, 부도, 회생, 가치 평가 따위가 모두 포함되기 때문이다. 나아가 동업 관계의 해제나 대기업의 분리·청산 과정을 가리킨다. 최악의 경우 사업주의 범죄 행위로 사업 자체가 해체되는 사안으로 드러나기에 이런 움직임들이 우발적인 문제인지 법적 소송과 얽혀 있는지 먼저 확인해야 하며, 더 정확한 상황을 확인하지 않고 확답을 해서는 안 된다.

그러나 긍정적인 영향을 받는다면 20은 과거의 부채나 채무 관계, 법적 책임을 벗어던지고 자유로운 행보를 밟을 수 있다는 것을 의미하거나 대중에게 사업 규모를 드러낼 수 있는 상황(예: 주식 상장)을 맞이한다는 의미로 해석된다.

창업의 성사 여부 보통 부정적인 영향을 받는다. 이는 과거의 경력과 단절될 수밖에 없는 창업과 관련했을 때(프로그래머가 치킨집을 하듯) 자주 드러나며, 그 밖의 경우에 20이 나왔다면 계획 자체가 무산돼 창업에 실패하는 모습으로 드러난다.

만약 사업 업종과 관련한 내용이라면 20의 청산, 심판, 종결을 선고·처리하는 업무(예: 종말처리장, 채권 추심)들과 밀접한 관련이 있다. 긍정적인 영향을 받는다면 법적 절차를 준수한다는 전제 아래 자신의 영업을 방해할 수 있는 요소가 없다는 것을 의미하나, 이 또한 부정적인 영향을 받는다면 해당 업무를 행하는 것이 아니라 집행당하는 입장으로 바뀌어 적용될 수 있으므로 해석에 주의해야 한다.

진로 적성 대부분 사법, 경찰직 같이 '자신의 의지가 개입되지 않은

심판'을 행사하는 직종과 밀접한 관련이 있으나, 이런 사례는 꾸준히 성사 여부를 확인해야 하기에 흔치 않은 경우라 할 수 있다.

긍정적인 영향을 받는다면 시험을 통과하거나 일정 자격을 얻어 내려는 수료/이수 과정을 거쳐 질문자가 원하는 진로를 얻어냈다는 것을 의미한다. 반대로 부정적인 영향을 받는다면 그동안의 노력이 실패하는 데서 멈추지 않고 해당 분야에 대한 도전을 완전히 단념하게 될 것을 의미하기에 해석에 주의해야 한다.

시험 결과나 합격 여부 카드의 의미인 최종 결론을 그대로 적용하면 된다. 곧, 자신의 학업 성과를 평가하는 졸업 논문·시험·고시 따위로 드러나며 이 과정에서 성공하면 다시 같은 일을 반복하지 않는다는 것을 뜻한다. 이런 가장 좋은 예로 수능을 들 수 있다. 그렇기에 학업과 관련해 특별한 의미를 탐색하고 있다면 긍정/부정적 영향력을 확인하고 20이 진행하는 심판의 기준에 질문자가 잘 견뎌낼 수 있는지 파악하기만 해도 무난하게 해석을 할 수 있다.

질병의 호전, 완치 컨디션 저하 때문에 일시적인 문제가 생긴 것이거나 충분히 휴식한 뒤 건강을 되찾을 수 있다는 것을 의미한다. 또한 정기 검진으로 드러난 사안이 모두 진실이라는 것을 입증하기도 한다. 부정적인 영향을 받더라도 갑작스러운 사고의 가능성 정도를 제한다면 아무런 의미가 없거나, 있더라도 간단한 시술/수술로 해결할 수 있는 경우에 해당한다. 그러나 중환자의 경우, 긍정적인 영향을 받는다면 치료를 거쳐 퇴원 가능성을 점칠 수 있거나 기적적으로 완치가 가능한 상황으로 드러나지만, 최악의 경우 지금의 투병 생활에서 절대 벗어날 수 없으며 이윽고 가야만 하는 때가 왔다는 것을 뜻할 수 있으므로 해석에 주의해야 한다. 이는 키워드 가운데 부활과 밀접한 연관이 있으나, 실제 적용되는 경우가 매우 흔치 않으므로 해석할 때 주의해야 하며, 기본적으로 건강과 관련한 내용이라면 점에 의지하는 것보다 공식 기관에서 면밀히 검사하도록 권해야 한다.

단순한 건강 문제 정신적인 면에서 뭔가 단언/단정하려는 습관 탓에 다른 사람들과 마찰을 일으키는 경향이 있다. 이는 자신이 다른 사람을 심판한다는 착각을 통해 만족을 얻으려는 성향과 연관된다. 아주 드물게 계시를 받는 것을 의미하나 이는 적용할 수 없는 만큼 희귀한 사례이므로 주의해야 한다.

신체적인 면으로는 신체 절단, 골절이 아닌 한 별다른 문제가 발생하지 않으며, 이에 해당하더라도 적시에 복원하는 경우에 속하나 이는 흔치 않은 사례이며, 전문가의 판단을 받도록 권해야 한다. 다만 보편적으로 20은 피로 누적으로 인한 탈진이나 쇼크로 인한 기절 정도로 수렴되는 경향이 있다.

켈틱 크로스 배열 위치별 긍정/부정 해석법

1 → ②④⑤⑧ 카드 확인 심판의 때가 다가왔다는 것을 질문자 스스로 인지하고 있는 상황이다. 긍정적인 영향을 받는다면 현재 해나가고 있는 것들을 계속 유지하기만 해도 큰 문제가 없다고 격려하는 정도에 그치나, 부정적인 영향을 받는다면 그동안의 과오나 방만함을 심판받을 때가 왔다는 것을 인지하고, 자신에게 끼칠 영향/파장을 받아들일 준비를 할 수 있도록 조언해야 한다.

2 → ①④⑦⑧ 카드 확인 질문자가 해당 주제와 관련해 어떤 준비를 해왔으며, 당면한 심판으로 어떤 문제가 일어날지 확인해 후폭풍을 어떻게 수습할지 조언해야 한다. 긍정적인 영향을 받는다면 그동안의 억울함이나 남들이 인정하지 않았던 부분을 자신의 결과물/행동으로 드러내 알리는 것으로 해석되나, 부정적인 영향을 받는다면 자신의 과오나 준비 부족으로 사람들에게 지탄받거나 무시당하는 경우로 드러날 수 있다는 것을 경고해야 한다.

3 → ②④⑦⑨ 카드 확인 긍정적인 영향을 받는다면 질문과 관련한 것을 어떻게 마무리할지 결론짓거나 자신을 막아왔던 것들을 청산하는 것으로 해석되나, 부정적인 영향을 받는다면 문제를 회피하려 하거나 과거에 제대로 해결하지 못한 부분이 재발해 질문자의 행보를 막을 수 있다는 것을 경고해야 한다.

4 → ①③⑦⑧ 카드 확인 긍정적인 영향을 받는다면 질문과 관련한 문제를 다른 사람들이 인식할 수 있을 만큼 명확하게 해결했다는 것을 의미하며, 이로써 유리한 위치를 선점했다는 것을 확인할 수 있다. 그러나 부정적인 영향을 받는다면 다른 사람들에게 또는 공적으로 심판받아 자신의 지위/영향력이 현저히 낮아진 것으로 이해할 수 있으며, 최악의 경우 범죄에 준하는 사건 때문에 낙인찍힌 경우로 드러날 수 있다는 것을 경고하고 이에 따른 대안을 모색하도록 조언해야 한다.

5 → ④⑦⑧⑨ 카드 확인 지금 또는 곧 다른 사람들/단체가 질문자를 심판하는 순간이 오리라는 것을 의미한다. 위의 카드들을 참고해 곧 다가올 이 순간을 질문자가 반기는지 두려워하는지를 확인해야 한다. 긍정적인 영향을 받는다면 질문자가 그동안의 노력을 감내하며 기다렸던 순간이 다가오는 것을 의미하나, 반대의 경우 제대로 준비를 마치지 못하거나 스스로 평가

한 역량이 남들 수준에 미치지 못해 좌절할 수 있다는 것을 경고해야 한다.

6 → ④⑦⑧⑨ 카드 확인 이 카드들로 질문자가 행사하거나 맞이할 심판이 어떤 성격을 띠는지 확인해야 한다. 긍정적인 영향을 받는다면 이는 다른 사람들을 대신해 잘못을 바로잡을 것을 공표하거나 사람들의 지지를 업고 자신이 하려는 일들을 추진해나갈 수 있게 해주는 계기를 맞는다는 뜻으로 해석된다. 그러나 부정적인 영향을 받는다면 과오에 대한 심판만이 기다리고 있다는 것을 뜻하며, 이로써 관련자/사안과 영원히 단절될 수 있다는 것을 경고해야 한다.

7 → ①②③⑨ 카드 확인 긍정적인 영향을 받는다면 자신을 옭아맨 문제들을 청산하려 각오를 다지거나 상대방을 포기함으로써 자유를 얻으려 한다는 의도가 있다는 것을 확인해 조언해줘야 한다. 그러나 부정적인 영향을 받는다면 자신의 생각과 다른 문제들 때문에 해당 사안이 정체되거나 발전이 없는 것으로 드러날 수 있다는 점을 경고해야 한다.

8 → ②③⑦⑨ 카드 확인 긍정적인 영향을 받는다면 다른 사람들이 공인한 심판자 역할에 충실할 것을 조언하거나 남들의 기대를 충족해줄 사람으로 인식되고 있다고 해석되나, 반대의 경우 질문자의 역량이 누락·탈락 등 남의 기준에도 못 미친다는 점을 경고하고, 그리하여 질문자를 향한 지지나 기반이 무너져내릴 상황이라는 것을 깨닫게 해야 한다.

9 → ①②③⑦ 카드 확인 해석에 어려움을 겪을 일은 없다. 이는 결국 심판 속에서 구원받길 원하는 측면과, 그 반대로 심판당해 원치 않는 결과를 받아보지 않았으면 하는 측면으로 쉽게 구분되기 때문이다.

10 해석을 어렵게 만든다. 그러나 이는 결국 질문 주제와 관련해 질문자가 어떤 부분에 강점/취약점이 있는지 확인함으로써 극복할 수 있으며, 이를 위해 배열에 펼쳐진 다른 카드들의 영향을 통해 최종적으로 질문자가 어떤 심판을 받게 되는지 확정할 수 있다.

주의할 점은 이때 만약 부정적인 영향을 받아 해당 주제에 격리될 경우 다시 그 문제와 관련되기 힘들다는 것이다. 최악의 예를 든다면 상대방과 이별하게 된다는 결론 이후 그 상대방과 다시 같은 관계로 돌아올 수 없거나 아예 재회할 기회가 없는 상황으로 드러날 수 있으며, 설령 다시 만나더라도 전혀 다른 관계로 재회할 수밖에 없다는 것을 주의해야 한다.

실제 사례 (2012년 10월, 모 온라인 커뮤니티, 20대 중반 여성)

질문   지금 내가 다니는 회사가 어떤 상태인가?

사전 정보 본사에서 확장을 위해 분사分社했으며, 현재 사업 초기여서
사업자와 실무자 사이의 의견 충돌이 잦다고 언급했다.

20 - Ks - 11 - Kp - 2s - 21 - 3w - 10s - 5p - 12

---

20   (질문자 자신) 본사와 별도로 운영하고자 모든 절차를 거쳤다.

Ks   (장애물) 그러나 법적·공적 부분에서 본사와 유착 관계를 유지
하고 있다.

11   (기저) 법을 우회하려는 다양한 방법을 절차상으로 문제 없다
고 생각해 시도하려 한다.

Kp   (과거) 모기업의 영향 아래 있을 수밖에 없는 구조이며, 그렇기
에 새로운 시도를 할 수 없다.

2s   (현재/곧 일어날 일) 사업을 분리한 명분도 무색하게 아무런 행
동을 취할 수 없게 된다.

21   (미래) 본사와 다른 업무를 하려고 만든 업체이나, 결국 아무런
변화 없이 이름만 다른 모기업의 회사로 유지될 것이다.

3w   (질문자의 내면) 사업체를 분리하며 실행했던 계획들이 성사되
는지 기다리고 있다.

10s (제3자가 바라보는 질문자) 사업 분리로 오히려 효율이 떨어질
것이라고 예상한다.

5p   (희망/두려움) 최악의 경우가 오더라도 투자금을 회수할 수 있
기를 바라는 희망과 회사의 존속조차 어려워지지 않을까 하는
두려움을 가지고 있다.

12   (결론) 제대로 일을 성사시키지도 못하는 상태임에도, 정리할
수 없는 상황이나 환경의 문제 때문에 마치 계륵 같은 상태로
남을 것이다.

실전 해석

이 배열에서 20은 1번 위치, '질문자 자신'에 나왔다. 사업의 흐름을 전망하는 것과 관련한 질문의 특성상 이 사업체가 분사 과정을 거의 마쳤거나 분사 과정에서 법적 문제가 생길 수 있다는 것을 확인할 수 있다. 이는 사업체의 의지나 역량만으로 해결할 수 있다는 것을 의미하는 11과 대조된다는 것을 알 수 있다. 나아가 분사 과정에서 법적 문제가 없는지 점검해야 하며, 이 과정을 마무리할 때 분사된 회사와 관계가 어떻게 정립될지 명확하게 확인해야만 더 정확하게 해석할 수 있다.

이 질문에서 20은 질문자 자신을 뜻하며, 이는 곧 분사될 이 업체를 의미한다. 이 배열에서 20에 큰 영향을 미치는 카드는 Ks, Kp, 2s, 10s로 확인되는데, 이로써 부정적인 영향을 받고 있다는 것을 알 수 있다. 법적 문제가 큰 장애물로 작용하고 있다는 것을 드러내는 Ks, 이 문제의 원인이 자본과 관련 있다는 것을 지적하는 Kp, 이에 관해 본사나 곧 분사될 업체의 책임 소재가 명확하지 않아 문제가 악화되고 있다는 것(2s)을 알 수 있으며, 이 모든 과정이 다른 이들에게까지 모두 알려져 좋지 않은 이미지로 각인되고 있다는 것을 보여주는 10s로써 부정적인 영향을 받는다는 것이 확정된다. 그렇기에 질문자에게 결정권이 없는 한, 이 잠음에서 자신을 보전할 방안을 조언해야 한다는 것을 알 수 있다.

---

① **20(질문자 자신)** 긍정적인 영향을 받는다면 본사와 결별하고 완전히 새로운 업체로 거듭나 본사와 차별점을 부각하며 자신의 사업을 해나가는 상황을 의미하나, 부정적인 영향을 받는다면 법적/공적으로 문제에 얽혀 사업을 제대로 진행할 수 없거나 태생적인 한계를 지닌 채 사업체를 출범했다는 것을 드러낸다. 이는 본사의 영향력이나 자본에 종속될 수밖에 없는 필연적인 요소들 때문에 의미가 약화된다는 것을 알 수 있으며, 이 때문에 사업 목표가 제대로 잡히지 않은 채 표류하거나 내분이 일어나기 쉬운 상황이라는 것을 경고한다.

이 모든 내홍이나 전후 사정을 다른 사람들이나 업계 관계자들이 이미 모두 인식하고 있다는 점으로 볼 때, 부정적인 해석에 더 무게를 실을 수밖에 없다는 것을 알 수 있다(Ks, Kp, 2s, 10s).

② **Ks(장애물)** 이 사업의 시작에 법적 문제가 결부돼 있거나 사업체 자체의 업무 처리 방식에 문제가 있다는 것을 의미하고 있다. 이는 분리한 지 얼마 되지 않아 생기는 업무 처리의 혼선이나 인선 문제, 그리고 각 부서의 업무 분담이 효율적이지 않은 문제가 있다는 것을 확인할 수 있으며, 최악의 경우 불법적인 문제(예: 세금 탈루)에 연루돼 있다고 해석할 수 있다.

그러나 긍정적인 영향을 받는다면 이 문제와 관련해서 전문가를 초빙해 해결할 수 있다는 것을 알 수 있으며, 이 과정에서 넓은 인맥이나 자금 동원력으로 전문가의 조력을 얻어내기만 한다면 문제를 쉽게 해결할 수 있다고 조언할 수 있다(11, 2s, 21).

③ **11(기저)** 긍정적인 영향을 받는다면 이 사업체의 목적이 뚜렷하며 사업 목적을 성취하고자 분사한 회사이고, 사주의 처지에서 자신의 자산을 보전하거나 늘리려면 반드시 분사가 필요한 상황이었다는 것을 뜻한다. 그러나 부정적인 영향을 받는다면 이 모든 조치가 자신의 역량/기반을 잃지 않기를 바라는 것에 지나지 않았다는 점에서 그 의미가 퇴색한 것을 알 수 있다.

이 배열에서는 기존의 사업과 전혀 다른 운영 방식이나 목적을 띠고 있으며, 분사 과정에서 사주가 적극적으로 개입한 정황이 전혀 없고 다만 자신의 이익만 편취하려는 것이 목적이라는 것을 이미 다른 경쟁자나 당국에게 간파당했다는 점 때문에 부정적인 영향을 받는다는 것이 확정된다(20, Kp, 3w. 5p).

④ **Kp(과거)** 긍정적인 영향을 받는다면 이 사업체가 본사의 충분한 지원을 받아 발족했다는 것을 의미하나, 부정적인 영향을 받는다면 본사의 방만한 경영이나 경영진의 대립/갈등을 이유로 분리됐다는

것을 의미하며, 본사에서 적극적인 지원을 받기 어렵거나 잉여 자원을 분사된 사업체에서 쓰지 못하게 하고 있어 분쟁이 벌어졌다는 것을 의미한다(20, Ks, 2s, 10s).

---

⑤ **2s(현재/곧 일어날 일)** 긍정적인 영향을 받는다면 지금 무리해서 움직이지 않아도 이 상황이 금방 해결될 수 있으므로 괜히 경거망동하지 말 것을 조언하는 수준에 그치나, 부정적인 영향을 받는다면 이 사업체가 제대로 일을 추진하기 전에 내부 정리부터 해야 하는 상황이라는 것을 의미하며, 이 때문에 필요한 외부 사업 활동을 할 수 없는 상황이 오고 있다는 것을 경고한다.

---

⑥ **21(미래)** 이 상황이 계속 이어지리라는 것을 의미한다. 긍정적인 영향을 받는다면 서로 윈윈win-win하는 과정을 통해 형제 회사로서 입지를 굳히는 상황을 의미하나, 부정적인 영향을 받는다면 본사와 접점이 전혀 없는 상태로 표류하거나 별개의 회사로 분리돼 독립하게 될 수 있다는 점을 지적한다.

이 배열에서는 부정적인 영향을 받는다는 것을 알 수 있는데, 이는 현재 사업체를 둘러싼 모순이나 내홍이 그대로 굳어진 채 조직이 꾸려진다면 필연적으로 부정적인 상황을 빚을 수밖에 없기 때문이다. 나아가 대외 활동이 제대로 이루어지지 않고 부서 사이에 다툼이 이어지거나 내부 정리가 명확히 되지 않는 상태가 계속되는 한 정상적으로 업무를 할 수 없게 될 것이며, 결국 이를 개선하려면 본사의 개입이 필요하다는 점을 경고한다(20, Ks, 3w, 5p).

---

⑦ **3w(질문자의 내면)** 사업주가 분사로 얻고자 하는 것을 기다리고 있으며, 직원들이 혼란 속에서 어떤 선택을 할지 마음을 정하기 시작했다는 것을 뜻한다. 긍정적인 영향을 받는다면 각자의 목적이 달성되며 별다른 문제 없이 목적을 이룬다는 것을 의미하나, 부정적인 영향을 받는다면 이 과정에서 내부 정리가 되지 않아 조직원의 이탈이 시작되거나 업무 방식에 큰 변화가 닥치리라는 것을 알 수 있다.

⑧ **10s(제3자가 바라보는 질문자)** 긍정적인 영향을 받는다면 주변에서 본사와 관계를 완전히 끊은 상태로 보고 있다는 것을 의미하나, 부정적인 영향을 받는다면 이미 다른 사람들조차 이 회사의 내부 사정을 전부 인지하고 있다는 것을 의미한다. 나아가 이 때문에 안팎의 관계를 대규모로 조정하는 극단적인 조치가 이뤄질 것을 경고한다.

⑨ **5p(희망/두려움)** 이 사안으로 수익성이 악화되거나 분사를 시도한 목적을 달성하지 못했을 때 발생할 손실에 대한 두려움과, 반대로 성공적인 분사로 비용의 절감이나 지원 사업 유치에 성공할 수 있을 것이라는 희망으로 해석된다.

⑩ **12(결론)** 이 상황을 타개하고자 특단의 조치가 이뤄지거나, 아예 내부 문제가 해결될 때까지 방치하는 경우가 아니라면 현 상태가 계속 유지된다는 것을 뜻한다. 이는 상황을 변화시킬 수 있는 요소가 거의 없으며, 자칫하면 상황을 악화시키기 쉬운 현실 때문에 무리수를 둘 수 없는 상황을 강요하고 있기 때문이다.

전자의 경우라면 빠른 조치로 상황을 안정시킬 수 있으나 이 과정에서 생길 수 있는 번거로움이나 잡음 때문에 직접적인 행동이 어려울 것이며, 후자의 경우라면 내부 갈등이 심화되며 업무를 효율적으로 진행할 수 없다는 단점이 외부에 노출된다는 것을 경고한다.

나는 질문자에게 조언하기에 앞서, 사업주가 분리시킨 이 회사에 어느 정도 관심을 두고 있는지 확인했으며, 나아가 질문자가 당장 이 회사를 관둬 발생할 수 있는 금전적인 피해나 또 다른 문제가 있는지 물었다.

앞에서 살펴본 해석상 질문자가 사회적 입지나 출세에 집중하고 있을 때 생길 수 있는 문제들을 조언했으며, 반대로 일을 통해 고정 소득만 유지하는 것을 원한다면 사내 정치 같은 문제에 휩쓸리지 않는 한 큰 문제는 없을 것이라고 단언했다. 그러자 질문자는 '첫 직장이기에 큰 욕심은 없고 소득만 꾸준하면 되니 평소처럼만 일하면 되나요?'라며 내 조언을 받아들였다.

이 점의 후일담은 이틀 뒤 그녀를 비롯해 타로카드를 공부하는 사람들이 모인 자리에서 다시 확인할 수 있었다. 점을 본 다음 날 사업체 대표가 교체되면서 본사와 완벽한 결별을 공표했고, 본사와 법정 분쟁이 시작했다는 사실을 알렸다고 전했다. 또한, 바뀐 사업자와 기존 실무자 사이에 알력 다툼이 서서히 시작될 기미가 보인다며 내게 이에 관해 추가로 질문해왔다. 다시 본 점에선 교체된 사업자를 중심으로 사내 질서가 재편될 것이며, 사업자의 역량상 본인의 소득이나 지위에는 큰 문제가 없을 것이라고 추가로 조언하며 위 사례에 관한 논의를 종료했다.

이처럼, 사업과 관련한 점에서 20은 단순한 청산 과정으로 나타나지 않을 때가 많다. 사업 종류나 특정 상황에 따라 작게는 청산, 회계 감사, 명의 변경이나 대주주/대표이사의 교체에서 시작해 크게는 국가의 개입이나 법적 소송, 언론 폭로로 받는 타격까지 뜻할 수 있는 요소가 많기 때문이다.

그렇기에 이 혼란 속에서 질문자의 역량에 대한 대가를 받아내기를 원하거나 질문자의 기반까지 충격받지 않도록 조언하려 한다면, 이 사업체의 문제가 어디에 있는지 확인하고 질문자가 받아야 할 정당한 대가를 지켜낼 여러 방안을 적절히 조언했을 때 해석자의 역할을 다했다고 할 수 있다.

실제 사례 (2007년 11월, 서울 학동 모처, 50대 후반 남성)

질문 내 몸 상태가 지금 어떤가?

사전 정보 행사장을 여러 직원과 함께 방문한 질문자는 타로카드가 무엇인지도 몰랐으나, 점과 비슷한 것이라는 답을 듣고는 건강 검진을 주기적으로 받고 있다는 정보만 조심스럽게 전했다.

7s - 6p - 4p - 20 - Nw - Ks - Ac - 6c - 5w - 2w

7s (질문자 자신) 병을 앓고 있지만 이를 내색하지 않고 편법적인 방법으로 퇴원했다.

6p (장애물) 몸이 버텨주지 못할 상황이 계속되고 있으며, 집중적으로 관리받아야 한다.

4p (기저) 자신이 하고자 하는 것을 계속하고 싶어 하며, 자신의 몸을 잘 안다고 생각한다.

20 (과거) 치명적인 병이었거나, 후유증이 남을 수밖에 없는 치료를 거쳐 가까스로 회복했다.

Nw (현재/곧 일어날 일) 일선에 나서기를 원하며, 그 때문에 닥쳐올 업무들을 맞이해야 한다.

Ks (미래) 전문가의 판단으로 더 철저히 관리받아야 할 상황이 올 것이다.

Ac (질문자의 내면) 자신의 몸 상태를 확신하고 있으나, 갑작스러운 충격에 매우 취약한 상태이다.

6c (제3자가 바라보는 질문자) 겉으로는 병색이 없어 보이며, 예전처럼 정력적인 사람으로 비치고 있다.

5w (희망/두려움) 조금 더 일할 수 있기를 바라는 희망하며, 자신의 몸 상태 때문에 일에 차질이 생길까 봐 두려워한다.

2w (결론) 건강을 유지하려면 받아야 할 조치를 받을 것이며, 업무 강도 또한 이에 맞춰 조절될 것이다.

이 배열에서 20은 4번 위치, '과거'에 나왔다. 이로써 질문자의 건강 상태가 극단적인 국면을 맞이했으며, 이 문제가 아직 끝나지 않았을 수 있다는 것을 알 수 있다. 나아가 질문자의 연령상 우려되는 여러 질병 가운데 정확히 무엇과 관련돼 있는지 파악해 문제의 원인을 완전히 색출해 늘 대비할 수 있도록 해줘야 한다는 것을 알 수 있다. 이는 자칫 잘못해 과거에 앓았던 질병이 재발하는 순간 극단적인 결과로 치달을 수 있다는 것을 20의 '부활'의 의미가 경고하기 때문이다. 이로써 그 나름대로 규칙적인 생활 습관 때문에 발병/치료된다는 것을 의미하는 11과 차이가 있다는 점을 알 수 있다.

이 배열에서 20은 질문자의 건강과 관련한 사건이 있었으며, 이를 딛고 다시 활동하고 있다는 것을 강하게 암시한다. 20의 의미를 긍정/부정적으로 변화시키는 카드들은 <u>7s</u>, 6p, Nw, 6c로 확인되는데, 이로써 비교적 부정적인 영향을 받고 있다는 것을 알 수 있다. 제대로 된 처방이나 완치가 되지 않은 상태로 일상 업무에 복귀한 것을 의미하는 <u>7s</u>와 더불어, 질문자의 현 상태로는 처리하기 어려운 업무량이 장애물로 자리 잡고 있다는 점으로 이를 확인할 수 있으며, 이 과정에서 갑작스러운 충격이나 그에 준하는 사건으로 스트레스가 급증하면 문제가 재발할 수 있다는 것을 파악할 수 있다.

그렇기에 다른 사람들이나 사측의 배려를 구해 이 순간을 넘기고 안정을 취하도록 조언해야 하며, 이 순간을 넘겨야만 향후의 커리어를 망치지 않을 것이라고 경고해 자중하도록 조치해야 한다는 점을 알 수 있다.

① **7s(질문자 자신)** 긍정적인 영향을 받는다면 건강 상태를 양호하게 보이게 만드는 조치들이나 약물 투여 덕택에 과거의 건강 상태로 잠시나마 돌아올 수 있었다는 것을 의미하며, 이로써 자신이 담당해야 할 업무들을 처리할 수 있었다는 것을 의미한다.

그러나 부정적인 영향을 받는다면 이런 질문자의 편법적인 수단 때문에 건강이 더욱 악화될 수 있다는 의미로 해석되며, 자칫하면 최악의 상황이 벌어져 자신의 모든 기반을 놓아야 할 수 있다는 점을 경고한다. 또한 질문자의 위치나 상황상 스스로 나서야 하는 상황을 주변에서 강제하고 있다는 점을 드러내거나 질문자 자신이 업무에 복귀해야 하는 이유가 있기에 이렇게 행동하고 있다는 것을 뜻한다.

---

② **6p (장애물)** 긍정적인 영향을 받는다면 주기적인 검진이나 투약으로 이 상황을 유지할 수 있다는 것을 의미하나, 부정적인 영향을 받는다면 이런 질문자의 신체를 혹사하고 있다는 것을 뜻한다. 나아가 이 상황을 억지로 견디려고 치료와 관계없는 보조 수단(예: 영양제, 수액)을 동원해 건강을 가까스로 유지하고 있으며, 이대로 격무가 계속되면 취약한 부분의 질병이 재발할 수 있다는 것을 경고한다.

③ **4p (기저)** 질문자가 자신의 역량/기반을 유지하려는 의도가 있다는 것을 의미한다. 긍정적인 영향을 받는다면 철저한 자기 관리로 건강을 회복할 수 있다는 것을 의미하나, 부정적인 영향을 받는다면 건강이 조금 악화되더라도 자신의 위치나 지위에 걸맞는 업무를 계속하려는 집착이 있다는 것을 드러내며, 이를 만류해 건강을 우선시하도록 경고해야 한다는 것을 알 수 있다.

---

④ **20 (과거)** 질문자의 건강에 치명적인 문제가 생겼다는 것을 의미하며, 이를 해결하려 신체에 강력한 충격을 줄 수밖에 없는 극단적인 수단으로 문제를 해결했다는 것을 의미한다. 이 수술에 준하는 조치는 그 뒤로 어떻게 되든 당장은 긍정적인 영향을 미친다는 것을 알수 있는데, 지금처럼 건강을 강제로 유지할 수 있도록 도움을 줬을뿐 아니라 남들이 겉으로 보기에 전혀 문제가 없다고 느낄 만큼 과거의 모습을 회복하는데 성공했기 때문이다.

그러나 제대로 된 사후 관리가 이어지지 않으면 이 질병이 재발할수 있다는 것을 질문자가 자각하고 있다는 점에서 완벽한 조치가 아니라는 것을 알 수 있다(7s, 6p, Nw, 6c).

⑤ **Nw(현재/곧 일어날 일)** 긍정적인 영향을 받는다면 자신의 권한을 이용해 강제로 휴식을 취하거나 다른 이들로 하여금 자신의 업무를 분담하도록 조치함으로써 업무량을 줄일 수 있다는 것을 의미하나, 부정적인 영향을 받는다면 현재 질문자에게 주어진 업무량이 과중하며, 이를 무리해서 처리하려다가 건강에 악영향을 끼칠 수 있다는 것을 경고한다. 최악의 경우 질문자가 추진하던 업무 및 조율이 필요한 부분들을 해결하려면 (다른 이들이 이 업무를 처리할 수 없기에) 어쩔 수 없이 계속 해당 업무들을 질문자가 직접 짊어져야 하는 상황이라는 것을 의미한다(7s, 6p, Ac, 5w).

⑥ **Ks(미래)** 질문자의 상황상 두 가지 의미로 적용된다. 첫째로 업무를 무난히 처리하고 자신의 역할을 충실히 수행하게 된다는 것을 의미하며, 둘째로 전문가(의사)의 처방이나 조치를 받아들여 건강을 유지/관리해나갈 것을 의미한다. 긍정적인 영향을 받는다면 두 마리 토끼를 철저한 계산하에 모두 잡을 수 있다는 것을 의미하나, 반대로 부정적인 영향을 받는다면 둘 가운데 하나를 선택해야 하며 최악의 경우 잘못된 선택으로 둘 다 놓쳐 궁지에 몰릴 수 있다는 것을 경고한다(7s, Nw, 6c, 5w).

⑦ **Ac(질문자의 내면)** 긍정적인 영향을 받는다면 질문자의 건강 상태가 불안정하다는 것을 이미 스스로 충분히 인지하고 있는 것으로 이해할 수 있으며, 업무에 대한 의욕이 넘치고 있는 상태를 뜻한다. 그 밖의 의미로 질문자가 실제 어떤 문제로 투병하게 됐는지 언급할 수 있는 핵심 단서로 자리 잡게 된다.

나는 이로써 질문자가 심장 질환을 앓았으리라 유추했다. 부정적인 영향을 받는다면 질문자가 심적 충격에 매우 약화돼 있는 상태라, 스트레스에 민감한 상태로 외부에 노출되면 쉽게 건강을 해칠 수 있는 상황이라는 것을 경고한다.

⑧ **6c(제3자가 바라보는 질문자)** 긍정적인 영향을 받는다면 다른 이들이 질문자의 건강 상태가 과거와 같이 호전됐다고 여긴다는 것을 뜻하며, 이로써 다시 정력적으로 업무에 몰입할 것이라고 평가하고 있다는 뜻으로 해석된다.

그러나 부정적인 영향을 받는다면 질문자의 업무 처리 능력이 전보다 현저히 저하됐다는 것을 드러내며, 이 때문에 '이제 은퇴하실 때가 되신 건가?'와 같은 의구심에 둘러싸이거나, 자신의 역량 감소가 실질적으로 증명될 수 있다는 것을 경고한다.

⑨ **5w(희망/두려움)** 질문자가 이 과정으로 신체에 더 큰 부담을 받아 상태가 악화되는 것을 두려워하는 것과 더불어 관리를 통해 최대한 신체에 부담 없이 무난히 업무를 처리할 수 있기를 바라는 것으로 이해할 수 있다.

⑩ **2w(결론)** 질문자가 전문가의 조언을 제대로 따른다는 전제하에 무난히 건강을 유지할 수 있다는 것을 드러낸다. 그러나 업무가 과다해지고 전문가의 조치를 제대로 따르지 않으면 질문자가 걱정하는 최악의 상황이 발생할 수 있다는 것 또한 경고한다. 이로써 자신이 뿌린 씨앗을 제대로 수확하려면 현명한 판단을 해야 한다는 점을 강조해 질문자가 잘못된 선택을 하지 않도록 조언해야 한다는 것을 알 수 있다.

해석을 계속하며 질문자가 앓았던 질환에 대한 이야기가 나오자 나는 조심스레 주변을 물러줄 것을 요청했으나, 점에 관해 별 생각을 하지 않았던 탓인지 개의치 않으며 이야기를 계속 들으려고만 했다. 나는 넌지시 귀를 잠시 빌려달라고 청했고, '심장', '조기 퇴원' 두 마디를 전하자 부랴부랴 주변 직원들을 물리고 진지하게 이야기를 듣기 시작했다.

이 사례에서 드러난 20은 쉽게 부정적인 영향을 받을 수 있었으나 조언을 통해 이를 긍정적인 방향으로 이끌 수 있었다. 제대로 관리를 받지 않으면 언제든 병이 재발할 수 있으며, 병이 재발한 순간 다시는 돌이킬 수 없는 충격이 다가올 것이라는 점을 강하게 암시한 사례였다.

나아가 재발을 방지하려면 전문가(Ks)의 치료를 주기적으로 받아야 한다는 점을 확인함으로써 이를 언급할 수 있었으며, 완치가 될 경우 20의 의미인 청산이 적용돼, 꾸준히 관리한다면 같은 질환으로 두 번 다시 고생할 일이 없을 것이라는 점까지 명확하게 드러난 사례였다.

아니나 다를까, 질문자는 심장 수술을 받고 절대 안정을 취하라는 전문의 소견을 받아들이지 않고 업무를 처리하려 조기 퇴원한 대신 6개월 넘게 통원 치료를 받기로 한 상태였으며, 이미 한 달 정도 꾸준히 치료받고 있다고 밝혔다. 나는 이 답변에 화답하듯 병명과 질환을 더 자세히 언급했으며, 이에 관해 의사의 소견을 절대적으로 신뢰하고 실행하도록 조언하며 해석을 끝냈다.

이처럼 20이 배열에 나오면, 앞에서 언급했듯 질문자가 어떤 태도로 질문 주제에 임해왔는지, 그리고 자신의 역량이 20을 통과할 수 있는 상황인지 면밀히 판단해 긍정/부정적인 의미를 확정해야 한다. 또한 그 과정에서 주관적인 판단을 최대한 배제하고, 객관적인 평가로 질문자가 은연중에 실수할 수 있는 요소들을 차단해야만 정확한 조언을 해줄 수 있다는 것을 항상 유념해 해석해야 할 것이다.

특히 질병의 호전, 치유와 관련한 점에 20이 나오면, 어떤 질환에 대한 청산 과정, 곧 회복세에 이르는 과정을 암시하는 경우가 많다. 그러나 어디까지나 배열상의 흐름에 따라 최악의 경우 회광반조(죽기 직전 화색이 도는 현상)를 의미할 수도 있으므로 해석에 주의해야 하나, 확실한 전문가가 이미 질문자의 곁에 있었기에 해석자가 강제로 조치를 취할 필요는 없었다.

또한 건강에 관한 점이더라도 병원이나 치료법을 바꾸는 단순한 과정으로 묘사될 수 있기에(이 예시에서는 퇴원해서 통원 치료로 전환) 점을 맹신하지 않도록 사전에 강조해야 할 필요가 있으며, 과도하게

개입해서 정상적인 진료 과정을 방해하면 안 된다는 것을 해석할 때
반드시 주의해야 한다.

0. THE FOOL.
바보

새로운 시작
New Beginning

(자신의 의지로 시작된 것이 아닌)시작, 준비 없음, 광기, 아마추어, 주먹구구, 반복, 열광, 단순 착각, 무시, 건망증, 회귀, 열세, 열등, 도전, 탄생, 계란으로 바위 치기, 돌발 상황, 꼭두각시, 무모한 행위, 도발, 사보타주, 호외, (선의가 아닌)선물, 트로이 바이러스Trojan Virus, 시도, 불발, 부족, (의도하지 않은)강행, (선물 투자의)원금, (배경이 있는)신인, 아이, 위험에 노출됨, 신경성 질환, 틱Tic 장애, 호흡기 질환, 방황, 천연두, 홍역, 여행, 노숙, 부랑자, 치료 초기 단계, 우상, 다크 호스, 미취학 아동, (간질로 인한)발작, (주식 일봉에서의)하락세, (자력으로)움직일 수 없음, 입학, 방랑, 초심자의 행운, 예측 불허

긍정/부정 확인 기준

새로운 시작에 앞서, 모든 시작이 좋은 의미를 띠는가?

시작하기 전까지 과정이 순조로운 편이었는가?

시작의 의미에 너무 큰 무게를 두고 있지는 않은가?

질문 주제나 문제, 사안에 관해 긍정/부정적인 면으로 치우쳐 생각하고 있는가?

어떤 사안에 관해 제대로 준비/대비하고 있는가?

이 사안에 관해 제3자의 관점에서 찬성할 수 있겠는가?

메이저 상징편에서 언급했듯 이 카드의 주 키워드인 '새로운 시작'과 '준비 없음'를 더욱 다양한 상황과 주제에 맞춰 조명한 것 가운데 일부며, 이로써 제시될 수 있는 수많은 의미 가운데 흔히 놓치는 문제들에 관해 더 넓은 시야로 정확한 조언과 해석할 수 있게 할 것이다.

바보 카드의 긍정적인 영향은 초심자의 행운으로 대변되는 전혀 의도치 않은 행운을 부여하는 효과를 낳으나, 부정적인 영향을 받는다면 그저 아무것도 모르는 채 남에게 미치광이와 같은 인식을 심어주며, 최악의 경우 아무런 계산 없이 무모하게 문제에 휘말리는 모습으로 드러난다는 점을 유의해 해석해야 한다.

나아가 기본적으로 주제와 관련한 상황이 질문자를 어떻게 인도하는지 확인해 이 새로운 시작의 의미가 더 효과적이고 행운을 따르게끔 조언할 수 있으며, 반대로 아무런 준비 없이 시작하는 사람들이 범하는 실수들을 충고해 바로잡음으로써 명확한 흐름을 능동적으로 잡아나갈 수 있도록 조언해야 한다.

해석용법

긍정 바보 카드는 보통 우연이나 엉뚱한 발상으로 일을 해결할 수 있거나 상황을 뒤바꿀 수 있을 때 가장 큰 힘을 발휘한다. 이는 '준비 없음, 열광, 새로운 시작'이라는 뜻으로 널리 알려져 있는 카드의 의미에서 바보 카드의 행동들이 다른 사람들이나 주변 상황을 뒤바꿀 수 있기 때문이다.

부정 그러나 이 카드는 열정은 있으나 준비되지 않은 상황을 지적하기도 한다. 이는 바보 카드의 기본적인 성격이나 키워드들이 대상자 스스로 인지하지 못하는 순간에 일어나는 것들이기 때문이다. 그렇기에 바보 카드는 점의 주제가 전문성을 요구하거나 점의 대상자가 고령일 때 카드의 의미가 상당히 취약해지는 것을 쉽게 확인할 수 있다. 이는 키워드인 새로운 시작의 의미를 제대로 살리기 어렵다는 점에 기인한다. 현실적으로 고령자가 정리 해고나 명예 퇴직을 당한 뒤 재취업하려는 상황을 생각해본다면 왜 영향력이 약화되는지 쉽게 이해할 수 있을 것이다.

또한 바보 카드는 기본적으로 자신이 인지하지 못하는 상태에서 벌어지는 상황들이 가져오는 내용이다. 그렇기에 자신의 역량이 적용될 수 없거나 적용하고 싶어도 그럴 수 없는 난감한 상황에 마주칠 때가 많다. 그렇기에 해석할 때 질문자에게 어떤 부분에 대해 주의를 기울일 것을 조언해야 하나, 질문자는 대부분 스스로 마주한 상황에 만족하며 '될대로 되라' 또는 '어떻게든 되겠지' 같은 분위기에 취해 이를 실행하려는 경향이 있다.

이처럼 새로운 시도 앞에서 던진 질문에 나온 바보 카드는, 열정은 있으나 주변에서 보기에는 아직 미숙한 면이 많은 모습을 드러낸다. 물론 이때 해석자는 조금이나마 준비해두라고 조언하면서, 또한 질문자의 도전이 무모한 시도인지 가늠해 더 큰 피해나 손실을 막을 수 있도록 도와야 한다.

또한 바보 카드는 배열에 나왔을 때 질문과 관련한 상황에 행운/불행이 의도치 않게 따라오는 효과를 발휘한다. 그러나 이 효과는 지속성이 상당히 떨어지고, '초심자의 행운beginner's luck'에 가깝기에 질문자의 경각심을 늦추지 않도록 조율해야 한다.

마지막으로 이 카드의 다른 핵심 키워드로 열광Crazy이 있다. 이는 특정한 사건이나 목표에 관한 것이 아니라 자신이 신봉하거나 추구하려는 모호한 대상/이상/목표들에 대한 열망이라는 것에 주의해야 한다. 곧, 구체적인 비전이나 목표가 아니며 단순히 '이랬으면 좋겠다' 정도의 열망을 의미하며, 이에 관해 아무런 대안 없는 낙관적인 태도로 이해할 수 있다. 이는 태양 카드와 자칫 비슷하다고 여길 수 있다. 그러나 바보 카드가 아무런 결과물 없이 단순한 가능성에 기대 낙관적인 시각을 유지하려는 모습을 의미하는 것과 달리, 태양 카드는 자신의 결과물로 그 결과물의 수준보다 훨씬 많은 것을 바란다는 점에서 차이가 있다.

바보 카드가 자신의 역량에 더해 행운까지 갖추면, 여러 만화에서 나오는 주인공의 성장기처럼 역경을 이겨내고 큰 꿈을 이루는 모습으로 드러난다. 이런 사례로는 남들이 전혀 믿지 않는 거창한 목적을 시작부터 꺼내 수많은 난관을 딛고 성공한 사람들을 들 수 있으며, 반대로 아무런 기대도 하지 않고 말 그대로 '어쩌다 보니', '자다가 눈 뜨고 나니' 사람들이 원하는 것을 모두 가진 사람들을 들 수 있다.

반대로, 자신의 역량이 부족한지도 모른 채 무모한 도전을 시도하면 비아냥이나 웃음거리로 전락한다. 작게는 자신의 역량이 무엇인지도 모른 채 남의 유혹이나 광고, 협박에 가까운 두려움을 주입받고 소질과 맞지도 않는 것을 배우는 사람을 들 수 있으며, 크게는 (이른바 다윈 상Darwin Award으로 대표되는) 말 그대로 '아니, 대체 왜 저런 걸 해?'라는 반응과 함께 웃음거리로 전락한 바보의 이야기로 예를 들 수 있다.

실제 바보 카드가 배열에 나오면, 이미 열세거나 준비 부족을 지적해야 할 상황에도 새로운 시작이라는 의미를 강조해 오히려 숨겨진 불안 요소들을 경고하지 못할 때가 많다. 냉정히 생각해보면 새롭게 시작하는 상황에서 무조건 장밋빛 전망을 예측할 수 없다는 상식만 생각한다면 해석에 큰 오류를 범하지 않을 것이다.

배열 위치별 특징 켈틱 크로스 배열에서 바보 카드(이하 0)가 나왔을 때 어떻게 긍정/부정적인 영향을 확인하는지 판단하려면 10장의 카드 맥락을 모두 살펴야 한다(이에 관해 더 상세한 내용은 565-567쪽을 참고).

0이 배열에 나왔을 때 해석에 큰 비중을 차지하는 경우는 흔치 않으며, 비중이 크더라도 질문자가 주제와 관련한 내용을 처리하고자 어느 정도의 숙련도나 경험이 필요한지 확인해야 한다. 비교적 높은 숙련도를 요구할수록 부정적인 의미가 강화되고, 간단하며 단순한 수단이나 방식으로도 상황을 역전시킬 가능성이 높은 문제일수록 긍정적인 의미가 강화된다.

이런 경향 때문에 0이 1번 위치에 나왔을 때 긍정적인 영향을 쉽게 받을 확률이 다른 모든 카드보다 월등히 높다. 이는 '새로운 시작'이라는 의미의 특성에 기인한다. 조언으로 질문자가 모르는 것들을 알려주거나 부족한 것들을 채워주며 최소한의 역량을 부여하기에 용이하기 때문이다.

그 밖에도 실제 시작이라는 것을 확연히 알 수 있는 시점인 4, 5, 6, 8, 10번 위치일 때 시작이라는 키워드를 쉽게 적용할 수 있으나, 새로운 시작을 이미 한 상황이 아니라면 오히려 질문자의 과거 역량/실력이 다른 사람보다 상당히 미진하거나 시작한지 얼마 되지 않은 초보자 수준임을 뜻할 수도 있으니 해석할 때 주의해야 한다.

반대로 2, 3, 7, 9번 위치에 0이 나오면 새로운 일들이 동시다발적으로 시작된 상황이거나 자신의 실력 자체가 부족하다는 의미로 해석되는 경우가 많으며, 그 자신의 열의나 신념, 순수함을 인정받지 못하는 상황으로 해석되기 쉽다. 특히 9번 위치는 희망과 두려움의 양면성을 다 살펴야 하는 특성상 카드의 의미인 새로운 시작을 원하는 모습 자체가 현실을 부정하는 것에서 드러나는 경우로 이해해야 하기에, 비교적 부정적인 영향을 받기 쉽다는 것을 알 수 있다.

주제별 포인트

연애(관계가 성립한 상황) 긍정적인 영향을 받는다면 둘 사이의 관계 국면을 전환/환기하려 시작하는 새로운 시도들을(예: 여행 등)로 해석된다. 그러나 부정적인 영향을 받는다면 시작부터 잘못되거나 상식적이지 못한 채 무모한 관계를 이어가는 상황으로 해석된다. 최악의 경우 10대의 연애 관계에서 부정적인 영향을 받을 경우를 들 수 있는데, 이 경우 제대로 된 관계 형성을 이루지 못하고 시행착오를 겪은 나머지 미성년자 임신 등으로 악화될 수 있기에 해석에 주의를 요하며, 서로의 관계에 있어 보다 곤란한 상황이 오지 않도록 다양한 조언을 통해 사고를 미연에 방지해주어야 한다.

연애(관계가 성립하지 않은 상황) 새로운 접근법이나 첫 데이트처럼 실체적인 행동으로 즉각 드러나는 경우가 의외로 적다. 이는 단순한 애정의 시작으로 새로운 시작의 의미를 이해해야 하기 때문이다. 그렇기에 긍정적인 영향을 받더라도 그저 첫 인상이나 첫 만남 정도의 사건에 그치는 때가 많고, 특별한 상황이나 준비가 확실히 진행된 상황이 아닌 한 서로의 감정을 확인하고 고백하는 단계로 이해할 수 없다는 점에 주의해야 한다.

나아가 해석자는 질문자의 취향이나 이상형을 접목시켜 어떻게 이 막연한 상황을 성립시킬 수 있는지 조언해야 한다. 부정적인 영향을 받는다면 그저 우연에 가까운 관계거나 잠시 스치는 관계라는 것을 지적하며, 애먼 사람을 잡고 애정을 고백하는 해프닝을 경계하도록 주문하는 데 그칠 수밖에 없다.

상대방이 없거나 단순히 호감만 있는 상태에서 나온 0은 그 의미가 상당히 축소되거나 부정적인 영향을 띠기 쉽다. 호감을 품기 시작했다는 단순한 내용에 그치며, 오히려 상대방에 관해 단편적인 모습만으로 자신의 호감을 일방적으로 투사한다는 의미로 적용되기 때문이다. 나아가 최악의 경우, 객관적/사회적으로도 애정이 성립할 수 없는 상황인데도 이를 유지하려는 것을 지적하는 경우도 있다. 그러나 이는 어디까지나 특수한 경우이고, 보편적으로는 그저 우연이거나 단순히 호감을 느끼기 시작했다는 의미로 통용된다.

대인관계 긍정/부정적인 영향을 어떻게 받느냐에 따라 그 의미가 큰 폭으로 변한다. 긍정적인 영향을 받는다면 별다른 노력 없이 자신이 하고 싶은 대로 해도 남들이 이를 호의적으로 바라보는 경우로 볼 수 있으며(예: 집안 막내에 대한 가족의 사랑), 나아가 질문자가 원하는 일을 하면서 전혀 관계없는 사람의 지원/후원이 이어질 수 있다는 뜻으로 해석되기 때문이다.

그러나 부정적인 영향을 받는다면 질문자의 무지로 사람들에게 민폐를 끼치거나 문제를 일으키며, 그 과정에서 자기 반성이 결여된 모습으로 나타날 수 있기에 조언으로 이를 무마시켜야 하며, 최악의 경우 사람들의 격한 반발을 샀는데도 자신이 무엇을 잘못했는지 모르는 상황에 빠질 수 있으므로 이를 경고해야 한다.

특히 적대적인 상황이 이어지고 있으며 이를 어떻게 극복하거나 승리할 수 있는지를 조망할 때 0은 극복을 위한 새로운 시도를 의미하나, 기본적으로 해당 적대 세력/인물보다 질문자의 역량/판도 따위의 능력이 상대적으로 부족하다는 의미로 적용된다. 이는 메이저 아르카나 22장 가운데 체계적인 역량이나 기술 수준에서 0보다 모자라는 카드가 없다는 점에 기인한다. 0의 힘 자체가 작거나 부족하다는 점이 문제가 되는 것이 아니고, 자신의 역량을 스스로 정제/가공해내지 못하는 상태라는 점을 인식해야 올바른 조언을 이끌어낼 수 있다.

사업의 흐름이나 전망 긍정적인 영향을 받는다면 창업 과정이나 초기 기획이 순조롭다는 의미를 띠나, 부정적인 영향을 받는다면 역량 부족을 뜻하며, 그 가운데 특히 자금 부족으로 생기는 난점을 지적하거나 반대로 단순히 자신의 노력으로 어떤 기획의 성사를 묻는다면 준비 부족의 의미가 강화돼 역량이 부족한 상태, 다시 말해 목표만 높은 상황이라는 것을 뜻한다. 이는 0의 의미 가운데 준비가 부족하

다는 의미가 적용되는 가장 전형적인 경우다.

반면, 사업의 성패 여부에서 경쟁자가 있고 서로의 계략이 부딪힐 때는, 선수필승先手必勝의 중요성을 역설한다. 0의 무모함이 계산 외의 행동이나 반응을 유도할 수 있기 때문이다. 그러나 후발선제後發先制의 묘리를 쓸 수 없을 때가 많으며, 쓰더라도 상대방이 15와 같이 변조/변용 성향이거나 8과 같은 내구성 등 메이저 아르카나에 해당하는 대안을 강구할 수 있는 상황이라면 성공률이 희박하기 때문에 조언에 주의해야 한다.

창업의 성사 여부 단순 유흥이나 행사, 즐길 거리에 치중하며, 스타트업 등 일을 시작하는 것 자체에 의의를 두는 직업을 뜻한다. 긍정적인 영향을 받는다면 내레이터/버스킹/연예인/예능인 따위로 치환할 수 있으나, 부정적인 영향을 받는다면 제대로 된 이력이 전혀 없는 상황이나 실업자로 묘사되는 모습을 드러낸다.

진로 적성 부정적인 의미가 쉽게 적용된다. 이는 전혀 개발되지 않았거나 질문자의 본래 소질/기질이 상실된 상태로 이해할 수 있기 때문이다. 단, 소질 개발을 할 수 있는 환경일 때는 이를 긍정적으로 활용해 질문자가 흥미를 가지는 것들에 접근해 자신의 특기를 조기에 발현할 수 있도록 현실적인 대안을 제시해야 한다.

그러나 환경이 여의치 않거나 소질을 개발할 여유가 전혀 없다면 당장 마주한 문제의 해결을 우선시하되 최소한의 여유를 확보할 수 있도록 조언해 대안을 마련하도록 조치해야 한다. 최상의 경우, 이런 과정을 거치는 데 성공해 재능을 꽃피운 0은 말 그대로 '후계자 수업을 완료한 준비된 자'로서 행보를 밟게 될 것을 뜻한다.

시험 결과나 합격 여부 역시 쉽게 부정적인 의미가 적용된다. 초등교육 수준이 아니라면 학업에 관한 생각/준비/재능이 없다는 것을 그대로 드러내거나 잠재력만 증명한 유망주를 뜻하나, 긍정적인 영향을 받는다면 전문가도 예측하기 어려운 잠재력이 있고, 이를 어떻

게 가공할 수 있는지 또는 얼마만큼의 가치가 있는지 알기 어렵기에 더 구체적인 분야나 목표치를 설정해 발전을 이룰 수 있도록 조언해야 한다.

질병의 호전, 완치 돌발적인 사건/사고로 건강 문제가 일어날 수 있다는 것을 경고한다. 특히 이는 질문자의 부주의로 빚어진 안전 사고에 가깝기에 어떤 일의 시작이나 새로운 정보에 반응하려다가 생기는 불상사로 해석할 수 있다.

긍정적인 영향을 받는다면 0 특유의 긍정적인 태도를 유지해서 능동적으로 진료받도록 조언해주면 되는 수준에 그친다. 부정적인 영향을 받는다면 체력/신체적 문제로 투병 기간이 길어지거나 최악의 경우 처음부터 다시 진료/치료 방식을 검토해 질병 관리를 시작해야 할 상황을 암시하나, 이는 특수한 경우이기에 해석에 주의해야 한다.

단순한 건강 문제 정신적인 면에서 허세/과대포장으로 자신이 다른 사람보다 우월하거나 그에 버금간다고 생각하려 애쓰다 못해 발병하는 종류에 속한다. 1이 자신을 더 부각하고자 이를 사용하는 것과 달리, 0은 자신의 열등감을 메우려는 목적으로 한다는 차이가 있다.

육체적인 면으로는 단순 타박상을 뜻할 때가 많은데, 이는 돌발적인 문제로 발생하는 충돌과 이에 따른 신체적 후유증을 뜻하기 때문이다.*

---

* 또한 희귀 사례로 간질과 연결될 수 있다. 이는 태양이 내려주는 에너지를 바보 자신이 여과하지 못하는 것으로 이해할 때 적용된다. 나아가 간질의 주요 증상인 뇌파가 불규칙해지는 증상과 더불어 항거 불능의 돌발적인 병세를 그대로 표현하기도 한다. 그러나 계속 언급하듯, 건강과 관련한 문제는 전문가에게 상담하도록 권해야 한다는 점을 간곡히 당부하고자 한다.

켈틱 크로스 배열 위치별 긍정/부정 해석법

1 → ②④⑦⑧ 카드 확인 질문 주제를 먼저 확인해 새로운 시작과 연관이 있는지 확인해야 하며, 이 과정에서 질문자가 준비를 얼마나 했는지 검토해야 한다. 긍정적인 영향을 받는다면 후원자가 있거나 응원에 힘입어 순조롭게 시작한다는 것을 의미하나, 반대의 경우 제대로 준비되지 않은 상태에서 좌충우돌하며 혼란에 빠질 수 있다는 점을 지적해 충격을 최소화할 수 있도록 조언해야 한다.

2 → ①④⑧⑨ 카드 확인 질문자가 새로운 환경/상황에 놓여 제대로 적응하지 못하는 상황이거나, 자신의 오판으로 질문과 관련한 사안들이 혼선을 겪는 상황일 수 있다. 긍정적인 영향을 받는다면 자신이 생각하지 못한 방법이나 다른 숙련자의 개입을 유도해 장애물을 극복해낼 것을 조언하게 되나, 부정적인 영향을 받는다면 대부분 바뀐 환경에 적응하지 못하거나 제대로 된 지식 없이 막무가내로 문제를 해결하려다가 더 큰 문제를 일으킬 수 있다는 것을 경고해야 한다.

3 → ④⑤⑦⑧ 카드 확인 긍정적인 영향을 받는다면 질문자가 질문과 관련된 사안들을 처리/진행해나가며 많은 것을 경험하려 한다는 의미로 해석할 수 있으나, 부정적인 영향을 받는다면 질문에 관해 아무런 대책이 없는 상태로 임하고 있다는 것을 경고하거나 무의미한 열정을 발산하려 들 수 있다는 점을 지적해 이를 만류해야 한다.

4 → ①②⑦⑨ 카드 확인 긍정적인 영향을 받는다면 백지 상태에서 자신의 역량을 활용해 사안을 해결하려 노력하고 있었다는 의미로 해석되며, 긍정적인 태도를 계속 유지해 좋은 결실을 맺을 수 있을 것이라고 격려해줘야 한다. 그러나 부정적인 영향을 받는다면 질문 주제와 관련해 전문성이 결여돼 있거나 제대로 경험하지 못한 채 낙관적으로 행동해 현재와 같은 문제에 이르렀다는 것을 일깨워야 한다.

5 → ①②④⑧ 카드 확인 질문자가 대비하고 있거나, 대비하지 못한 새로운 상황이 어떤 이유로 발동되며, 객관적으로 이 상황을 타개할 전력이 있는지를 확인해야 한다. 긍정적인 영향을 받는다면 자신만만해도 될 만큼 쾌조를 보이며 새로운 것들을 시작하거나 질문 주제와 관련한 상황의 새로운 국면을 연다는 것을 의미한다. 부정적인 영향을 받는다면 시행착오로 잡음과

구설수들이 생기고, 최악의 경우 비아냥에 휩싸여 자멸하는 상황으로 치달을 수 있으니 조언으로 이를 방지할 수 있도록 도와야 한다.

6 →③④⑤⑧ 카드 확인 질문자의 과거 이력과 현재 역량이 미래의 새로운 시작에 어떤 영향을 끼치는지 확인하고, 질문자가 어떤 마음으로 질문 주제에 임하고 있으며, 나아가 다른 사람들이 질문자의 이런 노력들을 어떻게 평가하는지에 따라 긍정/부정적인 영향이 결정된다.

긍정적인 영향을 받는다면 질문자가 새로운 도전을 시작함으로써 역량과 입지를 강화할 것을 의미하나, 부정적인 영향을 받는다면 지금까지 노력한 것과 전혀 다른 상황/결과를 마주해 혼란을 겪거나 자신이 적응하지 못한 환경에 놓여 고난을 겪는 상황이 다가올 수 있다는 것을 미리 알려 대비하도록 조언해야 한다.

7 →①⑤⑧⑨ 카드 확인 긍정적인 영향을 받는다면 아무런 생각 없이 전념하는 마음을 유지하도록 해 긍정적인 반응을 얻어내고, 새로운 경험으로 빠르게 성장할 수 있도록 격려와 조언을 해줘야 한다. 부정적인 영향을 받는다면 질문자의 경험 부족과 태만함 때문에 예상 밖의 실패를 겪게 될 것을 경고해야 하며, 이 때문에 불화나 자신의 역량/기반을 잃을 수 있다는 점에 주의를 기울이도록 해야 한다.

8 →①②④⑦ 카드 확인 질문과 관련한 내용을 질문자가 어떻게 해결하거나 맞이하고 있는지 확인해야 한다. 긍정적인 영향을 받는다면 후원/환영을 받으며 새로운 시작을 하거나 문제 해결 및 개선을 위한 열정적인 행보를 뜻하나, 부정적인 영향을 받는다면 우스꽝스러운 모습에 그치거나 놀림감으로 전락해 자신의 기량이나 역량을 전혀 인정받지 못하고 있다는 것을 주지시켜야 한다.

9 →①③⑦⑧ 카드 확인 질문자가 새로운 시작을 원하고 있으며 다시 처음부터 문제에 접근하거나 해결할 수 있는 기회를 가지고자 하는 희망적 면으로 이해할 수 있으며, 반대로 아무것도 얻지 못한 채 남에게 이용당하거나 새로운 시도를 했지만 어떤 호응도 얻지 못하는 상황이 오지 않길 바라는 두려움을 의미한다.

10 배열의 모든 카드의 의미를 총합해 질문자가 새로운 상황과 마주할 것이며, 이 상황이 질문자에게 긍정/부정적인 영향을 끼칠 것이라 조언해야 한

다. 질문 주제나 질문자가 처한 상황에 따라 새로운 시작이 긍정적인 의미를 띨 수 있을지 확인해야 하며, 이 과정에서 질문자 스스로 그 어떤 상황이 오더라도 자신의 낙천성을 꿋꿋이 지켜나갈 수 있도록 조언함으로써 카드의 긍정적인 영향을 현실로 이끌어낼 수 있게 해야 한다.

실제 사례 (2010년 10월, 파주 건설 관련 취업박람회, 40대 중반 남성)

질문   이직에 성공할 수 있을까?

사전 정보 질문자는 의도적으로 사실을 감췄다. 이직이 아니라 해직
뒤의 재취업을 묻는 점이었으며, 업계에 15년 정도 몸담았
던 것으로 확인됐다.

Qs - 7 - 4 - 3p - 5c - 6s - 0 - 8c - 7c - 8w

Qs   (질문자 자신) 현재 실직 상태이며, 일자리를 찾으려 하고 있다.

7   (장애물) 일을 추진하는 능력이나 입사를 위한 노력을 제대로
하고 있지 못하는 상태다.

4   (기저) 자신이 해온 것에 관한 자부심/자존심이 상당히 높고,
일을 구해 가족을 부양하려 한다.

3p   (과거) 경력이 있으며, 관련 업무 능력을 갖추고 있다.

5c   (현재/곧 일어날 일) 원하는 조건의 일자리가 없고, 경력과 어울
리지 않는 자리에 실망할 것이다.

6s   (미래) 소득 자체에 집중한다면 궂은 일도 마다하지 않아야 하
나, 경력을 인정받으려면 맞는 자리를 찾으려 더 오랜 시간을
허비해야 할 것이다.

0   (질문자의 내면) 새로운 시작을 원하며 자신이 자리 잡을 곳을
찾으려 하고 있으나, 전람회 등 구직 활동 자체를 제대로 해보
지 않아 적응하지 못하고 있다.

8c   (제3자가 바라보는 질문자) 질문자가 내세우는 조건을 제공하는
데 난색을 표하고 있으며, 조건을 낮추거나 더 많은 실력을 요
구하고 있다.

7c   (희망/두려움) 어떻게든 취업의 실마리를 찾았으면 하는 희망
과 이 모든 노력이 부질없지 않을까 하는 두려움이 있다.

8w   (결론) 조건을 떠나 자신이 안착할 수 있는 자리가 있다면 빨리
수락해야 하며, 그렇지 않으면 실직 상태로 시간만 흘러가는
상황이 계속될 것이다.

실전 해석

이 배열에서 0은 7번 위치, '질문자의 내면'에 나왔다. 자신의 기반을 만들고자 시험을 통과해야 하는 질문의 특성상, 질문자가 어떤 문제 때문에 준비를 전혀 하고 있지 않거나 낙관론을 펼치고 있는 것인지 확인해야 한다는 것을 알 수 있다. 질문자의 경력을 결과물로 삼아 당당히 예전 같은 대우를 받을 자격을 증명한 19와 달리, 풍부한 경력을 살릴 수 있는 대안이나 방안을 전혀 준비하지 못하고 있다는 점에서 차이가 있다는 것을 알 수 있다. 또한 질문자의 현 상황을 개선하려면 가용 자원인 질문자의 경력을 어떻게 이용해 재취업을 성사할 수 있을지 조언해야 한다.

이 배열에서 0에게 큰 영향을 주고 있는 카드는 <u>Qs, 5c, 8c, 7c</u>로 확인되는데, 이로써 비교적 부정적인 영향을 받고 있다는 것을 알 수 있다. 자신의 입지를 잃어버렸거나 제대로 평가받지 못한다고 여기며, 현실에 상심한 나머지 잘못 판단하기 쉬운 상태라는 것을 확인할 수 있기 때문이다. 그렇기에 어떤 조언으로 질문자의 역량을 더 긍정적으로 발휘할 수 있을지 고민해야 하며, 나아가 질문자가 원하는 것이 자신에 대한 정당한 평가인지, 그게 아니라면 잃어버린 기반을 다시 찾는 것인지 파악해 이에 따른 구체적인 대안을 내놓아야 한다는 것을 알 수 있다.

① **Qs(질문자 자신)** 긍정적인 영향을 받는다면 질문자가 취업 박람회와 관련한 업종(건설)의 경력과 기술적인 능력을 일정 수준 이상 갖추고 있으며 업무 소화 능력이 뛰어나다는 것을 의미하나, 부정적인 영향을 받는다면 현재에 이르기까지 겪었던 과정에 대해 후회하거나 미련을 가지고 있으며, 이에 천착해 앞으로 나아가지 않으려 하고 있다는 점을 경고한다(4, 0, 8c).

② **7(장애물)** 질문자의 결단력 부족이 취직을 가로막고 있는 것으로 해석된다. 질문자에게 기술적인 능력이 있음에도 자신이 생각하는

급여 수준이나 근로 조건에 맞지 않으면 취직하지 않으려는 태도에 더해, 박람회 같은 공개적인 구직 행사에 적응하지 못한 점, 구체적인 근로 조건과 급여 수준을 명확히 정리하지 못한 점으로 부정적인 영향을 받고 있다는 것을 알 수 있다.

그러나 정확한 목적을 세워 다른 조건을 다 무시하더라도 목적에 집중할 수 있게끔 행동 방침을 정해서 달성하도록 한다면 카드의 긍정적인 영향을 끌어낼 수 있으며, 취직에 성공한다면 어떤 곳이든 일단 수입을 얻을 수 있는 기반을 빨리 마련할 수 있다는 것을 암시한다(Qs, 4, 0, 7c).

---

③ **4(기저)** 질문자가 왜 이런 태도를 보였는지 드러낸다. 긍정적인 영향을 받는다면 가장으로서 책임감을 통감하고 상황을 개선하고자 자신의 역량을 발휘하려는 태도로 해석되나, 부정적인 영향을 받는다면 어떻게든 자신의 권위를 확고히 하고자 무리하고 있다는 것을 경고한다.

이 배열에서는 현재 자신의 역량에 관해 자부심이 있음에도 좋지 못한 현실을 받아들이기 어려워하는 모습과, 기존의 고정적인 업무들과 달리 청년 시절처럼 구직을 다시 진행해야 하는 현실에 제대로 적응하지 못한 점과 더불어, 막연히 취직이 되지 않을까 하는 희망 때문에 부정적인 요소가 강화된다는 것을 알 수 있다. 그렇기에 중요한 것이 자신의 자존심인지, 가장으로서 책임인지를 명확하게 해줘 시간을 낭비하지 않도록 조치해야 한다(Qs, 3p, 0, 7c).

---

④ **3p(과거)** 질문자 자신의 기술/역량/경험을 토대로 수입을 유지할 수준이었다는 것을 드러내는 카드다. 또한 사업 마인드가 있다면 다른 사람들과 연대/연결해 수입을 확보할 수 있을 수준의 역량을 갖추고 있다는 것을 증명하나, 반대로 질문자에게 이런 역량이 있다는 사실을 사람들이 잘 모르거나 경력이 증명되기 어려운 상황일 수 있다는 것을 암시한다.

---

⑤ **5c (현재/곧 일어날 일)** 부정적인 영향을 받는다면 질문자가 현재와 같은 방침/조건을 유지하는 한 자신이 원하는 조건으로 취직할 수 없다는 통보를 받거나, 현저히 낮은 대우로 채용하려 하는 회사로 인해 상심하리라는 것을 뜻한다. 그러나 긍정적인 영향을 받는다면 아쉽더라도 이 상황을 받아들여 힘든 상황을 어떻게든 넘길 수 있다는 것을 의미한다.

⑥ **6s (미래)** 조언을 어떻게 하느냐에 따라 질문자의 미래를 바꿀 수 있다는 점을 드러낸다. 조언을 통해 질문자가 원하는 것을 명료하게 정리해준다면 새로운 방향/방식으로 조금 부족하거나 아쉬운 부분이 있더라도 현실을 영위하고자 나아간다는 뜻으로 해석할 수 있으나, 정확한 조언이 없다면 자신이 원하는 자리를 찾아 계속 구직을 하러 나설 수밖에 없다는 뜻으로 해석된다.

⑦ **0 (질문자의 내면)** 이런 식으로 구직해본 적 없는 질문자의 모습을 뜻한다고 해석되나, 더 자세히 해석한다면 기존의 직장을 상실한 것에서 오는 미련과 후회에 휩싸여 제대로 현실을 보지 못하고 있으며, 사업체들의 채용 거부와 자신의 가치를 깎으려는 외부 평가를 납득하지 못한 채 자신의 가치를 누군가는 알아주리라는 희망에 머물러 있다는 점 때문에 부정적인 영향을 받고 있다는 것을 알 수 있다.

　나는 이로써 질문자의 위치가 과거와 다르다는 점을 각인시키고, 현실에 순응할 수 있도록 현재의 문제들을 강조했다. 만약 긍정적인 영향을 받았다면 질문자가 어떤 대우나 조건에 흔들리지 않고 자신이 좋아하는 것을 할 수만 있다면 어디든 상관없다는 태도 덕분에 궁지에 몰린 현 상황에서 벗어날 수 있다는 것을 뜻한다(Qs, 5c, 8c, 7c).

⑧ **8c (제3자가 바라보는 질문자)** 부정적인 영향을 받는다면 질문자의 조건에 대해 난색을 표할 수밖에 없는 업체의 관점이 투영된 것이며, 과거의 대우와 달라진 것을 납득하지 못하는 질문자를 채용하지 못하겠다는 태도로 이해할 수 있다.

그렇기에 질문자의 조건을 낮추지 않는 한 업체가 채용하기 매우 어려워질 수밖에 없는 상황을 의미하며, 나아가 현재 이 업계의 불황으로 채용 규모가 줄어든 것을 유추할 수 있다. 긍정적인 영향을 받는다면 취직보다 창업으로 자신의 기술을 살릴 수 있다고 평가받으며, 자신의 기술(예: 배관공이라면 상하수도 문제를 해결해주는 식)로 기반을 마련할 수 있다는 것을 뜻한다.

⑨ **7c (희망/두려움)** 질문자가 생각하는 조건의 직장이 있다고 생각하는 것과, 나아가 그 직장에 질문자가 채용될 수 있으리라는 막연한 희망(나아가 구직에 성공해 가장으로서 책임을 다할 수 있으리라는 확신)을 뜻하며, 반대로 조건을 충족하는 곳이 없어 계속 방황하며 경력이 단절될까 봐 두려워하는 모습으로 해석된다.

⑩ **8w (결론)** 질문자가 조언을 따르지 않고 자신의 조건을 계속 고집하면 무의미하게 시간이 흘러가리라는 것을 의미한다. 반대로 이 상황을 극복하고자 자신의 조건을 낮추거나 합리적으로 조정한다면 빠르게 재취업할 수 있다는 것을 드러낸다. 질문자의 자존심이 현실을 개선하는 데 아무런 도움이 되지 않으며, 그나마 남아 있는 좋은 자리마저 시간이 흐르며 사라질 것이라는 점을 암시한다. 그렇기에, 자신이 양보할 수 있는 최소한의 조건이나 생활 비용, 소득 기준이나 품위 유지 따위를 고려해서 당장 급한 불을 끌 수 있도록 현실적으로 행동하게끔 조언해야 한다.

━━━━━━━━━━━━━━━━━━━━━━━━━━━━━━

이 배열에 드러난 0은 자발적인 도전보다 현실에 내몰려 어쩔 수 없이 새로운 시작을 해야 하는 상황이라는 것을 적나라하게 드러낸다. 나아가 이런 상황에 제대로 대비돼 있지 않았다는 것을 지적한 사례였다. 사실 질문자가 퇴사한 것도 타의에 따른 것이었으며, 그저 자신이 해야 하는 일에 충실한 나머지 노후 대비를 제대로 하지 못한 것이 문제였을 뿐이었다. 그렇기에 새로운 환경에 적응하도록 조언해 0의 긍정적인 의미를 끌어올릴 수 있게끔 이끌었다. 그렇지 않으면, 결국 과거에 집착하거나 외부 환경을 탓한 나머지 자신을 구원하지 못하는 상황으로 치닫게 되는 흐름이 다가온다는 것을 경고한 사례다.

이 사례의 0은 갑작스러운 해고로 재취업에 대한 준비/각오를 제대로 하지 못한 채 원치 않게 강제적인 시작을 하게 됐다는 뜻으로 해석된다. 만약 질문자가 20대 초반이었다면 이 해석은 단순한 지원 이력, 지원자의 역량 문제를 어떻게 강화할 수 있는지 강조하는 방향으로 조언하면 될 문제였으나, 40대인 질문자의 재취업 문제가 결부되며 구직 과정에 장벽이 있을 수 있다는 점을 질문자가 인정하지 못하는 '무모함'을 드러낸 사례라고 할 수 있다.

실제 질문자는 실직 직후 빠르게 재취업하려 했으나, 건설업 경기 침체로 구인 수요 자체가 줄어들며 퇴직 전의 조건을 충족할 방도가 없다는 점을 인정하지 않으려 했다. 이런 상황에도 자신의 과거 경력을 모두 인정해주는 경력직을 원하고 있다는 말에 나는 깨끗이 단념하라고 권한 뒤, 직급이나 대우를 조금 낮추고 예전보다는 조금 덜할지라도 일 자체에 목적을 두고 처음부터 다시 직장을 탐색하라고 조언했다.

그러자, 질문자는 신청한 실업 급여가 종료되기까지 한 달밖에 남지 않아 어떻게 해야 할지 막막하다며 더 구체적인 조언을 요청했고, 행사장이 한산해진 것을 틈타 더 긴 시간을 들여 구체적으로 조언할 수 있었다.

이 점의 결과는 우연의 일치로 확인할 수 있었다. 일회성 행사에 그쳤던 인연을 재확인하기는 힘들 것이라 생각하고 한참 동안 잊고 지내던 어느 날, 우연찮게 내가 거주하던 집 근처에서 현장감독으로 재직하던 그가 먼저 나를 알아보며 인사를 건넸던 것이었다. 공사장 사무실에 영문도 모르고 끌려가 앉은 내게, 그는 예전에는 총괄적인 현장감독이나, 현장 인사 업무나, 다른 공사의 감사 업무를 했다고 했다. 그 뒤 실패를 견디며 조건을 조율한 결과 예전 회사보다 급여가 30퍼센트 정도 낮아지긴 했으나 최종적으로 공사 현장 소장을 맡아 일을 계속 할 수 있었다고 전했다.

나아가 재취업 뒤로 예전보단 못하지만 그래도 가정을 유지할 수 있을 만큼 현상 유지에 성공했고, 자신의 기반에 대해 자신감을 가지게 됐다며 감사를 표했다.

이처럼 자신의 기반을 다지고자 조언을 얻어야 할 때 0은 중년을 넘어선 사람일수록 다양한 조건/환경을 확인해 신중하게 조언해야 하며, 새로운 시작을 하기에 앞서 어떤 문제를 해결해야 0의 시작의 의미를 긍정적으로 적용할 수 있는지 고려해야 한다. 나아가 세월이 지나가며 자신의 경험이 중요한 것은 사실이나, 새로운 것을 받아들이지 못하는 순간 퇴화할 수 있다는 것을 강조하고, 새로이 시작되는 시대의 흐름을 더 능동적으로 받아들일 수 있도록 조치한다면 해석자의 역할을 다한 것이라 할 수 있다.

실제 사례 (2009년 12월 24일, 서울 잠실 롯데월드, 19세 남성)

질문　　이 사람과 관계를 더 발전시키려면?

사전 정보 상대 여성은 20대 초반이며, 고백 직전에 본 점이었다.

2c - 6s - 7 - 9w - 4w - 0 - 2s - 8c - 6 - 19

2c　　(질문자 자신) 고백으로 관계를 성립시키려 한다.

6s　　(장애물) 감정 전달 방법이 서툴러 일을 그르치거나, 고백 성사 여부를 확신하지 못해 주저하고 있다.

7　　(기저) 상대방의 입장과 상관없이 자신의 호감을 상대방에게 그대로 전달하고 싶어 한다.

9w　　(과거) 그동안 상대방과 관계를 성립시키려 많이 노력해왔다.

4w　　(현재/곧 일어날 일) 이 기회를 놓치면 고백은 영원히 이루어지지 못하며, 고백을 성립시킨다면 질문자가 원하는 관계가 곧장 성립될 것이다.

0　　(미래) 상대방의 입장을 고려하고 자신의 감정을 받아들이게 한다면 관계가 새로이 시작될 것이나, 그렇지 못하면 한때의 해프닝으로 관계가 끝날 것이다.

2s　　(질문자의 내면) 자신이 시도할 고백이 가져올 파장이나 결과를 두려워하고 있다.

8c　　(제3자가 바라보는 질문자) 둘의 관계가 이제 더 이어질 수 없는 순간을 맞이하고 있다는 것을 모두 인식하고 있으며, 서로가 어떤 감정을 가지고 있는지 인지하지 못하고 있다.

6　　(희망/두려움) 상대방과 관계가 성립돼 행복한 나날을 보내길 원하며, 반대로 이에 실패해 자신의 마음을 제대로 전달하지 못할까 봐 두려워하고 있다.

19　　(결론) 자신의 행동에 따른 결과를 받아들이게 될 것이며, 순수함을 간직해 상대방에게 전달한다면 관계는 성사될 것이다.

실전 해석

이 배열에서 0은 6번 위치, '미래'에 나왔다. 연애를 성사시키려는 점의 특성과 결부해 0의 키워드인 '새로운 시작', '무모함'이라는 긍정/부정적인 키워드를 어떻게 적용할지 고민해야 한다. 그렇기에 상대방의 취향이나 현 관계를 둘러싼 분위기가 어떤지 판단해 질문자로 하여금 관계를 성립시킬 수 있도록 최선의 대안이나 전략을 구상해야 한다. 이는 질문자가 자신의 역량을 증명할 결과물만 있다면 관계가 성립된다는 것을 의미하는 19와 차이가 있다. 그렇기에 상대방의 입장을 배려하지 않고 무작정 고백하면 상대방이 부정적으로 판단할 수 있다는 점을 경고해야 한다.

이 질문에서 0은 질문자가 맞이할 미래가 새로운 시작일지, 무모한 시도 끝에 아무것도 얻지 못하고 새로운 시기를 맞이해야 하는지를 판별하게 할 수 있는 카드다. 0을 긍정/부정적인 의미로 이끄는 카드들은 7, 9w, 4w, 8c로 확인되는데, 이로써 비교적 긍정적인 영향을 받기 쉬운 상황이라는 것을 확인할 수 있다. 이는 질문자가 상대방에 관해 꾸준히 관심을 기울여왔고, 같이 동고동락하며 애정을 쌓아왔다는 것을 상대방도 모르지 않는다는 점으로 확인할 수 있다.

그러나, 이 동고동락한 과정이 종료되며 관계를 더 이어갈 이유가 사라지고 있다는 것을 경고하는 8c로 볼 때, 상황을 방치하면 인연이 끝날 수 있다는 점을 지적해야 하며, 질문자가 어떻게 대처해야 이 단순한 인간관계를 연인 관계로 발전시킬 수 있는지 조언해야 한다.

---

① **2c (질문자 자신)** 상대방과 연애하고 싶다는 마음을 공식적으로 알리려 준비하는 질문자의 모습을 뜻한다. 그러나 이는 어디까지나 관계를 성립시키기 위한 시도를 의미할 뿐, 실제로 관계가 성립된 것은 아니라는 점을 주의해야 한다.

긍정적인 영향을 받는다면 질문자가 생각하는 이상적인 관계가 성립될 것이며, 이로써 감정적으로 충만해질 수 있다는 것을 의미하나, 부정적인 영향을 받는다면 상대방의 거절이나 관계 성립 후 서로 모르는 부분을 알면서 점차 호감이 사라질 수 있다는 것을 경고한다.

---

② **6s(장애물)** 질문자가 자신의 감정을 어떤 방식으로 전해야 할지 갈피를 잡지 못하고 있거나, 제대로 고백하지 못하고 있는 현 상황이 관계 발전을 저해하고 있다는 것을 뜻한다.

긍정적인 영향을 받는다면 어떤 방식으로라도 고백을 시도하고, 자신의 마음을 밝힘으로써 상대방이 관계를 명확히 규정지을 수 있도록 조치해야 한다는 것을 의미하나, 부정적인 영향을 받는다면 어차피 실패할 시도는 하지 않도록 조언해야 하고, 최악의 경우 질문자가 고백조차 제대로 하지 못한 채 실패에 대한 두려움으로 이를 회피할 수 있다는 것을 경고한다.

---

③ **7(기저)** 이 관계에 관해 질문자가 어떤 관점을 가지고 있는지 드러낸다. 긍정적인 영향을 받는다면 자신이 원하는 관계를 위해 일관적으로 행동해왔으며, 이로써 상대방의 신뢰를 얻어 확고히 자리매김하려는 목적이 있다는 것을 의미하나, 부정적인 영향을 받는다면 단순한 공략 목표로 보고 있거나 질문자가 원하는 바에 접근하는 데 필요한 도구로 상대방을 이용하는 의도가 있다는 것을 뜻한다.

이 배열에서 7은 긍정적인 영향을 받고 있다는 것을 알 수 있다. 관계 성립으로 서로 행복해질 것이라는 호의를 품고 고백하려 하며, 이 과정에서 상대방이 부담을 느끼거나 질문자를 거부하지 않을까 두려워하고, 허락된 시간이 얼마 없다는 점을 알기에 진심이나마 전해보려는 질문자의 의도를 확인할 수 있기 때문이다. 그렇기에 질문자가 그동안 관계 성립을 위해 자신이 궁리할 수 있는 다양한 방법을 고민해 사람들의 부정적인 시선을 극복하고 연애 관계를 맺으려 한다는 것을 알 수 있다(2c, 4w, 2s, 8c, 6).

---

④ **9w(과거)** 이 관계가 성립한 계기와 그동안 관계를 유지해온 방법을 드러낸다. 긍정적인 영향을 받는다면 이로써 질문자의 노력/고난을 함께하는 상황에서 애정이 싹튼 것으로 이해할 수 있으며, 나아가

이 애정을 상대방에게 전하는 과정 또한 순탄치 않았기에 질문자가 상대방을 더 각별히 생각하고 있다는 것을 확인할 수 있다.

그러나 부정적인 영향을 받는다면 질문자가 연애할 수 있는 환경이 아니었고, 이 때문에 이성과 관계 맺는 다양한 수단/기술이 부족하다는 것을 지적하며, 자신이 자주 만났던 이성이기에 그만큼 애착을 가지려는 것일 뿐 실제 애정과는 관계없다는 것을 지적한다.

---

⑤ **4w(현재/곧 일어날 일)** 긍정적인 영향을 받는다면 과거의 노력을 보상받듯 당분간 질문자와 상대방의 관계가 진전되기 쉬운 분위기가 유지되리라는 것을 뜻하며, 질문자 자신이 이런 상황이 오기를 꿈꿔왔던 것을 의미한다. 그러나 부정적인 영향을 받는다면 이런 분위기에도 관계를 성립시키지 못하면 상대방과 인연이 종료될 수 있다는 것을 경고한다.

---

⑥ **0(미래)** 새로운 시작을 의미하거나 그 반대로 무모한 도전을 의미한다. 이는 질문자가 연인 관계를 맺으려 어떻게 노력을 해왔느냐에 따라 의미가 달라지는데, 적어도 질문자의 의지와 과거의 노력이 헛되지 않았다는 점에 더해 다른 사람의 간섭/견제가 없는 것이 상황을 어떻게 긍정적인 방향으로 이끌어내는지에 따라 긍정/부정적인 의미가 결정된다는 것을 알 수 있다. 이에 따라 상대방이 질문자의 감정을 받아들일 수 있게 질문자에게 다양한 대책을 제안해서 0의 긍정적인 영향을 이끌어내도록 조언해야 한다(7, 9w, 4w, 8c).

---

⑦ **2s(질문자의 내면)** 부정적인 영향을 받는다면 자신의 감정을 어떻게 전할지 몰라 불안해하는 질문자의 내면을 그대로 드러내나, 반대로 긍정적인 영향을 받는다면 질문자가 잘못된 방법/시도로 상대방이 자신에게 좋지 않은 감정을 품거나 거절하면 어쩌나 걱정하면서 낭패를 볼까 봐 그만큼 신중하게 접근하려는 모습을 뜻한다.

---

⑧ **8c(제3자가 바라보는 질문자)** 긍정적인 영향을 받는다면 질문자를

비롯한 사람들이 이 기회를 틈타 상대방과 관계를 성립시키려 한다는 점을 모두 인지하고 있으며, 이에 따른 지원이나 지지를 등에 업고 있다는 것을 뜻하나, 부정적인 영향을 받는다면 남들의 시선에 이 관계가 부정적으로 비치거나 이루어질 수 없는 것으로 판단하고 있다는 것을 드러낸다. 이에 따라 질문자의 상황(대학 입학 예정자)으로 볼 때 질문자와 함께 동고동락했던 조력자로 상대방의 신원을 유추할 수 있었다.

⑨ **6(희망/두려움)** 매우 쉽게 해석할 수 있다. 상대방과 관계 성립을 원하고 이로써 서로의 감정을 진실하게 교류하기를 원하는 희망과, 자신의 감정을 상대방이 받아들이지 않아 관계가 이루어지지 않을까 봐 걱정하는 모습으로 해석된다.

　이는 고백을 앞둔 질문자의 현 상태와 그동안 관계를 유지하고자 해왔던 노력이 아무런 의미를 갖지 못할 수도 있다는 두려움에 기인한다는 것을 알 수 있으며, 질문자에게 상대방과의 관계가 얼마만큼 소중한 것인지 확인한다면 쉽게 해석할 수 있다(2c, 9w, 2s).

⑩ **19(결론)** 긍정적인 영향을 받아 질문자가 큰 실수를 하지 않는 한 자신의 감정을 성공적으로 전달할 수 있다는 뜻으로 해석할 수 있다. 이는 질문자가 관계 말고는 다른 목적이나 계산을 하지 않고 있으며, 다른 사람들의 부정적인 관점에도 감정을 키워나가는 데 성공했기 때문이다. 나아가 이런 감정을 상대방에게 전달하려 노력해왔다는 점에 비춰 판단할 수 있다.

　그렇기에 큰 실수나 잘못을 범하지 않고 정중히 상대방의 감정을 존중하며 자신의 감정을 전달할 수 있도록, 여성의 입장에서 받고 싶어 하는 고백과 감정을 조언해 질문자가 잊거나 실수할 수 있는 부분을 최대한 줄일 수 있는 조언을 취함으로써 관계를 이룰 수 있도록 도와야 한다.

　이 배열에 나온 0은 완벽히 새로운 시작, 국면 자체가 전환될 수 있는 돌발 행위 때문에 긍정/부정적인 흐름이 새롭게 시작되리라는 것을 확정한다. 어느 정도 감정을 쌓아온 관계가 자칫하면 연인 관계로 발전할 수 없는 상황(졸업을 이유로 멀어지는 경우)으로 나타났기에 조심스럽고 확실하게 감정을 전해 부정적인 의미가 적용되지 않도록 조언해야 했다.

이런 0의 특성을 확인해야 했기에 나는 배열을 확인한 뒤 상대방이 둘 중 하나에 속하는 듯한데, 겁낼 필요까지야 있겠느냐고 다독이면서, 과외 선생인지 교육 실습하는 교생 선생님인지만 확인해달라고 당부하며 연인 관계로 발전하려면 조금 더 극적이고 확실한 표현으로 관계를 성립시킬 수 있으니 위축되지 말라고 격려했다.

질문자는 이 말에 기쁜 기색을 감추지 않으며, 사실 상대방에게 자신의 입시가 성공적으로 끝나면 하루만이라도 시간을 내줄 수 있는지 부탁했고, 이어 대학 입학이 확정된 후 약속을 잡은 것이라며 고백을 잘 하려면 어떤 것을 주의해야 하는지 조언을 구했다. 이런저런 방식과 조심해야 할 내용을 조언하고 나서, 내 답을 들은 질문자는 고맙다는 말과 함께 자리를 떠났다.

그리고 행사를 종료할 무렵 그는 다시 상대방과 함께 나를 찾아와 고맙다는 사례와 더불어, 관계를 더 발전시키려면 어떻게 해야 하는지 물으며 이야기를 이어가기 시작했다.

사실, 이 배열은 내가 굳이 불안한 미래를 만들어서 이야기하지 않아도 자연스럽게 인연이 될 수 있을 정도의 흐름을 지녔다고 볼 수 있으나, 질문자가 고백 성사 여부를 매우 불안해하던 터라 더 확실히 선택하게끔 조언해준 경우였다. 행사가 끝나고 몇 시간 뒤, 그들과 함께 술 한잔을 기울였던 것은 좋은 추억으로 기억에 남아 있다.

이처럼 연애 관계를 성립시키려 조언을 구하는 질문에 나온 0은 질문자의 준비 상태가 얼마나 철저하며, 그 과정에서 남들에게 민폐를 끼치거나 감정이 상하지 않도록 주의를 기울여야 한다. 여도지죄

餘桃之罪의 고사*와 같이 자신이 아닌 남의 마음이 언제 어떤 상태인지 모르는 한 조심스럽게 접근해야 한다는 점을 강조하며, 질문자가 아무런 생각없이 한 행동이 남에게는 그나마 남은 매력조차 없애는 행동으로 비칠 수 있다는 점을 경고하고 능동적인 태도를 유지하되 경거망동을 삼가도록 조언한다면 해석자의 역할을 십분 다한 것이라고 할 수 있다.

---

* 춘추전국시대 위衛나라의 미자하彌子瑕라는 미소년이 왕의 총애를 받았다. 그는 노모가 병들었다는 소식을 듣고 왕의 수레를 몰래 타고 나갔다. 당시에 왕의 수레를 허가 없이 타면 다리가 잘리는 형벌을 받았으나, 왕은 되레 극찬하며 효성이 뛰어나다고 상을 내려 치하했다. 또 복숭아를 먹다가 맛이 너무 좋다며 먹다 남은 복숭아를 왕에게 바치자 왕은 기뻐하며 맛있는 음식을 나누다니 진정 날 아끼는구나 하며 감탄했다. 그러나 세월이 지나면 아름다움도 퇴색하기 마련, 어느 날 사소한 일로 왕은 미자하를 꾸짖으며 '넌 예전에 나를 속이고 수레를 탔으며, 무도하게 남은 복숭아를 주었다'는 말로 그를 처벌한 고사를 일컫는다. 곧, 과거에는 총애받을 수 있으나, 그것이 뒤에 원망의 근거가 될 수 있다는 점을 경계하라는 교훈을 주는 고사다. 『한비자韓非子』,「세난 說難」편.

XXI. THE WORLD.
세계

끝과 완성
End, Complete

완성, 완결, 끝, 불변, 일상, 평범, 동일함, 완벽, 융통성 없음, 더할 필요 없음, 고정, 순리, 이번 단계가 끝나다, 톱니바퀴, 짜여진 시스템, 공식, 대미를 장식하다, 영예와 전리품, 고착, 호상, 법칙, 화룡점정, 한계, 자연사, 구축, 멈춤, 완료, 유지, 보수, 종료, 체계화, 구조, (기록되어 남은)역사

긍정/부정 확인 기준

자신의 노력이 이루어질 때, 벌어질 수 있는 경우의 수가 정해져 있는
가?

다른 사람들이 질문자 및 질문과 관련한 내용들을 인지하고 있는가?

질문 주제에 현실적인 문제들이 강하게 반영될 수밖에 없는가?

현재 완성된 체제 또는 상태를 변화시키려 하는가?

상황이 바뀔 때 생길 수 있는 문제에 관한 질문인가?

질문자에게 변수를 생성할 수 있는 능력이 있는가?

다른 사람들의 지지나 동의를 얻는 상황인가?

메이저 아르카나의 대미를 장식하는 세계 카드는, 세상을 구성하는
모든 것이 사람들에게는 그저 당연히 있다고 인식되는 것들로 움직
이고 있다는 점을 드러내는 카드라 해도 과언이 아니다. 메이저 상징
편에서 언급했듯 제작자도 이 점을 강조해 카드의 의미를 구성했다
는 것을 알 수 있다.

그렇기에 세계 카드는 모든 상태가 멈추거나 완성돼 바꿀 수 없다
는 것을 의미한다. 이런 카드의 의미는 질문자가 처한 상황을 바꿔야
할 때는 부정적인 의미를 띨 수밖에 없다. 반대로, 우세한 상황에서
이를 지켜내야 할 때는 긍정적인 의미를 띤다.

또한 부정적인 선입견/환경/열세에 처한 상황을 극복하려면 해석
자는 질문자의 의지를 파악하고, 반드시 성취하려는 의지와 스스로
노력하는 모습을 확인해 난관을 돌파할 수 있도록 조언해야 한다. 그
마저도 없다면 상황은 고착될 것이며, 아무런 변화 없이 세상에 갇혀
현실에 고통받는 상황만 기다린다는 것을 경고해야 한다.

누군가 말했듯, 늦었다고 생각할 때가 늦은 게 맞으니, 빠르게 현
실을 직시하고 고칠 방도를 찾아서 실행해야 한다.

해석용법

세계 카드는 마지막을 뜻하는 만큼 어떤 변화도 요구할 수 없을 정도로 상황이 경직돼 있을 때 가장 큰 힘을 발휘한다. 어떤 과정이 완결되면서, 바뀌지 않는 원칙을 가지고 계속 순환하는 구조로 재편되는 상황을 표현하기 때문이다.

결혼으로 연인이 부부가 되는 과정을 죽음 카드가 의미하는 변환으로 이해할 수 있다면, 개인의 연애사가 완전히 종료되고 나와 너로 개별화된 과거와 달리 세계 카드는 가족이라는 운명 공동체로 새로운 세상이 완성돼 시작한다는 것을 의미한다.

결혼 뒤의 연애도 가능하다고 볼 수 있으나, 이는 부부 생활이라는 틀로 정립됐기에 해당하지 않는다. 그 밖의 것들은 비일상·비상식·범죄로 치부되며, 동시에 '완성'의 키워드를 지닌 세계 카드의 의미를 파괴하기에 다른 카드들로 표현될 수밖에 없다.

그렇기에 세계 카드를 이해하는 데 필요한 관점은 단순한 완성에서 벗어나, 큰 틀에서 모든 것이 변하지 않고 변할 수 없는 절대적인 것들이 어떻게 인식되는지 생각하는 것이다. 이런 방식으로써 세계 카드의 완성이 이를 원하지 않거나 자신의 의도와 벗어날 때, 출입구가 폐쇄되는 것처럼 변화가 일어나지 않고 정체되는 것으로 이해할 수 있다.

이런 부정적인 모습은 '완성', '완결', '불변'이라는 긍정적인 의미의 이면에 있는 '구태의연', '지루함', '식상함' 같은 의미를 파생하며, 나아가 어려운 상황이 바뀌길 원하는 질문자에게 부정적인 의미로 적용된다. 가령 연인이 없어 짝을 만나려는 사람에게 불변성의 의미는 아무 소용없을 것이며, 불경기에 신음하는 상인에게 이 흐름이 굳건히 유지된다고 말한다면, 아무리 완성이 이뤄지더라도 그들에게 이 카드는 부정적인 의미일 수밖에 없기 때문이다.

그렇기에 이 카드는 질문자가 유리하고 우세할 때나 이에 준하는 결과물이 완성 직전일 때만 카드의 긍정적인 의미를 쉽게 끌어낼 수 있으며, 그렇지 않고 더 시간이 필요하거나 질문자의 역량이 부족할 때는 질문 주제와 관련한 상황이 고착돼 변화시키지 못하는 것으로 해석되는 경향이 있다.

따라서, 자신의 결과물을 세상에 적용하고 이를 유지하려고 노력하는 자, 또는 이미 현실에 구현돼 이 모든 것이 다른 모든 이들에게 '당연히 누려야 마땅한 것'으로 자리 잡는다면 세계 카드의 긍정적인 발현이 이뤄졌다고 이해할 수 있다. 이는 수많은 발명품 가운데 현대 사회에 아직도 큰 축을 차지하며, 이것들이 없으면 일반적인 생활이 어려운 제품들(예: 세탁기, 냉장고 같은 전자제품)로 이해할 수 있다.

반대로 결과물이 없는 상태로 굳어져 개성을 매몰당하거나 경직된 사회 분위기 때문에 새로운 것들을 시도하지 못하는 경우를 들 수 있다. 이때 사회는 끝내 유지되지 못한 채 격변에 휩쓸려 다른 체제를 도입하거나(예: 바이마르공화국 → 제3제국), 반대로 계속 이를 유지하려 애쓴 나머지 그 규모가 크게 축소되는 과정을 겪으며 세계 카드의 의미를 구현하지 못하는 상태로 변화한다(예: 북한 체제).

실제 배열에서 이 카드가 나왔을 때 질문자가 질문 주제와 관련한 상황이 변화하지 않는 데 관해 어떤 관점으로 보고 있는지 확인해야 한다. 이로써 질문자가 변화를 원한다면 현 상황을 어떻게 변화시킬 수 있는지와 함께 그만한 충격을 줄 수 있는 대안을 제시해야 하고, 그런 대안이 없다면 부정적인 의미를 적용해야 한다. 반대로 질문자의 출중한 역량으로 상황을 급변시킬 수 있다면 이를 이용해 질문자가 원하는 바를 얻어낼 수 있으며, 나아가 질문 주제와 관련한 모든 상황을 질문자가 직접 조율할 수 있다는 점을 언급해 더 유리한 상황을 만들어줄 수 있다.

배열 위치별 특징 켈틱 크로스 배열에서 세계 카드(이하 21)가 나왔을 때 어떻게 긍정/부정적인 영향을 확인하는지 판단하려면 10장의 카드 맥락을 모두 살펴야 한다(이에 관해 더 상세한 내용은 593-595쪽을 참고).

21이 배열에 나오면 앞에서 언급했듯 상황 변화를 질문자가 바라는지 또는 두려워하는지 확인해 긍정/부정적인 영향을 판단해야 한다. 나아가 배열의 다른 카드들이 이 상황을 바꿀 수 있도록 다양한 여건을 갖춰놓았는지 판단해 질문자가 원하는 바를 달성할 수 있도록 조치해야 한다.

이런 특성 때문에 21은 최종 결론을 의미하는 <u>10번 위치</u>에 놓일 때 가장 큰 영향력을 지닌다. 이때 21은 그 어떤 시도조차 허용하지 않는 불가변성을 뜻하기에 그 의미가 사뭇 무겁게 다가오며, 질문자의 의도나 국면을 바꿀 수 있는 변수들이 이미 무용지물이라는 것을 의미한다.

그러나 다른 위치, 특히 <u>1번 위치</u>는 이미 21이 뜻하는 완성과 종료가 다른 문제들 때문에 뒤흔들리는 상황으로 해석되기에 부정적인 영향을 쉽게 드러내거나 배열 안에 끼치는 영향력이 크게 감소하는 경향이 있다. 굳이 1번 위치가 아닌 다른 위치라도 21의 완전무결한 완료라는 의미와 차이가 있다는 점을 늘 드러낸다. 이는 각각의 위치가 어디까지나 현재 진행형일 뿐, 이 과정에서 어떤 요소들로 언제든 변화할 수 있다는 여지를 주기 때문이다. 그렇기에 이를 질문자가 어떻게 공략해서 원하는 바를 이룰 수 있는지 파악하고 알려줘야 한다.

연애(관계가 성립한 상황) 관계가 확고하거나 장기간 연애를 해와서 큰 변화가 있을 수 없는 상황이라면 결정적 고백·프러포즈나 결혼식 자체를 뜻하는 때가 많다. 그렇지 않더라도 현 상태가 유지된다는 것을 뜻하므로 해석자는 질문자 및 상대방의 장단점을 통해 이 관계를 더 굳건히 유지할 수 있도록 조언해야 한다.

그러나 부정적인 영향을 받는다면 한쪽의 일방적인 희생이나 강권으로 관계가 강제로 유지되는 상황이 계속되면서 서로 불필요한 감정 소모가 이어지는 상황으로 치달을 수 있다. 이를 방지하려면 해석자는 관계가 경색되는 원인을 찾고 이를 조율하거나 특정 조건을 엄수하도록 주의를 줘 상호 충돌을 막도록 조언해야 한다.

연애(관계가 성립하지 않은 상황) 배열 위치에 따른 가감은 있으나, 21의 의미보다 주변 카드의 긍정/부정적인 영향을 재고해 21의 키워드를 확정해야 한다. 질문자의 감정 고백을 상대방이 거절/승낙하면서 모든 상황이 끝날 수 있다는 것을 의미하기 때문이다. 성공하면 관계가 성립되고 이에 따른 기쁨을 누릴 수 있다는 것으로 단순하게 해석할 수 있으나, 반대의 경우 관계가 더 발전할 수 없다는 것을 뜻할 정도로 극단적인 경향을 띠므로 해석에 주의해야 한다.

상대방이 없거나 단순히 호감만 있는 상태에 드러난 21은 그저 현 상태 유지를 의미하며, 상황을 변화시키려는 일탈 시도조차 없는 한 지금과 같은 외로운 상황이 계속 유지될 것이라는 의미로 해석된다. 그렇기에 질문자가 자신의 매력을 어떻게 어필하고 어떤 장소/상황에서 남의 관심을 끌 수 있는지 조언해 이 상황을 극복할 수 있도록 이끌어야 한다. 이때 긍정적인 영향을 받더라도 '현재에 만족하자' 수준 이상의 의미가 없을 때가 많다.

대인관계 특수한 경우가 아니라면 지금 벌어지는 사건들이 사람들에게 관심을 끌 정도로 큰일이 아니라는 뜻으로 해석되며, 그저 일상에 지나지 않는다는 것으로 이해할 수 있다. 어떤 상황이 와도 이미 형성된 관계가 변치 않으리라는 것을 보여주기에, 최악의 경우 질문자가 따돌림당하고 있거나 집단에서 소외된 상황을 극복하려 질문했을 때 배열에 나온다면 상당히 불편한 해석이 진행될 수 있다(예: 따돌림을 피해 전학을 가도 같은 문제가 발생하는 식).

그러나 긍정적인 영향을 받는다면 조력을 받아 자신이 발전시켜야 할 요소들이 순조롭게 완성돼가는 것을 의미한다. 나아가 새로운 사람들에게 내세울 만한 하나의 팀워크를 이미 주변 사람들과 구성해나가고 있다는 점을 격려하고, 이로써 더 많은 사람과 좋은 관계를 이룰 수 있는 방안을 조언해야 한다.

사업의 흐름이나 전망 보편적으로 현 상태 유지를 의미하며, 이 상황에서 질문자가 본격적인 수익 증진 및 손해를 개선하고자 무리하게 움직이기 어려운 처지라는 것을 뜻한다. 투자와 관련한 주제일 경우, 수익을 받는다면 소액이나마 안정적인 수입으로 해석되나 이 또한 지속적인 손해/적자를 거듭하는 상황에 나왔다면 이로써 수익을 거두기 어렵다는 점을 자각하고 빠른 포기를 권해 더 큰 손해를 미연에 방지할 수 있도록 조치해야 한다.

특히 어떤 일회성 사업이라면 예정대로(계약대로) 종료될 것을 뜻하며, 이 사업이 반영구적 사업으로 바뀔 수 있는 단서로 해석할 수 있다. 이는 일회성 사업으로 얻은 수익을 비전으로 삼아 계속 유지하려는 모습으로 드러나기 때문이며, 21의 의미가 적용되는 경우라고 할 수 있다.

창업의 성사 여부 분식집, 학교 앞 문방구 등 진입 장벽이 매우 낮고 사람들이 흔히 접할 수 있는 분야와 관련한 사업을 뜻하는 경향이 있다. 물론 예외적으로 질문자의 역량/기반이 매우 뛰어난 상황이라면 자신의 전문 분야를 세상 전체에 소개하거나 사람들에게 자신이 몸담은 분야 및 독점에 가까울 정도로 영향력을 보유하고 있는 분야와 관련한 내용을 남들이 쉽게 사용/구입하도록 함으로써 완벽한 기반

을 형성한다는 뜻으로 해석될 수 있으나, 이는 흔치 않은 경우이므로 해석에 주의해야 한다.

진로 적성 특정 과목이나 학과를 묻는 것이라면 사회 구성 원리나 체계를 연구하는 분야들을 의미한다. 이는 이미 완성되어 모두가 살아가는 세상 자체를 관통하는 체계·현실·물질·감성적인 영역 전부를 필요로 하는 학문에 속하며, 이 원리에 관한 거시적인 의미를 탐구하는(예: 문화인류학) 계열에 해당한다. 특히 교육 과정으로 비유한다면 대부분 학사 과정 수료를 의미한다. 학사 과정의 특징이 그 분야의 내용을 포괄적으로 익혔다는 것을 전제하기 때문이다.

이런 성향은 긍정적인 영향을 받는다면 평범한 과정을 거쳐 자신의 소질을 꽃피울 수 있다는 것을 뜻하나, 부정적인 영향을 받는다면 자신의 개성을 살리지 못한 나머지 남들에게 자신을 어필하지 못하거나, 너무 일상적인 것과 관련한 분야라서 남들에게 메리트를 제시하지 못해 좌절할 수 있다는 것을 경고한다.

시험 결과나 합격 여부 질문자의 평소 수준이 그대로 드러난다는 것을 의미하며, 이를 위해 해왔던 노력과 시도들이 결실을 맺는다는 의미이기에 해석 이전에 질문자가 과거/현재에 어떤 평가를 받았는지 확인하기만 한다면 해석이 어렵지 않다. 그러나 최악의 경우 노력에 따른 결실을 맺었음에도 이런 역량을 다음 단계로 이행하지 못해 벌어지는 문제(예: 장롱 면허)를 뜻할 수 있다는 점을 경고해야 한다.

질병의 호전, 완치 병세가 완화되거나 악화되는 것도 없이 현 상태가 이어지는 상황을 의미하며, 만약 만성질환일 때는 아예 완치가 불가능할 수 있기에 질병을 미연에 방지하는 것을 넘어 주기적으로 통원·입원 치료가 필요하다고 조언해야 한다. 그러나 긍정적인 영향을 받는다면, 현 상태를 유지하는 것만으로도 회복할 수 있다고 조언해 병세를 이겨낼 수 있도록 격려해야 한다.

단순한 건강 문제 정신·육체 모두 일상적이고 단순한 질환에 국한되는 경향이 있다. 이에 따라 평소 식단이나 계절 변화에 따른 대처를 명확히 한다면 대부분 미연에 예방할 수 있다. 그러나 부정적인 영향을 받는다면 풍토병이나 자신의 기반을 유지하고자 해왔던 업무 때문에 생기는 직업병으로 해석되므로 이를 미연에 방지할 수 있도록 조언해야 한다.

예외로 다이어트에서는 신체의 세트 포인트가 상향/하향되는 것을 뜻한다. 그렇기에 감량 중인 사람에게 세계 카드는 중량 변화가 정체기에 들었다는 것을 의미하며 신체가 어느 정도의 선에서 현상 유지하려는 조짐을 드러내므로, 운동 방법이나 식단 변경 같은 조치로 신체 밸런스를 유지하며 다이어트를 진행하도록 조언할 필요가 있다.

켈틱 크로스 배열 위치별 긍정/부정 해석법

1 → ②③④⑦ 카드 확인 주제와 관련한 내용에 대해 질문자가 할 수 있는 일이 없거나, 질문과 관련한 사안들이 예정대로 처리되거나 멈춰진 상황이라는 것을 뜻한다. 긍정적인 영향을 받는다면 유리한 상황을 틈타 자신이 우위를 점하거나 상황을 조율하도록 해줘야 한다. 부정적인 영향을 받는다면 이 상황을 어떻게 타개할 수 있으며 어떤 변수로 자신에게 유리한 상황을 만들 수 있는지 조언해야 한다.

2 → ①④⑤⑧ 카드 확인 상황 자체가 고정돼 질문자가 할 수 있는 행동에 제약이 생긴 것으로 이해할 수 있다. 긍정적인 영향을 받는다면 행동이 제약된 상황을 역이용하거나 자신만이 쓸 수 있는 수단으로 국면을 전환할 수 있다는 점을 조언할 수 있다.

그러나 부정적인 영향을 받는다면 다른 사람이나 주변 상황 때문에 질문자가 선택할 수 있는 것이 없다는 점을 지적해야 하며, 섣부른 시도로 역량을 낭비할 수 있다는 것을 경고해야 한다.

3 → ⑤⑦⑧⑨ 카드 확인 질문자가 이 문제에 관해 큰 변화를 원치 않거나 이 상황이 유지되길 바란다는 것을 의미한다. 긍정적인 영향을 받는다면 질문자가 문제와 관련한 내용에 대한 변수를 차단함으로써 문제를 해결하고, 나아가 상황을 자신에게 더 유리한 방향으로 이끌어갈 수 있다는 점을 조언해줄 수 있다.

부정적인 영향을 받는다면 질문자의 행동력 부재로 상황이 악화되거나, 질문자가 문제를 방기해 생기는 모든 피해를 감내해야 하는 상황이 다가온다는 것을 경고해 적극적으로 문제를 마주할 수 있도록 조언해야 한다.

4 → ①②⑤⑧ 카드 확인 질문과 관련한 문제가 과거부터 계속 쌓였거나 반대로 안정적인 상황이 현재에 이르러 격변했다는 것을 뜻한다. 긍정적인 영향을 받는다면 일상을 보내던 질문자에게 어떤 변화가 생겼는지를 확인해 이에 따른 조치를 하도록 권해야 하며, 문제를 자신의 일상에서 또는 큰 무리 없이 주변에 도움을 청해 쉽게 해결할 수 있다는 것을 의미한다.

부정적인 영향을 받는다면 고질적·만성적인 문제가 지금까지 계속 문제를 악화시키는 요소로 작용하고 있다는 것을 알려야 하며, 이를 타파하지 못하면 질문자가 원하는 상황이 오기 매우 힘들어진다고 경고함으로써 문제 해결에 적극적으로 나설 수 있도록 조언해야 한다.

5 → ① ④ ⑧ ⑨ 카드 확인 긍정적인 영향을 받는다면 질문과 관련한 문제가 질문자의 역량 및 주변의 좋은 상황 덕분에 성공적으로 완수·성취할 수 있다는 것을 의미하나, 부정적인 영향을 받는다면 진행이 정체되거나 질문자의 역량으로 변수를 만들기 어려워진다는 것으로 이해할 수 있으며, 최악의 경우 견딜 수 없는 이 순간이 영원히 유지될 수 있다는 뜻으로 해석할 수도 있다.

6 → ① ② ⑦ ⑧ 카드 확인 긍정적인 영향을 받는다면 질문자의 역량으로 문제를 해결하고 남에게 좋은 영향과 이미지를 심어 조력을 얻을 수 있다는 것을 의미한다. 부정적인 영향을 받는다면 현실의 벽에 막혀 좌절하고, 정당한 평가를 받지 못하거나 편견에 가로막혀 절망하는 상황을 마주할 수 있다는 점을 경고한다.

7 → ② ③ ④ ⑨ 카드 확인 긍정적인 영향을 받는다면 질문자의 현 상태를 그대로 유지해 다른 문제들이 쉽게 해결될 수 있으리라는 확신 또는 그에 준하는 결과를 이미 얻은 것을 의미한다. 그러나 부정적인 영향을 받는다면 현실을 극복하지 못하거나 현실적이지 못한 자신만의 계획을 남에게 강요하는 모습으로 드러날 수 있으며, 최악의 경우 자신의 세상 속에서 현실을 인지하지 못한 채 다른 사람들과 교류하지 못하는 상황이라는 것을 경고한다.

8 → ① ② ⑤ ⑨ 카드 확인 긍정적인 영향을 받는다면 자신의 결과물이나 역량으로 인정받고 있으며, 이로써 질문과 관련한 문제를 자연스럽게 해결할 수 있으리라고 평가받는 것을 의미한다. 그러나 부정적인 영향을 받는다면 질문자가 어떤 시도를 하더라도 현 상황을 변화시키기 어렵거나 남들이 원치 않는 변화를 일으키는 사람으로 인식되며 부정적으로 평가받으리라는 것을 경고한다.

9 → ② ③ ④ ⑦ 카드 확인 카드가 뜻하는 안정성이나 시스템의 구축, 또는 어떤 움직임·상황이 일상화되는 것을 바라거나, 반대로 두려워하는 모습을 뜻한다. 이로써 질문자가 어떤 이유로 현 상황을 유지하고 싶어하거나 반대로 변화를 두려워하는지 알 수 있다.

10 기본적으로 부정적인 영향을 강화시키는 경향이 있다. 이는 문제가 이미 있는 상황에서 점으로 상황을 변화시키려는 질문자의 기본적인 성향에서 기인한다. 상황을 변화시키려 점을 보는 질문자에게, 21은 현 상황이 변하지

않으리라는 것을 보여주기 때문이다.

그러나 질문자가 문제를 해결하고자 철저하게 준비했다면 유리한 상황을 현실에 구현해 자신이 이루려는 바를 달성할 수 있다는 것을 의미하며, 이로써 질문자가 원하는 바를 이루는 데 필요한 것들이 무엇인지 조언함으로써 긍정적인 영향을 최대한 끌어낼 수 있도록 도와야 한다.

실제 사례 (2012년 10월, 성남 상대원 근처, 40대 초반 남성)

질문 이 시도로 이익을 얻을 수 있을까?

사전 정보 부부가 함께 장사하고 있었으며, 홍보 수단으로 쓸 보조 도구(자동으로 손님에게 인사하는 기계)의 구매 건으로 갈등을 빚고 있었다.

5 - 6s - 7w - 4p - 5w - 21 - 12 - 7 - Ps - Np

---

5   (질문자 자신) 자문을 구하려 하나, 스스로 해결할 수 있는 문제라고 생각한다.

6s   (장애물) 더 나은 방향으로 나아가야 하지만 그 방향으로 가는 구체적인 방법을 모르고 있다.

7w   (기저) 수익을 내는 본질적인 방법은 알고 있으나 구체적인 기술/대안을 제시하지 못하고 있다.

4p   (과거) 단골을 유지하고자 기존의 방식을 바꾸지 않으려 했다.

5w   (현재/곧 일어날 일) 장사를 유지하려면 토론을 거치거나 여러 수단을 동원해야 한다.

21   (미래) 효과적인 수단을 택해도 수익이 크게 늘지 않을 것이다.

12   (질문자의 내면) 경쟁자에게 뒤처지지 않으려고 쓰지 않으려던 방법이라도 써야 하는 상황이라 인식하고 있다.

7   (제3자가 바라보는 질문자) 할 수 있다면 일단 시도해볼 사람들이라고 본다.

Ps   (희망/두려움) 남들이 쓰는 것에 뒤처지기 싫어서 더 능동적으로 다양한 시도를 함으로써 성공하고 싶어 하나, 반대로 이 때문에 다른 사람이 한다고 해서 굳이 쓸모 없는 것을 엉겁결에 구매하느라 추가 비용을 헛되게 지출할까 봐 두려워한다.

Np   (결론) 어떤 선택을 하더라도 기존 수입이 확고하게 변하지 않을 것이며, 그리 큰 손해나 이익도 없을 것이다.

실전 해석

이 배열에서 21은 6번 위치, '미래'에 나왔다. 사업의 흐름과 관련한 질문의 특성상 '불변', '완료', '고정'의 의미에서 질문자가 맞을 흐름이 어떤 성격을 띠는지 확인해야 한다. 질문자의 기반을 더 견고하게 다지려는 수단인 이 홍보 도구의 구입 비용을 현재 수입으로 감당할 수 있는지 확인해야 하며, 실제 설치한 뒤 수익을 파악해 질문자의 시도가 무의미할지, 아니면 실제로 홍보 효과를 거둬 추가 수익을 만들어낼 수 있을지 먼저 판단해야 한다.

이 질문에서 21은 향후에 질문자에게 다가올 흐름을 의미한다. 이 배열에서 21에게 큰 영향을 주는 카드는 5, 6s, 12, 7로 확인되는데, 이로써 비교적 긍정적인 영향을 받고 있다는 것을 알 수 있다. 이는 비교적 열린 사고방식으로 다른 이들의 의견을 받아들인다는 것을 밝히는 5와 함께, 설치 여부를 조율하는 과정에서 자신이 왜 이 도구를 쓰려고 하는지 설득하려는 적극적인 태도를 의미하는 5w로 알 수 있다.

더불어 질문자가 상대방을 설득하지 못하더라도 자비로 이를 실행하려 한다는 것을 뜻하는 12로 볼 때 질문자가 이런 제안을 한 것이 사사로운 목적을 달성하려는 것이 아님을 증명하며, 도구 구입을 강하게 주장해 밀어붙이려는 모습에서 이 제안을 수락시킬 역량이 있다는 것을 확인해 긍정적인 영향을 받는다고 볼 수 있다. 그렇기에 배열 내의 다른 카드들을 파악해 이 도구를 설치해서 얻을 수 있는 홍보 효과가 어느 정도인지 확인하고 손익을 계산할 수 있도록 조언해야 한다.

---

① **5(질문자 자신)** 부정적인 영향을 받는다면 자신의 경험에 의존해 남에게 심하게 간섭하고 있다는 것을 뜻하나, 긍정적인 영향을 받는다면 질문자가 이 문제와 비슷한 상황들에 관한 경험이 풍부한데도 다른 이들에게 자문을 구하는 과정을 뜻한다. 이 배열에서는 비교적 긍정적인 영향을 받고 있다는 것을 알 수 있는데, 이는 질문자가 더

나은 해결책을 찾아 기존 방식을 유지하려는 의도가 있고, 혼자서는 상대방을 단념시킬 수 없다는 점을 인식하고 있으며, 남들의 조언이나 견해를 상대방에게 알려서 더 쉽게 설득하고자 하기 때문이다(6s, 4p, 12, Ps).

---

② **6s (장애물)** 부정적인 영향을 받는다면 질문자가 상대방의 설득 및 현재 운영하는 장사와 관련해 정확히 판단하지 못하며, 이 때문에 자신이 선택한 수단/방법으로 상황이 어떻게 변화할지 모른다는 것을 뜻한다. 그러나 긍정적인 영향을 받는다면 더 나은 방향으로 발전할 수 있는 기회를 놓치지 말아야 하며 질문자가 더 명확히 판단할 수 있게 조언해 이 문제를 해결하도록 이끌어줄 수 있다는 것을 암시한다.

---

③ **7w (기저)** 긍정적인 영향을 받는다면 질문자가 지금까지 장사를 해오며 수익을 유지/창출하는 기본 지식이나 본질 자체를 인지하고 있다는 것을 의미하나, 부정적인 영향을 받는다면 이를 명확히 실행하기보다 상황이 닥치면 그때그때 적용해 위기를 넘겨왔던 것을 뜻한다.

---

④ **4p (과거)** 질문자가 현재 수입을 지켜내려 동원했던 수단들을 보여준다. 긍정적인 영향을 받는다면 주요 고객, 단골 손님 들을 계속 유지하며 지출을 줄이는 방식으로 수입을 유지했다는 것을 뜻하나, 부정적인 영향을 받는다면 이런 영업 방침으로 거둔 성공 때문에 새로운 시도를 꺼리고 기존 고객만 확실히 유지하려는 고집이 발전을 저해하고 있다는 점을 경고한다.

---

⑤ **5w (현재/곧 일어날 일)** 부정적인 영향을 받는다면 이 문제 때문에 질문자가 다른 사람들, 특히 이 상황에선 배우자와 마찰을 빚을 수 있다는 것을 드러내며, 정상적인 토론을 거치지 않으면 자칫 감정적인 문제, 최악의 경우 폭력 사태를 유발할 수 있는 상황으로 악화될

수 있다는 점을 경고한다. 그러나 긍정적인 영향을 받는다면 각자의 논리를 비교/토론해 더 나은 방향을 찾아 나아갈 수 있다는 것을 뜻한다.

---

⑥ **21 (미래)** 부정적인 영향을 받는다면 질문자가 쌓은 경험/역량이 있더라도 선택할 수 있는 수단이 몇 없기 때문에 상대방을 설득하기 어렵고, 결국 뾰족한 수를 내지 못하면 상대방의 주장에 따라 일을 실행하리라는 것을 뜻한다. 그러나 긍정적인 영향을 받는다면 다른 사람/고객의 관점이나 기대가 있는 한 이를 타개하려는 모습을 보일 수밖에 없기에 상대방이 결과적으로 제안을 수락할 수밖에 없다는 것을 알 수 있다(5, 6s, 12, 7).

---

⑦ **12(질문자의 내면)** 부정적인 영향을 받는다면 질문자의 결정권이 부족하며, 경쟁 속에서 어쩔 수 없는 상황이 되면 결국 대세를 따르려는 내심이 있다는 것을 뜻한다. 특별한 노하우가 없기에 자신에게 선택권이 없다는 것을 자각하고 어쩔 수 없는 상황임을 인정하게 될 것이며, 다른 사람이나 상대방의 주장에 휩쓸려 자신의 주관을 제대로 세우지 못할 수 있다는 것을 경고한다.

그러나 긍정적인 영향을 받는다면 더 나은 방향으로 발전하고자 자신이 누리는 것을 희생하더라도 자신의 주장을 관철하려 하며, 이로써 성패를 떠나 진심으로 이 도구가 좋다고 생각하고 있다는 것을 뜻한다.

이 배열의 12는 긍정/부정적인 면을 모두 포괄한다. 새로운 시도로 변함없는 영업 방침에 변화를 줄 수 있다고 진심으로 믿으나, 반대로 계속 단골만 잡고 있다가 자칫 단골이 이탈하면 대안이 없다는 근거 없는 불안감 때문에 새로운 시도를 하자고 계속 주장한다는 것을 알 수 있기 때문이다. 그렇기에 새로운 시도를 하는 대신 질문자에게 책임을 부여해, 상대방을 설득할 수 있도록 논리를 강화해주는 조치를 취함으로써 긍정적인 영향을 더 잘 받도록 했다(6s, 7w, 4p, 7).

---

⑧ 7(제3자가 바라보는 질문자) 긍정적인 영향을 받는다면 다른 사람, 특히 고객들이 볼 때 새로운 시도를 할 만한 성향이고, 영업 면에서 더 전격적인 선택을 하는 사람으로 인식된다는 것을 드러낸다. 그러나 부정적인 영향을 받는다면 명확한 목표 의식 없이 다른 경쟁자들보다 우위에 서기 위해 선택하는 무리수가 반복될 경우 수익 구조에 큰 타격을 입을 수 있다는 점을 경고한다.

이 배열에선 비교적 부정적인 영향을 받기 쉬운 상태라는 것을 알 수 있다. 명확히 수익 구조를 개선할 방책이 없는 상태로 남들 주장·마케팅에 휘둘리는 사람으로 보이기 쉬우며, 홍보 도구를 이용하면 왜 수익이 늘어날 수 있는지 구체적인 논리를 제시하지 못하고 있기 때문이다. 그렇기에 이에 관한 논리나 책임 소재를 명확히 하도록 조언해 부정적인 영향을 배제하도록 조치했다(6s, 5w, 21, Ps).

---

⑨ Ps(희망/두려움) 질문자가 이 시도로 경쟁자보다 더 나은 고지를 선점할 수 있기를 기대하는 심리와 함께, 자신이 제대로 대처하지 못하면 투자금조차 건지지 못할까 봐 두려워하는 모습으로 이해할 수 있다. 이는 질문자의 배우자를 포함해 명확한 목표나 발전 방향을 제시하지 못하는 장사라는 점에서 투자와 수익 예측을 할 수 있는 역량이 부족하기에 이런 태도를 취하고 있다는 것을 드러낸다(6s, 4p, 12).

---

⑩ Np(결론) 질문자의 시도가 그들의 수익 구조를 크게 해하지 않는 한 실행 여부와 관계없이 현상 유지가 되리라는 것을 뜻한다. 그렇기에 질문자가 이 홍보 도구를 구매하는 데 부정적인 견해를 가지고 있더라도 그것이 현 상태를 긍정/부정적으로 크게 변화시키는 수준이 아니라는 것을 알 수 있으며, 양측의 판단에 각각의 명분과 이유가 있기에 결과적으로 아무런 문제가 되지 않는다는 것을 강조한다.

이 배열에 드러난 21은 긍정/부정적인 영향을 이용해 질문자가 이 홍보 도구 관리비/임대료를 소화할 만한 역량이 있다는 점을 증명한다. 그러나 21은 이 홍보 도구만으로 극적인 변화가 이루어지지 않는

다는 한계를 명백히 설명하고 있으며, 이 때문에 '쓰든 쓰지 않든 고만고만한 매출이 유지될 것이다'라는 답을 도출하는 데 결정적인 역할을 했다. 21의 키워드인 '불변'의 긍정/부정적인 면이 모두 적용된 경우였다. 나아가 홍보 도구 도입으로 추가 지출이 발생하더라도 어떻게든 도구를 유지할 만큼의 수익은 얻을 수 있다는 점을 강조해 '안 하는 것보다는 그래도 해보는 것이 낫다'고 조언했다.

결국, 질문자의 등쌀에 밀린 상대방은 보조 도구 설치에 동의했다. 두어 달 지난 뒤 내가 홍보 도구 이야기를 꺼내자 그는 시도 자체는 나쁘지 않았고 고객이 늘긴 했으나, 내 해석대로 그 관리비와 임대료를 제하면 수익은 기존과 비슷하다고 전했다. 보조 도구의 외관이나 작동 모습에 적응하지 못하겠다고 조금 불평했지만, 그마저도 유쾌한 경험이라 생각하면 그만이라며 웃었다.

이처럼 사업과 관련한 점에서 21은 질문자가 생각하는 갑작스러운 사건이 실제로 벌어져도 그것이 큰 변수로 작용하기 힘들다는 것을 드러낸다. 때로는, 더 큰 관점에서 상권 자체의 규모나 그 한계가 명백함을 드러내기도 한다는 점에 주의할 필요가 있다. 결과적으로 이 사례에서는 홍보 비용이 크지 않았고, 사업장이 마케팅 효과를 잘 거둘 수 있는 입지가 아니었기에 21의 긍정적인 면을 더 이끌어내지 못했다. 이를 대비해 질문자의 역량을 끌어올려 남들의 시선/관심을 받을 수 있도록 조언한다면 해석자의 역할을 다했다고 할 수 있다.

실제 사례 (1995년 봄, 성남 성호 시장, 50대 후반 남성)

질문   내 건강에 문제가 없을까?

사전 정보   시장 상인이었으며, 겉보기에 큰 문제는 없었으나 장기 통원 치료를 받은 적이 있었다고 말했다. 새벽 5시쯤 시장에 나와 저녁 10시까지 영업하던 전형적인 자영업자였다.

4s - Kp - 5p - 2w - Qs - 11 - 10p - 21 - Pw - 9s

4s   (질문자 자신) 심신이 지쳤으며, 휴식을 원하고 있다.

Kp   (장애물) 지금껏 누적된 생활 및 식습관 때문에 건강에 적신호가 켜졌다.

5p   (기저) 자신의 몸 상태를 알고 있으나, 수입을 유지하고자 영업을 강행하려 한다.

2w   (과거) 더 나은 미래를 위해 일해왔다.

Qs   (현재/곧 일어날 일) 어느 정도 기반은 잡혔으나 완벽치 않으며, 검진을 받은 뒤에 건강 상태를 확인하게 될 것이다.

11   (미래) 문제가 닥쳤는데도 이루려던 바를 얻고자 계속 일할 것이다.

10p   (질문자의 내면) 몸이 문제가 있으나 잘 버텨왔다고 여기며, 앞으로도 별일 없이 잘해낼 수 있다고 생각한다.

21   (제3자가 바라보는 질문자) 이런 생활에 익숙해진 상태라고 보며, 큰 무리가 없을 것이라고 생각한다.

Pw   (희망/두려움) 더 좋은 소식으로 자신의 기반이 굳건해지길 바라며, 반대로 건강에 관해 나쁜 소식을 들을까 봐 두려워한다.

9s   (결론) 자신이 두려워하는 소식을 실제로 들을까 봐 전전긍긍하게 될 것이며, 제대로 된 처방이 없는 한 이 두려움은 결국 현실로 다가올 것이다.

실전 해석

이 배열에 드러난 21은 8번 위치, '제3자가 바라보는 질문자'에 나왔다. 건강과 관련한 질문의 특성상 질문자가 어떤 병을 앓았는지 확인해야 했으나, 당시 상황에서는 불가능했다. 그렇기에 21의 키워드인 '고정', '불변', '완성'이 질문자의 건강과 어떻게 결부하는지 확인해 긍정/부정적인 의미를 결정해야 한다. 특히 질문자의 생활 습관이나 노동 강도 때문에 발병할 수 있는지 살펴야 하며, 이를 어떻게 조율해야 건강이 호전될 수 있는지 구체적인 대안을 제시하거나, 전문적인 진료를 받을 수 있도록 조언해야 한다는 것을 알 수 있다.

이 질문에서 21은 다른 사람들이 질문자에게 별문제가 없어 보이거나 그저 일상을 살아가는 것으로 보인다는 것을 의미한다. 21에게 긍정/부정적인 영향을 주는 카드는 4s, Kp, Qs, Pw로 확인되는데, 이로써 부정적인 영향을 받고 있다는 것을 알 수 있다. 휴식해야 하는데도 계속 일하고 있다는 것을 지적하는 4s와, 식습관이나 생활 패턴이 몸에 과중한 부담을 주고 있다는 것을 의미하는 Kp가 이를 반증하며, 이런 상황에도 자신이 일하지 않으면 안 된다고 여기며 계속 무리하고 있다는 것을 의미하는 Qs와 함께 이러다가는 분명히 좋지 못한 소식이 들려올 수밖에 없다는 점을 질문자도 자각하고 있다는 점에서 부정적인 영향력이 확인된다. 그렇기에 질문자가 일을 쉴 수 없는 이유를 파악하고 이를 최대한 조율해 최소한의 휴식이나마 할 수 있도록 조언해야 한다는 것을 알 수 있다.

① **4s(질문자 자신)** 긍정적인 영향을 받는다면 질문자가 이미 휴식을 취하고 있다는 것을 뜻하나, 부정적인 영향을 받는다면 질문자가 현재 휴식을 원하거나 피로한 상태라는 것을 뜻한다. 나아가 이렇듯 피로가 누적된 이유는 자신이 원하는 바를 달성하려다 보니 어쩔 수 없이 계속 무리할 수밖에 없었기 때문이라는 것을 알 수 있다. 최악의 경우 이미 입원해야 할 상황이라는 것을 경고한다.

② **Kp(장애물)** 긍정적인 영향을 받는다면 충분한 영양 섭취 및 휴식으로 건강을 쉽게 회복할 수 있다는 것을 의미하나, 부정적인 영향을 받는다면 질문자의 건강에 문제를 일으킨 원인이 기존의 생활 습관과 식생활에 있고, 제대로 운동하지 않거나 건강에 해로운 습관이 있다는 것을 의미한다. 또한 과거에 질병을 겪었다면 이것이 만성적인 문제가 되었다는 것을 경고한다(4s, 5p, 2w, 10p).

---

③ **5p(기저)** 질문자의 체력과 건강이 좋지 않다는 것을 드러내며, 컨디션을 제대로 유지하지 못하고 자신의 몸을 갉아먹어가며 일을 계속한다는 것을 뜻한다. 나아가, 이 상태로 더 가다간 신체에 문제가 발생할 수 있다는 것을 경고한다. 긍정적인 영향을 받더라도 남에게 도움을 받아야 회복할 수 있다는 것을 드러낸다.

---

④ **2w(과거)** 긍정적인 영향을 받는다면 자신의 몸 상태가 나빠질 것에 대비했으며, 이로써 자신의 건강 문제로 벌어질 충격을 최소화할 수 있다는 것을 의미한다. 부정적인 영향을 받는다면 질문자가 준비한 대안이 구체적이지 못하거나 실제 실행되지 않았으며, 자신의 기반이나 노후/양육과 관련한 내용들이 더 명확하게 자리 잡을 때까지 건강과 관련한 사안들을 뒤로 미뤄왔다는 것을 의미한다.

---

⑤ **Qs(현재/곧 일어날 일)** 긍정적인 영향을 받는다면 검진으로 건강상의 문제를 조기에 발견해 건강을 회복할 수 있다는 것을 의미하나, 부정적인 영향을 받는다면 몸 상태에 이상을 느껴 병원을 찾았을 때 단순한 질병이라 여겼던 것들이 심각한 문제로 드러날 수 있다는 것을 뜻한다. 나아가 질문자가 그에 따른 문제들을 일방적으로 받아들여야만 하는 상태로 전락할 수 있다는 것을 경고한다(Kp, 2w, 21).

---

⑥ **11(미래)** 긍정적인 영향을 받는다면 자신의 생활 습관을 규칙적으로 만들어 균형을 잡아나갈 수 있다는 것을 의미하나, 부정적인 영향을 받는다면 자신의 목적을 위해 현재의 생활 습관을 관철한 끝에

목적은 달성되지만 신체를 피폐하게 만들 수 있다는 점을 경고한다.

이 배열에서 11은 부정적인 영향을 받고 있다는 것을 알 수 있다. 앞서 언급했듯 지쳐 있고 몸 상태에 문제가 생기고 있다는 것을 인지하더라도 그동안 겪어왔던 피로감이나 단순 신경통, 복통 정도로 여기며 약국을 찾는 정도로 대처하고 괜찮다고 애써 위안하면서, 정작 자신의 신체에 큰 무리가 오고 있는건 아닌지 걱정하는 모습을 보이고 있기 때문이다(4s, 5p, 10p, Pw).

---

⑦ **10p(질문자의 내면)** 긍정적인 영향을 받는다면 현 상태에 문제가 없다고 생각하는 질문자의 속마음을 그대로 드러낸다. 지금과 같은 일상 정도라면 견뎌낼 수 있고, 과거에도 잘 버텨오지 않았냐는 자기위안에 가까운 심정이라는 것을 뜻한다. 그러나 부정적인 영향을 받는다면 몸이 왜 이렇게 망가져 가는지 인지하지 못하고 있다는 것을 의미하며, 생활 습관 때문에 문제가 발생했다는 것을 암시한다.

---

⑧ **21(제3자가 바라보는 질문자)** 다른 사람들도 질문자의 건강이 크게 나쁘지 않거나 평상시와 같다고 여긴다는 것을 의미한다. 긍정적인 영향을 받는다면 질문자의 건강 상태가 심각하지 않으며, 노화로 생긴 문제를 의미하는 정도에 그치나, 부정적인 영향을 받는다면 질문자의 건강 상태/식습관/생활 습관 문제를 제대로 인지하지 못해 문제가 생길 수 있다는 것을 경고하며, 나아가 자칫 치료/발견 시기를 놓치면 돌이킬 수 없는 충격적인 소식과 맞닥뜨릴 수 있다는 것을 의미한다.

앞서 언급했듯 이 배열에서 21은 부정적인 영향을 받으며, 질문자의 건강이 영업을 계속할 수 없을 정도로 크게 악화되거나 최악의 경우 생의 마지막 불꽃이 명멸하는 것도 인지하지 못한 채 끝을 맞이할 수 있다는 것을 경고하고 있다(4s, Kp, Qs, Pw).

---

⑨ **Pw(희망/두려움)** 건강과 관련해서 질문자가 큰 문제가 없기를 바라며 자신이 감당할 수 있는 소식이 오길 바라는 모습으로 드러나고,

그 반대로 대처할 수 없을 만큼 나쁜 소식이 들려올까 봐 두려워하는 모습을 의미하기도 한다(Kp, 5p, 2w, Qs).

⑩ **9s(결론)** 모든 과정을 거쳐 질문자가 그토록 바라지 않았던 상황이 현실에 드러날 것이며, 지금이라도 제대로 된 조언과 치료에 집중해 자신의 몸 상태를 더 건강하게 만들어야 한다는 것을 경고하게 된다. 기본적으로 이 카드는 실제 벌어지지 않는 불안을 뜻하나, 카드들의 부정적인 영향 때문에 그림에 표현된 모든 악몽이 현실에 펼쳐지리라는 것을 강하게 암시한다.

―――――――――――――――――――――――――――――

이 배열에 드러난 21은 주변 사람들과 동화되거나 생활을 이어가려면 자신이 유지해왔던 나쁜 습관들을 계속 유지할 수밖에 없다는 점을 결정적으로 드러낸다. 이에 더해 가장이라는 짐을 떠안고 이를 극복해내기엔 그의 몸이 너무나도 지쳐 있었다는 것을 다른 카드들도 계속 강조했기에, 질문자가 건강 문제로 비극적인 결말을 맞이할 수밖에 없다는 것이 확정된 사례였다.

나는 해석을 계속하며, 이미 질병이 있는데도 이를 키우고 있는 상황이 아닌가 하는 추측을 조심스레 꺼내며 질문자에게 경고했다. 특히 생활과 식습관에 관련한 내용인 이상, 이 질병은 결국 완치되지 못한 채 주기적으로 관리해야 하는 문제가 될 것이라 말했다. 나아가 이미 어느 정도 치료/요양했다는 전제하에 질병이 아직도 남아 있다면 이 병의 완치는 현재로선 불가능하다고 지적했다.

애석하게도, 그가 갑작스러운 병을 얻어 점포를 급매하게 됐다는 소식을 한참 뒤에야 들었다. 내 가정 사정 탓에 다른 곳으로 이사를 간 뒤에야 그 시장을 다시 들를 수 있었고, 그때 질문자가 사망했다는 소식을 주변 점포 상인들에게 전해 들었다. 병명은 고혈압으로 인한 뇌졸중과 합병증이었다.

어린아이의 치기 어린 장난으로 넘길 수 있는 문제였는데도, 질문자는 진지하게 내 조언을 듣고 한참을 아무 말 없이 생각에 잠기더니 걱정스러운 말투로 이미 자신의 생활 습관에 문제가 있다는 것을 알고 있었으나, 생계 문제 때문에 이 생활 패턴을 바꾸기 힘들다고 토로하며, 자신이 아니면 가계를 책임질 사람이 없기에 어떻게든 다른 방편이 없는지를 절실히 묻기 시작했다. 그러나 해석 경험이 일천했던 그때의 나로서는 어떤 치료나 수술, 투약으로도 이를 극복할 수 없을 거라는 말밖에는 할 수 없었다.

그때를 회상해보면, 시장 상인들의 일상이 자신의 생계와 직결된 문제였기에 그가 고집을 부릴 수밖에 없었다는 점은 이해할 수 있다. 그렇기에 그 상황에서 건강을 유지할 수 있는 대안을 제시해야 했으나, 한낱 어린아이가 얼마나 좋은 대안을 짜낼 수 있었을까? 이 사례는 어린 시절의 내게 삶의 무게를 단편적이나마 깨닫게 해줬다.

50대 후반의 시장 상인이 일을 관두고 뭘 할 수 있을까? 10여 년 동안 이 사례를 복기할 때마다 씁쓸한 마음을 지울 수 없고, 지금도 기억을 되새길 때마다 내게 수많은 화두를 던지는 사례다.

이처럼 건강과 관련한 점에서 21는 완쾌를 의미한다고 여겨지기 쉬우나, 병세를 호전시키고자 기존 상황을 변화를 이끌어야 할 때는 오히려 건강을 악화시키는 조건들이(이 사례에서는 시장 상인들의 생활 습관) 그대로 유지되는 모습으로도 드러날 수 있다. 이를 변경하기 어렵다면 상황 개선이나 변환점을 최대한 탐색해 조언해야 하며, 그것이 불가능하더라도 최대한 진행을 늦추는 방법들을 권해야 한다.

21은 이런 사례처럼 상황을 바꾸려는 노력조차 할 수 없거나 질문자의 관점에서 이런 변화의 요소들이 보여지지 않는 모습으로 드러나는 경향이 있다는 점에 주의해야 한다. 물론 그 반대의 경우, 굳이 조언할 필요도 없을 만큼 순항 중인 사례가 많기에 조언보다 격려해야 하는 경우가 많다.

다시 말해, 21은 일상과 비일상의 경계에서 어떤 쪽이 우위에 있는가에 따라 긍정/부정적인 의미가 결정된다고 이해할 수 있으며, 비일상에 속할수록 질문자의 일상이 침해되는 수준을 넘어 이미 이로 인한 습관들이 질문자의 생활 속에서 사슬처럼 구속(그러나 정작 당사자는 이골이 날 만큼 익숙해)하는 경우라 볼 수 있다. 이 점을 감안해 상황을 긍정적으로 변화시킬 수 있도록 조언한다면, 해석자의 역할을 십분 다한 것이라 할 수 있다.

부록: 타로카드는 상담인가 점인가?

타로카드는 상담인가 점인가?

지금까지 타로카드 사용자들이 취향껏 선택하고, 특수한 상황이나 사건이 벌어지지 않으면 가급적 말하려 하지 않는 화제가 바로 이것이다.

아니, 배우는 사람들은 자신의 의견과 맞는 쪽을 취사선택하는 것인지도 모른다.

내가 굳이 이 화제를 꺼내는 까닭은 '점'의 속성과 '상담'의 속성이 비슷하게 보인다고 해도 엄밀히 그 정의가 다르며, 그렇기에 각자의 관점에 따라 추구하려는 본의가 달라진다고 생각하기 때문이다.

기실 해석자들이 이런 질문을 할 일은 거의 없을 것이다. 이 주제는 활성화되지 못할 만한 요소도 많거니와, 흔히들 말하는 이 분야의 권위자들조차 논쟁을 꺼린다.

또는, 확언하기 어렵거나(그렇다고 그들이 관련 연구를 게을리한다고 생각하지는 않는다), 이 문제로 생길 수 있는 변수가 자신의 해석 방식을 뒤흔들 수도 있기 때문이다(자신의 해석 방식을 바꾼다는 것은 자신의 가치관이 급변하는 것을 뛰어넘는 의미가 있다).

이제는 이 담론을 본격적으로 꺼내들 때도 됐다고 생각한다.

참으로 불행하게도 우리나라 타로카드의 발전은 준비되지 못한 상업화로 상당히 음성적으로 진행됐으며,* 그 과정에는 어떤 기준도 없었고, 오히려 배우려는 사람들이나 일반 대중에게 상당히 왜곡된 정보를 제공해왔다.

---

* 진심 어린 말로서 묻건대. 과연 지금 영업 일선에 나와 있는 모든 해석자의 역량이 정상이라고 판단하는 사람이 얼마나 되겠는가? 언제부터인가 마스터 호칭을 달고 공장에서 찍어내듯 타로카드 해석자가 나오고 있다. 이런 영업용 해석자들의 생산 주기는 일주일, 보름, 한 달, 분기, 반 년 정도로 각양각색이다. 실전 경험도, 지식도 일천한 상황에 몰려 있는 해석자에게 질문자가 어떤 진정성을 기대해야 하는가?

기준이 없는 상태, 아니 기준 만들기도 어려운 상황이 점학占學의 한계일 수 있으나, 기본적인 해석 원칙이나 상징 원리에 관한 정의라도 내리고 사람들을 교육해 상업화를 진행했다면 지금보다는 나은 상황이지 않았을까 하는 아쉬움이 있어, 이 글에서 어느 정도 정의를 내려보고자 한다.

 점이다, 또는 상담이다 하는 간단한 척도라면 진작 이 주제는 담론 수준이 아니라 이미 결론이 나고도 남았으리라. 하지만 아직 명확히 각자의 입장을 나눌 수 없다는 점에 착안해 최대한 간단히 나눈다면 다음과 같을 것이다.

1. 타로카드는 상담 도구다
2. 타로카드는 점을 보는 도구일 수 있으나 상담의 색채가 짙다
3. 타로카드는 점을 보는 도구일 뿐, 상담은 부차적이다
4. 타로카드는 오로지 점을 보는 도구이며, 앞으로도 그럴 것이다

1. 타로카드는 상담 도구다

이 관점의 주장을 요약하면 다음과 같다. "타로카드는 점으로 볼 수 없다."

그 이유는 점의 연속성은 있을 수 있으나 결과를 보장하지 않는다는 것을 전제 조건으로 하며, 그 결과마저도 가변성(즉 계속 변할 수 있다) 있다는 자기 변호를 하고 나서야 해석이 진행되기 때문이다.

오히려 점의 예언·예지와 같은 내용이 아니라 과거와 현재를 통해 미래를 예측하는 수준에 지나지 않을 때가 많고, 궁극적으로 얻고자 하는 미래에 대한 답조차도 애매할 때가 많다. 그렇기에 타로카드는 실제로 얻을 수 있는 예언·예지 속성은 전혀 없으며, 무의식 영역에 해당하는 심리학적 요소로 질문자의 현재만 분석해 조언하면 충분하고, 그 자체로 상담 효과를 얻어낼 수 있다는 주장이다.

내가 이 주장에 관해 할 수 있는 말을 한 문장으로 간단히 줄여보자면, '약은 약사에게 진료는 의사에게'라는 표어 하나로 정리된다.

이미 심리학 석·박사들은 이런 효과를 군이 타로카드를 사용하지 않아도 충분히 분석해 실제적인 치료에 나서고 있다. 설령 아직 무궁무진한 영역이 남아 있다고 해도 실제 임상 치료에 적용되는 것들은 확실하게 과학적인 검증이 된 것뿐이다.

그러므로 이런 주장을 하려면 정신병리학·심리학도로서 주장하기를 바라며, 그에 따른 검증 절차를 거친 뒤에야 이 주장을 이끌어내야 한다고 생각한다. 그렇지 않으면 그저 유사 과학의 신봉자가 될 뿐, 결국 가짜 정신과 의사를 자칭하는 꼴에 지나지 않기 때문이다.

과거와 현재를 통해 예측한다고는 해도 그 이상의 예외적 해석이 나만 해도 수십 번에 이르는 것은 왜일까? 만약 상담의 도구로 정착하려 한다면, 적어도 이 주장을 하는 해석자들은 자신들의 통계적 결과물만이 아니라 도구로서 어떻게 이용해야 하는지에 관해 철저한 사용법까지 고려해야 할 것이다.

하지만 그렇게 번거로운 작업을 할 필요도 없이 더 나은 방법으로 이미 철저하게 무장하고 있는 정식 정신의학으로 시선을 돌려보길 권한다. 애초에, 상담만 하려고 한다면 굳이 타로카드를 잡을 이유도 없지 않은가?

2. 타로카드는 점을 보는 도구일 수 있으나 상담의 색채가 짙다

보통 이런 주장을 하는 해석자들의 의견은 이러하다.

타로카드를 비롯한 모든 점학은 자연스럽게 상담 기능을 할 수밖에 없다. 이는 점의 기밀성*이 가지는 효과이기 때문이다. 그렇기에 점의 요소를 인정하되, 상담 효과도 간과할 수 없다. 타로카드 점은 분명히 예지에 해당할 정도로 앞날을 볼 수는 있으나, 명백히 기간이나 주제에 한계와 제한이 있지 않은가?

수많은 카드 속의 무수한 상징에 관한 의미를 모두 분석하는 수고를 할 필요도 없으며, 기존 매뉴얼로 기초적인 해석만 해도 문제를 기본적으로 탐색하고 해답을 얻어낼 수 있다.

해석 뒤에 상담에 치중해, 점을 보러 온 사람들에게 심리적 안정감을 제공함으로써 점이 아닌 상담의 역할을 더 발전시키는 게 낫다는 것이지, 결코 점의 기능을 부정하는 것은 아니다.

얼핏 보면 가장 합리적인 주장처럼 비쳐지나, 여전히 문제가 있다. 점이라는 것은 어디까지나 막연하더라도 앞날을 바라볼 수 있어야 하기 때문이다.

그러므로, 이 주장은 점의 요소를 제대로 파악하지 못한 채 과거의 요소들만 인정하고, 나머지 모든 운명적인 내용들을 상담으로 때우겠다는 미봉책에 지나지 않는다.

실제 카드 안에 있는 매뉴얼의 키워드가 정해져 있는데, 해석자의 숙련도가 떨어지면 하나하나 다른 상황과 연계에 적응하지 못하고 획일적인 답만 내놓기 쉽다. 그렇기에 이런 상태를 벗어나고자 하는 사람들은 결국 1이나 3의 의견 가운데 자신의 스타일을 접목시킨다. 1은 대부분 그 수준이 지리멸렬하게 변하며 카드에 대한 애정이 식게 되고, 3은 결국 어느 분야를 공부하고서 자신에게 맞는 분야로

---

* 특정 용어가 없으나, 기본적으로 해석자와 질문자 사이의 해석, 조언 내용은 외부로 유출해서는 안 되며, 유출하더라도 상호 동의하에 진행해야 한다.

옮겨가기 때문에 이 주장을 오랫동안 관철하는 사람은 거의 없다.

물론 올바른 지식과 체계 있는 교육으로 3, 나아가 4의 주장으로 변하는 경우가 많으나, 그런 기회 자체가 쉽게 다가오지 않기에 보통은 2의 주장을 견지한 상태에서 활동을 쉬거나, 아예 중단하는 사람들이 대부분이다.

3. 타로카드는 점을 보는 도구일 뿐, 상담은 부차적이다

현업 활동을 오래하거나 타로카드 관련 온라인 커뮤니티를 장기간 활동해오며 타로카드에 대해 제 나름의 애정이 있는 대부분의 사람이 이 주장에 동의하곤 한다.

이들의 견해는 보편적으로 다음과 같다.

'과거 고대 문명에서는 기본적인 욕망 또는 불안 해소, 사기 고양을 위해 점을 보았다(예: 로마의 새점). 상담의 기능은 이런 면에서(지배자의 정당성 확보나, 사기 고양을 위해 일부러 굶긴 뒤 먹이를 먹는 모습으로 점을 치는 식의) 다분히 의도적이고 작위적인 모습으로 서비스를 제공하는 것이다.

단, 이런 서비스는 엄밀히 점의 본질인 예언·예지와 구분되며, 타로카드와 관련한 상징 해석, 의미 분석 과정에 힘써 기량을 향상시켜야 한다.'

이 관점을 견지하는 해석자들은 보통 해석할 때 매뉴얼 및 학문적 요소를 가미해 자신의 스타일이 드러날 수 있도록 만드는 것을 우선시한다. 그 뒤에야 개인의 삶을 바라보는 시각을 투영해 점을 해석하는 것으로 생각하기에, 같은 점을 보더라도 조언의 방향이 달라질 뿐이지 카드 자체의 의미는 퇴색하지 않는다는 점을 강조한다.

그렇기에 일반적으로 카드 해석은 궁극적으로 같거나 비슷할 수밖에 없으며, 모든 지식에 대해 적용 여부를 검토해 활용할 수 있는 것을 점진적으로 확장해야 한다고 주장한다.

실제로 매뉴얼 속의 키워드가 모든 내용을 함축해 보여줄 수 없는 것이 한계라는 점을 지적하며, 새로운 해석과 정립되는 키워드들이 갈수록 늘어나고 있다는 점에서 연구는 필수적인 것이 돼가고 있다는 것을 인정한 뒤 논리적으로 대응하고자 노력하려는 시각이 바로 이 관점이다.

'개인의 시각 차로 생기는 상담 내용, 수준의 차이'를 이해하기 쉽게 예를 든다면 다음과 같다.

극단적으로 16이 영향력 감쇠 없이 나온 상태에서, 대상자가 이직 여부를 물을 때 가장 먼저 떠오르는 키워드는 '급변'일 것이다. 하지만 관점에 따라 이 급변이 자의에 따른 것인지, 타의에 따른 것인지에 관한 예측이 달라질 수 있으며, 그것이 대상자 당사자에게 어떤 영향을 미칠 것인지에 관해서는 점의 영역에 해당한다.

그러나 16의 영향 속에서 어떤 방식으로 이 상황을 극복할 수 있는지에 관한 상세 내용은 전적으로 해석자의 의향이나 지식에 따라 바뀔 수 있다.

주변의 카드에 따라 바뀔 수 있는 키워드를 제외하더라도 급변이라는 키워드는 이직에 관해 긍정적으로도, 부정적으로도 해석할 수 있다는 점은 인정하나, 의미 자체를 반대로 뒤틀어 적용하기는 어려운 상황이기에 최대한 정확한 답을 찾는 연구가 필요하다고 이들은 주장한다.

이 주장을 견지하는 해석자들은 지금도 많고, 최대한 많은 자료나 근거를 확보하고자 끊임없이 해석 영역을 넓히려 한다. 적어도 발전하려는 노력을 가장 충실히 하는 부류라 생각한다.

4. 타로카드는 오로지 점을 보는 도구이며, 앞으로도 그럴 것이다

이 관점은 상담이 필요없다고 여기며, 있다고 하더라도 그 역할은 소통 도중에 자연적으로 발생한다고 생각하는 쪽이다.

이런 주장을 하는 해석자들은 대부분 타로카드의 기원이 어떻든 이미 수많은 상징에 의미가 있고, 이를 조합해 읽어들이는 하나의 점으로 보면서, 천문학적인 확률 가운데 하나라는 것에 의미를 부여할 수밖에 없다는 것을 인정한다.

그리고 그 우연의 산물에 규칙성이 없지 않고 일정한 규격과 처리 절차(배열)로 전개되면 상징 체계로써 하나의 서사를 해석하고 창조할 수 있으며, 나아가 질문자의 이야기로 전환시킬 수 있다는 점에서 더더욱 카드를 잘 이해할 수 있다고 주장한다.

누군가는 이런 의견에 반박한다. 운명이 고정돼 있지 않다고 주장하는 타로카드에서 어떻게 특정한 결과를 유추할 수 있는가?

내가 생각하는 답은 이렇다.

타로카드의 장점이자 단점은 아무리 멀리 보더라도 그것이 어떤 시간적인 요소에 적용되지 못하고 특정 사건에 얽매여 하나의 표지판으로 작동한다는 점이다. 그렇기에 해석자는 대부분 '이 점은 노력에 따라 언제든지 바뀔 수 있다'고 언급한다.

그러나 스프레드 전체에 질문자의 의지나 추진력이 아예 없다면 어떨까? 행동이 없다는 것은 변수도 없다는 것이며, 어떤 상황에서 경로를 바꿔 대처할 의향이 없다는 것 또한 남의 의견을 받아들이기 어려움을 드러낼 때, 카드에서도 마찬가지로 점의 내용이 바뀔 가능성이 없다는 것을 의미할 때가 많다. 그렇기에 타로카드는 철저하게 점의 영역에 속하며 상담 기능은 부차적인 요소, 있으면 좋으나 굳이 있을 필요 없는 요소로 여기게 된다.

그렇기에 이 주장을 따르는 사람들은 우연의 산물에 아예 규칙성이 없는 것도 아니며, 일정 순서(배열)로 전개되면 상징 체계를 동원해 하나의 서사를 해석할 수 있고, 이로써 인생의 갈림길을 안내할 수 있다고 여긴다.

타로카드의 과학적·논리적 근거는 어떻게 찾아야 하는가?

적어도 아직은 이 문제에 확답하기는 어렵다. 현재로서는 거의 대부분의 해석자가 융 심리학에서 답을 찾곤 한다. 일례로 원형상징 Archetype에 관한 내용은 타로카드에서 가장 폭넓고 합리적인 내용을 보여주기 때문이다. 예를 들어 나비, 용, 시간 아버지Farther Time*는 클래식 덱과 모던 덱을 넘나들 정도로 자주 쓰인다.

그러나 이는 대중적 인지도를 지닌 프로이트, 융 심리학의 단편적 지식을 이용해 자신들의 목적을 달성하려 하거나 가십을 만들어내려는 무리수 때문에 신뢰도가 더 낮아지는 효과만 초래할 뿐이었다.

그렇다면 어떻게 해야 할까? 키스 스타노비치Keith Stanovich라는 심리학자는 『심리학의 오해How to Think Straight About Psychology』라는 책에서 과학적 방법론으로 정립된 심리학과 그렇지 못한 유사 심리학을 구분하는 기준을 다음과 같이 제시했다.

1. **체계적 경험주의** 과거 연구자들의 연구 결과가 쌓이면서 귀납적인 추론으로 진리를 밝혀가는 것을 이야기하는 방식이다. 대표적인 예로 논문이 있다.
2. **반복 및 동료 학자들의 검증** 반복적인 결과물 안에서 같거나 특정 범주의 해석을 할 수 있어야 하며, 일반적인 학습법으로 보편적인 접근을 할 수 있어야 한다.
3. **경험적으로 해결 가능한 문제 추구** 이론적으로만 생각되는 문제들(절대적 존재의 존재 유무 논쟁, 사람의 인생이 닿는 목적, 애정의 정체성 같이 객관적 인식의 영역에 속하지 않는 것들)을 제외하고, 실제 어떤 현실을 개선하고 고칠 수 있는가에 관해 다양한 논의가 꾸준히 이뤄져야 한다.

---

* 서양판 저승사자로 볼 수 있다. 이 상징은 페스트 대유행에서 더 부각·개편돼 다양한 예술 작품에 기록됐다. 현대에도 이에 관한 묘사를 삽입한 작품이 있다. 바로 〈나 홀로 집에〉 1편에서 나타나는 검은 노인이 바로 그와 비슷한 의미로 차용됐다(물론 마지막에는 좋은 사람으로 밝혀진다).

이런 세 가지 요소를 모두 충족하지 않는다면, 그 분야는 심리학과 전혀 연관이 없는 것으로 생각해도 된다고 말했는데, 이는 심리학뿐 아니라 과학 전반에 걸쳐 쓰이는 과학적 방법론에 근거한다.

타로카드도 그렇지 않은가? 아니, 아마 거의 모든 점학에 세 가지 요소에 위배되는 뭔가가 있을 것이다. 누군가는 점이 주관적인 판단을 기반으로 하거나 초자연적인 현상으로 미래를 알아내는 것인데 어쩔 수 없지 않느냐고 하며 이런 문제를 생각조차 하지 않거나 대답을 회피하곤 한다.

그러나 적어도 자신이 사용하고 있는 것이 어떤 것인지, 누군가를 속여 금품을 편취하는 식의 생각 없는 행위가 계속된다면 모든 비과학적인 분야는 점차 그 설 자리를 잃을 것이고, 이런 검증적·과학적 시도를 하는 사람이 점차 사라진다면 결국 점학 전체에 사이비라는 낙인이 찍히는 결과로 돌아올 수 있다는 점을 경고하고자 한다.

그렇다면 무엇을 해야 할까?

나도 대책을 고민만 했을 뿐, 뾰족한 해결책을 생각하지는 못했다. 공부가 부족한 탓이다.

만약 해석자들이 과학적 방법론 체계를 해석이나 학습법, 토론법으로 활용하면 어떻게 될까? 78장의 카드에 관한 데이터베이스를 구축하는 것은 긴 시간이 필요하겠지만, 적어도 표준 규약을 구축하려면 필수 불가결한 문제라고 생각한다.

문제 제시에서 가설 설립까지에 이르는 과학적 방법론의 과정을 타로카드에 적용한다면 아래와 같이 구성할 수 있을 것이다.

1. 주제, 배열, 카드의 구성을 확정하기
2. 정보 및 자료, 근거를 모으기
3. 해석의 근거를 설명할 수 있는 가설 세우기
4. 실제 사례로 데이터를 모으고 가설을 적용하기
5. 데이터 분석하기
6. 분석한 데이터를 기준으로 가설을 평가하고 새로운 가설을 세우기
7. 결과 발표하기

8. 다른 해석자들의 의견을 반영해 가설을 검증하기

9. 일정 이상의 실제 사례를 구축해 이를 똑같이 적용한 내용들을 하나의 키워드 또는 해석법으로 구축하기*

이는 특정한 카드에 관한 해석을 규정하는 방법 가운데 하나의 예를 든 것이다.

그렇다면, 이를 세부적으로 묘사하면 어떻게 될까?

켈틱 크로스 배열을 이용해 a,b,c,d,e... 따위의 카드가 펼쳐지고, 주제를 연애, 사업 같은 세부 내용으로 굳히는 과정이 바로 1에 해당할 것이다.

예를 들자면, 켈틱 크로스 배열을 사용하고 배열의 주제(질문)는 '원하는 팀으로 옮길 수 있을까?'라는 질문에 11 - 2 - Ps - Ks - 3 - Nc - 6c - Qp - 19 - 21로 구성된 배열이 나왔다고 가정해보자. 그렇다면 질문, 질문자의 상황, 질문 주제, 배열에 드러난 카드 내용이 1을 구성하는 것이다.

그다음에는 이를 해석할 자료와 근거를 수집해야 한다. 이 과정에서 필요한 것은 각 배열의 위치에 따른 의미나 각 카드의 상징들이 어떤 뜻을 지니며, 이 상징들이 융합해 카드의 의미를 어떻게 부여하는지를 설득력 있게 서술해 해석하는 것이다.

카드 한 장을 간단히 예로 들자면 여제 카드의 상징에서, 밀밭과 임부복, 석류와 금성의 표상으로써 카드의 의미를 풍요나 번영으로 해석한 뒤, 배열상의 위치에 녹아들어 있는 뜻을 합치하는 것이다. 여기서는 곧 일어날 일(5)의 위치에 있으므로 번영, 풍요로운 상황이 곧 다가오리라고 해석한다고 가정한 뒤, 주제(질문)에 따라 적용함으로써, 의미는 "옮길 수 있는 모든 조건이 충족(풍요로운)된 상황이 온다"로 굳어진다고 해석하고, 이러한 주제(이직, 이동), 같은 위치(5번 위치), 같은 카드(여제)가 나온 사례를 데이터화해 자료를 저장한 뒤

* 과학적 방법론은 '문제 정의→정보와 자료 규합→이를 통한 가설 제기→
  실험→분석→평가 후 다시 가설 제기→결과 발표→재시험→검증된 것의
  이론화'로 구성된다.

이를 꾸준히 쌓아 분석한다면 최소한의 논리가 만들어지며 2, 3을 충족할 수 있을 것이다.

그 뒤, 누적된 자료들을 분석해 같은 주제를 볼 때마다 특정 해석 용법으로 해석한다는 가설을 세운다면 4를 만족하며, 이것을 주장해 다른 해석자들과 토론, 비판을 거쳐 더욱 발전적이고 정확한 해석을 구체화하며 5-6-7-8을 충족할 수 있다.

그리하여 대부분의 해석자와 질문자에게 공통된 가설을 이론으로 발표해내는 데 성공한다면 9를 충족할 수 있으며, 이로써 타로카드에 관한 이론적 입지를 쌓을 수 있다고 생각한다.

이 과정을 통해, 처음 배우는 사람뿐만 아니라 숙련자들도 타로카드가 어떤 정체성을 지니고 있으며, 해석의 메커니즘이 어떻게 작동하는지 알 수 있을 것이라 확신한다. 나아가 저변을 넓혀 타로카드를 이용하면서 해석의 논리를 조금이나마 정립하는 데 도움이 됐으면 한다.

이런 복잡한 과정이 왜 필요하느냐고 묻는다면, 어떤 지식이 신빙성을 갖춘 학문으로 자리 잡기 위해서는 반드시 체계를 갖춰나가는 과정을 거쳐야 하기 때문이라 답하겠다.

어떤 분야든, 발전하려면 각자의 견해는 부딪힐 수밖에 없기 마련이고, 이를 멈추지 않고 나아가야 더 높은 곳으로 향할 수 있기 때문이다.

맺음말

사실 이 책은 내 아픈 손가락이었다.

너무 두껍고 세밀하며 담으려던 내용은 많으니, 주변의 여러 사람들은 과연 이 책이 얼마나 많은 이에게 알려질 수 있을지 걱정했다. 또한, 내 미숙함 탓에 책을 펴내는 과정에서 많은 실수가 있었고, 이 때문에 좋은 의도조차 제대로 살리지도 못한 채 표류했다.

그렇게 무엇이 잘못됐는지도 모른 채 자책만 거듭하며 가라앉고 있다가, 그래도 먼저 나아갔던 이가 당연히 져야 할 책임이라 여기며 꾸준히 글을 썼다.

점차 울분이 가라앉고, 자책과 아쉬움들은 거꾸로 끈기와 집념이 되어 나를 계속 채찍질했다. 그 과정에서 내가 놓쳤던 것들을 다잡고 다시 나아갈 수 있도록 도와준 모든 이와 이 책을 읽어준 모든 독자에게 감사할 따름이다.

이제야 '누군가는 반드시 해야만 했던 이야기'가 서서히 종막에 다다르고 있다. 픽 카드의 상징과 해석까지 정리하고 나면, 그때부터는 하고 싶었던 더 다양한 이야기들을 본격적으로 풀어내고 싶다.

그때가 더 빨리 다가올 수 있도록, 열심히 노력하려 한다.

그렇기에, 독자들께 감히 더 많은 성원을 요청하고자 한다.

2020년 3월
물의 근원에서.
임상훈.